Kontraproduktives Verhalten im Betrieb

Schriftenreihe
Wirtschaftspsychologie
herausgegeben von
Prof. Dr. Heinz Schuler

Kontraproduktives Verhalten im Betrieb

von

Dr. Bernd Marcus

**Verlag für Angewandte Psychologie
Göttingen**

Kontraproduktives Verhalten im Betrieb

Eine individuumsbezogene Perspektive

von

Bernd Marcus

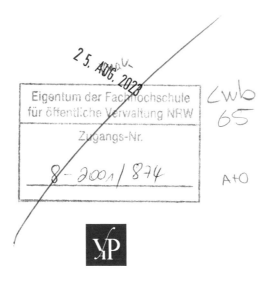
Verlag für Angewandte Psychologie
Göttingen

Dr. oec. Bernd Marcus, geb. 1964. 1989–1995 Studium der Wirtschaftswissenschaften in Stuttgart-Hohenheim. 1995–2000 Wissenschaftlicher Mitarbeiter am Lehrstuhl für Psychologie der Universität Hohenheim. 2000 Promotion. Seit 2000 Wissenschaftlicher Assistent am Lehrstuhl für Allgemeine und Angewandte Psychologie der Universität Tübingen. *Arbeitsschwerpunkte:* Berufseignungsdiagnostik, Leistungsbeurteilung, Persönlichkeitsdiagnostik.

Die Deutsche Bibliothek – CIP-Einheitsaufnahme

Ein Titeldatensatz für diese Publikation ist bei Der Deutschen Bibliothek erhältlich.

© by Hogrefe-Verlag, Göttingen • Bern • Toronto • Seattle 2000
Rohnsweg 25, D-37085 Göttingen

http://www.hogrefe.de
Aktuelle Informationen • Weitere Titel zum Thema • Ergänzende Materialien

Druck: Hubert & Co, Göttingen
Printed in Germany
Auf säurefreiem Papier gedruckt

ISBN 3-8017-1385-7

Vorwort

Dieser Text handelt von Unerfreulichem: den vielfältigen Verhaltensweisen, durch die Mitglieder von Wirtschaftsorganisationen andere und sich selbst bei ihrer Arbeit schädigen. Bei der Lektüre mag sich dem Leser gelegentlich der Eindruck aufdrängen, der Arbeitsalltag sei bestimmt von kontraproduktiven Handlungen, und eine solches Thema fördert für denjenigen, der sich damit über einige Jahre intensiv beschäftigt, nicht unbedingt ein optimistisches Bild von seiner Umwelt. Es liegt eine gewisse Ironie darin, und gleichzeitig ein ebenso erfreuliches wie heilsames Korrektiv dieser Weltsicht, daß ich es in allen Phasen der Entstehung dieses Textes fast ausschließlich mit Menschen zu tun hatte, die zum Gelingen in überaus produktiver Weise beigetragen haben. Diese positiven Beiträge können hier nicht wirklich erschöpfend gewürdigt werden; für das möglicherweise weniger Gelungene zeichne ich dagegen allein verantwortlich.

Unter den zahlreichen Personen, denen ich zu Dank verpflichtet bin, ragen einige heraus. Ich möchte es nicht versäumen, zumindest ihre Verdienste explizit herauszustellen. An erster Stelle gilt dies meinem Betreuer Prof. Heinz Schuler, dessen Vertrauen und feinem Gespür für die richtige Dosierung von Anstößen, Lenkungen und Freiräumen diese Arbeit ihre Entstehung und vorliegende Form in entscheidendem Maße verdankt. Für die spontane Übernahme der Funktionen des zweiten Gutachters bzw. des Vorsitzenden der Prüfungskommission trotz erheblicher Arbeitsbelastung danke ich den Profes. Helmut Kuhnle und Klaus Macharzina herzlich. Sie mögen mir den Umfang des Textes nachsehen.

Ohne die Hilfe mancher anderer wäre diese Arbeit bestenfalls mit erheblichen Abstrichen zustandegekommen. Prof. Klaus Moser verdanke ich, neben zahlreichen anderen fruchtbaren Hinweisen, die Anregung, mich mit Gottfredson und Hirschis (1990) Theorie der Selbstkontrolle zu beschäftigen sowie die Initiative und Gelegenheit zu der im Rahmen dieser Untersuchung durchgeführten Pilotstudie. Michaela Riediger war als wissenschaftliche Mitarbeiterin über elf Monate in das gesamte Forschungsprojekt involviert und hat dabei wichtige Beiträge geleistet, die an den entsprechenden Stellen des vorliegenden Textes im Detail gewürdigt werden. Unter meinen anderen Kollegen am Lehrstuhl für Psychologie der Universität Hohenheim, die mir ohne Ausnahme in anregenden und fruchtbaren Diskussionen sehr geholfen haben, möchte ich nur zwei herausheben: Stefan Höft, der in einer Weise vorbildliche Kollegialität und überragende fachliche Kompetenz in einer Person vereinigt, die es zu einem Glücksfall macht, mit ihm zusammenarbeiten und dabei mehr als oft genug von seinen scharfsinnigen Anmerkungen profitieren zu können; und Gerhard Hümpfner, dessen unschätzbare Mitarbeit im Projekt über Jahre alle Launen des Verfassers überstanden hat. Seine Hilfe bei Erhebung und Datenmanagement ging weit

über die Aufgaben einer „Hilfskraft" hinaus. Nicht unerwähnt sollte auch die Unterstützung von Michaela Waller bei der Stichprobenrekrutierung und Untersuchungs-
durchführung bleiben sowie diejenige von Heike Fricke, deren segensreiches Wirken
im Dickicht der Universitätsbürokratie mir lange Jahre den Rücken für Aktivitäten
freihielt, die für mich erheblich angenehmer waren.

Außerhalb Hohenheims gilt mein Dank ganz besonders Travis Hirschi, dessen ge-
duldige Erläuterungen ganz erheblich zu dem hier vertretenen Verständnis seiner
Theorie beigetragen haben. Wichtige Anregungen und wertvolle, z.T. sonst schwer
zugängliche Literatur verdanke ich außerdem Alois Angleitner, Jolijn Hendriks,
Leatta Hough, Friedrich Lösel, Deniz Ones, Fritz Ostendorf, Alex Piquero, Marco
Perugini, Paul Sackett, Josef Simon und James Wanek, um nur einige (in alphabeti-
scher Reihenfolge) zu nennen. Sie alle stärkten meinen Eindruck, daß zumindest in
der „scientific community" produktives Verhalten und Hilfsbereitschaft glücklicherweise noch eindeutig die Regel sind. Diese Danksagung wäre nicht vollständig, würden die fast 500 Menschen vergessen, die für manchmal Stunden in die Rolle von
„Versuchspersonen" schlüpften und ohne die empirische Forschung wie diese nicht
möglich wäre.

Last not least ist diese Arbeit durch die Unterstützung staatlicher Stellen, hinter
deren anonymer Fassade letztlich ja auch immer Menschen stehen, in der vorliegenden Form erst möglich geworden. In meinem Fall war es zum einem das für die Ver-
gabe eines Doktorandenstipendiums nach dem Landesgraduiertenförderungsgesetz
von Baden-Württemberg zuständige Gremium, dessen Vertrauen ich eine zweijährige
Förderung dieser Dissertation verdanke. Sie steht im Kontext eines umfangreicheren,
noch nicht abgeschlossenen Forschungsvorhabens unter Leitung von Prof. Schuler,
das von der Deutschen Forschungsgemeinschaft gefördert wird (DFG-Geschäftszei-
chen: SCHU 422/9-2). In diesem Zusammenhang ist zu erwähnen, daß Teile dieser
Arbeit auf verschiedenen Tagungen und Kongressen vorgestellt wurden (Marcus,
1997; 1999; Marcus & Moser, 1997; Marcus, Riediger, Höft & Schuler, 1998).

Ein letzter Dank geht an meine Eltern für ihre Unterstützung und schließlich an
die Frau, die vielleicht am meisten darunter zu leiden hatte, daß diese Arbeit entstanden ist: Monique Guillot, der ich unzählige Stunden gestohlen habe, um sie in den
vorliegenden Stapel Papier zu investieren.

Bernd Marcus, Stuttgart, im Dezember 1999

Inhaltsverzeichnis

1 Einführung und Fragestellung

Daß Menschen keine Engel seien und das Fleisch oftmals schwach, sind Volks-
weisheiten, deren Gültigkeit auch vor den Toren von Wirtschaftsbetrieben nicht
haltmacht. Es ist ein im wahrsten Sinne offenes Geheimnis, daß Mitarbeiter sich gelegentlich an der Kasse oder dem Warenregal vergreifen, kurze krankheitsbedingte
Fehlzeiten vorzugsweise um das Wochenende herum gehäuft auftreten und in man-
chem Schreibtisch oder Spind hochprozentiger Trost für den anstrengenden Arbeitsalltag lagert. „Offen" liegen solche Tatbestände aufgrund ihrer kaum zu bestreitenden
Alltäglichkeit zutage; zum „Geheimnis" werden sie dennoch oft gemacht, indem in
vielen Betrieben derartigen Phänomenen mit einer Strategie des Totschweigens begegnet wird (Schmechtig, 1982).

Es ist ein bemerkenswerter Umstand, daß sich die Wissenschaft, zumal in
Deutschland, dieser Haltung des Ignorierens und „Nicht-dran-Rührens" weitgehend
anschließt - eine gewisse Ausnahme bildet die Absentismusforschung - , wobei die
disziplinäre Provenienz offenbar kaum eine Rolle spielt. Betriebswirte bescheiden
sich meist damit, bspw. Mitarbeiterdiebstähle in die ominöse Kategorie „Schwund"
einzustellen und als kalkulatorisches Wagnis zu periodisieren. Kriminologen haben
zwar eine ganze Forschungsrichtung zur Wirtschaftskriminalität etabliert. Dies bezieht sich jedoch im allgemeinen auf Delikte wie Steuerhinterziehung, Subventions-
betrug, Kartellabsprachen etc., deren Schaden vorwiegend *außerhalb des Unternehmens* der Allgemeinheit gegenüber entsteht. Organisationspsychologen und Perso-
nalwirtschaftler schließlich, die sich mit beruflicher Leistung beschäftigen, meinen
damit i.d.R. einen *positiven* Beitrag zu den Zielen einer Organisation, der lediglich in
der Höhe unterschiedlich ausfallen kann. Sofern hierzulande überhaupt Verhaltensweisen erforscht wurden, deren organisationaler Nutzen eindeutig negativ ausfällt, so
bezog sich dies weitgehend - wiederum mag die Absentismusforschung als Beispiel
dienen - einerseits auf die Erklärung von *Einzelphänomenen* (hier: Fehlzeiten); andererseits wurden die Ursachen fast ausschließlich in *situativen Umständen* (Entgeltge-
rechtigkeit, Regelung der Arbeitszeit und -organisation etc.) gesucht bzw. in Personvariablen, die man sich ihrerseits als vorwiegend durch die Situation bestimmt vorstellt (Arbeitszufriedenheit).

In dieser Arbeit wird das Phänomen überwiegend aus einer anderen Perspektive
betrachtet. Personaldiebstahl, „Blaumachen", Alkoholmißbrauch am Arbeitsplatz,
unkooperatives Verhalten gegenüber Kollegen und anderes mehr werden als Manifestationen eines *einzigen Verhaltenssyndroms* angesehen, das mit dem Begriff
„Kontraproduktivität" bezeichnet werden soll. Obwohl die Ursachen derartigen Verhaltens sicher vielschichtiger Natur sind und die bedeutende Rolle äußerer Gegebenheiten durchaus nicht bestritten wird, soll hier der Schwerpunkt auf eine *personalisti-*

sche Erklärung gelegt werden, die stabile Dispositionen des individuellen Mitarbeiters in den Vordergrund stellt - Eigenschaften, die mit Hilfe eignungsdiagnostischer Tests erfaßt werden können und damit eine Intervention bereits im Prozeß der Personalauswahl möglich machen. Ferner wird die Möglichkeit erörtert, daß kontraproduktive Verhaltensweisen keineswegs unabhängig von den angesprochenen „positiven" oder produktiven Leistungen zu betrachten sind.

Die Grundlagen dieser im folgenden zu entwickelnden Sichtweise entstammen unterschiedlichen Quellen. Zum einen hat sich in den letzten Jahren in Nordamerika ein neuartiger Typus psychologischer Eignungstests durchgesetzt, der dort unter den Bezeichnungen „honesty" bzw. „integrity tests" firmiert und explizit zur Prognose kontraproduktiven Verhaltens unterschiedlicher Art entwickelt wurde. Für die prädiktive Validität dieser Instrumente bezüglich der angestrebten Kriterien und weit darüber hinaus liegt inzwischen so umfangreiche Bestätigung vor, daß die geringe Beachtung dieser Verfahrensklasse durch die deutschsprachige Organisationspsychologie nur verwundern kann. Den zweiten konzeptionellen Stützpfeiler der vorliegenden Arbeit bildet eine neuere kriminologische Theorie gleichfalls amerikanischer Herkunft, die deviantes Verhalten durch eine stabile Eigenschaft mangelnder Selbstkontrolle erklärt und dabei einen Geltungsbereich beansprucht, der weit über kriminelles Verhalten im juristischen Sinne hinausgeht. Schließlich liegen einige jüngere Arbeiten zur Theorie beruflicher Leistung vor, die darauf hindeuten, daß man sich dieses Konstrukt bislang komplexer und situationsabhängiger vorgestellt hat als es für eine angemessene Beschreibung der Realität notwendig wäre.

In der vorliegenden Arbeit soll versucht werden, diese auf den ersten Blick sehr unterschiedlichen Ansätze aufzuarbeiten und Verbindungslinien zwischen ihnen aufzuzeigen. Der Schwerpunkt wird dabei auf den beiden ersten Punkten, der Forschung zu Integrity Tests und der Theorie mangelnder Selbstkontrolle liegen, da diese die unmittelbare Grundlage für den empirischen Teil der Untersuchung bilden. Diese Studie steht im Kontext eines von der Deutschen Forschungsgemeinschaft geförderten Projekts, in dessen derzeit laufender letzter Untersuchungsphase versucht wird, den Bogen zu Aspekten allgemeiner beruflicher Leistung zu schlagen. Diese im betrieblichen Feld durchgeführte Erhebung ist nicht mehr Gegenstand der vorliegenden Arbeit, baut aber unmittelbar auf den hier vorgestellten konzeptionellen Vorarbeiten auf. Ziel ist die Überprüfung eines Modells personaler Determinanten beruflicher Leistung mit den erklärenden Variablen Selbstkontrolle und Intelligenz.

Der empirische Teil der hier vorgestellten Untersuchung ist daher als abgeschlossenes, für sich genommen aussagekräftiges Modul eines gleichwohl umfassenderen Projektes zu verstehen. Er besteht seinerseits wieder aus mehreren aufeinander aufbauenden Erhebungen. Zunächst machte die Absicht, in Deutschland Forschung mit Integrity Tests zu betreiben, die völlige Neuentwicklung eines entsprechenden Fragebogens notwendig, da hierzulande noch kein derartiges Verfahren vorlag. Dessen grundsätzliche Eignung wurde in einer Pilotstudie mit einer Kurzform des Tests an einer kleinen Stichprobe im Feld überprüft. Anschließend wurde eine lange Erprobungsform des Integrity Test konstruiert. Ein zweiter, völlig neu entwickelter Fragebogen operationalisiert das Konstrukt „Selbstkontrolle" im Sinne der erwähnten kriminologischen Theorie. Beide Verfahren wurden einer studentischen Stichprobe vorgelegt, was zunächst vorwiegend der Ermittlung teststatistischer Gütekriterien als Grundlage einer Revision der Instrumente diente. Diese revidierten Verfahren wurden dann an einem dritten, wiederum studentischen Sample zusammen mit einer umfangreichen Batterie psychologischer Tests, deskriptiver Merkmale sowie einiger Verhaltensmaße erhoben. Vorrangiges Ziel dieser Untersuchung war die Überprüfung zuvor postulierter Beziehungen der gemessenen Konstrukte.

Zusammenfassend lassen sich also folgende Fragestellungen der vorliegenden Arbeit herausarbeiten:

1. Lassen sich kontraproduktive Verhaltensweisen am Arbeitsplatz aus stabilen Dispositionen der Arbeitsplatzinhaber prognostizieren? Wie sind die zu diesem Zweck entwickelten Auswahlinstrumente (Integrity Tests) entstanden und wie valide sind sie in der Praxis? Welche Probleme ergeben sich aus Fragen der Akzeptanz und der sozialen Erwünschtheit?
2. Was messen Integrity Tests? Welche Beziehungen bestehen zwischen „Integrität", allgemeinen Persönlichkeitsvariablen und kognitiven Fähigkeiten? Welche Unterschiede bestehen dabei zwischen verschiedenen Arten von Integrity Tests?
3. Was ist eigentlich „Kontraproduktivität" und welche praktische Relevanz besitzt dieses Verhalten für Wirtschaftsorganisationen und deren Mitarbeiter? Welche Beziehungen bestehen zwischen einzelnen als „kontraproduktiv" klassifizierten Verhaltensweisen und wie lassen sich diese Beziehungen erklären? Wie verhält sich Kontraproduktivität zu Maßen allgemeiner beruflicher Leistung?
4. Welche theoretischen Erklärungen wurden bislang für kontraproduktives Verhalten vorgelegt und wie sind sie zu beurteilen? Welche Rolle spielen dabei die Faktoren Person und Situation? Wie ist das Konzept der Selbstkontrolle zu interpretieren und in welchem Zusammenhang steht es zu Integrity Tests, allgemeinen Persönlichkeitsmodellen, Kontraproduktivität und beruflicher Leistung?
5. Lassen sich die Ergebnisse amerikanischer Forschung zu Integrity Tests, Kontraproduktivität und deren Korrelaten auf den deutschen Sprachraum übertragen?

Nicht zu allen angesprochenen Fragestellungen können in dieser Untersuchung eigene empirische Ergebnisse vorgelegt werden. Zu einigen Punkten muß auf die Literatur bzw. auf die erwähnte Feldstudie verwiesen werden, die zum Zeitpunkt der Fertigstellung der vorliegenden Arbeit noch nicht abgeschlossen war. Generell ist die Arbeit so strukturiert, daß zunächst der Stand der Forschung anhand der vorliegenden Literatur dargestellt wird. Daraus wird die konzeptionelle Sichtweise abgeleitet, wie sie, stark vergröbert, bereits in dieser Einführung angeklungen ist. Schließlich werden die Ergebnisse der eigenen Untersuchungen vorgestellt und diskutiert.

2 Integrity Tests

2.1 Die historische Perspektive: Ursprünge und moderne Entwicklung

Hast Du schon einmal von Häretikern sprechen hören?
Glaubst Du, was diese Häretiker sagen?
Kennst Du Häretiker hier in der Gegend?
Wie lange bist Du schon Häretiker?

aus einem offiziellen Fragenkatalog der französischen Inquisition während der Katharer-Verfolgung, ca. 1235

Die Idee, unerwünschte Verhaltensweisen mittels standardisierter Befragungen zu ergründen, hat eine lange Tradition (Ash, 1991a). Auch wenn das eingangs zitierte Beispiel nicht unbedingt als unmittelbarer Vorläufer heutiger Integrity Tests gewertet werden sollte - u.a. ist man davon abgekommen, Täuschungsversuchen und Tendenzen zu sozial erwünschtem Antwortverhalten mit Streckbank und Daumenschrauben zu begegnen -, besteht eine erstaunlich enge Verwandtschaft zwischen zumindest einigen dieser Verfahren und forensischen Befragungstechniken. Eine andere Gruppe von Integrity Tests steht dagegen in der Tradition eines bestimmten Zweiges der differentiellen Psychologie, deren wichtigster Beitrag die Konstruktion allgemeiner Persönlichkeitsinventare auf der Grundlage empirischer Validierung von Einzelitems ist. Es ist für das Verständnis des Themengebietes, insbesondere für die derzeit gängige Unterscheidung zweier Testkategorien, bedeutsam, die historischen Entwicklungslinien nachzuzeichnen, die das heutige Bild dieser Art eignungsdiagnostischer Verfahren geprägt haben.

2.1.1 Frühe Integrity Tests

Während des zweiten Weltkriegs erhielt der amerikanische Armeepsychologe G.L. Betts den Auftrag, ein Auswahlinstrument zu konstruieren, mit dessen Hilfe sich Rekruten mit kriminellem Hintergrund identifizieren lassen sollten (Ash, 1991b; Ash & Maurice, 1988). Betts war, wie die meisten Psychologen seiner Zeit, freudianisch geprägt und suchte folgerichtig den Ursprung devianten Verhaltens in frühen Kindheitserlebnissen, die zu einer mangelhaften Ausbildung des „Über-Ich" führen. Als Eignungsdiagnostiker war er jedoch nicht so sehr an der tiefenpsychologischen Ergründung dieser Ursachen interessiert, sondern begnügte sich damit, offene Manifestationen (z.B. „Wie oft haben Sie Sachen gestohlen, bevor Sie 12 Jahre alt waren?") des in Frage stehenden Verhaltensbereichs aus der Kindheit zu erfassen und auf ihre empirische Validität bezüglich des Verhaltens im Erwachsenenalter zu überprüfen. Er bediente sich dazu der Methode der empirischen Itemselektion mittels Kontrastgruppen, die in der Eignungsdiagnostik bereits seit langem zur Validierung biographischer Fragebogen erfolgreich angewendet worden war (vgl. Stehle, 1986; Stokes, 1994). Dabei wird zunächst ein umfangreicher Pool an Fragen zusammengestellt, die anschließend Item für Item auf ihre Fähigkeit untersucht werden, zwischen zwei oder mehr zuvor festgelegten Gruppen zu diskriminieren, die sich hinsichtlich des interessierenden Kriteriums möglichst deutlich unterscheiden (hier waren es Strafgefangene vs. Armeesoldaten). Lediglich solche Fragen, in deren Beantwortung sich empirisch eine hinreichende Differenz zwischen den Gruppen ergibt, werden für das endgültige Instrument ausgewählt.

Das Ergebnis von Betts' Arbeit war die 1947 (Betts; nach Ash, 1991a) veröffentlichte *Biographical Case History* (BCH), ein 67-Item-Fagebogen, der neben den angesprochenen Eingeständnissen abweichenden Verhaltens auch Einstellungen (z.B. „Wie weit kann man den meisten Menschen trauen?") enthielt. Dieses Instrument erzielte in der Kreuzvalidierung eine biseriale Korrelation von r = .43 für das Kriterium der Diskriminanz zwischen den Kontrastgruppen (Ash, 1991b). Es stellt den ersten, direkt für Auswahlzwecke konzipierten Test zur Prognose devianten Verhaltens dar.

Betts entwickelte später zusammen mit R.N. Cassel eine zivile Variante der BCH, das *Life Experience Inventory* (LEI, Cassel & Betts, 1956), für das nach dem Diskriminanzkriterium beachtliche Validitäten über r = .50 berichtet werden (Ash, 1991b), wenngleich bei diesem Design, wie noch zu diskutieren sein wird, mit einer gewissen Überschätzung der Validität gerechnet werden muß. Dennoch wurde das Instrument Ende der 50er Jahre, im Zuge der damals hohe Wellen schlagenden Diskussion um die Bedrohung der Privatsphäre durch psychologische Tests, vom Markt genommen (Ash & Maurice, 1988). Damit war dieser Zweig der Integrity-Forschung, der unmittelbar in der Tradition der Verwendung biographischer Daten für die Personalauswahl steht (vgl. Schuler & Marcus, in Vorb.), für lange Zeit abgestorben und blieb es eigentlich bis heute, von einigen zaghaften Wiederbelebungsversuchen abgesehen (siehe Abschnitt 2.2.2 unten). Ash (1991b) legte kürzlich eine revidierte Fassung des LEI vor.

Unabhängig von der Arbeit Betts' und Cassels begann Ende der 40er Jahre J.E. Reid einen Test zu entwickeln, der unter dem Namen *Reid Report* 1951 erstmals vorgestellt wurde (Brooks & Arnold, 1989). Reid, ein gelernter Jurist, hatte sich zusammen mit F.E. Inbau vor allem als Pionier der Polygraphie einen Namen gemacht. Der Polygraph, dessen technische Entwicklung sich bis ins letzte Jahrhundert zurückverfolgen läßt, ist eine Maschine[1], die während einer Befragung physiologische Daten wie Puls, Blutdruck oder elektrogalvanische Reaktionen aufzeichnet. Ihren Nutzen

---

[1] Der von Hugo Münsterberg eingeführte populärere Begriff „Lügendetektor" bezieht sich auf eine spezifische *Anwendung*.

für die weitaus bekannteste forensische Anwendung, die Überprüfung des Wahr-
heitsgehaltes der Aussagen von Zeugen oder Angeklagten im Verhör, entfaltet sie
erst in Verbindung mit bestimmten Befragungstechniken (vgl. Podlesny & Raskin,
1977), deren verbreitetste auf John Reid zurückgeht. Bei dieser *Kontrollfragentechnik* werden die physiologischen Werte bei der Beantwortung „kritischer Fragen", die
sich auf eine konkrete Tat beziehen, mit den Reaktionen auf relativ allgemein gehaltene Kontrollfragen (z.B. „Haben Sie jemals daran gedacht, etwas zu stehlen?") verglichen. An solche zwar allgemeinen, aber unverblümt auf Einstellungen und Eingeständnisse delinquenten Verhaltens zielende Kontrollfragen sind die Items des
Reid Report angelehnt; was im Ergebnis, trotz der ganz unterschiedlichen Entstehungsgeschichte, auf eine erstaunliche Ähnlichkeit mit dem BCH/LEI hinausläuft
(Ash, 1991a, ordnet beide derselben Kategorie zu).

Reid wandte seinen Test bereits früh für Personalauswahlzwecke an, begann aber
erst Ende der 60er Jahre, systematische Forschung zu dessen psychometrischen Eigenschaften zu initiieren (Ash, 1991a). Als Kriterium dienten hier zunächst die Ergebnisse polygraphischer Sitzungen, für die eine hohe Übereinstimmung mit dem -
wohlgemerkt - reinen Papier- und Bleistiftverfahren erzielt wurde (Ash, 1971). Der
Reid Report wird nach wie vor vertrieben und zählt heute, nach mehrfachen Revisionen und einer erheblichen Erweiterung der Validierungsbemühungen, zu den verbreitetsten Integrity Tests. Er kann als Stammvater einer inzwischen umfangreichen
Gruppe gleichartiger Verfahren gelten.

Während in den bislang dargestellten Tests ein relativ direkter Zugang zu dem interessierenden Verhaltensbereich favorisiert wurde, gab es bereits in der ersten Hälfte
des Jahrhunderts Versuche, auf sehr viel indirektere Weise kriminelle Neigungen zu
diagnostizieren, zunächst jedoch ohne Bezug zur Personalauswahl. Spezielle Aus-
wertungsschlüssel, mit deren Hilfe sich Kriminelle von der Normalbevölkerung unterscheiden lassen sollten, wurden für so verschiedenartige Instrumente wie den *Ror-
schach-Test*, den wohl bekanntesten projektiven Persönlichkeitstest, *Porteus Mazes*,
ein ursprünglich als „kulturfreier" Intelligenztest gedachtes Verfahren oder die graphologische Beurteilung von Handschriften entwickelt (Ash, 1991a). Gemeinsam ist
allen diesen Instrumenten, daß der Bezug zu kriminellem Verhalten dem Laien praktisch vollkommen unzugänglich ist. Sie sind damit gegen jegliche Selbstdarstellungstendenzen weitgehend immunisiert. Daß dieser Vorzug durch gravierende Mängel an anderer Stelle, v.a. bezüglich der wichtigsten testtheoretischen Gütekriterien
i.d.R. bei weitem überkompensiert wird, kann im Rahmen dieser Arbeit lediglich
konstatiert werden (vgl. z.B. Amelang & Bartussek, 1997).

Projektive Tests und ähnlich indirekte Verfahren sind m.W. nie in nennenswertem
Umfang zur Prognose devianten Verhaltens in der Berufseignungsdiagnostik eingesetzt worden. Dies gilt jedoch nicht für eine andere Gruppe von Instrumenten, die
gleichfalls eine wichtige Rolle in der Frühzeit der psychologischen Kriminologie
spielten (Blackburn, 1993): kriterienbezogen bzw. empirisch skalierte Persönlichkeitsinventare. Deren weitaus einflußreichster, bis heute eingesetzter Vertreter ist das
Minnesota Multiphasic Personality Inventory (MMPI, Hathaway & McKinley, 1951;

deutsch: Spreen, 1963). Vom MMPI führt eine direkte Linie zu einer zweiten Gruppe heutiger Integrity Tests, die es im folgenden nachzuzeichnen gilt. Das Instrument wurde ursprünglich als klinisches Breitbandinventar zur Diagnose psychopathologischer Störungen entwickelt. Dazu wurden zunächst ca. 1000 Items generiert, die sich inhaltlich an der Symptomatik verschiedener Störungen orientierten, und von klinisch als Schizophrene, Paranoiker, Maniker usw. diagnostizierten Patienten sowie einer psychiatrisch unauffälligen Vergleichsgruppe bearbeitet. Daraus entstanden schließlich zehn Skalen mit insgesamt 550 Items, deren Gehalt sich ausschließlich auf die empirisch festgestellte Diskriminationsfähigkeit der einzelnen Stimuli zwischen den Kontrastgruppen gründete. Diese streng kriterienbezogene Vorgehensweise entspricht exakt dem oben geschilderten Konstruktionsprinzip beim BCH/LEI. Die Items sind jedoch, den Kriterien entsprechend, wesentlich heterogener und beziehen sich häufig auf Beschreibungen eigener Eigenschaften und Gefühlszustände (z.B. „Ich glaube, daß ich nicht nervöser bin als andere.", „Ich habe Angst, den Verstand zu verlieren.").

Aus dem Itemmaterial des MMPI wurde bereits frühzeitig eine Vielzahl weiterer Skalen zur Unterscheidung verschiedener Kontrastgruppen gebildet (Spreen, 1963, listet mehr als 80 Subskalen auf), die nach dem gleichen Muster konstruiert waren wie die Originalskalen, darunter auch einige zur Identifikation von Kriminellen. Obwohl diese Skalen durchaus *zwischen* den Gruppen diskriminierten (Monachesi & Hathaway, 1969), wofür das Konstruktionsprinzip eine gewisse Gewähr bietet, zählt zu den zahlreichen Kritikpunkten am MMPI (vgl. Amelang & Bartussek, 1997) eine - wiederum konstruktionsbedingte - Schwäche bei der Differenzierung *innerhalb* einer Normalpopulation (Costa, Zonderman, McCrae & Williams, 1985).

Diesen Mangel zu beheben war eines der Ziele der Gruppe um Harrison Gough bei der Konstruktion des *California Psychological Inventory* (CPI, Gough, 1975 [Erstpublikation 1957]; deutsch: Weinert, Streufert & Hall, 1982), das vom MMPI gleichwohl nicht nur einen erheblichen Teil seiner Items bezieht, sondern weitgehend auch die Form der Skalenkonstruktion (Kontrastgruppen). Eine der 18 Subskalen, von *Delinquency* später in *Socialization* (CPI-So) umbenannt, wurde ausdrücklich zur Identifizierung delinquenter Gruppen konzipiert (Gough & Peterson, 1952), soll aber gleichzeitig innerhalb der Normalpopulation und auch zwischen verschiedenen Graden der Delinquenz kontinuierlich differenzieren (Gough, 1960). Die 54-Item-Skala ist ungewöhnlich heterogen zusammengesetzt. Sie enthält biographische Angaben („In der Schule mußte ich manchmal wegen dummer Streiche zum Rektor kommen."), Einstellungen („Ich verliere den Glauben an die Justiz, wenn ein gerissener Rechtsanwalt den Freispruch eines Verbrechers erzielt") und Selbstbeurteilungen („Ich glaube nicht, daß ich ganz so glücklich bin, wie andere es anscheinend sind.") mit oder ohne offensichtlichen Bezug zu deviantem Verhalten („Ich bin nie mit dem Gesetz in Konflikt geraten.", „Ich glaube, daß Lincoln größer war als Washington.").

Die So-Skala entstand als unmittelbare Reaktion auf ein einflußreiches Überblicksreferat (Schuessler & Cressey, 1950), das zu dem Schluß kam, daß in mehr als 100 Studien aus 25 Jahren ein konsistenter Zusammenhang zwischen Kriminalität und Persönlichkeitsmerkmalen nicht nachzuweisen sei. Nachdem der Gegenbeweis dieser These geführt worden war, entdeckte Gough sehr bald auch die Anwendungs-möglichkeiten seiner Skala für berufliche Eignungsdiagnostik. So entstand 1954 eine erste Version des *Personnel Reaction Blank* (PRB), „...modelled after the CPI-Socialization Scale" (Gough, 1971, p.669). Der PRB soll ein eindimensionales Kon-strukt erfassen, dem Gough (1971) den Namen „wayward impulse" (in etwa: Wider-spenstigkeit, Unberechenbarkeit) gab. Der Test wurde, neben den bekannten Kon-trastgruppen, bereits in den 60er Jahren auch an berufsbezogenen Kriterien wie Vor-gesetztenbeurteilungen der Arbeitsqualität validiert. Am Vorbild des PRB - bzw. indirekt an der CPI-So - orientiert sich eine ganze Gruppe moderner Integrity Tests.

2.1.2 Moderne Entwicklung

Mitte der sechziger Jahre waren also ganze zwei Integrity Tests auf dem Markt, der Reid Report und der PRB (kurze Zeit später wurde der ersterem sehr ähnliche *Stanton Survey* publiziert, vgl. W.G. Harris, 1987). Weder existierte umfangreiche empirische Forschung zu diesen Instrumenten, noch gab es einen Namen für die Ver-fahrensgruppe. 25 Jahre später zählt die Monographie von O'Bannon, Goldinger und Appleby (1989) bereits 43 derartige Tests auf und einige Jahre darauf konnten für eine Metaanalyse (Ones, Viswesvaran & Schmidt, 1993) weit über 600 Validie-rungsstudien zu diesen Verfahren identifiziert werden. Die Vermarktung dieser aus-schließlich kommerziell angebotenen Instrumente hatte sich zu einem veritablen Wirtschaftszweig ausgewachsen (Dalton & Metzger, 1993), mit jährlich mehr als fünf Millionen Testdurchführungen allein in den USA (Nye, 1989). Die Ursachen für diese Entwicklung sind zunächst eher pragmatischer Natur; sie liegen in wachsendem Problemdruck, juristischen Entscheidungen zum Nachteil alternativer Auswahlver-fahren und dem Marktzutritt einiger dynamischer Testverlage. Das nach wie vor im Fluß befindliche Feld gründet sich nicht auf eine geschlossene Theorie; die wissen-schaftliche Aufarbeitung, insbesondere aus theoretischer Sicht, erfolgte fast immer gewissermaßen ex post facto, wie im folgenden aufzuzeigen sein wird.

Personaldelikte wurden lange Zeit kaum als gravierendes Problem wahrgenom-men, was einerseits mit dem lang anhaltenden wirtschaftlichen Aufschwung der Nachkriegszeit zusammenhängen mag, der eine genauere Erforschung der Ursachen von „Inventurdifferenzen" oder „Fehlzeiten" vielleicht nicht vordringlich oder op-portun erscheinen ließ, andererseits aber auch mit einem seinerzeit geringeren Aus-maß des Problems. Arnold, Jones und Harris (1990) berichten jährliche Steigerungs-raten von 15 % für Mitarbeiterdiebstahl; Jones und Terris (1991) zitieren eine Studie, derzufolge Personaldelikte für zehn bis dreißig Prozent der Insolvenzen in der ameri-kanischen Wirtschaft entscheidend mitverantwortlich sind. Letzteres Problem wird naturgemäß in Zeiten sinkender Gewinnmargen auch dann virulent, wenn die Dieb-stahlsraten konstant bleiben. Folgerichtig wird auch in Deutschland die Inventurdif-ferenz häufig als Anteil am Umsatz angegeben; er wird im Handel auf ca. 1,1 bis 1,2 % geschätzt (o.V., 1996), was im Mittel zu einer Halbierung der Umsatzrendite führt, im Einzelfall aber auch schnell in die Verlustzone führen kann. Auf das genaue Ausmaß des Problems wird später noch ausführlicher einzugehen sein; an dieser Stelle soll der Hinweis genügen, daß es in den vergangenen Jahrzehnten tendenziell zugenommen hat und zunehmend als Problem wahrgenommen wird. In einem solchen Fall wird i.d.R. die Suche nach einer Lösung intensiviert. *Ein* denkbarer Weg besteht darin, Mitarbeiter mit problematischen Verhaltensneigungen bereits frühzeitig zu identifizieren und gar nicht erst einzustellen. Daß so etwas möglich sein könnte, hat man in Nordamerika noch nie für abwegig gehalten.

Allerdings waren etwa zwei Jahrzehnte lang nicht Integrity Tests die Methode der Wahl, sondern Befragungen, in denen die Kandidaten an einen Polygraph angeschlossen waren. Honts (1991) schätzt, daß in den USA bis 1988 mindestens zwei Millionen polygraphische Untersuchungen jährlich zu Personalauswahlzwecken durchgeführt wurden; häufig sicher in einem unkritischen Glauben an die Unfehlbarkeit dieser „Wahrheitsmaschinen".

Die Übertragung von Lügendetektoren aus forensischen Anwendungen auf die Eignungsdiagnostik erwies sich jedoch schon bald als ausgesprochen problematisch. So beruht bspw. Reids Kontrollfragentechnik, die weitaus verbreitetste und valideste Befragungsmethode im kriminalistischen Anwendungsfeld (Podlesny & Raskin, 1977; Sackett & Decker, 1979), darauf, daß eines bestimmten Vergehens Schuldige durch sog. relevante Fragen, die sich auf eben dieses Vergehen beziehen („Haben Sie am Tag X die Tankstelle Y überfallen?"), sehr viel stärker aktiviert werden als durch allgemein gehaltene Kontrollfragen („Haben Sie jemals Geld gestohlen?"). Bei Unschuldigen verhält es sich dagegen genau umgekehrt. Unglücklicherweise werden aber gerade diese Kontrollfragen in Auswahlsituationen relevant, während Informationen zu spezifischen Vergehen in der Regel nicht vorliegen. Dies macht die Interpretation äußerst schwierig; die forensisch wirkungsvollste Methode ist für die Personalauswahl weitgehend unbrauchbar (Murphy, 1993). Daneben existieren noch andere Probleme wie die mangelnde Objektivität durch die Anfälligkeit der Interviewer für Vorurteile und -informationen (Sackett & Decker, 1979; Saxe, 1991) oder die Beeinflußbarkeit der Meßergebnisse durch relativ einfache Techniken oder die Befragungssituation selbst (Honts, 1991). Diese und andere Kritikpunkte führten schließlich dazu, daß die *American Psychological Association* (APA) in einer Resolution 1986 den Einsatz der Polygraphie in der Personalauswahl für unvereinbar mit ihren Teststandards erklärte. Nachdem bereits zuvor einzelne Staaten entsprechende Gesetze erlassen hatten, wurde daraufhin der Lügendetektor für Auswahlzwecke durch den *Employee Polygraph Protection Act* 1988 auf Bundesebene verboten - mit einigen bemerkenswerten Ausnahmen für sicherheitssensible Bereiche vor allem im öffentlichen Dienst. Diese Ausnahmen machen aber zahlenmäßig nur ca. 15 % des ursprünglichen Umfangs der Befragungen aus (Bergmann, Mundt & Ilgen, 1990).

Die wachsende Zahl einzelstaatlicher Einschränkungen in den siebziger Jahren, spätestens aber das Erscheinen eines vom U.S.-Kongreß in Auftrag gegebenen Forschungsberichts 1983, der dem Einsatz von Lügendetektoren für die Personalauswahl fast vollständigen Mangel an Validität bescheinigte (vgl. Sackett, Burris & Callahan, 1989), machte deren generelle Verbannung aus diesem Einsatzgebiet bereits lange

vor Erlaß des Employee Polygraph Protection Act absehbar. Integrity Tests trafen
also in den siebziger und verstärkt in den achtziger Jahren auf ein günstiges Umfeld,
einen expandierenden Markt, auf dem das bedeutendste Konkurrenzprodukt zunehmend unter wissenschaftlichen und gesetzlichen Druck geriet. Die Folge war der
Marktzutritt einer wachsenden Zahl von Testverlagen mit eigenen Verfahren, die zunächst fast ausschließlich am Vorbild des Reid Report orientiert waren. In dem
Bestreben, den Lügendetektor durch eine gleichsam parallele Papier-und-Bleistift-
Form zu ersetzen, wurde als Validierungskriterium in dieser Zeit vorwiegend die
Übereinstimmung mit Polygraphieergebnissen herangezogen; inhaltlich ging es in
erster Linie um die Prognose von Personal*diebstahl* (Sackett & Harris, 1984). Um
1980 bürgerte sich auch erstmals eine Sammelbezeichnung für die Verfahrensgruppe
ein, der Begriff „honesty tests", der sich damals nur auf die in der Tradition des Reid
Report stehenden Instrumente bezog.

Die wissenschaftliche Öffentlichkeit beobachtete die Entwicklung zunächst mit
erheblicher Skepsis, was sich u.a. in den zum Teil vernichtenden Testkritiken einschlägiger Sammelbände widerspiegelt (z.B. Brodsky, 1978; Ganguli, 1985; Kleinmuntz, 1989; N. Schmitt, 1985). Mehrere Gründe waren ausschlaggebend für diese
Vorbehalte. „Honesty tests" wurden von Anfang an durch kommerzielle Testverlage
angeboten, die ihre Produkte abseits wissenschaftlicher Diskussions- und Publikati-
onsformen entwickelt hatten. Mitte der achtziger Jahre lagen lediglich zu drei Tests -
dem PRB (Gough, 1971), dem Reid Report (Ash, 1971) und dem *Personnel Selection Inventory* (PSI; Jones & Terris, 1983; Terris & Jones, 1982) - überhaupt Veröf-
fentlichungen in Fachperiodika vor. Einige Verleger verkauften ihre Tests, ohne den
Nachweis formeller Normierungs- und Validierungsstudien erbringen zu können;
soweit solche Untersuchungen stattfanden, wurden sie fast ausschließlich durch Mitarbeiter der Verlagshäuser selbst durch geführt. Unabhängige Forschung wurde - und
wird bis heute - dadurch erschwert, daß die Itemschlüssel, also die Anweisung zur
Berechnung von Skalenwerten aus den einzelnen Responses, ausnahmslos proprietär
behandelt werden. Anwender schicken ausgefüllte Testexemplare an den Verlag und
erhalten von diesem die fertige Auswertung rückgemeldet, oft nur in Form einer globalen Einstellungsempfehlung. Diese Praxis ist ungewöhnlich für den Vertrieb psychologischer Tests, bei denen normalerweise die Auswertung mittels beigelegter
Schablonen dem Anwender überlassen wird.

Bis etwa zur Mitte der achtziger Jahre läßt sich also ein nach den Gesetzen des
Marktes expandierendes Feld kommerziell betriebener Personalauswahl beobachten,
dem die Wissenschaft mit gehörigem kritischen Abstand und insgesamt eher mäßi-
gem Interesse gegenüberstand. Dies hat sich seither grundlegend verändert. Ein Pionier der unabhängigen Forschung zu Integrity Tests ist zweifellos Paul Sackett, der -
mit wechselnden Mitarbeitern - u.a. durch eine Reihe in der Zeitschrift *Personnel
Psychology* erschienener Überblicksarbeiten (chronologisch: Sackett & Decker, 1979
[hier noch mit dem Schwerpunkt Polygraphie]; Sackett & Harris, 1984; Sackett,
Burris & Callahan, 1989; Sackett & Wanek, 1996) einflußreiche konzeptionelle Beiträge geleistet hat. Mehrere weitere Sammelreferate und Monographien sind inzwi-

schen zu dem Thema erschienen (Guastello & Rieke, 1991; Jones, 1991a; Marcus, Funke & Schuler, 1997; Miner & Capps, 1996; Murphy, 1993; O'Bannon, Goldinger & Appleby, 1989); daneben beschäftigen sich ungezählte Einzelpublikationen, Studienabschlußarbeiten und Dissertationen mit dem Gebiet (hervorzuheben ist hier insbesondere die Arbeit von Ones, 1993, und Ones et al., 1993). Auch für diese Entwicklung gibt es eine Reihe von eher pragmatischen Gründen, die sich vielleicht am besten aus der Perspektive des Historikers aufarbeiten lassen.

Über der Vielzahl neu erschienener Honesty Tests mit polygraphischem Hintergrund war die Tradition aus Persönlichkeitstests abgeleiteter Verfahren ein wenig in Vergessenheit geraten (Sackett & Harris, 1984, erwähnen den PRB nicht). Dies änderte sich ab Mitte der achtziger Jahre durch das Erscheinen mehrerer derartiger Tests (für Übersichten über Einzelverfahren vgl. Marcus, 1993; O'Bannon et al., 1989; Sackett et al., 1989), von denen zumindest zwei den Produkten der ersteren Kategorie ein ungleich größeres Renommee ihrer Herausgeber voraushatten. Der eine ist das *Employment Inventory* (PDI-EI; Paajanen, 1988) aus dem Hause *Personnel Decisions, Inc.*, dem namhaftesten Privatinstitut für Eignungsdiagnostik in den USA, das von dem Doyen der amerikanischen Personalpsychologie, Marvin Dunnette, gegründet wurde; der andere ist der *Employee Reliability Index* (ERI) von Joyce und Robert Hogan (Hogan, 1986; Hogan & Hogan, 1989), die beide ein hohes Ansehen als Persönlichkeitsforscher genießen. Pauschalurteile, die sich auf aggressive Vermarktung oder Zweifel an der Glaubwürdigkeit hauseigener Forschung gründen (siehe die oben zitierten Testkritiken), fließen angesichts solcher Adressen naturgemäß weniger leicht aus der Feder.[2]

Aber auch von seiten einiger Verleger der am Reid Report orientierten Testkategorie hatte man inzwischen einiges gegen den Eindruck mangelnder Seriosität unternommen. Dies dokumentiert sich u.a. an der sprunghaft anwachsenden Zahl von Fachpublikationen. Einen nicht unerheblichen Anteil daran hat das 1986 erstmals erschienene *Journal of Business and Psychology* (JBPs), dessen erster Herausgeber gleichzeitig Entwicklungsvorstand beim derzeit marktführenden Integrity-Testverlag *London House, Inc.* und Autor des dort vertriebenen PSI war (Arnold et al., 1989). Diese zugegebenermaßen auffällige Koinzidenz sollte allerdings nicht darüber hinwegtäuschen, daß das JBPs eine nach wissenschaftlichen Standards arbeitende Zeitschrift ist (z.B. werden zwei unabhängige Fachgutachten zur Annahme eines Manuskripts verlangt), in der auch namhafte, von London House unabhängige Forscher z.T. sehr anspruchsvolle Arbeiten publizieren, und daß es in der amerikanischen Kultur generell als weniger ehrenrührig gilt, gleichzeitig unternehmerisch und wissenschaftlich tätig zu sein.

Eine Folge der Entwicklung neuerer, aus Persönlichkeitstests abgeleiteter Verfahren war, daß nun erstmals zwei *Gruppen* von Tests mit sehr unterschiedlicher Tradition, aber ähnlichem Zweck zur Verfügung standen. Dies wiederum zog, in Verbin-

---

[2] Beide Verfahren sind im übrigen explizit aus dem PRB bzw. der CPI-So-Skala abgeleitet (Hogan & Hogan, 1989; Woolley & Hakstian, 1992). Als vorherrschendes Konstruktionsprinzip dieser und ähnlicher neuerer Tests diente nach wie vor die Trennung von Kontrastgruppen.

dung mit inhaltlichen Verschiebungen, die noch nachzutragen sein werden, einige vordergründig terminologische Konsequenzen nach sich. Zunächst wurde der Gattungsbegriff „honesty tests" durch die heute dominierende Bezeichnung „integrity tests" ersetzt (siehe z.B. Sackett & Harris, 1984, vs. Sackett et al., 1989), wenngleich noch immer gelegentlich von „honesty" die Rede ist (z.B. bei Miner & Capps, 1996, was in der Buchkritik von Wanek, 1997, auch sogleich moniert wird). Dies ist keineswegs nur ein sprachliches Detail, hat doch das Wort „integrity" in englischen Wörterbuchdefinitionen wie in der philosophischen Begriffsexegese (vgl. McFall, 1987) eine wesentlich breitere Bedeutung, die „Ehrlichkeit" als *Teilbereich* einschließt.

Mit dieser begrifflichen Erweiterung des Prädiktors einher ging eine ganz ähnliche Entwicklung auf seiten der Kriterien. Ging es bei den am Reid Report orientierten Verfahren zunächst vorwiegend um die Prognose des Diebstahls von Waren oder Geld am Arbeitsplatz (Ash, 1971; Terris & Jones, 1982), so waren die aus Persönlichkeitstests abgeleiteten Instrumente von Anfang an auf einen breiteren Kriterienbereich zugeschnitten (Gough, 1971; Hogan & Hogan, 1989; Rafilson, 1991). Für zahlreiche der ersten Kategorie zugehörige Tests wurden jedoch nachträglich den ursprünglichen Diebstahlitems immer neue Subskalen zur Vorhersage von Absentismus, Drogenmißbrauch, Gewalt gegenüber Kollegen etc. hinzugefügt (vgl. Marcus, 1993), was gewissermaßen über Umwege zu einem vergleichbaren Ergebnis führt - ein Kriterienbereich, der aus einer ganzen Klasse von Verhaltensweisen besteht. Eine Reihe alternativer Bezeichnungen wurden zur Umschreibung dieses Verhaltensbereichs vorgeschlagen, am gebräuchlichsten ist jedoch inzwischen der Begriff „Kontraproduktivität". Die Berechtigung einer solchen Klassifikation und die Position der darin zusammengefaßten Verhaltensweisen im Kontext allgemeiner beruflicher Leistung wird noch ausführlicher zu diskutieren sein.

Die dritte, für den aktuellen Stand des Forschungsgebiets bedeutsame terminologische Entwicklung bezog sich direkt auf die beiden Arten von Integrity Tests, auf die bislang stets, der historischen Perspektive dieses Abschnitts folgend, unter Rückgriff auf ihre geschichtlichen Wurzeln Bezug genommen wurde. Nachdem sich auch zahlenmäßig zwei veritable Verfahrensgruppen herausgebildet hatte, lag es nahe, diese begrifflich voneinander abzugrenzen. Wie immer in solchen Fällen, ist mit der Wahl der Bezeichnungen bis zu einem gewissen Grad auch eine inhaltliche Festlegung verbunden, nach welchen Kriterien die einzelnen Verfahren den benannten Kategorien zuzuordnen sind. Die heute weitaus verbreitetste Unterscheidung geht auf den Aufsatz von Sackett et al. (1989) zurück, die den in der Tradition der Polygraphie stehenden Verfahren den Namen „overt" (offenkundig) gaben; den PRB und seinen Abkömmlinge nannten sie „personality-based" (persönlichkeitsorientiert), wobei im Originalbeitrag weder die eine noch die andere Wahl explizit begründet wird (neuerdings unterscheidet Sackett, 1992, 1994, eine dritte Kategorie „klinischer" Verfahren). Andere Autoren ziehen die Bezeichnungen „clear purpose" vs. „disguised" oder „veiled purpose" vor (Ash, 1991a, Murphy, 1993), was sich auf die Durchschaubarkeit der Tests bezieht, während schließlich Marcus et al. (1997) eine Einteilung in „einstellungsorientierte" und „eigenschaftsorientierte" Instrumente vorgeschlagen haben. Es wird den Leser nicht sonderlich überraschen, daß der Verfasser dieser Arbeit der zuletzt genannten Möglichkeit den Vorzug gibt. Sie bildet eine Grundlage der eigenen Verfahrenskonstruktion, weshalb für eine eingehende Diskussion der verschiedenen Möglichkeiten auf die entsprechenden Abschnitte verwiesen werden soll. Im folgenden werden die Begriffe „offenkundig" und „einstellungsorientiert" bzw. „persönlichkeits-" und „eigenschaftsorientiert" jeweils synonym verwendet. In Abbildung 1 sind einige Beispielitems beider Spielarten zusammengestellt.

---

einstellungsorientierte Tests:

- Würde jedermann stehlen, wenn die Bedingungen günstig sind?

- Haben Sie jemals daran gedacht, Geld von Ihrer Arbeitsstelle zu entwenden, ohne es dann tatsächlich zu tun?

- Glauben Sie, daß eine Person, die einige Male Waren aus ihrer Firma mitgenommen hat, eine zweite Chance bekommen sollte?

eigenschaftsorientierte Tests:

- Sie sind eher vernünftig als abenteuerlustig.

- Sie neigen dazu, Entscheidungen auf der Grundlage Ihrer ersten, spontanen Reaktion auf eine Situation zu treffen.

- Es macht Ihnen wenig aus, wenn Ihre Freunde in Bedrängnis sind, solange es Sie nicht selbst betrifft.

Abbildung 1: Beispielitems aus einstellungs- und eigenschaftsorientierten Integrity Tests (aus Marcus, Funke und Schuler, 1997)

Nachdem Integrity Tests also zunächst schlicht auf den Markt gebracht worden waren, später vorwiegend durch die Anbieter selbst empirisch untersucht und schließlich auch seitens der unabhängigen Fachöffentlichkeit zur Kenntnis genommen und terminologisch abgegrenzt wurden, begann man sich auch von offizieller Seite für diese Instrumente zu interessieren. Fast zeitgleich wurden sowohl vom amerikanischen Kongreß (U.S. Congress, Office of Technology Assessment [OTA], 1990) als auch der APA (Goldberg, Grenier, Guion, Sechrest & Wing, 1991) zwei hochkarätig besetzte Kommissionen mit der Abfassung umfangreicher Forschungsberichte zum Themengebiet beauftragt. Welche Konsequenzen solche Untersuchungen nach sich ziehen können, hatte sich spätestens mit dem Verbot der Polygraphie für Auswahlzwecke gezeigt. Das Fazit der beiden Berichte fiel recht unterschiedlich aus. Während sich die Kongreßkommission sehr kritisch äußerte, die bisherige Forschung aber nicht für ausreichend für eine Verbotsempfehlung befand, kam die APA-Gruppe zu einem wesentlich vorteilhafteren Ergebnis, besonders bezüglich der Kriteriumsvalidität (siehe Sackett, 1992, für einen ausführlichen Vergleich der beiden Berichte). Besonders die Einwände des OTA wurden später von einigen der führenden unabhängigen Experten auf dem Gebiet dahingehend kritisiert, daß sie auf äußerst fragwürdigen Vorannahmen beruhten (Ones, 1993; Sackett, 1992; Sackett & Wanek, 1996). Tatsache ist, daß beide Berichte *keine* negativen Folgen für die Testanbieter hatten; Integrity Tests sind nach wie vor in allen Staaten der USA - mit zwei bereits in den achtziger Jahren initiierten Ausnahmen - ohne Einschränkung legal (Sackett & Wanek, 1996). Sie zählen heute zum Standardinstrumentarium amerikanischer Eignungsdiagnostik und sind in einschlägigen Literaturübersichten der neunziger Jahre regelmäßig mit eigenen Abschnitten berücksichtigt (Borman, Hanson & Hedge, 1997; Landy, Shankster & Kohler, 1994; Schmidt & Hunter, 1998; Schmidt, Ones & Hunter, 1992; R.J. Schneider & Hough, 1995; Tokar, Fischer & Subich, 1998). Die Erfolgsgeschichte dieser Verfahrensgruppe - das gilt es festzuhalten - beschränkt sich jedoch nach wie vor auf den angloamerikanischen Sprachraum.

2.1.3 Zusammenfassung

In diesem Kapitel wurde versucht, die Entwicklungslinien nachzuzeichnen, die zur Herausbildung der in Nordamerika heute außerordentlich erfolgreichen Verfahrensgruppe der Integrity Tests beigetragen haben. In Abbildung 2 (S.15) sind die wesentlichen Stationen auf diesem Weg noch einmal graphisch dargestellt.

Wie der (vereinfachenden) Darstellung in Abbildung 2 zu entnehmen ist, konnte sich die erste, in der Tradition biographischer Fragebogen stehende Entwicklungslinie auf Dauer nicht behaupten. Der Grund dafür lag weniger in mangelnder psychometrischer Qualität als in einer Kapitulation der Testautoren vor dem Zeitgeist. *Inhaltlich* lebte diese Tradition, was die Betonung offenen Verhaltensbezugs in den Items betrifft, weitgehend in der offenkundigen Variante der Integrity Tests fort (in der Abbildung durch Doppelpfeil 1 angedeutet). *Methodisch* teilt sie das Konstruktionsprinzip der Itemselektion durch Kontrastgruppen mit den persönlichkeitsorientierten Verfahren (Doppelpfeil 2).

Diese beiden heute das Feld beherrschenden Verfahrensgruppen haben sich unabhängig voneinander in den 50er Jahren herausgebildet. Beide haben ihren Ursprung nicht in der beruflichen Eignungsdiagnostik, sondern in sehr unterschiedlichen Zweigen der *kriminologischen* Forschung, die erst nachträglich für Personalauswahlzwecke nutzbar gemacht wurden. Die eine beruht auf forensischen Befragungstechniken, mit denen die Glaubwürdigkeit *individueller* Aussagen überprüft werden soll, die andere auf differentialpsychologischen Erklärungsversuchen für Kriminalität allgemein, die weitgehend auf großzahligen *Intergruppenvergleichen* fußten. Daraus entwickelten sich zwei Kategorien von Tests, die zunächst auf Kriterien von sehr verschiedenem Spezifitätsgrad zugeschnitten waren. Hier, auf der Kriterienseite, ergab sich aber in jüngerer Zeit eine einseitige Annäherung durch die Ergänzung der offenkundigen Tests um zusätzliche Subskalen (Pfeil 3) und, wie noch zu zeigen sein wird, eine Erweiterung des Kriterienbereichs noch darüber hinaus.

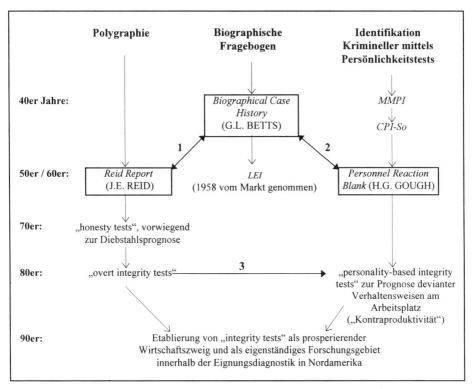

Abbildung 2: Historische Entwicklung von Integrity Tests (Legende: 1 = relativ offene Abfrage von Einstellungen und vergangenem Verhalten; 2 = Kontrastgruppenmethode, 3 = offenkundige Diebstahlitems, ergänzt um Zusatzskalen zu Bereichen wie Absentismus, Aggression, Alkohol- und Drogenkonsum etc.)

Eine historische Eigenart von Integrity Tests besteht darin, daß die psychologische Eignungsdiagnostik - bzw. ihre führenden Vertreter - zu deren Entwicklung wenig beigetragen hat. Die Fachöffentlichkeit hat vielmehr die Verfahrensgruppe erst wahrgenommen, als es sie faktisch bereits einige Zeit gab. Dabei wurde das Feld in seiner heutigen Form terminologisch abgesteckt, um es inhaltlich aufzuarbeiten - ein Prozeß, den man sich keineswegs unidirektional vorstellen sollte. Im Mittelpunkt standen dabei zunächst Fragen von vorwiegend anwendungsbezogener Relevanz, vor allem die nach der Kriteriumsvalidität der Tests, aber auch Themen wie Akzeptanz, Täuschungsanfälligkeit und der in den USA stets besonders zu beachtende Minderheitenschutz sowie andere ethisch gefärbte Aspekte. Auf den meisten dieser Gebiete sind inzwischen erhebliche Fortschritte erzielt worden und in der Literatur hinreichend dokumentiert. Sie sollen deshalb im folgenden Abschnitt in der gebotenen Knappheit dargestellt werden.

Weit weniger Klarheit besteht aber bezüglich der theoretischen Fundierung von Integrity Tests, Aspekten also, die gewöhnlich unter dem nicht immer klar eingrenzbaren Begriff der „Konstruktvalidität" diskutiert werden. Das liegt nicht nur daran, daß sich die Forschung erst in jüngerer Zeit verstärkt um theoretische Erklärungsversuche bemüht hat. Ein Hauptgrund für dieses Theoriedefizit, das u.a. sollte die historische Perspektive dieses Abschnitts gezeigt haben, liegt ganz einfach darin, daß Integrity Tests nicht aus einer umfassenden „Theorie der Integrität" hergeleitet wurden, sondern sich, aus unterschiedlichen Quellen schöpfend, in einem stark empirizistisch dominierten Entwicklungsprozeß zu der relativ abgrenzbaren Verfahrensgruppe verdichtet haben, als die sie heute betrachtet werden. Jeder theoretische Erklärungsversuch muß daher *post hoc* ansetzen, was die mögliche Kongruenz von Wirklichkeit und konzeptioneller Eleganz zuweilen erheblich einschränkt. Gleichwohl sollen Ansätze dazu in Abschnitt 2.3 und später in den konzeptionellen Teilen dieser Arbeit im Mittelpunkt stehen.

2.2   Die anwendungsbezogene Perspektive: Kriteriumsvalidität und Akzeptabilität

Nahezu alle den Integrity Tests zugerechneten Instrumente sind für die externe oder interne Personalauswahl konstruiert worden und werden für diesen Zweck kommerziell vermarktet.[3] Aus Sicht der Anwender, der „zahlenden Kundschaft" also, mögen Fragen nach theoretischen Grundlagen und Konstruktvalidität zunächst rein akademischer Natur sein. Sie interessieren sich in erster Linie für die Effekte der Tests im praktischen Einsatz. Daß Wirkungen nicht ohne - theoretisch zu erklärende - Ursache entstehen, steht auf einem anderen Blatt, das erst in den folgenden Abschnitten aufzuschlagen sein wird.

Der zentrale Zweck aller eignungsdiagnostischen Verfahren ist die Verbesserung der Personalauswahl gegenüber einer Zufallsauswahl oder alternativen Instrumenten. Gemessen wird der Erfolg dieser Bemühungen i.d.R. durch den Zusammenhang der prognostischen Aussage (Prädiktor) mit einem oder mehreren Kriterien beruflicher Leistung (zur Problematik dieser Form des Schließens später mehr). Der weitaus überwiegende Teil der vorwiegend von den Testverlegern selbst betriebenen Forschung konzentriert sich denn auch auf den Nachweis der Kriteriumsvalidität, und alle bis zur Mitte der neunziger Jahre publizierten Übersichtsarbeiten legen ihren Schwerpunkt auf diesen Bereich. Nachdem die Autoren dieser Sammelreferate zu sehr unterschiedlichen Schlußfolgerungen kamen, hat eine jüngere Metaanalyse

---

[3] Die m.W. einzige Ausnahme, das von Ryan und Sackett (1987) für reine Forschungszwecke konstruierte Verfahren, ist ein Notbehelf, mit dem auf die zumindest seinerzeit äußerst geringe Bereitschaft der Verlage reagiert wurde, ihre Tests unabhängigen Forschern zur Verfügung zu stellen.

(Ones, Schmidt & Viswesvaran, 1993) sehr zur Klärung der unterschiedlichen Positionen beigetragen. Sie wird daher in diesem Abschnitt etwas ausführlicher zu referieren sein.

Eine andere grundsätzliche Frage, die eine Zeitlang heftig diskutiert wurde, hängt mit der Kriteriumsvalidität enger zusammen als auf den ersten Blick deutlich werden mag: ob nämlich Integrity Tests aus ethischen Gründen überhaupt angewendet werden *dürfen*. Dieser in den USA inzwischen kaum noch umstrittene Punkt soll hier zumindest kursorisch angesprochen werden, schon um der Möglichkeit vorzubeugen, daß die gleichen Argumente hierzulande noch einmal „erfunden" werden. Gleichfalls nicht unabhängig von der Kriteriumsvalidität ist die Anfälligkeit von Integrity Tests für bewußte Verstellung (faking) oder Tendenzen sozialer Erwünschtheit zu betrachten. Hier wird zu zeigen sein, wie ein solcher Zusammenhang den Umstand erklärt, daß sich diese Tendenzen dem Laien oftmals sehr viel problematischer darstellen als dem Eignungsdiagnostiker. Schließlich wird noch darauf einzugehen sein, wie Integrity Tests von den Testteilnehmern selbst erlebt werden. Insbesondere geht es dabei um die Akzeptabilität dieser Verfahren, eine - nicht nur angesichts des hiesigen Arbeitsrechts - auch für den Einsatz in Deutschland außerordentlich wichtige Frage.

2.2.1 Kriteriumsvalidität von Integrity Tests und alternativen Verfahren

Überblicksarbeiten zu einem Themengebiet und insbesondere die dort gezogenen Schlußfolgerungen haben oftmals einen sehr starken, im Falle negativer Befunde nicht selten verheerenden Einfluß auf die Entwicklung ganzer Forschungsgebiete ausgeübt. Zwei Beispiele aus mit dem Thema dieser Arbeit verwandten Gebieten sollten zur Illustration genügen: Guion und Gottiers (1965) vernichtendes Urteil zur Validität von Persönlichkeitstests in der Personalauswahl - eine Sicht, die, nicht zuletzt vom Erstautor selbst (Guion, 1987), inzwischen deutlich relativiert wurde - trug erheblich dazu bei, daß diese Verfahren in der Eignungsdiagnostik jahrzehntelang kaum noch Beachtung fanden; und im Anschluß an die Empfehlungen aus einem Sammelreferat von Landy und Farr (1980) wandte sich ein Großteil der Forschung zu Leistungsbeurteilungen von der Verfeinerung von Skalenformaten ab und der Untersuchung sozial-kognitivistischer Modelle des Urteilsprozesses zu. Es ist vielleicht ein Glücksfall, daß im Falle von Integrity Tests innerhalb kürzester Zeit *mehrere* Überblicksarbeiten erschienen, die aus zumindest partiell identischem Datenmaterial z.T. diametrale Schlüsse zogen. Zur Objektivierung der Diskussion trug aber noch mehr der Umstand bei, daß diese zu einem Zeitpunkt stattfand, zu dem die Technik der Metaanalyse bereits so weit entwickelt war, daß sich die Kernpunkte narrativer Zusammenschauen weitgehend quantifizieren ließen, und daß sich für diese Aufgabe mit Deniz Ones eine ungewöhnlich gründliche Rechercheurin fand.

Die Urteile verschiedener Autoren zur Kriteriumsvalidität von Integrity Tests reichen von „widerlegt" bis „gesichert". So kamen Guastello und Rieke (1991) auf der Grundlage weniger, lediglich um den Einfluß sozialer Erwünschtheit korrigierter

Studien zu dem Schluß, daß der Beitrag von Integrity Tests zur Prognose von *Diebstahl* „trivial" (p. 516) sei. Der Kongreßbericht (U.S. Congress, 1990) hält - auf der Basis sehr restriktiver Voraussetzungen darüber, was als Validitätshinweis gelten darf - die bisherige Forschung für unzureichend, um ein Urteil über die Validität dieser Tests abzugeben. Mit vorsichtigem Optimismus äußern sich dagegen Sackett et al. (1989), wenn sie befinden, daß „...a more compelling case that integrity tests predict *a number of outcomes of interest to organizations* can be made today..." (p. 520; Hervorhebung hinzugefügt), und der APA-Report (Goldberg et al., 1991) erkennt an, daß im Falle der besser erforschten Verfahren die Befunde konsistent für deren prädiktive Validität sprächen. Die Metaanalyse von Ones, Viswesvaran und Schmidt (1993) schließlich bestätigt mit einer beeindruckenden Datenbasis diese generelle Tendenz, zeigt aber auch, in welchem Ausmaß die operative Validität (die Gültigkeit für praktische Anwendungen im Feld) von Integrity Tests von verschiedenen Moderatorvariablen beeinflußt wird, zu denen vor allem die Art des Kriteriums zählt.

Sackett und Harris (1984) hatten bereits in ihrer frühen Übersicht fünf dominierende Validierungsstrategien im Zusammenhang mit Integrity Tests identifiziert, woran sich seither wenig geändert hat, abgesehen von gewissen Verschiebungen in der Gewichtung der einzelnen Vorgehensweisen und der Breite des einbezogen Verhaltens:

- *Kontrastgruppen:* Dieses v.a. bei persönlichkeitsorientierten Tests als Methode der *Itemselektion* vorherrschende Verfahren vergleicht die Testwerte einer als besonders wenig integer eingestuften Gruppe, häufig Strafgefangene, mit denen einer Normalpopulation bzw. einer als besonders ehrlich eingeschätzten Stichprobe (Extremgruppenvergleich). Zur Abschätzung der *operativen Validität* in Auswahlsituationen ist dieses Verfahren jedoch wenig geeignet, da es statistisch zu einer bimodalen Merkmalsverteilung bei der Gesamtstichprobe (mit einem Modus in jeder Teilstichprobe) und der entsprechenden Meßbereichserweiterung führt, was gravierende Überschätzungen der Validität nach sich ziehen kann. Eine rechnerische Korrektur ist zwar prinzipiell möglich, erfordert aber Informationen über die Merkmalsverteilung in der Grundgesamtheit, die zumindest für das Kriterium i.d.R. nicht vorliegen.

- *Polygraphie:* Fast alle einstellungsorientierten Tests wurden entweder mit Eingeständnissen abweichenden Verhaltens unter dem Lügendetektor oder mit den Empfehlungen des Interviewers nach einer Polygraphiesitzung korreliert. Wegen der bereits oben angesprochenen Probleme polygraphischer Eignungsdiagnostik, v.a. deren fraglicher Validität, wird der Lügendetektor inzwischen auch als *Kriterium* kaum noch genutzt. Zudem scheint die Kenntnis des Probanden von einem sich an den Test anschließenden polygraphischen Interview zu einer Überschätzung des Zusammenhangs zu führen (z.B. r = .54 gegenüber .33 nach einer Metaanalyse für das PSI [McDaniel & Jones, 1988]).

- *selbsteingeschätzte Kontraproduktivität:* Selbstberichte abweichenden Verhaltens sind in der kriminologischen Forschung stark verbreitet und gelten v.a. zur Messung minder schwerer Vergehen als durchaus valide (Hindelang, Hirschi & Weis, 1981). Als Kriterium zur Abschätzung der Validität eines Prädiktors setzen sie jedoch inhaltliche Unabhängigkeit von diesem voraus, was zumindest dann nicht der Fall ist, wenn die Prädiktoren, wie viele offenkundige Tests, sog. „admissions"-Skalen enthalten. Die inhaltliche Überlappung mancher Integrity Tests mit selbstberichteter Kontraproduktivität veranlaßte manche Autoren (z.B. Guastello & Rieke, 1991; Murphy, 1993), die gefundenen Zusammenhänge von teils über r = .70 eher als Schätzungen der Reliabilität denn der Validität zu interpretieren, was sicherlich nur für die betreffenden Subskalen zutreffen kann. Aber selbst wenn im Prädiktor keine Eingeständnisse enthalten sind, verbleibt die gemeinsame Methodenvarianz (Selbstbericht) als mögliche Quelle artifiziell überhöhter Korrelationen, wenn auch das Ausmaß in diesem Fall weit weniger gravierend sein sollte.

- *externe Kriterien:* Die konservativste Validierungsstrategie besteht darin, die Testwerte der Probanden zu extern ermitteltem Verhalten, z.B. aufgedecktem Diebstahl, in Beziehung zu setzen und verlangt u.a., daß der Prädiktor *nicht* zur Einstellungsentscheidung herangezogen wird, um eine Vorselektion zu vermeiden. Allerdings ist „konservativ" nicht gleichbedeutend mit exakt, da bspw. der größte Teil der Mitarbeiterdiebstähle unentdeckt bleibt. Statistisch führt dies zu einer erheblichen Einschränkung der Varianz im Kriterium, was wiederum eine *Unter*schätzung der Validität nach sich zieht. Die im Prinzip mögliche Korrektur dieses Effekts würde wiederum die Kenntnis der tatsächlichen Diebstahlsquote voraussetzen. Auch wenn es dazu Ansätze gibt, liegt in der Problematik dieser Methode einer der Gründe für die zunehmende Verbreiterung des Kriterienbereichs in den letzten Jahren, auch über „Kontraproduktivität" hinaus bis zur Heranziehung von Vorgesetztenbeurteilungen allgemeiner beruflicher Leistung.

- *Längsschnittstudien auf Organisationsebene:* In einer Reihe von Studien wurde die Veränderung von Inventurdifferenzen, Fehlzeitenstatistiken oder Personalfluktuation nach Einführung von Integrity Tests als routinemäßiges Auswahlverfahren beobachtet. Die z.T. beträchtlichen Unterschiede zählen zu den beliebtesten Verkaufsargumenten der Testverleger, obwohl die Aussagekraft in den meisten Untersuchungen durch das Fehlen einer Kontrollgruppe eingeschränkt ist. Zur Abschätzung der Validität sind solche Studien leider wenig hilfreich, da als Untersuchungseinheit regelmäßig nicht Individuen, sondern ganze Betriebe oder Abteilungen dienen, so daß keine Zuordnung der individuellen Testergebnisse erfolgt. Gleichwohl wird darauf in einem anderen Zusammenhang noch zurückzukommen sein (siehe Abschnitt 3.1.4.3).

Wie die Diskussion der verschiedenen Vorgehensweisen gezeigt haben sollte, gibt es den „goldenen Weg" zur Ermittlung der Kriteriumsvalidität nicht. Die verwendeten Strategien führen entweder zur Unter- oder Überschätzung des tatsächlichen Zusammenhangs, oder die Kriterien sind ihrerseits von fraglicher Validität. Ones et al. (1993) verwendeten denn auch, wie aus der Inspektion der angegebenen Quellen hervorgeht, mit Ausnahme der Studien auf Organisationsebene *alle* greifbaren Validitätshinweise für ihre metaanalytische Untersuchung. Dieses Verfahren, das noch nicht zum Standardkanon der Methodenausbildung für Verhaltenswissenschaftler in deutschen Universitäten gehört, soll wegen seiner Bedeutung für diesen und andere Abschnitte der vorliegenden Arbeit in seinen Grundzügen kurz dargestellt werden.

Bei der Technik der Metaanalyse, genauer ihrer Unterform der Validitätsgeneralisierung, handelt es sich um ein statistisches Verfahren, bei dem die Ergebnisse mehrerer, im Idealfall aller, Validitätsstudien zu einem Themengebiet zusammengefaßt werden. In ihrer heute verbreitetsten Form (Hunter & Schmidt, 1990) bietet sie einerseits die Möglichkeit, einen besten Schätzwert (etwas suggestiv als „true score correlation" bezeichnet) für den Zusammenhang zwischen Prädiktor und Kriterium auf der Grundlage der gesamten Literatur zu berechnen. In diese Kalkulation gehen die Einzelstudien nach Stichprobengröße gewichtet ein, wobei noch Korrekturen methodischer Artefakte, vor allem um Reliabiliätsmängel und Meßbereichseinschränkungen bzw. -erweiterungen vorgenommen werden können. Anderseits läßt sich abschätzen, in welchem Ausmaß *unterschiedliche* Ergebnisse der Einzelstudien durch rein statistische Artefakte (Stichprobenfehler, Reliabilität, Meßbereich) erklärbar sind bzw. ob darüber hinaus auch in nennenswertem Umfang substantielle Situationseinflüsse (Moderatoren) für die Streuung zwischen den Einzelbefunden verantwortlich sind. Diesen kann ggf., soweit es die Datengrundlage erlaubt, in separaten Moderatoranalysen weiter nachgegangen werden, die sich technisch nicht von der allgemeinen Metaanalyse unterscheiden. Die Validitätsgeneralisierung trifft also im Kern die voneinander zu unterscheidenden Aussagen über die *absolute Höhe* eines Zusammenhangs und über die *Generalisierbarkeit* der Befunde über unterschiedliche Situationen hinweg. Dabei wird eine metaanalytische Studie c.p. um so aussagekräftiger, je mehr unabhängige Stichproben in sie eingehen und je größer der Pool an Versuchspersonen insgesamt ist.

Die Arbeit von Ones et al. zählt zu den umfangreichsten Metaanalysen, die jemals vorgelegt wurden, was u.a. eine Vielzahl von Moderatoranalysen ermöglichte. Insgesamt gingen mehr als 180 Quellen mit 665 unabhängigen Korrelationskoeffizienten (K) aus einer Gesamtstichprobe von 576.460 Personen (N) in die Untersuchung ein, die sich auf drei Kriterienklassen unterschiedlicher Breite verteilen: Diebstahl (K = 152), Kontraproduktivität (K = 290) und allgemeine berufliche Leistung (K = 222). Bei der Art der Ermittlung der Kriterien unterscheiden die Autoren lediglich zwischen extern erhoben (K = 409) und selbsteingeschätzt (K = 255). Ferner liegen nach Testkategorie (offenkundig vs. persönlichkeitsorientiert), Untersuchungsdesign (konkurrent vs. prädiktiv), Stichprobenpopulation (Bewerber vs. Beschäftigte) und Komplexität der Berufe (hoch, mittel, niedrig) getrennte Auswertungen vor. Korrigiert wurden neben dem Stichprobenfehler auch Meßbereichseinschränkungen durch die Stichprobenpopulation und mangelnde Reliabilität im Kriterium, nicht jedoch im Prädiktor, da es um die Ermittlung der operativen Validität im praktischen Einsatz ging.

Der erste Teil der Analyse beschäftigt sich mit der Prognose allgemeiner beruflicher Leistung, gemessen durch Vorgesetztenurteile oder Produktionsaufzeichnungen. Der korrigierte mittlere Korrelationskoeffizient (ρ) lag bei .34 mit einer korrigierten Standardabweichung (SD) von .13 und einer unteren Glaubwürdigkeitsintervallgrenze von .20, was auf gute Generalisierbarkeit der Ergebnisse über unterschiedliche Situationen hinweg hindeutet. Offenkundige Tests (ρ = .33) unterscheiden sich dabei kaum von persönlichkeitsorientierten (ρ =.35), während der Wert für Vorgesetztenbeurteilungen etwas höher lag als für Produktionsaufzeichnungen (ρ = .35 vs. .28), wobei letztere allerdings den wesentlich geringeren Anteil unabhängiger Stichproben beitrugen (K = 10 vs. 153). Bemerkenswert höher war der Mittelwert für Bewerberstichproben (ρ = .40 bei 100 % Varianzaufklärung durch Artefakte) gegenüber aktuell Beschäftigten (ρ = .29 bei 42 % Varianzaufklärung). Da bei den Bewerbern zudem fast ausschließlich prädiktive Designs Verwendung fanden, dürfte der Wert von .40 eine sehr brauchbare Annäherung an die tatsächliche prognostische Validität von Integrity Tests für das Kriterium berufliche Leistung darstellen (ρ = .41 für Vorgesetztenurteile). Dieser Wert liegt im Bereich der validesten Einzelverfahren der Personalauswahl (siehe z.B. Hunter & Hunter, 1984; N. Schmitt, Gooding, Noe & Kirsch, 1984) und deutlich oberhalb der Resultate für allgemeine Persönlichkeitstests (Barrick & Mount, 1991; Kamp & Hough, 1988; Salgado, 1997; Tett, Jackson & Rothstein, 1991).

Der zweite Teil der Metaanalyse beschäftigt sich mit den Kriterien, die eigentlich im Blickpunkt von Integrity Tests stehen: Diebstahl und Kontraproduktivität. Dabei wurden allerdings keine Untersuchungen identifiziert, die das engere Kriterium des Diebstahls mit eigenschaftsorientierten Tests in Verbindung bringen, so daß sich hier die Analyse auf einstellungsorientierte Verfahren beschränken muß. Die Autoren fanden hier eine mittlere Validität von r = .52, ein Wert, der allerdings wegen der geringen Varianzaufklärung durch Artefakte (9,6%) und der entsprechend gewaltigen verbleibenden Streuung (SD = .39) mit Vorsicht zu interpretieren ist. Einigen Aufschluß liefert die hierarchische Moderatorenanalyse, die von den Autoren angefertigt wurde. Der weitaus größte Teil der Studien verwendet direkt im Anschluß an einen Integrity Test abgelegte Geständnisse (K = 97, N = 71.830), während prädiktive Designs mit externen Kriterien relativ selten sind (K = 18, N = 11.439). Die Ergebnisse dieser beiden Validierungsstrategien liegen weit auseinander, wobei für das Geständniskriterium sehr viel höhere Werte (ρ = .42, .54 für Bewerber bzw. Beschäftigte) ermittelt wurden als für das externe Kriterium (ρ =.13 bzw. .16). Hier wird das Dilemma bei der Auswahl eines geeigneten Diebstahlskriteriums offensichtlich: Geständnisse führen u.a. wegen der teilweisen Konfundierung von Prädiktor und Kriterium zu einer Überschätzung der Validität, während aufgedeckte Diebstähle wegen der geringen Kriteriumsvarianz die Validität unterschätzen (Ones et al. verwendeten den gleichen Korrekturfaktor für alle Kontraproduktivitätskriterien, weisen aber darauf hin, daß auch bei einer geschätzten Kriteriumsreliabilität von .30 die externe Validität nur auf .20 gestiegen wäre.). Die Wahrheit dürfte irgendwo in der Mitte liegen. Darauf deuten auch zwei neuere Einzeluntersuchungen hin, die den Nachteil der geringen Aufklärungsquote bei objektiven Diebstahlskriterien durch ein experimentelles Design (Cunningham, Wong & Barbee, 1994, fanden eine Korrelation von r_{pbis} = .33) bzw. statistische Kontrolle (Bernardin & Cooke, 1993, berichten r = .26 und .28 für zwei verschiedene Tests) zu umgehen versuchten.

Das Kriterium der Kontraproduktivität schließt eine große Vielfalt unerfreulicher Verhaltensweisen ein, zu denen u.a. exzessiver Absentismus, disziplinarische Probleme, Drogenmißbrauch, häufiger Streit mit Kunden und Mitarbeitern oder Kündigungen gehören. Folgt man der von Guion (1987, S. 205) zitierten, etwas martialischen Metapher von Patricia Smith, wonach man in der Personalauswahl "... ein Gewehr für kleine Ziele (benutzen solle), eine Kanone für große und eine Schrotflinte, falls man nicht besonders gut zielen kann...", so scheint hier eine Kanone das angemessene Kaliber zu sein. Bezogen auf das Thema Integrity Tests bedeutet dies, daß sich die breiter angelegten persönlichkeitsgestützten Verfahren hier überlegen zeigen sollten, wie auch Sackett et al. (1989) vermuten.

Die Ergebnisse der Metaanalyse liefern nur wenig Unterstützung für diese Hypothese. Die Autoren fanden eine mittlere Validität von .45 für alle Integrity Tests, wobei der Wert für offenkundige Instrumente deutlich über dem für persönlichkeitsorientierte liegt (ρ = .55 vs. .32; ersteres inklusive Diebstahl). Betrachtet man allein die Ergebnisse der prädiktiven Studien mit Bewerbern und extern ermittelten Kriterien als beste Abschätzung der prognostischen Validität, so zeigt sich ein ähnliches Bild (ρ = .39 für einstellungs-, .29 für eigenschaftsorientierte Tests). Die Unterschiede zum Geständniskriterium sind für Stellenbewerber weniger dramatisch als beim Diebstahl (ρ = .46), im Fall der eigenschaftsorientierten Verfahren liegt die Validität hier sogar niedriger (ρ = .23). Auffällig sind dagegen die Werte von konkurrenten Studien mit Beschäftigten für einstellungsorientierte Tests. Diese liegen mit ρ = .94 (extern) und .99 (Geständnis) in einem Bereich, der fast schon auf Identität von Prädiktor und Kriterium deutet. Eine Einschränkung der überraschenden Überlegenheit offenkundiger Verfahren bei der Prognose von Kontraproduktivität erwächst aus der wesentlich größeren Streuung der Validitäten dieser Tests. Dies gilt sowohl für die Gesamtzahl der Studien (SD = .41 bei 8,6 % Varianzaufklärung durch Artefakte für offenkundige gegenüber .11 und 43,7 % für persönlichkeitsorientierte Tests) als auch für die prädiktiven Untersuchungen mit Bewerbern und externem Kriterium (SD = .13 und 52,7 % Varianzaufklärung vs. .02 und 95,7 %) Ein ähnliches Bild zeigte sich auch für das allgemeine Leistungskriterium, wenngleich in geringerem Ausmaß (40,5 % gegenüber 63,3 % Varianzaufklärung).

Eine mögliche, u.a. von Sackett und Wanek (1996; ähnlich Marcus, 1993) vertretene Erklärung dafür wäre, daß es innerhalb der Gruppe der einstellungsorientierten Tests wesentlich größere Qualitätsunterschiede zwischen einzelnen Verfahren geben könnte als zwischen den eigenschaftsorientierten Tests. Bei den von verschiedenen Autoren (z.B. Goldberg et al., 1991; Sackett et al., 1989) geschilderten Schwierigkeiten einiger Testverlage, die Qualität ihrer Produkte zu belegen, handelt es sich in der Tat ausschließlich um Herausgeber von Verfahren der ersten Kategorie. Indirekte Unterstützung könnte diese These durch einige Metaanalysen erfahren, die einzelne offenkundige Instrumente untersuchen, falls die nicht erklärbaren Varianzen dort wesentlich geringer ausfielen. Solche Untersuchungen liegen für das PSI (McDaniel & Jones, 1988), das EAI (McDaniel & Jones, 1986) und den Reid Report (Ones, Viswesvaran, Schmidt & Shultz, ohne Datum, eine separate Auswertung der allgemeinen Metaanalyse für den Reid Report) vor. McDaniel & Jones (1986) konnten in ihrer sehr kleinen Metaanalyse für das EAI fast überall 100 % der Varianz durch Artefakte erklären. Die gleichen Autoren (1988) kamen in ihrer Arbeit über das PSI, die sich ausschließlich auf Diebstahls- und Kontraproduktivitätskriterien[4] bezieht, auf immerhin 48 % Varianzaufklärung (der am ehesten vergleichbare Wert aus Ones et al., 1993, ist 8,6 %). Direkt vergleichbar und deshalb wohl am aufschlußreichsten sind die von Ones et al. (ohne Datum) berichteten Werte für den Reid Report. Für das Kriterium der beruflichen Leistung fanden sie eine hundertprozentige Varianzaufklärung durch Artefakte. Auch bei der Kontraproduktivität war die Streuung substantiell geringer als bei Einbeziehung aller offenkundigen Tests (SD = .12 gegenüber .41; Varianzaufklärung 31 % gegenüber 8,6 %), wenngleich immer noch erheblich. Insgesamt deuten die Ergebnisse darauf hin, daß es durchaus Unterschiede zwischen den einzelnen Tests dieser Kategorie gibt, die einen Teil der auftretenden Varianz erklären könnten. Insbesondere im Bereich der Kontraproduktivität scheinen aber noch andere Variablen Einfluß auf die Validität auszuüben.

Aber auch wenn innerhalb der Gruppe einstellungsorientierter Instrumente und teilweise auch zwischen den beiden Verfahrensklassen beträchtliche Validitätsunterschiede bestehen mögen, zeigt die Tatsache, daß Ones et al. in fast allen Moderatoranalysen für die Glaubwürdigkeitsintervalle Untergrenzen größer Null fanden, daß die Validität von Integrity Tests insgesamt in hohem Maße generalisierbar, also *unabhängig* von situativen Moderatoren ist. Gerade für das Kriterium allgemeiner Leistungsbeurteilungen, an dem letztlich alle Auswahlinstrumente gemessen werden, liegt sie in einem Bereich, der nur von wenigen anderen Verfahren erreicht oder geringfügig übertroffen wird (N. Schmitt et al., 1984). Dabei handelt es sich i.d.R. entweder um Tests, die direkt kognitive Fähigkeiten messen oder um einzelnen Konstrukten nicht zuordenbare Verfahren, die, wie Assessment Center (Scholz & Schuler, 1993) oder strukturierte Interviews (Huffcutt, Roth & McDaniel, 1996), zumindest nicht unabhängig von Intelligenz sind. Mit Integrity Tests steht jedoch ein Prädiktor von genereller und substantieller Gültigkeit zur Verfügung, der in keinem Zusammenhang zu kognitiven Fähigkeiten steht (Ones, 1993, fand metaanalytisch für einstellungs- und eigenschaftsorientierte Tests gleichermaßen vernachlässigbare Korrelationen von ρ = -.01 bzw. .03 mit Intelligenz). Es sollte noch einmal betont werden, daß es erst die äußerst seltene Kombination der drei Punkte Höhe und Generalisierbarkeit der Validität sowie Unabhängigkeit von Intelligenz war, die Ones et al. veranlaßte, Integrity Tests das Potential zu bescheinigen, die Vorhersageleistung in Ergänzung zu traditionellen eignungsdiagnostischen Instrumenten substantiell zu verbessern (inkrementelle Validität).

Die bisherige Diskussion bezog sich auf Maße *allgemeiner* beruflicher Leistung. Hier zeigten sich Integrity Tests sogar insgesamt valider als für das spezifischere Kriterium der Kontraproduktivität oder den noch enger gefaßten Bereich des Diebstahls, zu deren Prognose sie eigentlich konzipiert wurden. Dies ist insofern überra-

---

[4] Die Autoren nennen ausschließlich Diebstahl als Kriterium, aber eine Inspektion der verwendeten Literatur verrät eine sehr weite Auslegung dieses Begriffes, so daß die Bezeichnung Kontraproduktivität angemessen erscheint.

schend, als es ein statistisches Prinzip darstellt, daß eine Voraussetzung für die ma-
ximale Übereinstimmung zwischen einem Prädiktor und einem Kriterium dann vorliegt, wenn sich beide in Aggregationsgrad und Komplexität entsprechen; „breite"
Kriterien erfordern also Breitbandtests, während enger gefaßte Verhaltensbereiche
durch entsprechend spezifische Instrumente prognostiziert werden sollten (z.B.
Guion, 1987; Schmidt & Kaplan, 1971).

Ein Grund für die zugunsten breiterer Kriterien verschobene Validität, die Quali-
tätsmängel engerer Kontraproduktivitätsmaße, wurde bereits angesprochen. Dies
erklärt zwar, warum Integrity Tests mit bspw. Diebstahlskriterien vergleichsweise
gering zusammenhängen, nicht jedoch die *höhere* Korrelation mit Leistungsbeurteilungen. Hierfür muß es Ursachen außerhalb der Meßgenauigkeit der Kriterien geben.
Eine mögliche Erklärung wäre dabei auf der *Prädiktorseite* zu suchen (Integrity Tests
messen komplexere Konstrukte als angenommen), eine andere hat mit der *Natur* des
Kriteriums zu tun (Kontraproduktivität hängt stark mit produktivem Leistungsverhalten zusammen, ist also weniger spezifisch als vermutet). Die erste Erklärung träfe
eine Aussage über die Konstruktvalidität der Tests, die zweite hätte Implikationen für
Theorien beruflicher Leistung. Beide Punkte werden weiter unten noch ausführlicher
zu besprechen sein.

Für die anwendungsbezogene Perspektive dieses Abschnitts gilt es jedoch zunächst festzuhalten, *daß* Integrity Tests nach Lage der Empirie ein fast universell
taugliches - und dabei übrigens wirtschaftliches (Nye, 1989; J.F. Steiner, 1990) -
Auswahlinstrument darstellen. Die Datenbasis für diese Aussage ist quantitativ außerordentlich groß. Ein Argument, daß gegen die Glaubwürdigkeit dieser empirischen Befunde angeführt wurde, lautet aber, daß ihre *Qualität* zweifelhaft sei, da ein
Großteil der Forschung durch die Testverlage selbst durchgeführt wurde, die naturgemäß nicht an der Publikation negativer Ergebnisse interessiert seien (z.B. Goldberg
et al., 1991; Guastello & Rieke, 1991; Inwald, 1990). Dieser Verdacht selektiver Be-
richterstattung ließe sich erhärten, wenn bspw. verlagsunabhängige Studien zu
schlechteren Resultaten kämen oder in veröffentlichten Untersuchungen auffällig
höhere Validitäten berichtet würden.

Für beides existieren keinerlei Belege. Ones et al. (1993) fanden einen Zusammenhang von r_{pbis} = .02 zwischen der Höhe der Validität und der dummykodierten
Variable publizierte / nicht publizierte Quelle. Auch die wenigen Untersuchungen
durch unabhängige Forscherteams kamen durchgängig zu Ergebnissen, die im Bereich der metaanalytischen Befunde aus Ones et al. liegen. Sauser, Hornsby und
Benson (1988) korrelierten den *CompuScan*, einen offenkundigen Test, mit den Einschätzungen von Lügendetektorbeurteilern und berichten Koeffizienten zwischen r =
.36 und .48. Woolley und Hakstian (1993) fanden Zusammenhänge zwischen r = .18
und .65 für einen einstellungs- (Reid Report) und drei eigenschaftsorientierte (PDI-
EI, HRI und PRB) Verfahren mit selbsteingeschätzter Kontraproduktivität, wobei der
Reid Report (ohne Admission-Skala) durchgängig am besten abschnitt. In Kontrast-
gruppendesigns wurden für den Reid Report (Lilienfeld, Andrews, Stone-Romero &
Stone, 1994) und das PDI-EI (Collins & Schmidt, 1993) Effektstärken von mehr als
einer Standardabweichung gefunden. Bernardin und Cooke (1993) verwendeten ein

externes Diebstahlskriterium mit prädiktivem Design und kamen nach Korrektur um
Streuungseinschränkung auf eine Validität von r = .28 (unkorrigierter Wert: .14) für
das PSI. Insbesondere die letzte, sehr sorgfältig durchgeführte Studie mit dem kon-
servativsten Kriterium zeigt, daß die Testverlage eine unabhängige Überprüfung ihrer
Instrumente nicht unbedingt zu fürchten brauchen.

Diese positiven Befunde sollten aber nicht darüber hinwegtäuschen, daß einige
Aktivitäten der Testverlage durchaus in der Lage sind, nicht nur Anwender, sondern
auch weniger spezialisiertes Fachpublikum in die Irre zu führen, wobei auch die Herausgeber des eben noch lobend erwähnten PSI keine Ausnahme bilden. So stellen
Jones, Joy und Martin (1990) das Verfahren in einer Validierungsstudie mit Kinder-
gärtnern als Testbatterie vor, „...designed to measure the antisocial and delinquent
tendencies which charakterize child abusers" (p. 544) und vergessen zu erwähnen,
daß der Test eigentlich nicht zur Prognose von Kindesmißbrauch, sondern für ungleich harmlosere Delikte wie Personaldiebstahl und Drogenkonsum entwickelt
wurde. Morrow (1992) weist darauf hin, daß der von Jones (1991a) herausgegebene
Band im Gewande eines wissenschaftlichen Überblicks über das gesamte Feld da-
herkommt, während er sich in Wahrheit fast ausschließlich auf Produkte der Firma
London House bezieht. Dergleichen Beispiele ließen sich auch für andere Testverlage aufzählen. Dadurch ändert sich jedoch nichts an der Feststellung, daß für das aus
Anwendersicht bei weitem bedeutsamste Gütekriterium, die operative Validität im
Feld, inzwischen eine solche Vielzahl seriöser Belege vorliegt, daß sie zumindest für
die besser erforschten Tests als gesichert gelten darf.[5] Die Tragweite dieses Befundes
sollte nicht unterschätzt werden; er trifft in dieser Eindeutigkeit nur für wenige Auswahlverfahren zu. Für eine anwendungsorientierte Forschungsrichtung wie die psychologische Eignungsdiagnostik bildet normalerweise erst der Nachweis brauchbarer
Vorhersagegüte - oder zumindest die begründete Hoffnung darauf - den Anlaß, sich
damit zu beschäftigen, was eigentlich hinter der betreffenden Verfahrensklasse
steckt.

Für den Anwender ist die Validität in einer Entscheidungssituation jedoch nicht
nur an ihrer absoluten Höhe zu bemessen, sondern auch in Relation zu vorhandenen
Alternativen. Läßt man dabei allgemeine Leistungskriterien einmal außer acht und
beschränkt sich auf die Prognose kontraproduktiven Verhaltens, so stellt sich die
Befundlage bei anderen zu diesem Zweck verwendeten Instrumenten erheblich dürf-

---

[5] Einen Fortschritt für die Beurteilung der Seriosität der Herausgeber von Integrity Tests stellt
zweifellos die Einführung der *Model Guidelines for Preemployment Integrity Testing* (Jones, Arnold
& Harris, 1990) durch einige führende Testverlage dar. In Anlehnung an ähnliche Richtlinien der
APA verpflichten sie sich darin, gewisse Mindeststandards bezüglich der Gütekriterien ihrer Tests
einzuhalten und ihren Kunden offenzulegen. Sie offerieren ein Trainingsprogramm für die psychologisch nicht geschulten Anwender (eine erste Evaluation findet sich bei Jones & Orban, 1992) und
machen diese darauf aufmerksam, daß ihre Instrumente nicht unfehlbar sind und nicht als einziges
Entscheidungskriterium herangezogen werden sollten. Eine Reihe weiterer Punkte beschäftigt sich
z.B. mit der Seriosität der Marketingbemühungen oder der Vertraulichkeit der Testergebnisse.

tiger dar. In Deutschland ist die bevorzugte Alternative nach wie vor, auf eine Einschätzung der Vertrauenswürdigkeit in der Bewerbungsphase ganz zu verzichten und
dem Problem durch rein situative Maßnahmen wie Überwachungsinstallationen zu
begegnen (dazu später mehr). Beachtung finden hierzulande allenfalls biographische
Informationen wie polizeiliche Führungszeugnisse oder Referenzen früherer Arbeitgeber, aus denen sich jedoch kaum mehr als Bruchstücke bisheriger Verhaltenstendenzen rekonstruieren lassen und die zudem Mindestanforderungen an Standardisierung und Vergleichbarkeit i.d.R. nicht erfüllen (Muchinsky, 1979). In den USA wurden dagegen vereinzelt auch standardisierte *biographische Fragebogen* speziell für
diesen Zweck konzipiert, die damit gewissermaßen in der Tradition von Betts' Ur-
Integrity Test stehen. Barge und Hough (1988) fassen die Ergebnisse von sechs Studien aus dem militärischen Bereich mit den Kriterien Drogenkonsum, Delinquenz
und unehrenhafte Entlassung zusammen und berichten Validitäten zwischen .20 und
.27. McDaniel (1989) fand an einer sehr großen, gleichfalls militärischen Stichprobe
geringere Koeffizienten um .10 für ein kompositorisches Kriterium (unsuitability)
und führt dies auf Stichprobencharakteristika - jugendliches Alter und damit verbundene Kürze der Biographie bei Rekruten - zurück. Aus dem zivilen Sektor berichtet
Rosenbaum (1976) eine Korrelation von .33 für ein Diebstahlskriterium bei N = 100
Einzelhandelsbeschäftigten. Insgesamt deuten die leider vorwiegend an Armeeange-
hörigen erhobenen Ergebnisse darauf hin, daß der biographische Ansatz in diesem
Bereich mglw. zu Unrecht etwas in Vergessenheit geraten ist, wenngleich die Evi-
denz für diese Schlußfolgerung bei weitem nicht die Basis derjenigen für Integrity
Tests erreicht. Auf die Verbindungslinien zwischen letzteren und biographischen
Fragebogen wurde bereits im vorangegangenen Abschnitt hingewiesen.

Häufiger werden noch immer klassische *Persönlichkeitstests* zur Prognose kontraproduktiven Verhaltens in der Personalauswahl eingesetzt, für die sogar einige direkte Vergleiche mit Integrity Tests publiziert wurden. In einer Reihe von Längsschnittstudien verglichen Inwald und Mitarbeiter (Hilson Research, ohne Datum;
Inwald, 1988; Inwald, Hurwitz & Kaufman, 1991; Malin, Luria & Morgenbenser,
1987) die prognostische Validität ihres IPI, eines eigenschaftsorientierten Integrity
Test, mit der von MMPI und CPI anhand verschiedener Außenkriterien aus dem
Leistungs- und Kontraproduktivitätsbereich und fanden das IPI konsistent leicht
überlegen, wenngleich auch die allgemeinen Persönlichkeitstests brauchbare Validität erzielten. Von unabhängiger Seite wurden diese Befunde durch Cortina, Doherty,
Schmitt, Kaufman und Smith (1992) weitgehend bestätigt, wobei von diesen allerdings überwiegend Leistungskriterien erhoben wurden. In der gleichfalls unabhängigen Studie von Collins und Schmidt (1993) wurde neben dem PDI-EI auch das CPI
und verschiedene Skalen eines biographischen Fragebogens im Kontrastgruppen-
design (inhaftierte Wirtschaftskriminelle vs. unbescholtene Angestellte) eingesetzt
und der Integrity Test für überlegen bei der Unterscheidung der beiden Gruppen
befunden. Woolley und Hakstian (1993) setzten außer vier verschiedenen Integrity
Tests auch den NEO-FFI und diverse Skalen von CPI und 16PF zur Prognose selbst-
beurteilter Kontraproduktivität ein und fanden für die Persönlichkeitstests fast durchgängig niedrigere Koeffizienten. Dieses insgesamt sehr einheitliche Bild dürfte die

Unterlegenheit allgemeiner Persönlichkeitstests in diesem Bereich einigermaßen hinlänglich belegen. Validitäten im Bereich von Integrity Tests werden dagegen von Gerstein, Barké und Johnson (1993) für ein *strukturiertes Interview,* das inhaltlich weitgehend offenkundigen Integrity Tests nachgebildet wurde (es heißt auch „Integrity Interview"), mit einem Polygraphie- sowie einem objektiven Diebstahlskriterium berichtet.

Noch sehr viel unzureichender fallen die Befunde für einige Alternativen aus, die bei Jones und Terris (1991a) sowie Murphy (1993) diskutiert werden. Die Ursachen für die mangelnde Validität von *Lügendetektoren* wurden bereits ausführlich dargestellt. Ganz ähnlich liegen die Probleme beim Einsatz von *Stimmanalysatoren,* für deren Bewährung in der Personalauswahl, anders als in der Forensik, keinerlei Evidenz gefunden werden konnte (siehe auch Sackett & Decker, 1979). Für die Prognose kontraproduktiven Verhaltens im praktischen Einsatz, aber empirisch in diesem Bereich noch gänzlich unbeleckt, sind *Verhaltensbeobachtungen* und *graphologische Gutachten,* wobei für letztere allgemein in einer Metaanalyse (Neter & Ben-Shakhar, 1989) eine Validität von Null berichtet wird.

Vergleicht man die Validität von Integrity Tests mit den Befunden zu alternativen Instrumenten, die zur Vorhersage von kontraproduktivem Verhalten im Betrieb eingesetzt werden, so zeigen sich letztere mit einiger Konsistenz entweder als unterlegen oder als nicht hinreichend erforscht. Dabei fällt auf, daß positive Befunde fast ausschließlich für solche Instrumente (biographische Fragebogen, Persönlichkeitstests, strukturiertes Interview) berichtet werden, die eine große konzeptionelle Ähnlichkeit zu dem einen oder anderen Typus von Integrity Tests aufweisen. Eine wirkliche Alternative zu diesen Verfahren, die einen auch nur annähernd vergleichbaren Validitätsnachweis für sich reklamieren könnte, existiert derzeit nicht.

2.2.2 Klassifikationsfehler und deren ethische Implikationen

Vor einigen Jahren wurde in der amerikanischen Fachöffentlichkeit eine Debatte ausgetragen, in der Kritiker von Integrity Tests mit einer Mischung technischer und ethischer Einwände deren Anwendbarkeit grundsätzlich in Frage zu stellen versuchten, während die Proponenten derartiger Verfahren den technischen Argumentationsstrang zu widerlegen suchten und die Sonderstellung ihrer Instrumente aus ethischer Sicht bestritten. Die Diskussion darf inzwischen als weitgehend abgeschlossen gelten, wobei die Vertreter der Pro-Test-Fraktion einen relativ eindeutigen Sieg davontrugen. Es ist jedoch durchaus von praktischer Relevanz, die Kernthesen beider Seiten hier noch einmal vorzustellen (vgl. auch Marcus et al., 1997), da eine Anwendung in Deutschland auf ähnlich motivierte Bedenken stoßen könnte, von deren Entkräftung dann möglicherweise entscheidend abhinge, ob sich Integrity Tests hierzulande durchsetzen. Außerdem ist die Debatte ein lehrreiches Beispiel dafür, wie eng verzahnt Statistik und Ethik gelegentlich sein können, zwei Felder, die gewöhnlich nicht unbedingt als Nachbardisziplinen betrachtet werden.

Der Kern der ursprünglich von Murphy (1987) aufgebrachten und später ver-
schärft vorgetragenen (Dalton & Metzger, 1993; Guastello & Rieke, 1991; U.S.
Congress, 1990) Argumentation bezieht sich in seinem technischen Teil auf sog.
Klassifikationsfehler. Dichotomisiert man, wegen der Datenqualität oder aus Vereinfachungsgründen, einen Prädiktor und ein Kriterium und setzte sie zueinander in Beziehung, so entsteht eine Vier-Felder-Matrix mit den Prognosen des Prädiktors (geeignet oder ungeeignet) in den Zeilen und den Ergebnissen im Kriterium (erfolgreich
oder nicht erfolgreich) in den Spalten. In zwei der Felder erscheinen die sog. „Treffer" (hits: die Kombinationen geeignet / erfolgreich bzw. ungeeignet / nicht erfolgreich), während in den anderen Feldern die „Fehler" (misses) zweierlei Art erfaßt
werden: „false positives" (als geeignet eingeschätzt aber nicht erfolgreich) und „false
negatives" (als ungeeignet prognostiziert aber erfolgreich). Solange ein Prädiktor
keine perfekten Prognosen trifft (Validität < 1), sind, abgesehen von extremen Rand-
verteilungen, normalerweise alle Zellen besetzt. Diese Verteilungen hängen für das
Kriterium vom - weitgehend gegebenen - Anteil der Geeigneten an der Gesamtpopulation (Basisrate oder Grundquote) ab, für den Prädiktor von dem - im Rahmen der
Sachzwänge wählbaren - Prozentsatz der Ausgewählten bzw. als „geeignet" Eingestuften (Selektionsquote). Die Besetzung der Felder ist also eine Funktion der Variablen Validität, Basisrate und Selektionsquote (Taylor & Russel, 1939).

Diese im Grunde recht einfachen Zusammenhänge wurden in der Diskussion um
Integrity Tests dadurch etwas verkompliziert, daß die Begriffe jeweils in umgekehrter Bedeutung benutzt wurden. Basis- oder Grundquote meint hier den Anteil derjenigen, die später kontraproduktives Verhalten zeigen (also eigentlich *nicht* erfolgreich sind), an die Stelle der Selektionsquote tritt deren Gegenstück, die Ablehn-
nungsquote (Eins minus Selektionsquote) und mit „false positives" sind hier die zu
Unrecht als „unehrlich" (also eigentlich ungeeignet) Eingestuften gemeint. Auf diesen Klassifikationsfehler konzentriert sich die Argumentation der Testkritiker. Selbst
ein hochvalides Auswahlinstrument selektiere eine große Zahl von geeigneten Bewerbern aus, wenn die Grundquote des prognostizierten Verhaltens deutlich unterhalb der Ablehnungsquote liegt (Murphy, 1987; U.S. Congress, 1990). Dies aber,
und hier setzt ein erster ethischer Einwand an, sei im Falle von Integrity Tests nicht
vertretbar, da hierdurch abgelehnte Bewerber mit dem Makel eines „Diebes" stigma-
tisiert zurückgelassen würden, *bevor* sie überhaupt Gelegenheit hätten, irgend etwas
zu stehlen (Guastello & Rieke, 1991).

Der Anteil von false positives ist tatsächlich unabhängig von der Validität um so
höher, je weiter die Ablehnungs- die Grundquote übersteigt; sie kann im Fall einer
besonders strengen Auswahl mit einem sehr validen Instrument sogar höher sein als
mit einem weniger validen Verfahren bei höherer Selektionsquote, sofern die Basisrate niedrig ist (Murphy, 1993). Für letztere beziehen sich Kritiker wie die Verfasser
des Kongreßberichts (U.S. Congress, 1990) auf - wie sich inzwischen gezeigt hat
(vgl. Kapitel 3) - völlig unrealistisch niedrige Schätzungen, die auf Daten über *aufgeklärte* Mitarbeiterdelikte beruhen. Dies veranlaßte Vertreter der Testverlage zunächst, ihrerseits Schätzungen vorzulegen, die mittels definitorischer Kniffe ebenso

wirklichkeitsfern überhöht waren (z.B. Slora, 1991). Sie kommen in ihrer Argumentation aber auch ohne solche Manipulationen aus.

Martin und Terris (1991a, 1991b) weisen darauf hin, daß in einer Auswahlentscheidung, wenn es um die *relative* Entscheidung zugunsten des einen oder anderen Bewerbers geht, *jede* Validität größer Null zu einer Reduzierung der Klassifikationsfehler beider Art führt. Unter *sonst gleichen Voraussetzungen* (Basisrate, Ablehnungsquote) spricht das Ziel der Fehlerminimierung also immer für die Anwendung des validesten Auswahlverfahrens (ein Rechenbeispiel mit relativ realistischen Annahmen findet sich bei Manhardt, 1989). Die Basisrate aber sei ohnehin definitionsgemäß gegeben und die Ablehnungsquote hänge in realen Auswahlsituationen weniger von einem durch den Testverleger festgelegten Cut-Off ab als vom Verhältnis der Bewerberzahl zur Zahl der zu vergebenden Stellen.

Guastello und Rieke (1991) wenden dagegen jedoch ein, daß es bei der Relativität einer Entscheidung auf den Standpunkt des Betrachters ankomme. Aus der Sicht des Bewerbers sei die Entscheidung absolut - er erhält die Stelle oder eben nicht. An dieser Stelle verlassen die Autoren den eher technischen Strang der Argumentation und führen das erwähnte Stigmatisierungsargument ein. Bereits Murphy (1987) hatte für Integrity Tests einen in der Eignungsdiagnostik ungewöhnlichen moralischen Sonderstatus postuliert, indem ein Testergebnis, einem strafrechtlichen Verdikt entsprechend, über „jeden vernünftigen Zweifel erhaben" sein müsse, um als Grundlage der Auswahlentscheidung bezüglich der Integrität eines Bewerbers dienen zu können. Die Anwendung eines solchen Prinzips dürfte in der Tat eine für jedes eignungsdiagnostische Instrument schwerlich erfüllbare Anforderung darstellen.

Diese Argumentation verkennt jedoch, daß die Ablehnung eines Stellenbewerbers etwas grundsätzlich anderes ist als die Verhängung einer Freiheitsstrafe. Die von einem Zusammenschluß der führenden Testverleger erlassenen Richtlinien (Jones, Arnold & Harris, 1990) sichern die Vertraulichkeit der Testergebnisse zu, so daß dem Bewerber nicht die Chance verbaut werden sollte, bei einem anderen Arbeitgeber unterzukommen. Sackett (1992) weist darauf hin, daß Stellenbewerber in der Regel auch selbst den genauen Grund ihrer Ablehnung nicht erfahren, womit dem gelegentlich geäußerten Verdacht, Integrity Tests kreierten eine selbsterfüllende Prophezeiung (z.B. Guastello & Rieke, 1991), weitgehend der Boden entzogen wäre. Ob es ein Kandidat eher als Makel betrachtet, aufgrund seiner Unehrlichkeit als wegen seiner Unfähigkeit abgelehnt worden zu sein, ist jedoch eine reine Wertentscheidung, die von Fall zu Fall wohl durchaus variieren kann (bei Kluger & Rothstein, 1993, wurde die Ablehnung wegen eines schlecht ausgefallenen Intelligenztests als wesentlich stärkere Beeinträchtigung des Selbstbilds empfunden als das unzureichende Abschneiden bei einem biographischen Fragebogen). Sackett (1992) sieht denn auch keinen Grund, an Integrity Tests höhere ethische Maßstäbe anzulegen als bspw. an die Erfassung kognitiver Fähigkeiten.

Im Kern argumentieren die beiden Parteien unter diametral entgegengesetzten Voraussetzungen, was die Antwort auf die Frage betrifft: Was wäre, wenn man auf die Anwendung von Integrity Tests verzichtete? Während die Befürworter der Verfahren davon ausgehen, daß in diesem Fall das gleiche Problem ohne eine brauchbare

Entscheidungshilfe gelöst werden müßte und ein Verzicht auf Integrity Tests also in jedem Fall ein Rückschritt wäre, der die Zahl der Klassifikationsfehler *erhöht*, scheint die Gegenseite auf dem Standpunkt zu stehen, daß false positives durch Integrity Tests erst *produziert* werden, im Falle eines Verzichts also gar nicht erst entstünden. Die ethischen Einwände greifen nur unter der Voraussetzung, daß sich ohne ein Instrument mit begrenzter, aber z.Z. nicht übertroffener Validität die Qualität der Auswahl erhöht, richtige Auswahlentscheidungen also quasi vom Himmel fallen - eine m.E. schon logisch schwer nachvollziehbare Argumentation.[6] Die Praxis in den USA zeigt, daß sich die Anwender zunehmend dieser Sichtweise anschließen, wobei sie freilich nicht unbedingt von ethischen Beweggründen geleitet sein müssen.

2.2.3 Selbstdarstellungstendenzen

Honts (1991) macht auf ein Dilemma aufmerksam, das Integrity Tests nach den Gesetzen der Logik innezuwohnen scheint. Personen, die ehrlicherweise alle ihre Missetaten eingestehen, werden mit großer Wahrscheinlichkeit keine Empfehlung durch ihr Testergebnis erhalten, während solche Bewerber, die erfolgreich jegliches Vergehen abstreiten, gute Chancen haben, den Test zu bestehen. Der Einwand, solche Verfahren seien einfach zu durchschauen, niemand würde in einer Bewerbungssituation ehrliche Antworten geben und wenn, dann führe dies zu seiner sicheren Ablehnung, weshalb die Anwendung dieser Tests sinnlos sei, wird insbesondere auch von Laien immer wieder angeführt (eine Erfahrung, die neben anderen [z.B. Cherrington & Cherrington, 1993] auch der Verfasser dieser Arbeit gemacht hat). Wäre dies tatsächlich eine generelle Tendenz, so müßte sie sich eigentlich in fehlenden Kriteriumsvaliditäten niederschlagen, was in offensichtlichem Widerspruch zu den oben berichteten Befunden steht. Wie ist das zu erklären? Sind Integrity Tests etwa immun gegenüber Selbstdarstellungstendenzen, verzichten die Teilnehmer von sich aus darauf, sich in einem günstigen Licht darzustellen oder haben Antworttendenzen am Ende gar keinen Einfluß auf die Validität? Sackett et al. (1989) identifizierten drei unterschiedliche Methoden, eine Antwort auf diese Fragen zu suchen, nämlich (1) experimentelle Designs, in denen der Einfluß direkter Instruktionen zur Täuschung beobachtet wird, (2) Korrelationen zwischen Integrity Tests und Lügen- oder Erwünschtheitsskalen und (3) die Auspartialisierung der Antworttendenzen aus den Kriteriumsvaliditäten. Inzwischen liegen zu allen drei Ansätzen auch neuere Untersuchungen vor. Wichtiger noch ist aber vielleicht die jüngere Forschung zum Konzept der „sozialen Erwünschtheit" und zu deren Einfluß auf die Vorhersagegüte, die die traditionelle Sicht dieses Konstrukts als Fehlerquelle erheblich in Frage stellt.

In experimentellen Designs werden i.d.R. die mittleren Testwerte mehrerer Gruppen verglichen, die den gleichen Test mit unterschiedlichen Instruktionen versehen

---

[6] Einsichtigere Kritiker der Position von Martin und Terris konzedieren inzwischen, daß in einer relativen Entscheidungssituation die Argumentation mit Klassifikationsfehlern unangemessen ist (Ben-Shakhar & Bar-Hillel, 1993).

vorgelegt bekamen. Ryan und Sackett (1987) fanden für eine Studentenstichprobe einen deutlichen Effekt in der erwarteten Richtung bei der Instruktion, sich so günstig wie möglich darzustellen, nicht jedoch für die Anweisung, so zu antworten als bewerbe man sich um eine Stelle. Hier wurde kein signifikanter Unterschied zu der Kontrollgruppe, die möglichst ehrlich antworten sollte, beobachtet. Einen ähnlichen Befund berichten LoBello und Sims (1993) für eine Stichprobe Strafgefangener, wobei diese Autoren eine echte Kontrollgruppe (keine Instruktion) hatten, für die sie keinen Unterschied zu der Bedingung „ehrlich antworten", wohl aber zu der „fake good"-Instruktion fanden. Hough, Eaton, Dunnette, Kamp und McCloy (1990), verwendeten für ihr mehrdimensionales Inventar, das auch eine „nondelinquency"-Skala einschloß, zusätzlich die Anweisung, sich so *ungünstig* wie möglich darzustellen (fake bad) und fanden für diese Bedingung gegenüber der fake good-Kondition einen fast fünfmal so großen Unterschied zur Instruktion, möglichst ehrlich zu antworten (Effektstärke d = 2,25 vs. -0,47).

Eine Studie mit dem Reid Report (Cunningham, Wong & Barbee, 1994) kam dagegen zu dem überraschenden Ergebnis, daß eine nicht instruierte Gruppe von Stellenbewerbern sogar besser abschnitt als eine Studentenstichprobe, die sich in günstigem Licht darstellen sollte, wobei hier der (unkontrollierte) Stichprobenfehler eine Rolle gespielt haben könnte. In einem zweiten bei Cunningham et al. (1994) berichteten Experiment wurde zusätzlich ein finanzieller Anreiz für ein möglichst gutes Abschneiden gegeben; in den anderen Experimentalbedingungen waren darüber hinaus Informationen über das Konstruktionsprinzip des Tests in der Instruktion enthalten. Obwohl diese Zusatzinformation einen marginal signifikanten Effekt hatte, fand sich unter keiner Bedingung ein Mittelwert oberhalb der nationalen Normen für Stellenbewerber. In einem etwas anderen Design konnte Moore (1990) zeigen, daß die Veränderung der Instruktion zwischen zwei Testvorgaben die Retest-Reliabilität des *Phase II Profile* vermindert.

Die Ergebnisse zeigen zusammengenommen, daß Versuchspersonen in der Lage sind, ihre Werte bei Integrity Tests zu verfälschen, wenn sie dazu aufgefordert werden und zwar offenbar noch stärker in die ungünstige als die günstige Richtung. Alle berichteten Resultate beziehen sich dabei auf offenkundige Verfahren, die aufgrund eben dieser Eigenschaft als besonders anfällig für Antworttendenzen gelten. Alliger, Lilienfeld und Mitchell (1996) bestätigen diese Vermutung in einer vergleichenden Studie, bei der sich der PRB resistent gegenüber der Faking-Instruktion zeigte. Genau das Gegenteil fand allerdings Wanek (1991; nach Sackett & Wanek, 1996), bei dem sich ein offenkundiges Instrument im Gegensatz zum PRB *nicht* verfälschen ließ. Kaum Aufschluß geben diese Laborexperimente aber über die Frage, in welchem Umfang Antworttendenzen in der Realität auftreten und wie sie sich dort auf die Validität auswirken. Die Ergebnisse von Cunningham et al. deuten darauf hin, daß eine Auswahlsituation eher der fake good-Bedingung entspricht, während in den übrigen Vergleichen die Instruktion, sich wie ein Bewerber zu verhalten, der Ehrlichkeitsbedingung näher kam.

Einen zweiten Untersuchungsansatz bilden korrelative Studien, in denen Zusammenhänge zwischen Integrity Tests und Skalen zur Messung sozialer Erwünschtheit

ermittelt wurden. Sackett et al. (1989) berichten hierfür Koeffizienten zwischen r =
.23 und .58 für verschiedene Instrumente. In ähnlicher Höhe lagen bei Cunningham
et al. (1994) die Zusammenhänge zwischen Reid Report und vier verschiedenen Erwünschtheitsskalen (.15, .26, .38 und .55), während der HRI sogar über .60 mit der
MMPI-Lügenskala korreliert ist (Hogan & Hogan, 1989). Eine Ausnahme scheint
dagegen das *Employee Reliability Inventory* (ERI; Borofsky, 1993) zu bilden, dessen
einzelne Skalen überwiegend nur geringfügig mit verschiedenen „Validitätsskalen"
übereinstimmen (Borofsky, 1992).

Solche Ergebnisse würden die meisten noch vor wenigen Jahren - und viele noch
heute - als alarmierendes Signal gewertet haben, galt doch ein Anteil „sozialer Erwünschtheit" an der Testvarianz gewissermaßen definitionsgemäß als Meßfehler
(Paulhus, 1989a). Im Unterschied zu den oben beschriebenen Faking-Experimenten,
die reine Mittelwertsverschiebungen zeigen und damit keine Aussage über die Validität zulassen[7], wirken sich Unterschiede in der Selbstdarstellung auf dem Meßkontinuum differentiell aus und führen zu Veränderungen der Rangfolge, indem weniger
„sozial erwünscht" antwortende Personen ihre Position auf mit diesem Merkmal positiv korrelierten Variablen verschlechtern. Ein Ansatz zur statistischen Korrektur
dieses Effekts ist die nachträgliche Auspartialisierung sozialer Erwünschtheit aus den
Kriteriumsvaliditäten von Integrity Tests; ein weiterer besteht in der unmittelbaren
Korrektur der Testwerte unter Verwendung von „Validitätsskalen" *vor* Ermittlung
von endgültigen Testergebnissen und Stichprobenkennwerten. Beide Ansätze gehen
von der Voraussetzung aus, Skalen zur Messung sozialer Erwünschtheit erfaßten
Fehlervarianz.

Sackett et al. (1989) zitieren eine Studie, in der soziale Erwünschtheit aus dem
Zusammenhang zwischen dem Testergebnis des PSI und selbstberichtetem Diebstahl
partialisiert wurde, was dort nur zu einer sehr geringen Verminderung der Validität
führte. Zum Teil stärkere Effekte fanden Guastello und Rieke (1991), die nachträglich die an Diebstahlsgeständnissen gemessene Validität dreier einstellungsorientierter Tests um den in anderen Studien gefundenen Zusammenhang mit Antworttendenzen korrigierten. Diese sekundäranalytische Vorgehensweise läßt allerdings außer
acht, daß viele Integrity Tests ihrerseits Validitäts- oder Lügenskalen enthalten, die
bereits vor Ermittlung der Testwerte zur Korrektur herangezogen werden (Sackett et
al., 1989; Rafilson, 1991). In diesem Fall würde eine Auspartialisierung zu einer -
sinnlosen und verfälschenden - Doppelkorrektur führen.

Aber auch eine einfache Eliminierung von Selbstdarstellungstendenzen ist keineswegs unproblematisch, wie u.a. die intensive Forschung zu sozialer Erwünsch-
heit im Zusammenhang mit Persönlichkeitstests zeigt. Unter der Voraussetzung, es
handle sich dabei um eine Störvariable, sollte eine Auspartialisierung eigentlich zur
Erhöhung der Kriteriumsvalidität von Testwerten führen. Daß bei Integrity Tests,
ebenso wie bei allgemeinen Persönlichkeitsmerkmalen (McCrae & Costa, 1983;
1985), das Gegenteil der Fall ist, spricht nicht für die Annahme eines reinen Arte-

---

[7] Lineare Transformationen verändern eine Korrelation bekanntlich nicht, solange sie nicht zu
Decken- oder Bodeneffekten führen.

fakts. Für Erwünschtheitsskalen wurden eine Reihe robuster Korrelate aus dem Ver-
haltens- und Persönlichkeitsbereich festgestellt, aus letzterem bspw. die Dimensionen
Gewissenhaftigkeit und emotionale Stabilität des Fünf-Faktorenmodells der Persönlichkeit (siehe unten), die auch dann nicht verschwinden, wenn man statt Selbsteinschätzungen Fremdbeurteilungen der Eigenschaften heranzieht (Borkenau & Ostendorf, 1989; Ones, Viswesvaran & Reiss, 1996). Für die Anwendung statistischer
Kontrollmethoden bedeutet dies, daß mit der Auspartialisierung von Antworttendenzen immer auch ein Teil „wahrer" Varianz eliminiert wird.[8] Zudem gibt es Hinweise
(Kochkin, 1987), daß sich soziale Erwünschtheit bei Integrity Tests nicht auf dem
gesamten Meßkontinuum gleichmäßig auswirkt, sondern nur mit extrem erhöhten
Testwerten einhergeht.

Eine Alternative zur Auspartialisierung besteht deshalb darin, *Moderatoreffekte*
von Antworttendenzen zu untersuchen, indem man Validitäten für zwei Gruppen
akkurat und übermäßig erwünscht antwortender Personen vergleicht. Hough et al.
(1990) wendeten an einer sehr großen Stichprobe ein entsprechendes Design und
fanden in insgesamt 33 Vergleichen (11 Prädiktoren x 3 Kriterien) einen maximalen
Validitätsunterschied von $r_{diff} = .10$. Für die im Kontext dieser Arbeit einschlägigste
Gegenüberstellung (Nondelinquency als Prädiktor von „persönlicher Disziplin") betrug die Validität in der Gruppe mit unauffälligen Erwünschtheitswerten (N ca.
5.900) $r = .28$, in derjenigen mit erhöhten Scores (N ca. 2.400) $r = .29$. Ähnlich sehen
die Befunde für andere Antworttendenzen aus. Ones et al. (1996) untersuchten metaanalytisch nicht Moderator-, sondern Suppressoreffekte (Unterdrückung irrelevanter
Varianzkomponenten im Prädiktor) von sozialer Erwünschtheit auf die Kriteriumsvalidität von Persönlichkeitstests und fanden überhaupt keinen Einfluß. In beiden
Studien war soziale Erwünschtheit selbst weder positiv noch negativ in nennenswerter Höhe mit beruflichen Leistungsmaßen korreliert.

Zusammenfassend läßt sich feststellen, daß Integrity Tests in gleicher Weise potentiell anfällig für bewußte Täuschungsversuche sind wie allgemeine Persönlichkeitstests, und daß sie ähnlich stark mit Fragebogenmaßen sozialer Erwünschtheit
korrelieren wie andere evaluativ geladene Eigenschaftskonstrukte, aber eben auch
nicht stärker. Selbst die offenkundigen Verfahren mit ihrem meist unverstellten Bezug zu sozial unakzeptablem Verhalten zeigen sich in dieser Hinsicht nicht besonders
auffällig. Cunningham (1989) untersuchte verschiedene Motive, die Stellenbewerber
dazu bringen könnten, unehrliche Absichten im Rahmen der Einstellungsprozedur
zuzugeben. Er fand heraus, daß Kandidaten, die den Reid Report nicht bestehen, dazu
neigen, unehrliches Verhalten als normal und durchaus legitim anzusehen und den
Testkonstrukteuren zu unterstellen, sie "wüßten" dies und ein allzu ehrliches Erschei-

---

[8] Paulhus (1989a) vertritt die Auffassung, daß die eher unbewußte Komponente seines Zwei-
Faktoren-Modells sozialer Erwünschtheit (Paulhus, 1984), „self-deception", von wahrer Trait-Varianz
nicht zu trennen sei, während bewußte Selbstdarstellung, „impression management", i.d.R. kontrolliert werden sollte. In der einzigen Studie mit Integrity Tests, die beide Faktoren erfaßte (Cunningham
et al., 1994), war allerdings Impression Management im Gegensatz zu Self-Deception nicht nur mit
dem Reid Report, sondern auch mit dem objektiven Verhaltenskriterium korreliert.

nungsbild würde sofort auffallen. Dies steht im Einklang mit der von Ash (1971) berichteten Beobachtung, daß Stellenbewerber, die Diebstähle in erheblichem Ausmaß
eingestehen, sich selbst meist als durchschnittlich ehrlich einschätzen. Dieser „false
consensus"-Effekt bietet nicht nur eine mögliche Erklärung für die relativ moderate
Verstellung der Testteilnehmer, auch die Testautoren machen sich das Phänomen bei
der Itemformulierung zunutze (siehe Abschnitt 2.3.2).

Die Zusammenhänge mit Erwünschtheitsskalen sind für die Interpretation bzw.
die Konstruktvalidität durchaus von Belang. Für die Kriteriumsvalidität - und in
diese Richtung zielen die eingangs dieses Kapitels angeführten Vorbehalte vieler
Laien - spielen sie jedoch offenbar keine Rolle. Dennoch können *im Einzelfall* einer
spezifischen Personalentscheidung Rangordnungsverschiebungen durch differentielle
Selbstdarstellung ausschlaggebend sein. Ähnliche Auswirkungen von Variablen, die
nicht eigentlich erfaßt werden sollen, lassen sich jedoch für praktisch jedes verbreitete Auswahlverfahren aufzeigen (Testangst im Intelligenztest, Ackerman & Heg-
gestad, 1997; physische Attraktivität in interaktiven Prozeduren wie Assessment
Center oder Interview, Schuler & Berger, 1979) und sind bis zu einem gewissen
Grade unvermeidlich. Vor diesem Hintergrund erscheint eine kategorische Feststel-
lung wie „ ...auf jeden Fall verbietet sich aufgrund solcher Erkenntnisse [aus Faking-
Experimenten, d.V.] der Einsatz in jeglichem Selektionsverfahren" (aus Amelang &
Bartussek, 1997 [S.170], einem Lehrbuch, mit dem immerhin fast alle deutschen
Psychologiestudenten ausgebildet werden) ein wenig übereilt.

2.2.4 Akzeptabilität

Einer der wenigen Aspekte der Personalauswahl, der von der Kriteriumsvalidität
unabhängige praktische Relevanz besitzt, bezieht sich auf das Erleben und die Reaktionen der Teilnehmer an einer Auswahlprozedur. Schuler und Stehle (1983; Schuler,1990,1993) stellen den statistischen Gütekriterien das Konzept der sozialen Validität gegenüber, nach dem eine Auswahlsituation aus *Bewerbersicht* danach beurteilt
wird, ob sie (a) über Tätigkeits- und Anforderungsmerkmale *informiert*, (b) Möglichkeiten zur *Partizipation* und Beeinflussung des Ergebnisses bietet, (c) in Ablauf
und Inhalt für den Bewerber *transparent* ist und (d) ein inhaltlich und formal akzep-
tables *Feedback* beinhaltet. Ähnliche Facetten finden sich in vielen Operationalisierungen der Merkmale Akzeptabilität und Fairneß (Arvey & Sackett, 1993; Gilliland,
1994; Harland, Rauzi & Biasotto, 1995; Kravitz, Stinson & Chavez, 1996; Macan,
Avedon, Paese & Smith, 1994; Rosse, Miller & Stecher, 1994; Ryan, Greguras &
Ployhart, 1996; Smither, Reilly, Millsap, Pearlman & Stoffey, 1993). International
große Beachtung gefunden hat in letzter Zeit insbesondere der Ansatz von Gilliland
(1993), der aus den sozialen Austauschtheorien von Adams (1965) und Thibaut und
Walker (1975) die Dimensionen distributiver und prozeduraler Gerechtigkeit ableitet,
die jeweils durch eine Reihe allgemeiner Regeln zu gewährleisten sind. Ein Befund,
der sich in allen zitierten - und in vielen weiteren - Studien gezeigt hat, ist, daß Versuchspersonen zwischen den verschiedenen Aspekten der Akzeptabilität nicht wirk-

lich unterscheiden, d.h. die Facetten sind hochgradig interkorreliert (in der Interpretation abweichend Kersting, 1998, der jedoch keine Korrelationen berichtet). Eine herausragende Rolle scheint dabei besonders die sog. „Augenscheingültigkeit" (face validity) oder empfundene Berufsbezogenheit zu spielen (siehe auch Chan, Schmitt, DeShon, Clause & Delbridge, 1997).

Auch bezüglich der Akzeptabilität wurden Integrity Tests bereits früh aufgrund von Plausibilitätsüberlegungen skeptisch beurteilt (Sackett & Harris, 1984). Die Natur der Materie legt den Verdacht nahe, Bewerber müßten Fragen, die an ihre Integrität und Vertrauenswürdigkeit rühren, als hochgradig invasiv empfinden und sich daraufhin ablehnend bis reaktant äußern. Inzwischen liegt eine Reihe empirischer Studien vor, die Reaktionen von Teilnehmern entweder speziell für Integrity Tests oder vergleichend im Verbund mit anderen Instrumenten untersucht. In beiden Fällen handelt es sich in der Regel um einfache Befragungen.

Ryan und Sackett (1987) berichten unterschiedliche Reaktionen auf ihr an Integrity Tests angelehntes Forschungsinstrument. Die meisten Versuchspersonen fanden die Anwendung eines derartigen Tests angemessen und würden sich nicht weigern, ihn in einer Bewerbungssituation auszufüllen. Erfreut darüber wären sie jedoch mehrheitlich nicht, während die Meinungen zu dessen Invasivität (hier zeigten kürzlich Dwight & Alliger, 1997, daß zwischen verschiedenen Arten von *Items* innerhalb des Tests erhebliche Unterschiede bestehen) und zum Einfluß auf die Annahme eines Stellenangebots relativ gleichmäßig verteilt waren. In einer durch Vertreter des Testverlags durchgeführten Replikation mit dem PSI (Jones & Joy, 1991) fielen auch die Antworten auf die letzten drei Fragen mit deutlicher Mehrheit zugunsten des Integrity Test aus. Allerdings handelte es sich hier um eine Felduntersuchung in einer echten Bewerbungssituation, was gewisse Zweifel an der Bereitschaft der Teilnehmer weckt, Kritik offen auszusprechen. Ähnliches gilt für eine großzahlige Bewerberstichprobe (N = 9.022), von der lediglich acht Prozent gewisse Vorbehalte gegenüber dem Reid Report äußerten (Brooks & Arnold, 1989). In allen Studien zeigte sich außerdem ein positiver Zusammenhang zwischen dem - den Teilnehmern unbekannten - Testergebnis und der Beurteilung des Verfahrens.

Uneindeutig fallen Vergleiche zwischen beiden Arten von Integrity Tests aus. Während bei Sackett und Wanek (1996) drei unveröffentlichte Studien zitiert werden, in denen die persönlichkeitsorientierten Verfahren jeweils günstiger beurteilt wurden, fand Jones (1991b) weniger Vorbehalte gegenüber seinem offenkundigen Test, was der Autor vor allem auf den höher eingeschätzten Berufsbezug zurückführt. Ähnlich wurden in einer experimentellen Anordnung bei Rosse, Ringer und Miller (1996), die Forschungsinstrumente aus jeweils mehreren einstellungs- und eigenschaftsorientierten Tests zusammenstellten, in der Gruppe mit dem offenkundigen Test die Einstellungsprozedur und die Bereitschaft, in der betreffenden Firma zu arbeiten, positiver beurteilt. Noch günstiger als in den beiden Integrity-Test-Bedingungen fielen jedoch die Einstellungen in der Kontrollgruppe ohne Test aus, nicht aber in einer zweiten Kontrollbedingung, bei der ein möglichst neutral gehaltener Berufsinteressentest vorgegeben wurde. Hier hingen alle Akzeptanzvariablen negativ mit selbstberichtetem Drogenkonsum zusammen (Rosse, Miller & Ringer, 1996). Eben-

falls günstiger für einen einstellungs- (Phase II Profile) gegenüber einem eigen-
schaftsorientierten (PRB) Test bezüglich der perzipierten Validität fielen kürzlich die
Resultate von Whitney, Diaz, Mineghino und Powers (1999) aus, die jedoch kaum
Zusammenhänge zwischen Testergebnis und Akzeptanzwert fanden.

Der Befund von Rosse und Kollegen, daß sich Stellenbewerber generell nicht gern
Papier-und Bleistifttests unterziehen, wobei die Art des Verfahrens einen untergeordnete Rolle spielt, steht im Einklang mit einigen Untersuchungen, in denen ein
breiteres Spektrum von Auswahlinstrumenten miteinander verglichen wurde. In allen
derartigen Studien, die Integrity Tests einschlossen, wurden sie deutlich negativer
beurteilt als interaktive Verfahren wie Interviews oder Instrumente mit hoher Augenscheingültigkeit wie Arbeitsproben, jedoch nicht schlechter als allgemeine Persönlichkeitstests (M.M. Harris, Dworkin & Park, 1990; Kravitz, Stinson & Chavez,
1996; Rynes & Connerley, 1993; D.D. Steiner & Gilliland, 1996). Intelligenztests
schnitten bei Kravitz et al. und bei Steiner und Gilliland etwas besser ab, während sie
in der Untersuchung von Rynes und Connerley hinter Persönlichkeits- und Integrity
Tests plaziert waren. Alle Papier- und Bleistiftverfahren stoßen relativ gesehen auf
mittlere Akzeptanz, während am Ende der Rangordnung mit großer Konsistenz für
die Probanden weitgehend undurchsichtige Prozeduren wie Graphologie oder Astrologie rangieren (für eine deutsche Untersuchung mit ähnlichen Ergebnissen, allerdings ohne Integrity Tests, siehe Fruhner, Schuler, Funke und Moser, 1991).

Die kulturvergleichende Studie von Steiner und Gilliland stellt insofern einen in-
teressanten Sonderfall dar, als hier neben einer amerikanischen auch eine Stichprobe
aus Frankreich untersucht wurde, aus einem Land also, in dem Integrity Tests überhaupt nicht angewandt werden. Hier wurden diese Instrumente in der Tat nicht nur
als weniger geeignet eingestuft als in den USA, sondern schnitten auch schlechter ab
als alle anderen schriftlichen Tests und sogar etwas ungünstiger als die Handschriftenanalyse, die ihrerseits deutlich positiver beurteilt wurde als in allen amerikanischen Untersuchungen. Das Resultat bezüglich Integrity Tests ist bemerkenswert;
immerhin handelt es sich, abgesehen von einigen frühen Versuchen mit dem PRB
(Gough, 1971), um die einzige Untersuchung mit direktem Bezug auf diese Verfahren in Kontinentaleuropa.

Die Versuchsanordnung bei Steiner und Gilliland läßt aber auch einige Fragen offen. Alle Studien, in denen eine große Zahl von Auswahlinstrumenten verglichen
wurde, leiden unter dem Problem, daß eine reale Durchführung aller Verfahren zu
aufwendig wäre, die tatsächliche Vertrautheit mit dem Meinungsgegenstand also
nicht unbedingt gewährleistet werden kann. Die Verbreitung verschiedener Selektionsverfahren differiert aber von Land zu Land, von Berufsgruppe zu Berufsgruppe
und vor allem von Instrument zu Instrument erheblich (Lévy-Leboyer, 1994; Schuler,
Frier & Kauffmann, 1993), was deren Beurteilung in wiederum unterschiedlichem
Ausmaß beeinflussen kann (Fruhner et al., 1991). Man behilft sich zur Umgehung
dieses Problems in den angesprochenen Untersuchungen i.d.R. damit, die Instrumente in mehr oder weniger knapper Form zu beschreiben, im Fall von Steiner und
Gilliland mit jeweils einem ca. anderthalb Druckzeilen langen Satz. Ob dies ausreichend war, entzieht sich ohne weitere Untersuchung der Beurteilung. Es sollte jedoch

festgestellt werden, daß die größte *positive* Differenz zwischen den USA und Frankreich für Integrity Tests ermittelt wurde, die wie angesprochen hüben gar nicht, drüben aber stark verbreitet sind, die größte *negative* Differenz aber für die Graphologie, die in Frankreich ein Vielfaches des amerikanischen Verbreitungsgrads erreicht (Lévy-Leboyer, 1994).

Für das in jüngster Zeit erwachte Interesse der Eignungsdiagnostik an der Perspektive des Bewerbers, das sich in einer geradezu sprunghaft anwachsenden Zahl konzeptioneller und empirischer Arbeiten ausdrückt, gibt es zweifellos mehrere gute Gründe. Sicher sind dafür nicht allein humanistische Ideale verantwortlich; eher schon die Erkenntnis, daß die Personalauslese als erster Kontakt das Bild des zukünftigen Mitarbeiters vom Unternehmen entscheidend prägt (Rynes, 1993a) und sich damit auf dessen Entscheidung, eine Stelle zu akzeptieren wie auch auf dessen spätere Einstellung zur Organisation auswirken kann. Dies drückt sich in der hohen Bedeutung aus, die Personalverantwortliche der Akzeptanz bei der Auswahl ihrer Selektionsverfahren beimessen (vgl. Schuler, 1996). In Deutschland kommt die Mitbestimmungspflicht für „Personalfragebogen" und „Auswahlrichtlinien", wie sich das Gesetz ausdrückt (§§ 94 und 95 BetrVG), hinzu sowie der große Wert, den die Rechtsprechung auf die „Berufsbezogenheit" von Fragen im Einstellungsprozeß und die Zustimmung der Bewerber bei der Beurteilung von deren Zulässigkeit legt (Maib, 1979).

Hier lassen sich einige Vorbehalte gegenüber Integrity Tests nachweisen, die auch durch die Modifikation der Testinstruktion nicht ohne weiteres auszuräumen sind (so Harland et al., 1995, mit Bezug auf Persönlichkeitstests), in ihrem Ausmaß jedoch wahrscheinlich überschätzt wurden. Insbesondere läßt sich eine negative Sonderstellung dieser Verfahren gegenüber anderen Papier- und Bleistifttests aus der empirischen Befundlage nicht herleiten, soweit es den besser untersuchten amerikanischen Kulturraum betrifft. Hier zeigt sich zudem ein aus Anwendersicht durchaus erwünschter Effekt differentieller „Abschreckung" (Rosse, Miller & Ringer, 1996), indem Personen, die mehr deviantes Verhalten zeigen, auch stärkere Vorbehalte gegenüber den Tests äußern. Die Übertragbarkeit solcher Befunde auf andere Kulturen bedarf aber bei den Themenbereichen Akzeptabilität und Invasivität in besonderer Weise ergänzender Forschung, was hierzulande auch eine juristische Analyse einschließen sollte. Diese wird jedoch kaum unabhängig von verhaltenswissenschaftlichen Erkenntnissen zu erstellen sein (für die USA, wo für die rechtliche Zulässigkeit stärker der Minderheitenschutz im Vordergrund steht, siehe z.B. Arnold, 1991).

2.2.5 Zusammenfassung

Integrity Tests sind kommerziell vermarktete Verfahren zur Personalauswahl, also in erster Linie anwendungsbezogen konzipierte Instrumente und sollten folglich auch zuerst nach ihrer Tauglichkeit für diesen Zweck beurteilt werden. Die bei weitem wichtigste Kennziffer zur Messung des Anwendungsnutzens eignungsdiagnostischer

Verfahren ist traditionell die Validität zur Prognose beruflicher Leistungskriterien; sie repräsentiert gewissermaßen den Output eines Auswahlinstrumentes. An Investitionsrechenverfahren angelehnte Kosten-/Nutzenanalysen für alternative Selektionsinstrumente zeigen mit großer Konsistenz den überragenden Einfluß der Validität auf den Nettoertrag einer Auswahlprozedur (Funke & Barthel, 1995). Es ist also nicht verwunderlich, daß die Kriteriumsvalidität bislang im Mittelpunkt der Forschung zu Integrity Tests stand.

Seit um die letzte Jahrzehntwende einige große Literaturübersichten zu teilweise gegensätzlichen Schlußfolgerungen über die Validität dieser Verfahren kamen, hat die neuere Forschung einiges zur Klärung dieser Frage beigetragen. An herausragender Stelle ist hier die Metaanalyse von Ones et al. (1993) zu nennen, in der mehrere hundert Einzelstudien quantitativ zusammengefaßt wurden. Einige Eckdaten aus dieser Untersuchung sind in Tabelle 1 noch einmal zusammengestellt. Soweit wie möglich beschränkt sich die Darstellung dabei auf das relativ konservative prädiktive Design mit Bewerberstichproben (Eingeständnisse jeweils konkurrent erhoben; bei objektiven Kriterien allgemeiner Leistung wurden keine Moderatoranalysen vorgelegt).

Tabelle 1: Metaanalytisch ermittelte Validität (ρ) von Integrity Tests für verschiedene Kriterien (nach Ones et al., 1993)

	Diebstahl		Kontraproduktivität		allg. berufl. Leistung	
	extern erhoben	Einge-ständnisse	extern erhoben	Einge-ständnisse	Vorgesetzten-beurteilung	objektive Kriterien
einstellungs-orient. Tests	.13	.42	.39	.46	.41	.28
eigenschafts-orient.Tests	—	—	.29	.23	.41	.28

Anmerkung: aus Marcus, Funke und Schuler (1996)

Die Ergebnisse in Tabelle 1 zeigen deutlich, daß mit Integrity Tests valide Prognosen einer Reihe von Leistungsmaßen möglich sind. Überraschenderweise gilt dies auch für Kriterien wie allgemeine Vorgesetztenbeurteilung oder objektive Produktivitätsindikatoren, zu deren Vorhersage diese Verfahren eigentlich gar nicht konstruiert wurden. Die Validität liegt dabei im Bereich der besten eignungsdiagnostischen Einzelinstrumente, deutlich oberhalb derjenigen für allgemeine Persönlichkeitskonstrukte und ist im Gegensatz zu anderen von Intelligenz unabhängigen Prädiktoren generalisierbar, d.h. unabhängig von der Situation. Der Vergleich zwischen beiden Arten von Integrity Tests fällt uneindeutig aus. Bezüglich Kontraproduktivitätskriterien scheinen offenkundige Verfahren etwas überlegen, was jedoch durch die größere Streuung der Ergebnisse relativiert wird. Insgesamt existiert zur Zeit keine Alternative zu Integrity Tests, für die sich vergleichbar konsistent positive Befunde zur Validität nachweisen lassen. Allerdings liegen die Koeffizienten auch für Integrity Tests nicht in einer Höhe, die eine Verbesserung durch zukünftige Entwicklungen aussichtslos erscheinen läßt.

Die meisten gegen Integrity Tests erhobenen Einwände lassen sich vor dem Hintergrund der Ergebnisse zur Kriteriumsvalidität nicht aufrechterhalten. Die Argumentation, diese Verfahren selektierten zu viele ehrliche Bewerber aus, beruht auf Werturteilen, die eine ethische Sonderstellung von Integrity Tests postulieren und verlieren bei Betrachtung realer Auswahlsituationen, in denen relative Entscheidungen zu treffen sind, ihre Gültigkeit. Die Befunde aus Faking-Experimenten zeigen zwar, daß die Testwerte in gewissem Umfang manipulierbar sind, die Validität bleibt davon aber unberührt und das Ausmaß liegt durchaus im Rahmen anderer Persönlichkeitstests. Auch die konsistent positiven Zusammenhänge mit Erwünschtheits- oder Lügenskalen sind nicht per se als Anhaltspunkt für eine inhaltlich verzerrende Konfundierung der Testergebnisse zu werten, da die damit implizierte Unterstellung, solche Skalen erfaßten ausschließlich Fehlervarianz, zumindest nicht gesichert ist. Aus Sicht der Anwender spielen Verschiebungen zum positiven Pol der Skala aufgrund von Selbstdarstellungstendenzen keine entscheidende Rolle, solange innerhalb der Untersuchungsgruppe valide Unterscheidungen getroffen werden.

Wesentlich bedeutsamer für den praktischen Einsatz ist die Frage, in welchem Umfang mit negativen Reaktionen seitens der Bewerber auf Integrity Tests gerechnet werden muß. Auch hier kann aus den amerikanischen Ergebnissen nicht der Schluß gezogen werden, diese Verfahren würden als invasiver oder weniger akzeptabel erlebt als andere Papier- und Bleistifttests. Insgesamt bestehen jedoch durchaus Vorbehalte gegenüber dieser Art der Diagnostik. Reaktionen der Testteilnehmer und deren Auswirkungen auf späteres Verhalten im Betrieb sowie deren Implikationen für die rechtliche Zulässigkeit bedürfen vor einer Anwendung in Deutschland weiterer Untersuchung. Ähnliches gilt natürlich für die Übertragung der Befunde zur Validität. Die amerikanischen Ergebnisse sind jedoch vielversprechend genug, um entsprechende Bemühungen auf jeden Fall lohnend erscheinen zu lassen.

2.3 Die theoretische Perspektive: Konstruktvalidität

Auf eine einfache Formel gebracht, beschäftigte sich der vorangegangene Abschnitt mit der Frage: Funktionieren Integrity Tests? Die Antwort darauf war „ja" - mit gewissen Einschränkungen und im Rahmen dessen, was man von derartigen Verfahren in der Eignungsdiagnostik realistischerweise erwarten darf. In diesem und den folgenden Abschnitten nun wird es darum gehen, sich einer Erklärung für diesen Befund zu nähern, der sich keineswegs von selbst versteht: die Überzeugung, daß Persönlichkeitstests allgemein für die Personalauswahl von sehr begrenztem Nutzen seien, hat in der Eignungsdiagnostik eine lange Tradition und wird bis heute von vielen geteilt (zusammenfassend Kanfer, Ackerman, Murtha & Goff, 1995). Die Frage, die von nun an im Mittelpunkt stehen soll, lautet: Warum funktionieren Integrity Tests? Um die Antwort vorwegzunehmen: Wir wissen es nicht genau, können aber einige begründete Vermutungen darüber anstellen.

In diesem Abschnitt wird es dabei zunächst um die Diskussion von Erkenntnissen gehen, die sich dem Problem von der Konstruktseite des Prädiktors nähern - um auch dies in eine Frage zu kleiden: Was messen Integrity Tests? Was bislang vereinfachend unter der Bezeichnung „Validität" oder Kriteriumsvalidität diskutiert wurde, waren im wesentlichen korrelative Zusammenhänge zwischen Prädiktor*maßen* (Testwerten) und Kriteriums*maßen* unterschiedlicher Art. Dies ist die in der Eignungsdiagnostik dominierende Form der Validierung und setzt voraus, daß die Kriterienmaße das oder die zugrunde liegenden Leistungskonstrukte adäquat (d.h. in relevanter und dabei nicht übermäßig defizienter oder kontaminierter Form, vgl. z.B. Marcus & Schuler, in Vorb.) operationalisieren. Sind die Kriterienmaße in diesem Sinne „konstruktvalide"[9], ist es aus praxiologischer Sicht nicht unbedingt erforderlich, daß der Prädiktor seinerseits ein vom Kriterium abgrenzbares Konstrukt valide erfaßt, wenn er nach dem simulationsorientierten Ansatz der Eignungsdiagnostik (vgl. Höft & Funke, in Vorb.) als repräsentative („inhaltsvalide") Stichprobe des Kriterienbereichs, der Tätigkeit selbst also, konstruiert ist. Eine Theoriebildung bzw. - weniger hoch gegriffen - jede Form der Verallgemeinerung erfordert allerdings die Kenntnis der den Leistungen zugrunde liegenden Ursachen.

Die klassische Dreiteilung des Validitätsbegriffs in Kriteriums-, Inhalts- und Konstruktvalidität (siehe z.B. Lienert, 1969) ist in moderneren Konzeptionalisierungen (z.B. Binning & Barrett, 1989; Messick, 1995; N. Schmitt & Landy, 1993) einem komplexeren, gleichwohl *einheitlichen* Schema gewichen, das die wechselseitigen Verflechtungen aller Formen der Validierung betont. Es besteht ferner heute weitgehend Konsens darüber, daß Validität keine Eigenschaft von Tests ist, sondern der Schlüsse, die aus Testergebnissen gezogen werden und sich daher schwerlich in einer einzelnen Zahl (dem „Validitätskoeffizienten" bspw.) ausdrücken läßt (Schuler, 1996; West & Finch, 1997). Man spricht daher auch lieber von *Hinweisen* (evidence) auf Validität als von *der* Validität. Im folgenden werden also Hinweise zu diskutieren sein, aus denen sich Schlüsse auf die Beziehung zwischen Integrity Tests (Indikatoren) und die ihnen zugrunde liegenden Konstrukte ziehen lassen.

Dies beschreibt in etwa das, was mit „Konstruktvalidität" in einem traditionellen, relativ eng umgrenzten Sinne gemeint war (zur Vereinfachung sollen die eingeführten Begriffe auch weiterhin verwendet werden). Auch dieses Konzept ist allerdings komplex genug, was sich schon daraus ergibt, daß sich Konstrukte als hypothetische Entitäten definitionsgemäß nicht direkt erfassen lassen. Im Falle von Integrity Tests kommt noch hinzu, daß die Konstrukte, auf die sich die Testautoren beziehen, in aller Regel nur sehr rudimentär definiert und theoretisch fundiert sind (vgl. Abschnitt 2.1). In einem klassischen Aufsatz schlugen Cronbach und Meehl (1955) vor, Beziehungen zwischen Konstrukten, deren Operationalisierungen und wieder anderen Kon-

---

[9] Daß die Erfüllung dieser Voraussetzung i.d.R. ungeklärt ist, stellt das in der Organisationspsychologie fast allgegenwärtige „Kriterienproblem" dar (vgl. z.B. Binning & Barrett, 1989). Zur Kriterienseite siehe Kap. 3 unten.

strukten in einem „nomologischen Netz" zu spezifizieren, das durch die Akkumulation unterschiedlichster Formen von Evidenz (für Kataloge siehe z.B. Cronbach, 1984; Lienert, 1969) sukzessive mit Inhalt zu füllen sei. Auf diesem Wege sind in der Forschung zu Integrity Tests in den letzten Jahren einige Fortschritte erzielt worden, die hier zu referieren sein werden. Begonnen werden soll mit den bescheidenen Hinweisen, die die Testautoren selbst zu den theoretischen Grundlagen ihrer Instrumente geben.

2.3.1 Grundlagen einstellungs- und eigenschaftsorientierter Verfahren

Die Frage nach der Konstruktvalidität eines Tests läßt sich nur verfolgen, wenn zunächst geklärt ist, welche Art von Konstrukt überhaupt gemessen werden soll. Wie bereits angedeutet, besteht in der Eignungsdiagnostik auch die Möglichkeit, Prädiktoren direkt als Stichprobe des Kriterienbereichs („sample" im Sinne von Wernimont & Campbell, 1968) zu konstruieren. Die Alternative besteht darin, zunächst psychologische Konstrukte abzuleiten, die berufliches Verhalten beeinflussen, und diese Konstrukte anschließend zu messen („sign"-Ansatz nach Wernimont & Campbell). Dieser Weg ist indirekter und setzt neben einer geglückten Operationalisierung auch die Existenz bedeutsamer Beziehungen zwischen Prädiktor- und Leistungs*konstrukten* voraus, verspricht aber auch situationsunabhängigere Resultate und Aufschlüsse über theoretische Gesetzmäßigkeiten. Zwischen den Polen „sign" und „sample", das wird häufig nicht berücksichtigt, sind durchaus Abstufungen möglich, was den Grad der Direktheit in der Umsetzung von Berufs- und Testverhalten angeht. Tendenziell allerdings wird beim Einsatz von Integrity Tests die Existenz einer stabilen Verhaltensdisposition vorausgesetzt, die ihrerseits berufliche Leistungen im weitesten Sinne nachhaltig beeinflußt; sie stehen also dem eigenschaftsorientierten Ansatz (sign) der Eignungsdiagnostik näher.

Eine naheliegende, aber leicht in die Irre führende Möglichkeit, sich der Eigenart dieses Konstrukts zu nähern, besteht in einem Blick auf die Bezeichnungen, die von den Testautoren selbst für ihre Verfahren gewählt wurden. Unglücklicherweise besteht hier eine geradezu babylonische Vielfalt. Neben „Ehrlichkeit" und „Integrität" reicht die Palette von eingeführten Eigenschaftsbezeichnungen aus der Persönlichkeitstheorie wie „Zuverlässigkeit" oder „Gewissenhaftigkeit" bis zu schlichten, aber wenig aufschlußreichen Umschreibungen wie „Diebstahlsneigung" (für Häufigkeiten der verbreitetsten Begriffe siehe Camara & Schneider, 1994). Definitionen oder Begründungen für die Wahl der Begriffe finden sich i.d.R. nicht, was, wie Goldberg et al. (1991) anmerken, zwar auch auf eine Vielzahl anderer Verfahren zutrifft, aber trotzdem keine Empfehlung darstellt. Eine gewisse Tendenz läßt sich dahingehend feststellen, daß neuerdings häufiger Bezeichnungen mit direktem Bezug zum Kriterienbereich (Devianz, Kontraproduktivität, Diebstahl etc.) gewählt werden, was sich vielleicht als Anzeichen für eine der oben angedeuteten graduellen Annäherungen an das simulationsorientierte Konzept der Eignungsdiagnostik werten läßt. Die Formulierungen der Items beziehen sich bei offenkundigen Verfahren relativ oft direkt auf

Verhalten am Arbeitsplatz, bei persönlichkeitsorientierten Tests eher sporadisch. Eine zweite Tendenz besteht darin, daß in jüngerer Zeit häufiger dem eingeführten Begriff „integrity" der Vorzug gegeben wird (Camara & Schneider, 1994), was wohl am besten als Reaktion auf die Dominanz dieser Bezeichnung in der wissenschaftlichen Diskussion zu interpretieren ist. Andererseits stellt der Titel der jüngsten Übersichtsarbeit (Sackett & Wanek, 1996: „...measures of honesty, integrity, conscientiousness, dependability, trustworthiness, and reliability...") einen ironischen Kommentar zu dem Umstand dar, daß die Zahl der Umschreibungen für die *Verfahrensklasse* in letzter Zeit wieder zuzunehmen scheint. Ob allerdings alle aufgeführten Bezeichnungen berechtigterweise synonym verwendet werden, wäre erst zu klären.

Mindestens ebenso dürftig wie die Definition der gemessenen Konstrukte fallen die Informationen zu theoretischen Grundlagen aus, die den Testmanualen zu entnehmen sind. Theoriedefizite sind ein inhärentes Problem strikt empirisch konstruierter Skalen, das bspw. bei biographischen Fragebogen, wo diese Methode besonders verbreitet ist, in hohem Maße evident wird (Hough & Paullin, 1994; Schuler & Marcus, in Vorb.). Empirische *Skalen*bildung bedeutet jedoch nicht notwendig, schon bei der Formulierung der *Items* atheoretisch vorzugehen, obwohl die Methode auch hier zum „Herumprobieren" verleiten mag.

Die Entwicklung der eigenschaftsorientierten Integrity Tests in der Tradition empirisch konstruierter Persönlichkeitstests, insbesondere der CPI-So, ist ein Beispiel für die nicht immer konsequente Umsetzung des empirizistischen Paradigmas. Harrison Gough, der Pionier dieser Art Integrity Tests, zählt nicht zu den dogmatischen Vertretern dieser Schule; sein CPI enthält auch einige rational (deduktiv) konstruierte Skalen (Gough, 1975). Die So-Skala gehört allerdings nicht dazu. Für die Itemauswahl beruft sich der Autor auf seine eigene Theorie abweichenden Verhaltens - nacheinander bezeichnet als: psychopathy, delinquency, socialization, wayward impulse (Gough, 1948, 1960, 1971; Gough & Peterson, 1952) -, die wiederum auf der Rollentheorie des großen Soziologen G.H. Mead aufbaut. Stark verkürzt gesagt erklärt Gough Delinquenz durch eine mißglückte Sozialisation; die betreffende Person hat nicht gelernt, sich selbst als „soziales Objekt" wahrzunehmen und ein adäquates Bild sozialer Erwartungen an sich (Rollenübernahme) zu entwickeln. Dies ist zweifellos eine Theorie, und die „delinquency"-Skala, Urform der CPI-So, ist explizit darauf bezogen (Gough & Peterson, 1952). Die Itemformulierung basierte allerdings nur zum Teil darauf; ein weiterer Teil wurde ausgewählt, weil „...items [were] believed on intuitive grounds to hold promise for the differentiation of delinquents from non-delinquents...([e.g.,] I used to steal sometimes when I was a youngster)" (Gough & Peterson,1952, p. 208). Der größere Teil beruht aber auf dem Konzept der Rollenübernahme und hat keinen offensichtlichen Bezug zu deviantem Verhalten (z.B.: „I often think about how I look and what impression I am making on others"). Die Selektion aus dem zahlenmäßig nicht spezifizierten Itempool erfolgte dann jedoch streng empirizistisch (Kontrastgruppen, die das volle Kontinuum der Sozialisation abdecken sollen), und die Aussagen über die interne Struktur der Skala („...items appear to group themselves into several...clusters", Gough & Peterson, 1952) erscheinen weniger stringent theoriegeleitet, wenngleich durch spätere Faktorenanalysen (Rosen, 1977) relativ gut bestätigt. Ungeachtet der soziologischen Grundlage ist das *Meßkonzept* psychologisch (Gough, 1960): eine individuelle, stabile Disposition wird zur Verhaltenserklärung herangezogen. Die Items treffen, von wenigen Ausnahmen abgesehen, eine wertende Aussage über die eigene Person.

Die Ausführungen zu den Grundlagen der aus der So-Skala abgeleiteten Integrity Tests sind leider, verglichen mit dem Original, bestenfalls vage. Das gilt auch für Goughs eigenen PRB (Gough, 1971), ebenso wie für spätere Entwicklungen, sieht man davon ab, daß eben immer wieder auf den CPI Bezug genommen wird (vgl. Abschnitt 2.1). Einige empirische Ergebnisse (Hogan & Hogan, 1989; Woolley & Hakstian, 1992) mit eher mittelhohen Konvergenzen deuten darauf hin, daß sich die jüngeren Verfahren dieser Kategorie teilweise nicht ganz so eng an die So-Skala anlehnen wie der PRB, obwohl z.T. identische Items aufgenommen wurden (Woolley & Hakstian, 1992). Ersatzweise werden oft umfangreiche Listen mit Eigenschaften angeboten, wie sie in traditionellen Trait-Konzepten der Persönlichkeit immer wieder genannt werden: thrill seeking, hostility, conscientiousness, reliability u.ä.m. (vgl. zusammenfassend Borofsky, 1992; Sackett et al., 1989; Woolley & Hakstian, 1992). In diesem Sinn ist der Ausdruck „personality-based" zu interpretieren, den Sackett et al. (1989) für diese Art Tests einführten; nicht unbedingt explizit aus Persönlichkeitstheorien abgeleitet, aber generell am Eigenschaftskonzept orientiert. Die theoretische Grundlage ist, soweit man sich noch nach der So-Skala richtet, eher soziologisch und entstammt der allgemeinen Kriminologie.[10]

Nicht wesentlich expliziter in der Formulierung theoretischer Grundlagen sind die Herausgeber offenkundiger Integrity Tests. Mit einiger Konsistenz (z.B. Brooks & Arnold, 1989; Cherrington & Cherrington, 1993; W.G. Harris, 1987; Hartnett, 1991; Moreland, 1989; Terris, 1985) wird immerhin auf ein Konzept Bezug genommen, dessen Tradition im Mainstream der Psychologie mindestens ebenso reich und schillernd ist wie das der Traits: Einstellungen. Auch hier variieren die Inhalte bzw., vorsichtiger formuliert, die Bezeichnungen wieder in Abhängigkeit vom jeweiligen Instrument, wobei deren Wahl selten näher begründet wird (zu Ausnahmen siehe unten).

Immerhin bieten aber die Autoren des PSI eine ausdrückliche Referenz zu einer theoretischen Quelle an (Jones & Terris, 1991a; Jones, 1991b). Sie beziehen sich dabei auf eine Arbeit von Ajzen und Fishbein (1977), in der diese beiden einflußreichen Sozialpsychologen zeigen, daß die Übereinstimmung zwischen Einstellungen und Verhalten allgemein wesentlich ansteigt, wenn die Messungen dieser Entitäten bezüglich der vier Elemente „target", „action", „context" und „time" kongruent sind, also in ihrem Spezifitätsgrad korrespondieren („Overt integrity tests were developed to be consistent with congruence theory of attitude-behavior-relationships.", Jones & Terris, 1991a, p. 124). Nach Ajzen und Fishbein kommt dabei den Elementen „Objekt" (target) und „Handlung" (action) besondere Bedeutung zu, d.h. spezifische Handlungen, die auf einen bestimmten Gegenstand gerichtet sind, können durch ent-

---

[10] Hogan und Ones (1997) sehen in der So-Skala ein Breitbandinventar zur Erfassung von Gewissenhaftigkeit. Auf diese m.E. etwas gewagte These wird noch zurückzukommen sein.

sprechend eng definierte Einstellungen prognostiziert werden, während breiter um-
schriebene Einstellungen zu ganzen Verhaltensklassen in Beziehung gesetzt werden
sollten. Jones und Terris beziehen sich mit der herausgehobenen Zitation dieser
Quelle also auf ein eher meßtheoretisches Prognosekonzept von hohem Allgemeinheitsgrad; sie offerieren keine *inhaltliche* Theorie der „Integrität".

Die Diskussion der bescheidenen, zumindest aber sparsam dokumentierten Bemühungen der Testautoren um theoretische Fundierung ihrer Instrumente verweist wiederum auf die Betonung des kriteriumsbezogenen Validitätsaspekts, der bei den persönlichkeitsorientierten Verfahren durch die Anwendung der Kontrastgruppenmethode, bei offenkundigen Verfahren durch die Kongruenz von Prädiktor und Kriterium sichergestellt werden soll. Inhaltlich lassen sich für beide Verfahrensgruppen
allenfalls Bezüge zu sehr breit angelegten Konzepten mit einiger Konsistenz aufzeigen, die sich - eine Parallele zu den Arten von Integrity Tests ist nicht von der Hand
zu weisen - am deutlichsten durch ihre historischen Entwicklungslinien unterscheiden. Traits oder Eigenschaften repräsentieren die zentralen Konstrukte eines bedeutenden Teils der Persönlichkeitsforschung, während Einstellungen eine ähnliche
Stellung innerhalb der Sozialpsychologie einnehmen. Zu beiden Konzepten existiert
eine nicht mehr überschaubare Vielzahl theoretischer und empirischer Arbeiten, deren Aufarbeitung hier nicht einmal näherungsweise versucht werden kann (siehe zu
Einstellungen bspw. Eagly & Chaiken, 1993; zu Eigenschaften Amelang & Bartussek, 1997). Obwohl sie relativ unabhängig voneinander entwickelt wurden, ist eine
Abgrenzung der Begriffe nicht ganz einfach.
    Eine relativ konsensfähige Minimaldefinition von Einstellungen lautet, daß es sich
dabei um erworbene, relativ stabile Evaluationen (mit einem positiven und einem
negativen Pol) von Objekten im weitesten Sinne (die eigene Person, andere Personen
und Gruppen, Gegenstände, abstrakte Ideen etc.) handelt, die Einfluß auf das Verhalten diesem Gegenstand gegenüber ausüben (z.B. Stroebe, Eagly & Ajzen, 1996;
Petty, Wegener & Fabrigar, 1997). Wesentlich weniger Einigkeit besteht bereits über
die Struktur dieser Bewertungen. Obwohl die nach wie vor populärste Konzeption
von einem dreigeteilten Ansatz mit affektiven, kognitiven und konativen (handlungs-
bezogenen) Komponenten oder Reaktionsklassen ausgeht, können zweidimensionale
(ohne die konative Basis) und eindimensionale (nur die emotionale Komponente)
Modelle gleichfalls theoretische und empirische Unterstützung für sich reklamieren
(im Überblick Chaiken & Stangor, 1987). Wie die Diskussion der Inhalte im nächsten Abschnitt zeigen wird, beruhen die meisten offenkundigen Integrity Tests, ohne
daß dies m.W. explizit gemacht wird, auf dem traditionellen Drei-Komponenten-
Modell.
    Noch wesentlich uneinheitlicher wird die Eingrenzung des (Persönlichkeits- oder
Charakter-)Eigenschaftskonzepts gehandhabt (Amelang & Bartussek, 1997; Wiggins,
1997). Amelang und Bartusseks Konsensdefinition von Traits als „„...relativ breite
und zeitlich stabile Dispositionen zu bestimmten Verhaltensweisen, die konsistent in
verschiedenen Situationen auftreten" (S. 49) enthält eine Reihe von Bestimmungs-
stücken, die ebenso auf Einstellungen zutreffen (zeitliche Stabilität, Verhaltensdispo-

sition). Gegenüberstellungen des Eigenschafts- und Einstellungskonzepts (Ajzen, 1988; Sherman & Fazio, 1983) betonen denn auch eher die Gemeinsamkeiten. In beiden Fällen handelt es sich um einer Person zugeschriebene, nicht direkt beobachtbare und daher abzuleitende Abstraktionen (Konstrukte, bzw. eigentlich ganze Konstruktklassen oder Metakonstrukte), die sich in Verhaltensweisen manifestieren bzw. aus diesen erschlossen werden und eine sinnvolle Reduktion der Komplexität menschlichen Verhaltens erlauben sollen. Ihre Erschließung (Messung) dient häufig einer probabilistischen Prognose zukünftigen Verhaltens, was bedeutet, daß eine Verhaltenstendenz, aber keine absolute übersituative Konsistenz vorausgesetzt wird.

Die Unterschiede sind weniger grundsätzlicher als perspektivischer oder gradueller Natur. Einstellungen sind begriffsnotwendig auf ein spezifiziertes Objekt gerichtet, sie beschreiben eine *Relation* zwischen Besitzer und Gegenstand der Einstellung (eine sozialpsychologische Perspektive), was bei Traits der Fall sein kann, aber nicht muß. Diese dienen vornehmlich der Beschreibung von Unterschieden zwischen Personen (eine differentialpsychologische Perspektive), d.h. im Zentrum der Betrachtung steht das *Subjekt* oder der Besitzer des Attributes. In Fällen, bei denen in Traitkonzepten ein Objekt spezifiziert wird (Offenheit *für Erfahrungen*, *Team*fähigkeit) sind sie begrifflich von Einstellungen nicht mehr zu unterscheiden. Auf der anderen Seite zeigt sich für Einstellungen, bei denen Objekt und Subjekt zusammenfallen (Selbstwertgefühl [self-esteem] als emotionale Einstellung zu sich selbst) auch empirisch keinerlei diskriminante Validität zu traditionellen Eigenschaftskonstrukten (hier: emotionale Stabilität; siehe z.B. Bolton, 1979). Außerdem wurde darauf hingewiesen, daß Einstellungen *immer* eine Evaluation implizierten, Eigenschaften aber nicht notwendigerweise (Ajzen, 1988; Sherman & Fazio, 1983). Dabei wurde m.E. allerdings übersehen, daß Einstellungen nur ihr Objekt *immer* bewerten, nicht aber ihren Besitzer. Die Aussage „Sabine mag Schokolade" trifft ein positive Einschätzung der Süßigkeit aus Sabines Sicht, sagt uns aber wenig über Sabines Qualitäten. Was das Subjekt betrifft - und nur das ist bei beiden Konzepten gegeben - können sowohl Eigenschaften (Ehrlichkeit) als auch Einstellungen (Ausländerfeindlichkeit) wertenden Charakter haben oder eben auch nicht.

Andere Unterschiede sind eher gradueller Natur. So werden Eigenschaften gewöhnlich als stabiler eingeschätzt, ihre Veränderung erfolgt i.d.R. langsamer und im Erwachsenenalter kaum noch (Brandtstätter, 1989; Costa & McCrae, 1997; Zumkley, 1994), während sich Einstellungen durch das Eintreten eines signifikanten Ereignisses schlagartig ändern *können*[11] (der Regelfall ist dies nicht). Außerdem werden Eigenschaften als tendenziell allgemeinere oder breitere Konstrukte betrachtet. Obwohl Eigenschaften wie Einstellungen grundsätzlich hierarchisch aufgebaut sein können, also auf niedrigere Ebenen des Allgemeinheitsgrads herunterzubrechen sind, hören Eigenschaften, ähnlich wie bei zu stürmischen Veränderungen (siehe Fußnote), auch hier irgendwann auf, Eigenschaften zu sein.

---

[11] Prinzipiell ist dies auch bei Eigenschaften möglich, aber, wie Hampshire (1953; nach Wiggins, 1997, p. 107) sagt: „Character may change suddenly; but it must not change too often, or it ceases to be character."

Diese kurze Diskussion der traditionsreichen Metakonstrukte „Eigenschaft" und „Einstellung" sollte gezeigt haben, daß zwischen beiden, trotz der unterschiedlichen Entwicklungsgeschichte, bedeutende inhaltliche Überlappungen bestehen. Doch nicht diese Parallele zu den beiden Arten von Integrity Tests veranlaßte Marcus et al. (1997), diese beiden Begriffe als namensgebende Attribute der Verfahrenskategorien den Bezeichnungen „overt" und „personality-based" (Sackett et al., 1989) vorzuziehen, sondern der Umstand, daß beide konzeptionell und logisch auf der gleichen Ebene liegen. Dies ist bei den Begriffen „offenkundig" und „persönlichkeitsorientiert" nicht der Fall. Der erste beschreibt ein einzelnes Attribut der Itemformulierung, während sich der zweite in breitest möglicher Form auf eine ganze Forschungstradition beruft. Diese extrem unterschiedlichen Ansatzpunkte sind m.E. für eine sinnvolle Kategorisierung keine glückliche Wahl; sie resultiert möglicherweise auf der aus meiner Sicht nicht haltbaren Einschätzung, daß eine Verfahrensgruppe auf konzeptionellen Grundlagen beruht, derer die zweite entbehrt (siehe Sackett et al., 1989, p. 493). Die Einteilung in „clear purpose" (synonym zu overt zu verstehen) und „disguised purpose" (Ash, 1991a; Murphy, 1993) vermeidet dieses Ungleichgewicht, impliziert jedoch durch die Einführung eines *Gegensatz*paares eine wechselseitige Exklusivität, die weder entwicklungshistorisch (in Wahrheit unabhängig mit Tendenz zur Konvergenz, siehe Abschnitt 2.1.), noch inhaltlich (beide Verfahrensarten enthalten, mit allerdings tendenziell ungleicher Gewichtung, sowohl durchschaubare als auch „subtile" Items), noch empirisch (siehe unten) besonders gut zutrifft. Die vorgeschlagene Einteilung in eigenschafts- und einstellungsorientierte Verfahren beruft sich dagegen auf zwar unabhängig entwickelte, aber keineswegs überschneidungsfreie Konzepte, die begrifflich auf der gleichen Ebene liegen (weshalb eigenschafts- gegenüber persönlichkeitsorientiert der Vorzug gegeben wurde) und in vergleichbarer Gewichtung eingeführte Richtungen der Psychologie repräsentieren.

Alle drei Dichotomisierungen, dies sei angemerkt, versuchen den Kern zweier vielschichtiger Realphänomene auf jeweils einen einzigen Begriff zu reduzieren. Es sollte klar sein, daß ein solches Unterfangen der Realität nicht umfassend gerecht werden kann. Der eigene Begriff „einstellungsorientiert", dies sei hier eingestanden, unterschlägt bspw. den Umstand, daß diese Art der Tests häufig auch Geständnisse früheren Fehlverhaltens (Admission-Skalen) enthält, die wiederum eher auf die Tradition der biographischen Fragebogen verweisen[12] (siehe Abschnitt 2.1; vgl. auch Schuler & Marcus, in Vorb.). Hinzu kommt, daß real existierende Integrity Tests sich oftmals einer eindeutigen Zuordnung entziehen, indem zwischen beiden Gruppen erhebliche Überlappungen des Itemgehalts vorkommen (siehe z.B. Rafilsons, 1991, Aufsatz über die Entwicklung des „persönlichkeitsorientierten" EPI auf der Grundlage bestimmter Items des „offenkundigen" PSI). Alle drei Einteilungen sind daher allenfalls als *Tendenzaussagen* zur Beschreibung eines vorgefundenen Phänomens zu verstehen. Tendenziell mißt eine Gruppe von Integrity Tests eher Einstellungen, die andere eher Eigenschaften; die Items der ersten Kategorie haben tenden-

---

[12] oder, wenn man so will, auf die Erschließung von Eigenschaften aus vergangenem Verhalten (Wiggins', 1997, „Traits as Categorical Summaries")

ziell einen offensichtlicheren Verhaltensbezug und sind damit durchschaubarer; sie sind tendenziell auf einen enger begrenzten Verhaltensbereich ausgerichtet und erfassen somit weniger „breite" Konstrukte; und beide Kategorien unterscheiden sich tendenziell durch das dominierende Kriterium zur Auswahl und Schlüsselung der Items sowie die überwiegenden Validierungsstrategien und -kriterien. Im Abschnitt über die eigenen Testkonstruktion wird ein Ansatz vorzustellen sein, die *Beschreibungs*dimensionen „Einstellung" und „Eigenschaft" in ein Konzept zur *Itemformulierung* zu übertragen, mit dem eine Konfundierung der Ergebnisse durch inhaltliche Überlappung zu vermeiden ist. An dieser Stelle interessieren zunächst jedoch die empirischen Befunde zur internen Struktur derzeitiger Integrity Tests, der ganzen Verfahrensklasse und deren beiden Kategorien.

2.3.2 Interne Struktur und Beziehungen zwischen Integrity Tests

Die Bedeutung einer zuvor spezifizierten Konstrukttheorie für Aussagen über die Konstruktvalidität wurde immer wieder betont (in jüngerer Zeit z.B. bei Messick, 1995; West & Finch, 1997). Eine solche Theorie erlaubt Aussagen über die interne Struktur des Konstrukts (eindimensional vs. mehrdimensional, eng vs. breit), seine Beziehung zu beobachtbaren Variablen und anderen Konstrukten, die in empirisch überprüfbare Hypothesen umgesetzt werden können und damit einen konfirmatorischen Test der Schlüsse zulassen, die aus einer Operationalisierung (z.B. einem Persönlichkeitstest) eines Konstrukts (eines Persönlichkeitsmerkmals) gezogen werden. Die Bedeutung eines Konstrukts ist dabei nicht festgeschrieben, ihre Elaboration ein i.d.R. langwieriger Prozeß. Cronbach und Meehl (1955) beschrieben vor mehr als vierzig Jahren diesen Prozeß als das Knüpfen eines „nomologischen Netzwerks", in dem ein Konstrukt durch seine Assoziationen mit beobachtbaren und nicht beobachtbaren Variablen sukzessive eingegrenzt und dadurch immer exakter definiert wird, wobei theoretische Revisionen und empirische Prüfungen in einem wechselseitigen Abhängigkeitsverhältnis stehen, letztere aber nicht ohne erneuten Test als Grundlage der ersteren dienen können. Die Diskussion des vorherigen Abschnitts und der Entwicklungsgeschichte von Integrity Tests sollte gezeigt haben, daß eine Konstrukttheorie zu diesen Verfahren allenfalls in sehr rudimentärer Form auf einem hohen Niveau der Abstraktion vorliegt. In den letzten Jahren wurden erhebliche Anstrengungen unternommen, gewissermaßen rekursiv, auf der Grundlage der empirischen Fakten, zu einer solchen Theorie zu gelangen, wozu letztlich auch die vorliegende Arbeit zählt. Der Teil dieser Studien, mit dem sich dieser Abschnitt beschäftigt, bezieht sich auf die interne Struktur der Tests - einzeln oder als Klasse(n).

Für die Interpretation eines Testwerts spielt es eine erhebliche Rolle, ob mit dem Test ein einzelnes Merkmal erfaßt werden soll (homogener Test) oder mehrere, voneinander unabhängige Konstrukte (heterogener Test). In letzterem Fall mag der Summenscore für Außenkriterien von prädiktivem Wert sein (im Sinne einer Testbatterie), erlaubt jedoch keine diagnostische Aussage über das relative Standing des Probanden auf einer bestimmten Dimension, es sei denn, die erfaßten Merkmale stehen so untereinander in Beziehung, daß sie auf einem höheren Abstraktionsgrad wiederum *ein* Konstrukt (technisch gesprochen einen Faktor zweiter Ordnung) bilden. Diese hierarchische Vorstellung vom Aufbau von Traits ist typisch für faktorenanalytisch begründete Modelle der Persönlichkeit. Wie in anderen Fragen auch, sind die Autoren von Integrity Tests leider wenig explizit in ihren Angaben zur angenommenen Struktur der Verfahren (Ausnahmen bilden der PRB, für den Gough, 1971, ein eindimensionales Konstrukt postuliert, und das *Employee Reliability Inventory* [ERI; Borofsky, 1993], für den eine mehrdimensionale Struktur angenommen wird). Beschreitet man also den Weg von der Messung zur Theorie bzw. vom Test zum Konstrukt anstatt in umgekehrter Richtung, so dominieren notgedrungen zunächst explorative Vorgehensweisen. Zur Bestimmung der Dimensionalität von Integrity Tests sind diesbezüglich vor allem folgende Maße interpretiert worden: die interne Konsistenz einzelner Tests auf Itemebene; Faktorenanalysen einzelner Tests auf Itemebene; Korrelationen und Faktorenanalysen mehrerer Tests auf Skalenebene innerhalb und zwischen den beiden Verfahrensklassen.

Zahlenmäßig am weitaus häufigsten finden sich dabei Angaben zur internen Konsistenz, gemessen durch Cronbachs Alpha oder äquivalente Formeln. Leider sind diese Reliabilitätsmaße zur Überprüfung der Eindimensionalität i.d.R. wenig geeignet, obwohl ein hohes Alpha häufig in diesen Sinne interpretiert wird (West & Finch, 1997). Etwas verkürzt gesagt, berechnet Cronbachs Alpha die durchschnittliche Korrelation eines Tests mit sich selbst aus der Aufspaltung in alle Einzelindikatoren (Items), deren Kovarianzen gemittelt, auf die volle Testlänge aufgewertet und zur gesamten Varianz in Beziehung gesetzt werden. Alpha trifft damit im Sinne der Klassischen Testtheorie eine Aussage über das Verhältnis der gemeinsamen Varianz der Items zur spezifischen Varianz einzelner Items (die hier als Fehler definiert ist); es trifft *keine* Aussage darüber, ob und wie sich diese gemeinsame Varianz auf einen einzelnen Faktor oder Gruppenfaktoren innerhalb der Skala aufteilt und ist darüber hinaus eine direkte Funktion der Itemzahl (Cortina, 1993). Cortina zeigt an hypothetischen Beispielen, wie sensitiv Cronbachs Alpha auf eine Skalenverlängerung reagiert. Die interne Konsistenz ist daher kein Nachweis für die Homogenität eines Tests, wohl aber eine notwendige Voraussetzung und sollte nach Möglichkeit im Verhältnis zu Skalen gleicher Länge interpretiert werden. Cortinas Analyse zeigt aber auch, daß Alpha, neben der Itemzahl und deren durchschnittlicher Interkorrelation, sehr stark von der Zahl zugrundeliegender Faktoren und deren relativer Orthogonalität abhängt. Vor dem Hintergrund der beschriebenen Einschränkungen können daher die Befunde zur internen Konsistenz als ein indirekter Hinweis auf die Dimensionalität interpretiert werden.

Ones (1993) und Marcus (1993, Marcus et al., 1997) ermittelten eine Vielzahl von Konsistenzkoeffizienten zu einstellungs- und eigenschaftsorientierten Verfahren. Marcus fand für die erste Gruppe eine mittlere interne Konsistenz von .88 und für eigenschaftsorientierte Tests eine mittlere Reliabilität von .76 (Reanalyse unter Einbezug neuester Quellen). Ones berichtet dagegen Werte, die weniger weit auseinander liegen (.83 vs. .77). Ein Grund für diesen Unterschied mag darin liegen, daß Ones eine größere Zahl (68 gegenüber 29 bei Marcus) von Studien zur Verfügung stand.

Wahrscheinlicher ist aber m. E. der bei Ones geringere Wert für die einstellungsorientierten Tests durch die Zuordnung des Employee Reliability Inventory zu dieser Gruppe in ihrer nach Stichprobengröße gewichteten Analyse zu erklären, für den Angaben zu einer extrem großen Stichprobe (N = 43.762, Borofsky, 1992) existieren. Dieses Verfahren wurde von Marcus (1993, ähnlich Wanek, 1995), aufgrund seiner Konstruktion mittels Kontrastgruppen als den eigenschaftsorientierten Verfahren näherstehend erachtet, wegen der uneinheitlichen Konzeption der Subskalen (einerseits z.B. „Alkohol-/Drogenkonsum", aber auch „Gewissenhaftigkeit"), die sich auch im Itemgehalt widerspiegeln, jedoch für nicht zuordenbar erklärt und daher von der nach Verfahrensklassen getrennten Analyse ausgeschlossen.

Schließt man sich der Auffassung bezüglich dieses einen Tests an, so zeigt sich für einstellungsorientierte Instrumente ein typischer Wert, der noch mit der Annahme eines eindimensionalen Konstrukts (allerdings nicht nur mit dieser Annahme) vereinbar ist. Dies ist für die eigenschaftsorientierten Verfahren, angesichts einer Skalenlänge von 50 oder mehr Items, eindeutig nicht mehr der Fall. Unter dieser Voraussetzung produziert eine Skala mit 50 Items bereits bei einer durchschnittlichen Iteminterkorrelation von .10 ein Alpha von .85 (aus Vereinfachungsgründen als standardisiertes Alpha berechnet). Ein Wert von .76 entspricht einer Itemkorrelation von .06 im Mittel, was sich schwerlich noch als Homogenität interpretieren läßt. Die relativ niedrige interne Konsistenz ist allerdings vereinbar mit der Annahme mehrerer korrelierter oder unkorrelierter Faktoren.

Ein direkteren Zugang zur Dimensionalität einzelner Tests vermitteln exploratorische Faktorenanalysen mit den Items als Analysevariablen, obwohl auch diese Methode zweifellos ihre Grenzen hat (vgl. z.B. Bortz, 1993, Geider, Rogge & Schaaf, 1982); u. a. hängt auch hier das Ergebnis sehr stark von der Variablenzahl ab, wobei im Gegensatz zu Alpha eine größere Skalenlänge eher zur Überschätzung der strukturellen Komplexität führt. Solche Untersuchungen liegen vorwiegend für einstellungsorientierte Verfahren und hier wiederum für die drei verbreitetsten Instrumente vor. Sie kamen ausnahmslos auf mehrere interpretierbare Komponenten. Cunningham und Ash (1988) fanden vier Faktoren im Reid Report (Punitivität gegenüber anderen, Punitivität gegenüber sich selbst, Projektion der eigenen Ehrlichkeit, Projektion von Unehrlichkeit auf andere), die untereinander nur schwache bis mittlere, in jedem Fall aber positive Ladungen hatten. M.M. Harris und Sackett (1987) kamen für die Ehrlichkeitsskala des PSI gleichfalls auf vier Faktoren (Einstellungen zu unehrlichem Verhalten, Erwartungen an das eigene Verhalten, Reflexionen über das Verhalten anderer, Einschätzungen der eigenen Persönlichkeit). Für das gesamte Instrument fanden Jones und Terris (1984; nach Wanek, 1995) eine sehr viel größere Zahl, nämlich 13 Faktoren, die Themen wie Rationalisierung, Punitivität, Projektion oder Phantasien über kontraproduktives Verhalten betrafen. W.G. Harris konnte in einer replizierten Studie den Befund von Hay (1981; nach W.G. Harris, 1987) bestätigen, der mit dem Stanton Survey auf sechs Faktoren gekommen war: Diebstahl allgemein, Opportunismus, Mitarbeiterdiebstahl, Nachsicht, wahrgenommene Verbreitung von Unehrlichkeit und Umgang mit unehrlichen Personen.

Die Ergebnisse dieser Studien wurden von Cunningham und Ash (1988), W.G. Harris (1987) und auch von Sackett et al. (1989) als Hinweis auf die Multidimensionalität der zugrundeliegenden Konstrukte interpretiert; ein Schluß, der m.E. relativiert werden muß, wenn man die Gewichte der einzelnen Faktoren betrachtet. In der Analyse des Stanton Survey erklärte der erste Faktor bereits 24,9 % der Varianz, während die übrigen sechs zusammen 26,4 % beitrugen. Für das PSI werden gar 58 % Varianzaufklärung durch den ersten Faktor gegenüber 38 % für die restlichen drei berichtet. Cunningham & Ash (1988) nennen lediglich die Eigenwerte ihrer vier Komponenten des Reid Report mit jeweils 10,47; 4,36; 2,94 und 2,49. P.R. Sackett, Koautor bei der PSI-Studie, interpretiert darin deren Ergebnis als Hinweis auf die *Eindimensionalität* des Instrumentes, was im Gegensatz zu seiner Einschätzung in dem späteren Übersichtsartikel steht ("...;thus, the PSI appears to be unidimensional...", M.M. Harris & Sackett, 1987, p.126; "What is clear is that none of the instruments are unidimensional...", Sackett et al., 1989, p. 514). Für eine zusätzliche Itemanalyse nach einem Modell der probabilistischen Testtheorie, das Eindimensionalität *voraussetzt*, ergab sich bei Harris und Sackett eine gute Passung.

Noch weniger Unterstützung als bei der Bestimmung der zu extrahierenden Komponentenzahl bietet die Faktorenanalyse allerdings bei deren inhaltlicher Interpretation, was sich auch in den teils umständlichen Benennungen der oben zitierten Studien widerspiegelt. Eine Reihe von Themen scheint jedoch bei den einstellungsorientierten Tests immer wieder vorzukommen: Phantasien oder Intensität der Beschäftigung mit bspw. Diebstahl (z.B. „Wie oft wünschen Sie sich, Waren am Arbeitsplatz mitzunehmen, und lassen es dann doch sein?"); Verhaltensabsichten oder -erwartungen, die beim Reid Report allerdings als „Selbst-Punitivität" bezeichnet werden (die sechs am höchsten auf diesen Faktor ladenden Items enthalten alle die Wendung „if,...would you", Ash, 1986); Rationalisierungen oder die Zustimmung zu Ausreden (beim Stanton Survey „Opportunismus") für unintegeres Verhalten („Ist die Firma schuld, wenn Mitarbeiter stehlen?"); Strenge und Bereitschaft zur Bestrafung des Verhaltens anderer (Punitivität: „Glauben Sie, daß jemand, der alles Geld, was er seiner Firma gestohlen hat, wieder zurückgibt, gefeuert werden sollte?"); Überzeugungen über die Verbreitung unehrlichen Verhaltens in der Allgemeinheit („Glauben Sie, daß die meisten Arbeitnehmer ab und zu blaumachen?"). Die beiden ersten, besonders aber der zweite Aspekt enthalten deutliche Verhaltensanteile und lassen sich somit als konative Einstellungskomponenten interpretieren, emotionale Reaktionen treten vielleicht am deutlichsten in den Punitivitätsfragen zutage, während in Rationalisierungen und Einschätzungen über die Verbreitung eher ein kognitives Moment dominiert.

Dies alles ist allerdings wiederum als Tendenzaussage zu verstehen, die alternative Interpretationen nicht ausschließt. So macht sich bspw. die letzte Kategorie (Verbreitung unehrlichen Verhaltens) unmittelbar den „false consensus"-Effekt (Ross, Green & House, 1977) zunutze. Diesem relativ gut bestätigten Phänomen zufolge neigen Menschen allgemein dazu, ihr eigenes Verhalten für typisch oder normal zu halten und daraus zu schließen, jedermann verhalte sich so ähnlich wie sie selbst. Diese in der Sozialpsychologie üblicherweise als Attributionsfehler gedeutete

Neigung (z.B. Funder & Colvin, 1997; zu einer Fundamentalkritik an dieser Sichtweise, wie sie in ähnlicher Weise jüngst auch andere klassische „Fehlerquellen" der Beurteilung betroffen hat, vgl. Dawes & Mulford, 1996), die zu einer Überschätzung der situativen Anteile an der Erklärung des eigenen Verhaltens beiträgt, wird in einstellungsorientierten Integrity Tests quasi umgekehrt, um aus Kognitionen über das Verhalten anderer eine *Disposition* des Respondenten abzuleiten. Dieses recht subtile Vorgehen trug übrigens zu dem Unbehagen bei, das der Verfasser dieser Arbeit mit der Bezeichnung „offenkundig" für die betreffende Verfahrensklasse verbindet.

Die gleiche Itemkategorie läßt sich aber noch einmal anders interpretieren, nämlich als Ausdruck des Vertrauens, das dem Gegenüber entgegengebracht wird. Wer glaubt, daß die Welt überwiegend aus Dieben und Betrügern besteht, wird seinen Mitmenschen mit gewissen Vorbehalten gegenübertreten. Das Beispiel demonstriert recht eindrucksvoll, daß die Faktorenanalyse zwar oft zu interpretierbaren Variablen führt, dem Forscher aber die Interpretation nicht abnimmt.

Unglücklicherweise lassen sich für eigenschaftsorientierte Verfahren nicht in ähnlicher Weise replizierte Faktoren herausarbeiten, da hier nur eine einzige Studie auf Itemniveau mit einem einzelnen Test berichtet wird. Paajanen (1988) faktorisierte den PDI-EI und extrahierte fünf Faktoren, die allerdings zusammen nur 16% der gesamten Varianz aus 69 Items aufklärten: Verantwortungslosigkeit, Reizsuche (sensation seeking), labile Kindheit, Aufrichtigkeit und konformistische Arbeitsmotivation. Neben der geringen Varianzaufklärung, die im Einklang mit den Ergebnissen zur internen Konsistenz steht, fällt auf, daß sich die Faktorbezeichnungen, anders als bei den einstellungsorientierten Tests, weniger auf die Art der Itemformulierung beziehen als auf inhaltliche Konstrukte im Sinne von Eigenschaftsbezeichnungen (labile Kindheit ist allerdings ein biographisches Konstrukt).

In ähnlicher Weise ist auch die So-Skala des CPI strukturiert, für deren vier Facetten die Bezeichnungen „Ablehnung von Regeln", „Impulsivität aus Erlebnishunger" (thrill seeking impulsiveness), „soziale Unsensibilität" und „Entfremdung" gewählt wurden (Rosen, 1977). In exakt dieses Raster versuchten Hogan und Hogan (1989) die neun Facetten (hier: HICs [Homogenous Item Clusters]) einzuordnen, aus denen sich der HRI zusammensetzt und die ursprünglich fünf der sechs Hauptskalen ihres allgemeinen Persönlichkeitsinventars (HPI; Hogan, 1986) entnommen sind. Soweit die nicht sehr tragfähige Befundlage zu eigenschaftsorientierten Integrity Tests überhaupt Schlüsse zuläßt, dann jenen, daß sie recht heterogene Konstrukte erfassen, die aus unterschiedlichen Bereichen der allgemeinen Persönlichkeit zusammengefügt wurden. Dies würde auch zu dem Baukastenprinzip passen, nach dem bspw. HRI und PDI-EI konstruiert wurden. Dieser Gedanke und seine Implikationen werden in den folgenden Abschnitten zu vertiefen sein.

Eine ganze Reihe von Untersuchungen beschäftigt sich mit mehreren Integrity Tests auf einmal. In den meisten dieser Studien wurden komplette Skalen oder Tests zueinander in Beziehung gesetzt. Einzelne Items stark gekürzter Versionen des HRI und des Reid Report wurden jedoch bei Hogan und Brinkmeyer (1997) faktorisiert, die vier testspezifische Komponenten fanden. Wanek (1995) analysierte in der umfangreichsten Arbeit dieser Art die Daten der Primärstudie von Ones (1993; siehe unten) mit insgesamt drei einstellungs- und vier eigenschaftsorientierten Integrity Tests. Die gravierenden methodischen Probleme (Variablenzahl übersteigt Stichprobengröße; Stichprobengröße variiert erheblich zwischen den Variablenpaaren innerhalb der Korrelationsmatrix) lassen allerdings nur sehr vorsichtige Schlußfolgerungen aus dieser Studie zu. Wanek analysierte den Datensatz sowohl komplett als auch nach Verfahrensgruppen getrennt. Er extrahierte nach Scree-Test zehn Einstellungs-, elf Eigenschafts- und 19 gemeinsame Faktoren (es fanden sich in den drei Auswertungen 127, 195 und 327 Komponenten, die das Kriterium Eigenwert > 1 erfüllten). Der größere Teil dieser Dimensionen wurde jeweils durch Items einzelner Tests gebildet, in der Gesamtanalyse aber durch Gruppenfaktoren der beiden Verfahrensklassen. Obwohl diese Befunde eher für ein erhebliches Maß an Heterogenität sprechen, fanden sich auch Anzeichen für gemeinsame Komponenten. Neben Devianz und Affektivität war dies vor allem ein Faktor, der im Ergebnisteil der Arbeit als „Vertrauen / geringe Selbstkontrolle" bezeichnet wird. Diesen interpretiert Wanek später in der Diskussion - unter Auslassung des Aspekts „Vertrauen" - als generellen Faktor hinter Integrity Tests (so auch Sackett & Wanek, 1996), mit einer Argumentation, die uns gleichfalls noch beschäftigen wird.

Mehr Unterstützung erhält die These, hinter Integrity Tests stünden einer oder mehrere generelle Faktoren bzw. Faktoren zweiter Ordnung, durch Untersuchungen, die Subskalen oder ganze Tests zueinander in Beziehung setzten. Standardskalen innerhalb einzelner Verfahren korrelieren in der Regel hoch miteinander. Dies gilt sowohl für einstellungs- (Ash, 1991b; Hogan & Brinkmeyer, 1997; Ryan & Sackett, 1987; Sauser et al., 1988; Woolley & Hakstian, 1992) als auch - soweit hier Subskalen vorliegen[13] - für eigenschaftsorientierte (Cortina et al., 1992; Woolley & Hakstian, 1992) Tests. Die berichteten Koeffizienten liegen generell zwischen r = .45 und .80, also im Bereich mittlerer bis hoher Konvergenz. Eine Ausnahme scheint wieder einmal das ERI darzustellen, dessen sechs Subskalen im Mittel etwa r = .15 zusammenhängen (Borofsky, 1993). Wie erinnerlich, war gerade für dieses Verfahren jedoch Multidimensionalität postuliert worden, so daß dies als Hinweis auf brauchbare *diskriminante* Validität gewertet werden sollte. Ansonsten scheinen die Subskalen in der von den Testverlagen gewählten Aufteilung zumindest ähnliches zu erfassen und von daher die inhaltliche Interpretation eines Summenscore zu rechtfertigen.

Wesentlich häufiger noch wurden ganze Tests miteinander korreliert, was, auf einem höheren Aggregationsniveau als bei Wanek (1995), Einblick in die Homogenität dieser Verfahren als *Klasse* gewährt. Wiederum ermöglichte die Ausbeute ihrer ungewöhnlich ertragreichen Recherchen Ones (1993) eine metaanalytische Zusammenfassung. Danach hängen einstellungsorientierte Verfahren reliabilitätskorrigiert im Mittel zu $\rho = .45$ zusammen (K = 56, unkorrigierte Korrelation $\bar{r} = .32$), eigenschaftsorientierte Tests korrelieren zu .70 (K = 30, $\bar{r} = .43$) und zwischen beiden

---

[13] Der Regelfall bei eigenschaftsorientierten Tests ist ein Summenscore von unbekannter Zusammensetzung.

Verfahrensgruppen besteht ein Zusammenhang von $\rho = .39$ (K = 117, $\bar{r} = .25$). Mit Ausnahme der eigenschaftsorientierten Instrumente scheint dies allenfalls auf mäßige konvergente Validität hinzudeuten[14], die Koeffizienten liegen aber durchaus im Bereich dessen, was für die Messung konzeptionell ähnlicher Konstrukte durch Persönlichkeitstests berichtet wird (Kamp & Hough, 1988; Ones, Schmidt & Viswesvaran, 1994a). Der Unterschied in der mittleren Korrelation zwischen beiden Verfahrensgruppen ist auffällig. Er stimmt auch nicht mit den Befunden aus Ones (1993; Ones, Schmidt & Viswesvaran, 1994b) eigener Primärstudie überein, in der die drei verbreitetsten einstellungsorientierten Tests attenuationskorrigiert zu über .70 korreliert waren. Sackett und Wanek (1996) erklären dies, ähnlich wie die größere Streuung dieser Verfahrensgruppe bei der Kriteriumsvalidität (vgl. oben), durch eher qualitative als inhaltliche Unterschiede zwischen den besser und den weniger gut untersuchten einstellungsorientierten Tests (Sackett und Wanek sprechen von prototypischen und weniger prototypischen Verfahren). Dies ist eine, vielleicht aber nicht die einzige plausible Erklärung.

Noch deutlicher als die korrelativen Studien sprechen Faktorenanalysen auf Skalenniveau für die Existenz von Dimensionen höherer Ordnung. In Hauptkomponentenanalysen fanden Ash (1991b) und Alvord (1985) einen starken gemeinsamen Faktor für die Subskalen jeweils zweier Integrity Tests. Im ersten Fall handelte es sich dabei neben dem PSI um eine Neuauflage des historischen biographischen Fragebogens LEI; bei Alvord wurden zwei einstellungsorientierte Produkte der Firma London House faktorisiert. In der gleichfalls explorativen Studie von Woolley und Hakstian (1992) luden die einstellungs- und eigenschaftsorientierten Tests auf separate Faktoren, wobei letzterer zusätzlich durch einige Skalen allgemeiner Persönlichkeitstests (u.a. die CPI-So) definiert war. Bestätigung für *einen* Generalfaktor über beide Verfahrensgruppen erbrachte dagegen die konfirmatorische Analyse von Hogan und Brinkmeyer (1997) ihrer zuvor explorativ gebildeten Skalen aus dem Reid Report und dem HRI. Die exzellenten Fit-Statistiken ihres Modells mit einem latenten Faktor - wegen der geringen Zahl manifester Variablen wurden keine alternativen Modelle getestet - sollten allerdings nicht darüber hinwegtäuschen, daß dieser Faktor mit Ladungen zwischen .28 und .70 recht unterschiedliche und zum Teil nur geringe Varianzanteile aufklärte. Gleichfalls mittels CFA testete Ones (1993) die Struktur der Daten aus ihrer Primärstudie, wobei als manifeste Variablen die sieben kompletten Tests eingingen.[15] Sie fand einen passablen Fit für einen Generalfaktor. Besser noch paßte jedoch das Modell mit zwei interkorrelierten Faktoren für einstellungs- und eigenschaftsorientierte Tests, deren Zusammenhang auf $r = .66$ geschätzt wurde. Die Ladungen der Gruppenfaktoren auf die zugeordneten Tests betrugen zwi-

---

[14] Um Mißverständnisse zu vermeiden: Die oben als Hinweis auf gute Konvergenz interpretierten Einzelstudien mit Subskalen berichten unkorrigierte Korrelationen. Zur Aufklärung von Konstruktbeziehungen ist eine zweiseitige Reliabilitätskorrektur im Prinzip aber angemessen (z.B. Hunter & Schmidt, 1990).

[15] Der Versuch Waneks (1995), den gleichen Datensatz auf Itemniveau konfirmatorisch zu untersuchen, scheiterte an der Komplexität der Datenbasis.

schen .72 und 1.00, und die Facetten wiederum waren mit jeweils .81 von einem
Faktor zweiter Ordnung geladen.

Die in diesem Abschnitt berichteten Ergebnisse sehen auf den ersten Blick recht
widersprüchlich aus. Betrachtet man die Befunde auf Itemniveau, so stellt sich die
Struktur von Integrity Tests faktoriell relativ komplex dar, was für die eigenschafts-
orientierten Verfahren noch stärker gilt als für den einstellungsorientierten Typus.
Auf Skalenniveau dagegen lassen sich substantielle Zusammenhänge zwischen ver-
schiedenen Tests und auch zwischen beiden Verfahrensgruppen aufzeigen, die eine
Bestätigung relativ einfach strukturierter Modelle für die ganze Verfahrensklasse
zulassen. Hier zeigen sich eigenschaftsorientierte Tests zumindest im Mittel als
Gruppe homogener. Aus (a) den Ergebnissen auf der Grundlage der Items einzelner
Tests wird in der Regel auf Mehrdimensionalität geschlossen (siehe oben zitierte
Literatur), während (b) die Befunde auf Skalenniveau als Hinweis auf die Existenz
eines gemeinsamen Faktors im Sinne einer latenten Eigenschaft gedeutet werden
(Ash, 1991b; Hogan & Brinkmeyer, 1997; Ones, 1993; Ones et al., 1994a, b).
M.E. sind beide Schlüsse aus dem vorliegenden Datenmaterial etwas voreilig. Zu-
nächst zu (a): Einfaktorielle Lösungen auf der Grundlage einer Matrix beobachteter
Korrelationen zwischen sehr vielen einzelnen Items sind extrem unwahrscheinlich,
da Einzelindikatoren schon wegen ihrer mangelhaften Reliabilität im Normalfall (der
technisch interessierte Leser mag diesen als Mittelwert einer Zufallsverteilung betrachten) nicht sehr hoch korrelieren und weil die Anzahl extrahierter Faktoren in der
Hauptkomponentenanalyse im Fall nicht perfekt korrelierter Variablen eine direkte
Funktion von deren Menge ist. Die Stärke des Zusammenhangs zwischen Variablen-
und Faktorenzahl hängt dabei wiederum von der Kovarianz der Variablen (die ihrerseits natürlich auch direkt die Dimensionalität beeinflußt) ab: Bei perfekter Interkorrelation aller Variablen wird *vollkommen unabhängig* von deren Anzahl genau ein
Faktor extrahiert, während bei absoluter Nullkorrelation sämtlicher Indikatoren die
Anzahl der Faktoren exakt der der Variablen entspricht, also *ausschließlich* von deren Menge abhängt. In der verhaltenswissenschaftlich beschriebenen Realität kommen beide Extremfälle nicht vor. Die Voraussetzungen, nur eine oder wenige Dimensionen zu finden, sind aber natürlich wesentlich günstiger, wenn in die Analyse wenige, aggregierte - und damit c.p. auch reliablere - Skalen als manifeste Variablen
eingehen als wenn eine Vielzahl einzelner Indikatoren analysiert wird. Die Frage
nach der Dimensionalität ist vor diesem Hintergrund in ihrer absoluten Form (eindimensional *oder* mehrdimensional) vielleicht falsch gestellt bzw. mit den gewählten
methodischen Mitteln nicht zu beantworten. In gradueller Form (Übt ein latenter
Faktor mehr oder weniger starken Einfluß auf das Testergebnis aus?) deuten die Anhaltspunkte (entscheidend ist vor allem der Eigenwertabfall nach der ersten Hauptkomponente) jedoch eher bei den einstellungsorientierten Tests auf die Existenz eines Generalfaktors hin, solange man sich auf die Untersuchung einzelner Verfahren
beschränkt. Eigenschaftsorientierte Instrumente scheinen in sich komplexer aufgebaut zu sein.

Zu (b): Andererseits können die Beziehungen zwischen einzelnen Integrity Tests nicht per se als Nachweis eines generellen Faktors auf der Konstruktebene gewertet werden. Eine Faktorenanalyse, die über die Summenscores mehrerer Tests gerechnet wird und einen starken gemeinsamen Faktor findet, zeigt - gleichgültig, ob dabei explorativ oder konfirmatorisch gerechnet wurde; es kommt hier auf den Input an - zunächst nur, daß diese Tests einander ähnlich sind, nicht aber, daß sie alle ein eindimensionales Konstrukt messen. Eine Analogie aus dem Sport mag diesen Punkt illustrieren: Zwölf Leichtathleten, die an einer Weitsprungkonkurrenz teilnehmen, tun alle das Gleiche. Zwölf Sportler in einem Zehnkampfwettbewerb tun ebenfalls alle das Gleiche. Alle sportwissenschaftlichen Erkenntnisse - über die der Verfasser ohnehin in erschreckend geringem Ausmaß verfügt - beiseite gelassen, würde vermutlich kaum jemand bestreiten, daß Zehnkampf eine wesentlich komplexere Disziplin darstellt als Weitsprung allein. Dennoch würde eine Faktorenanalyse, über die gesamten Aktivitäten der jeweils zwölf Teilnehmer gerechnet[16], vermutlich in beiden Fällen einen starken gemeinsamen Faktor finden bzw. bestätigen. Über die Dimensionalität der zugrundeliegenden Merkmale wäre damit schlicht nichts ausgesagt, nur über deren Ähnlichkeit. Wir haben also, in faktorenanalytischer Diktion, einen Sekundärfaktor, der sich aus Primärfaktoren von ihrerseits unbekannter Binnenstruktur zusammensetzt.

Geht man von der realistischen Annahme aus, daß verschiedene Integrity Tests einander zwar ähnlich, aber nicht identisch sind, so läßt sich der Befund höherer Interkorrelation zwischen eigenschafts- gegenüber einstellungsorientierten Verfahren auch anders interpretieren denn als Ausdruck größerer Heterogenität der zweiten Gruppe. Wenn einstellungsorientierte Tests jeder für sich tatsächlich engere oder homogenere (nicht unbedingt eindimensionale) Merkmale erfassen, dann sind sie gewissermaßen in einem natürlichen Nachteil, wenn es um die Höhe der Korrelation *zwischen* den einzelnen Tests geht. Verfahren, die in einem Merkmalsraum einen je engeren Bereich abdecken, überlappen sich unter sonst gleichen Voraussetzungen nicht so stark wie in ihrem Schwerpunkt gleich weit entfernte, aber breiter angelegte Instrumente. Die Befunde größerer Heterogenität einzelner eigenschaftsorientierter Tests bei höherer Interkorrelation als Gruppe sind also gar nicht widersprüchlich, sondern durchaus konsistent und daher nicht unbedingt erklärungsbedürftig. Daß einige einstellungsorientierte Tests offenbar trotzdem sehr hoch korrelieren, verweist wiederum nur auf die große konzeptionelle Ähnlichkeit dieser speziellen Verfahren. Dies zeigt, daß wir diese Tests mit einer gewissen Berechtigung als Gruppe betrachten, ebenso wie die eigenschaftsorientierten Verfahren auf der anderen Seite. Auch, daß sich beide Gruppen auf einer höheren Ebene der Abstraktion noch einmal zusammenfassen lassen, wird durch die Daten zumindest teilweise unterstützt.

Über die Natur der Merkmale, die mit diesen Tests gemessen werden, lassen die hier berichteten Studien jedoch allenfalls vage Vermutungen zu. Es gehört zum Pro-

---

[16] Der aufmerksame Leser wird bemerkt haben, daß in einer noch passenderen Analogie Faktorenanalysen über verschiedene Wettkämpfe in jeweils einer Disziplin gerechnet werden müßten. Dies ändert jedoch nichts an der Argumentation.

zeß des Knüpfens an einem nomologischen Netz, sich solchen inhaltlichen Hypothesen durch die Untersuchung der Beziehungen zu anderen, besser definierten Konstrukten zu nähern. Dazu liegt inzwischen eine ganze Reihe von Befunden vor, mit denen sich der folgende Abschnitt beschäftigt. Aus diesen und einigen hier schon vorgestellten Untersuchungen wurden mehrere inhaltliche Hypothesen abgeleitet, die den heutigen Stand theoretischer Vorstellungen über das, was Integrity Tests messen, weitgehend repräsentieren. Auch dieser wird im Anschluß kritisch zu referieren sein, woran sich der Versuch anschließt, die wichtigen Einsichten aus den verschiedenen Positionen von den weniger nachvollziehbaren zu scheiden und daraus ein vorläufiges Fazit zu ziehen. Dabei wird sich wieder einmal zeigen, daß als Bezeichnungen für ein Konstrukt gewählte Worte nicht mit einer Theorie desselben verwechselt werden sollten.

2.3.3 Integrity im nomologischen Netz: Beziehungen zu anderen Konstrukten

In ihrer Übersicht von 1989, die in vielerlei Hinsicht einen Scheidepunkt in der Forschung zu Integrity Tests markiert, berichten Sackett et al. zwar in deskriptiver Form über eine Reihe von Einzelstudien, die solche Instrumente zu Persönlichkeitstests in Beziehung setzten, bleiben aber mit inhaltlichen Schlußfolgerungen daraus bemerkenswert zurückhaltend. Kay (1991) kommt auf der Grundlage des damaligen Forschungsstands zu dem Schluß, das durch Integrity Tests erfaßte Konstrukt sei „bestenfalls ätherisch" (p.166). Andere Sammelreferate aus dieser Zeit interpretieren Einzelergebnisse wesentlich forscher, indem sie z.B. befinden, das PSI sei „einfach eine ausgedehnte Lügenskala" (Guastello & Rieke, 1991, p. 508), oder, in erstaunlichem Kontrast hierzu, das gleiche Instrument diene eher als „allgemeiner Persönlichkeitstest" (Moore & Stewart, 1989, p. 209). Was diesen frühen Versuchen, die ersten, eher unsystematischen Untersuchungen zu Beziehungen zwischen „Integrity" und etablierten Konstrukten der Persönlichkeitspsychologie zu integrieren, fehlte, war ein allgemeiner Referenzrahmen zur Einordnung der Befunde. In dieser Hinsicht wurde in den Neunzigern weitestgehend eine Festlegung getroffen, die, wie im folgenden zu zeigen sein wird, einerseits einen großen Fortschritt darstellt, andererseits aber auch lediglich den Ausgangspunkt für weitergehende Überlegungen bilden kann.

Diesen Referenzrahmen bildet die zur Zeit am besten bestätigte Taxonomie von Eigenschaftskonstrukten in der allgemeinen Persönlichkeitsforschung: das *Fünf-Faktoren-Modell* (FFM) der Persönlichkeit oder, kurz und plakativ, die „Big Five"[17].

---

[17] Ich verdanke Paul Costa den Hinweis, daß diese beiden Begriffe nicht unbedingt synonym zu verwenden sind, sondern „Big Five" für den lexikalischen Ansatz der Fünf-Faktorenforschung (Saucier & Goldberg, 1996) steht, während sich „FFM" auf Costas eigenen und verwandte Wege der Operationalisierung in Form klassischer Persönlichkeitsinventare (Costa & McCrae, 1985; Hogan, 1986) bezieht. Für die Zwecke dieser Arbeit sollte es jedoch unschädlich sein, auf die Abgrenzung dieser in vieler Hinsicht unterschiedlichen Ansätze zu verzichten (für einen Vergleich siehe z.B. Briggs, 1992; Goldberg & Saucier, 1995).

Die Vielfalt der Fünf-Faktorenforschung und der Kontroversen um dieses Modell kann hier nur so weit angedeutet werden, wie es für das Verständnis des Folgenden notwendig erscheint (Literaturübersichten finden sich bspw. bei Amelang & Bartussek, 1997; Digman, 1990; John, 1989; 1990; Wiggins & Pincus, 1992; eine ausführliche Darstellung verschiedener theoretischer Positionen in Wiggins, 1996; zur generellen Kritik siehe z.B. Block, 1995a; H.-J. Eysenck, 1991; Hough, 1992). Das FFM ist ein faktorenanalytisch abgeleitetes Persönlichkeitsmodell, demzufolge sich individuelle Charakterunterschiede mit dem höchsten Grad der Abstraktion auf fünf Dimensionen umfassend beschreiben lassen. Seine Wurzeln, die sich bis in die erste Hälfte dieses Jahrhunderts zurückverfolgen lassen (Digman, 1990), liegen in der Untersuchung von Eigenschaftswörtern aus der natürlichen Sprache, die sich in einer Vielzahl von Untersuchungen auf eben fünf Faktoren reduzieren ließen (Saucier & Goldberg, 1996; John, 1989). Seine heutige Popularität verdankt es in erster Linie seiner Generalisierbarkeit. Unter anderem wurden die „Big Five" (Big5) in einer Vielzahl älterer Persönlichkeitstests (McCrae, 1989; Schuerger & Allen, 1986), in unterschiedlichen Kulturen (für Deutschland z.B. Amelang & Borkenau, 1982; Angleitner, Ostendorf & John, 1990), über verschiedene Urteilsquellen und längere Zeiträume hinweg (Costa & McCrae, 1988; McCrae & Costa, 1987) und mit zahlreichen faktorenanalytischen Extraktions- und Rotationsmethoden (Goldberg, 1990) immer wieder identifiziert bzw. repliziert. Kein alternatives Persönlichkeitsmodell kann eine vergleichbares Maß an empirischer Evidenz für sich in Anspruch nehmen.

Dennoch sollte nicht übersehen werden, daß eine vollkommene Übereinstimmung selbst zwischen Anhängern des FFM nicht immer gegeben ist, wenn es bspw. um die genaue Anzahl (immer wieder etwa wird ein sechster Faktor „gefunden"; z.B. Andresen, 1995; Hogan, 1986) und, noch deutlicher, wenn es um die inhaltliche Interpretation der einzelnen Faktoren geht (Digman, 1990; McCrae & Costa, 1987). Insbesondere der letzte Punkt ist nicht unabhängig von der faktorenanalytischen Methodik zu sehen. Als Faktoren höherer Ordnung besitzen die Big5 eine Substruktur; sie setzen sich jeweils aus der gemeinsamen Varianz enger gefaßter Primärfaktoren - Cluster von Adjektiven beim lexikalischen Ansatz, Subtests oder Facetten bei traditionellen Fragebogenformen - zusammen, die außerdem auch einen Anteil spezifischer, nicht durch den Faktor zweiter Ordnung erklärter Varianz haben (Costa & McCrae, 1995). Auf dieser Ebene unterhalb der „Großen Fünf" stößt die Konsensfähigkeit des Modells derzeit noch an ihre Grenzen, was zwangsläufig zu unterschiedlichen Interpretationen auch der übergeordneten Faktoren führt. Dies drückt sich bereits rein quantitativ aus. So kommen bspw. Caprara, Barbaranelli, Borgogni und Perugini (1993) mit nur je zwei Facetten pro Faktor aus, bei Raymark, Schmit und Guions (1997) Big5-Anforderungsanalyseinstrument sind es zusammen 14, Costa und McCrae (1992) spezifizieren sechs Primärfaktoren pro Dimension, und R. Hogan (1986) setzt seine sechs Hauptskalen aus insgesamt 43 sog. HICs zusammen. Auch inhaltlich besteht über die Zuordnung selbst namensgleicher Facetten zu den Big5 nicht immer Einigkeit. Impulsivität gehört bei Costa und McCrae bspw. zu Neurotizismus, bei Hogan zu Gewissenhaftigkeit (hier: prudence). Hier liegt für Costa und McCrae

Leistungsstreben, das wiederum Raymark et al. der Extraversion (surgency) zuschlagen, um nur wenige Beispiele zu nennen.

Solche Unstimmigkeiten schränken den Wert einer Taxonomie als Referenzrahmen zweifellos ein. Dennoch ist ein solcher Rahmen unerläßlich, will man die mit Persönlichkeitstests unterschiedlichster Provenienz erhobenen Ergebnisse miteinander vergleichen und in *einen* theoretischen Zusammenhang stellen. Das FFM dürfte hierfür unter den vorhandenen Alternativen (z.B. Eysencks, Guilfords oder Cattells Faktorenmodelle) die geeignetste sein, sie ist auf jeden Fall die z.Z. absolut bevorzugte (siehe z.B. Barrick & Mount, 1991; Salgado, 1997; Scholz & Schuler, 1993; Tett et al., 1991). Die beschriebenen Schwierigkeiten zwingen allerdings dazu, sich für *eine Version* des FFM zu entscheiden. Die (nicht nur) in der Organisationspsychologie verbreitetste Variante lehnt sich dabei an das Modell von Costa und McCrae an. Diese Autoren haben mit dem *NEO-Personality Inventory* (NEO-PI; Costa & McCrae, 1985; 1989; 1992) den am weitaus gründlichsten untersuchten Fragebogen zur Big5-Messung entwickelt, der sich in einer Vergleichsstudie (Ostendorf & Angleitner, 1994a) als bester Repräsentant der fünf Faktoren gezeigt hat und zudem in einer deutschen Übersetzung vorliegt (Ostendorf & Angleitner, 1994b; eine formale Publikation ist in Vorbereitung), was die international vergleichende Forschung erheblich erleichtert. Außerdem besitzt er eine vergleichsweise gut untersuchte Facettenstruktur (Costa & McCrae, 1995; McCrae, Costa & Piedmont, 1993; zu einer spezifischen Kritik an deren Entstehung siehe Hough & Schneider, 1996). Auch die nun zu beschreibende Integrity-Forschung bezieht sich zumindest terminologisch auf die Operationalisierungen aus dem NEO-PI, die bei McCrae und Costa (1987) ausführlich dargestellt sind. Die nun folgende Kurzbeschreibung der fünf Faktoren lehnt sich weitgehend an diese Sichtweise, ergänzt um einschlägige Adjektivlisten (z.B. Goldberg, 1990), an, die - das soll nicht verschwiegen werden - auch innerhalb der Organisationspsychologie keineswegs unumstritten ist (z.B. Hough & Schneider, 1996). Dazu werden jeweils die zugehörigen Facetten (deutsche Bezeichnungen nach Angleitner & Ostendorf, 1993) aufgelistet:

- *Neurotizismus:* Dieser Faktor, der sich bereits in den Systemen von Eysenck, Guilford und Cattell findet, bezieht sich hauptsächlich auf das Ausmaß negativer Affekte in der Persönlichkeit. Personen mit hohen Neurotizismuswerten werden als ängstlich, nervös, unsicher, überemotional, feige oder auch unreif beschrieben. Den Gegenpol bildet emotionale Stabilität, die sich durch Selbstsicherheit, Ruhe, Härte, Furchtlosigkeit, aber auch mangelnde Sensibilität ausdrückt. Wie erwähnt rechnen Costa und McCrae auch die Tendenz, aus Eingebungen des Augenblicks heraus zu handeln (Impulsivität, manifestiert bspw. in übermäßigem Trinken), diesem Bereich zu. NEO-Facetten: *Ängstlichkeit, Reizbarkeit, Depression, soziale Befangenheit, Impulsivität, Verletzlichkeit*

- *Extraversion:* Dieser anderswo (z.B. in Normans, 1963, klassischer Big5-Studie) auch als „surgency" bezeichnete Faktor findet sich ebenfalls in allen klassischen Persönlichkeitssystemen. Extravertierte Personen werden als aktiv, gesprächig, abenteuerlustig, enthusiastisch, energisch und herzlich, aber auch als dominant, laut, unbeherrscht, opportunistisch oder exhibitionistisch erlebt. Introvertierte machen einen stillen, schüchternen, lethargischen, freudlosen, aber auch beherrschten und nüchternen Eindruck. Alle diese Eigenschaften haben einen klaren Bezug zum sozialen Umgang mit anderen Menschen. Bei Hogan (1986) zerfällt dieser Faktor in die Bereiche „Geselligkeit" (sociability) und „Ehrgeiz" (ambition; ähnlich Hough, 1988; 1992). McCrae und Costa (1987) betonen die Geselligkeitskomponente gegenüber der Dominanz, die bei ihnen stärker auf Verträglichkeit (siehe unten) lädt. Im Zusammenhang dieser Arbeit interessanter ist die Zuordnung von „sensation seeking" zu diesem Faktor (Ostendorf und Angleitner, 1994a; siehe auch H.-J. Eysenck & M.W. Eysenck, 1992) sowie die ältere Sichtweise der Eysencks von Impulsivität, die auch diese der Extraversion zuordnete (inzwischen sehen sie Impulsivität als ihrem Psychotizismusfaktor näherstehend an; Eysenck & Eysenck, 1992; siehe aber McCrae & Costa, 1985). NEO-Facetten: *Herzlichkeit, Geselligkeit, Durchsetzungsfähigkeit, Aktivität, Erlebnishunger, Frohsinn*

- *Offenheit für Erfahrungen:* Dieser Faktor ist zweifellos stärker kognitiv und weniger emotional geladen als die ersten beiden; er wird in alternativen Big5-Systemen auch als „intellectance" oder „culture" bezeichnet, was eine starke Verbindung zu Intelligenz und Bildung nahelegt. McCrae und Costa (1987) stellen aber nachdrücklich heraus, daß Offenheit zwar mäßig positiv mit Intelligenz korreliert ist (metaanalytisch mit r = .33; Ackerman & Heggestad, 1997), aber sich empirisch und definitorisch von dieser klar unterscheidet und als Persönlichkeitseigenschaft aufzufassen sei (kognitive Fähigkeiten umfaßt das FFM *nicht*). Eine offene Persönlichkeit wird als kreativ, originell, neugierig, verträumt, komplex oder scharfsinnig beschrieben, während der Gegenpol durch Rigidität, enge Interessen, aber auch Realitätssinn gekennzeichnet wird. In der Definition des NEO-PI richtet sich „openness to experience" auf immaterielle Objekte und ist damit *keine* soziale Kategorie, was m.E. den im Deutschen häufig in diesem Sinn gebrauchten Begriff „Offenheit" etwas unglücklich gewählt erscheinen läßt. NEO-Facetten: *Offenheit für Fantasie, für Ästhetik, für Gefühle, für Handlungen, für Ideen, des Normen- und Wertesystems*
- *Verträglichkeit:* Der zweite klar sozial geprägte Faktor spannt in Wiggins' (1980) Circumplex-Modell zusammen mit Extraversion den „interpersonalen Zirkel" auf. Hier kontrastieren Aspekte der Humanität wie Altruismus, Hilfsbereitschaft, Freundlichkeit oder Großzügigkeit auf der einen Seite mit Kälte, Hartherzigkeit, Mißtrauen oder Grausamkeit am anderen Ende der Skala. McCrae und Costa (1987) sehen in diesem antagonistischen Gegenpol den Ausdruck eines extremen Egoismus. Andere Autoren (siehe Digman, 1990) werten hohe Ausprägungen von Verträglichkeit als Indikatoren einer gewissen Willfährigkeit oder von Konformismus bis hin zum Helfer-Syndrom, was die etwas einseitig wertende Aufzählung von Adjektiva oben vielleicht ein wenig relativiert. NEO-Facetten: *Vertrauen, Freimütigkeit, Altruismus, Entgegenkommen, Bescheidenheit, Gutherzigkeit*

- *Gewissenhaftigkeit:* Auch bei diesem Faktor lassen sich begrifflich zumindest zwei Aspekte unterscheiden, die von verschiedenen Autoren in unterschiedlichem Maße betont werden. Einerseits weist er mit seinem Bezug zu Skrupeln und der Kontrollinstanz des „Über-Ich" ein gewisse Affinität zu moralischen Kategorien auf, andererseits wird mit Elementen wie Durchhaltevermögen oder Genauigkeit der Leistungswille thematisiert. McCrae und Costa legen größeren Wert auf den zweiten Aspekt, indem sie den Gegenpol zu Gewissenhaftigkeit, in ausdrücklicher Abhebung von „Unkontrolliertheit", als „Richtungslosigkeit" definieren. Entsprechende Eigenschaftszuschreibungen für hohe Ausprägungen erinnern vernehmlich an traditionelle „Arbeitstugenden" wie Fleiß, Pünktlichkeit, Zuverlässigkeit, Ordnung, Ehrgeiz (siehe aber die Ausführungen zu Extraversion oben) und Sorgfalt. Es verwundert vor diesem Hintergrund nicht, daß dieser Faktor in der Forschung zu Persönlichkeitstests in der Personalauswahl allgemein wie auch in den konstruktorientierten Studien und Hypothesen zu Integrity Tests eine zentrale Rolle spielt. NEO-Facetten: *Kompetenz, Ordnungsliebe, Pflichtbewußtsein, Leistungsstreben, Selbstdisziplin, Besonnenheit*

In mehreren Metaanalysen (Marcus, 1993; Marcus et al., 1997; Murphy & Lee, 1994a; Ones, 1993) wurde versucht, die Beziehungen zwischen Integrity Tests und einer Vielzahl unterschiedlicher Persönlichkeitsfragebogen im Kontext des FFM zu interpretieren. Diese Untersuchungen unterschieden sich zum Teil erheblich in der verwendeten Methodik, der Datenbasis, den zugrundegelegten Hypothesen und den Schlußfolgerungen, die aus den Ergebnissen gezogen wurden. Das Erstaunliche daran ist: gerade in den Ergebnissen unterschieden sie sich kaum. Bevor wir jedoch zu den Resultaten und den daraus gezogenen Schlüssen kommen, sind noch die angesprochenen methodischen Unterschiede in den Vorarbeiten zu diskutieren.

Methodisch stellt sich bei allen Metaanalysen zunächst die Frage nach der Zuordnung der einzelnen Studien zu den untersuchten Variablen (was z.B. zählt auf der Prädiktorseite als „strukturiertes Interview", was als Kriterium für „overall job performance"). Dies wird in der Literatur zur Validitätsgeneralisierung, im Gegensatz etwa zu Kriterien für den Ein- oder Ausschluß bestimmter Studien und den mathematischen Prozeduren (vgl. etwa die Debatte Ones, Mount, Barrick & Hunter, 1994 vs. Tett, Jackson, Rothstein & Reddon, 1994), selten thematisiert, ist aber gerade in Untersuchungen, die eine Aussage über indirekt abgeleitete Konstrukte (Big5) treffen wollen, außerordentlich kritisch. Daß sich schon Integrity Tests nicht immer eindeutig in die beiden Untergruppen fügen, wurde bereits diskutiert, noch schwieriger stellt sich dies jedoch für die Zuordnung einzelner Persönlichkeitsskalen zu den fünf Faktoren dar. Hier werden im Regelfall (für eine Ausnahme siehe Ackerman & Heggestad, 1997) nicht nur Instrumente einbezogen, die als FFM-Operationalisierungen konstruiert wurden (obwohl auch die schon - siehe oben - unterschiedlich genug sind), sondern praktisch alle vorgefundenen Fragebogen in ihrer nach dem Stand der Literatur gegebenen Gewichtung, besonders häufig also die „Klassiker" unter den Persönlichkeitsinventaren wie MMPI, CPI, Cattells 16PF oder die verschiedenen Eysenck-Tests. Obwohl sich in vielen solchen Verfahren wie erwähnt eine fünffaktorielle Struktur identifizieren läßt, gelingt dies zumindest auf Subskalenebene nicht überall gleich gut. In manchen Inventaren finden sich einzelne Faktoren überhaupt nicht oder in ungleicher Gewichtung (dies führt metaanalytisch zu unterschiedlichen Stichprobengrößen, was weniger problematisch ist); die Subskalen erfassen Bereiche der (annahmegemäß) gesamten Persönlichkeit von je sehr unterschiedlicher Breite (16 Faktoren bei Cattell, drei bei Eysenck); und die Eindeutigkeit der Zuordnung schwankt von Skala zu Skala erheblich (innerhalb Eysencks System bspw. lassen sich Extraversion und Neurotizismus recht problemlos den gleichnamigen Big5-Faktoren zuordnen, Psychotizismus dagegen „verschwimmt"; McCrae & Costa, 1985; Perugini & Leone, 1996). Derart unterschiedliche Skalen werden in den nun zu berichtenden Untersuchungen gewissermaßen in fünf große Töpfe geworfen, auf denen nachher jeweils der Name eines Big5-Faktors prangt. Der Inhalt hängt dabei, neben den Zutaten, auch von der Art und Weise des Werfens ab. Zu den „Zutaten" sei noch erwähnt, daß sich leider gerade die hier besonders häufig eingegangenen Fragebogen CPI und MMPI als nicht besonders gute Repräsentanten des FFM erwiesen haben, sofern man hierfür Konvergenz und Diskriminanz als Maßstab zugrunde legt (McCrae, 1991; McCrae, Costa & Piedmont, 1993).

Die in einschlägigen Metaanalysen am häufigsten verwendete Methode der Zuordnung (des „Werfens") ist die freie Einschätzung durch Experten, wobei i.d.R. ein gewisses Ausmaß an Konvergenz der Urteile gefordert ist. Daß dies nicht notwendig zu empirisch bestätigter konvergenter und diskriminanter Validität (gleichen Faktoren zugeordnete Skalen korrelieren möglichst hoch miteinander und niedrig mit anderen Faktoren; D.T. Campbell & Fiske, 1959) führen muß, demonstriert eindrucksvoll die Studie von Cortina et al. (1992; siehe auch die ausführliche Diskussion dieser Methode bei Marcus, 1993). In reiner Form wurden Expertenurteile von Murphy und Lee (1994a) angewandt. Eine Erweiterung der Expertenschätzung um empirische Hinweise verwendeten dagegen Ones (1993) und Marcus et al. (1997), die sich dafür auf Metaanalysen der Interkorrelationen aller zugeordneten Subskalen stützten (Kamp & Hough, 1988, bei Marcus et al.; Ones stellte ein eigene Untersuchung an). Diese metaanalytisch gewonnenen Korrelationsmatrizen deuten auf eine *im Mittel* brauchbare Konvergenz und Diskriminanz (Median der konvergenten Validitäten r = .36, der Diskriminanzkoeffizienten r = .13 bei Ones [Reanalyse aus den minerungs-korrigierten Werten nach Sackett & Wanek, 1996]; bei Kamp und Hough liegt die mittlere Konvergenz bei r = .39, die Diskriminanz bei r = .09), treffen aber keine Aussage darüber, worin die enthaltenen Skalen *inhaltlich* übereinstimmen, wie gut sich *einzelne Skalen* absolut und relativ zu anderen in das FFM fügen und wie stark sie den jeweiligen Faktor inhaltlich abdecken. Die (nicht angegebene) Streuung dürfte hier erheblich sein, was nach der inhärenten Logik der Metaanalyse eigentlich durch Korrekturen bzw. unterschiedliche Gewichtung berücksichtigt werden sollte.

Einem Vorschlag von U. Funke (persönliche Mitteilung) folgend, unternahm Marcus (1993) einen Versuch in diese Richtung, bei dem in einer speziellen Form der synthetischen Validierung (Funke, 1993; Hamilton, 1981) die fünf Faktoren aus empirisch ermittelten Gewichten für die Subskalen der Persönlichkeitstests rekonstruiert werden sollten. Dieser hier erstmals auf eine Metaanalyse übertragene Ansatz konfligiert jedoch u.a. mit der dort geforderten Unabhängigkeit der Stichproben (vgl. Marcus, 1993). Keine der geschilderten Methoden vermag das Problem also wirklich zu lösen, und die Ergebnisse sollten mit entsprechender Vorsicht interpretiert werden. Wenn also später bspw. von „Gewissenhaftigkeit" die Rede ist, so meint dies eigentlich eine (im Fall der amerikanischen Studien) nicht näher bekannte Zusammensetzung verschiedener Skalen, die in gewissem, (bei allen Studien) im Einzelfall unbekanntem Ausmaß etwas gemeinsam haben, von dem man (außer bei Marcus, 1993) ungeprüfterweise annimmt, es handele sich um den Big5-Faktor Gewissenhaftigkeit. Diese (bei Marcus, 1993, nicht mehr vollständig unabhängigen) Einzelstudien werden metaanalytisch aggregiert, ohne die Unterschiede in der Qualität der Persönlichkeitsmessung zu berücksichtigen.

Unterschiede zwischen den Metaanalysen bestanden aber auch bezüglich der geprüften Hypothesen. Murphy und Lee spezifizieren mehrere Gründe, warum sie eine starke Beziehung zwischen Integrität und Gewissenhaftigkeit erwarten. Ihre vordringliche Fragestellung bezieht sich dann aber darauf, eine Erklärung für die Kriteriumsvalidität von Integrity Tests zu prüfen, indem sie die Zusammenhänge zwischen Gewissenhaftigkeit, Integrität und beruflicher Leistung untersuchen. Ihre Kernthese lautet dabei, daß Integrity Tests ihre Validität aus der konzeptionellen Ähnlichkeit mit Gewissenhaftigkeit beziehen, die sich ihrerseits bei Barrick und Mount (1991) als generell valider Prädiktor von Leistungskriterien gezeigt hatte. Folgerichtig konzentrieren sie sich ausschließlich auf diesen Faktor. Auch Ones erwartet den weitaus stärksten Zusammenhang mit Gewissenhaftigkeit, darüber hinaus aber auch schwächere Beziehungen zu Verträglichkeit (auf der Grundlage von Woolley & Hakstian, 1992) und zu Introversion (wegen des bei Inwald, 1988, angenommenen negativen Zusammenhangs zwischen Integrität und *einem* Extraversionsaspekt, sensation seeking). Sie bezieht alle fünf Faktoren in ihre Untersuchung ein. Marcus und Marcus et al. gründen ihre Hypothesen stärker auf einzelne Facetten und beziehen dabei neben der Integrity-Literatur auch kriminologische Untersuchungen und die allgemeine FFM-Forschung ein. Auf dieser Basis werden wesentlich gleichmäßiger verteilte Zusammenhänge zu vier der Großen Fünf erwartet, nämlich am stärksten zu Verträglichkeit und Gewissenhaftigkeit, ohne hier jedoch von Identität auszugehen, etwas schwächer zu emotionaler Stabilität und außerdem noch eine schwach negative Korrelation mit Extraversion.

Schließlich ist noch darauf hinzuweisen, daß die Ergebnisse von Ones auf einer wesentlich größeren Datenbasis beruhen als die Resultate der anderen Metaanalysen (N je Faktor zwischen 46.000 und 91.000, bei Marcus et al. zwischen 1.600 und 2.200, bei Murphy und Lee ca. 2.000). Dies liegt zum einen an ihren ausgewiesen guten Kontakten zu vielen Testverlegern, die ihr eine größere Menge unpublizierter Studien zur Verfügung stellten, teilweise aber auch an ihren (vor allem gegenüber Marcus et al.) liberaleren Kriterien für die Aufnahme einer Studie in die Metaanalyse (vgl. Ones, Mount, Barrick & Hunter, 1994).

Die Ergebnisse der verschiedenen Metaanalysen, jeweils über alle Stichproben gemittelt, sind in Tabelle 2 zusammengefaßt (Angaben jeweils korrigierte mittlere Korrelation ρ).

Tabelle 2: Metaanalytisch bestimmte Beziehungen zwischen Integrity Tests und FFM

	Murphy & Lee (1994a)	Ones (1993)	Marcus (1993)	Marcus et al. (1997)
Emotionale Stabilität	–	.33	.28	.28
Extraversion	–	-.08	-.06	-.04
Offenheit für Erfahrungen	–	.12	-.20	-.15
Verträglichkeit	–	.40	.36	.31
Gewissenhaftigkeit	.36	.42	.30	.29

In den meisten Sammelreferaten wird viel Mühe darauf verwandt, unterschiedliche Resultate durch die Verschiedenheit der methodischen und konzeptionellen Ansätze zu erklären. In diesem Fall ist zu konstatieren, daß *trotz* der beschriebenen Differenzen die Befunde ganz überwiegend konvergieren. Orthodoxe Vertreter der metaanalytischen Schule mögen dies auf die Robustheit dieser Methode gegenüber dem Einfluß möglicher Fehlerquellen werten, sollten dabei aber nicht übersehen, daß eine solches Ausmaß an Übereinstimmung keineswegs in allen konkurrierenden Metaanalysen zum gleichen Gegenstand gefunden wurde (siehe z.B. Barrick & Mount, 1991, vs. Tett et al., 1991; Six & Eckes, 1996). Es läßt sich also offenbar festhalten, daß eine Mischung unterschiedlicher Operationalisierungen von Gewissenhaftigkeit in mäßiger bis mittlerer Höhe mit Integrity Tests korreliert. In gleicher Weise gilt dies aber auch für Verträglichkeit und in kaum geringerem Ausmaß für emotionale Stabilität. Der angenommene Zusammenhang mit Extraversion konnte auf diesem Aggregationsniveau nicht bestätigt werden. Die einzigen deutlicheren Unterschiede finden sich bei Offenheit für Erfahrungen, für die alle Autoren Unabhängigkeit von Integrität postuliert hatten. Hier fand Ones eine schwach positive, Marcus eine schwach negative Korrelation; für beides fehlt weitgehend eine theoretische Erklärung (auf den etwas spekulativen Ansatz von Guastello & Rieke, 1991, soll hier nicht näher eingegangen werden).

Wie erinnerlich, bedeutet die Ähnlichkeit der Mittelwerte zwischen verschiedenen Metaanalysen nicht, daß die Befunde bspw. auch über alle Arten von Integrity Tests und Big5-Messungen hinweg generalisierbar wären. Die größtenteils beträchtlichen Anteile nicht aufgeklärter Varianz und die entsprechend große Streuung der Einzelbefunde bei Marcus et al. sowie Murphy und Lee (Ones berichtet keine Streuungsmaße) deuten auf den Einfluß von Moderatoren hin. Diesbezügliche Analysen wurden von Marcus, Marcus et al. sowie Ones für beide Arten von Integrity Tests

vorgelegt; bei Marcus et al. wurde zusätzlich der Effekt einer nachträglichen Zuordnung der ursprünglich nicht am FFM orientierten Persönlichkeitsskalen zu den fünf
Faktoren gegenüber einer direkten Operationalisierung der Big5 untersucht. Die Ergebnisse dieser Moderatoranalysen sind in Tabelle 3 dargestellt.

Tabelle 3: Moderatoranalysen der Beziehungen zwischen beiden Arten von Integrity Tests
und dem FFM in direkter oder indirekter Operationalisierung

	einstellungsor. Tests		eigenschaftsor. Tests		Art d. Big5-Messung *(Marcus et al.)*	
	Ones	*Marcus et al.*	*Ones*	*Marcus et al.*	direkt	indirekt
Emotionale Stabilität	.28	.30	.37	.29	.31	.27
Extraversion	.03	-.01	-.11	-.22	-.23	.02
Offenheit für Erfahrungen	.09	-.09	.14	-.19	-.14	-.16
Verträglichkeit	.34	.26	.44	.47	.48	.22
Gewissenhaftigkeit	.39	.30	.45	.44	.45	.22

Auch hier überwiegen eindeutig die Ähnlichkeiten zwischen den Arbeiten von
Ones und Marcus et al.. Generell sind die Zusammenhänge zwischen eigenschaftsorientierten Integrity Tests und dem FFM etwas höher und stärker über den gesamten
Persönlichkeitsbereich verteilt, wie Marcus et al. aufgrund der historischen Entwicklung und der je Test größeren Heterogenität dieser Verfahrensgruppe vermutet
hatten. Hier zeigt sich auch eine schwach negative Korrelation mit Extraversion,
während die Ergebnisse für Offenheit wiederum widersprüchlich sind. Das Muster
der Korrelationen, mit den stärksten Zusammenhängen mit emotionaler Stabilität,
Verträglichkeit und Gewissenhaftigkeit, ist jedoch für beide Arten von Integrity Tests
ähnlich. Die Moderatoranalyse zur Operationalisierung des FFM (letzte zwei Spalten
in Tab. 3) deutet darauf hin, daß durch die Zuordnung nicht modellgeleitet entwik-
kelter Skalen zu den Big5 die Beziehungen insbesondere zu Extraversion, Verträglichkeit und Gewissenhaftigkeit möglicherweise unterschätzt werden. Allerdings
lagen Marcus et al. zur direkten Operationalisierung des FFM überwiegend Befunde
mit eigenschaftsorientierten Integrity Tests vor, so daß hier mit einer gewissen Konfundierung der beiden Moderatoranalysen gerechnet werden muß.

Was also messen Integrity Tests? Ein Zwischenfazit aus der Forschung, die diese
Verfahren zu etablierten Konstrukten der Differentiellen Psychologie in Beziehung
setzt, könnte wie folgt lauten: Intelligenz messen sie offenbar nicht (siehe Abschnitt
2.2.1). Sie zeigen jedoch mit einiger Konsistenz Zusammenhänge mit Persönlichkeitskonstrukten außerhalb der kognitiven Fähigkeiten. Bezogen auf die hochaggre-

gierten Elemente des FFM sind dies vor allem die Faktoren Gewissenhaftigkeit, Verträglichkeit und - tendenziell etwas geringer - emotionale Stabilität. Schwächer ausgeprägt und weniger eindeutig sind die Bezüge zu Extraversion und Offenheit für Erfahrungen. Keiner der fünf Faktoren erscheint dabei so dominierend, daß sich, im Sinne der taxonomischen Funktion des FFM, eine eindeutige Zuordnung von „Integrität" - ob als Facette oder alternative Bezeichnung für die Dimension - aufdrängt. Vor dem Hintergrund dieser empirischen Befundlage sollten die Meinungen darüber, wie die eingangs dieses Absatzes gestellte Frage zu beantworten ist, beurteilt werden. Aus der Literatur lassen sich im wesentlichen vier Thesen herausarbeiten[18], die - teilweise auf den eben geschilderten Befunden aufbauend, zum Teil aus anderen Quellen schöpfend - vertreten werden oder wurden. Ich möchte sie im folgenden als die vier „Sichtweisen von Integrity Tests" in der chronologischen Folge ihres Auftretens beschreiben und diskutieren.

2.3.4 Vier Sichtweisen von Integrity Tests in Relation zum FFM

1. Integrität als Gewissenhaftigkeit im Sinne des FFM: die Ein-Faktor-Hypothese

Zu dieser u.a. von Murphy und Lee (1994a) geprüften und ursprünglich auch von Ones (1993; Ones et al., 1993) vertretenen Sichtweise wurde bereits einiges gesagt. Entscheidend ist dabei, daß Integrity als weitgehend deckungsgleich, wenn nicht identisch mit dem FFM-Faktor Gewissenhaftigkeit angesehen wird: „...we believe that these tests may all measure the general construct of broadly defined conscientiousness, *one* of the five dimensions of personality hypothesized in the Big Five theory of personality." (Ones, Viswesvaran & Schmidt, 1993, p. 680; Hervorhebung hinzugefügt). Dies bezieht sich sowohl auf die inhaltliche Übereinstimmung als auch auf die Zuordnung zu dieser Stufe innerhalb eines hierarchisch gegliederten Persönlichkeitsmodells, m.a.W.: Integrity wird den fünf Faktoren weder unter- noch übergeordnet, sondern ihnen gleichgesetzt (die hier eher unauffällige Einschränkung „broadly defined" spielt erst für die nächste darzustellende Sichtweise eine, dann allerdings entscheidende Rolle). Abgeleitet wurde die These vor allem aus inhaltlichen Ähnlichkeiten in den Beschreibungen der Integrity-Testautoren zu Gewissenhaftigkeit und gewissen Überlappungen des Itemgehalts (Murphy & Lee, 1994a; Ones et al., 1993). Eine wesentliche Rolle spielte dabei aber auch, daß man sich durch den Zusammenhang mit Gewissenhaftigkeit eine Erklärung für die Kriteriumsvalidität von Integrity Tests versprach. Wenn, so die Argumentation, beide ähnliches messen und sowohl Integrity Tests als auch Persönlichkeitsskalen zur Gewissenhaftigkeit valide Prädiktoren beruflicher Leistung sind (Barrick & Mount, 1991; Ones et

---

[18] Auf die relativ weit vom Mainstream entfernte These, Integrity Tests erfaßten in Kohlbergs (1984) oder ähnlichem Sinne Reifegrade „moralischer Entwicklung" soll hier nicht näher eingegangen werden. Die empirische Befundlage hierzu ist dünn und dabei eher ablehnend als bestätigend (Cochran, 1991; Lasson, 1992).

al., 1993), so könnten Integrity Tests ihre Validität aus der Übereinstimmung mit Gewissenhaftigkeit beziehen.

Sowohl Ones (1993; Ones, Schmidt & Viswesvaran, 1994b) als auch Murphy und Lee (1994a) überprüften diese Hypothese durch Auspartialisierung von Gewissenhaftigkeit aus der metaanalytisch kalkulierten Beziehung zwischen Integrity Tests und allgemeiner beruflicher Leistung. In beiden Fällen war der Validitätsverlust durch Auspartialisierung eher undramatisch (von .34 auf .28 bei Murphy und Lee, von .46 auf .41 bei Ones et al.; die Unterschiede in den Werten liegen an der bei Ones verwendeten Methode zur Integration der Ergebnisse, auf die noch zurückzukommen sein wird). Umgekehrt führte die Auspartialisierung von Integrity aus dem Zusammenhang zwischen beruflicher Leistung und Gewissenhaftigkeit zu einem deutlicheren Validitätsverlust (von .23 auf .12 bei Murphy und Lee, bei Ones et al. sogar auf .05, wiederum wegen methodischer Unterschiede). Eher scheinen also Gewissenhaftigkeitsskalen ihre Kriteriumsvalidität aus dem Zusammenhang mit Integrity Tests zu beziehen als umgekehrt: ein angesichts der höheren Validität letzterer Gruppe erwartbares Ergebnis. Eine Erklärung für die Korrelation von Integrity mit Maßen beruflicher Leistung bietet der Big5-Faktor Gewissenhaftigkeit folglich nicht. Die (früher entstandene) Sichtweise, Integrity als Konstrukt sei durch eine dem FFM entsprechende Operationalisierung von Gewissenhaftigkeit hinreichend erklärt, wird spätestens durch die oben berichteten Ergebnisse der konstruktorientierten Metaanalysen falsifiziert. Sie wird heute in dieser Form kaum mehr vertreten, obwohl die Abgrenzung nicht immer sauber erfolgt. Wenn bspw. Hogan und Brinkmeyer (1997) ihren über zwei Integrity Tests gerechneten Generalfaktor als „Gewissenhaftigkeit" interpretieren, gehen sie etwas nonchalant über die Verschiebung zu der zweiten vorzustellenden Sichtweise hinweg.

2. Integrität als „sehr breite" Gewissenhaftigkeit oberhalb der Big5: die g-Faktor-Hypothese

Die Revision der „Gewissenhaftigkeitshypothese" von Ones (1993; Ones et al., 1994b) auf der Grundlage ihrer eigenen Ergebnissen lautet: „...[integrity tests] tap into a general broad personality trait, much broader than any one of the big five. Integrity tests tap into a higher order factor that includes Agreeableness and Emotional Stability, as well as Conscientiousness" (Ones et al., 1994b, p.28). Ones und Kollegen ziehen eine ausdrückliche Parallele zwischen diesem Persönlichkeitsfaktor höherer Ordnung und Spearmans berühmtem Generalfaktor „g" der Intelligenz (vgl. z.B. Amelang & Bartussek, 1997; Gardner, Kornhaber & Wake, 1996), der alle kognitiven Fähigkeiten in einem „positive manifold" verbindet und der in jüngerer Zeit als weitgehend alleinverantwortlich für die prädiktive Validität von Intelligenztests in der Personalauswahl angesehen wird (McHenry, Hough, Toquam, Hanson & Ashworth, 1990; Ree, Earles & Teachout, 1994). Ones vertritt an verschiedenen Stellen (Hogan & Ones, 1997; Ones et al., 1994b; Ones & Viswesvaran, 1996) einen extremen Standpunkt zur optimalen Persönlichkeitsmessung in der Personalauswahl (kurz gesagt: so breite Konstrukte wie möglich), der weitgehend aus ihrer Integrity-Forschung abgeleitet wurde und hier nicht weiter vertieft werden kann, da eine solche

Diskussion zu weit weg vom Gegenstand dieser Arbeit führen würde (vgl. zu abweichenden Standpunkten J. Hogan & Roberts, 1996; R.J. Schneider, Hough & Dunnette, 1996). Es sollte allerdings deutlich geworden sein, welch weitreichende Konsequenzen eine Feststellung wie „Integrity Tests messen einen g-Faktor der Persönlichkeit und dieser stellt das Optimum in der Erfassung nicht-kognitiver Eigenschaften für die Personalauswahl dar" für die Persönlichkeitspsychologie wie für die Eignungsdiagnostik hätte. Es erscheint lohnend, sich mit dem Zustandekommen einer solchen Schlußfolgerung etwas näher zu beschäftigen.

Nun ist zunächst der „g-Faktor" der Intelligenz schon umstritten genug, und etwas Vergleichbares für Persönlichkeitseigenschaften kann zweifellos bislang nicht zum Kanon der gesicherten Erkenntnisse gerechnet werden. Zwar werden auch hier oft genug Interkorrelationen zwischen eigentlich als unabhängig postulierten Dimensionen beobachtet, innerhalb der Big5 bspw. gerade zwischen emotionaler Stabilität, Verträglichkeit und Gewissenhaftigkeit (Ones, 1993; Kamp & Hough, 1988), interpretiert wurde diese Kovarianz jedoch eher als Ausdruck sozialer Erwünschtheit, die zu eliminieren sei, bevor man „wahre" Beziehungen zwischen Konstrukten interpretieren könne (Paulhus, 1981; Hofstee, ten Berge & Hendriks, 1997, nennen diese Komponente jedoch unumwunden „p-factor" und bezeichnen sie als „...potentially as meaningful as is the g-factor of intelligence" [p.13]). Die konventionell angewandte Methode ist dabei, in einer Hauptkomponentenanalyse den ersten unrotierten Faktor zu extrahieren, der bekanntlich den maximalen Anteil gemeinsamer Varianz in der Korrelationsmatrix aller Variablen auf einer linearen Dimension beschreibt, und diesen als Generalfaktor („soziale Erwünschtheit" oder „p-Faktor") zu interpretieren. Die Vorgehensweise bei Ones und Kollegen, die zum Befund eines Generalfaktors führte, war dagegen eine andere.

Ones beruft sich sowohl auf die Daten ihrer Primärstudie (Ones, 1993; Ones et al., 1994a) als auch auf ihre konstruktorientierte Metaanalyse (Ones, 1993; Ones et al., 1994b). In beiden Fällen wurden die einzelnen Korrelationen mehrerer Integrity Tests und Persönlichkeitsskalen jeweils akkumuliert, um daraus sog. „composite correlations" zu berechnen. Die Lektüre der hierfür verwendeten Formel ist instruktiv (hier in der ausführlicheren Schreibweise nach Ghiselli, Campbell & Zedeck, 1981, p.175; Ones nennt als Referenz die äquivalente Formel bei Nunnally, 1978, p.178):

$$r_{XY} = \frac{\bar{r}_{xy}}{(1/k + (k-1)/k * \bar{r}_{xx})^{1/2} * (1/m + (m-1)/m * \bar{r}_{yy})^{1/2}} \qquad (1)$$

mit: r_{XY} = Korrelation zwischen zwei Kompositorien X und Y
   $\bar{r}_{xy}$ = mittlere Korrelation der Elemente in X mit den Elementen in Y
   $\bar{r}_{xx}$, $\bar{r}_{yy}$ = mittlere Interkorrelation der Elemente in X bzw. Y
   k = Zahl der Elemente in X
   m = Zahl der Elemente in Y

Die Korrelation zwischen zwei Kompositorien wird also zunächst durch die durchschnittliche Korrelation aller Bestandteile des einen mit denen des anderen

Kompositoriums (Zähler) bestimmt. Dieser Mittelwert erfährt dann (im Nenner) noch eine Aufwertung durch eine Art Attenuationskorrektur, die dem Umstand Rechnung trägt, daß die einzelnen Elemente innerhalb der Kompositorien nicht perfekt korrelieren. M.a.W.: Jede Nichtübereinstimmung zwischen den Bestandteilen in den Kompositorien, ob durch Meßfehler oder spezifische Varianz zustandegekommen, wird als Fehler definiert. Theoretisch setzt die Anwendung dieser Formel also *voraus*, daß die Elemente der Kompositorien das gleiche oder verschiedene Aspekte eines übergeordneten Faktors erfassen (letzteres ist bspw. bei einem kompositorischen Leistungskonstrukt gerechtfertigt, dessen Elemente *per definitionem* festgelegt und gewichtet werden, vgl. Murphy & Shiarella, 1997), was bei Ones völlig ungeprüft bleibt. Je geringer die Übereinstimmung zwischen ihnen ist, desto höher wird nämlich c.p. der Wert für r_{XY}; mehr noch: r_{XY} geht (bei konstantem $\bar{r}_{xy}$) bei steigendem k bzw. m und sinkendem $\bar{r}_{xx}$ bzw. $\bar{r}_{yy}$ nicht gegen Eins, sondern gegen Unendlich. Im umgekehrten Fall geht der Nenner gegen Eins, r_{XY} ist also mindestens so hoch wie $\bar{r}_{xy}$.

Auf diese Weise wurden also lineare Kompositorien aller Integrity Tests und aller Persönlichkeitsskalen gebildet, wobei als Interkorrelationen jeweils die Werte aus der Einzelstudie bzw. den verschiedenen Metaanalysen zugrundegelegt wurden. Um den Bericht der Kürze halber auf den letzteren Fall zu beschränken: Die Zusammenhänge zwischen Integrity-Kompositorien und Big5-Kompositorien steigen auf diese Weise gegenüber den mittleren korrigierten Einzelkorrelationen (vgl. Tab.2) für emotionale Stabilität (ES) von .33 auf .59, für Verträglichkeit (V) von .40 auf .78 und für Gewissenhaftigkeit (G) von .42 auf .87. Nach Verfahrensgruppen getrennt (vgl. Tab.3) sind die Effekte wie folgt: bei einstellungsorientierten Tests von .28 auf .50 (ES), von .34 auf .66 (V), von .39 auf .81 (G); bei eigenschaftsorientierten Verfahren von .37 auf .54 (ES), von .44 auf .69 (V), von .45 auf .75 (G). Diese Veränderungen demonstrieren zunächst an einem praktischen Beispiel, wie die angewandte Formel arbeitet: Je mehr Elemente in ein Kompositorium eingehen (alle Integrity Tests vs. Unterkategorien) und je weniger sich diese Zusammenfassung konventionellerweise rechtfertigen läßt (geringere Korrelation zwischen den Verfahrensklassen als innerhalb, besonders gegenüber eigenschaftsorientierten Tests, vgl. Abschnitt 2.3.2), desto höher wird am Ende die kompositorische Korrelation. Ones bezeichnet diesen Vorgang als „increasing [the] breadth of integrity construct domain" (p.83). Wenn man den Begriff „Breite" durch „Heterogenität" ersetzt, trifft man m.E. den Sachverhalt genauer. Auch auf der anderen Seite der Korrelationen ist zu beobachten, daß die größten Veränderungen bei dem Faktor (G) mit der geringsten Konvergenz seiner Subskalen eintreten (vgl. Tab.3 bei Ones, 1993).

Bisher wurde jedoch nur festgestellt, daß sich die Zusammenhänge mit den drei Hauptkorrelaten im FFM durch die Anwendung von kompositorischen Korrelationen auf ein substantielles bis sehr hohes Niveau bringen lassen (die Effekte für Extraversion und Offenheit sind wegen des kleineren Zählers [$\bar{r}_{xy}$ = ρ aus Tab.2] weniger dramatisch). Dies ist noch kein Generalfaktor, und Ones löst sich auch nicht vollständig von der „Gewissenhaftigkeitshypothese". Allerdings wird anstelle des Big5-Faktors in reiner Form zunächst „breite Gewissenhaftigkeit" (das Kompositorium) gesetzt und dieser Faktor u.a. aus den Zusammenhängen von Integrity mit V und ES (diese in „enger" Definition) partialisiert, ohne diese Korrelationen damit vollständig erklären zu können. Die g-Faktor-Hypothese, wie sie eingangs dieser Darstellung zitiert wurde, entstand erst durch die nochmalige Komposition von Korrelationen zwischen Integrity und allen drei relevanten Big5-Dimensionen. Hier stieg der Zusammenhang zwischen dem Integritätskompositorium und einem „Gewissenhaftigkeit plus Verträglichkeit"-Kompositorium noch einmal auf .95 (gegenüber .87 mit „breiter" Gewissenhaftigkeit), unter Einbeziehung von emotionaler Stabilität sogar auf .97. Gerechtfertigt wird diese Zusammenfassung durch die metaanalytisch festgestellten Konvergenzen der drei Faktoren von ρ = .25, .26 und .27.

So eindrucksvoll die Höhe der Koeffizienten ist, sie zeigen lediglich, daß Integrity Tests mit einer Kombination von drei der Großen Fünf praktisch identisch sind, wenn auf beiden Seiten jegliche spezifische Varianz wegkorrigiert wird. Dieser Befund ist mit der Existenz eines g-Faktors der Persönlichkeit, gemessen durch Integrity Tests, ebenso vereinbar wie mit der Hypothese, in allen beteiligten Fragebogenmaßen sei eine Erwünschtheitskomponente wirksam. Wie u.a. die in Abschnitt 2.2.3 diskutierte Forschung gezeigt hat, ist soziale Erwünschtheit mit einigen Persönlichkeitseigenschaften untrennbar verbunden, für deren externe Validität unschädlich, *erklärt* jedoch andererseits diese Validität nicht. Integrity Tests scheinen also noch etwas anderes zu messen als Selbstdarstellungstendenzen. Die von Ones und Kollegen angewandte Methodik erscheint wenig geeignet, solche möglicherweise spezifischen Anteile aufzudecken, da sie - methodenimmanent - einfach negiert werden.[19] Man würde spezifische Varianzanteile von einiger Relevanz auch unterhalb der ihrerseits bereits hochaggregierten Big5 vermuten. Ones untersucht die Facettenebene des FFM jedoch nicht (wenn bspw. Ones et al., 1994b, von Facetten sprechen, meinen sie G, V und ES als Facetten des g-Faktors). Sie beschränkt sich auf die Analyse kompletter Fragebogenscores, die dann noch weiter zusammengefaßt werden. Daß eine Untersuchung auf Itemebene zu ganz anderen Schlußfolgerungen führen kann, zeigt die folgende Diskussion der dritten Sichtweise von Integrity Tests. Nachdem in diesem Abschnitt die Kritik etwas im Vordergrund stand, sollte jedoch noch angefügt werden, daß die Integrity-Forschung ihren derzeitigen Kenntnisstand zu einem erheblichen Teil der Arbeit von Deniz Ones verdankt.

3. Integrität als ein Aspekt von Gewissenhaftigkeit unterhalb des FFM: die Ein-Facetten-Hypothese

Bereits früher (z.B. Murphy, 1993) wurde die Ansicht geäußert, Integrity Tests erfaßten ein Konstrukt, das enger definiert sei als die Big5, spezifiziert wurde dies jedoch erst in jüngster Zeit durch Wanek (1995) und Sackett und Wanek (1996). Wa-

---

[19] Ich folge hier Ones' Interpretation der kompositorischen Korrelation weitgehend. Strenggenommen bleibt jedoch die spezifische Varianz im Zähler der Formel erhalten (sie geht in die durchschnittlichen Außenkorrelationen ein). Dieser wird jedoch um den Betrag aufgewertet, der dem Mangel an vollständiger Homogenität innerhalb der Kompositorien entspricht, und zwar unabhängig davon, ob die Außenkorrelationen von der spezifischen Varianz profitieren oder durch sie verlieren.

nek nennt diese Facette bei einem Namen, der bisher in dieser Arbeit bewußt vermieden wurde - Selbstkontrolle: „..., Conscientiousness has four component themes:
(1) Self Control, (2) Orderliness, (3) Hard Work and Perseverence, and (4) Conformity.[...] it would appear then, that Self Control is the central underlying factor driving the relationships among integrity tests, not what Ones labeled Conscientiousness." (Wanek, 1995, p.147). Er stützt diese zu Ones diametrale Hypothese auf drei
bemerkenswerte Arbeiten: seine eigene Reanalyse von Ones' Primärdaten auf
Itemniveau (das identische Material, mit dem diese - auf einem sehr viel höheren
Aggregationsniveau - einem Generalfaktor der Persönlichkeit auf der Spur war!);
eine theoretische Analyse des Faktors „Gewissenhaftigkeit" von Hogan und Ones (!)
(1997; Wanek benutzte eine frühere Auflage), in der Selbstkontrolle als Facette von
Gewissenhaftigkeit dargestellt wird; und eine - m.E.(!) - etwas oberflächliche Interpretation der Theorie von Gottfredson und Hirschi (1990), in der ein gleichnamiges
Konstrukt als entscheidende Ursache von Kriminalität angenommen wird. Diese
letzte Arbeit wird uns noch sehr ausführlich beschäftigen. Hier geht es zunächst jedoch um die Beziehungen zwischen Integrity Tests und FFM.

In Abschnitt 2.3.2 wurde bereits auf Waneks Arbeit eingegangen, in der er ver-
suchte, die über mehrere Einzelstudien verteilten Daten zu den mehr als 1.000 Items
aus sieben Integrity Tests faktorenanalytisch in den Griff zu bekommen. Einige der
insgesamt 19 extrahierten Faktoren waren mit einiger Konsistenz mit allen beteiligten Integrity Tests assoziiert, darunter neben „Diebstahl", „Kontrollüberzeugung"
und „Affektivität" auch eine als „Vertrauen / Selbstkontrolle" bezeichnete Komponente. In der orthogonalen Lösung (Tab.13 bei Wanek, 1995) erklärte dieser Faktor
sechs Prozent der gemeinsamen Varianz. Die angegebenen Markieritems aus der
schiefwinkligen Rotation („Haben Sie schon daran gedacht, jemanden zu schlagen,
weil er es verdient?"; „Ist es besser, niemandem zu trauen?"; „Die Leute sagen, ich
trinke manchmal zu viel."; „Ich habe mehr als einmal Kokain probiert.") zeigen
beide Themen mit einem gewissen Schwerpunkt bei der verhaltensnahen Abfrage
von Impulshandlungen.

Dieser Faktor sticht statistisch nicht besonders hervor (er ist der sechste von 19
Faktoren). Was Wanek veranlaßte, ihn so in den Mittelpunkt zu rücken, war der Umstand, daß er einerseits in allen Integrity Tests vorkam, andererseits als einziger, auf
den dies zutraf, in Hogan und Ones' (1997) Arbeit zu Gewissenhaftigkeit erwähnt
wird; genauer: dort wird Selbstkontrolle als eine von vier Facetten (siehe oben) dieses Faktors genannt. Hogan und Ones stützen ihre konzeptionelle Arbeit auf mehrere
theoretische und empirische Grundlagen, u.a. den Aufsatz zur So-Skala[20] von Gough
(1960), in dem die vier Facetten „role taking deficiencies", „resentment", „alienation" und „rebelliousness" spezifiziert werden. In der bereits angesprochenen Faktorenanalyse dieser Skala von Rosen (1977), auf die sich u.a. Hogan und Hogan (1989)
berufen, ergaben sich gleichfalls vier Subfaktoren: „hostility to rules", „thrill seeking

---

[20] Als Randbemerkung zu den weiter oben diskutierten Problemen in konstruktorientierten Metaanalysen sei erwähnt, daß die So-Skala in der bei Hogan und Ones abgedruckten Aufstellung der von
Barrick und Mount (1991) Gewissenhaftigkeit zugeordneten Skalen nicht auftaucht.

impulsiveness", „social insensitivity" und „alienation". Hogan und Ones bezeichnen CPI-So als „perhaps the most well-validated broad bandwidth measure of Conscientiousness available." (p.852). Trotz der großen Bandbreite scheint die Skala zwar Selbstkontrolle und Konformität recht gut abzudecken, die anderen beiden oben erwähnten Aspekte jedoch weniger gut. Diese Aufstellung, auf die sich Wanek bezieht, wird bei Hogan und Ones dagegen aus der umfangreichen Forschung zum NEO-PI abgeleitet, bei dem sich, wie erinnerlich, Ordnung und Arbeitsmoral auf dem Faktor Gewissenhaftigkeit stärker niederschlagen. Auch Wanek fand ähnliche Komponenten in seiner Analyse von Integrity Tests, allerdings nicht mit der gleichen Konsistenz wie Selbstkontrolle. Dieses Ergebnis gilt es als Kontrast zu der alles einebnenden Vorgehensweise bei Ones festzuhalten: Weder alle allgemeinen Persönlichkeitstests noch alle Integrity Tests scheinen alle Facetten von Gewissenhaftigkeit in gleichem Maße abzubilden.

Die dritte, von Wanek eher unterstützend zitierte Grundlage seiner Schlußfolgerungen ist Gottfredson und Hirschis (1990) These, kriminelles Verhalten ganz generell sei durch die mangelnde Ausprägung von Selbstkontrolle zu erklären. Hierzu soll an dieser Stelle die Erwähnung ausreichen, daß Wanek die etwas stärkeren Zusammenhänge von eigenschaftsorientierten Integrity Tests zu seinem Selbstkontrollfaktor mit Bezug auf Gottfredson und Hirschi zu einer Erklärung für deren Ausrichtung auf generelle Kontraproduktivität heranzieht (eine nicht ganz theoriekonforme Auslegung, wie noch zu zeigen sein wird), und daß bei ihm von Facetten von Selbstkontrolle die Rede ist, etwas, das Gottfredson und Hirschis Konstrukt schlicht nicht besitzt. Bei etwas genauerem Hinsehen wird sich zeigen, welches Potential deren Theorie für die Integrity-Forschung tatsächlich zukommt. Wanek gebührt das Verdienst, erstmals öffentlich einen Bezug zwischen diesen beiden nicht unbedingt benachbarten Forschungsbereichen hergestellt zu haben.

Um auf Waneks Analyse von Integrity Tests in Relation zum FFM zurückzukommen: Was darin vollkommen übersehen wird, sind die Bezüge zu anderen Faktoren als Gewissenhaftigkeit. Sein eigener Selbstkontrollefaktor enthält mit Vertrauen eine Facette, die bspw. bei Costa und McCrae (1992) und Hogan (1986) Verträglichkeit zugeordnet wird. Das stärkste Markieritem seines ersten Faktors (Social Deviance / Conformity) lautet: „People say I am a good friend.", ein klassisches Verträglichkeitsitem. In seiner Analyse aller Integrity-Items und, noch deutlicher, bei der auf eigenschaftsorientierte Verfahren beschränkten Untersuchung finden sich außerdem eine Reihe von Faktoren mit eindeutigem Bezug zu emotionaler Stabilität und Extraversion. Es fehlt also auch in dieser Arbeit, ohne Rückgriff auf die metaanalytischen Befunde, nicht an Hinweisen, daß von Integrity Tests gemessene Konstrukte durch eine einzelne Facette eines Big5-Faktors kaum hinreichend zu beschreiben sind. Warum also diese Fixierung auf Selbstkontrolle? Eine etwas dunkle Andeutung steht bei Sackett und Wanek (1996, p.807): „Generally, Big Five measures place less emphasis on self-control and more on orderliness, perseverance and conformity, although integrity measures heavily emphasize self-control. We suggest that this differential emphasis of self-control is at the heart of the incremental validity of integrity measures over conscientiousness measures." Dies ist ein interessanter

Ansatz zur Erklärung der Validität von Integrity Tests. Mit der empirischen Befundlage zu deren Konstruktbeziehungen ist er allerdings nur vereinbar, wenn man sich von der Vorstellung von Selbstkontrolle als einer Facette von Gewissenhaftigkeit löst. In dieser Form ist sie sicherlich auch in Integrity Tests lediglich ein Bestandteil von mehreren.

4. Integrität als heterogene Kombination vieler Facetten unterhalb der Big5: die Mehr-Facetten-Hypothese

Die vierte Sichtweise von Integrity Tests wurde in der publizierten Literatur bislang allenfalls angedeutet, und auch das erst in jüngster Zeit (Marcus et al., 1997; R.J. Schneider et al., 1996). Dies ist einigermaßen verwunderlich, denn die Entstehungsgeschichte zumindest der eigenschaftsorientierten Verfahren legt Schlüsse wie diese ausgesprochen nahe: „...examination of some of the more prominent measures of integrity...reveals that they are actually constellations of narrow personality traits" (R.J. Schneider et al., 1996, p.644). „Eine dazu [zu Ones g-Faktor, d.V.] diametrale Hypothese lautet, daß die moderaten Beziehungen dieser ... Verfahrensgruppe zu breit angelegten Traits lediglich durch Zusammenhänge mit einzelnen, sehr spezifischen Facetten der fünf Faktoren zustandekommen." (Marcus et al., 1997, S.14). Offenbar sind hier zwei Forschergruppen unabhängig voneinander und zeitgleich (nach Eingangsdatum der Manuskripte auf den Tag genau) zu ganz ähnlichen Thesen gelangt. Schneider et al. führen die Begründung ihrer Sichtweise anschließend näher aus. Da der Verfasser dieser Arbeit der zweiten Gruppe selbst angehört, kann hierzu noch einiges nachgetragen werden.

Dabei werden zwei Argumentationsstränge kombiniert: ein entwicklungshistorischer und ein empirischer. Besonders der erste konzentriert sich stark auf die eigenschaftsorientierten Integrity Tests. Zur statistischen Unterstützung kann, wie bei Marcus et al. ausführlicher dargestellt, leider nur auf wenige Einzelstudien zurückgegriffen werden, da sich aus den einschlägigen Metaanalysen keine Beziehungen zur Facettenebene herleiten lassen. Wie Schneider et al. exemplarisch aufzeigen, sind eigenschaftsorientierte Integrity Tests[21] typischerweise als Kombination einer Vielzahl eng definierter Konstrukte aufgebaut, beim HRI in seiner ursprünglichen Form bspw. neun sog. HICs aus R. Hogans (1986) allgemeinem Persönlichkeitstest, die zu fünf der sechs Hauptskalen des HPI gehören (Hogan & Hogan, 1989; um mögliche Verwirrung zu vermeiden, sei daran erinnert, daß H*P*I für Hogans Persönlichkeitsinventar steht, H*R*I für den Integrity Test). Dies ist eine Konsequenz der empirischen Konstruktionsweise, bei der Elemente (Items oder Itemcluster) unabhängig von ihrer Homogenität nach dem Zusammenhang mit einem Außenkriterium kombiniert werden. Wenn dieses Kriterium komplex ist, wird es wahrscheinlich Korrelate in unterschiedlichen Bereichen der Persönlichkeit besitzen, was sich in einer entsprechend heterogenen Skala niederschlägt. Diese Überlegung steht im Einklang mit den in Abschnitt 2.3.1 dargestellten Befunden zur internen Konsistenz dieser Verfahren.

---

[21] Schneider et al. treffen keine explizite Unterscheidung nach Verfahrensgruppen, sie ergibt sich aber aus ihren Beispielen.

Beim HRI wurden jedoch zehn von ursprünglich 19 mit Delinquenz korrelierten HICs eliminiert, um eine bessere Übereinstimmung mit Goughs So-Skala zu erzielen (Hogan & Hogan, 1989). Bei den verbleibenden neun Clustern handelt es sich um jeweils eine bis drei Facetten der am FFM orientierten Hauptskalen. Aus diesen Hauptskalen wurden andererseits jeweils drei bis acht *nicht* in den HRI aufgenommen. Obwohl solche Gegenüberstellungen für andere Tests nicht möglich sind, da diese keinen Big5-Inventaren entstammen, sollte das Beispiel ausreichend illustrieren, daß das Zustandekommen einer gleichmäßigen Abdeckung einer FFM-Dimension über alle ihre Facetten ausgesprochen überraschend wäre.

Empirisch zeigt sich dies bspw. in der Untersuchung von Costa und McCrae (1995), die den Zusammenhang des HRI mit den Facetten ihres NEO-PI-R untersuchten. Wie Schneider et al. herausstellen, korrelierte der Integrity Test bei jedem der fünf Faktoren mit einzelnen Facetten und mit anderen nicht. Die Übereinstimmung zwischen Hogans Inventar und dem NEO ist dabei auf Facettenebene äußerst begrenzt, so daß die Gefahr eines Zirkelschlusses (Korrelation einer Facettenkombination mit sich selbst in aufgeschlüsselter Form) nicht allzu groß sein sollte. Ein anderer möglicher Einwand betrifft den Stichprobenfehler in dieser Einzelstudie (N =124), der zu den differentiellen Befunden zwischen den Facetten beigetragen haben könnte. Dies ist zweifellos nicht von der Hand zu weisen (aber auch nicht zu beweisen); die Korrelationen auf Faktorenebene (siehe Marcus, 1993, S.82) sind jedoch den metaanalytischen Befunden für eigenschaftsorientierte Verfahren - in die sie allerdings eingingen - bemerkenswert ähnlich (vgl. Tab.3): .33 (ES), -.23 (Ex), -.16 (OfE), .47 (V) und .37 (G).

Eine eigene Reanalyse der Daten von Costa und McCrae stellt den Versuch dar, Ones „g-Faktor-Hypothese" im direkten Vergleich mit der „Mehr-Facetten-Hypothese" zu testen. Wendet man mit Ones (1993) die kompositorische Korrelation in dieser Einzelstudie auf den Zusammenhang zwischen dem HRI und einer Kombination der drei *Faktoren* ES, G und V an, so ergibt sich ein Zusammenhang von $r_{xY} =$ .52 (Interkorrelation der Skalen nach Costa & McCrae, 1992). Für eine Kombination der „besten" drei *Facetten* (eine aus ES, zwei aus V) resultiert die gleiche Kalkulation in $r_{xY} = .64$, bei Zusammenfassung von sechs Facetten in $r_{xY} = .75$. Dabei wurde auf eine Reliabilitätskorrektur verzichtet, die, wegen der geringeren Konsistenz der Facetten, zu noch größeren Unterschieden geführt hätte. Insgesamt korrelierte der HRI mit neunzehn der dreißig Facetten des NEO signifikant.

Die zweite Einzelstudie, in der ein komplettes Big5-Inventar auf Facettenebene mit Integrity Tests in Beziehung gebracht wurde, stammt von Murphy und Lee (1994b; Hogan & Brinkmeyer, 1997, die gleichfalls eine derartige Untersuchung durchführten, berichten nur einzelne Zusammenhänge mit Facetten). Sie korrelierten Hogans (1986) Persönlichkeitsinventar mit einem eigenschafts- (PDI-EI) und einem einstellungsorientierten (PSI) Verfahren. Hier zeigten sich schon auf der Ebene der Sekundärskalen einige Unterschiede zwischen den beiden Arten von Integrity Tests (beim PSI bezogen auf die Skala „Honesty", beim PDI-EI auf „Performance"): Der einstellungsorientierte Test korrelierte relativ gleichmäßig mit den üblichen Faktoren ES (bei Hogan „Adjustment", r = .26), V (Likeability, r = .24) und G (Prudence, r =

.33), aber auch mit den beiden Extraversionsfaktoren „Sociability" (-.19) und „Ambition" (.22), jedoch in entgegengesetzter Richtung. Das eigenschaftsorientierte Verfahren war dagegen eindeutig am höchsten mit Hogans Gewissenhaftigkeitsskala korreliert (.62), einigermaßen deutlich auch mit Sociability (-.33) und OfE (Intellectance, r = -.28), den beiden metaanalytisch am weitesten von Integrity Tests entfernten Faktoren. Der Zusammenhang mit V war schwach (.18), der mit ES (.00) und Ambition (-.01) nicht vorhanden. Auch hier mag wieder der Stichprobenfehler (N = 180) eine Rolle gespielt haben, vermutlich aber auch die konzeptionellen Unterschiede zwischen verschiedenen Integrity- und FFM-Operationalisierungen. Einige Facetten sind im NEO-PI und im HPI (fast) namensgleich - aber nicht unbedingt den gleichen Faktoren zugeordnet -, und auf dieser Ebene fanden sich wesentlich deutlichere Parallelen zwischen den Befunden aus beiden Studien mit eigenschaftsorientierten Tests: alle acht derartigen HPI-Facetten korrelierten mit dem PDI-EI in gleicher Richtung und ähnlicher Höhe (absolute Abweichung im Mittel $\bar{r}_{diff}$ = .09) wie ihre NEO-Pendants mit dem HRI. Die Übereinstimmung zwischen PDI-EI und PSI auf den gleichen (und hier identischen) Facetten war deutlich geringer ($\bar{r}_{diff}$ = .17).

Auch in dieser Studie zeigten sich beide Arten von Integrity Tests auf Facettenebene sehr heterogen im Bereich der allgemeinen Persönlichkeit verankert. Der PSI korrelierte mit 18 der 43 HICs signifikant, die zu fünf der sechs Faktoren (Ausnahme: Intellectance) gehören, mit keinem allerdings höher als r = .38. Beim PDI-EI waren es 19 signifikante Korrelationen aus ebenfalls fünf Faktoren (Ausnahme: Ambition), darunter acht der neun Cluster, aus denen der HRI zusammengestellt wurde. Hier dominierte jedoch die Prudence-Skala, aus der sieben von acht Itemclustern mit Integrity zusammenhingen, u.a. auch „impulse control" (im NEO eine Facette von ES) und „experience seeking" (beim NEO zu Extraversion gehörend). Ein Vergleich der kompositorischen Korrelationen zwischen Faktoren und Facetten war hier nicht möglich, da im HPI-Handbuch keine vollständige Matrix der HIC-Interkorrelationen angegeben ist.

Die „Mehr-Facetten-Hypothese" stellt, im Unterschied zu den anderen drei Sichtweisen, auf die Heterogenität der von Integrity Tests erfaßten Merkmale ab. Dies lehnt sich an die Unterscheidung von R.J. Schneider et al. (1996; Hough & Schneider, 1996; Schneider & Hough, 1995) zweier Arten breiter Persönlichkeitskonstrukte an: „multifaceted traits" und „compound traits". Zur ersten Kategorie gehören Konstrukte höherer Ordnung, die aus mehreren, positiv korrelierten Facetten bestehen, wobei diese Kovarianz auf den Einfluß des übergeordneten Faktors zurückzuführen ist. Die zweite Sorte stellt eine Linearkombination eng definierter, nicht unbedingt kovariierender Traits dar, die, dem Ansatz der multiplen Regression analog, zur Prognose eines komplexen Kriteriums zusammengestellt wurden. Schneider et al. neigen dazu, Integrität den „compound traits" zuzurechnen, die strenggenommen nicht als Traits in einem persönlichkeitspsychologischen Sinne anzusehen sind. Dafür spricht das Konstruktionsprinzip der eigenschaftsorientierten Verfahren und die Befunde zu differentiellen Beziehungen zum FFM auf der Facettenebene. Dennoch ist eine gewisse Vorsicht geboten, sich dieser These in ihrer absoluten Form anzuschließen. Erstens ist sie nicht ohne weiteres auf einstellungsorientierte Tests zu übertragen (in keiner der dargestellten Sichtweisen wurde bisher explizit zwischen Verfahrensgruppen unterschieden). Diese sind häufig rational - also ohne empirische Itemselektion - konstruiert (z.b. Baehr, Jones & Nerad, 1993; Brooks & Arnold, 1989; Cherrington & Cherrington, 1993) und durchschnittlich auch in sich homogener (Abschnitt 2.3.2; siehe dort auch die Diskussion der Ergebnisse von Hogan & Brinkmeyer, 1997). Zweitens würde es die Analogie zur multiplen Regression sicherlich überspannen, wenn man sich eigenschaftsorientierte Tests als Kombination völlig unabhängiger Prädiktoren vorstellt - einige ihrer Facetten korrelieren durchaus substantiell, was für die Gültigkeit der Annahme jedoch unschädlich ist, solange kein genereller Faktor in den Einzelprädiktoren wirkt. Drittens bezieht die These ihre empirische Unterstützung bislang aus sehr wenigen Einzelstudien, so daß sich die Gefahr von Zufallsbefunden nicht ausschließen läßt. Unter Berücksichtigung dieser Vorbehalte erscheint sie dem Verfasser unter den vorgestellten vier Sichtweisen jedoch am plausibelsten.

Noch einmal sei also die Frage gestellt: Was messen Integrity Tests? Möglicherweise gehen die Meinungen darüber gar nicht so weit auseinander, wie es nach der pointierten Gegenüberstellung der vier Sichtweisen erscheinen mag. Daß kognitive Sichtweisen nicht erfaßt werden, wird beispielsweise nirgendwo bestritten. Im Persönlichkeitsbereich, soweit er durch die Big5 beschrieben wird, sieht die Befundlage jedoch etwas komplexer aus. Die These, Integrity sei einfach ein anderes Wort für Gewissenhaftigkeit im Sinne des FFM, ist sicherlich so nicht haltbar, dennoch sind beide Konzepte zweifellos zu einem gewissen Grad verwandt. Integrity Tests scheinen aber noch etwas anderes zu messen als Gewissenhaftigkeitsskalen, das zumindest lehren die konstruktorientierten Metaanalysen. Dies durch die Aufnahme von Verträglichkeit und emotionaler Stabilität zu berücksichtigen, ist der wesentliche Fortschritt in der zweiten vorgestellten Sichtweise. Dabei wird jedoch etwas vorschnell auf die Bedeutung eines dem FFM nochmals übergeordneten Faktors geschlossen[22], ohne die Ebene unterhalb der Big5 zu beachten. Die dritte Sichtweise macht uns darauf aufmerksam, daß auf dieser Facettenebene innerhalb von Gewissenhaftigkeit Unterschiede in der Übereinstimmung mit Integrity Tests bestehen. Leider wird in der These der Blick auf die Bezüge zu anderen Faktoren wieder verstellt. Die vierte Sichtweise schließlich berücksichtigt die Facettenebene des FFM umfassend, macht

---

[22] Mit einem faktorenanalytischen Ansatz, der hier m.E. angemessener ist, fand kürzlich Digman (1997) Evidenz für eine dem FFM nochmals übergeordnete Ebene der Persönlichkeit, auf der ES, V und G einerseits, E und OfE andererseits Faktoren höherer Ordnung bilden. Digman nennt diese Dimensionen vorläufig α und β und schlägt vor, ersteren als Ausdruck des Gelingens der Sozialisation zu interpretieren, wobei er sich der Möglichkeit einer Erklärung über soziale Erwünschtheit sehr wohl bewußt ist. Ich halte diesen bislang noch sehr tentativen Ansatz für durchaus verfolgenswert, wie überhaupt der Grundgedanke von Ones eine ernstzunehmende Hypothese darstellt. Die obige Argumentation, die sich auf die unangemessene Methodik bezieht, mit der Ones einen Zusammenhang zwischen einem g- oder α-Faktor der Persönlichkeit und *Integrity Tests* herstellt, bleibt davon jedoch unberührt.

aber keine Unterschiede zwischen beiden Arten von Integrity Tests und geht in der Betonung der Heterogenität möglicherweise zu weit.

Ein wichtiger Aspekt aus der zuletzt vorgestellten Sicht von Integrity Tests liegt in der Einbeziehung der Kriterienseite. In einer erhellenden Passage ihres Aufsatzes weisen auch Hogan und Ones (1997), zumindest letztere keine Vertreterin der Überbetonung von Nuancen, auf einen wichtigen Unterschied zwischen Gewissenhaftigkeitsskalen und Integrity Tests hin. Erstere sind i.d.R. auf faktorielle Reinheit ausgelegt und messen deshalb ein einzelnes wohldefiniertes Konstrukt. Letztere dagegen sind in erster Linie zur Prognose von Kriterien angelegt und „...if integrity measures are developed empirically and if the criterion to be predicted is broad (and reliable), then the resultant scale will be multi-faceted and complex." (p.864). Diese Ausage klingt der hier als „Mehr-Facetten-Hypothese" vorgestellten Sichtweise erstaunlich ähnlich. Auch Ones scheint durchaus zu sehen, daß zwischen empirisch konstruierten Integrity Tests und faktorenanalytisch entwickelten Persönlichkeitsmodellen wie dem FFM ein konzeptioneller Graben liegt. Dieser jedoch ist m.E. durch die Einführung einer zusätzlichen Abstraktionsebene oberhalb der Big5 nicht in adäquater Weise zu überwinden. Kriterienorientierte Tests sind ohne eine Analyse des Kriteriums nicht vollständig zu verstehen, wenngleich auch umgekehrt eine Analyse auf Konstruktebene wie die hier vorgestellten Ansätze das Verständnis des Kriteriums durchaus befruchten mag. Im nächsten Kapitel wird daher darauf einzugehen sein, was man sich unter „kontraproduktivem Verhalten" vorzustellen hat und wodurch es verursacht sein könnte. Ein Erklärungsversuch wird dabei am Ende in den Mittelpunkt gerückt, der auf die eigene Untersuchung hinführt.

2.3.5 Zusammenfassung

Im Gegensatz zum Nachweis der kriterienorientierten Validität von Integrity Tests, die zumindest im Grundsatz als kaum noch strittig gelten kann, besteht zu Fragen, die im Zusammenhang mit dem facettenreichen Konzept der Konstruktvalidität stehen, noch erheblicher Klärungsbedarf. Dies liegt zunächst daran, daß die Testverlage hierauf bislang wesentlich weniger eigene Mühen verwendet haben. Die Namensgebung und Definition der zugrundegelegten Konstrukte erfolgte, soweit sich hierzu überhaupt Angaben finden, in weitgehend idiosynkratischer Weise, häufig ohne jeden Bezug zu theoretischen Grundlagen. Hier läßt sich allenfalls für den Typus der persönlichkeitsorientierten Tests in sehr allgemeiner Form ein Bezug zum Trait-Konzept der Persönlichkeit herleiten, für die offenkundigen Verfahren in ebenso allgemeiner Art zu einstellungspsychologischen Grundlagen. Es wird daher vorgeschlagen, die Begriffe „Eigenschaft" und „Einstellung" zur Kennzeichnung der jeweiligen Verfahrensgruppe heranzuziehen, was in beiden Fällen als Tendenzaussage zu verstehen ist.

Für die Unterscheidung dieser beiden Arten von Integrity Tests findet sich auch empirische Bestätigung, die jedoch nicht so weit geht, daß beide Kategorien als vollständig unabhängig voneinander zu betrachten wären. Eigenschaftsorientierte Verfahren sind einander dabei tendenziell ähnlicher als die (insgesamt zahlreicheren) einstellungsorientierten Tests. Je einzelnem Test aber zeigen sich letztere im Mittel homogener, was sowohl durch Befunde zur internen Konsistenz als auch durch Faktorenanalysen unterstrichen wird. Inhaltlich läßt die Befundlage eine gewisse thematische Konvergenz zwischen den besser erforschten Vertretern der einstellungsorientierten Kategorie erkennen, die sowohl affektive als auch kognitive und konative Einstellungsindikatoren erfassen. Etwas ähnliches läßt sich für eigenschaftsorientierte Verfahren mangels einschlägiger Studien zur Zeit nicht konstatieren, obwohl die Homogenität dieser Tests als Gruppe eine vergleichbaren Befund wahrscheinlich erscheinen läßt. Kein Integrity Test, und besonders die eigenschaftsorientierten Verfahren nicht, scheint ein i.S. faktorieller Reinheit homogenes Konstrukt zu messen, obwohl bei den einstellungsorientierten Verfahren die erste Hauptkomponente mit gewisser Konsistenz einen erheblichen Varianzanteil aufklärt.

Die Beziehungen zwischen Integrity Tests und allgemeinen Persönlichkeitskonstrukten wurden von verschiedenen Forschergruppen metaanalytisch untersucht. Als Bezugsrahmen hierfür hat sich allgemein das Fünf-Faktoren-Modell der Persönlichkeit durchgesetzt. Obwohl Metaanalysen in diesem Bereich mit einer Reihe spezifischer methodischer und theoretischer Probleme behaftet sind, die von den verschiedenen Autoren in sehr unterschiedlicher Weise angegangen wurden, konvergieren die Befunde dahingehend, daß Integrity Tests im Mittel Zusammenhänge in moderater Höhe mit den drei FFM-Dimensionen Gewissenhaftigkeit, Verträglichkeit und emotionale Stabilität aufweisen. Diese Korrelationen sind für eigenschaftsorientierte Tests i.d.R. etwas höher als bei den einstellungsorientierten Verfahren, bei ersteren zeigt sich zudem ein schwach negativer Zusammenhang mit Extraversion. Über die Beziehungen zwischen Integrity Tests und der unterhalb der fünf Faktoren angelegten Facettenebene des FFM geben die Metaanalysen keinen Aufschluß.

Im Anschluß an die vorgestellten Forschungsergebnisse lassen sich vier Sichtweisen ableiten, die von Integrity Tests gemessene Konstrukte in Relation zum Fünf-Faktoren-Modell beschreiben. Die erste und älteste These, derzufolge Integrität weitgehend äquivalent zum Faktor Gewissenhaftigkeit sei, darf inzwischen als widerlegt gelten, obwohl zwischen beiden Konstruktbereichen zweifellos Überlappungen bestehen. Die zweite Sichtweise von Integrität als „g-Faktor der Persönlichkeit" oder Kompositorium der drei Dimensionen Gewissenhaftigkeit, Verträglichkeit und emotionale Stabilität ist m.E. eine Überinterpretation der metaanalytischen Ergebnisse, die auf methodisch diskutablen Grundlagen beruht und die Facettenebene sowie die spezifische Varianz aller einbezogenen Konstrukte völlig außer Acht läßt. In weniger radikaler Auslegung deutet sich bei dieser Sichtweise jedoch die Breite und Heterogenität von Integrity Tests an. In der dritten These wird Integrität als Selbstkontrolle, verstanden als eine Facette von Gewissenhaftigkeit, interpretiert. Damit werden zwar erstmals differentielle Beziehungen auf Facettenebene thematisiert, in ihrer Beschränkung auf die Substruktur nur eines Faktors greift die Hypothese jedoch zu kurz. Dies wird bei der vierten These revidiert, in der Integrity Tests als Konglomerat unterschiedlicher Facetten aus mehreren Faktoren angesehen werden. Hierin wird die Entwicklungsgeschichte einiger Verfahren berücksichtigt, bei denen es sich jedoch fast ausschließlich um Vertreter des eigenschaftsorientierten Typs handelt, und es werden die Befunde aus Studien mit Operationalisierungen der Facettenebene des FFM zur Unterstützung herangezogen, die jedoch bislang noch nicht in ausreichender Menge vorliegen. Zudem ist die These in der Spezifizierung der als relevant angesehenen Facetten wenig explizit. Zusammenfassend wird aus den Schwächen und Unklarheiten der vorliegenden Thesen geschlossen, daß eine konsensfähige Sichtweise von Integrity Tests die Unterschiede zwischen beiden Arten dieser Verfahren berücksichtigen sollte, im als Bezugsrahmen herangezogenen Persönlichkeitsmodell zumindest die Facetten- und Faktorenebene simultan erfassen müßte und die Kriterienseite für das Verständnis dieser vorwiegend kriterienorientierten Instrumente nicht vernachlässigen darf.

3 Kontraproduktivität und Devianz

Begierde und Gewalt sind die Quellen aller unserer Taten. Die Begierde bewirkt die freiwilligen, die Gewalt die unfreiwilligen.

Blaise Pascal

Die bisherige Diskusion beschäftigte sich mit Tests - Prädiktoren, die in der Personalauswahl eingesetzt werden. Dabei zeigte sich, daß diese Verfahren in der Lage sind, eine Reihe beruflicher Verhaltensweisen mit praktisch bedeutsamer Validität vorherzusagen - Kriterien, über deren Beschaffenheit und Relevanz bislang wenig ausgesagt wurde, deren psychologische Determinanten jedoch, vermittelt über die Methode der kriterienorientierten Itemselektion, auch vielen Integrity Tests implizit zugrunde liegen. Wenn man sich dem Verständnis eines schlecht definierten Prädiktorkonstrukts ("Integrity") nähern möchte, liegt es nahe, dies über eine Analyse von dessen Beziehungen zu besser definierten Konstrukten wie den Big5 zu versuchen. Dies ist der Weg, den die konstruktorientierte Forschung zu Integrity Tests ganz überwiegend beschritten hat; die dabei gesammelten Erkenntnisse und deren Grenzen wurden im vorangegangenen Abschnitt dargestellt. Die Kriterienseite blieb dabei weitgehend ausgeklammert.

Im folgenden soll dagegen versucht werden, sich dem Phänomen der Vorhersagbarkeit unerwünschten Verhaltens von einer Seite zu nähern, die noch schlechter eingrenzbar ist als die der Prädiktoren, nämlich von dem prognostizierten Verhalten selbst. Menschliches Verhalten im natürlichen Feld ganz allgemein und sozial unerwünschtes Verhalten im besonderen, neigt leider (wenn man die manchmal eingeschränkte Betrachtungsweise der Wissenschaft ablegt: eher gottseidank) dazu, sich nicht bei Eintritt einer bestimmten Bedingung mit deterministischer Sicherheit einzustellen. Aus diesem Umstand wurde - vielfach dankbar, was auch einer ideologisch verengten Sicht entspringen mag - der Schluß gezogen, daß personalistische Ansätze zur Verhaltenserklärung nicht taugen. Diese Position ist mit dem Nachweis der Kriteriumsvalidität von Personalauswahlverfahren, gleich welcher Art, grundsätzlich nicht vereinbar. Eignungsdiagnostik hat ohne ein gewisses Maß an Konsistenz und Stabilität menschlichen Verhaltens schlicht keine Existenzberechtigung. Da diese Arbeit sich mit Eignungsdiagnostik beschäftigt, kann es im folgenden nicht ausbleiben, daß die personalistische Perspektive bei der Betrachtung des fraglichen Verhaltens ein wenig in den Vordergrund rückt. Dies sollte jedoch nicht zu dem Mißverständnis führen, daß hier etwa einer extremen Gegenposition zu situationistischen Erklärungsansätzen das Wort geredet werde. Situationsspezifika spielen für die Verhaltenserklärung zweifellos eine, häufig sogar die dominierende Rolle, für die Erklärung der Wirksamkeit eignungsdiagnostischer Instrumente sind sie aber eher als Randvariablen interessant.

Diese Vorrede erschien notwendig, da sich in vielen der Arbeiten, über die in den nächsten Abschnitten zu berichten sein wird, der eher gegenteilige Eindruck aufdrängt: Person- und insbesondere Persönlichkeitsvariablen werden allenfalls hilfsweise, als Moderatoren bspw., in Erklärungsmodelle abweichenden Verhaltens am Arbeitsplatz aufgenommen. Bei näherem Hinsehen erweist sich dabei oft, daß situationistische Theoriegebäude auch ihrerseits auf eher fragilen empirischen Fundamenten errichtet wurden und zudem die Umfeldvariablen häufig erst dort erfaßt wurden, wo sie von individuellen Differenzen kaum noch zu trennen sind - in der Person als deren „Perzeptionen". Bevor aber auf Erklärungsmodelle und deren Grenzen eingegangen wird, soll zunächst der in Frage stehende Verhaltensbereich begrifflich eingegrenzt, einige seiner Erscheinungsformen beschrieben und ihrer Bedeutung umrissen sowie die Beziehungen der einzelnen Verhaltensweisen untersucht werden.

3.1 Kontraproduktives Verhalten am Arbeitsplatz

3.1.1 Definition und Abgrenzung von verwandten Begriffen

Bislang war zwar des öfteren von „Kontraproduktivität" die Rede, der Begriff wurde auch durch Enumeration einzelner Verhaltensweisen illustriert (vgl. z.B. die Einleitung), eine begründete Definition und Abgrenzung von verwandten Konzepten erfolgte jedoch nicht. Dies soll an dieser Stelle nachgeholt werden.

Die Definition eines Verhaltensbereichs geht in der Regel mit einer bestimmten Perspektive einher. Wenn bspw. berufliche Leistung als „Beitrag zu den Zielen einer Organisation" definiert wird, so spiegelt dies die Erwartung wider, die seitens einer spezifischen Instanz an den Akteur herangetragen wird. In der westlichen Zivilisation im allgemeinen und in den dort beheimateten Wirtschaftsorganisationen im besonderen ist dies zwar nicht die einzige, wohl aber die dominierende Sichtweise zur Bewertung menschlichen Leistungshandelns (vgl. Lenk, 1991), die sich in aller Regel auch Organisationspsychologie und Betriebswirtschaftslehre zu eigen machen. Versteht man den Begriff „Leistung" so, daß diese Beiträge auch ein negatives Vorzeichen annehmen können, dann ist dies die Perspektive, die auch dem Wort „Kontraproduktivität" in seinem verbreitetsten Verständnis zugrunde liegt: als die Organisation schädigendes Verhalten (z. B. Moser & Hertel, 1998; auf die Kennzeichnung des Begriffs „Produktivität" als Verhältnisgröße soll hier verzichtet werden).

Die Auslegung, die in dieser Arbeit mit kontraproduktivem Verhalten verbunden wird, ist jedoch in mehrfacher Hinsicht weiter gefaßt.[23] Zunächst kommt es nicht notwendig darauf an, daß der Organisation tatsächlich ein Schaden entsteht und wie

---

[23] Dies ergibt sich aus der Verbindung zur Theorie von Gottfredson und Hirschi (1990), auf die weiter unten noch ausführlich eingegangen wird.

dieser wertmäßig zu beziffern ist. Dies ist nicht überall so evident wie im Fall des Diebstahls von Bargeld aus einer Registrierkasse und kann, insbesondere bei „psychologischen" Schädigungen, z.B. einem über Verhaltensmodelle vermittelten Motivationsverlust, zu kaum lösbaren Be- und Zurechnungsproblemen führen. Entscheidend ist vielmehr zunächst, daß aus dem Verhalten ein negatives Resultat entstehen *kann* und sich diese Möglichkeit dem Handelnden ohne besondere Vorkenntnisse erschließt. Nach dieser Eingrenzung würde bspw. ein Bankangestellter, der aus Gefälligkeit seinem bekanntermaßen windigen Vetter einen Kredit genehmigt, kontraproduktiv handeln (unabhängig davon, ob das Darlehen nicht letztlich doch getilgt wird), der gleiche Angestellte, der nach kunstgerechter Prüfung der Kreditwürdigkeit ein Darlehen vergibt und dabei unwissentlich einem geschickten Betrüger aufsitzt, jedoch nicht. Die zweite Erweiterung bezieht sich auf den (potentiell) Geschädigten. Es ist für das hier zugrundegelegte Verständnis von Kontraproduktivität nicht erforderlich, daß es sich dabei unmittelbar um die Organisation bzw. den Arbeitgeber handelt. Bedeutsam ist dagegen die *Möglichkeit der Sanktionierung*, die jedoch auch bspw. durch die Kollegen in der Arbeitsgruppe und letztlich auch durch das eigene Gewissen erfolgen kann. Die negativen Folgen für den Akteur sollten dabei den unmittelbaren (persönlichen) Nutzen unzweideutig übersteigen.

Mit diesem letzten Punkt hat sich nun allerdings der Blickwinkel auf kontraproduktives Verhalten entscheidend geändert: Es kommt nicht (ausschließlich) auf die Ziele der Organisation an, sondern auf die Konsequenzen für das handelnde Individuum. Zwischen beiden besteht i.d.R. ein gleichgerichteter Zusammenhang; das Unternehmen hat ein natürliches Interesse daran, Verhalten zu sanktionieren, das seinen Zielen zuwiderläuft - auch wenn es diese Möglichkeit aus verschiedenen Gründen (vgl. Kaiser & Metzger-Pregizer, 1976; Zybon, 1985) häufig in sehr dosierter Form wahrnimmt -, und für den Mitarbeiter kann sich dies in ernsten Folgen niederschlagen. Daneben treten jedoch noch andere mögliche Sanktionsgewalten, die bei dem hier betrachteten Verhalten in aller Regel in die gleiche Richtung wirken. Auf der anderen Seite besteht für das Individuum ein unmittelbarer Anreiz, gleich welcher Art, sich kontraproduktiv zu verhalten, der aber die möglichen negativen Konsequenzen nicht aufwiegt. Um es wiederum an einem Beispiel festzumachen: Es kommt für die Qualifikation von Diebstahl als kontraproduktives Verhalten nicht darauf an, worin das unmittelbare Motiv besteht (Habgier, Reaktion auf als ungerecht empfundene Behandlung), noch darauf, ob die Handlung Sanktionen seitens der Organisation (Entlassung), der Arbeitsgruppe (Abstempelung als „Dieb" mit der Folge sozialer Ausgrenzung) oder der eigenen Person (Gefährdung des Selbstbilds als „ehrlicher Mensch") nach sich zieht, sondern darauf, *daß* ein Anreiz für die Tat besteht und es dennoch nicht rational wäre, diesem Anreiz nachzugeben. Schwieriger wird die Analyse in Fällen, bei denen zwischen verschiedenen Instanzen gegensätzliche Erwartungen, jeweils verbunden mit Sanktionsgewalt, bestehen - es entsteht ein Rollendilemma, was jedoch für das hier betrachtete Verhalten eher weniger typisch sein dürfte als für positive Leistungsbeiträge.

Auf dieser Grundlage läßt sich eine Abgrenzung der Kontraproduktivität von ähnlichen Konzepten versuchen. Am ähnlichsten, und im folgenden weitgehend synonym verwendet, ist der Begriff der *Devianz* am Arbeitsplatz (bspw. Robinson & Bennett, 1995), verstanden als Abweichung von einer Norm. Dieser soziologische Terminus wird gegenüber dem verwandten Begriff *Delinquenz* dem hier untersuchten Verhaltensbereich insofern eher gerecht, als er sich nicht nur auf juristisch relevantes Verhalten bezieht (was nur für einen kleinen Teil kontraproduktiven Verhaltens zutrifft). Problematisch wird es, wie noch zu zeigen sein wird, dort, wo Normen als Personvariable (perzipierte Norm) erhoben werden und dann von individuellen Einstellungen faktisch nicht mehr zu unterscheiden sind. Versteht man unter „Norm" eine überindividuell gültige Verhaltensregel und unter „Devianz" eine Verletzung dieser Regel, die potentiell Sanktionen nach sich zieht, so stimmt dies weitgehend mit dem hier vertretenen Verständnis von Kontraproduktivität überein (zu den Begriffen „Norm", „Devianz" und „Delinquenz" siehe ausführlich Lamnek, 1993).

Gleichfalls Kontraproduktivität sehr ähnlich ist der von Giacalone und J. Greenberg (1997) bevorzugte und im Vorwort (p. vii) definierte Begriff des *antisozialen Verhaltens* in Organisationen. Obwohl die Autoren ihn gegenüber Devianz als umfassender ansehen, fehlen in ihrer Aufzählung (pp. vii - viii) die praktisch außerordentlich bedeutsamen Bereiche des Absentismus und des Drogen- und Alkoholmißbrauchs, vermutlich, weil diesen der explizit soziale Charakter abgeht. Diese Einschränkung wird hier nicht vertreten, und der Verfasser teilt auch nicht die dort kommentarlos mitgeteilte Ansicht, antisoziales Verhalten sei einfach das Gegenteil prosozialen Verhaltens (vgl. Borkenau, 1996).

Andere Konzepte, auf denen ein Großteil der (mehr oder weniger) einschlägigen Forschung beruht, sind jedoch noch beträchtlich weiter von der hier vorgestellten Konzeption entfernt. Dies gilt noch am wenigsten für Publikationen aus dem Dunstkreis von Integrity-Testverlagen, die sich zwar des Begriffs Kontraproduktivität bedienen, diesen aber eher als Restkategorie für Verhaltensweisen verwenden, die sich nicht mehr als Diebstahl klassifizieren lassen (z.B. Boye & Slora, 1993; Boye & Wasserman, 1996; Slora, 1991). Hier wird Diebstahl als *eine* Erscheinungsform von Kontraproduktivität aufgefaßt. Als Sammelbegriff für eine Reihe organisationsschädigender Verhaltensweisen dient auch das Konzept der *Sabotage*, deren Gemeinsamkeit jedoch begriffsnotwendig in der expliziten Schädigungsabsicht mit dem Arbeitgeber als Objekt gesehen wird (Berndsen, 1997; Giacalone, Riordan & Rosenfeld, 1997). Diese Selbstbeschränkung auf ein bestimmtes Handlungsmotiv wirft erhebliche Abgrenzungsprobleme auf und bereitet den Boden für überflüssige ideologische Schlachten (vgl. Analoui & Kakabadse, 1994), was letztlich auch die mangelnde Zugänglichkeit des Feldes für empirische Studien (siehe etwa Berndsen, 1997) miterklären mag. Ohne die Beschränkung auf die Organisation als Objekt, aber mit Bezug auf die Intentionalität und die Vielfalt der Erscheinungsformen ähnlich wie Sabotage, definieren Neuman und Baron (1997) *Aggression* am Arbeitsplatz. Wie oben bereits dargelegt, ist das Konzept der Kontraproduktivität prinzipiell gegenüber allen Handlungsmotiven offen.

Eine noch deutlichere Abgrenzung soll schließlich zu zwei relativ umfangreichen Forschungsgebieten erfolgen. Die Verwendung des Wortes „Integrität", im philosophischen Diskurs verstanden als Einklang zwischen Verhalten und internalen moralischen Standards (McFall, 1987), legt für einige Interpreten der Forschung zu Integrity Tests eine Orientierung an der einschlägigen Literatur zur (insbesondere Management-)*Ethik* nahe (Becker, 1998; Locke & Becker, 1998; Moore & Stewart, 1989). Dies erscheint aus mehreren Gründen wenig fruchtbar. Erstens kommt der hier gewählte theoretische Zugang, wie noch zu zeigen sein wird, gänzlich ohne moralische Kategorien aus. Zweitens hat sich bislang der Zusammenhang zwischen Integrity Tests und Stufen moralischer Entwicklung als äußerst vage erwiesen (siehe Fußnote 18). Drittens hat sich die moralpsychologische Forschung allgemein (z.B. Edelstein, Nunner-Winkler & Noam, 1993) wie auch speziell im wirtschaftsethischen Feld (etwa Mumford, Gessner, Connelly, O'Connor & Clifton, 1993; Trevino, 1986; Trevino & Youngblood, 1990) häufig im Sinne Kohlbergs kognitivistischer Ausrichtung auf Dilemmasituationen gestützt.[24] Damit sind in der Regel anspruchsvolle Entscheidungsprobleme verbunden, deren ethisch „richtige" Lösung zwischen den postulierten Stufen moralischer Reife differenzieren soll. Der ganz überwiegende Teil der hier betrachteten Verhaltensweisen stellt die handelnde Person jedoch in keiner Weise vor ein ethisches Dilemma: Ob der Griff in die Kasse unterlassen werden soll oder man trotz schönen Wetters zur Arbeit erscheint, sind Entscheidungsprobleme, zu deren Lösung im Sinne der Ethik bereits kindliche Entwicklungsstufen moralischer Entwicklung (z.B. simple Bestrafungsangst) vollkommen ausreichen. Andererseits ergeben sich aus theoretischer Sicht durchaus Überlappungen zwischen den hier betrachteten Massenphänomenen und den typischen Gegenständen der Managementethik, in denen Entscheidungen zwischen kurzfristiger Gewinnmaximierung und bspw. langfristiger Kundenbindung zu treffen sind. Dafür werden allerdings nicht unbedingt die werthaltigen Konnotationen benötigt, die mit Begriffen wie „Moral" oder „Ethik" unvermeidlich verbunden sind und m.E. Forschung und Diskussion vielfach unnötig belasten.

Ein umfängliches Gebiet, auch innerhalb der allgemeinen Kriminologie, bildet ebenfalls die Forschung zur *Wirtschaftskriminalität*. Obwohl in einigen Definitionen auch die interne oder „Betriebskriminalität" diesem Bereich zugeordnet wird (z.B. Poerting, 1989; manchmal auch als Teil des „occupational crime" [Clinard & Quinney, 1973; nach Hollinger & Clark, 1983] verstanden), beschäftigt sich die weit überwiegende Zahl besonders der europäischen Beiträge zur Wirtschaftskriminalität mit Straftaten, die *von* Unternehmen gegenüber Außenstehenden bzw. der Allgemeinheit begangen werden („corporate crime": z.B. Konkurs-, Umwelt-, Kartell-, Steuerdelikte etc.; siehe etwa die zahlreichen Beiträge bei Liebl, 1987, von denen nicht einer sich explizit auf innerbetriebliche Kriminalität richtet). Diese Deliktformen zählen nicht zum Gegenstand dieser Arbeit. In anderer Hinsicht ist der Begriff

---

[24] Andere Operationalisierungen ethischen Verhaltens lesen sich dagegen wie die üblichen Selbstberichte kontraproduktiven Verhaltens (Zey-Ferrell & Ferrell, 1982; Zey-Ferrell, Weaver & Ferrell, 1979) und werden im folgenden auch so interpretiert.

„Wirtschaftskriminalität", ähnlich wie der der Delinquenz, enger gefaßt als Kontra-produktivität, indem er sich ausschließlich auf im juristischen Sinne strafbare Hand-lungen bezieht. Dieser Einschränkung wird hier nicht gefolgt. Schließlich folgt das Täterbild, geprägt durch Edwin Sutherlands klassische Konzeption des „white col-lar"-Kriminellen, häufig der Vorstellung eines durch hohes soziales Ansehen und besondere Fähigkeiten ausgezeichneten Delinquenten (vgl. Castan, 1983), der sich damit grundsätzlich von „gewöhnlichen" Kriminellen unterscheide. Dieses Bild ist mit den Annahmen von Gottfredson und Hirschi (1990), die „white collar crime" in einer eigenen Auslegung explizit in den Geltungsbereich ihrer Theorie einschließen, nicht zu vereinbaren und trifft auch auf den weitaus größten Teil des hier betrachte-ten Personenkreises nicht zu.

Zusammenfassend handelt es sich also bei kontraproduktivem Verhalten um eine Gruppe einzelner Handlungen, die zwar unerwünscht sind und deshalb in empiri-schen Untersuchungen die bekannten Probleme „heikler" oder „sensitiver" Fragen aufwerfen, als Einzelfall betrachtet aber in aller Regel wenig spektakulär sind und deshalb nicht immer als Problem wahrgenommen werden. Zu einer ernsten, für man-che Unternehmen existentiellen Bedrohung werden sie erst durch ihre Häufung und die Verdichtung zu einem Verhaltenskomplex. Dieser letzte Punkt führt jedoch be-reits auf die Ableitung eines Trait hin, die Thema des folgenden (und weiterer) Ab-schnitte sein wird. Der erste Punkt, das Ausmaß kontraproduktiver Einzelhandlun-gen, soll hier zunächst anhand ausgewählter Erscheinungsformen illustriert werden. Diese sind in keiner Weise als umfassende Enumeration gedacht. Vielmehr erfolgte die Auswahl pragmatisch aufgrund des Umstands, daß diese Verhaltensweisen als Einzelphänomen eine gewisse Beachtung gefunden haben, die sich, zumindest gele-gentlich, in der Erhebung von Daten niedergeschlagen hat. Zuverlässigkeit, Aktuali-tät und Geltungsbereich dieser Daten sind dabei im einzelnen höchst unterschiedlich; sie beziehen sich i.d.R. entweder auf eine Quantifizierung wertmäßiger Volumina, (selten) absoluter Häufigkeiten bzw. Inzidenzen oder (oft) dessen, was bisher als Grund- oder Basisrate und in anderen Disziplinen als Prävalenz bezeichnet wird: den Prozentsatz einer Population, der ein bestimmtes Merkmal (hier: eine Verhaltens-weise) aufweist (hier: mindestens einmal gezeigt hat).

3.1.2 Relevanz und Prävalenz ausgewählter Erscheinungsformen

3.1.2.1 Diebstahl

Unter Diebstahl soll hier mit Hollinger und Clark (1983) das unautorisierte Nutzen oder Entfernen von Gegenständen oder Geld aus dem Unternehmen durch dessen Mitarbeiter verstanden werden, nicht also der manchmal einbezogene „Zeit-diebstahl" (z.B. Boye & Wasserman, 1996) durch bspw. die Ausdehnung von Pau-senzeiten oder exzessive Unpünktlichkeit, die als Formen der Arbeitsverweigerung (siehe unten) betrachtet werden. Innerhalb der strafrechtlich relevanten Erscheinungsformen von Kontraproduktivität machen Diebstähle und andere Vermögensdelikte, ähnlich wie in der allgemeinen Kriminalstatistik, den weitaus größten Anteil aus (Hammacher, 1985; Schmechtig, 1982), wobei in einem erheblichen Teil zumindest der angezeigten Fälle nicht das Unternehmen, sondern andere Mitarbeiter die Geschädigten sind (sog. Kollegendiebstahl; zur Mühlen, 1985).

Ungeachtet der relativen Häufigkeit, die auch Eingang in innerbetriebliche und polizeiliche Statistiken findet, entzieht sich eine wertmäßige Abschätzung aufgrund des Dunkelfelds weitgehend einer Bezifferung auf diesem Weg. Obwohl Diebstahl ein durchaus universelles Phänomen darstellt, dürfte die Anfälligkeit für Personaldelikte und, damit zusammenhängend, das Problembewußtsein nirgendwo so groß sein wie im Handel, dessen Aufgabe es schließlich ist, gebrauchsfähige Waren bereitzuhalten und wo, bedingt durch den Absatz an Endverbraucher (im Einzelhandel), auch ein beträchtlicher Bargelddurchfluß stattfindet. Mitarbeiterdiebstähle schlagen sich hier, neben anderen Faktoren, in der Inventurdifferenz nieder. Die mit einiger Regelmäßigkeit durchgeführten großzahligen Mitgliederbefragungen durch Handelsinstitute beziffern den Schwund mit einiger Stabilität auf im Mittel knapp über ein Prozent vom Bruttoumsatz (Groner, 1990; Groner & Delbrügge, 1987; Horst, 1997; Petersen, 1993). Davon wird in den gleichen Quellen per Expertenschätzung etwa ein Viertel bis ein Drittel auf Mitarbeiterdiebstahl zurückgeführt, ein Drittel bis die Hälfte auf Kunden- bzw. „Ladendiebstahl", der Rest entfällt auf organisatorische Mängel und Delikte durch das Personal von Lieferanten. Bei den aufgeklärten Straftaten, die jedoch nur ca. 2 % des Gesamtvolumens ausmachen, halten sich Mitarbeiter und Kunden als Verursacher in etwa die Waage (Groner & Delbrügge, 1987).

Rechnet man die relativ konservative Schätzung von 25 % der Inventurdifferenzen auf den gesamten Einzelhandel in Deutschland um, so ergibt sich für das Jahr 1996, den Erhebungszeitraum der jüngsten einschlägigen Untersuchung (Horst, 1997), ein Volumen von ca. zwei Mrd. DM durch Mitarbeiterdiebstahl verursachter Verluste allein in diesem Wirtschaftszweig (berechnet nach Statistisches Bundesamt, 1997). Den Gesamtschaden durch Vermögensdelikte der Mitarbeiter taxiert die Hermes Kreditversicherung für 1998 auf etwa DM 5,8 Mrd. (o.V., 1998; das Zustandekommen dieser Größe war der Quelle nicht zu entnehmen). Die meistzitierte Schätzung für die Gesamtwirtschaft der USA beläuft sich auf US-$ 40 Mrd., bezieht allerdings auch Delikte durch Außenstehende gegen die Organisation ein, entstammt andererseits aber einer Studie aus dem Jahr 1975 (für Details siehe die Zusammenfassung bei Hollinger & Clark, 1983, pp. 2-4). Miner und Capps (1996) halten heute eine Summe von US-$ 100 Mrd. für realistisch, ohne dies allerdings zu belegen. Bei aller Unsicherheit, mit der diese Zahlen behaftet sind, läßt sich immerhin feststellen, das Personaldiebstahl auch in Deutschland ein Milliardenproblem ist, das angesichts sinkender Umsatzrenditen, die sich den Inventurdifferenzen gefährlich nähern, für einige Betriebe des Einzelhandels ein durchaus existenzbedrohendes Ausmaß annehmen kann (Groner, 1990; Kohl, 1993).

Ein von Geldbeträgen unabhängiger Indikator für das Ausmaß des Diebstahlproblems war bereits in Abschnitt 2.2.2 gestreift worden: Handelt es sich dabei um ein Massenphänomen oder um Handlungen einer verschwindenden Minderheit unter den Arbeitnehmern? Die Antwort darauf hängt zunächst ganz wesentlich von der Definition des Begriffs Diebstahl ab. Je enger das Kriterium umschrieben wird und je schwerwiegender die erfaßten Einzeltaten sind (wertmäßig, aber auch bspw., was die die Anonymität des Opfers angeht: Kollegen vs. „das" Unternehmen; siehe Kaiser & Metzger-Pregizer, 1976), desto geringer ist die Prävalenz (oder zumindest die Bereitschaft, das Verhalten im Selbstbericht zuzugeben; wahrscheinlich erscheint eine Mischung der beiden Faktoren). Im folgenden sollen jeweils die Zahlen genannt werden, die der eingangs angeführten Definition am nächsten kommen, ohne dabei, soweit dies möglich ist, eine wertmäßige Beschränkung nach unten vorzunehmen. Hier konnten leider, mit Ausnahme der kleinzahligen Untersuchung von Moser, Schwörer, Eisele und Haefele (1998), deren Daten auch der eigenen Pilotstudie zugrunde liegen, keine Erhebungen mit deutschen Populationen nachgewiesen werden.

Neben der Definition des Kriteriums (und der Stichprobe) ist der einflußreichste Artefakt in einschlägigen Untersuchungen allerdings die Erhebungsmethode. Wenn bspw. die OTA-Kommission (U.S.-Congress, 1990) ihre Basisratenschätzung von 2 % auf Statistiken zweifelsfrei ermittelter Täter stützt, so ist diese Größe angesichts des Dunkelfelds von doch sehr begrenzter Aussagekraft. Eine Reihe von Studien versucht das Problem durch die Erhebung von Selbstberichten zu umgehen. Bei Auskünften zu sensitivem Verhalten führt auch dies i.d.R. zu sehr konservativen Prävalenzschätzungen, selbst, wenn den Teilnehmern Anonymität zugesichert wird (z.B. Dalton, Wimbush & Daily, 1994). In der bis heute größten Untersuchung dieser Art (N > 9.000) kamen Hollinger & Clark (1983) je nach Branche (Handel, Industrie, Krankenpflege) auf Basisraten zwischen 28 und 35 % für einen Index mehrerer Items zur „Eigentumsdevianz". Der weitaus größte Teil (28,9 %) entfiel dabei im Handel auf den Mißbrauch von Personalrabatt; 6,6 % gaben immerhin an, mindestens einmal Waren gestohlen zu haben. Im Krankenhaus wurde vorwiegend Pflegematerial entwendet (27,3 %); in der Industrie gaben 14,3 % an, Rohmaterial, und 8,7 %, Werkzeuge gestohlen zu haben. In späteren Untersuchungen mit kleineren Stichproben, vorwiegend Beschäftigten im Einzelhandel, liegen die Basisraten für aggregierte Diebstahlindizes zwischen 30 und 60 % (Ashton, 1998; Boye & Slora, 1993; Boye & Wasserman, 1996; Hollinger, Slora & Terris, 1992; Jones & Boye, 1994; Jones & Terris, 1991b; Kamp & Brooks, 1991; Slora, 1991). Herbert (1997) berichtet 53,6 % Prävalenz für ein globales Mitarbeiterdiebstahlitem in einer großen Studentenstichprobe. Diese Schätzungen schließen häufig relativ triviale Verfehlungen wie Mundraub ein, über deren Charakter als abweichendes Verhalten man geteilter Meinung sein kann; Kollegendiebstahl oder die Viktimisierung von Schutzbefohlenen (z.B. Patienten im Krankenhaus; D.K. Harris & Benson, 1998) als vielleicht verpönteste Varianten werden dagegen nur von ca. ein Prozent der Vpn eingestanden. Dennoch gaben bspw. bei Jones und Terris (1991b) je nach Betrieb zwischen 30 und 38 % der Stichprobe an, innerhalb des letzten Jahres Waren im Wert von mehr als US-$ 25 entwendet zu haben.

Die vielleicht zuverlässigste Schätzung erzielten kürzlich Wimbush und Dalton (1997) durch die Anwendung zweier einfallsreicher Befragungstechniken, die Anonymität nicht nur versprechen, sondern objektiv garantieren, indem sie die Eingeständnisse mit einer Zufallsvariable von bekannter Eintrittswahrscheinlichkeit verbinden. Dies macht es unmöglich, aus den Daten individuelle Tateingeständnisse zu verifizieren, ermöglicht jedoch die Einschätzung von Basisraten (für technische Details siehe Dalton et al., 1994; Wimbush und Dalton, 1997). Gleichzeitig bietet die Studie einen direkten Vergleich zu traditionellen Selbstberichtsdaten. Während mit der traditionellen Methode ca. 28 % der Probanden (alle hatten unmittelbaren Zugang zu Waren oder Geld) Diebstahl im Wert von mehr als fünf Dollar zugaben, lag diese Quote mit den beiden objektiv anonymen Befragungstechniken bei knapp 60 %. Dieser für Arbeitgeber nicht eben beruhigende Wert ist jedoch mglw. mit einem branchenspezifischen Bias behaftet. Allgemein lassen sich die amerikanischen Daten aufgrund u.a. der Spezifika des dortigen Arbeitsmarkts (geringe Bindung an das Unternehmen, gerade bei den hier typischerweise erfaßten „McJobs" im Dienstleistungsbereich) nicht ohne weiteres auf andere Kulturkreise übertragen, zumal die „Marginalität" der Arbeitsverhältnisse in einigen Erklärungsversuchen kontraproduktiven Verhaltens eine zentrale Rolle spielt (Tucker, 1989). Immerhin fanden aber auch Moser et al. (1998) in ihrer deutschen Angestelltenstichprobe eine Prävalenz von 54,7 % für das Eingeständnis, Büromaterialien für private Zwecke mit nach Hause zu nehmen.

3.1.2.2 Absentismus und Arbeitsverweigerung

Wie bei keiner anderen Erscheinungsform kontraproduktiven Verhaltens hat sich die Absentismusforschung als eigenständiges, multidisziplinäres Forschungsgebiet etabliert, ohne daß der Untersuchungsgegenstand immer klar abgegrenzt oder die Begriffe einheitlich verwendet werden. Ähnlich den Inventurdifferenzen lassen sich auch hier lediglich die gesamten Fehlzeiten direkt beobachten, die Verursachungsfaktoren Krankenstand (tatsächliche Arbeitsunfähigkeit) und Absentismus (auch als „motivationale" oder „einstellungsbedingte" Abwesenheit bezeichnet) sind zwar schnell in ein didaktisch wertvolles Schaubild gefügt (z.B. Nieder & Janssen, 1996, S.60), in ihren relativen Anteilen jedoch äußerst schwierig zu quantifizieren. Es dürfte keiner besonderen Begründung bedürfen, daß hier nur die zweite Komponente der Fehlzeiten als kontraproduktives Verhalten angesehen wird, was eine Abgrenzung vom Krankenstand für eine sinnvolle Diskussion über das Ausmaß des Problems eigentlich zwingend erforderlich macht. Arbeitsunfähigkeit ist ein im wesentlichen (arbeits-) medizinisches Problem, zu dessen Lösung diese Arbeit wenig beizutragen hat (siehe hierzu Hilla & Tiller, 1996; zur Bedeutung einzelner Krankheitsformen [Morbiditätsraten] Kuhn, 1995). Zusätzlich verkompliziert wird die Analyse dadurch, daß hier auch Kurzzeitabwesenheiten von weniger als einem Tag Dauer („Zeitdiebstahl": Verspätung, Überziehung von Pausen) dem Absentismus zugerechnet werden, die sich gewöhnlich nicht in irgendwelchen Statistiken niederschlagen, sowie die gelegentlich unter dem Sammelbegriff „withdrawal behaviors" eingeschlossenen Formen der Arbeitsverweigerung bei physischer *An*wesenheit (sog. psychologischer Rückzug wie absichtliche Minderleistung durch langsames Arbeiten, Erledigung von Privatangelegenheiten während der Arbeitszeit, „innere Kündigung"; zur Begründung siehe unten). Zu diesem Bereich wird vielfach auch ein Teil der

Fluktuation (Kündigung von seiten des Arbeitnehmers) gerechnet (Hulin, 1991). Das Konstrukt des „Rückzugs" enthält jedoch implizite Annahmen über Ursachen (Unzufriedenheit, siehe Hulin, 1991), die im Konzept der Kontraproduktivität nicht vorgenommen werden.

Absentismus schlägt sich für die Unternehmen zunächst in direkten Kosten für die Entgeltfortzahlung nieder - eine Größe, über die noch relativ zuverlässige Daten vorliegen -, weiter jedoch in indirekten Kosten durch Produktionsausfälle, für deren Verhinderung anfallende Überstundenzuschläge oder bereitgehaltene Personalreserven bzw. in deren Folge entstehende Einnahmeverluste sowie Motivationseinbußen bei den nicht abwesenden Mitarbeitern (z.B. Kleinbeck & Wegge, 1996), über deren Höhe keine seriösen Schätzungen vorliegen. Für 1995 werden die direkten Lohnfortzahlungskosten in konservativen Berechnungen auf ca. 60 bis 70 Mrd. DM geschätzt (Kuhn, 1996). Kuhn beziffert die gesamtwirtschaftlichen Ausfallkosten für den gleichen Zeitraum auf über 90 Mrd. DM - Folgekosten exklusive. Diese Angaben beziehen sich auf die gesamten nicht planbaren Fehlzeiten (ohne Urlaub und Feiertage), von denen, einer großzahligen Unternehmensbefragung des Instituts der Deutschen Wirtschaft (Schnabel, 1996) zufolge, 85 % durch Krankheit begründet werden (der Rest entfällt zu etwa gleichen Teilen auf Kuren, Mutterschutz, Unfälle und sonstiges entschuldigtes und unentschuldigtes Fehlen). Neben dem verschwindend geringen Anteil unentschuldigter Fehlzeiten dürfte „motivationaler" Absentismus in erster Linie innerhalb dieses großen Blocks zu vermuten sein, über seine Größenordnung existieren jedoch bestenfalls informierte Spekulationen.

Die besonders in den USA verbreitete Praxis, *Häufigkeiten* von Fehlzeiten als Indikator für einstellungsbedingten Absentismus anzusehen, die *Summe* der Fehltage dagegen als Ausdruck der Arbeitsunfähigkeit zu interpretieren (siehe z.B. Johns, 1997), mag für korrelative Studien eine brauchbare, wenn auch diskutable Heuristik sein, hilft aber zur Abschätzung relativer Anteile wegen der Konfundierung der beiden Meßwerte nicht weiter. Eine wegen der hiesigen Gesetzeslage in Deutschland gebräuchlichere Dichotomisierung differenziert zwischen Kurzzeitabwesenheiten von bis zu drei Tagen und den darüber hinausgehenden attestpflichtigen Krankmeldungen (die im Entgeltfortzahlungsgesetz vorgesehene Möglichkeit, bereits vom ersten Krankheitstag an ein Attest zu verlangen, wird bislang eher zögerlich genutzt, Schnabel, 1996). Entgegen Schätzungen der gesetzlichen Krankenkassen, die in ihren auf in dieser Hinsicht lückenhaften Meldungen beruhenden Statistiken den Anteil der Kurzzeiterkrankungen auf nur ca. 2 bis 3 % an der Fehlzeitensumme beziffern (Kuhn, 1995, 1996), kommt die IW-Studie (Schnabel, 1996) auf einen Anteil von immerhin 11,3 % am *Volumen* des Krankenstands. Auch dies stellt sicher nur eine Hilfskonstruktion zur Abschätzung des Absentismusproblems dar, da zweifellos auch viele kurze Abwesenheiten tatsächlich begründet sind, während andererseits ein ärztliches Attest, ungeachtet seiner juristischen Beweiskraft (Edenfeld, 1997), noch keine Garantie für eine wirklich medizinische Indikation darstellt. Edenfeld (1997) und Schnabel (1997) zitieren mehrere Expertenschätzungen, die den Anteil des Absentismus am erfaßten Krankenstand auf wahlweise 5, 18 oder 37 Prozent beziffern. Weitgehend Einigkeit besteht darüber, daß der weitaus größte Teil des Krankenstands auf tatsächliche Arbeitsunfähigkeit zurückgeht (abweichend Dalton & Mesch, 1991). Dennoch verbleibt selbst nach den vorsichtigsten Schätzungen ein Rest durch Absentismus bedingter Fehlzeiten, der allein direkte Lohnfortzahlungskosten in Höhe mehrerer Milliarden bewirkt. Nicht darin enthalten sind die erwähnten Folgekosten sowie die kaum zu quantifizierenden Ausfälle durch andere Formen des „Rückzugs" aus dem Arbeitsverhältnis (zu den Kosten *einer* Kündigung siehe Cascio, 1991).

Basisraten für Abwesenheit liegen sowohl aus objektiven Aufzeichnungen als auch aus Selbstberichten vor, für Absentismus i.e.S. jedoch wiederum nur aus letzteren.[25] Innerhalb des üblichen Erhebungszeitraums von einem Jahr werden etwa zwei Drittel der sozialversicherungspflichtig Beschäftigten mindestens einmal arbeitsunfähig geschrieben, wobei etwa jeder zweite Arztbesuch zur Krankschreibung führt (Ferber, Köster & Ferber, 1995). Diese aus Erhebungen der Krankenkassen gewonnene Quote ist als Indikator für Absentismus zweifellos wenig geeignet. Nach einer deutschen Erhebung (Hamer, 1991; nach Schnabel, 1997) geben im Selbstbericht 30 % Befragten zu, gelegentlich krank zu feiern. Dieser Prozentsatz deckt sich weitgehend mit Befunden aus amerikanischen Untersuchungen (Ashton, 1998; Boye & Wasserman, 1996; Dalton & Mesch, 1991; Dawson, 1996; Hollinger & Clark, 1983; Hollinger, Slora & Terris, 1992; Slora, 1991), in denen generell zwischen 25 und 45 % angaben, eine Krankheit als Abwesenheitsgrund vorzuschieben.[26] Deutlich höher, im Bereich von zwei Dritteln der Stichprobe und mehr, lag in den gleichen Studien die Prävalenz minder schwerer Formen des Absentismus im hier definierten Sinne wie unentschuldigte Verspätung, die Ausdehnung von Pausenzeiten oder die Erledigung von Privatangelegenheiten während der Arbeitszeit (siehe auch Bardsley & Rhodes, 1996; Lehman & Simpson, 1992; Moser et al. 1998).

Besondere Erwähnung unter den genannten Arbeiten verdient der Beitrag von Dalton und Mesch. Die Autoren wählten ein originelles Meßkonzept zur Erfassung von Absentismus, indem sie in einen 100-Item-Fragebogen zwei relevante Fragen einbetteten (gesamte Abwesenheitsdauer; durch Krankheit detailliert zu begründende Abwesenheitsdauer), deren Differenz sie als Maß für „vermeidbare" Abwesenheit interpretieren. In ihrer Untersuchung traten zwar nur bei 26 % der Vpn Unterschiede zwischen beiden Antworten auf, diese Differenzen waren jedoch für 59 % des gesamten Ausfallvolumens verantwortlich. Dies ist m.W. der einzige in der Literatur vorfindliche Widerspruch zu dem - meist nicht näher begründeten - Konsens, Fehlzeiten gingen mehrheitlich auf tatsächliche Arbeitsunfähigkeit zurück.

---

[25] Obwohl einige Betriebe bis zur Einschaltung von Privatdetektiven gehen, um „Edelabsentisten" zu entlarven, ist deren beweiskräftige Dingfestmachung noch schwieriger als bei Diebstahl, da Absentismus i.e.S. definitionsgemäß in der Privatsphäre stattfindet (vgl. Edenfeld, 1997).

[26] Eine Besonderheit der Basisratenforschung zum Absentismus stellt der Umstand dar, daß hier auch das gegenteilige Verhalten anzutreffen ist - ein etwa gleich hoher Anteil der Arbeitnehmer gibt an, trotz Krankheit zur Arbeit zu erscheinen (Behrens & Müller, 1995). Ob dies als positive Devianz im Sinne produktiven Verhaltens zu werten ist, darf allerdings angesichts der möglichen langfristigen Folgen bezweifelt werden.

In der Zusammenschau erscheint Absentismus wie Diebstahl als ein Massenphänomen, das keineswegs nur eine verschwindend kleine Minderheit der Arbeitnehmerschaft betrifft. Hier wie dort sind die Verteilungen aus den Selbstberichtsdaten
allerdings extrem schief, d.h. wenige Mitarbeiter fehlen oder stehlen häufig, viele
gelegentlich und ein erheblicher Teil nach eigenen Angaben niemals. Auch der
Schweregrad der Devianz hat eine erheblichen Einfluß auf die ermittelte Prävalenz.
Die in aggregierten Krankenstandsdaten vorgefundenen, z.T. gravierenden Bran-
chenunterschiede (z.B. Marr, 1996; Salowsky, 1996; Schnabel, 1996) treten dagegen
bei selbstberichtetem Absentismus kaum auf (siehe z.B. die großzahligen Branchen-
vergleiche bei Hollinger & Clark, 1983). Dies ist ein vor dem Hintergrund der Diskussion über Einflußfaktoren (s.u.) bedeutsamer Befund.

3.1.2.3 Alkohol- und Drogenmißbrauch

Während der Gebrauch illegaler Drogen i.d.R. generell als deviant angesehen wird
- schon deshalb, weil sie eben illegal sind -, gilt dies für Alkohol und, aus etwas anderen Gründen, für Medikamente erst ab einer gewissen Schwelle, die im einzelnen
schwer zu bestimmen ist. In einigen Berufen (z.B. Pilot) gilt bereits minimaler Alkoholkonsum als unerwünscht, in anderen Sparten (insbesondere Kontaktberufe, auch
des gehobenen Managements) kann dagegen mäßiges „Geselligkeitstrinken" fast zu
den beruflichen Anforderungen gezählt werden (vgl. Renn, 1989). Unbestritten ist,
daß spätestens bei Vorliegen von Abhängigkeitssymptomen (Kontrollverlust, Unfähigkeit zur Abstinenz; nach weiterer Definition bei jeder Art von schädlichen Auswirkungen, siehe z.B. Rußland, 1992; H.-G. Schmitt & Klaus, 1985) von Mißbrauch
auszugehen ist. Für die Qualifikation als kontraproduktives Verhalten im betrieblichen Feld ist die Beschränkung auf im medizinischen Sinne verfestigtes Suchtverhalten sicherlich zu restriktiv; hier wirkt sich jede Form von Leistungseinschränkung
schädlich aus.

Über das wertmäßige Ausmaß des Problems in den Betrieben liegen keine seriösen Schätzungen vor, was angesichts der Vielfalt der dem Suchtmittelmißbrauch zu-
geschriebenen Folgeschäden (z.B. Laufer, 1989; Rußland, 1992) kaum verwundert.
Anders als etwa bei Diebstahl betrifft die ernsteste Folge (Abhängigkeit) jedoch den
Handelnden unmittelbar selbst. Dies sollte bei der manchmal etwas unternehmens-
zentrierten Perspektive dieser Arbeit nicht aus dem Auge verloren werden. Indirekte
Hinweise auf die wirtschaftliche Schädigung der Organisation ergeben sich bspw.
aus einer Erhebung, derzufolge suchtkranke oder -gefährdete Mitarbeiter mehr als
doppelt so oft krankgemeldet oder in meldepflichtige Unfälle verwickelt sind wie
eine Kontrollgruppe (nach Hilla & Tiller, 1996; noch extremere Relationen fanden
Berger & May, 1989; nach Dommaschk-Rump & Wohlfarth, 1991). Dommaschk-
Rump und Wohlfarth (1991) beziffern, ohne Angabe der Berechnungsgrundlage, die
gesamten durch *einen* alkoholkranken Mitarbeiter verursachten Kosten auf 40.000
bis 60.000 DM pro Jahr. Selbst wenn diese Schätzung, die sich auf Suchtkranke bezieht, etwas hoch gegriffen erscheint, bleibt zu bedenken, daß auch gelegentlicher
Konsum zu Leistungseinschränkungen führt. Der Einfluß akuter Intoxikation auf die

motorische Leistungsfähigkeit ist hinreichend dokumentiert (z.B. Streufert, Pogash, Roach, Gingrich et al., 1992) und betrifft nicht abhängige Personen wegen der geringeren Toleranzschwelle c.p. eher noch stärker. Insgesamt läßt sich festhalten, daß durch Suchtmittelmißbrauch verursachte Probleme in den Betrieben auch wertmäßig ein keineswegs triviales Volumen annehmen, dessen Abschätzung hier jedoch an der Schwierigkeit scheitert, daß Kosten fast ausschließlich in indirekter Form durch Folgeschäden oder Maßnahmen zu deren Verhinderung entstehen.

Auch hier sind Angaben zur Prävalenz stark von der Mißbrauchsdefinition und der Erhebungsmethode abhängig. Zumindest Alkoholismus scheint aber auch im Betrieb kein geringfügiges Ausmaß anzunehmen. In einer vielzitierten Studie (ausführlich bei Rußland, 1992) im Auftrag des Bundesgesundheitsministeriums wurde unter 5.700 Beschäftigten der öffentlichen Verwaltung ein Anteil Alkoholkranker von über fünf Prozent sowie weiteren zehn Prozent Suchtgefährdeter ermittelt. Hochgerechnet ergäben sich daraus weit über drei Millionen Problemtrinker unter den Erwerbstätigen in Deutschland. In Repräsentativumfragen (Selbstbericht) geben ca. 10 % der Beschäftigten zu, täglich Alkohol im Betrieb zu konsumieren, 50 % tun dies zumindest gelegentlich (siehe Bilik, 1988; Puls, 1992). Diese Zahlen liegen um ein Mehrfaches über den Angaben aus amerikanischen Selbstberichtdaten (etwa 1 bis 2 % täglicher und 10 bis 20 % gelegentlicher Konsum; Ashton, 1998; Boye & Wasserman, 1996; Holcom, 1993; Hollinger & Clark, 1983; Hollinger, Slora & Terris, 1992; Kamp & Brooks, 1991; Slora, 1991), was möglicherweise mit der permissiveren Trinkkultur in Deutschland zu tun hat (H.-G. Schmitt & Klaus, 1985). Medikamentenmißbrauch scheint ein zahlenmäßig etwas geringeres, insgesamt aber zunehmendes Problem zu konstituieren, über dessen Prävalenz in der Arbeitswelt bislang jedoch nur anekdotische Berichte vorliegen (Rußland, 1992).

Über die Einnahme illegaler Drogen existieren in den USA, wo medizinische Drogentests zum eignungsdiagnostischen Standardrepertoire zählen (M.M. Harris & Trusty, 1997), auch mittels physiologischer Indikatoren erhobene Daten. Bei Lehman und Simpson (1992) hatten etwa 10 % der Stichprobe städtischer Angestellter (N = 500) einen positiven Befund bezüglich Marihuana, bei 5 % fanden sich Spuren anderer Drogen. Die dabei angewandte Urinuntersuchung deckt lediglich eine Einnahme innerhalb der letzten zwei Tage zuverlässig auf. Eine sehr großzahlige Untersuchung des *U.S. Department of Labor* (nach Boye & Wasserman, 1996) kam auf ähnliche Größenordnungen. Fragt man amerikanische Beschäftigte nach dem Konsum illegaler Drogen *außerhalb* der Arbeit, ergeben sich z.T. wesentlich höhere Basisraten als für den Alkoholkonsum *während* der Arbeit, zumindest für den Konsum „weicher" Drogen (Jones, Joy & Terris, 1991; Lehman & Simpson, 1992; McDaniel, 1988; bei Kamp & Brooks, 1991, fanden sich dagegen Prävalenzen von etwas über 20 % für Alkohol gegenüber 8 % für Marihuana, beides *während* der Arbeitszeit; geringere Werte in ähnlichem Verhältnis fanden Lehman, Farabee, Holcom & Simpson, 1995). Harris und Trusty (1997) berichten, daß in den meisten Schätzugen, unabhängig von Methode und Setting, die Basisrate für illegalen Drogenkonsum irgendwelcher Form oder Dosierung etwa derjenigen für *hartes* Trinken entspricht. Ob dies auch für die negativen Konsequenzen gilt, ist allerdings Gegenstand einer nicht selten ideologisch geführten Debatte, an der sich der Verfasser hier nicht beteiligen möchte. In diesem Zusammenhang ist sicher zu beachten, daß ein Großteil des Konsums verbotener Substanzen auf Haschisch oder Marihuana entfällt.

Der Konsum berauschender Substanzen konstituiert einen Verhaltensbereich, der von unbedenklichen Formen des Genießens bis zu schwerer psychischer und physischer Abhängigkeit reicht. Es gibt keinen Grund, anzunehmen, daß dieses gesamtgesellschaftliche Phänomen in seiner ganzen Bandbreite nicht auch in Betrieben anzutreffen sei. Auch dort wird sicherlich die Schwelle zur Schädigung i.d.R. nicht bereits bei jeder Abweichung von einer abstinenten Lebensweise übertreten. Andererseits verkürzt aus betrieblicher Sicht auch die in der deutschsprachigen Forschung verbreitete Beschränkung auf die „Volksdroge" Alkohol und auf die Indikation einer Suchtkrankheit im medizinischen Sinne das Problem. Selbst wenn man solchen Restriktionen folgt, läßt sich noch immer feststellen, daß zahlreiche Arbeitnehmer zu viel trinken und damit sich und andere auf vielfältige Weise beeinträchtigen bzw. gefährden.

3.1.2.4 Aggression und Gewalt

Aggression, verstanden als offenes Verhalten mit dem Ziel der Verletzung oder Schädigung, und Aggressivität als latente, überdauernde Bereitschaft zu destruktivem Handeln, sind Phänomene, die zu den klassischen Gegenständen verhaltenswissenschaftlicher Forschung zählen. Kaum ein Standardlehrbuch, besonders der Sozialpsychologie (z.B. Myers, 1997; Stroebe, Hewstone & Stephenson, 1996), aber auch bspw. der Differentiellen (Amelang & Bartussek, 1997) oder Kriminalpsychologie (Blackburn, 1993) kommt ohne eigenständiges Kapitel zu aggressivem Verhalten aus. Nichtsdestotrotz bleibt die Abgrenzung und Ordnung dieses extrem vielschichtigen Verhaltensbereichs auch in der aktuellen Diskussion kontrovers. Unter den zahlreichen Systematisierungsversuchen (im Überblick Zumkley, 1996) sei hier lediglich kurz auf Berkowitz' motivationsbezogene Unterscheidung instrumenteller (auf die Erreichung eines Ziels gerichteter) und impulsiver (spontaner) Aggression sowie das von Buss vorgeschlagene, eher formale Rahmenkonzept mit den Dimensionen „körperlich - verbal", „direkt - indirekt" und „aktiv-passiv" hingewiesen, die beide auch in der organisationspsychologischen Aggressionsforschung ihren Niederschlag gefunden haben (Cox & Leather, 1994; Neuman & Baron, 1997).

Die Arbeitswelt als Schauplatz von Gewalt zählt nicht unbedingt zu den bevorzugten Orten der allgemeinen Aggressionsforschung. Ins Blickfeld der Öffentlichkeit rückt sie i.d.R. allenfalls durch spektakuläre Einzelfälle. Dies hat sich (auch) hierzulande in jüngster Zeit durch die mediale Omnipräsenz besonders des Massenphänomens „Mobbing" (vgl. Leymann, 1993) grundsätzlich geändert; auch sexuelle Belästigung am Arbeitsplatz ist zum Thema von Talkrunden und Hollywood-Spielfilmen geworden. Gewalt findet jedoch auch im Berufsleben nicht immer systematisch statt und richtet sich nicht unbedingt gegen Personen, was zwar den Aufmerksamkeitswert der Handlungen einschränkt, gleichwohl aber gravierende Folgen für die Betroffenen haben kann (für Beispiele siehe Dammert, 1988).

Das Ausmaß des durch gewalttätige Handlungen angerichteten Schadens in Geld-einheiten beziffern zu wollen, ist, mit Ausnahme von Sachbeschädigungen, ein Un-terfangen von zweifelhaftem Wert. Wieviel kostet die Einschränkung des körperli-chen und seelischen Wohlbefindens eines Mitarbeiters? Gelegentliche Versuche, dies durch Hochrechnung von Leistungs- oder Zeiteinbußen zu quantifizieren (Walter, 1993), verweist etwa Hahne (1994) für das Beispiel Mobbing mit Recht ins Reich der Spekulation. Der Verfasser möchte sich hier mit dem Hinweis begnügen, daß Gewalt am Arbeitsplatz *auch* Geld kostet.

Die Abschätzung von Basisraten stößt hier zunächst wegen des extrem breiten durch den Begriff „Aggression" beschriebenen Verhaltensspektrums auf Schwierig-keiten sowie durch den Umstand, daß in abgrenzbaren Bereichen in seriösen Studien vorwiegend nicht Täter-, sondern Opferforschung betrieben wurde. Dies läßt allen-falls indirekte Schlüsse auf die hier eigentlich interessierenden Basisraten der Gewalt Ausübenden zu. Leymann (1993) kommt in seiner Pionierarbeit zum Mobbingphä-nomen im Querschnitt auf eine Quote von 3,5 % systematisch schikanierter Mitar-beiter unter der schwedischen Arbeitnehmerschaft, woraus er ein „Lebensrisiko" von 25 % errechnet, irgendwann in der beruflichen Laufbahn viktimisiert zu werden. In der retrospektiven Studie von Rayner (1997) berichtete über die Hälfte der Stich-probe, bereits Opfer von Mobbing (in der englischsprachigen Forschung als „bully-ing" bezeichnet) geworden zu sein. Unsystematische Einzelfälle verbaler Gewalt (Beleidigungen, Gerüchte, Vorenthaltung wichtiger Informationen) scheint fast jeder Arbeitnehmer schon einmal am eigenen Leib erfahren zu haben (Einarssen & Raknes, 1997), während die Viktimisierungsrate bei körperlichen Übergriffen knapp unter 10 % liegt (Rayner & Hoel, 1997). Auch die Inzidenz liegt bei verbalen Ag-gressionsformen deutlich höher (Baron & Neuman, 1995).

Anders als beim Mobbing und den meisten anderen betrieblichen Gewaltformen, bei denen kaum Geschlechtsunterschiede bestehen, sind bei sexueller Belästigung die Opfer ganz überwiegend Frauen und die Täter Männer. In einer kürzlich durchge-führten Erhebung des Bundesfamilienministeriums (Holzbecher, Braszeit, Müller & Plogstedt, 1997) gaben 72 % der befragten Arbeitnehmerinnen an, persönliche Erfah-rungen mit von einer Mehrheit als sexuell belästigend eingestuften Verhaltensweisen gemacht zu haben, 93 % waren nach eigener Einschätzung Opfer sexuell motivierter Übergriffe. In einer kleineren Stichprobe männlicher Befragter lag dieser Anteil bei 19 % und damit noch deutlich über vergleichbaren skandinavischen Ergebnissen (Einarsen & Raknes, 1997).

Im Kontrast zu den Angaben aus Opfersicht stehen die z.T. extrem geringen Prä-valenzraten in Selbstberichten eingestandener eigener Gewalt, insbesondere für kör-perliche Aggression, wo i.d.R. nur etwa ein bis zwei Prozent entsprechendes Verhal-ten zugeben (Boye & Wasserman, 1996; Dawson, 1996; Slora, 1991). Dekker und Barling (1998) berichten keine Basisraten aus ihrer Täterstudie zu sexueller Belästi-gung, geben aber für ihre Selbstberichtsskala, die theoretisch Werte zwischen 0 und 48 umfaßt, einen Mittelwert von 1,17 an. Immerhin 10 % der von Holzbecher et al. befragten Männer gaben zu, sich Frauen gegenüber „nicht immer korrekt verhalten" zu haben. Verifizierte Daten berichten Latham und Perlow (1996) für ihre relativ kleine Stichprobe im psychiatrischen Pflegebereich Beschäftigter, von denen 12 % innerhalb eines Jahres wegen körperlicher Übergriffe auf Klienten entlassen wurden. Höhere Raten finden sich, auch in den oben zitierten Selbstberichten, für verbale Aggression und absichtliche Sachbeschädigung (zu Vandalismus siehe auch Ashton, 1998, mit ca. 15 %).

Wiederum geben die Daten wenig Anlaß zu der Hoffnung, abweichendes Verhalten sei im Berufsleben eine Ausnahmeerscheinung, wenngleich auch im Bereich der Aggression die Häufigkeit der Übergriffe mit deren Schwere deutlich abnimmt. Wenn jedoch immer noch 3 % der von Holzbecher et al. befragten Frauen angeben, im Betrieb bereits Opfer erzwungener sexueller Handlungen geworden zu sein, so ist dies vielleicht das beunruhigendste Ergebnis der Studie.

3.1.3 Kontraproduktivität als Konstrukt ?

Im vorangegangenen Abschnitt wurde eine breite, jedoch keineswegs erschöpfende - man denke etwa an den Verrat von Betriebsgeheimnissen, die Mißachtung von Sicherheitsvorschriften etc. etc. - Palette von Verhaltensweisen erörtert, deren gemeinsames Merkmal zunächst in ihrer Unerfreulichkeit besteht, häufig aus der Sicht des Unternehmens, nicht selten aber auch unmittelbar für dessen Mitarbeiter oder auch Außenstehende, wenn diese bspw. Opfer von Diebstahl oder Aggression werden. Wenn diese Verhaltensweisen, was eher die Ausnahme darstellt, in der Literatur gemeinsam unter Oberbegriffen wie Devianz oder Kontraproduktivität diskutiert werden, erfolgt diese Zusammenfassung i.d.R. schlicht per definitionem unter Hinweis auf die volks- oder betriebswirtschaftliche Relevanz. Dies ist zwar allgemein bei der Aufstellung betrieblicher Leistungskonstrukte keine unübliche Praxis, erscheint jedoch im Kontext einer Arbeit, die das theoretische Verständnis eines Verhaltensbereichs unter dem Gesichtspunkt der eignungsdiagnostischen Prognose thematisiert, nicht ausreichend. Es macht wenig Sinn, mittels an der Person ansetzender Diagnostik Verhalten vorhersagen zu wollen (dies gilt für *jede* Form von Personalauswahl), das allein durch die Situation bestimmt wird, und selbst wenn sich dies für eine bestimmte Verhaltensweise widerlegen läßt, begründet dies noch nicht die Übertragbarkeit des Befunds auf andere Verhaltensweisen. Vor allem ersteres, die Gebundenheit des Verhaltens an überdauernde Personmerkmale, weniger offensichtlich aber auch die Breite des einbezogenen Verhaltensbereichs, war Gegenstand der heftig geführten, inzwischen wohl ausgestandenen „Konsistenzdebatte" innerhalb der Psychologie, die hier nur in einigen besonders relevanten Aspekten angedeutet werden soll (ausführlich siehe z.B. Moser, 1991). Der historische Zufall will es, daß beide Seiten dabei den Nachweis eines „Ehrlichkeits"-Trait zum Präzedenzfall ihrer Argumentation machten.

Zweifel an der Existenz und Relevanz von Verhaltensdispositionen sind in der Psychologie (und gegen diese als gesamte Disziplin) immer wieder geäußert worden. Wohl niemals aber wurde die personalistische Position so stark in die Defensive gedrängt wie Ende der sechziger Jahre im Anschluß an Mischels (1968) Werk *Per-*

sonality and Assessment. Darin bestreitet Mischel übrigens nicht, wie manchmal rezipiert, generell die Existenz von überdauernden Eigenschaften, wohl aber deren Relevanz zur Verhaltenserklärung und insbesondere den Wert der Fragebogenmethode, indem u.a. als typische Korrelation zwischen zwei Messungen des gleichen Verhaltens in unterschiedlichen Situationen (Konsistenzkoeffizient) r = .30 bis .40 genannt wird (p. 37), als durchgängig gefundener Zusammenhang zwischen Persönlichkeitsfragebogen und Verhaltensmaßen („Persönlichkeitskoeffizient") r = .20 bis .30; Korrelationen „...too low to have value for most individual assessment purposes beyond gross screening decisions" (p. 78). Ähnlich und fast gleichzeitig zog Wicker (1967) den grundsätzlichen Nutzen des Einstellungskonstrukts zur Verhaltenserklärung in Zweifel.

Grundlage des ersten Kritikpunkts, der mangelnden Konsistenz des Verhaltens über unterschiedliche Situationen, waren die klassischen Studien von Hartshorne und May (1928; Hartshorne, May & Shuttleworth, 1930), die in zahlreichen Verhaltenstests mehreren tausend Schulkindern Gelegenheit zu „unmoralischem" Verhalten (Lügen, Stehlen, Betrügen) gaben. Hartshorne und May fanden zwischen einzelnen Verhaltensgelegenheiten Korrelationen um .30, mit abnehmender Tendenz für zunehmend unähnliche Situationen, was sie zu dem Schluß veranlaßte, „Ehrlichkeit" sei keine Persönlichkeitseigenschaft, sondern eine Funktion der Situation. Auf der Grundlage der Originaldaten rechnete R.W. Burton (1963) Jahrzehnte später eine Faktorenanalyse und fand einen, wie Mischel (1968, p. 25) anmerkt, „schwachen" gemeinsamen Faktor, der tatsächlich immerhin 43 % der Varianz erklärte und auf den alle verwendeten Variablen substantiell positiv (> .52) luden. Auch er bestätigt den moderierenden Einfluß der Ähnlichkeit zwischen den einbezogenen Situationen auf die Konsistenz (ähnlich, mit einer Vielzahl einbezogener Traits und Situationsparameter, Diener & Larsen, 1984). Die korrelativen Befunde aus der Originalpublikation und Burtons darauf basierende Faktorenanalyse unterscheiden sich, darin ist Mischel zuzustimmen, im Grunde nicht. Sie wurden allerdings von den jeweiligen Proponenten der kontrahierenden Positionen in höchst unterschiedlicher Weise instrumentalisiert, indem entweder die durch den Generalfaktor aufgeklärte oder aber die Restvarianz in den Mittelpunkt gerückt wurde.[27] Die Datenlage, bei unvoreingenommener Betrachtung moderate aber konsistent positive Interkorrelationen, läßt dankenswerterweise Raum für beide Interpretationen und letztlich nur den Schluß zu, daß beide Seiten recht haben: Personen verhalten sich über unterschiedliche Situationen konsistent *und* situationsspezifisch in jeweils unterschiedlichem Ausmaß.[28] Wenig überraschend ist auch der Befund, daß die Konsistenzkoeffizienten erheblich steigen, wenn man die Situation konstant hält und damit diese Varianzquelle ausscheidet.

---

[27] Mit umgekehrter Blickrichtung zeigen etwa Funder und Ozer (1983) für einige klassische sozialpsychologische Experimente, daß auch die Erklärungskraft einzelner Situationsvariablen bei r = .40 an ihre Grenzen stößt.

[28] Dies ist übrigens nicht die Position des Interaktionismus, die Person x Umwelteffekte betont, während hier zunächst von - in varianzanalytischer Terminologie - unabhängigen Haupteffekten die Rede ist, die sich wechselseitig beeinflussen können, aber nicht müssen.

Die moderaten Konsistenzkoeffizienten einzelner Verhaltensakte eröffnen aber auch einen der fruchtbarsten Ansatzpunkte, den sog. Persönlichkeitskoeffizienten auszuhebeln, mit dem Mischel den s.E. mangelhaften Wert traditioneller Fragebogendiagnostik illustrieren wollte. Daß es sich dabei nicht um eine Obergrenze handelt, wurde relativ bald nach Erscheinen der Fundamentalkritiken für Einstellungen (Fishbein & Ajzen, 1974) und Eigenschaften (Jaccard, 1974) demonstriert, indem nicht nur auf der Prädiktorseite, sondern auch bei den Kriterien mehrere Items (Verhaltensgelegenheiten) aggregiert wurden. Bezogen sich diese frühen „multiple-act-criteria" noch auf Zusammenfassungen selbstberichteten Verhaltens, zeigte sich in späteren Untersuchungen auch für objektive Kriterien, daß durch mittels Fragebogen erfaßte Dispositionen die Vorhersage von Verhaltensaggregaten erheblich besser gelingt als die Prognose der Handlungsentscheidung in einer einzelnen Situation (zusammenfassend Ajzen, 1988; Epstein & O`Brien, 1985; Rushton, Brainerd & Pressley, 1983).

Dieses „Aggregationsprinzip" unterscheidet sich technisch kaum von dem Grundsatz der Reliabilitätsverbesserung durch Testverlängerung auf der Prädiktorseite. Inhaltlich verschiebt sich der Schwerpunkt von der Erfassung einzelner Ereignisse zur Messung genereller Verhaltenstendenzen, was dem Zweck vieler diagnostischer Situationen angemessener ist (Kenrick & Funder, 1988). So interessiert man sich in der Personalauswahl in der Regel weniger dafür, ob Herr X am Dienstag nächster Woche verspätet zur Arbeit erscheint, sondern eher dafür, wie es in den nächsten Jahren allgemein um seine Pünktlichkeit bestellt sein wird. Neben diesem pragmatischen Aspekt existiert jedoch auch die Frage danach, für welche Verhaltensweisen sich eine Zusammenfassung konzeptionell rechtfertigen läßt, die wiederum zum Problem der Konsistenz zurückverweist. Kritiker der Anwendung des Aggregationsprinzips stellen heraus, daß damit das Konsistenzproblem lediglich umgangen werde, indem Verhaltensweisen aufaddiert würden, die eigentlich nichts miteinander zu tun hätten (vgl. Moser, 1991).

Auch hier läßt sich im Grunde mit den Mitteln der Testtheorie ein gewisser Grad an Klärung erzielen, in dem die einzelnen Verhaltensweisen als Indikatoren (Items) eines Konstrukts betrachtet werden, die zu einem Aggregat (Test) zusammengefaßt werden. Hier wie dort hängt die Beurteilung der Qualität einzelner Indikatoren (Trennschärfe, Inter-Item-Korrelationen) u.a. von deren Auftretenswahrscheinlichkeit (Itemschwierigkeit) ab (z.B. Lienert & Raatz, 1994). Vor diesem Hintergrund ist zu beachten, daß es sich bei kontraproduktiven Verhaltensweisen i.d.R. um seltene Ereignisse handelt, deren Auftretenswahrscheinlichkeit bei *einer* gegebenen Gelegenheit relativ gering ist. Die mäßige Konsistenz in den Hartshorne & May-Studien läßt sich auch durch den Umstand erklären, daß auch extrem unehrliche Kinder nicht bei allen angebotenen Gelegenheiten logen oder betrogen, während ihre ehrlichen Altersgenossen sich konsistent ehrlich verhielten (Ehrlichkeit und Verhaltens*konsistenz* korrelierten zu .78; siehe Rushton et al., 1983). Testtheoretisch betrachtet deutet dies auf einen typischen Decken- oder Bodeneffekt, indem die Items an einem Ende der Schwierigkeitsskala klumpen, folglich von einem Teil der Stichprobe praktisch vollständig „gelöst" werden und auch für den in der Ausprägung des zu messenden Trait

entgegengesetzten Teil der Population noch eine relativ hohe Lösungswahrscheinlichkeit bieten. Da die Schwierigkeitsindizes andererseits nicht sehr stark streuen,
wirkt sich dies, eine hinreichende Itemzahl vorausgesetzt, weniger auf die Reliabilität
des Aggregats aus als auf die Zuverlässigkeit der einzelnen Indikatoren (z.B. Nunnally, 1978). Dies sollte bei der folgenden Diskussion im Auge behalten werden.
Anders als bei einem psychologischen Test werden bei der Aggregation einzelner
Handlungen die Items nicht mehr oder weniger frei gewählt bzw. konstruiert, sondern sie treten im natürlichen Feld auf. Extreme Itemschwierigkeiten gehen hier nicht
auf ein „Versagen" des Testautors zurück, sondern sie sind ein gegebenes Merkmal
des untersuchten Verhaltensbereichs, der sich freilich variieren läßt.

Die Zusammenfassung mehrerer Verhaltensweisen läßt sich im Prinzip auch ohne
den Nachweis ihrer empirischen Kovarianz rechtfertigen. Ein typischer, bereits ange-
klungener Anwendungsfall ist die Komposition eines allgemeinen Kriteriums beruflicher Leistung per definitionem auf der Grundlage der z.B. arbeitsanalytisch ermittelten Relevanz einzelner Indikatoren für den Gesamterfolg, wenn etwa in der Personalauswahl eine absolute Entscheidung (Annahme / Ablehnung) zu treffen ist und
dafür eine geeignete Evaluationsbasis gesucht wird (Schmidt & Kaplan, 1971). Der
Nachweis der Erfolgsrelevanz wurde für einzelne kontraproduktive Verhaltensweisen
im vorangegangenen Abschnitt versucht, in dem sich zeigen ließ, daß eine Reihe
phänomenologisch unterscheidbarer Bereiche devianten Verhaltens existieren, die,
jeder für sich, bereits gravierende betriebliche Probleme konstituieren und eine für
Auswahlzwecke hinreichende Prävalenz in einem typischen Bewerberpool aufweisen. Im folgenden soll es um die empirische Bewährung der bislang nur definitorisch
erfolgten Zusammenfassung dieser - ihrerseits schon zu einem gewissen Grad aggregierten - Verhaltensbereiche gehen. Da die Untersuchungseinheit in den zu berichtenden Studien fast immer das Individuum ist, setzt eine solche Analyse bereits
voraus, daß das untersuchte Verhalten zumindest partiell an Merkmale der Person
gebunden ist.

Unglücklicherweise wird die Struktur des untersuchten Verhaltensbereichs in den
meisten Studien zur Kontraproduktivität und Devianz schlicht nicht thematisiert. Es
läßt sich jedoch versuchen, eine Reihe von direkten, häufiger indirekten Hinweisen
zusammenzutragen, die sich am Ende zu einem - leider recht unscharfen - Bild fügen
werden. Ein Teil dieser Puzzlestücke stammt aus der allgemeinpsychologischen und
kriminologischen Forschung ohne direkten Bezug zur Arbeitswelt. Dazu zählt auch
Burtons Faktorenanalyse der Hartshorne & May-Daten, in der sich Hinweise sowohl
auf einen generellen Faktor als auch auf spezifische Komponenten fanden, die einzelne „unmoralische" Verhaltensweisen (Stehlen, Lügen, Abschreiben, Fälschen)
abbildeten. Burton zitiert eine Anzahl weiterer Studien mit ähnlichen Befunden.

Relativ intensiv wurde in der Kriminologie untersucht, ob Delinquenten dazu neigen, sich auf bestimmte Delikte zu spezialisieren oder ob die gleichen Personen immer wieder andere Formen abweichenden Verhaltens zeigen. Die Befunde ähneln
meist denen aus den Studien von Hartshorne und May, wobei die Interpretation wiederum davon abhängt, welcher Theorieschule sich die Autoren zugehörig fühlen. In

der Regel sind bei Selbstberichten alle Formen abweichenden und kriminellen Ver-
haltens positiv interkorreliert. In Faktorenanalysen findet sich entsprechend eine g-
Komponente, ergänzt um schwächere, bereichsspezifische Faktoren (Brownfield &
Sorensen, 1987; Donovan & Jessor, 1985; Hindelang, Hirschi & Weis, 1981; Jessor
& Jessor, 1977; Lösel, 1975; Osgood, Johnston, O'Malley & Bachman, 1988; Rowe,
Osgood & Nicewander, 1990). Die einbezogenen Verhaltensweisen erstrecken sich
dabei nicht nur auf Delinquenz im Sinne juridischer Kriminalität, sondern schließen
problematisches Verhalten i.w.S. wie gefährliches Fahren, Alkoholmißbrauch oder
Schulabbruch ein. Gut bestätigt aus physiologischen Messungen ist auch das Zu-
sammentreffen akuter alkoholischer Intoxikation mit aggressivem Verhalten (Ito,
Miller & Pollack, 1996).

Eine weitere Gruppe kriminologischer Studien bedient sich offizieller Vorstrafen-
register und untersucht nach dem Prinzip von Markoff-Ketten-Modellen die Über-
gangswahrscheinlichkeiten von Delinquenten zwischen verschiedenen Tatkategorien
(zusammenfassend Blackburn, 1993; Britt, 1994). Der typische Befund hier ist, daß
die Prognose bestimmter Delikte durch Vorstrafen für identische Tatbestände (als
Indiz für Spezialisierung) nur geringfügig besser gelingt als mit Hilfe einer Verur-
teilung für ein beliebiges anderes Verbrechen. Der Spezialisierungsgrad nimmt mit
dem Alter etwas zu, was Vertreter von Theorien der kriminellen Laufbahn als Unterstützung ihrer Hypothesen werten, während deren Kritiker auf die durchgängig geringen Effektstärken verweisen (siehe Britt, 1994). Auch in den kriminologischen
Untersuchungen finden sich also Hinweise sowohl auf Generalität (Devianzfaktor)
als auch Spezifität (hier: einzelner Verhaltensweisen, nicht der Situation) abweichenden Verhaltens.

Die Struktur kontraproduktiven Verhaltens im Betrieb wurde demgegenüber selten explizit thematisiert. Hier lassen sich folglich auch kaum eindeutige Aussagen
treffen, auch wenn in der Tendenz manches für ein mehrstufig hierarchisch aufgebautes Konstrukt spricht, mit Subfaktoren, die ein gewisses Maß an Spezifität besitzen. Die Daten, auf denen diese Schlußfolgerung beruht, entstammen hier sowohl
Selbstberichten als auch Fremdbeurteilungen durch Vorgesetzte sowie objektiven
Indikatoren, gelegentlich auch mehreren Quellen. Erhebliche Unterschiede bestehen
auch hinsichtlich des Aggregationsgrads der manifesten Variablen und der zur Datenanalyse herangezogenen Methoden. Unter diesen Umständen kann mit einer Konvergenz der Resultate nur in begrenztem Ausmaß gerechnet werden. Auf die Möglichkeiten und Grenzen einzelner Methoden wurde größtenteils bereits weiter oben
eingegangen.

Erste Hinweise ergeben sich wiederum aus den internen Konsistenzen von Selbstberichtsdaten. Ones et al. (1993) fanden in der Recherche für ihre Metaanalyse 13
derartige Koeffizienten für Kontraproduktivität mit einem Mittelwert von .69 (incl.
objektiver Daten, die Ones et al. zufolge jedoch nicht wesentlich von den Selbstberichten abwichen). Dieser Wert diente als Grundlage ihrer Artefaktbereinigung, die
Gewichtung erfolgte dementsprechend nicht nach Stichprobengröße, sondern nach
der Häufigkeit, mit der ein der jeweiligen Originalquelle vergleichbares Verhalten

innerhalb des gesamten Datenpools als Validitätskriterium diente. Über die Zusammensetzung und Natur der einzelnen Koeffizienten gibt der Beitrag keine Auskunft.

Der Umstand, daß die Zusammengehörigkeit des untersuchten Verhaltensbereichs oft schlicht vorausgesetzt wird, führt leider dazu, daß sich in vielen einschlägigen Studien nur selektive oder gar keine Daten zur Konsistenz der Skalen finden. Bei globalen Kontraproduktivitätsskalen variiert Cronbachs Alpha zwischen .70 und .90 (Ashton, 1998; Dawson, 1996; Storms & Spector, 1987; Woolley & Hakstian, 1993; nach Stichprobengröße gewichtetes Mittel: .84). Die Werte für einzelne Erscheinungsformen wie Diebstahl (Boye & Wasserman, 1996; Moser et al., 1998), mangelnde Kooperativität (Lehman & Simpson, 1992; Moser et al., 1998) oder Absentismus (Holcom, 1993; Lehman & Simpson, 1992) liegen eher zwischen .50 und .60, wobei höher aggregierte Subkonstrukte wie Rückzugsverhalten (Holcom, 1993; Lehman & Simpson, 1992) oder Aggressivität (Chen & Spector, 1992) wiederum Konsistenzen um .80 produzieren. Die Unterschiede mögen zum Teil durch Differenzen in den Skalenlängen erklärlich sein, sprechen soweit aber noch nicht für die Spezifität einzelner Verhaltensweisen.

Werden die meist intuitiv gebildeten Subskalen interkorreliert, ergeben sich i.d.R. substantiell positive Zusammenhänge zwischen den einzelnen Erscheinungsformen. In der großzahligen Untersuchung von Hollinger und Clark (1983) korrelierten die Bereiche „Eigentumsdevianz" (v.a. Diebstahl) und „Produktionsdevianz" (Absentismus, Arbeitsverweigerung und Drogenmißbrauch) je nach Branche zwischen r = .39 und .48. Bei Rafilson und Frost (1989) lagen die Zusammenhänge zwischen Diebstahl, Drogenmißbrauch und „Kontraproduktivität" (verstanden als Restkategorie) zwischen r = .55 und .69; Diebstahl, „Zeitdiebstahl" und eine ähnliche „Sonstiges"-Kategorie waren bei Boye und Wasserman (1996) zwischen .44 und .54 korreliert; Werner, Jones und Steffy (1989) untersuchten den Diebstahl von Waren oder Bargeld (r = .60); und Chen und Spector (1992) fanden für ihre jeweils durch mehrere Items erfaßten Erscheinungsformen Sabotage, Aggression, Feindseligkeit und Diebstahl Zusammenhänge zwischen r = .34 und .57. Geringer fielen in der letztgenannten Studie die Korrelationen mit den Ein-Item-Messungen von Absentismus und Drogenmißbrauch aus (zwischen .10 und .20; beide Einzelitems waren zu -.03 korreliert). Bei Holcom (1993) hingen Alkoholkonsum (ein Item), „psychologischer Rückzug" (v.a. Trödeln und nicht aufgabendienliche Akivitäten bei der Arbeit) und Absentismus auch nur zu .10 bis .25 zusammen, und Moser et al. (1998) berichten einen Zusammenhang von r = .11 für ihre Kurzskalen „Diebstahl i.w.S." und „unkooperatives Verhalten" (siehe hierzu die eigene Reanalyse im empirischenTeil), während Ashtons (1998) Einzelitems im Mittel immerhin zu .30 korrelierten. Insgesamt sind jedoch Selbstberichtskalen kontraproduktiven Verhaltens durch die Bank positiv interkorreliert, wobei die Höhe der Koeffizienten stärker vom Aggregationsgrad als von der Art des untersuchten Verhaltens abzuhängen scheint. In den einzigen hierzu identifizierten Faktorenanalysen fanden denn auch sowohl Dawson (1996: 24 Items; Eigenwertverlauf: 9,7; 2,3; 1,3; 1,1) als auch Ashton (1998: 8 Items; 40 % Varianzaufklärung durch die erste Hauptkomponente) starke Hinweise auf einen generellen Faktor, der auf alle Items höher als .40 lud.

Selbstberichtsdaten abweichenden Verhaltens unterliegen freilich ähnlichen Einwänden wie Persönlichkeitstests, die sich u.a. auf den Einfluß sozialer Erwünschtheit richten. Dagegen spricht zunächst die Validität dieser Selbstberichte, die mit objektiven Daten zum gleichen Verhaltensbereich i.d.R. höher als r = .50 zusammenhängen. Dies ist relativ gut belegt für die in der Kriminologie verwandten Delinquenzskalen (Hindelang et al., 1981) und innerhalb der Forschung zu kontraproduktivem Verhalten dort, wo eine Erhebung objektiver Indikatoren möglich ist (zum Absentismus Johns, 1994a; zum Drogenmißbrauch Lehman & Simpson, 1992). Auch hier ist die Übereinstimmung nirgendwo perfekt, was sich je nach Interessenlage auf Schwächen der Selbstberichte (soziale Erwünschtheit, Erinnerungslücken) oder der objektiven Indikatoren (Dunkelfeld, Unzuverlässigkeit bei Drogentests) zurückführen läßt. Johns (1994a) fand für Absentismus, einen Bereich, der vielleicht am wenigsten anfällig für mangelnde Beobachtbarkeit ist, eine nicht attenuationskorrigierte, mittlere Konvergenz von r = .68 zwischen Personalakten und Selbstberichten, *obwohl* sich in letzteren eine deutliche Mittelwertstendenz (Unterschätzung der eigenen Fehlzeiten) zeigte. Johns zeigt ferner auf, daß die Konvergenzkoeffizienten in starkem Maß davon abhängen, wie gut beide Messungen bezüglich der Art der erfaßten Fehlzeiten und der jeweiligen Zeitspanne übereinstimmen. In einer dort berichteten Studie, in der objektive und subjektive Indikatoren sorgfältig aufeinander abgestimmt waren, ergab sich eine Korrelation von r = .92.

Auch wenn sich mittels Selbstbericht Daten von brauchbarer Verhaltensnähe für probabilistische Anwendungen gewinnen lassen, ist damit der Verdacht noch nicht völlig ausgeräumt, die Korrelationen *zwischen* den so erhobenen Verhaltensweisen seien durch Methodenvarianz oder den Einfluß sozialer Erwünschtheit überhöht. In der Tat finden sich in einigen Faktorenanalysen der Daten aus Personalakten Hinweise auf die Multidimensionalität des vielschichtigen Komplexes problematischen Verhaltens bei der Arbeit. Paajanen (1988) fand in einer Stichprobe von LKW-Fahrern getrennte (aber zu .22 korrelierte) Faktoren für Absentismus und problematisches Fahrverhalten (selbstverschuldete Unfälle, Verkehrsverstöße). Hogan und Hogan (1989) berichten drei derartige Studien, in denen sich jeweils Vorgesetztenbeurteilungen der allgemeinen Leistung als eigenständiger Faktor heraushoben. Die einzige Untersuchung mit multiplen objektiven Indikatoren kontraproduktiven Verhaltens fand, ähnlich wie bei Paajanen, unterscheidbare Komponenten für Absentismus und „Delinquenz" (verschuldete Unfälle, Abmahnungen, Suspendierungen). Latham und Perlow (1996) berichten einen Zusammenhang von r = .27 zwischen klientengerichteter Aggression und einer Mischvariable aus unterschiedlichen negativen Eintragungen in die Personalakte. Untersuchungen aus der Absentismusforschung zeigen, daß Fehlzeiten mit anderen Indikatoren des „withdrawal"-Konstrukts wie Kündigungen (ρ = .33 in der Metaanalyse von Mitra, Jenkins & Gupta, 1992) und Unpünktlichkeit (ρ =.40; Koslowsky, Sagie, Krausz & Singer, 1997) mäßig positiv korreliert ist, während sich zum Alkoholkonsum erst ab einer gewissen Schwelle des Problemtrinkens Zusammenhänge finden (im Überblick Johns, 1997). Positive Befunde aus Drogentests weisen allerdings auf ein um etwa 50 % erhöhtes Absentismus- und Kündigungsrisiko hin (Normand, Salyard & Mahoney, 1990). Viswesvaran

(1993) berichtet in seiner Metaanalyse unterschiedlichster Leistungskriterien einen Zusammenhang von $\rho = 1,0$ zwischen objektiv erhobenem Absentismus und Unfallhäufigkeit ($K = 3$, $N = 407$), der ihm jedoch selbst „offensichtlich überhöht" vorkommt.

Insgesamt ist die Datenlage zu den Zusammenhängen extern ermittelter Indikatoren verschiedener kontraproduktiver Verhaltensweisen etwas dürftig und unübersichtlich. Dies läßt sich zum Teil auf Meßprobleme wie mangelnde Beobachtbarkeit (etwa bei Diebstahl), geringe Inzidenz mit der Folge eingeschränkter Varianz (siehe, mit Bezug zu Rückzugsverhalten wie z.B. Kündigungen, die Diskussion bei Hulin, 1991) oder die Vermischung von Verhaltens- und Ergebniskriterien (etwa die schwierige Unterscheidung krankheits- und motivationsbedingter Fehlzeiten aus Personalakten) zurückführen. Unter diesen Voraussetzungen ist generell nicht mit hochgradiger Konvergenz von Einzelindikatoren zu rechnen. Dennoch deutet die Evidenz überwiegend darauf hin, daß phänomenologisch ähnliche Verhaltensweisen enger zusammenhängen als solche aus unterschiedlichen Erscheinungsformen. Dies unterscheidet sich im Grundsatz nicht von den Befunden zu bspw. selbstberichteter Delinquenz, in denen neben einem Generalfaktor i.d.R. auch Gruppenfaktoren bestätigt werden konnten (Hindelang et al., 1981, ihrerseits Vertreter einer Einheitstheorie, konzedieren dies in ihrer Übersicht). Das Ausmaß der Übereinstimmung scheint bei objektiven Indikatoren jedoch insgesamt geringer zu sein.

Die vielleicht deutlichsten Hinweise auf einen Kontraproduktivitätsfaktor finden sich jedoch in einigen jüngeren Arbeiten, die die Struktur des Konstrukts beruflicher Leistung in einem übergeordneten Zusammenhang zum Gegenstand hatten und diese großteils anhand von Fremdbeurteilungen, v.a. durch Vorgesetzte, untersuchten. Innerhalb des „Project A", eines der umfangreichsten und am sorgfältigsten durchgeführten Forschungsprojekte in der Geschichte der Organisationspsychologie, entwickelten C.H. Campbell, Ford, Ramsey et al. (1990) eine extensive Batterie von Leistungsindikatoren für unterschiedlichste Positionen innerhalb der U.S. Army, die Vorgesetztenbeurteilungen, Personalakten und Verhaltenssimulationen einschloß. J.P. Campbell, McHenry und Wise (1990) untersuchten mit einem multimethodalen Ansatz die Struktur von mehr als 200 dieser Indikatoren für über 9.000 Armeeangehörige und befanden eine fünffaktorielle Lösung als beste Repräsentation des Datensatzes. Einen dieser Faktoren nannten sie „personal discipline" und definierten ihn wie folgt:

> This performance construct reflects the degree to which an individual adheres to Army regulations and traditions, excercises personal self-control, demonstrates integrity in day-to-day behavior, and shows commitment to high standards of personal conduct (Campbell, McHenry & Wise, 1990, p. 322)

Diese Komponente war auch nach Auspartialisierung der Methodenvarianz mit allen anderen Leistungsdimensionen positiv korreliert, am stärksten (.48) jedoch mit „Einsatz / Führungsqualität". Die Project A - Ergebnisse haben neuere Theorien beruflicher Leistung (Borman & Motowidlo, 1993; J.P. Campbell, McCloy, Oppler & Sager, 1993) erheblich beeinflußt, in denen neben aufgabenbezogenen Elementen die

Bedeutung positionsübergreifender Anforderungen wie Einsatzbereitschaft, Koope-
ration oder Disziplin betont wird (letzteres bei Borman & Motowidlo Facetten der
„contextual performance").

Aus dem zivilen Bereich berichtet Hunt (1996) eine ähnliche Analyse mit mehr
als 18.000 auf Stundenlohnbasis bezahlten Beschäftigten, die auf knapp 200 strikt
verhaltensorientiert formulierten Items einer Einstufungsbeurteilung durch Vorgesetzte beruht. In einem gleichfalls mehrstufigen Prozeß identifizierte Hunt acht Faktoren „generischen" (positionsübergreifend bedeutsamen) Verhaltens, darunter „un-
ruliness" (Markiervariable: bedroht oder rempelt einen anderen Mitarbeiter), „theft"
(berät Freunde, wie man Waren stehlen kann), „drug misuse" (nimmt Drogen oder
trinkt Alkohol auf dem Betriebsgelände), „attendance" (kommt ohne brauchbare Ent-
schuldigung zu spät) und „off-task behavior" (erledigt persönliche Geschäfte während der Arbeitszeit). Die Dimensionen waren zum Teil hoch interkorreliert (die fünf
genannten, außer Drogenmißbrauch, zwischen .52 und .76; Drogenmißbrauch mit
den anderen vier zwischen .26 und .52), und Hunt präsentiert am Ende seines Beitrags ein hierarchisch aufgebautes Modell, in dem die ersten drei Verhaltensweisen
auf einen Devianzfaktor laden, der sich wiederum mit den anderen beiden Dimensionen zu „minimum performance behaviors" zusammenfügt.

Gleichfalls acht, allerdings a priori gebildete Dimensionen verwendet Viswesvaran (1993) für Fremdbeurteilungen, um aus den metaanalytisch festgestellten Beziehungen zwischen ihnen einen g-Faktor beruflicher Leistung zu modellieren. Auch
Viswesvaran erzielt den besten Fit für ein hierarchisch strukturiertes Konstrukt, in
dem v.a. „compliance and acceptance of authority" einen Gruppenfaktor „conscientiousness" definiert, der seinerseits zu .98 vom Generalfaktor geladen ist. Die methodische Vorgehensweise entspricht dabei weitgehend der von Ones (1993; Kompositorien werden metaanalytisch zueinander in Beziehung gesetzt und diese Korrelationen anschließend faktorisiert), so daß auf deren Problematik hier nicht noch einmal
eingegangen werden muß (vgl. Abschnitt 2.3.4). Zusammenfassend läßt sich jedoch
festhalten, daß sich in großzahligen Untersuchungen mit Leistungsbeurteilungsdaten
stets ein als Devianz oder Kontraproduktivität interpretierbarer Faktor identifizieren
ließ, der innerhalb eines mehrdimensionalen Leistungskonstrukts eine gewichtige
Rolle spielt und seinerseits (bei Hunt) aus mehreren Gruppenfaktoren aufgebaut ist.

Die Rolle, die sozialer Erwünschtheit zur Erklärung scheinbar überhöhter Zusammenhänge bei Selbstberichten zugeschrieben wird, übernimmt für Fremdbeurteilungen gewöhnlich der „Halo"-Effekt. Dagegen läßt sich - unabhängig davon, daß
die Bedeutung von Halo als Urteilsfehler, ähnlich wie die der sozialen Erwünschtheit, neueren Erkenntnissen zufolge weit überschätzt wird (siehe Arvey & Murphy,
1998; Marcus & Schuler, in Vorb., für kurze Übersichten) - einwenden, daß dieser
Effekt zumindest im Project A durch multimethodale Erfassung und statistische
Kontrolle weitgehend eliminiert worden sein dürfte. Bedeutsamer scheint m.E. der
Umstand, daß Fremdbeurteilern die Beobachtung verdeckten Verhaltens und die
Trennung von Ursache und Wirkung i.d.R. beim Ausfüllen von Urteilsskalen eben-
sowenig zugänglich ist wie bei der Auswertung von objektiven Ergebniskriterien.
Eine wirklich objektive Erfassung kontraproduktiven Verhaltens unter kontrollierten

Bedingungen erforderte eine experimentelle Anordnung, und zwar für jede einzelne Verhaltensgelegenheit neu. Im auch nur simuliert betrieblichen Umfeld dürfte dies allenfalls für Ein-Item-Messungen des Verhaltens (im Sinne *einer* Situation) möglich sein, eine extensive Batterie von Verhaltenstests wie bei Hartshorne und May erscheint hier jedenfalls unrealistisch. Ein-Item-Tests sind aber für faktorenanalytische Ansätze nutzlos und auch für korrelative Studien mit dem Individuum als Untersuchungseinheit wegen der geringen intersituativen Konsistenz devianten Verhaltens von begrenztem Wert. Hierfür besteht zum Selbstbericht als Methode der Wahl kaum eine Alternative.

In der Zusammenschau spricht die Evidenz aus verschiedenen Urteilsquellen dafür, daß zwischen einzelnen Verhaltensweisen aus dem Komplex Kontraproduktivität positive Zusammenhänge bestehen, deren Höhe mit der Ähnlichkeit des jeweils erfaßten Verhaltens abnimmt. Dies deutet auf ein mehrdimensionales Verhaltenskonstrukt, dessen Elemente sowohl durch Gemeinsamkeiten (Generalität) als auch durch Eigenständigkeit (Spezifität) gekennzeichnet sind. Dabei wurde bis jetzt von den Erklärungsfaktoren Person und Situation weitgehend abstrahiert, auf die im folgenden Abschnitt näher einzugehen sein wird. Mit Bezug auf die theoretische Vorstellung von dem untersuchten Verhaltensbereich sei jedoch an dieser Stelle angemerkt, daß Person und Situation für die Phänomene der Generalität und Spezifität per se keine gleichgewichtige Erklärungskraft zukommt. Will man eine Erklärung dafür finden, warum es häufig die gleichen Leute sind, die stehlen, fehlen, trinken usw., wird man sich auf die Suche nach gemeinsamen Elementen dieser Verhaltensweisen begeben, was Konstanz zwischen gemessenen Variablen und Variabilität zwischen den Untersuchungseinheiten erfordert. Das konstante Element von Messung zu Messung ist jedoch die Person; die Situation mag sich dazwischen ändern und zwischen einzelnen Personen Unterschiede aufweisen oder auch nicht. Der typische Fall ist eher eine gewisse Konstanthaltung der Umstände zwischen den Versuchspersonen (die bspw. alle der gleichen Organisation angehören), was keine ideale Voraussetzung für die situative Erklärung interindividueller Unterschiede bietet.

Bei der Begründung der Spezifität sind die Gegebenheiten *nicht* einfach umgekehrt. Zunächst ist ein Gruppen- oder Subfaktor ja wiederum eine (latente) Personvariable, die zwar enger definiert ist, aber deshalb nicht weniger eine personale Erklärung nahelegt. Erst wenn es um eine Begründung dafür geht, warum manche Personen zwar konsistent stehlen, aber *nicht* bspw. krankfeiern, kommt die Situation in eine günstigere Position. Zum Beispiel mag es in einem Betrieb eine restriktive Unternehmenspolitik gegen Fehlzeiten geben, aber kaum etwas gegen Mitarbeiterdiebstahl unternommen werden, während in einem anderen nur wenig reizvolle Waren zugänglich sind oder extrem scharfe Kontrollsysteme installiert wurden. Unter solchen Umständen variiert die Situations*stärke* zwischen verschiedenen Erscheinungsformen, was sich, wie grundlagenpsychologisch auch durch die Empirie belegt ist (Monson, Hesley & Chernick, 1982), auf die interindividuelle Varianz und damit auf die Erklärungskraft von Dispositionen für das Verhalten auswirkt. In starken Situationen sind Traits weniger verhaltenswirksam. Verstärkt wird diese Tendenz, wenn, wie bei Hartshorne und Mays Studien, die intersituative Verhaltenskonsistenz am negativen Pol der Verteilung des „Ehrlichkeits"-Trait ohnehin geringer ausgeprägt ist, folglich eine größere Zahl von Verhaltensgelegenheiten zur Manifestation des Trait erforderlich wird. In einem solchen Fall ist es möglich, daß sich die gleiche Eigenschaft gewissermaßen Äußerungsformen „sucht", in denen die Einschränkung durch äußere Umstände geringer ist - die beobachtete Spezialisierung auf bestimmte Devianzformen wäre ein Artefakt der differentiellen Situationsstärke. Andererseits läßt sich auch die Spezifität eher personalistisch erklären als umgekehrt die Generalität situationistisch: In diesem Fall konstituieren die unterschiedlichen Erscheinungsformen einfach unterschiedliche Traits bzw. Facetten des Generalfaktors - die konventionelle Erklärung für ein Korrelationsmuster wie das hier beobachtete.

Hulin (1991) diskutiert verschiedene Modellvorstellungen des „withdrawal"-Konstrukts, die zu z.T. gegensätzlichen Hypothesen über die erwartete Interkorrelation der diesem zugeordneten Verhaltensweisen führen. Im „Spillover"-Modell werden Unpünktlichkeit, Absentismus und Kündigung[29] als unspezifische Formen des Meidungsverhaltens betrachtet, die unabhängig vom Meßzeitpunkt positiv korreliert sein sollten. Im „Progression"-Modell gelten diese Verhaltensweisen als verkettete Indikatoren einer Eskalation, wobei leichtere Formen jeweils als zeitlich vorgelagerter Prädiktor der nächstschwereren dienen. Negative Korrelationen zwischen einzelnen Verhaltensweisen nehmen das kompensatorische Modell (eine Form ist ein vollwertiger Ersatz für eine andere) und das Modell alternativer Formen (werden einzelne Verhaltensweisen situativ unterdrückt, wird auf andere ausgewichen) unter bestimmten Umständen an. Alle diese Modelle sind mit einem einheitlichen Konstrukt des „Rückzugs" vereinbar, der vorstellungsgemäß durch Arbeitsunzufriedenheit verursacht ist. Sie erfordern jedoch auch alle gleichgerichtete Zusammenhänge sämtlicher Erscheinungsformen mit dieser (modellexternen) Erklärungsvariable. Erst bei Konstanthaltung dieses Faktors (bzw. dessen Auspartialisierung) entstehen die negativen Korrelationen unter den Annahmen des kompensatorischen und des Modells alternativer Formen. Übertragen auf das Konzept der Kontraproduktivität wurden oben Entsprechungen des spillover (unspezifische Manifestationen eines einheitlichen Verhaltensbereichs) und des Modells alternativer Formen (differentielle Situationsstärke als Moderator der Beziehungen zwischen den einzelnen Erscheinungsformen) diskutiert. Allerdings, dies sei angemerkt, wird in dem hier vorgestellten Konzept nicht von einer strengen Geltung des einen *oder* anderen Modells ausgegangen (der typische Fall dürften Mischformen sein), und es wird im Unterschied zum Konzept des Rückzugs keine externe Erklärungsvariable spezifiziert. Die unterschiedlichen Vorstellungen von „withdrawal" illustrieren jedoch die Schwierigkeiten (und Beliebigkeiten), die entstehen können, wenn man ein latentes Konstrukt aus den Beziehungen zwischen offenen Verhaltensweisen abzuleiten versucht.

---

[29] Hulin selbst erweitert den Verhaltensbereich auch auf Diebstahl oder Drogenkonsum. Insofern unterscheidet sich „withdrawal" in erster Linie durch die Ursachenhypothese (mangelnde Arbeitszufriedenheit) von Kontraproduktivität.

Oben wurde die Höhe der Zusammenhänge zwischen den untersuchten Verhaltensweisen als Funktion von deren Ähnlichkeit beschrieben, wobei die vorgelagerten Ursachen dieser Korrelationsdifferenzen sowohl in der handelnden Person als auch in der Situation vermutet werden dürfen. Aus einer anderen Perspektive, der des Beobachters, und mit einem völlig anderen Ansatz nähert sich die Arbeit von Robinson und Bennett (1995) der Dimensionalität von Mitarbeiterdevianz, indem sie aus der wahrgenommenen Ähnlichkeit repräsentativer Verhaltensweisen ein Abbild von deren Struktur zu konstruieren versucht. Die Autoren ließen zunächst eine heterogene Stichprobe von Laien und Berufspraktikern Verhaltensbeispiele für deviante Handlungen am Arbeitsplatz generieren, die anschließend von Experten hinsichtlich ihrer Angemessenheit beurteilt wurden. Die so formulierten insgesamt 45 Verhaltensbeispiele wurden dann von einer zweiten Stichprobe vollzeitbeschäftigter M.B.A.-Studenten nach dem Grad ihrer Unähnlichkeit eingeschätzt und das Ergebnis mittels mehrdimensionaler Skalierung zu einer räumlichen Darstellung verdichtet. Zusätzlich machten die Probanden Angaben über die Attribute, anhand derer sie die Ähnlichkeit beurteilt hatten. Eine dritte Gruppe von Experten schätzte schließlich ein, wie gut die Attribute die jeweiligen Verhaltensweisen beschreiben, und diese Beurteilungen wurden dazu herangezogen, die statistisch konsensfähigste Benennung der gefundenen Dimensionen zu wählen. Wohl selten ist eine MDS-Studie sorgfältiger durchgeführt worden.

Das Ergebnis war ein zweidimensionaler Raum, dessen eine Dimension sich durch die polaren Attribute „minor-serious" (M-S), die andere durch „organizational-interpersonal" (O-I) beschreiben ließ. Die vier durch die Dimensionen abgetrennten Quadranten nannten Robinson und Bennett Produktionsdevianz (Quadrant M-O: z.B. „Zeitdiebstahl", Ressourcenverschwendung), Eigentumsdevianz (S-O: Sabotage, Diebstahl), politische Devianz (M-I: Gerüchte verbreiten, Schuld für eigene Fehler abschieben) und persönliche Aggression (S-I: sexuelle Belästigung, Kollegendiebstahl).

Die Arbeit von Robinson und Bennett bietet den bislang systematischsten Versuch zur Typologisierung abweichenden Verhaltens am Arbeitsplatz. Was sie nicht bietet, sind Anhaltspunkte dafür, wie gut sich diese Typologie auf die Kovarianz tatsächlichen Verhaltens übertragen läßt. M.a.W.: Finden sich die Dimensionen organisations- vs. mitarbeiter-/kollegenschädigenden Verhaltens und des Schweregrads auch in Messungen wieder, die individuelles Verhalten erfassen? Zumindest deckt sich die Unterscheidung organisationsschädigenden Verhaltens in Eigentums- und Produktionsdevianz mit der verbreiteten Einteilung von Hollinger und Clark (1983), die allerdings a priori erfolgte. Ansonsten bleibt die Frage, wie so vieles im Bereich kontraproduktiven Verhaltens, Gegenstand zukünftiger Forschung.

Abschließend muß noch einmal konstatiert werden, daß die Abgrenzung und Modellierung von deviantem oder kontraproduktivem Verhalten und dessen diverser Unterkonstrukte in den einschlägigen Arbeiten i.d.R. rein definitorisch erfolgt oder überhaupt nicht problematisiert wird. Dennoch existieren einige Hinweise darauf, daß mit einer gewissen Berechtigung von Kontraproduktivität als einheitlichem Konzept die Rede ist. Zu den (noch) offenen Fragen zählt allerdings, wie man sich dieses sicher nicht vollständig eindimensionale Konstrukt nach Öffnen der Black Box genau vorzustellen hat (Struktur innerhalb bzw., bei hierarchischem Aufbau, unterhalb des Gesamtkomplexes) und wo genau die Grenze zwischen Devianz und etwas davon Unabhängigem zu ziehen ist (Einordnung in nochmals übergeordnete Verhaltens-komplexe). Sicher ist, daß Kontraproduktivität in modernen Ein- (Viswesvaran, 1993), Zwei- (Borman & Motowidlo, 1993) und Acht-Faktoren-Theorien (J.P. Campbell et al., 1993) beruflicher Leistung ihren Platz hat. Im Kontrast dazu stehen jedoch die meisten der nun zu diskutierenden Erklärungsansätze, die eher die Ten-denz zeigen, aus jeder einzelnen Erscheinungsform - und häufig aus jedem denkbaren Handlungsmotiv - die Notwendigkeit einer Spezialwissenschaft zu begründen.

3.1.4 Erklärungsansätze kontraproduktiven Verhaltens

Erklärungen für kontraproduktive Verhaltensweisen am Arbeitsplatz werden in aller Regel nicht eigens für diesen Schauplatz erfunden. Die Autoren bedienen sich hier aus dem Schatzkästlein eingeführter Theorien, das die jeweilige Disziplin - So-ziologie, Psychologie, Ökonomie, in manchen Fällen auch Biologie oder Medizin - bereithält. Dies ist in den angewandten Wissenschaften eine durchaus fruchtbarer Ansatz; auch in der vorliegenden Arbeit wird auf eine Theorie aus der allgemeinen Kriminologie zurückgegriffen. Was den Blick auf den hier untersuchten Verhaltens-bereich ein wenig verstellt, ist vielmehr die zu beobachtende Verzettelung der Kräfte auf jeweils bestimmte Verhaltensausschnitte. Als einheitliches Forschungsgebiet ist Kontraproduktivität noch kaum erschlossen. Übersichten liegen entweder nur für ein-zelne Erscheinungsformen vor (z.B. Berndsen, 1997; L. Greenberg & Barling, 1996; M.M. Harris & Trusty, 1997; Johns, 1997; Neuman & Baron, 1997) oder werden beim Versuch der Zusammenschau mehrerer Verhaltensweisen monodisziplinär ver-engt (z.B. auf die soziologische Perspektive bei Hollinger & Clark, 1983; auf die psychologische bei Murphy, 1993).

Beiden Einschränkungen wird hier nicht gefolgt; allerdings soll auf seiten der denkbaren theoretischen Paradigmen eine wesentlich stärkere Selbstbeschränkung erfolgen, die sich z.T. schon aus der Datenlage ergibt. Berndsen (1997) unternimmt in seiner im Deskriptiven sehr sorgfältigen Analyse den Versuch, alle führenden Theorien abweichenden oder kriminellen Verhaltens - ein zwar etwas soziologie-lastiges, aber insgesamt auch disziplinär sehr vielschichtiges Feld - auf ihren Erklä-rungswert für den von ihm sehr weit gefaßten Bereich der Sabotage zu untersuchen und fördert dabei mehr weiße Flecken als Inseln der Erkenntnis zutage. Im folgenden soll dagegen eine sehr grobe Einteilung in die Verursachungsfaktoren Person und Situation vorgenommen werden, anhand derer beispielhaft einige führende Ansätze zur Erklärung (meist) bestimmter Erscheinungsformen von Kontraproduktivität ange-rissen werden. Dabei wird auf die Provenienz nicht gesondert eingegangen noch wird zwischen einzelnen der oben diskutierten Formen - dem hier verfolgten Konzept ent-sprechend - eine theoretische Abgrenzung vollzogen. Die Darstellung erhebt keinen

Anspruch auf Vollständigkeit (die wichtigsten, meistdiskutierten Ansätze sollten gleichwohl angesprochen werden); vielmehr soll sich, mit Blick auf den weiter unten zu diskutierenden theoretischen Ansatz dieser Untersuchung, zeigen, auf welche Weise Person und Situation, unabhängig voneinander und im Zusammenwirken, Einfluß auf die jeweiligen abhängigen Variablen nehmen und für welche Merkmale sich ein solcher Einfluß nachweisen läßt. Die Erörterung beschränkt sich weitgehend auf Ansätze, die auch tatsächlich mit Bezug zu kontraproduktivem Verhalten am Arbeitsplatz untersucht wurden.

3.1.4.1 Situationistische Ansätze

Situationistische Interpretationen von Untersuchungen kontraproduktiven Verhaltens sind erheblich häufiger anzutreffen als wirklich situative *Messungen*. Darunter sollen hier Versuchsanordnungen verstanden werden, die eine Isolation der äußeren Gegebenheiten vom Einfluß der Personvariablen erlauben. Dies gelingt bekanntlich am überzeugendsten im Experiment - ein äußerst rarer Fall in der Devianzforschung. Hinweise auf den Einfluß situativer Umstände unterschiedlichster Art liegen aber aus zahlreichen weniger gut kontrollierten Untersuchungen vor. Häufiger jedoch werden Situationsvariablen durch Abfrage beim Individuum als dessen Perzeption erfaßt. Diese letztere Form der Messung soll im Anschluß unter der Überschrift „Pseudo-Situationismus" diskutiert werden.

Die einflußreichsten und überzeugendsten Hinweise auf den Einfluß äußerer Intervention gehen auf die Arbeiten von J. Greenberg (1990, 1993) zurück. In der quasi-experimentellen Felduntersuchung von 1990 konnte Greenberg zeigen, daß im Anschluß an eine Lohnkürzung die Diebstahlsraten in zwei Werken eines Industrieunternehmens gravierend unterschiedlich reagierten, je nachdem, wie sorgfältig und respektvoll die Gründe für die Kürzung vermittelt wurden. In Werk A erhielten die Mitarbeiter alle relevanten Informationen, dargelegt vom CEO persönlich, der zudem versicherte, daß auch das Management nicht von der Gehaltskürzung ausgenommen werde und in einer anschließenden Diskussion auf alle Fragen ausführlich einging. In Werk B dagegen wurden die Mitarbeiter einfach mit einer kurzen Mitteilung von der Maßnahme in Kenntnis gesetzt. Ein drittes Werk war von der Kürzung nicht betroffen und fungierte als Kontrollgruppe. Als Kriterien wurden eine nicht näher spezifizierte Diebstahlsrate sowie die Anzahl der Kündigungen erfaßt.

Als Ergebnis zeigte sich im Werk B (unangemessene Erklärung) ein Anstieg der Diebstahlsrate von 3,7 auf 8,9 %, die nach Ende der Kürzungsperiode wieder auf ihren ursprünglichen Wert zurückging. Im Werk A fiel dieser Effekt wesentlich geringer aus (Anstieg auf 5,7 %), während die Diebstahlsquote in der Kontrollgruppe konstant blieb. Auch kündigten im Erhebungszeitraum fast ausschließlich Mitarbeiter des Werkes B. Greenberg demonstriert in dieser equity-theoretisch fundierten Arbeit den Einfluß prozeduraler Gerechtigkeit auf das Verhalten der Arbeitnehmer und isoliert in seinem späteren Laborexperiment (1993) Subkomponenten dieses Konstrukts. Der Autor sieht Diebstahl als Form des sozialen Austauschs in Reaktion auf ungerechte Behandlung. Anekdotische Evidenz für ein ähnliches Motiv findet sich auch für andere Formen der Kontraproduktivität wie Absentismus (Kleinbeck & Wegge, 1996) oder Sabotage (Berndsen, 1997); dennoch dürfte die Verengung auf ein einzelnes Motiv, wie u.a. Greenberg (1997) selbst in einer Überblicksarbeit herausarbeitet, zu kurz greifen. Der Einfluß einer objektiv situativen Intervention auf das (überindividuell aggregierte) Niveau einer Kontraproduktivitätsvariable ist aber m.W. nirgendwo so deutlich gezeigt worden wie in dem oben beschriebenen Gerechtigkeitsexperiment. Individuelle Unterschiede wurden darin nicht kontrolliert.

Dies ist anders in einigen Arbeiten, die den Einfluß von Gruppennormen und Personfaktoren auf Absentismus untersuchten, indem sie mittels hierfür entwickelter statistischer Techniken (WABA: within and between analysis) den relativen Beitrag unterschiedlich aggregierter Untersuchungseinheiten (Individuum, Arbeitsgruppe, Betrieb) analog zu varianzanalytischen Ansätzen in seine Komponenten zerlegten. Während Yammarino und Markham (1992) in einer Reanalyse die von George (1990) behauptete Mediatorwirkung der Arbeitsgruppe auf den Zusammenhang zwischen Personvariablen und Absentismus ablehnen, fanden Markham und McKee (1995) Hinweise auf die Wirkung eines Faktors Gruppenklima - einer gruppenspezifischen Norm -, die einen über die individuell perzipierten Normen hinausreichenden Einfluß ausübte. Wir werden auf den Einfluß von Peer-Gruppen noch einmal im Rahmen der „pseudo-situationistischen" Ansätze zu sprechen kommen, wo sie - wegen der dominierenden Form der Messung als Perzeption und ihres allgemein diskutablen Charakters als Situationsvariable - m.E. besser aufgehoben sind. Gruppen- oder organisationsspezifische Normen oder Standards („Klima", „Kultur" - einen Einfluß des „Betriebsklimas" konnten Markham und McKee übrigens nicht nachweisen) spielen in soziologisch geprägten Ansätzen zur Erklärung kontraproduktiven wie allgemein devianten Verhaltens eine wichtige Rolle, werden aber selten so konsequent isoliert wie in den WABA-Studien. Eine Ausnahme - mit moderat positivem Befund (r = .17 zwischen Gruppennorm und individuellem Verhalten) - stellt die kürzlich vorgelegte Arbeit von Robinson und O'Leary-Kelly (1998) dar, die individuelle Urteile aus den Gruppennormen herausrechneten und damit eine Konfundierung vermieden.

Auf nochmals höherer Ebene setzen manche ökonometrischen Modelle an, die den Einfluß gesamtwirtschaftlicher Größen auf wiederum aggregierte abhängige Variablen aus dem Kontraproduktivitätskomplex untersuchen. Darin zeigt sich eindeutig, daß Schwankungen des Krankenstands zu einem erheblichen Teil durch die Lage von Konjunktur und Arbeitsmarkt erklärbar sind - in der Rezession gehen die Abwesenheitsraten drastisch zurück (z.B. Jaufmann, 1995; Schnabel & Stephan, 1993). Solche makroökonomischen Effekte werden zwar auf ein mikroökonomisches Entscheidungskalkül zurückgeführt (steigendes Entlassungsrisiko aufgrund von Fehlzeiten während der Rezession; siehe Leigh, 1985; Schnabel & Stephan, 1993), die interindividuelle Varianz fließt jedoch erst in die Modellierung ein, wenn Daten direkt beim Individuum erhoben werden. Auch in mikroökonomischen Modellen werden jedoch individualpsychologische Differenzen allenfalls diskussionsweise beachtet - der homo oeconomicus ist ein Mann ohne (Persönlichkeits-) Eigenschaften. In diesem Sinne werden ökonomische Ansätze zur Erklärung kontraproduktiven Verhaltens hier als situationistisch eingestuft; sie stellen das individuelle Entscheidungsverhalten unter Konstanthaltung des (rationalen) Kalküls bei Variation der Umstände in den Mittelpunkt der Analyse. Sie sind darin einigen sozialpsychologischen Motivationskonzepten, etwa Anreiz-Beitragstheorien oder der VIE-Theorie, verwandt, die auch von Wirtschaftswissenschaftlern gelegentlich zur Erklärung kontraproduktiven Verhaltens adaptiert werden (z.B. Barmby & Treble, 1991; Marr, 1996). Daß darin kein Widerspruch zu der hier vertretenen personalistischen Sichtweise liegt, sondern eher eine andere Betonung, wird später noch deutlich werden.

Die wichtigste Erklärungsvariable in mikroökonomischen Nutzenmaximierungsmodellen ist regelmäßig das individuelle Einkommen, wobei Devianz als alternative Form der Einkommenserzielung oder -maximierung angesehen wird. Der angenommene Zusammenhang zwischen (legalen) Löhnen und kontraproduktivem Verhalten ist dabei stets negativ, wobei die zugrundeliegende Logik davon abhängt, ob man etwa Absentismus (einfacher trade-off zwischen Freizeitnutzen und „Arbeitsleid"; z.B. Stephan, 1991), Diebstahl (relative Attraktivität legaler Einkommensquellen; z.B. G.S. Becker, 1968) oder Drogenmißbrauch und Aggressivität (zu der hier etwas komplexeren Argumentation siehe Kaestner & Grossman, 1995; Kräkel, 1997) betrachtet. Die empirische Unterstützung dafür ist bei Absentismus bescheiden (metaanalytisch ρ = -.14 zwischen Lohnhöhe und Häufigkeiten der Fehlzeiten; Farrell & Stamm, 1988; effektiver ist möglicherweise die *Form* der Entlohnung; vgl. Schnabel & Stephan, 1993); bei Diebstahl (Hollinger & Clark, 1983; Kamp & Brooks, 1991; Schmechtig, 1982) oder Drogenmißbrauch (Kaestner & Grossman, 1995; Lehman et al., 1995) fand sich i.d.R. überhaupt kein nennenswerter Einfluß. Die recht konsistenten Nullbefunde zum Zusammenhang zwischen Mitarbeiterdiebstahl und Lohnhöhe widersprechen auch einer der prominentesten Devianztheorien aus der Soziologie, derzufolge insbesondere Eigentumsdelikte ein Ausdruck des Bedürfnisses sind, von der Gesellschaft vorenthaltene Chancen zu ökonomischem Erfolg durch illegale Aktivitäten zu kompensieren (siehe zur „Anomietheorie" allgemein etwa Lamnek, 1993). Neuere, auch in Reaktion auf die mangelnde empirische Bewährung erfolgte Reformulierungen der Anomietheorie sind weniger strukturalistisch geprägt und verstehen Benachteiligung eher als individuell perzipierte Diskrepanz zwischen Zielen und der Möglichkeit, diese auf konventionellem Weg zu erreichen (z.B. Elliott, Huizinga & Ageton, 1985). In dieser Form nähern sie sich den unten diskutierten „pseudo-situationistischen" Ansätzen.

Auf der anderen Seite des rationalen Entscheidungskalküls stehen naturgemäß Kosten, die in Form des Entdeckungsrisikos mit den daran geknüpften Konsequenzen entstehen. Situativ variabel sind hier einerseits die Intensität der Kontrolle (Variation der Aufdeckungswahrscheinlichkeit), andererseits der Grad der Sanktionen (Variation der Folgen). Beides sind Variablen, die überwiegend auf der Ebene der Gesamtorganisation erhoben wurden und die ursächlich vorwiegend auf dem Prinzip der Abschreckung beruhen. Empfehlungen zur Ausweitung äußerer Kontrollmaßnahmen reichen von der konsequenten Anwendung des Vier-Augen-Prinzips über den Einsatz von Kontrollkäufern bis zur Installation kostspieliger High-Tech-Apparaturen, mit denen hierzulande vor allem große Einzelhandelsunternehmen in erster

Linie dem Ladendiebstahl zu begegnen versuchen. Bei Absentismus und Alkoholismus nehmen organisatorische Interventionen eher die Form von Mitarbeitergesprächen und Hilfsangeboten an. Berichte über die Effektivität solcher Maßnahmen finden sich nicht nur durch Sicherheitsberater verkaufsfördernd in der Praktikerliteratur plaziert (z.B. Kohl, 1993; Trilsbach, 1989), sie konnten auch in kontrollierten Studien wiederholt nachgewiesen werden (zu Absentismus metaanalytisch Farrell & Stamm, 1988 [$\rho = .46$]; zusammenfassend zu Drogenmißbrauch M.M. Harris & Trusty, 1997; zu Diebstahl mit gemischten Befunden Parilla, Hollinger & Clark, 1983; zu Aggressivität Dekker & Barling, 1998).

Abschreckung spielt innerhalb der allgemeinen Kriminologie, außer in ökonomischen Erklärungen, auch innerhalb jenes Zweigs der (soziologischen) Kontrolltheorien eine dominierende Rolle, die auf Prävention durch soziale oder situative Kontrolle setzen. Unabhängig davon, daß die Wirksamkeit der Maßnahmen u.a. von der Deliktart, dem Ziel (allgemeine Abschreckung oder täterspezifische Maßnahmen) und der Art der Abschreckung (gerichtet auf das Entdeckungsrisiko, die Sanktionsschärfe oder beides in Interaktion; letztere sehen z.B. Grasmick & Green, 1980, als entscheidend an) abhängt (zusammenfassend Blackburn, 1993, pp. 105-108), ist zu beachten, daß äußere Kontrollmaßnahmen nur über ihre Wahrnehmung durch das Individuum abschreckend wirken *können* und bezüglich dieser Wahrnehmung durchaus interindividuelle Unterschiede bestehen (Grasmick & Green, 1980; Landscheidt & Rheinberg, 1996; Ryan, Schmit, Daum et al., 1997). Im Aggregat läßt sich jedoch eine gewisse Wirksamkeit durchaus bejahen, wobei etwa Hollinger und Clark (1983) informelle Sanktionen seitens der Arbeitsgruppe effektiver fanden als organisatorische Maßnahmen. Auch hier fehlt bislang eine übergreifende Analyse, aus der hervorgehen würde, wie sich Maßnahmen zur Bekämpfung einer kontraproduktiven Verhaltensweise auf die Inzidenz anderer „doloser Handlungen" auswirken. Dies läßt Raum für Spekulationen gemäß kompensatorischer Modelle - analog zum Rückzugsverhalten -, die hier negative Effekte erwarten ließen.

Neben den bislang diskutierten wurde eine Vielzahl weiterer Situationsvariablen im Zusammenhang mit einzelnen Formen kontraproduktiven Verhaltens untersucht. Für eine Darstellung im Detail muß hier auf die Speziallitteratur verwiesen werden. Aus der bisherigen Übersicht läßt sich jedoch bereits eine Reihe von Fragen hinreichend schlüssig beantworten: *1. Spielt die Situation eine Rolle für die Erklärung kontraproduktiven Verhaltens?* Selbstverständlich - dies ist zwar eine Binse, aber eine, auf deren Beweis ziemlich viel Mühe verwandt wurde. *2. Auf welcher Ebene sind Einflüsse belegbar?* Situationsvariablen, sofern sie als solche erhoben werden, wirken sich ihrem Wesen nach im Aggregat (über Untersuchungseinheiten gemittelt) aus (vom Problem des Kausalitätsschlusses aus korrelativen Studien sei hier abstrahiert). Sie erklären zum Teil, warum in manchen Perioden, Organisationen, Arbeitsgruppen etc. kontraproduktive Verhaltensweisen häufiger auftreten als in anderen. Sie erklären i.d.R. nicht die interindividuelle Varianz. *3. Wie wirken sich Situationen auf das Verhalten aus?* Dies ist bereits erheblich schwieriger zu beantworten. Die Befunde sind i.d.R. mit mehreren theoretischen Annahmen vereinbar. An dieser

Stelle soll nicht die Tradition gepflegt werden, vor der Einführung des vom Verfasser bevorzugten Ansatzes eine eingehende Theorieschelte abweichender Auffassungen zu betreiben (der interessierte Leser sei hier auf die ausführliche Darstellung bei Gottfredson & Hirschi, 1990, verwiesen). Stattdessen sei hier tentativ eine Taxonomie von Situationsvariablen vorgeschlagen, in der einige exemplarisch ausgewählt und den Kategorien „Anlaß" und „Gelegenheit" zugeordnet werden (siehe Abbildung 3).

Anlässe	Gelegenheiten
ungerechte Behandlung: (z.B. Entzug von Ressourcen, Privilegien; Ungleichbehandlung)	*makroökonomische Bedingungen:* (insbesondere die Lage auf dem Arbeitsmarkt)
mangelnde Chancen: (geringe Entlohnung, Aufstiegsmöglichkeiten; „Marginalität" der Position im Unternehmen)	*Unternehmenspolitik:* (Vorhandensein, Stellenwert und Kommunikation von Programmen zur Prävention und Bekämpfung kontraproduktiven Verhaltens)
Konflikte: (Verteilungskonflikte; persönliche Antipathien etc.)	*Normen der Arbeitsgruppe:* (soweit von deren individueller Perzeption unterscheidbar)
Stressoren in den Arbeitsbedingungen: (objektive Indikatoren wie Schichtarbeit, Umgebungseinflüsse, Repetitionsgrad; aber auch organisationale Veränderungen z.B. im Zuge des „Reengineering" oder „Lean Management")	*organisationale Kontrolle:* (technische und organisatorische Überwachungsmaßnahmen; Anwesenheitskontrolle; Größe der Arbeitsgruppe [Kontrollspanne] etc.)

Abbildung 3: Situative Einflußfaktoren auf kontraproduktives Verhalten

Die Einteilung geht mit einigen Autoren (z.B. Albrecht, Romney, Cherrington et al., 1982; L.Greenberg & Barling, 1996) davon aus, daß diese beiden Situationskategorien voneinander unterscheidbare Kausaleinflüsse ausüben, weicht jedoch insofern von den genannten Autoren ab, als beide nicht als gleichermaßen unverzichtbare Antezedenzen angesehen werden. Unter der Rubrik „Anlässe" werden Umstände genannt, die den Auslöser zu deviantem Verhalten am Arbeitsplatz bilden können und für die zumindest gelegentlich objektive Indikatoren erhoben wurden, so daß sichergestellt ist, daß sie nicht lediglich als Ausreden oder Rationalisierungen für individuelles Fehlverhalten nachgeschoben wurden. Mit „Gelegenheit" sind situative Bedingungen gemeint, die, unabhängig von einem konkreten Anlaß, kontraproduktives Verhalten begünstigen oder erschweren. Dabei werden Anlässe als mögliche, aber nicht unbedingt notwendige Einflußfaktoren angesehen, m.a.W.: die Gelegenheit kann bereits Anlaß genug sein, was übrigens nicht bedeutet, daß „Gelegenheit Diebe *macht*", sondern lediglich, daß sie ihnen die Arbeit erleichtert. Während Anlässe also als äußerer Motivator wirken, der den unmittelbaren Anstoß zu deviantem Verhalten liefern kann, setzen Gelgenheiten den situativen Rahmen, innerhalb dessen sich sowohl situativ ausgelöste Impulse als auch stabile Verhaltenstendenzen unterschiedlich leicht entfalten können. Auf die Wirkmechanismen wird weiter unten (Kap. 3.2.3 und 4) zurückzukommen sein.

Die aufgeführten Bedingungen sind wie gesagt nicht als erschöpfende Aufzählung, sondern exemplarisch gemeint. Nicht alle der hier zusammengefaßten Variablen wurden - teils aus Platzgründen, teils mangels quantitativer Daten - in der Literaturübersicht besprochen, und nicht alle sind für sämtliche Formen kontraproduktiven Verhaltens gleichermaßen relevant. So spielen Konflikte und konflikttheoretische Modelle in der Sabotage- (siehe z.B. Berndsen, 1997, oder Analoui & Kakabadse, 1994; letztere mit dem Versuch einer objektivierten Erhebung über Beobachtungsstudien) und Aggressionsforschung (z.B. Hahne, 1994, zum Mobbing) eine größere Rolle als für die Erklärung etwa von Absentismus, wo umgekehrt die Bedeutung situativer Stressoren stärker betont wird (z.B. Vogel, 1995). Die Einteilung folgt dabei nicht einer phänotypologisierenden Taxonomie der Situationen nach unterscheidlichen Umfeldern (siehe die umfassende Kategorisierung bei Van Heck, 1989), sondern nach möglichen Ansatzpunkten für Kausaleinflüsse situativer *Variablen*, für die präzisere Annahmen noch zu modellieren sein werden.

3.1.4.2 „Pseudo-situationistische" Ansätze

Der Ausdruck „Pseudo-Situationismus" mag innerhalb einer Gliederung theoretischer Erklärungen eines Phänomens ein wenig sonderbar anmuten. Die Unterscheidung vom Situationismus erfolgt hier auch weniger vom theoretischen Hintergund als vom realisierten Meßkonzept her. In der theoretischen Interpretation nähern sich die hier zu beschreibenden Ansätze eher vorsichtig individuellen Differenzen als Erklärungsvariablen; sie unterscheiden sich jedoch von den im vorigen Abschnitt betrachteten Ansätzen radikal dadurch, daß die spezifizierten Situationsvariablen nicht mehr im Umfeld erhoben oder statistisch isoliert werden, sondern eigentlich ihre Quelle in - i.d.R. mittels Fragebogen erhobenen - Individualdaten haben (i.S. eines „subjektiven Situationismus"). Dies bringt nicht nur neue Erkenntnisse, sondern auch gravierende Interpretationsprobleme mit sich. Auch hier sollen lediglich einige besonders einflußreiche Modelle beispielhaft aufgeführt werden.

Dem Wesen nach handelt es sich bei diesen Ansätzen meist um Prozeßmodelle. Äußere Einflüsse wirken auf das Individuum ein, lösen bei diesem zunächst intern ablaufende affektive oder kognitive Reaktionen aus, die sich schließlich in offenem Verhalten niederschlagen. Erhoben wird dabei stets das interne Erleben als unmittelbarer Prädiktor des Verhaltens, auch wenn es manchmal im Gewand einer „perzipierten" oder „subjektiv empfundenen" Situation vorgestellt wird. Im Zusammenhang mit unterschiedlichen Formen kontraproduktiven Verhaltens wurden besonders häufig die Konstrukte „Frustration", „Streß", „Arbeitszufriedenheit" und „perzipierte Normen" untersucht, zu denen im folgenden einige Ergebnisse vorgestellt werden sollen. Die situativen Umstände wären nach der oben vorgestellten Taxonomie in den drei ersten Fällen den Anlässen, im letzten Fall den Gelegenheiten zuzuordnen.

Frustration ist das Erlebnis einer enttäuschten Erwartung, der Blockierung eines angestrebten Ziels. Im Zusammenhang mit kontraproduktivem Verhalten am Arbeitsplatz verdankt sie ihre Beachtung vor allem der Arbeit von Spector und Kollegen (z.B. Chen & Spector, 1992; Spector, 1975, 1978, 1997; Storms & Spector, 1987), daneben auch der Arbeitsgruppe um Peters und O'Connor (z.B. O'Connor, Peters, Pooyan, Weekley et al., 1984; Peters, O'Connor & Rudolf, 1980), deren Perspektive jedoch allgemeiner auf situative Umstände und berufliche Leistung gerichtet ist. Spector beruft sich auf die klassische sozialpsychologische „Aggressions-Frustrations-Hypothese", derzufolge - stark vereinfacht und unter Auslassung mannigfaltiger Verfeinerungen - Aggression die zielgerichtete Reaktion auf frustrierende Erlebnisse ist (siehe A. Mummendey, 1996, oder jedes andere Lehrbuch der Sozialpsychologie für eine kurze Einführung). Seine Arbeiten beziehen von Anfang an auf der Kriterienseite ein breites Spektrum kontraproduktiven Verhaltens ein, das neben Aggression auch Absentismus, Diebstahl, Drogenmißbrauch etc. umfaßt. Als frustrierende Umgebungseinflüsse (Frustratoren) werden u.a. Arbeitsüberlastung, Konflikte, situative Hemmnisse nach dem Konzept von Peters und O'Connor (1980) sowie Dimensionen aus dem „Job Characteristics"-Modell von Hackman und Oldham (1975; insbesondere geringe Autonomie) erfaßt. Zur Messung der Frustration diente in den meisten Fällen die 3-Item-Skala von Peters et al. (1980; Beispiel: „Diese Arbeit zu verrichten, ist sehr frustrierend"). Alle Variablen, auch die situativen, werden in den einschlägigen Arbeiten im Selbstbericht erhoben.

Spector (1997) faßt die Ergebnisse von 14 derartigen Studien metaanalytisch zusammen und findet Korrelationen von Frustration mit einerseits den auslösenden Bedingungen um $r = .40$, anderseits kontraproduktivem Verhalten um .20. Unter anderem Spectors eigene Arbeiten zeigen jedoch, daß der direkte Zusammenhang zwischen „Frustratoren" und Kontraproduktivität eher höher ist als der über Frustration vermittelte (Chen & Spector, 1992; Storms & Spector, 1987; siehe auch Fried & Ferris, 1987; Rentsch & Steel, 1998), daß die Korrelation zwischen Frustratoren und Frustration deutlich sinkt, wenn man die Situationsvariablen durch Vorgesetzte einschätzen läßt (Spector & Jex, 1991; Spector, Dwyer & Jex, 1988) und daß sich selbsteingeschätzte Arbeitsumstände im Längsschnitt durch Persönlichkeitsvariablen vorhersagen lassen (Spector & O'Connell, 1994). Zusammengenommen läßt dies einige Zweifel an der Interpretation aufkommen, in den (ausschließlich korrelativen) Studien sei wirklich, unabhängig von stabilen Dispositionen, die über situationsindu-zierte State-Variablen vermittelte Wirkung situativer Umstände auf das Verhalten untersucht worden. Spector selbst erkennt in verschiedenen der zitierten Schriften die Problematik selbstberichteter Situationsvariablen durchaus an und bezieht in neueren Arbeiten auch Persönlichkeitskonstrukte ein, v.a. negative Affektivität (ein Synonym

für Neurotizismus; vgl. Watson & Clark, 1984) und internale vs. externale Kontrollüberzeugung (kürzlich von Judge, Locke, Durham & Kluger, 1998, gleichfalls dem
Neurotizismusbereich zugeordnet), die bei ihm allerdings die Rolle einer Moderatorvariable spielen (z.b. Storms & Spector, 1987). Bei Spector und O'Connell (1994)
waren diese Variablen interessanterweise höher mit Frustratoren als mit Frustration
korreliert.

Ein der Frustration eng verwandtes Konzept ist das des *Streß*. Auch hier wird angenommen, daß belastende Umstände (Stressoren), die vom Individuum als solche
wahrgenommen werden, durch interne Verarbeitung zu negativer Beanspruchung
(Streß) führen, die wiederum eine Vielzahl möglicher Verhaltensreaktionen nach sich
zieht. Hier ist nicht der Ort, die schillernden begrifflichen, theoretischen und methodischen Kontroversen der Streßforschung in und außerhalb der Arbeitswelt zu referieren (Einführungen finden sich z.B. in arbeits- und organisationspsychologischen
Standardlehrbüchern, Semmer & Udris, 1995; Ulich, 1994); auf einige Parallelen zu
den oben dargestellten Arbeiten zur Frustration sei jedoch hingewiesen. Die dort aufgeführten Frustratoren stehen, z.T. auch in den Arbeiten der Spector-Gruppe, in entsprechenden (gleichwohl beträchtlich umfangreicheren) Listen möglicher Stressoren
an ebenso prominenter Stelle (z.B. Fletcher, 1988). Auch auf die Problematik von
deren Erfassung im Selbstbericht wurde in der Streßforschung hinreichend eingegangen (z.B. Frese & Zapf, 1988). Zwischen zwei Fragebogenmaßen für Frustration und
perzipierten Streß (nicht Stressoren) berichten Chen und Spector (1991, 1992) eine
Korrelation von $r = .77$ (reliabilitätskorrigiert: .93), was darauf hindeutet, daß die
Befragten nicht wirklich unterschieden, ob sie sich frustriert oder gestreßt fühlten.
Auch wenn Streß sehr viel häufiger mit gesundheitlichen Folgen in Verbindung gebracht wird, ist der angenommene Wirkmechanismus zum Bereich der Kontraproduktivität durchaus ähnlich. So wie Spector (1997) aggressive Reaktionen auf Frustration als instrumentelle Form der Gewalt (zur Beseitigung einer Blockade etwa)
ansieht, werden Absentismus, Rauschmittelkonsum usw. in der Streßforschung regelmäßig als Form des „Coping" gedeutet, was u.a. voraussetzt, daß Streß kontraproduktivem Verhalten vorausgehen sollte.

In den üblichen korrelativen Querschnittuntersuchungen sind solche Kausalhypothesen freilich schwer zu überprüfen. Die gefundenen Zusammenhänge mit selbstberichteten Stressoren und Streß sind, ähnlich wie bei Frustration, in der Regel mäßig
positiv (zu Diebstahl und wahrgenommenem Streß Boye & Jones, 1997; Chen &
Spector, 1992; Jones & Boye, 1994, mit $r = .06$ bis .39; zu Aggressivität Chen &
Spector, 1992, mit $r = .17$; zu Alkohol- und Drogenmißbrauch narrativ zusammenfassend Lehman et al., 1995; Puls, 1992; Renn, 1989; zu Absentismus metaanalytisch
Farrell & Stamm, 1988, mit $\rho = .18$ für Streß und $\rho = .02$ bis .27 für Stressoren; neu-
ere Ergebnisse narrativ bei Johns, 1997). Wiederum läßt sich aus diesen Befunden
das kausale Streßmodell weder bestätigen noch falsifizieren; sie zeigen lediglich, daß
Menschen, die ihre Arbeit als belastend empfinden, auch etwas stärker zu deviantem
Verhalten neigen. Wenig vorteilhaft für die Coping-Hypothese sind die bei Johns
(1997) berichteten Ergebnisse zweier Längsschnittstudien, in denen Absentismus der
Erfahrung von Streß eher vorausging als umgekehrt. Im übrigen gelten die gegen

Frustration als Erklärungsvariable aufgeführten Einwände und deren Einschränkungen auch hier.[30]

Dies gilt in gleichem Maße für eine dritte Kernvariable pseudo-situationistischer Prozeßmodelle - *Arbeitszufriedenheit*. Dies ist ein Einstellungskonstrukt und hat als solches einen etwas ambivalenten dispositiv-situativen Charakter, weshalb die Zuordnung zu den i.w.S. situativen Erklärungen sich nicht von selbst versteht. Dem Wort *Arbeits*zufriedenheit haftet aber bereits die traditionelle, situationszentrierte Vorstellung an, bei der die Bedeutung der Erfahrung mit dem spezifischen Einstellungsobjekt (objektiven Arbeitsbedingungen) für die Ausprägung der subjektiven Evaluation betont wird (Einstellung als durch Erfahrung *erlernte* Disposition, vgl. Fishbein & Ajzen, 1975). Dieser Kausalmechanismus, bei dem Bedingungen die Zufriedenheit oder Unzufriedenheit bestimmen und diese wiederum das Arbeitsverhalten beeinflußt, liegt nicht nur zahlreichen Theorien der Arbeitsmotivation zugrunde - am populärsten vielleicht Herzbergs „Zwei-Faktoren-Theorie" -, sie bestimmt auch das nach wie vor ungebrochene Interesse an Arbeitszufriedenheit als Konstrukt.

Spätestens seit Weitz (1952) zeigen konnte, daß Zufriedenheit mit der Arbeit i.d.R. auch mit Zufriedenheit mit allen anderen Lebensumständen einhergeht (darunter so unspektakulären Stimuli wie dem Format des amerikanischen Briefpapiers), steht dem die Vorstellung von Arbeitszufriedenheit als Ausdruck einer generellen, affektiven Disposition gegenüber (siehe Judge, 1992, für eine Übersicht der neueren Literatur hierzu). Wie bei Streß und Frustration, haben wir es auch bei Arbeitszufriedenheit mit einer Variable zu tun, in der sich eine subjektive Bewertung gegebener (objektiver) Umstände ausdrückt. Auch hier verschwimmt die Abgrenzung zwischen situativen und dispositiven Bestimmungsgründen für diesen Bewertungsprozeß spätestens dann, wenn dessen Ergebnis - und häufig auch seine annahmegemäß situativen Einflußfaktoren - per Fragebogen in der Person erhoben wird.

Im Bereich kontraproduktiver Verhaltensweisen ist Arbeitszufriedenheit insbesondere als Prädiktor für Absentismus intensiv erforscht worden. Mehrere quantitative Übersichten (Farrell & Stamm, 1988; Hackett, 1989; siehe dort für drei weitere Metaanalysen) kamen recht übereinstimmend auf einen Zusammenhang um $\rho = -.20$, der über verschiedene Zufriedenheitsfacetten und Absentismusmaße relativ invariant ist. Auch hier spricht das Ergebnis einer Längsschnittstudie (Tharenou, 1993) dafür, daß Maße vermeidbaren Absentismus gesteigerter Unzufriedenheit eher vorausgehen als umgekehrt. In ähnlicher Höhe liegen die Korrelationen mit breiteren Kontraproduktivitätsmaßen, während der Zusammenhang mit einzelnen Erscheinungsformen eher um $r = -.10$ schwankt (z.B. Bardsley & Rhodes, 1996; E.S. Greenberg & Grunberg, 1995; Hollinger & Clark, 1983; Kamp & Brooks, 1991; im Überblick Boye & Jones, 1997). All dies entspricht weitgehend den Ergebnissen, die oben für perzipierten Streß und Frustration berichtet wurden.

---

[30] Ergänzend sei angefügt, worauf Frese und Zapf (1988) mit Recht hinweisen, daß nämlich nicht alle Selbstberichte situativer Variablen gleichermaßen subjektiv sind. Für psychosoziale Stressoren (z.B. Handlungsspielraum) gilt dies sicherlich stärker als etwa für physikalische (Lärm).

In der Tat deuten zahlreiche Befunde darauf hin, daß die Zusammenhänge zwischen diesen exemplarisch aufgeführten Konstrukten und einer Reihe weiterer Arbeitseinstellungen wie Organisationsbindung (Commitment), Arbeitsangst, empfundener Gerechtigkeit und Unterstützung etc. beträchtlich sind (z.B. Chen & Spector, 1991, 1992; Dawson, 1996; Mathieu & Zajac, 1990; O`Connor et al., 1984; Shapiro, Trevino & Victor, 1995; Spector, 1997), für die ihrerseits ähnlich mäßige, aber konsistente Korrelationen mit Kontraproduktivität berichtet werden (z.B. A. Cohen, 1991; Dawson, 1996; Hollinger & Clark, 1983; Hollinger et al., 1992; Meyer, 1997). Auf eine Diskussion der konzeptionellen Unterscheidbarkeit all dieser Konstrukte soll hier verzichtet werden. Offensichtlich sind jedoch die beschriebenen Parallelen in der Erhebungsmethode, den empirischen Ergebnissen und der Art der theoretischen Modellvorstellung im Zusammenhang mit beruflichem Verhalten - Arbeitnehmer bewerten ihre Umgebung negativ und reagieren darauf mit Meidung (withdrawal), Vergeltung (Sabotage), Flucht aus der Realität (z.B. Alkoholismus) oder aggressiver Beseitigung der widrigen Umstände (z.B. Mobbing als Form instrumenteller Gewalt).

In diesem letzten Punkt unterscheidet sich die vierte hier diskutierte Erklärungsvariable von den ersten drei. Unter Begriffen wie *„Norm"*, *„Klima"* oder *„Kultur"* werden situative Variablen der näheren (Arbeitsgruppe), mittleren (Organisation, Betrieb) oder ferneren (Nation, sozioökonomische Schicht) Umwelt unter der Prämisse untersucht, daß nicht - wie oben - Unbehagen mit den Umständen abweichendes Verhalten provoziert, sondern diese Verhaltensweisen im Grunde gar nicht deviant sind, da sie den Gepflogenheiten innerhalb eines sozialen Gefüges entsprechen, dem sich das Individuum zugehörig fühlt. M.a.W.: Nicht der Grad oder die Art der Abweichung von einer konstanten Norm wird erklärt, sondern die Normen selbst sind über verschiedene aggregierte Untersuchungseinheiten variabel und erklären so das Verhalten. Innerhalb der allgemeinen Kriminologie findet sich dieser Ansatz prototypisch durch die Subkulturtheorien repräsentiert, die Kriminalität als mit den Normen einer kriminellen Peer-Gruppe konformes Verhalten verstehen, denen sich das Individuum ebenso unterwirft wie die Angehörigen nichtkrimineller Gruppen deren konventionellen Normen. In orthodoxer Form ist diese Erklärung radikal antipersonalistisch; sie läßt, anders als die über subjektive Bewertungen vermittelten Prozeßmodelle, keinen Raum für interindividuelle Differenzen.

In dieser radikalen Ausprägung werden Subkulturtheorien innerhalb der Literatur zu betrieblicher Kontraproduktivität kaum vertreten. Die Hypothese lautet eher: Konvergenz der Normen innerhalb einer Gruppe und Divergenz zwischen verschiedenen Gruppen geht mit entsprechenden Verhaltensunterschieden einher. Evidenz für diese These aus einigen elaborierteren Studien (die allerdings auch individuelle Effekte fanden) wurde bereits im vorigen Abschnitt referiert. Dieser Befund löst freilich nicht das klassische „Henne und Ei"-Problem der Ursachenzuschreibung: Wird deviantes Verhalten in devianten Gruppen gelernt, wie etwa Theorien der „differential association" (Sutherland, 1947; nach Lamnek, 1993) oder des Beobachtungslernens (Bandura, 1986) annehmen, oder suchen sich - „Gleich und gleich gesellt sich gern" - deviante Individuen Gruppen mit Gleichgesinnten als Umgang (Gottfredson & Hirschi, 1990)? Kandels (1978) längsschnittliche Untersuchung dieser Frage deutet, wie so oft, darauf hin, daß die Antwort darauf am besten „sowohl als auch" lautet, mit einem leichten Übergewicht für die zweite These. Allerdings sollte beachtet werden, daß in betrieblichen Settings die Wahl einer Organisation oder Arbeitsgruppe weniger frei erfolgt als bei der Suche nach einem geeigneten Freundeskreis. Auf der anderen Seite dürfte sich dies sowie der Umstand, daß es sich hier - im Unterschied zum Großteil kriminologischer Studien - um Gruppen von Erwachsenen handelt, negativ auf das Potential der Gruppe auswirken, als Verhaltensmodell zu dienen, und auch aus der Organisationspsychologie liegt hinreichend Evidenz vor, daß sich Personen passende Situationen suchen und sie notfalls ihren Bedürfnissen anpassen (B. Schneider, 1987).

Die meisten Untersuchungen zum Zusammenhang zwischen Gruppennormen und Kontraproduktivität sind allerdings noch unter einem anderen Gesichtspunkt „pseudo-situationistisch", dem gleichen nämlich, der auch die situative Interpretation für andere Ansätze einschränkt. Sie erheben nicht Normen, sondern *perzipierte* Normen (z.B. Bardsley & Rhodes, 1996; Gellatly, 1995; Gellatly & Luchak, 1998; Haccoun & Jeanrie, 1995; Harrison, 1995; Hollinger und Clark, 1983; Johns, 1994b; Kamp & Brooks, 1991; Zey-Ferrell & Ferrell, 1982; Zey-Ferrell et al., 1979), indem nach dem Ausmaß kontraproduktiven Verhaltens bei Kollegen in der Arbeitsgruppe oder Gesamtorganisation bzw. nach Wahrnehmungen des Umgangs innerhalb der Organisation mit solchen Verhaltensweisen gefragt wird. Derartige Perzeptionen korrelieren konsistent positiv mit selbstberichteter Kontraproduktivität, was sich, je nach theoretischer Perspektive, als Bestätigung der zugrundeliegenden Modelle etwa sozialer Kontrolle (Hollinger & Clark, 1983) oder differentieller Assoziation (Zey-Ferrell et al., 1979) werten läßt.

Wie gelegentlich auch einige der genannten Autoren (z.B. Kamp & Brooks, 1991) anerkennen, lassen sich solche individuell-korrelativen Zusammenhänge freilich auch trefflich mit personalistischen Erklärungen vereinbaren, und die meisten eingesetzten Maße erinnern vernehmlich an einiges, das aus - besonders einstellungsorientierten - Integrity Tests nur allzu bekannt ist. In den perzipierten Gruppennormen etwa begegnet uns der „false consensus"-Effekt in nochmals anderer Interpretation, Punitivität und wahrgenommene Sanktionswahrscheinlichkeit finden sich als Klimavariablen in den Einschätzungen der Unternehmenspolitik wieder, anderswo (z.B. in den lerntheoretisch geprägten Arbeiten von Dabney, 1995, und Hollinger, 1991) werden Rationalisierungen oder „Neutralisierungen" individuell gemessen, aber sozial interpretiert, und all diese Variablen sind wiederum untereinander (Hollinger & Clark, 1983; Kamp & Brooks, 1991; Ryan et al., 1997; letztere auch mit empirischem Bezug zum Integrity Test PSI) und mit Verhaltensabsichten (Harrison, 1995) hoch korreliert. Haccoun und Jeanries (1995) Faktorenanalyse unterschiedlicher individueller Einstellungen zu Absentismus und der Wahrnehmungen des diesbezüglichen Organisationsklimas kommt zu einer fast perfekten Replikation entsprechender Befunde aus der Forschung mit Integrity Tests (siehe Abschnitt 2.3.2). An der Beliebigkeit der Interpretation von Ergebnissen aus Studien mit Norm- oder Klimavariablen wird m.E. besonders deutlich, was hier mit dem Begriff „Pseudo-Situationismus" gemeint ist.

In der kritischen Betrachtung der hier referierten Ansätze sollte nicht untergehen, daß die angesprochene Problematik, wie verschiedentlich angemerkt, auch von zumindest einigen Vertretern der diskutierten Modelle durchaus gesehen wird. Es sollte auch keinesfalls das Mißverständnis aufkommen, daß Konstrukte wie Frustration, Streß, deren perzipierte Ursachen oder Gruppennormen hier als Traits in einem differentialpsychologischen Sinn aufgefaßt würden. Zweifellos haben Wahrnehmungen ungerechter Behandlung, des Organisationsklimas oder der individuellen Beanspruchung auch etwas mit den Umständen zu tun, auf die sie zurückgeführt werden, und deren Messung reagiert in gewissem Umfang sensitiv auf Veränderungen in der Umgebung (zu Evidenz hierzu siehe z.B. Fried & Ferris, 1987; Gellatly & Luchak, 1998; Peters et al., 1980). Aus den korrelativen Zusammenhängen zwischen individuell erfaßten Variablen auf den Einfluß der Situation zu schließen, ist jedoch eine Interpretation, die zur Gegenargumentation geradezu einlädt.

Zudem scheinen die Kernvariablen in einigen Prozeßmodellen, ebenso wie ihre vermuteten situativen Ursachen, in gewissem Maße austauschbar, und an der Berechtigung der modellierten Kausalbeziehungen sind Zweifel durchaus angebracht. Festzuhalten bleibt die im Grunde triviale Erkenntnis, daß situative Bedingungen nur über irgendeine Form der individuellen Verarbeitung verhaltenswirksam werden können, solange der freie Wille nicht vollkommen ausgeschaltet wird[31], und daß bezüglich dieser Verarbeitung individuelle Unterschiede bestehen.

3.1.4.3 *Personalistische und interaktionistische Ansätze*

Dispositionen, bzw. stabile individuelle Differenzen generell, waren in der Devianzforschung - wie bei der Verhaltenserklärung allgemein - eine zeitlang aus der Mode gekommen, obwohl sie auch dort auf eine lange Tradition zurückblicken können. Einige vielzitierte Aspekte, die dazu beigetragen haben, wurden bereits weiter oben berührt - das Übergewicht der Soziologie in der Kriminalitätserklärung, Schuessler und Cresseys (1950) Kritik der Persönlichkeitsforschung in der Kriminologie, die u.a. zu Goughs durchaus erfolgreicher (siehe Baxter, Motiuk & Fortin, 1995; Waldo & Dinitz, 1967) Entwicklung der CPI-So-Skala führte; die Diskussion um die Hartshorne und May-Studien u.a.m.. Auf andere wird noch einzugehen sein. In jüngerer Zeit scheint das Individuum mit seiner ihm eigenen Persönlichkeit, wie auch auf anderen Gebieten, wieder mehr ins Blickfeld der Kriminologie zu rücken. Die Forschung zu Integrity Tests, in ihren Möglichkeiten wie in ihren Grenzen, läßt sich als Teil dieser Entwicklung auffassen.

---

[31] Dies zu unterstellen, entspräche einer radikal-situationistischen Position, die aber vermutlich ein ebensolcher „straw man" wäre, wie der individualistische, gegen den die Situationisten in der Konsistenzdebatte ins Feld zogen (vgl. Kenrick & Funder, 1988)

Personalistische Kriminalitätstheorien sind dabei in *Erklärungs*modelle kontraproduktiven oder devianten Verhaltens am Arbeitsplatz in erstaunlich geringem Maße eingeflossen, mit Ausnahme vielleicht sozialkognitivistischer Konzepte der Moralentwicklung (Trevino, 1986) und der bescheidenen theoretischen Fundierung einiger Integrity Tests. Dies mag seine Ursache u.a. darin haben, daß die meisten der traditionellen Mittel zur Aufdeckung individueller Dispositionen innerhalb personalistischer kriminologischer Schulen unterschiedlichster Couleur - z.b. physiologische Messung der Hirnaktivität, Verhaltensbeobachtung im Kindesalter, Erziehungsstile, Zwillingsstudien zur Erfassung genetischer Einflüsse - im beruflichen Feld kaum zugänglich sind. Gerade für das Verständnis des Verhaltens in einem Gebiet der angewandten Forschung, das sich definitionsgemäß mit erwachsenen Populationen beschäftigt, ist es jedoch von begrenzter Relevanz, ob bzw. zu welchem Anteil die unabhängige Variable auf genetische Veranlagung, physiologische Fehlfunktionen, kognitive Entwicklungsdefizite oder fehlgeschlagene Sozialisation in der Kindheit oder Jugend zurückzuführen ist. Bedeutsamer ist dagegen, ob prospektive Mitarbeiter eine Disposition zu deviantem Verhalten bereits vor Eintritt in die Organisation mitbringen und wie diese Eigenschaft ggf. beschaffen ist.

Die Evidenz zur Beantwortung des ersten Teils dieser Frage ist wesentlich eindeutiger als die zum letzten Teil. Gleichgültig, ob man die sich überlappenden Verhaltenskomplexe der Kriminalität, Aggressivität, Psychopathie oder des anti- bzw. dissozialen Verhaltens betrachtet, destruktive Verhaltensweisen im Erwachsenenalter lassen sich mit substantieller Validität aus entsprechenden, selbstverständlich altersgemäßen Verhaltensproblemen in früheren Lebensabschnitten vorhersagen, die bis in die frühe Kindheit zurückreichen (siehe z.B. Caspi, Begg, Dickson et al., 1997; Laub & Sampson, 1994; Lynam, 1996; Magnusson, 1992; Pulkinnen, 1982, 1990; Robins, 1978; Tremblay, Masse, Perron et al., 1992; Zumkley, 1994).

Die Erkenntnis, daß der beste Prädiktor zukünftigen Verhaltens ähnliches Verhalten in der Vergangenheit ist, ist nicht neu. Sie liegt bspw. in der Eignungsdiagnostik dem biographischen Ansatz zugrunde (vgl. Schuler & Marcus, in Vorb.), auf dem, wie erinnerlich, bereits der erste angewandte Integrity Test beruhte. Innerhalb des Bereichs kontraproduktiver Verhaltensweisen korreliert etwa Absentismus mit früherem Absentismus zu ca. $\rho = .70$ (Farrell & Stamm, 1988), Drogenkonsum in der Jugend und als erwachsener Arbeitnehmer hingen bei Stein, Smith, Guy und Bentler (1993) zu $r = .53$ zusammen, auf den Wert von Drogentests zur Prognose von Absentismus und Kündigungen wurde bereits hingewiesen (Normand et al., 1990), bei Sarchione, Cuttler, Muchinsky und Nelson-Gray (1998) identifizierten Indizes früherer Devianz in und außerhalb der Arbeit eine Gruppe von Beschäftigten mit aktuellen Disziplinarproblemen, und selbst zwischen frühkindlichen und jugendlichen Verhaltensstörungen und späteren beruflichen Problemen wie häufigem Arbeitsplatzwechsel werden noch deutliche Beziehungen berichtet (Brook & Newcomb, 1995; Caspi & Bem, 1990; Laub & Sampson, 1994).

Der Einwand, den Situationisten regelmäßig gegen eine personalistische Interpretation solcher Befunde erheben, lautet, daß stabile Umstände das gezeigte Verhalten genauso gut erklären können oder, subtiler, daß sich das Individuum durch dissoziales Verhalten zunehmend Chancen verbaut und sozialen Halt einbüßt und somit eine „kumulative Kontinuität" entsteht (vgl. Sampson & Laub, 1995) bzw., ähnlich, die Umgebung durch ihre konsistente Reaktion auf einmal gezeigtes Verhalten das Fremdbild und schließlich auch Selbstbild des Individuums als bspw. „Verbrecher" formt und so Verhaltenstabilität „konstruiert" (z.B. Mischel, 1968). Innerhalb der Kriminologie ist es v.a. der Labeling-Ansatz, der Devianz als soziale Konstruktion begreift (siehe z.B. Keupp, 1983).[32]

Zweifellos sind Lebensumstände vielfach über längere Zeiträume stabil. Wenn dies zur Erklärung der Stabilität individuellen Verhaltens in Längsschnittstudien herangezogen wird, liegt die Beweislast jedoch auf seiten der situationistischen Interpretation, da die Personen auf jeden Fall zu allen Meßzeitpunkten identisch sind, die Situationen aber nicht unbedingt. Wenn die erste Messung in der Schule oder gar dem Kindergarten erfolgt, die letzte etwa an der Universität oder dem Arbeitsplatz, fällt es schwer, an eine schicksalhafte Invarianz der Bedingungen zu glauben.

Die Labeling-Perspektive macht mit Recht darauf aufmerksam, daß Normen nicht gottgegebene Regeln, sondern das Ergebnis einer sozialen Definition sind, und daß *ein* denkbarer Mechanismus, der zur Entstehung einer stabilen Verhaltenstendenz der Normübertretung beitragen könnte, über Prozesse der Attribution führt, die sich in Form von selbsterfüllenden Prophezeiungen perpetuieren können. Sie legt eine differenzierte Sichtweise etwa in Fragen individueller Schuldzuschreibung für eine bestimmte Handlung nahe, besitzt aber selbst weder die Intention noch das Instrumentarium, die *Existenz* individueller Differenzen im Auftreten abweichenden Verhaltens zu widerlegen. Letztere wird auch von Vertretern der Theorie(n) einer kriminellen Laufbahn nicht grundsätzlich bestritten, sie betonen aber die Bedeutung bestimmter Lebensereignisse für unterschiedliche Verläufe devianter „Karrieren" (dazu mehr in Abschnitt 3.2.3).

Zu bestreiten, daß manche Menschen sich ein Leben lang häufiger abweichend verhalten als andere, wäre sicher ebenso unsinnig wie die Behauptung, die Situation spiele für die Manifestation des Verhaltens keine Rolle. Als Beleg soll hier lediglich noch einmal auf die prognostische Validität von Integrity Tests, erhoben *vor* Eintritt in die Organisation und korreliert mit Verhalten *in* der Organisation, verwiesen werden. Zur Erklärung für die *Entstehung* solcher Unterschiede liegen zahlreiche Ansätze in zum Teil heftig ausgetragenem Widerstreit miteinander, was uns hier, wie oben erläutert, (noch) nicht weiter beschäftigen soll. Hier interessiert dagegen zunächst, *worin* - d.h. in welchen differentialpsychologischen Eigenschaften - diese Differenzen bestehen. Bedauerlicherweise kann die Kriminalpsychologie auf diese Frage kaum schlüssigere Antworten liefern als die Forschung zu Integrity Tests.

Es mangelt in der Literatur nicht an Versuchen, die „kriminelle Persönlichkeit" in der Terminologie von Eigenschafts- oder Einstellungskonstrukten zu beschreiben.

---

[32] Die, abgesehen von der Schuldfrage, augenfälligen Parallelen in den Stabilitätserklärungen von Entwicklungstheorien sozialer Kontrolle (sensu Sampson und Laub) und Labeling-Perspektive als Teufelskreis von Ausgrenzung und Rückfälligkeit sind angesichts der ideologischen Differenzen bemerkenswert.

Die Forschung hat dabei zweifellos eine lange Liste von Traits zutage gefördert, die konsistent mit abweichendem Verhalten korreliert sind (siehe z.B. J.Q. Wilson & Herrnstein, 1985). Die Schwierigkeit liegt jedoch darin, diesen Korrelaten auf den taxonomischen Landkarten traditioneller faktorenanalytischer Schulen der Persönlichkeitspsychologie einen einheitlichen Ort zuzuweisen. Die Evidenz spricht eher dafür, daß *der* Trait der Kriminalität dort nicht zu finden ist, sondern daß es viele „kleine" Eigenschaften sind, in denen sich deviante von weniger devianten Personen unterscheiden, und daß diese Eigenschaften nicht notwendig in einer Person zusammentreffen müssen. Dies zeigt sich, wenn auch auf unterschiedliche Weise, in den prominentesten persönlichkeitstheoretischen Ansätzen, die sich direkt mit traditioneller Fragebogendiagnostik von Kriminellen auseinandersetzen.

Wie bereits im Zusammenhang mit Integrity Tests aufgezeigt, führt etwa die empirizistische Herangehensweise in der Tradition des MMPI und vor allem CPI zwar zu Skalen, die konsistent zwischen Gruppen verschiedenster Devianzgrade unterscheiden, aber faktoriell komplex und inhaltlich schwer zu interpretieren sind, was sich u.a. darin dokumentiert, daß sie zum Referenzrahmen des FFM eine Vielzahl moderater Beziehungen sowohl auf Facetten- als auch Faktorenebene zeigen (McCrae, Costa & Piedmont, 1993; McCrae, 1991). Ähnlich uneindeutig, mit über drei bis vier Faktoren streuenden Zusammenhängen, fielen Versuche aus, etwa Aggressivität (Caprara, Barbaranelli & Zimbardo, 1996) oder die antisoziale Persönlichkeitsstörung (Wiggins & Pincus, 1989) zu den Big5 in Beziehung zu setzen.

Von einem weniger explorativen als theoretisch-konfirmativen Ansatz kommt die jahrzehntelange kriminologische Forschung von H.-J. Eysenck zu einem im Grunde ähnlichen Ergebnis (H.-J. Eysenck & Gudjonsson, 1989; knapper in H.-J. Eysenck & M.W. Eysenck, 1992, pp. 329-336; G.D. Wilson, 1981). Eysencks ursprüngliche, auf seinem noch zweifaktoriellen Modell beruhende Hypothese, derzufolge vor allem Extraversion - über den biologischen Mechanismus mangelnder Konditionierbarkeit wegen eines geringen Erregungsniveaus - für Straftäter charakteristisch sei, ließ sich empirisch nicht konsistent bestätigen. Deutlichere Beziehungen fanden sich zu Neurotizismus und der später eingeführten Dimension des Psychotizismus, die im FFM wiederum negativ mit Verträglichkeit und Gewissenhaftigkeit zusammenhängt (z.B. McCrae & Costa, 1985; Perugini & Leone, 1996; Van Heck, Perugini, Caprara & Fröger, 1994), wobei die mäßigen und relativ gleichmäßigen Koeffizienten eine eindeutige Zuordnung nicht zulassen. Eysenck selbst nimmt in neueren Schriften an, daß kriminelles Verhalten lediglich mit dem Impulsivitäts- und nicht mit dem Geselligkeitsanteil von Extraversion zusammenhängt.

Allerdings ist Impulsivität selbst ein äußerst vielschichtiges Konstrukt (siehe Pulkinnen, 1986, für eine Übersicht gängiger Operationalisierungen), dessen Status als Extraversionsfacette alles andere als feststeht. So bildet in Grays (z.B. 1981) Rotation der zwei ursprünglichen Eysenck-Faktoren Impulsivität eine eigene Dimension zwischen E und N; im NEO-Modell stellt sie bekanntlich eine Neurotizismusfacette dar (obwohl sie bei McCrae & Costa, 1985, stärker auf E und auch etwas auf C lädt); anderswo finden sich die stärksten Bezüge zu Gewissenhaftigkeit (z.B. Paunonen, 1998); und in lexikalisch geprägten Circumplex-Darstellungen der Big5 wird die

Vokabel „impulsiv" mal zwischen Neurotizismus und Extraversion (De Raad, Hendriks & Hofstee, 1992), mal zwischen Neurotizismus und geringer Gewissenhaftigkeit (Hofstee, De Raad & Goldberg, 1992) eingeordnet. Eysenck selbst sah in seinen letzten Jahren Impulsivität als „Sonderfall" (vgl. H.-J. Eysenck & M.W. Eysenck, 1992) eines Trait mittlerer Breite mit einer eigenen Substruktur von Gruppenfaktoren, der zu allen drei übergeordneten Hauptdimensionen E, N und (vor allem) P in Beziehung steht. Ähnliches, mit dem Schwerpunkt eher auf Extraversion, gilt Eysenck und Eysenck zufolge für sensation seeking (siehe hierzu auch Ostendorf & Angleitner, 1994a).

Nun gehören gerade Impulsivität und ihr Gegenpol Impulskontrolle (oder: Selbstkontrolle, Inhibition), die Tendenz, aus einer Eingebung des Augenblicks heraus zu handeln, und sensation seeking, die Vorliebe für stimulierende, riskante Aktivitäten, zu den am besten bestätigten Persönlichkeitskorrelaten abweichenden Verhaltens (siehe zu Impulsivität z.B. Blass, 1983; Corless & Dickerson, 1989; Hernandez & Diclimente, 1992; Kahler, Epstein & McCrady, 1995; Lösel, 1975; Lynam, Moffitt & Stouthamer-Loeber, 1993; Motoaki, Souma, Kimura & Shigehisa, 1990; Pulkinnen, 1982, 1990; Stanford & Barratt, 1992; Turrisi, Jaccard & McDonnell, 1997; Wills, DuHamel & Vaccaro, 1995; Wills, Windle & Cleary, 1998; zu sensation seeking u.a. S.B.G. Eysenck & McGurk, 1980; Gordon & Caltabiano, 1996; Lalumière & Quinsey, 1995; Lösel, 1975; Perez & Torrubia, 1985; Turrisi et al., 1997; Wills et al., 1995, 1998; Wood, Cochran, Pfefferbaum & Arneklev, 1995).

Während die Messung von sensation seeking relativ eindeutig von den bekannten Zuckerman-Skalen dominiert wird, findet sich zu Impulsivität/Impulskontrolle eine kaum noch überschaubare Menge von Operationalisierungen, die von mindestens einem Dutzend traditioneller Fragebogen bzw. Subtests aus Persönlichkeitsinventaren über projektive und „objektive" Tests bis zu Verhaltensmaßen wie Reaktionszeit und Belohnungsaufschub reichen (siehe Pulkinnen, 1986, für eine Übersicht ohne Anspruch auf Vollständigkeit; eine frühe Liste mit aus heutiger Sicht zum Teil skurril anmutenden Impulsivitätsmaßen [Einstellung gegenüber Deutschen und Chinesen] findet sich bei Twain, 1957). Die theoretischen Annahmen über die Ursachen einer impulsiven Verhaltenstendenz (genetisch oder sozialisiert), ihren Charakter als Eigenschaft, Temperamentstypus oder kognitiven Stil und ihre Beziehung zu Dissozialität (linear oder kurvilinear mit „überkontrollierten" und „unterkontrollierten" Devianten, vgl. etwa Rawlings, 1973) sind nicht weniger diversifiziert als die Beziehungen zu deskriptiven Persönlichkeitsmodellen.

Auch letzteres gilt nicht in gleichem Maße für sensation seeking, ein Trait mit deutlicheren Bezügen zu Extraversion, und ebenfalls nicht für ein weiteres, innerhalb der Kriminologie prominentes Konstrukt - das Selbstwertgefühl bzw. die emotionale Bewertung der eigenen Person, die wie erwähnt recht eindeutig der emotionalen Stabilität zuzuordnen ist. Seit den frühen Arbeiten der Reckless-Gruppe (Reckless, Dinitz & Murray, 1956; nach Lösel, 1983) wurde wiederholt ein im Mittel negativeres Selbstbild bei Delinquenten festgestellt (z.B. Deusinger, 1983; Dillig, 1983; Gordon & Caltabiano, 1996; Richman, Brown & Clark, 1984; frühere und einige abweichende Befunde faßt Lösel, 1983, zusammen). Ähnlich wie bei Impulsivität und sensation seeking lassen sich auch für das Selbstkonzept nochmals Subfaktoren identifizieren (z.B. Deusinger, 1983), was das Konstrukt innerhalb hierarchischer Persönlichkeitsmodelle auf einen mittleren Rang verweist. Auf einer nochmals untergeordneten Ebene sehr eng definierter Primärfaktoren findet sich eine Vielzahl von Korrelaten devianten Verhaltens (bei R. Hogan & Jones, 1983, z.B. 27 sog. HICs) aus fast allen Persönlichkeitsdimensionen.

Hier ist mit Bedacht von Persönlichkeits*korrelaten* devianten Verhaltens die Rede. Die theoretischen Annahmen über Ursache-Wirkungs-Zusammenhänge sind für personalistische Kriminalitätstheorien im allgemeinen nicht weniger umstritten als für die meisten situativen Ansätze (siehe hierzu z.B. Blackburn, 1993; Lösel, 1983). So wird etwa für ein positives Selbstbild angenommen - wie übrigens u.a. auch für Intelligenz (siehe z.B. Lynam et al., 1993) -, es wirke als Schutzfaktor gegen ein Abgleiten in die Kriminalität. Alternative Hypothesen lauten u.a., daß erst soziale Ausgrenzung, bspw. durch Inhaftierung, das Selbstwertgefühl reduziert oder, für den Befund der im Mittel leicht unterdurchschnittlichen Intelligenz von Straftätern, daß ganz schlicht die Intelligenteren sich nicht so oft erwischen lassen und deshalb in Studien mit offiziell erfaßter Delinquenz als Kriterium unterrepräsentiert sind. Diesen auf Anhieb plausiblen Erklärungen mangelt es allerdings an empirischer Bestätigung, die zweite kann sogar als widerlegt gelten (z.B. Moffitt & Silva, 1988).

Aber auch die zentralen Annahmen individualistischer Kriminalitätserklärungen sind, besonders dort, wo sie explizit herausgearbeitet werden, bestenfalls partiell bestätigt. So findet sich in Eysencks Erklärungsgefüge aus biologisch bedingten Traits, die ihrerseits den Sozialisationserfolg beeinflussen (sollen), die überzeugendste Evidenz ausgerechnet für die in dieser Hinsicht am wenigsten elaborierte Dimension - Psychotizismus. Inhaltlich besteht die Skala u.a. aus klassischen selbstreflektiven oder verhaltensbezogen Impulsivitätsitems (nachdenken, bevor man etwas tut; nachts sorgfältig die Tür schließen), unkonventionellen sozialen Einstellungen (Heiraten ist altmodisch) und zahlreichen Fragen, die sich auf Mißtrauen, Feindseligkeit und soziale Kälte beziehen (Menschen lügen einen gewöhnlich an; kein Mitleid für leidende Tiere; freut sich, wenn andere Angst vor einem haben). Es verwundert nicht, daß die Dimension im FFM zwischen Gewissenhaftigkeit und Verträglichkeit liegt (siehe auch Zuckerman, Kuhlman, Joireman et al., 1993, in deren konkurrierendem FFM die Bereiche Impulsivität / sensation seeking und Feindseligkeit / Aggressivität alternative Definitionen von Gewissenhaftigkeit und Verträglichkeit darstellen), deren Anteile nicht nur deskriptiv, sondern auch in ihrer genetischen und situativen Verursachung unterscheidbar sind (Heath & Martin, 1990).

Der Köcher individualpsychologischer Konstrukte ist reich bestückt und einige Pfeile treffen, wenn man sie auf das Phänomen der Kriminalität abschießt. Die meist bescheidenen Effektstärken zeigen aber auch, daß - um im Bild zu bleiben - keiner dieser Pfeile in die Zehn trifft. Mehr noch, die Treffer lassen sich aus sehr unterschiedlichen Richtungen erzielen, d.h. die „kriminelle Persönlichkeit" kann innerhalb deskriptiver Referenzsysteme, seien es die Big5 oder Eysencks „Giant Three", nicht eindeutig lokalisiert werden. Außerdem, das lehren die Stabilitätsstudien, scheint die individuelle Verhaltensprognose um so besser zu gelingen, je mehr man sich von wohldefinierten, homogenen Eigenschaftskonstrukten löst und den Prädiktor dem Kriterium annähert - der beste Prädiktor von Devianz ist Devianz. Diese Aussage erscheint auf den ersten Blick tautologisch, ein Vorwurf, der uns noch im Zusammenhang mit Gottfredson und Hirschis (1990) Theorie beschäftigen wird. An dieser Stelle sei dagegen auf die Implikationen eingegangen, die aus den Befunden persönlichkeitsorientierter Kriminologie für die Diskussion um Integrity Tests und das FFM erwachsen.

Das Problem der Tautologie umgehen Autoren von Integrity Tests, besonders der eigenschaftsorientierten, indem sie sich aus dem Arsenal der wohldefinierten Konstrukte möglichst umfassend bedienen - sie schießen mit mehreren Pfeilen. Und tauschen damit freilich Ekklektizismus für Tautologie ein. Von einem pragmatischen Standpunkt ist dies durchaus irrelevant. Aus theoretischer Sicht zeigt sich darin allerdings, daß die Suche nach der Heimat von „Integrität" innerhalb des Fünf-Faktoren-Modells vermutlich müßig ist. Sie findet sich, wie die kriminelle Persönlichkeit, an vielen Stellen, aber deshalb noch nicht überall. Ob sich die einzelnen Traits dabei additiv-kompensatorisch verhalten, wie in der Berechnung von Gesamttestwerten implizit unterstellt, Persönlichkeitsprofile bestimmte Tätergruppen charakterisieren oder die Eigenschaften zueinander in Moderator- bzw. Mediatorbeziehungen stehen, ist bestenfalls ansatzweise geklärt (Ausnahmen sind etwa die multivariaten Pfadmodelle bei Lynam et al., 1993; Turrisi et al., 1997; siehe aber Block, 1995b). Insgesamt bleiben die individualistischen Modelle devianten Verhaltens bislang auf Teilerklärungen beschränkt und bieten ein Bild des Jagens und Sammelns von Befunden oder eben - Korrelaten.

Bei allen Einwänden gegen persönlichkeitspsychologische Kriminologie ist es doch erstaunlich, wie wenig Eingang derartige Ansätze bislang in Modelle zur Erklärung kontraproduktiven Verhaltens am Arbeitsplatz gefunden haben. In den bereits mehrfach zitierten Übersichten zu einzelnen Verhaltensweisen fehlt zwar selten der Hinweis auf individualistische Erklärungen, in der Absentismusforschung bspw. gern pauschal als „Devianzmodell" tituliert, bei näherem Hinsehen entpuppt sich dies jedoch oft als Synonym für Integrity Testing (z.B. L. Greenberg & Barling, 1996; Johns, 1997; Spector, 1997; Traub, 1996; ein Vorbild an Ausführlichkeit dagegen Berndsen, 1997, mit leider tendenziösem Gehalt). Die wenigen einschlägigen Untersuchungen außerhalb der Integrity-Literatur haben allerdings zumeist auch explorativen Charakter oder beziehen sich auf interaktionistische Erklärungsmodelle, was sich auf die Auswahl der Personvariablen nicht günstig auswirkt (s.u.). Bedenklicher ist, wenn unter Verweis auf Hartshorne und Mays vermeintlichen Negativbefund die Existenz ehrlichkeitsrelevanter Eigenschaften ad acta gelegt wird (Grover, 1997; Tucker, 1989).

Wie bereits bei der Diskussion alternativer Auswahlmethoden in Abschnitt 2.2.1 angeklungen, zeigen sich traditionelle Persönlichkeitsfragebogen im direkten Vergleich Integrity Tests in der Kriteriumsvalidität i.d.R. unterlegen (abweichend kürzlich eine kleinzahlige Studie von Mikulay & Goffin, 1998). Das bedeutet nicht, daß Persönlichkeitstests gar keinen Wert zur Prognose kontraproduktiven Verhaltens haben. Hough (1992), die in ihrer Metaanalyse eine eigene Persönlichkeitstaxonomie anwendet (u.a. mit Aufsplittung der Big5-Dimensionen Extraversion und Gewissenhaftigkeit), sich ansonsten aber auch der problematischen Methode der Subsumierung verschiedenster Persönlichkeitsskalen unter einen Faktor bedient (vgl. Abschnitt 2.3.3), kommt für ihre beiden Gewissenhaftigkeitsfaktoren auf Validitäten von r = -.19 und -.24, für emotionale Stabilität und internale Kontrollüberzeugung auf -.15 bzw. -.12, und auch „Intellektualität" korreliert noch zu -.15 mit Kontraproduktivität, während Verträglichkeit (-.08) und die Extraversionsfaktoren (.01 und -.06) kaum praktisch bedeutsame Validität aufweisen.

Dies stimmt nur zum Teil mit Befunden überein, die direkte Operationalisierungen des FFM wie den NEO verwendeten und neben Gewissenhaftigkeit und emotionaler Stabilität auch für Verträglichkeit Bezüge um r = -.20 zu genereller Kontraproduktivität (Ashton, 1998; Dawson, 1996; Woolley & Hakstian, 1993) und unkooperativem Verhalten (Moser et al., 1998) fanden, bei Absentismus eher zu Extraversion (Furnham & Miller, 1997; Judge, Martocchio & Thoresen, 1997). Insgesamt zeigen diese explorativen Arbeiten, die „Persönlichkeit" mit umfassenden Modellen, gleichzeitig aber auf der Ebene unspezifischer, übergeordneter Dimensionen untersuchten, lediglich für Gewissenhaftigkeit konsistente Bezüge zu allen Kontraproduktivitätsbereichen. Für andere Faktoren findet sich zum Teil bezüglich einzelner Erscheinungsformen (und vermutlich auch unterschiedlicher Operationalisierungen des jeweiligen Persönlichkeitskonstrukts) differentielle Validität, wobei die Effektstärken allgemein bescheiden bleiben.

Spezifischere Konstrukte wurden vor allem in Arbeiten untersucht, die etwas weniger explorativ waren, dafür aber Modelle prüften, die nicht eigentlich personalistische Erklärungen darstellen, sondern eher gemäßigte Varianten situationistischer Ansätze oder explizit interaktionistische Vorstellungen. Die Betonung bleibt dabei im ersten Fall auf einer situativen Verhaltenserklärung, wobei die Persönlichkeitsmerkmale als Moderatorvariablen für die Wirksamkeit der Variation von Bedingungen eingeführt werden, während im Interaktionismus die eigenständige Erklärungskraft von Person/Umwelt-Kombinationen in den Mittelpunkt rückt. Statistisch äußert sich beides in Wechselwirkungen bzw. multiplikativen Termen, was in den hier vorfindlichen Querschnittuntersuchungen grundsätzlich Raum für beide Interpretationen läßt - und die Sichtweise, daß umgekehrt situative Elemente die Trait-Verhaltensbeziehung moderieren. Daß Wechselwirkungen zwischen Eigenschaften und Situationen für die Verhaltenserklärung bedeutsam sein können, dürfte inzwischen ebenso wenig strittig sein wie die Existenz von Haupteffekten dieser beiden großen Variablenklassen und wie die Unmöglichkeit, die relative Bedeutung dieser drei Determinanten durch varianzanalytische Komponentenschätzung zu quantifizieren (siehe hierzu knapp Amelang & Bartussek, 1997, Kap. 24).

Hier werden derartige Ansätze im Rahmen des Personalismus dargestellt, da sie zu den wenigen Arbeiten zählen, in denen Persönlichkeitsmerkmale im Zusammenhang mit kontraproduktivem Verhalten am Arbeitsplatz untersucht wurden, die nicht entweder aus der Tradition empirischer Kontrastgruppenvalidierung (MMPI, CPI, Integrity Tests) oder faktorenanalytischen Schulen zur Beschreibung der gesamten

Persönlichkeit (FFM, Eysencks „Giant Three") stammen. Dies vermeidet zwar die Nachteile mangelnder Interpretierbarkeit (bei empirischer Itemselektion) und Exzessivität (irrelevante Merkmale werden z.B. bei den Big5 zumindest miterhoben), freilich um den Preis der Defizienz. Die Autoren wählen einzelne Persönlichkeitsmerkmale auf der Grundlage theoretischer Vorannahmen, die i.d.R. nicht von der Maximierung der Kriteriumsvalidität für den Trait-Anteil geleitet sind.

Ein Beispiel ist eine Arbeit aus der bereits ausführlich gewürdigten Spector-Gruppe, in der Storms und Spector (1987) hypothesenkonform zeigen konnten, daß Personen mit externaler Kontrollüberzeugung auf das erlebte Ausmaß an Frustration wesentlich konsistenter mit kontraproduktivem Verhalten reagierten als solche, die an die Wirksamkeit ihres eigenen Handelns glauben. Der direkte Einfluß der Kontrollüberzeugung war in der rein korrelativen Studie eher schwach (r = .17). Das umgekehrte Ergebnis fanden Trevino und Youngblood (1990) in einer pfadanalytischen Überprüfung von Trevinos (1986) interaktionistischem Modell ethischen Verhaltens am Arbeitsplatz, in dem Locus of Control (LOC) neben situativen Aspekten als Moderatorvariable der Beziehung zwischen der Stufe moralischer Entwicklung und ethischen Entscheidungen spezifiziert worden war. Hier zeigte sich vor allem ein direkter Effekt von Externalität, der deutlich stärker war als jene für Moralentwicklung und experimentell variierte Verhaltensanreize. Einen direkten Zusammenhang zwischen Externalität und Absentismus fand Keller (1983) nach Kontrolle diverser demographischer und situativer Faktoren. Bei Perlow und Latham (1993) war externale Kontrollüberzeugung ein Prädiktor klientengerichteter Aggression, bei Puls (1992) für Trinken zur Belastungsreduktion. Obwohl die Interpretationen dieser Befunde bei den einzelnen Autoren im Detail abweichen, stimmen sie doch darin überein, daß die Erklärung in dem Umstand zu suchen ist, daß Menschen mit internaler Kontrollüberzeugung eine Verbindung zwischen ihrem Handeln und dessen Konsequenzen herstellen, was sie von potentiell selbstschädigendem Verhalten abhalten mag. Ein speziell für die Managementauswahl konzipierter Integrity Test war übrigens zu r = .63 mit internalem LOC korreliert (Baehr et al., 1993).

Eine ähnliche Schutzfunktion wird wie erwähnt für ein positives Selbstbild vermutet, eine Variable, die in einzelnen multivariaten Untersuchungen zu Absentismus (Keller, 1983), sexueller Belästigung (Dekker & Barling, 1998), Drogenmißbrauch (Lehman et al., 1995) und breit definierter Kontraproduktivität (Lehman & Simpson, 1992) mitlief. Während Keller und Lehman et al. einen ähnlich moderaten Effekt wie für LOC fanden und in der an demographischen Merkmalen, Arbeitsplatzcharakteristika und allgemeinen Arbeitseinstellungen reichen Studie von Lehman und Simpson Selbstwertgefühl der einzige Prädiktor war, der konsistent - wenn auch wenig substantiell - mit allen Erscheinungsformen der Kontraproduktivität zusammenhing, leistete bei Dekker und Barling das Selbstkonzept - im Gegensatz zu ihren objektspezifischen Einstellungskonstrukten - weder als Haupteffekt noch in Interaktionstermen einen Beitrag zur Verhaltenserklärung.

Judge und Mitarbeiter (Judge, Erez & Bono, 1998; Judge, Locke, Durham & Kluger, 1998) haben kürzlich das Selbstwertgefühl mit LOC, Neurotizismus sowie Banduras (1986) Konzept der „Selbstwirksamkeit" in generalisierter Form (generalized self-efficacy), vier Konstrukte mit höchst unterschiedlichen theoretischen Grundlagen, unter dem Konzept der „core self evaluations" zusammengefaßt, für dessen Konstruktvalidität sie umfangreiche Evidenz präsentieren. Insgesamt scheinen die Befunde dahingehend zu konvergieren, daß eine positive, optimistische Grundhaltung bzw. Einstellung zur eigenen Person in sehr verschiedenen Operationalisierungen die Wahrscheinlichkeit des Auftretens kontraproduktiver Verhaltensweisen vermindert.

Ähnliches gilt auch für generalisierte Tendenzen im Umgang mit und in der Sichtweise der sozialen Umgebung. In einer vom moralpsychologischen und interaktionistischen Grundansatz den Arbeiten Trevinos verwandten Untersuchung erfaßten Mumford et al. (1993) sozial und organisationsschädigendes Verhalten in Dilemmasituationen, wobei als unabhängige Variablen drei experimentell manipulierte Situationsparameter sowie eine durch biographische Fragen gemessene Persönlichkeitsvariable fungierte, in der die Skalen „power motives" (definiert als das Bedürfnis, anderen den eigenen Willen aufzuzwingen), „object beliefs" (sieht andere als Mittel zur Erreichung eigener Ziele an) und „myth viability" (negatives, destruktives Weltbild) zusammengefaßt waren. Mumford und Kollegen fanden als einzigen signifikanten Haupteffekt einen Einfluß ihrer Persönlichkeitsskala auf organisationsschädigende Entscheidungen, der noch verstärkt wurde, wenn geringe (situativ induzierte) Selbstwirksamkeit vorlag. In interpersonalen Entscheidungen wurden die Dispositionen nur verhaltenswirksam, wenn zusätzlich die (simulierten) organisationalen Normen dem sozialen Klima eine untergeordnete Rolle beimaßen.

Giacalone und Knouse (1990) fanden in einer Studie zur Rechtfertigung für Sabotage eine Interaktion zwischen ihren beiden Persönlichkeitsvariablen Machiavellismus und Feindseligkeit (eine Aggressivitätsskala), indem erst das Vorliegen beider Traits einen deutlichen Effekt zeitigte. Der manipulative Charakter von Machiavellisten ist den Mumford-Skalen offensichtlich verwandt und entspricht den Studien von McHoskey, Worzel und Szyarto (1998) zufolge weitgehend einer eigenschaftspsychologischen Umschreibung des klinischen Konzepts der Psychopathie, wobei darin primäre und sekundäre Psychopathie konfundiert sind.[33] Auch Aggressivität ist für alle Psychopathen charakteristisch, ohne daß sich aus aggressivem Verhalten allein auf Psychopathie schließen ließe. Betrachtet man Psychopathie als kontinuierliche Dimension, auf der jedermann eine relative Position einnimmt, und nicht als seltene pathologische Störung mit der Konnotation des Monströsen (vgl. etwa Blackburn, 1993, pp. 84-86), so erscheint das Konzept auch in betrieblichen Populationen, wo kaum mit einem großen Anteil schwerer Persönlichkeitsstörungen zu rechnen ist,

---

[33] McHoskey et al. verstehen darunter die beiden korrelierten Faktoren von Hares revidierter *Psychopathy Checklist* (PCL-R; siehe Hare, Harpur, Hakstian et al., 1990), einem Instrument, in dem klinische Urteile aus Interviews und biographischen Daten zu standardisierten Scores zusammengefaßt werden, verwenden für ihre eigenen Studien aber einen Selbstberichtsfragebogen zur Messung. Bei der PCL-R laden auf den zweiten Faktor vor allem deviante und impulsive Verhaltensitems (gegenüber Einschätzungen der Persönlichkeit), während sich die theoretische Unterscheidung primärer und sekundärer Psychopathie auf unterschiedliche Persönlichkeitsprofile (z.B. neurotische Tendenzen bei sekundären Psychopathen) richtet.

nicht mehr so abwegig wie in der Literatur manchmal vorgetragen (vgl. Berndsen, 1997) und mit seinem Geflecht aus Persönlichkeits- und Verhaltensmerkmalen durchaus interessant zur Erklärung eines komplexen Phänomens wie Kontraproduktivität. Mangels empirischer Evidenz bleibt diese Aussage freilich spekulativ. Nachzutragen bleibt, daß Psychopathie - wie andere Konstrukte mit großer Nähe zu deviantem *Verhalten* - im FFM nicht eindeutig zu lokalisieren ist (McHoskey et al., die den Zusammenhang zu Zuckerman et al.'s alternativem FFM prüften, fanden keine nennenswerten Korrelationen mit primärer Psychopathie, dafür aber bei sekundärer Psychopathie moderate Beziehungen zu allen Faktoren außer Soziabilität).

Angesichts der Vielzahl von Belegen für die Validität von Integrity Tests und des Umstands, daß die zahlreichen Untersuchungen zum Einfluß von Situationsvariablen und deren Perzeptionen, von denen oben nur eine Auswahl diskutiert werden konnte, i.d.R. wenig eindrucksvolle Resultate erbrachten, muß der Stellenwert von Persönlichkeitsvariablen in der Erklärung kontraproduktiven Verhaltens bislang als unterentwickelt bezeichnet werden. Insbesondere das weitgehende Fehlen von Modellvorstellungen und Studien, die die in der Kriminologie etablierten Konstrukte sensation seeking (Ausnahmen stellen Ashton, 1998, und Judge et al., 1997, dar, die allerdings bestenfalls verwandte Subskalen aus allgemeinen Persönlichkeitstests einsetzten) und Impulsivität/Impulskontrolle (hierzu legten Latham & Perlow, 1996, eine Studie mit dem psychomotorischen *Porteus Mazes* Test vor, dessen Konstruktvalidität äußerst umstritten ist; vgl. Blackburn, 1993) oder Psychotizismus einbeziehen, zeugt von einem Defizit in der Rezeption personalistischer Devianzforschung. Korrelative Befunde von allerdings bescheidener Höhe liegen für einige breite Persönlichkeitsdimensionen, vor allem Gewissenhaftigkeit, aber auch emotionale Stabilität und Verträglichkeit sowie - mit Abstrichen - Extraversion vor. Für enger (oder anders) definierte Konstrukte konnten zum Teil direkte Einflüsse, teilweise auch Interaktionen mit situativen oder anderen Persönlichkeitsvariablen aufgezeigt werden. Auch hier gehen die Effektstärken selten über das für situative Variablen berichtete Maß hinaus, obwohl für Integrity Tests direkte Vergleiche mit Situationseinflüssen günstig ausfielen (Jones & Boye, 1994; Kamp & Brooks, 1991).

Ebenso wie bei Kriminalität scheint der beste Prädiktor kontraproduktiven Verhaltens in der Zukunft kontraproduktives Verhalten in der Vergangenheit zu sein, gefolgt von empirisch konstruierten bzw. aus spezifischen Einstellungen gebildeten Skalen, die inhaltlich schwer zu interpretieren sind. Beide, Verhalten und empirisch skalierte Tests, zeigen ähnliche Korrelate innerhalb umfassender Persönlichkeitsmodelle wie auch auf der Ebene einzelner Traits. In beiden Fällen zeichnen sich diese Korrelationen jedoch durch ihre große Streubreite und die mäßige Höhe der einzelnen Koeffizienten aus. Dies führt leider dazu, daß erfrischend einfache Aussagen von der Art „Kontraproduktive Mitarbeiter sind weniger gewissenhaft" zu einer Reihe ärgerlicher „Ja, abers" einladen. Wir wissen bspw. nicht, ob bestimmte Persönlichkeitskonstrukte bestimmte Verhaltensweisen differentiell vorhersagen. So läßt sich vermuten, daß organisationsschädigendes Verhalten eher mit Gewissenhaftigkeit, interpersonale Devianz stärker mit Verträglichkeitsaspekten korrespondiert. Für Extraversion konnte bislang lediglich ein Zusammenhang mit Absentismus festgestellt werden, während Aspekte des Selbstkonzepts über den gesamten Verhaltensbereich einigermaßen gleichmäßig mäßig valide zu sein scheinen. Wir wissen auch wenig darüber, welche Persönlichkeitsbereiche bzw. -facetten bislang bei der selektiven Überprüfung einzelner Konstrukte übersehen wurden und welche bei der übermäßig inklusiven Messung globaler Dimensionen besser weggelassen worden wären. Das Dilemma personalistischer Ansätze besteht darin, daß, wenn man sich dem Problem vom Standpunkt der Persönlichkeitsdeskription (idealtypisch durch das FFM repräsentiert) nähert, ungeachtet zahlreicher Korrelate „das" Konstrukt zur Erklärung persönlicher Devianzneigung nicht zu existieren scheint, vom Ende der Verhaltensdeskription kommend jedoch durchaus „irgendetwas" die einzelnen Verhaltensweisen zu verbinden scheint. Im folgenden Kapitel 3.2 wird ein personalistischer Ansatz vorzustellen sein, der sich dem Phänomen der Kriminalität von genau dieser Seite, der des Verhaltens, nähert.

Zuvor noch einige Anmerkungen zur Person/Situation/Interaktion-Problematik. Die Position des Interaktionismus hat, bei aller Kritik, unter einer entwicklungsbezogenen Perspektive sicher ihre Berechtigung. Sie macht auf die dynamische, reziproke Natur der Beziehung zwischen Person und Situation aufmerksam: Personen suchen oder meiden Situationen aufgrund ihrer Einschätzung, wie gut sie zu ihnen (ihrer Persönlichkeit) passen, nehmen objektiv gleiche Umstände unterschiedlich wahr und passen sie gegebenfalls ihren Bedürfnissen an, werden andererseits in ihrer Persönlichkeit und - wesentlich stärker - ihrem Verhalten aber auch von Situationen geformt bzw. beeinflußt (siehe z.B. Ickes, Snyder & Garcia, 1997; Magnusson, 1990). Das relative Gewicht des wechselseitigen Beeinflussungspotentials von Person und Situation ist jedoch über die Lebensspanne keineswegs invariant. Die Stabilität der Persönlichkeit ist ganz wesentlich eine Funktion des Alters, wobei spätestens ab 30 kaum noch mit starken Veränderungen zu rechnen ist (z.B. Costa & McCrae, 1997). Außerdem sind Kinder zweifellos in ihrer Entscheidungsfreiheit (einschließlich der Auswahl ihrer Umgebung) stärker eingeschränkt als Erwachsene: Wir können unsere Eltern ebenso wenig aussuchen wie unseren Kindergarten, wohl aber (in Grenzen) Lebenspartner und Arbeitsstelle. Insofern verschiebt sich im Laufe des Lebens die Position zugunsten der Persönlichkeit als unabhängige Variable. Auf der anderen Seite bestehen jedoch auch im Erwachsenenalter Einschränkungen durch die Situation fort, die zwischen verschiedenen Kontexten variieren dürften. Hier läßt sich annehmen, daß das Verhalten innerhalb der Berufsrolle stärkeren Restriktionen unterliegt als etwa im Freizeitbereich. Es verbleibt im allgemeinen sicher für beide Erklärungsfaktoren hinreichend Raum, einen substantiellen Beitrag zur Verhaltensaufklärung zu leisten.

Es wurde bereits darauf hingewiesen, daß die beiden Variablenklassen dabei interpretativ nicht vollständig kompatibel sind, wie in einer einfachen varianzanalytischen Formulierung ($V = P \times S$) implizit unterstellt. Situationen wirken ihrem Wesen nach im Aggregat, also überindividuell, während Persönlichkeitseigenschaften definitionsgemäß individuelles Verhalten beeinflussen. Deshalb drücken sich situative Interventionen in Mittelwertdifferenzen aus (über den Effekt der Intervention auf *alle* Individuen) und bewirken darüber hinaus eine Veränderung der Varianz (ein Ausdruck der Situationsstärke), während Persönlichkeitsmerkmale sich auf die Rangordnung innerhalb einer gegebenen Population und unter gegebenen Umständen auswirken. Ein Mittelswertseffekt kann bekanntlich auch auftreten, ohne die Rangordnung (und damit den ordinal gemessenen Zusammenhang zwischen Persönlichkeit und Verhalten) im geringsten zu verändern, während sich die Varianzeinschränkung auf die Höhe der metrischen Korrelation auswirkt. Anders und stark vereinfacht formuliert: Im situativen Ansatz interessiert man sich dafür, was man *tun* kann, um eine Verhaltens*änderung* zu bewirken, im personalistischen Paradigma dafür, was man *wissen* muß, um Verhalten zu *prognostizieren*. Diese beiden sehr unterschiedlichen Perspektiven haben durchaus ihre jeweils eigenständige Berechtigung, sollten aber auseinandergehalten werden.

In vielen explizit oder implizit interaktionistischen oder „integrativen" Modellen geschieht genau dies nicht. Seit an Seit und sauber in Kästchen gruppiert stehen da Situations- und Personvariablen nebeneinander, und aus den Kästchen sind, direkt oder über Umwege, Pfeile auf eine abhängige Variable gerichtet, ohne den geringsten Hinweis, daß dieses Kriterium in einem Fall eine über alle Vpn aggregierte Mittelwertsdifferenz repräsentiert, im anderen Fall dagegen eine Rangordnung zwischen den Versuchspersonen.[34] In der klassischen Überprüfung interaktionistischer Thesen werden die Situationsparameter experimentell *manipuliert* und die Persönlichkeitsmerkmale diagnostisch *gemessen*, was jeweils für sich eine angemessene Vorgehensweise ist. Für die vergleichende Auswertung behilft man sich dann aber damit, entweder die Eigenschaften künstlich zu dichotomisieren, um sie varianzanalytisch in Haupt- und Interaktionseffekte zerlegen zu können (z.B. Mumford et al., 1993), oder die Situationsvariablen dummykodiert in korrelationsbasierte Pfadmodelle (z.B. Trevino & Youngblood, 1990) einzubeziehen. Im ersten Fall wird man weder dem kontinuierlichen Charakter von Persönlichkeitsvariablen gerecht, noch dem Umstand, daß Traits *keine* manipulierbaren Interventionen, sondern gegebene Merkmale darstellen. Im zweiten Fall übersieht man den Sachverhalt, daß situative Manipulationen im Gegensatz zu Eigenschaften im Prinzip nach Art und Stärke frei variierbar sind, was die Höhe der Pfadkoeffizienten zu einer mehr oder weniger beliebigen Größe macht.

In den weiter oben als pseudo-situationistisch bezeichneten Ansätzen wird das Problem umgangen, indem im Grunde Interaktionen gemessen werden als seien sie Persönlichkeitsmerkmale. In den individuell und kontinuierlich erfaßten Perzeptionen von Gruppennormen, Streß, Ungerechtigkeit etc. spiegeln sich sowohl die Umgebungsvariablen als auch die Persönlichkeitsmerkmale, die zu deren je persönlicher Verarbeitung beitragen, ohne daß sich diese Ursachen auseinanderhalten lassen. In dieser Form werden Haupt- und Interaktionseffekte konfundiert erhoben.

---

[34] Selbstverständlich lassen sich, bei Kenntnis der Varianzen, Mittelwertunterschiede und Korrelationen ineinander überführen. Dies führt zwar statistisch zu vergleichbaren Effektstärken, verschleiert aber inhaltlich nur weiter die konzeptionellen Unterschiede zwischen interventionistischem und diagnostischem Grundansatz, die zueinander *nicht* in einem „natürlichen" Konkurrenzverhältnis stehen.

Es existiert übrigens eine Forschungsrichtung innerhalb der Literatur zu Integrity Tests, die in exakt der gleichen Weise als „pseudo-personalistisch" bezeichnet werden kann wie die beschriebenen Ansätze pseudo-situationistisch sind. Sie war in Abschnitt 2.2.1 kurz als Validierungstrategie der Längsschnittstudien auf Organisationsebene eingeführt worden und bezieht sich auf den Vergleich betriebs- oder organisationsweiter Statistiken zu bspw. Inventurdifferenzen, Kündigungs- oder Absentismusquoten vor und nach Einführung von Integrity Tests im routinemäßigen Auswahlverfahren. In den einschlägigen Untersuchungen (Borofsky & Smith, 1993; Brown, Jones, Terris & Steffy, 1987; Hartnett, 1991; Jones, Slora & Boye, 1990; Joy, 1991; Paajanen, 1988; Werner, Joy & Jones, 1991) findet sich regelmäßig eine sprunghafte Reduzierung kontraproduktiven Verhaltens unmittelbar nach Implementierung der Tests, gefolgt von einem stetigen Abfall während der Verwendung im Auswahlprozeß. Läßt sich letzteres noch als indirekter Hinweis auf die diagnostische Validität werten, indem der Mitarbeiterstamm kontinuierlich durch weniger kontraproduktive Mitglieder aufgefrischt wird, zeigt der plötzliche Abfall zu Beginn der Einführung, daß Personalauswahl auch eine Intervention ist, die ein Signal an die bereits eingestellten Mitarbeiter sendet. In diesem Sinn kann man auch die Implementierung von Integrity Tests zu den situativen Maßnahmen der Unternehmenspolitik zählen, die Einfluß auf die Perzeption von Gelegenheiten nehmen.

Es sollte abschließend betont werden, daß die hier formulierte Kritik an interaktionistischen Erklärungen kontraproduktiven Verhaltens bzw. deren Überprüfung kein Plädoyer dafür darstellt, auf eine Beachtung der Wechselwirkungen zwischen Person und Interaktion zu verzichten. Wegen der partiellen Inkompatibilität der Ansätze ist es m.E. jedoch sinnvoll, zuvor zu spezifizieren, aus welcher Perspektive man sich dem Problembereich nähert. Aus einer situativ-interventionistischen Sicht mag man sich durchaus dafür interessieren, ob die Einführung eines neuen Diebstahlüberwachungssystems nicht dazu führt, daß sich die gleichen Mitarbeiter, die bisher gestohlen haben, eine anderes Betätigungsfeld innerhalb des Bereichs kontraproduktiven Verhaltens suchen, in dem sie geringerer Kontrolle ausgesetzt sind. Diese Art von Nebeneffekten impliziert nicht notwendig die Messung von Persönlichkeitsvariablen, sondern lediglich eine Kontrolle von Mittelwertsverschiebungen innerhalb eines zuvor abgegrenzten Verhaltensbereichs.

Eine personal-diagnostische Herangehensweise erfordert die Beachtung von Situationsparametern, die den Prädiktor-Kriterienzusammenhang moderieren, also insbesondere die Situationsstärke beeinflussen. Dies kann zur Aufdeckung differentieller Effekte um die Erfassung von individuellen Wahrnehmungen ergänzt werden, die jedoch nicht als Situationsvariablen interpretiert werden sollten, sondern gewissermaßen als deren von der Persönlichkeit absorbierter Anteil. Interaktionen mit dichotomen oder kategorialen Situationsvariablen können z.B. über Subgruppenvergleiche von Korrelationskoeffizienten untersucht werden, in denen Meßbereichseinschränkungen kontrolliert werden sollten. Dies wird m.E. einer personalistischen Interpretation besser gerecht als die Auswertung von Interaktionstermen in Varianzanalysen oder moderierten Regressionen, zumindest ist es intuitiv besser zugänglich. Umgekehrt ist für situative Erklärungen die Berücksichtigung von Eigenschaften vor allem dann interessant, wenn diese differentielle Mittelwertseffekte bewirken (etwa zwischen Abteilungen, die sich *im Mittel* in ihren Persönlichkeitseigenschaften unterscheiden) oder wenn einzelfallbezogene Interventionen (z.B. die in letzter Zeit aufgekommenen Fehlzeitengespräche) geplant sind. In solchen Fällen können Dispositionen als Kovariaten in Kovarianzanalysen untersucht werden. Der im Anschluß an die folgende Zusammenfassung zu referierende theoretische Ansatz stellt einen im Grundsatz personalistischen Zugang dar, der situative Elemente als Randvariablen berücksichtigt.

3.1.5 Zusammenfassung

Unter dem Begriff der „Kontraproduktivität" wurde ein Verhaltensbereich abgegrenzt, der ein breites Spektrum von Handlungen der Mitglieder in Wirtschaftsorganisationen einschließt, deren gemeinsames Merkmal in ihren negativen Konsequenzen liegt. Diese Handlungsfolgen können unmittelbar die Organisation bzw. den Arbeitgeber, andere Organisationsmitglieder oder (seltener) Außenstehende betreffen, während gleichzeitig ein unmittelbarer Anreiz für die Tat besteht. Entscheidend ist, daß zumindest mittelbar, vermittelt über die Sanktionsgewalt der Geschädigten wie auch interner psychischer und physischer Prozesse, die Schädigung auf die handelnde Person zurückfallen kann, mit Konsequenzen, die den kurzfristigen Nutzen deutlich übersteigen, und daß diese Folgen zum Zeitpunkt der Handlung absehbar sind. Nicht notwendig ist dagegen die Absicht der Schädigung, noch wird ein anderes bestimmtes Handlungsmotiv, die strafrechtliche Relevanz oder auch nur ethische Verwerflichkeit des Handelns oder ein durch besondere Qualitäten gekennzeichnetes Täterbild unterstellt, obwohl alle diese Elemente vorliegen können. Darin unterscheidet sich das Konzept der Kontraproduktivität von mehr oder weniger verwandten Begriffen wie anti- bzw. dissozialem Verhalten, Aggression, Sabotage, (betrieblicher) Delinquenz, Managementethik oder Wirtschaftskriminalität.

Die beschriebenen Elemente treffen auf eine Vielzahl von Verhaltensweisen zu, von denen die am besten erforschten den Erscheinungsformen des Diebstahls, des Absentismus einschließlich anderer Arten der willentlichen Verweigerung von Arbeitsleistung, unterschiedlichen Formen der Aggression sowie dem Mißbrauch von Rauschmitteln zuzurechnen sind. Jede dieser Erscheinungsformen für sich konstituiert bereits ein Problem, dessen finanzielles Ausmaß volks- und oftmals auch betriebswirtschaftliche Relevanz besitzt, und das darüber hinaus in vielen Fällen ernste soziale und persönliche Schädigungen zur Folge hat. Keines dieser Probleme läßt sich etwa auf eine verschwindend kleine Minderheit „schwarzer Schafe" zurückführen, vielmehr handelt es sich um Massenphänomene, an denen sich ein erheblicher Anteil der Beschäftigten in geringem Ausmaß, ein allerdings wesentlich kleinerer Anteil exzessiv zu beteiligen scheint. Schwere Delikte kommen dabei erheblich seltener vor als minder schwerwiegende Formen der betrieblichen Devianz. Diese Verteilungen unterscheiden sich nicht von denjenigen außerbetrieblicher Kriminalität, was dort m.W. noch niemand veranlaßt hat, das Problem insgesamt für vernachlässigbar zu erklären.

Weniger eindeutig ist die Befundlage zu den Beziehungen, die zwischen einzelnen Erscheinungsformen und zum Teil auch zwischen verschiedenen Verhaltensweisen innerhalb dieser Kategorien bestehen. Die vorliegenden Daten aus unterschiedlichen Quellen lassen sich am besten mit der Vorstellung eines hierarchisch aufgebauten Konstrukts vereinbaren, innerhalb dessen spezifische Facetten von einem übergeordneten Faktor geladen sind, wobei mehrere Abstufungen möglich sind. Anders formuliert: Das Ausmaß, in dem die Rangordnung der Personen zwischen verschiedenen Formen der Kontraproduktivität erhalten bleibt, nimmt ab, je weniger ähnlich sich diese Handlungen und die begleitenden Umstände sind, ohne dabei je gänzlich zu verschwinden oder vollkommen perfekt zu werden. Auf jeder Stufe der Abstraktion existieren sowohl Hinweise auf überindividuelle Generalität wie Spezifität der Verhaltenskategorien, bei Variation der Umstände auf Verhaltenskonsistenz wie -inkonsistenz der Individuen, wobei mit voranschreitender Akkumulation einzelner Verhaltensgelegenheiten die Konsistenz zunimmt. Auch hier ergeben sich Parallelen zur allgemeinen Kriminologie und auch zur Persönlichkeitsforschung, in denen die selektive Betonung von Gleichheit und Verschiedenheit, von aufgeklärter und unaufgeklärter Varianz zu Debatten über den Einfluß von Person und Situation beigetragen hat, vor allem im Fall der Kriminologie auch über den angemessenen Allgemeinheitsgrad theoretischer Erklärungen. Die empirischen Daten lassen Raum für situative und personale Interpretationen und für unterschiedliche Bandbreiten des untersuchten Verhaltensbereichs. Das hier abgegrenzte Spektrum kontraproduktiver Handlungen erweist sich auch innerhalb des nochmals übergeordneten Zusammenhangs allgemeiner beruflicher Leistung als universell bedeutsam.

Innerhalb der vorliegenden Erklärungsmodelle kontraproduktiven Verhaltens dominieren situationistische und interaktionistische Ansätze, in denen einzelne Erscheinungsformen als abhängige Variablen herausgegriffen werden. Für eine Reihe situativer Faktoren ließen sich dabei durchaus bedeutsame Mittelwertseffekte aufzeigen. Sie lassen sich nach ihrer angenommenen Wirkungsrichtung in zwei Gruppen aufteilen. Einige dieser Variablen wirken dabei als Anlässe, die kontraproduktives Verhalten unmittelbar oder mittelbar auslösen und dabei das Volumen devianter Handlungen innerhalb einer organisatorischen Einheit erheblich beeinflussen können, ohne daß bei Nichtvorliegen der Bedingung das Verhalten gänzlich verschwindet. Eine zweite Gruppe situativer Variablen läßt sich unter dem Begriff der Gelegenheiten zusammenfassen. Sie wirken ihrem Wesen nach nicht handlungsauslösend oder motivierend, sondern beeinflussen das individuelle Entscheidungskalkül, indem sie die Möglichkeit aus sich heraus bzw. aufgrund konkreter Anlässe attraktiver Handlungen in unterschiedlicher Weise einschränken.

Ein beträchtlicher Teil im Grundsatz situativer Erklärungsansätze versucht dem Umstand Rechnung zu tragen, daß Situationsparameter erst nach individueller Verarbeitung entscheidungswirksam werden können, indem sie direkt beim Individuum Wahrnehmungen, emotionale Reaktionen oder allgemeine Einstellungen zum externen Arbeitsumfeld erheben und diese korrelativ zu Verhaltenskriterien in Beziehung setzen. Diese Vorgehensweise ist dem Grunde nach personalistisch, und eine situationistische Interpretation der Befunde läßt zumindest Raum für alternative Erklärungen, weshalb für diese Ansätze die Bezeichnung „pseudo-situationistisch" gewählt wurde. Gemessen an den Effektstärken sind die Befunde in der Regel bestenfalls moderat, und die in Prozeßmodellen spezifizierten proximalen Erklärungsfaktoren (kognitive oder emotionale Verarbeitung; z.B. Streß, Ärger, Frustration, Arbeitszufriedenheit) erreichen häufig nicht die Erklärungskraft der ihnen annahmegemäß vorgelagerten Bedingungen (Situationsvariablen). Der Einfluß stabiler Persönlichkeitsmerkmale bleibt meist höchstens ansatzweise berücksichtigt. Ähnliches gilt auch für Studien, die den Einfluß sozialer Normen der Arbeitsgruppe oder Organisation durch Messung beim Individuum untersuchen und dabei unabsichtlich in die Nähe einstellungsorientierter Integrity Tests rücken.

Die Befundlage sieht im allgemeinen auch für die wenigen Arbeiten, die Persönlichkeitsmerkmale in den Mittelpunkt der Erklärung stellen oder zumindest explizit einbeziehen, nicht wesentlich günstiger aus. Dies ist so, obwohl deviantes Verhalten in und außerhalb von Betrieben über lange Zeiträume individuell erstaunlich stabil bleibt und sich Kontraproduktivität im Einstellungsprozeß durch Integrity Tests mit beachtlicher Validität vorhersagen läßt. Dennoch lassen sich in unterschiedlichen Bereichen und auf unterschiedlichen Ebenen hierarchisch strukturierter Persönlichkeitsmodelle konsistente Korrelate kontraproduktiven Verhaltens identifizieren, die wiederum Parallelen zu Befunden aus der kriminologischen Persönlichkeitsforschung aufweisen. Dies bezieht sich sowohl auf inhaltliche Entsprechungen als auch auf den generellen Befund, daß sich die Strukturen von Persönlichkeit und Devianz *nicht* in dem Sinne entsprechen, daß innerhalb einer taxonomisch organisierten Persönlichkeitsstruktur ein Trait der „Devianz" an einer bestimmten Stelle zu lokalisieren wäre. Vielmehr verteilen sich die Korrelate sehr breit innerhalb der allgemeinen Persönlichkeit. Gleichwohl läßt sich die bedeutende Rolle überdauernder Eigenschaften zur Erklärung devianten Verhaltens kaum bestreiten.

Daß dabei situative Faktoren mit Merkmalen der Person interagieren, ist ebenfalls eine Aussage, die fast schon zu den Gemeinplätzen zu zählen ist. Explizit interaktionistische Ansätze berücksichtigen in ihrer Betonung dieses Zusammenwirkens jedoch häufig nicht, daß diese beiden Variablenklassen in Messung und Erklärungspotential nicht vollständig kompatibel sind, und sie sind zudem bislang in der Auswahl ihrer Persönlichkeitsmerkmale oft hochgradig defizient. Eine Reihe von Gründen läßt es ratsam erscheinen, Person und Situation in der Verhaltenserklärung methodisch und theoretisch als eigenständige Faktoren zu untersuchen. Die im folgenden vorzustellende Erklärung devianten Verhaltens unterscheidet sich von den meisten bisher vorgeschlagenen Modellen durch ihren personalistischen Grundansatz und den hohen Allgemeinheitsgrad der abhängigen Variable.

3.2   Gottfredson und Hirschis (1990) Theorie der Selbstkontrolle

Versuchungen sind wie Vagabunden - freundlich aufgenommen, kommen sie wieder und bringen andere mit.

Mark Twain

Seit 1990 Michael Gottfredson und Travis Hirschi (im folgenden: G&H) ihre *General Theory of Crime* herausbrachten, zählt das Werk zu den am meisten beachteten, aber auch am kontroversesten diskutierten theoretischen Ansätzen in der Kriminologie. Zahlreiche veröffentlichte und unveröffentlichte Beiträge beschäftigen sich inzwischen konzeptionell-interpretativ und/oder empirisch mit der „Allgemeinen Theorie", einzelne Aspekte wurden von den Autoren selbst mehrfach kommentiert. Fast alle diese Arbeiten enthalten eine inhaltliche Zusammenfassung der zentralen Gedanken in der Interpretation der jeweiligen Verfasser (auf Deutsch, jedoch m.E. nicht sehr empfehlenswert, z.B. Lamnek, 1994).

Auch die im Anschluß vorgetragene Übersicht stellt selbstverständlich eine persönliche Auslegung dar. Sie weicht in zumindest einem Punkt von den meisten einschlägigen Darstellungen ab, der wegen seiner Bedeutung (nicht nur) für die eigene Arbeit stärker in den Mittelpunkt gerückt werden soll - der Interpretation des zentralen Konstrukts Selbstkontrolle und der daraus gezogenen Folgerungen für die Umsetzung in ein Meßkonzept. Die Operationalisierung von Selbstkontrolle stellt m.E. das Kernproblem der bisherigen Überprüfungen der Theorie dar und steht auch in engem Zusammenhang mit dem fundamentalsten Vorwurf, der gegen G&Hs Ansatz erhoben wurde - dem der Tautologie. Dieser und einige andere Kritikpunkte an der *Allgemeinen Theorie* werden zu diskutieren sein, bevor wir uns im folgenden Kapitel ihrer Anwendbarkeit auf das Problem kontraproduktiven Verhaltens zuwenden können. Auf einige in diesem Zusammenhang weniger bedeutsame Aspekte, etwa G&Hs Kritik anderer kriminologischer Theorien oder ihre Annahmen über die Entwicklung von Selbstkontrolle durch elterliche Sozialisation, kann hier nur in Ausschnitten eingegangen werden (siehe hierzu neben dem Originalband insbes. Hirschi, 1994; Hirschi & Gottfredson, 1990; 1995).

3.2.1 Zusammenfassende Darstellung der Theorie

G&H entwickeln ihre personalistische Theorie des Verbrechens, indem sie zunächst von der Person des Verbrechers abstrahieren. Sie gehen dabei von einem allgemeinen (im Gegensatz zu differentiellen) Menschenbild aus, das der Klassischen Ökonomie ebenso zugrunde liegt wie der Klassischen Kriminologie - dem aus purem Eigeninteresse handelnden Nutzenmaximierer und Kostenminimierer. Auf der Suche nach dem Wesen des *Verbrechens* untersuchen sie anschließend eine Vielzahl krimineller Handlungen (nicht Täter) unter dem Gesichtspunkt des Nutzenkalküls und identifizieren eine Reihe konstitutiver Merkmale, die diesen gemeinsam, aber keineswegs auf gesetzeswidrige Akte beschränkt sind. Auf der Grundlage dieser Gemeinsamkeiten sowie einiger empirischer Fakten, die sie als unbestreitbar ansehen, kommen sie zu einer Theorie, in der praktisch sämtliche kriminellen und zahlreiche nichtkriminelle („analoge") Handlungen als Manifestationen einer einzigen Verhaltenstendenz i.S. eines Persönlichkeitsmerkmals angesehen werden, während externe Variablen vorwiegend die Auftretenswahrscheinlichkeit bei einer konkreten Verhaltensgelegenheit beeinflussen. G&H unternehmen auch den Versuch, ihr Persönlichkeitskonstrukt inhaltlich zu umschreiben, und an dieser Stelle liegt m.E. die Quelle zentraler Mißverständnisse. Im folgenden sollen die aufgezählten Bestimmungsstücke der Theorie näher expliziert und einige daraus folgende Schlüsse gezogen werden.

G&H sehen mit den Klassikern die Triebfeder *allen* menschlichen Handelns in der Verfolgung des Eigeninteresses, namentlich der (in die abstrakten Begriffe der Ökonomie übertragen) Erhöhung des Nutzens und der Meidung von Kosten („...all human conduct can be understood as the self-interested pursuit of pleasure or the avoidance of pain", G&H, 1990, p. 5). Kriminelle Handlungen bilden davon keine Ausnahme. Daraus folgt zunächst, daß Verbrechen für G&H *keine* moralische Sonderstellung innerhalb der Möglichkeiten menschlichen Verhaltens einnehmen: Verbrecher begehen Verbrechen aus Eigennutz, und gesetzestreue Bürger meiden Verbrechen ebenfalls in ihrem eigenen Interesse - beide handeln subjektiv rational. Die Erklärung für die Unterschiede muß in der individuellen Bewertung der Konsequenzen zu suchen sein.

Bei den Konsequenzen setzt der erste Aspekt an, unter dem G&Hs Theorie in hohem Maße „allgemein" ist. In der mehr als 200 Jahre alten Konzeption von Jeremy Bentham, auf den sich G&H hier vorwiegend berufen, waren „Sanktionen" in einem sehr weiten Sinn verstanden worden: als jegliche Form positiver und negativer Effekte (pleasure and pain), die ihre Quelle in physischen, politischen, moralischen (man würde heute sagen: sozialen) oder religiösen (einschließlich moralischer Skrupel) Sanktionssystemen haben können. In diese Tradition, die zwischen der Gefährdung der eigenen Gesundheit, einer Gefängnisstrafe, sozialer Ächtung oder einem schlechten Gewissen eine rein deskriptive Unterscheidung sieht, stellen sich die Autoren, wenn sie Begriffen wie „Verbrechen", „soziale Abweichung", „Sünde" oder „Unvernunft" keine eigenständige Erklärungskraft zubilligen. G&H sehen ihren Untersuchungsbereich keineswegs auf durch das politische System sanktionierte Handlungen beschränkt.

Sie untermauern diese Haltung jedoch, indem sie zunächst innerhalb des Rechtssystems eine Vielzahl krimineller Handlungen auf ihre Konsequenzen und typischen Begleitumstände untersuchen. Ihre Analyse fördert überall, neben marginalen Unterschieden zwischen einzelnen Deliktarten, eine große Menge an Gemeinsamkeiten zutage. Im Gegensatz zu spektakulären Einzelfällen, die das Medienecho und damit das Bild der Öffentlichkeit prägen, ist der Nutzen „gewöhnlicher" Verbrechen für den Täter in fast allen Fällen trivial und kurzlebig: eine kleine Summe Geldes, die weit davon entfernt ist, ein luxuriöses Leben zu ermöglichen (selbst Banküberfälle machen selten reich); ein vorübergehender Rausch; einmalige sexuelle Befriedigung; die Beseitigung der Quelle einer momentanen Irritation während eines Streits bzw. eines Hindernisses für die Begehung eines anderen Delikts mit trivialem Erfolg (für Körperverletzung und Tötungsdelikte); die Befriedigung von Rachegefühlen etc. Dieser „Erfolg" tritt allerdings für den Täter i.d.R. *unmittelbar* mit oder nach Begehung der Tat ein. Die *Art* des Nutzens (Geld, Sex, „Ruhe") ist für jedermann jederzeit attraktiv und macht daher keine besondere Motivationslage zur Erklärung der Handlung erforderlich. Der Akt selbst erfordert i.d.R. keine langwierige Vorbereitung, noch besondere Anstrengung, Kenntnisse oder Fähigkeiten seitens des Täters.

Auf der Kostenseite stehen dem bei strafbaren Handlungen regelmäßig potentielle Konsequenzen in Form oft längerer Gefängnisaufenthalte, bei manchen Delikten in vielen Ländern auch die Gefahr der Todesstrafe gegenüber, verbunden häufig mit verminderten beruflichen Chancen und sozialem Ansehen, höherem gesundheitlichen Risiko und einer Einschränkung der Selbstachtung. Diese für den Delinquenten zweifellos wesentlich gravierenderen Folgen entstehen jedoch erst mit erheblicher zeitlicher Verzögerung.

Auch bei den situativen Umständen der meisten kriminellen Handlungen identifizieren G&H überwiegend Gemeinsamkeiten. Im Regelfall werden Verbrechen mit möglichst geringem Aufwand und unter Minimierung des Risikos unmittelbarer Entdeckung verübt. Typischerweise findet die Tat in der näheren Umgebung zum ständigen Aufenthaltsort des Täters statt, die Opfer sind sichtbar körperlich unterlegen (Frauen, ältere Menschen), im Gegensatz zum Täter unbewaffnet oder in der Minderzahl bzw. die Objekte leicht und gefahrlos zugänglich (unverschlossene Autos, verlassen wirkende Häuser). Meist ist es dunkel und der Tatort ist abgelegen, einsam oder schwer zu überwachen. Alle diese Elemente sind ohne besondere Vorkenntnisse offensichtlich. Jede Maßnahme, die die Schwierigkeit der Tatausübung erhöht, vermindert die Wahrscheinlichkeit, daß sie begangen bzw. vollendet wird.

Bis zu dieser Stelle entwerfen die Autoren ein Bild der Tat, nicht des Täters. Sie werfen fast allen kriminologischen Theoretikern vor, den umgekehrten Weg zu beschreiten, indem sie mit einem aus ihrer jeweiligen monodisziplinären Sichtweise abgeleiteten Täterbild beginnen und anschließend nach Evidenz für die daraus gebildeten Erklärungen mehr oder weniger willkürlich abgegrenzter abhängiger Variablen suchen (z.B.: aggressive Täter begehen Gewalttaten; benachteiligte Täter streben nach Status etc.), wobei sie nebenbei, wie G&H konstatieren, nicht sonderlich erfolgreich sind. Dabei, so die Kritik, verlieren sie ihren Erklärungsgegenstand aus dem Auge und errichten Theoriegebäude aus künstlichen Einteilungen in Tat- und Täterkategorien, die zu dem hohen Allgemeinheitsgrad des gesamten Phänomens in unvereinbarem Widerspruch stehen. Ein weiterer Kritikpunkt richtet sich gegen die Tendenz, in der Suche nach Motiven für kriminelle Handlungen den Ansatzpunkt für Erklärungen zu sehen. Die meisten kriminologischen Theorien untersuchen, was einen Menschen dazu bringt, kriminell zu werden. G&H wollen erklären, was einen Menschen davon *abhält*, seiner natürlichen Neigung zu kriminellen Handlungen nachzugeben. Sie begründen dies mit der Auffassung, daß der persönliche Nutzen krimineller Akte - einfache, unmittelbare Befriedigung allgemeiner Bedürfnisse ohne große Anstrengung - universell attraktiv sei und keiner besonderen Motivation bedürfe.

Das wesentliche Charakteristikum krimineller Handlungen besteht für G&H, dies sei noch einmal betont, in ihrer Ähnlichkeit. Die beschriebenen Elemente (Unmittelbarkeit, Trivialität, Kurzlebigkeit, Einfachheit, Universalität der Bedürfnisbefriedigung; Mittelbarkeit, Langfristigkeit, Schwere der negativen Konsequenzen; offensichtlich günstige Gelegenheit zur Tatbegehung) treffen auf fast alle kriminellen Akte zu. Ähnliches Verhalten legt ähnliche Erklärungen nahe, und G&H erweitern den Geltungsbereich, auf den sich ihre Verhaltensbeschreibung erstreckt, beträchtlich über die juridische Abgrenzung von Kriminalität hinaus. Nichtkriminelle, aber theoretisch äquivalente bzw. „analoge" Handlungen sind etwa kindliche Verhaltensauffälligkeiten, exzessiver Fernseh-, Alkohol- und Zigarettenkonsum, instabile Beziehungen oder Beschäftigungsverhältnisse und nicht zuletzt die Häufigkeit von Unfällen oder der Viktimisierung bei Straftaten (siehe auch z.B. Hirschi & Gottfredson, 1994, p.9). An dieser Stelle sei angemerkt, daß der Verfasser - wie noch zu begründen sein wird - mit G&H zwar in der grundsätzlichen Auffassung eines über kriminelle Handlungen weit hinausgehenden Geltungsbereichs übereinstimmt, nicht jedoch in allen Punkten über die spezifische Äquivalenz aller oben aufgeführten „Akte".

Bis zu diesem Punkt entwickeln G&H also ein Konzept krimineller und analoger Handlungen, das besagt, daß dieser weite Verhaltensbereich durch eine Reihe konstitutiver Gemeinsamkeiten gekennzeichnet ist und deshalb einer gemeinsamen Erklärung zugänglich sein müßte. Welcher Art diese Erklärung sein sollte, wird in der ursprünglichen Formulierung der Theorie leider erst sehr spät (p.253) zusammenhängend herausgestellt und auch dann nicht sehr explizit begründet. Dort ist von drei „allgemeinen [empirischen] Tatsachen" die Rede, auf denen die „crime and self-control"-Perspektive basiert. Für Selbstkontrolle genügen allerdings bereits zwei dieser Fakten, der dritte ist davon unabhängig zu sehen. In späteren Beiträgen (Hirschi & Gottfredson, 1993, 1994, 1995) sind die Autoren in dieser Hinsicht deutlicher, am deutlichsten vielleicht in dem 1994er Buchkapitel (pp.2-3):

> Evidence for a „latent trait" that somehow causes deviant behavior thus comes from two primary sources. The first is the statistical association among diverse criminal, deviant, or reckless acts. Because these acts are behaviorally heterogeneous, because they occur in a variety of situations, and because they entail different sets of necessary conditions, it seems reasonable to suppose that what they have in common somehow resides in the person committing them. The second is the stability of differences between individuals over time. Because individuals relatively likely to commit criminal, deviant, or reckless acts at one point in time are also relatively likely to commit such acts at later points in time, it seems reasonable to ascribe these differences to a persistent underlying trait possessed in different degrees by those whose behavior is being compared.

Diese beiden Quellen, aus denen die Autoren ihre personalistische Interpretation schöpfen, nennen sie *Versatilität* und *Stabilität*. Empirische Evidenz für diese zwei

„Fakten" wurde bereits in vorangegangenen Abschnitten (3.1.3, 3.1.4.3) präsentiert. Der Befund der „Wandelbarkeit", abgeleitet aus der positiven Interkorrelation aller devianten Akte, bedeutet nichts anderes als daß die gleichen Personen, die eine Form krimineller oder analoger Handlungen begehen, mit höherer Wahrscheinlichkeit auch unter den Tätern *jeder* äquivalenten Verhaltensweise zu finden sind; d.h. eine Spezialisierung auf bestimmte Deliktarten findet nicht statt. Kriminelle sind Generalisten, und man kann die gemeinsame Varianz einzelner Erscheinungsformen als Generalfaktor kriminellen und analogen Handelns interpretieren. Versatilität bedeutet auch, daß die Äußerungsformen oder Manifestationen des g-Faktors über verschiedene Situationen variabel sind. Der Befund der Stabilität zeigt, daß individuelle Unterschiede in dieser allgemeinen Verhaltenstendenz früh im Leben etabliert und im wesentlichen über die gesamte Lebensspanne beibehalten werden. Er besagt *nicht*, daß die Manifestationen in unterschiedlichen Lebensabschnitten keine diesen angemessenen Form annehmen könnten, oder daß etwa das absolute Ausmaß oder die Schwere der Devianz über die Lebensspanne stabil bleiben muß.

Die Verteilung der Inzidenz einzelner Verhaltensweisen über die individuelle Biographie ist Gegenstand der dritten oben angesprochenen fundamentalen Tatsachenfeststellung in G&Hs Theorie, die sie als die *Alterskurve* bezeichnen. Mit wiederum als unbedeutend angesehenen Variationen folgt diese Verteilung für alle Deliktarten einem Alterstrend, der bis in die späte Adoleszenz ansteigt, um danach stetig und asymptotisch abzufallen. Anders als andere demographische Effekte in der Kriminalitätsverteilung, vor allem Geschlechtsunterschiede und Differenzen zwischen ethnischen Gruppen, erklären sie diesen Abfall jedoch nicht durch ihre latente Eigenschaft, sondern durch einen „direkten" Alterseffekt, einen biologischen Prozeß der Reifung (vgl. G&H, 1990, ch.6). Sie leiten diese etwas fatalistisch anmutende Aussage aus dem Eingeständnis ab, daß ihre und andere personalistische Theorien die Alterskurve nicht erklären können und dem ausführlich begründeten Befund, daß situative Erklärungen dafür falsch sind. Wir werden bei den Kritikpunkten an G&Hs Theorie noch einmal auf den Alterseffekt zurückkommen. Für den Moment soll es ausreichen, daß die Autoren darin ein von Persönlichkeitseigenschaften *und* Situationen unabhängiges Element sehen.

Es läßt sich also zunächst festhalten, daß G&H die Notwendigkeit einer personalistischen Erklärung für kriminelles Handeln aus den empirischen Befunden der Versatilität und Stabilität eben dieses *Verhaltens* ableiten. Aus dem ersten Element sowie ihrer Analyse der typischen Merkmale deliktischer und nicht-deliktischer Akte ergibt sich zudem die Aussage, daß der einbezogene Verhaltensbereich sehr weit, aber durch die Spezifikation der konstitutiven Elemente abgrenzbar ist. Der hohe Allgemeinheitsgrad des Verhaltens legt zugleich eine ähnliche Generalität auf seiten der Eigenschaft nahe. Die Autoren ziehen für diesen Trait verschiedene Bezeichnungen in Betracht und entscheiden sich schließlich für das Wort *Selbstkontrolle*. Dem schließt sich eine inhaltliche Interpretation an (pp.89-91), die unter dem etwas unglücklichen Titel „The Elements of Self-Control" steht und die mit Abstand am häufigsten zitierte und m.E. auch am häufigsten mißverstandene Passage in ihrem Buch darstellt.

G&H ziehen theoretisch (nicht deskriptiv) einen klaren Trennstrich zwischen dem konkreten Verhalten („crime") und der generellen Verhaltenstendenz („criminality", was sie des öfteren synonym zu Selbstkontrolle gebrauchen) oder latenten Eigenschaft, die sie aber gleichzeitig direkt und deduktiv aus dem Verhalten ableiten. Mit dem Verhalten beginnend, kommen sie zu dem Schluß, daß die empirischen Fakten nicht ohne eine personale Ursache zu erklären seien und arbeiten sich dann zu einem illustrativen Bild der „kriminellen Persönlichkeit" vor. Dieses Bild diente verschiedenen Autoren als Vorlage für ihre Operationalisierung von Selbstkontrolle. M.E. jedoch haben sich G&H an dieser Stelle so weit von ihrer eigenen Grundidee entfernt, daß diese Operationalisierungen am Kern der Theorie vorbeigehen müssen. Die vielzitierte Zusammenfassung (manche Autoren, z.B. Lamnek, 1994, zitieren aus der Passage seitenweise wörtlich) des Täterbilds in der *General Theory* lautet wie folgt:

> In sum, people who lack self-control tend to be impulsive, insensitive, physical (as opposed to mental), risk-taking, short-sighted, and non-verbal, and they will tend therefore to engage in criminal and analogous acts. [...], it seems reasonable to consider [these traits] as comprising a stable construct useful in the explanation of crime. (Gottfredson & Hirschi, 1990, pp.90-91)

Dies ist, entgegen der zuletzt vorgetragenen Annahme, zunächst keine Eigenschaft, sondern eine *Liste* von Eigenschaften, die sehr stark an die oben vorgestellten Sammlungen von Persönlichkeitskorrelaten in der differentialpsychologischen Kriminologie (und an das Konstruktionsprinzip eigenschaftsorientierter Integrity Tests) erinnert. Nur hatten G&H ihre Theorie nicht auf Persönlichkeitskonstrukten aufgebaut, von denen sich annehmen läßt, daß sie (unter anderem) mit kriminellem Verhalten zusammenhängen, sondern auf einer stringenten Analyse des Verhaltens selbst, aus der sich auf das Wirken eines latenten Persönlichkeitskonstrukts schließen läßt. Sie haben später (im Originalband findet sich ähnliches an verschiedenen Stellen ohne besondere Hervorhebung) Selbstkontrolle sehr viel schlichter - und m.E. theoriekonformer - wie folgt definiert:

> ..., we concluded that it [the latent trait, B.M.] is best seen as self-control, *the tendency to avoid acts whose long-term costs exceed their momentary advantages*. (Hirschi & Gottfredson, 1994, p.3, Hervorhebung hinzugefügt)

Der Unterschied zwischen beiden Auffassungen läßt sich beschreiben als der zwischen einem als homogen identifizierten Trait aus (empirisch und konzeptionell) zusammengehörigen Verhaltensweisen und einem (fälschlich als Kompositorium interpretierten, s.u.) nomologischen Netz aus wohldefinierten, aber untereinander nicht unbedingt zusammenhängenden Eigenschaften, die mit diesem Trait positiv korrelieren, somit zu seinem Verständnis beitragen können, jedoch weder einzeln noch in der Summe mit ihm identisch sind. Die von G&H präsentierte Eigenschaftsliste verführt dazu, genau diese Unterscheidung nicht zu treffen.[35] Sie hat dazu geführt, daß die Theorie derzeit überwiegend mit einer Art rational konstruierter eigenschaftsorientierter Integrity Tests geprüft wird. Die Autoren selbst scheinen diese Art der Messung als so etwas wie eine zweitbeste Lösung anzusehen, ziehen aber eine Erfassung über Verhaltensitems eindeutig vor (Hirschi & Gottfredson, 1993; zum Ganzen unten näheres). In der hier vertretenen Interpretation sind Verhaltensweisen aus dem konzeptionell umrissenen Bereich „kriminellen und analogen Verhaltens" die *einzige* Möglichkeit, G&Hs Konstrukt der Selbstkontrolle theoriekonform zu operationalisieren. Sonst endet man, wie sich noch zeigen wird, unweigerlich bei einer Form der traditionellen Persönlichkeitsmessung. Die Alternative besteht allerdings darin, auch darauf wird noch zurückzukommen sein, sich dem Vorwurf der Tautologie auszusetzen.

Selbstkontrolle im Sinne der vorgestellten Theorie ist also die stabile und konsistente Tendenz, Handlungen zu meiden, deren langfristige negative Folgen den kurzfristigen Vorteil übersteigen. Dies läßt sich übrigens auch umgekehrt (formal Opportunitätskosten entsprechend) formulieren, nämlich als die Fähigkeit, zugunsten langfristiger Erfolge auf kurzfristige Bedürfnisbefriedigung zu verzichten. Kriminelles und jede Form äquivalenten Verhaltens geht mit *geringer* Selbstkontrolle einher, d.h. das *Vorhandensein* eines ausreichenden Maßes an Selbstkontrolle erklärt, warum manche Menschen besser in der Lage sind als andere, Versuchungen des Augenblicks zu widerstehen. Darin steht das Konzept in der Tradition älterer Kontrolltheorien, die kriminelles Verhalten als Ausdruck natürlicher und universeller menschlicher Impulse zur Verfolgung des Eigennutzes begreifen, deren *Unterdrückung* einer Erklärung bedarf. Es steht im Widerspruch zu soziologischen und sozialpsychologischen Theorien, die Kriminalität als erworbene oder erlernte Qualität verstehen, deren Aneignung zu erklären ist. Bei G&H ist Selbstkontrolle die zu erlernende Eigenschaft, wofür sie als adäquaten Zeitraum die Kindheit bis spätestens zum achten Lebensjahr und als dominierende Sozialisationsinstanz die Kleinfamilie ansehen. Dies und spezifische Annahmen über dabei zu empfehlende Erziehungsmaßnahmen (Beaufsichtigung des Kindes und konsistente Sanktionierung von Fehlverhalten), hat ihnen u.a. den Vorwurf eingetragen, sie redeten einer „neokonservativen Pädagogik" (Lamnek, 1994) das Wort. Hier soll auf diese Kritik und allgemein auf G&Hs Vorstellungen über die Sozialisation nicht näher eingegangen werden, da sie im Zusammenhang mit beruflichem Verhalten von geringerem Interesse sind.

---

[35] Die Bedeutung dieser Unterscheidung und das zwischenzeitliche Bedauern der Autoren, dies nicht hinreichend unterstrichen zu haben, wird vielleicht am besten anhand einiger Passagen aus Travis Hirschis (Juni 1996) persönlicher Korrespondenz mit dem Verfasser deutlich: „The difference between our view and the traditional view is that we have a propensity to crime where traditional personality theory has numerous propensities to other behaviors that may produce crime as a byproduct. [...] Working back from criminal acts to personality, we inadvertently smuggled into our discussion precisely the kind of conceptual scheme we had tried to avoid. [...] Better, it seems to me, to stick with self-control and the facts that require it: age, versatility, stability. The mistake we made (if only for a little while) was to try to get outside these facts and provide a rich or detailed „portrait" of the offender."

Das Bild von Selbstkontrolle als einer „Barriere" zwischen Versuchung und Nachgeben kontrastiert allerdings ein wenig mit der Vorstellung von einem kontinuierlich verteilten Persönlichkeitsattribut. Selbstkontrolle ist in G&Hs Verständnis keineswegs ein dichotomes Merkmal, das entweder vorhanden ist oder nicht (so wenig, wie Menschen sich einfach „kriminell" oder „nicht kriminell" verhalten), sondern liegt in allen Abstufungen vor. *Jeder* ist, in individuell unterschiedlichem Ausmaß, selbstkontrolliert, und auch die gelegentlich vertretene Interpretation (Sampson, & Laub, 1995), das *Ausmaß* an Selbstkontrolle sei ab dem achten Lebensjahr gewissermaßen festzementiert, überzeichnet die Vorstellung der Autoren ein wenig. G&H vertreten nicht die Auffassung, spätere Sozialisationsinstanzen wie Schule, Partnerschaft, Beruf, Armee (bzw. hierzulande auch Zivildienst) etc. könnten keinen Einfluß mehr auf die Entwicklung von Selbstkontrolle nehmen, sie sehen diese allerdings mit zunehmendem Alter als Resultat der Selbstselektion (und damit auch als *Folge* der eigenen Selbstkontrolle) an und schätzen deren Potential zur Verhaltensänderung überwiegend pessimistisch ein. Im wesentlichen bleibt das Konstrukt auch in seinem Niveau stabil, was freilich zumindest im Erwachsenenalter für die meisten Persönlichkeitsmerkmale zutrifft (Costa & McCrae, 1997, wobei übrigens sensation seeking eine interessante Ausnahme von dieser Regel zu bilden scheint).

Das Verständnis von Selbstkontrolle als Ursache kriminellen Verhaltens bedeutet *nicht*, daß geringe Selbstkontrolle automatisch in die Kriminalität führt. Dies hängt zum einen mit der Mannigfaltigkeit ihrer Manifestationen zusammen, zum anderen mit der Rolle der Situation. Wie bereits bemerkt, verstehen die Autoren ihr Konstrukt nicht als typologisierendes Merkmal, das manche Menschen besitzen und andere nicht (wie etwa bei der klinischen Diagnose einer Persönlichkeitsstörung), sondern sie erweitern die Bandbreite möglicher Äußerungsformen bis weit in den nichtkriminellen Bereich hinein. Es mag viele Menschen geben, die nie in ihrem Leben eine Straftat begehen, aber es gibt wohl kaum jemand, der sich *immer* selbstkontrolliert verhält (dies wäre wohl auch ein pathologischer, zumindest aber bedauernswerter Fall); d.h. der Übergang zwischen kriminellem und analogem Verhalten ist fließend, in G&Hs Sinne sogar theoretisch vollkommen irrelevant. Andererseits sind analoge und kriminelle Handlungen untereinander positiv korreliert. Die Wahrscheinlichkeit, mit der ein beliebiger Akt aus dem gesamten Verhaltensspektrum ausgeführt wird, steigt bei einer Person also an mit der Häufigkeit, mit der dieselbe Person beliebige andere relevante Verhaltensweisen zeigt. G&H postulieren einen probabilistischen, nicht deterministischen Zusammenhang zwischen Selbstkontrolle und kriminellen Handlungen. Außerdem vermindert sich die Wahrscheinlichkeit delinquenten Verhaltens im Laufe des Lebens auch allein durch den beschriebenen Prozeß der Reifung.

(Geringe) Selbstkontrolle reicht zur Erklärung von Verbrechen (als konkreter Akt) noch nicht aus; sie ist notwendige, aber nicht hinreichende Bedingung. Was noch hinzukommen muß, ist eine (subjektiv) günstige *Gelegenheit*. Auch dieses situative Element leiten G&H direkt aus ihrer Analyse des Verhaltens ab. Genau genommen „interagiert" die Situation mit dem entscheidenden Persönlichkeitsmerkmal in der Weise, daß sich die Effektivität externer Interventionen auch aus dem Bild vom typischen Täter herleiten läßt. Danach lassen sich Kriminelle sehr einfach abschrecken, allerdings nicht durch die Androhung härterer Strafen (da sie diese langfristigen Konsequenzen kaum in Erwägung ziehen), sondern durch den Aufbau unmittelbarer Hindernisse (die Anwesenheit eines Wächters, die sichtbare Installation einer Überwachungsanlage, helle Beleuchtung etc.; bereits das selbstsichere Auftreten des Opfers oder das Verschließen einer Tür kann die Wahrscheinlichkeit eines Übergriffs deutlich vermindern), da Menschen mit geringer Selbstkontrolle nicht zur Überwindung von Schwierigkeiten neigen. Gefängnisstrafen wirken aus G&Hs Sicht weder abschreckend noch resozialisierend, sondern allein, indem sie die Möglichkeiten eines potentiellen Täters zur Verbrechensbekämpfung eine zeitlang beschneiden (abgesehen natürlich von den Möglichkeiten zur Straffälligkeit im Gefängnis).

Diese Vorstellung vom Zusammenwirken von Person und Situation ist durchaus interaktionistisch in dem Sinne, daß ohne das Vorliegen eines der beiden Faktoren die Verübung einer Straftat sehr unwahrscheinlich wird: hinreichende Voraussetzung für die Begehung einer kriminellen Handlung sind ein Täter mit geringer Selbstkontrolle *und* eine günstige Gelegenheit *und* schließlich ein attraktives Ziel. Die Situation wirkt dabei moderierend auf den Zusammenhang zwischen Selbstkontrolle und Verhalten, indem ohne begünstigende Umstände bzw. bei Erschwerung der Tat (starke Situation) eine Verhaltensmanifestation unwahrscheinlicher wird und sich somit die Korrelation vermindert. Auf lange Sicht freilich sind Gelegenheiten und Objekte devianter Handlungen universell zugänglich, die Erklärungskraft der Situation beschränkt sich auf den konkreten Akt und verliert sich in der Aggregation normalerweise durch die (im Gegensatz zu Selbstkontrolle) unsystematische Verteilung.

Wir haben G&Hs Theorie jetzt vollständig entwickelt vor Augen. Die durchgängige Idee, der rote Faden, der sich durch das gesamte Buch zieht, ist Generalität oder *Invarianz*. Die Autoren beginnen mit einem Menschenbild, das die Suche nach Freude und die Meidung von Schmerz zum Generalmotiv menschlichen Handelns erklärt. Sie analysieren anschließend kriminelle Handlungen und finden darin als gemeinsames Element die für jedermann attraktive unmittelbare und problemlose Befriedigung universeller Bedürfnisse, die auf Kosten von für jedermann langfristig bedeutsamen Zielen geht. Sie schließen aus dem empirischen Befund, daß alle Handlungsweisen, auf die dies zutrifft, untereinander und über längere Zeiträume positiv korreliert sind, auf die Existenz einer individuellen Eigenschaft, die diese Zusammenhänge erklärt, und sie schließen von der generellen Natur der Verhaltensweisen auf das Wesen dieser Eigenschaft und der Umstände, die das Verhalten begleiten. Sie fahren später in ihrem Buch fort, diese Invarianzthese auf praktisch alle empirischen Befunde zur Kriminalität zu erweitern, seien es individuelle demographische Merkmale (Invarianz in Alters-, Geschlechts- oder ethnischen Unterschieden über alle Erscheinungsformen kriminellen und analogen Verhaltens), soziale Korrelate (delinquenter Freundeskreis, instabile Partnerschaften und berufliche Laufbahn als allgemeine Folge, nicht spezifische Ursache der Kriminalität) oder historische und kulturelle Einflüsse (Invarianz der wesentlichen Ursachen und Korrelate von Kriminalität zu allen Zeiten und in allen Kulturen).

G&H behaupten nicht, daß zwischen allen eingeschlossenen Verhaltensweisen keine Unterschiede bestehen, sie halten diese jedoch theoretisch und praktisch (z.B. hinsichtlich empfehlenswerter Interventionen) für irrelevant. Diese Sicht schließt eine radikale Ablehnung jeder Form von Kategorisierung oder Spezialisierung ein, gleichgültig, ob sie sich auf Typologien von Tätern, Taxonomien von Verhaltensweisen, den inkrementellen Erklärungswert transitiver Lebensereignisse aus der entwicklungsbezogenen Perspektive von Theorien der kriminellen Laufbahn oder monodisziplinäre Erklärungen mit aus der abhängigen Variable abgeleiteten unabhängigen Variablen bezieht (siehe auch Gottfredson & Hirschi, 1993; Hirschi & Gottfredson, 1990, 1995). Exemplarisch wird dies etwa in G&Hs (1990, 1993) Kritik der Aggressionsforschung deutlich, deren Meßinstrumenten sie jegliche diskriminante Validität bezüglich anderer Verhaltensweisen aus dem Komplex geringer Selbstkontrolle absprechen.

Spezialisierung des Verhaltens und Spezifität der Korrelate erklären G&H weitgehend durch zufällige Besonderheiten situativer Umstände oder persönlicher Merkmale, die manchen Tätern z.B. die Möglichkeit zur Unterschlagung geben, die andere nicht haben, manche mit einer kräftigen Statur ausstatten, die ihnen den Einsatz körperlicher Gewalt erleichtert usw.. In G&Hs Konzept fallen solche Besonderheiten in die Kategorie der Gelegenheiten, die sie, in Abhebung von der „criminality"-(Selbstkontrolle-)Seite ihrer Theorie, auch als die „crime"-Seite bezeichnen. „Crime"-Variablen spielen eine wichtige Rolle in ihren Empfehlungen zur Verbrechensbekämpfung. Aus ihrer Sicht reduzieren alle Maßnahmen, die eine Tatbegehung erschweren oder das *unmittelbare* Sanktionsrisiko erhöhen, das Ausmaß krimineller und analoger Handlungen absolut (siehe auch Gottfredson & Hirschi, 1995). G&H vertreten also *kein* kompensatorisches Modell, bei dem die Täter für den Fall, daß sie an einer Form devianter Akte gehindert werden, auf andere Handlungen ausweichen - sie lassen es einfach sein und warten auf eine günstigere Gelegenheit. Dies hängt wiederum damit zusammen, daß die Theorie der Selbstkontrolle eine (personalistische) Variante der Kontrolltheorie ist, die einen individuell zwanghaften Drang oder motivatorischen Antrieb zu abweichendem Handeln - über die unmittelbare und universelle Befriedigung durch das Ergebnis der Tat selbst hinaus - nicht kennt, sondern jeden Akt für sich als willentlich beeinflußte Entität begreift. Die andere Handlungsempfehlung, die an der effektiven Entwicklung von Selbstkontrolle ansetzt, sehen die Autoren überwiegend in der Verantwortung von Sozialisationsinstanzen im Kindesalter, vor allem der Eltern.

G&Hs Werk ist also eine Theorie mit extrem breitem Geltungsbereich, die sich direkt aus dem Verhalten ableitet. Sie besitzt ein Menschenbild (zu unterscheiden vom Täterbild), ein breites und gleichzeitig klar umrissenes Konzept des zu erklärenden Verhaltens, eine zentrale Erklärungsvariable, deren personalistischer Charakter aus der Empirie abgeleitet wurde sowie ein situatives Element, das als notwendige Zusatzbedingung zur Erklärung einzelner konkreter Akte hinzutreten muß. Sie ist radikal einfach bzw. „sparsam", indem sie jegliche Differenzierung als theoretisch unbedeutend ablehnt. Sie ist falsifizierbar, indem sie mit einer Reihe potentieller Befunde (etwa mangelnde Konsistenz des Verhaltens, instabile Subgruppen Krimineller) nicht vereinbar wäre. Es verwundert nicht, daß eine solche Theorie zahlreiche Forscher zur Überprüfung reizte, aber auch viele Theoretiker anderer Lager zur Kritik herausforderte. Wir werden uns zunächst mit den empirischen Prüfungen und vor allem deren Kardinalproblem, der Messung von Selbstkontrolle, beschäftigen, bevor wir uns einigen zentralen Kritikpunkten zuwenden.

3.2.2 Empirische Prüfungen der Theorie und deren Meßprobleme

Es ist enorm, wieviel empirisches Material, gesammelt von einer - in Begriffen der „scientific community" - fast schon kleinen Heerschar an Forschern, in den wenigen Jahren seit Erscheinen der *General Theory* zu deren Überprüfung zusammengetragen wurde. Interessanterweise finden sich unter den Autoren nicht ein einziges Mal die Namen Gottfredson oder Hirschi (sie haben allerdings einige einschlägige Dissertationen betreut). Die Äußerungen G&Hs zur angemessenen Prüfung ihrer Theorie in der grundlegeneden Publikation und in späteren Beiträgen (hierzu v.a. Hirschi & Gottfredson, 1993) sind vieldeutig genug, um jeweils eigenen Interpretationen in allerlei Schattierungen hinreichend Raum zu lassen. Kein Zweifel besteht dagegen darüber, daß das zentrale Problem in der Operationalisierung des Kernkonstrukts Selbstkontrolle liegt.[36] Diese Umsetzung ist m.E. bislang aufgrund eines, eigentlich sogar mehrerer fundamentaler Mißverständnisse, auf die bereits im vorigen Abschnitt hingewiesen wurde, noch nicht überzeugend gelungen. Diese Überzeugung führte zu der Notwendigkeit, im Rahmen dieser Arbeit ein eigenes Instrument zu entwickeln. Sie hat auch zur Folge, daß die *Resultate* der bisherigen Studien in diesem Abschnitt gegenüber der Begründung dieser Notwendigkeit etwas in den Hintergrund treten werden. Man kann nicht gut eine Theorie bestätigen oder falsifizieren, ohne sie angemessen zu prüfen.

Im wesentlichen lassen sich zwei Arten oder „Generationen" von Messungen des Konstrukts Selbstkontrolle nach G&H unterscheiden. Die erste Generation, die man vielleicht als „Greifbarkeits"-Messungen oder Reanalysen bezeichnen könnte, hat ihren Zenit eindeutig überschritten. Gegenwärtig wird das Feld von der zweiten Generation, den, wie sich manche (z.B. Herbert, 1997) ausdrücken, „attitudinal measures" (m.E. eher selbstreflektive „multiple trait measures") beherrscht, die auf dem oben angesprochenen Mißverständnis beruhen. In zumindest einer einzelnen Arbeit deutet sich schon eine dritte Generation an, die der verhaltensorientierten Messungen, zu denen auch die eigenen Skala zu rechnen wäre. Aus unterschiedlichen Gründen, die im folgenden näher zu erläutern sein werden, vermag bislang keine der vorgeschlagenen Umsetzungen - auch nicht der „Prototyp" der dritten Generation - zu überzeugen.

---

[36] Einige Arbeiten (z.B. Britt, 1992; Goldman-Pach, 1995; Jang & Krohn, 1995; Tittle & Ward, 1993), die sich auf einzelne Elemente wie die Invarianz der Alterskurve beziehen, kommen ohne Messung von Selbstkontrolle aus. Sie stützen die Theorie überwiegend, sind aber hier von untergeordnetem Interesse.

Die ersten Arbeiten, die zum Teil innerhalb sehr kurzer Zeit nach Publikation der *Allgemeinen Theorie* erschienen, folgten einer Tradition, die in der Kriminologie vielleicht verbreiteter ist als irgendwo sonst in den Verhaltenswissenschaften - der Reanalyse vorhandener Datensätze. In der kriminologischen Forschung kursiert, zum Teil seit Jahrzehnten, eine Handvoll Studien mit großzahligen Stichproben, die teilweise noch längsschnittlich fortgeschrieben werden und für die mit erheblichem Aufwand und großer Sorgfalt eine enorme Fülle an Daten zusammengetragen wurde und wird. Aus diesem Reservoir schöpften einige Autoren, indem sie sich darin auf die Suche nach Indikatoren für Selbstkontrolle begaben (Beck, 1994; Benson & Moore, 1992; Brownfield & Sorensen, 1993; Keane, Maxim & Teevan, 1993; Larragoite, 1994; LaGrange, 1996; Min, 1994; Polakowski, 1994; Sorensen & Brownfield, 1995; Strand & Garr, 1994; Uihlein, 1994; Zager, 1993).

Diesen Arbeiten haftet das Problem an, daß zum Zeitpunkt der Datenerhebung G&Hs Theorie noch nicht existierte. Die verwendeten Indikatoren sind daher notgedrungen sehr heterogen und gleichzeitig defizient. So orientierten sich bspw. Brownfield und Sorensen (1993; Sorensen & Brownfield, 1995) an den bekannten „Elementen" (siehe unten) und bezogen dabei so unterschiedliche Items wie Fragen nach der Einstellung zu Beruf und Schule, den Beziehungen zum Elternhaus, Schulnoten und einen Intelligenztest ein. In ähnlicher Weise ging auch Beck vor. Keane et al., die Fahren unter Alkoholeinfluß untersuchten, interpretieren Selbstkontrolle vor allem als Risikofreude und operationalisieren dies u.a. als Anlegen des Sicherheitsgurts, Einschätzungen über die Wahrscheinlichkeit, als angetrunkener Autofahrer erwischt zu werden und die Antwort auf die Frage, ob jemand versucht habe, den Befragten von der Fahrt abzuhalten. In den meisten anderen Studien werden einstellungs- und leistungsbezogene (z.B. Notendurchschnitt) Indikatoren um einige selbstberichtete Verhaltensweisen, vor allem Drogenkonsum, ergänzt. In der vielleicht elaboriertesten Studie aus dem Bereich der Reanalysen verwendet Polakowski Fremdbeurteilungen (Freunde, Eltern, Lehrer) hyperaktiven und devianten Verhaltens von Kindern, die ursprünglich zur klinischen Diagnose von Verhaltensstörungen gedacht waren.

Die Messungen orientieren sich zum Teil an den gleichen Elementen wie die noch zu beschreibenden Fragebogen, zum Teil nur an einzelnen Bestandteilen der Liste, sind teilweise - wie bei Hirschi und Gottfredson (1993) vorgeschlagen - verhaltensorientiert, manchmal auch ergebnisbezogen (Schulnoten) und enthalten meist von allem ein bißchen. Manche Items, etwa die Selbstberichte, ließen sich auch auf andere Studien übertragen, andere, z.B. Fremdbeurteilungen kindlicher Verhaltensauffälligkeiten, sind auf den spezifischen Kontext beschränkt. Keine der Messungen ist im Sinne einer Testentwicklung standardisiert oder gar normiert, und die Ergebnisse sind daher und wegen der Heterogenität der Indikatoren kaum vergleichbar. Dies ist eine logische Folge der Reanalyse vorhandener Datensätze. Keiner der Autoren vergißt, auf diese Einschränkungen der Aussagekraft hinzuweisen, und diese allgemeine Unzufriedenheit führte dazu, daß die erste Generation gemeinhin als Übergangslösung bis zur Entwicklung eigenständiger Meßinstrumente angesehen wurde.

Dennoch sind diese Reanalysen den Tests der zweiten Generation m.E. in mancher Hinsicht überlegen. Der Ansatz Polakowskis etwa erscheint, abgesehen von dem Vorzug der Quellenvielfalt, durch seine strikte Beschränkung auf Verhaltensindikatoren theoriekonformer als die später entwickelten Skalen. Leider wird man nicht in jedem Forschungskontext auf frühkindliche Verhaltensbeurteilungen - die sicher auch ihre spezifischen Probleme haben - zurückgreifen können. In anderen Arbeiten findet sich das Prinzip der Verhaltensorientierung zumindest teilweise verwirklicht, allerdings unter den Einschränkungen des vorhandenen Materials.

Die Auswertungen beziehen sich i.d.R. auf eine Überprüfung der Versatilitäts-, manchmal auch der Stabilitätshypothese sowie die Untersuchung der Beziehungen zu abhängigen Variablen in Form unterschiedlich operationalisierter Delinquenz (Selbstberichte, Strafregister, Kontrastgruppenanalysen). Die Befunde sind ähnlich gemischt wie die Inhalte der Selbstkontrollmessungen. Es finden sich jedoch stets Hinweise sowohl auf Spezifität als auch auf Generalität, für letztere am deutlichsten in der konfirmatorischen Prüfung der Längsschnittdaten bei Polakowski. Ein ähnliches Bild zeigt sich auch für die Kriteriumsvalidität der verschiedenen Operationalisierungen von Selbstkontrolle. Überall findet sich partielle Unterstützung für die Theorie bei allerdings erheblichen Anteilen unaufgeklärter Varianz. Bei aller Sorgfalt der Autoren in ihren Versuchen, theoriekonforme Indikatoren zusammenzustellen, bleibt jedoch fraglich, ob sich die Theorie mit Datensätzen, die unter ganz anderen, zum Teil widersprüchlichen Vorannahmen gesammelt wurden, wirklich adäquat überprüfen läßt.

Als Konsequenz daraus haben inzwischen verschiedene Forschergruppen weitgehend unabhängig voneinander Instrumente entwickelt, die explizit als Operationalisierungen von G&Hs Trait der Selbstkontrolle konstruiert wurden. Die Ähnlichkeit ihrer Resultate steht dabei in krassem Gegensatz zu der Heterogenität in den Sekundäranalysen. Zumindest eines dieser Instrumente unterscheidet sich allerdings in einem wichtigen Punkt von den anderen, indem darin ein Teilbereich der angesprochenen Mißverständnisse weitgehend vermieden wurde. Es erscheint aus analytischen Gründen sinnvoll, die beiden wichtigsten Aspekte der Fehlinterpretation innerhalb der zweiten Generation von Überprüfungen der *General Theory* mit ihren jeweils prototypischen Umsetzungen in Meßverfahren getrennt voneinander und etwas ausführlicher zu diskutieren.

Erstes Mißverständnis: Selbstkontrolle besteht aus Persönlichkeitsfacetten

Im vorigen Abschnitt war auf die Illustration ihres Täterbilds hingewiesen worden, die G&H unter dem Titel „Elemente der Selbstkontrolle" vorstellen. Die Liste enthält (im Original stets kursiv hervorgehobene) Merkmale der *Tat*, aus denen die Autoren dann jeweils Schlüsse auf den *Täter* ziehen. Sie schließen aus der Unmittelbarkeit der Belohnung auf die Kurzfristorientierung der Täter, aus der Einfachheit von deren Erlangung auf einen Mangel an Sorgfalt und Durchhaltevermögen,

aus der (meist) aufregenden, riskanten und expressiven Natur krimineller Akte auf
hohe Ausprägungen an Abenteuerlust (sensation seeking[37]) und Körperbetontheit
(vs. Verbalität), aus dem Mangel an langfristiger Bedürfnisbefriedigung durch kriminelles Handeln auf ein unterentwickeltes Interesse an dauerhaften Beziehungen, aus
dem fehlenden Erfordernis besonderer Fertigkeiten oder Planung für die Durchführung der Tat auf die geringe Bedeutung einer handwerklichen oder akademischen
Ausbildung für den Täter und schließlich aus den oft schmerzlichen Konsequenzen
für das Opfer auf die Indifferenz des Täters gegenüber den Bedürfnissen anderer
(pp.89-90).

In dieser Liste findet sich eine Reihe eingeführter Persönlichkeitseigenschaften,
und G&H fahren fort, indem sie u.a. konstatieren, daß „...since there is considerable
tendency for these traits to come together in the same people, [...], it seems reason-
able to consider them as comprising a stable construct..." (pp.90-91). In diesem
Punkt allerdings ist den Autoren schwer zu folgen. Die Aufzählung enthält Persönlichkeitsvariablen, die innerhalb der Big5-Taxonomie u.a. den Faktoren Extraversion
(sensation seeking), Verträglichkeit (Sensibilität oder „Mitfühlen"), Gewissenhaftigkeit (Sorgfalt und Persistenz), mehreren Dimensionen (Impulsivität) oder keiner davon (Bevorzugung des Körperlichen; sofern man Offenheit für Erfahrungen nicht als
Intellektualität auffaßt) zugeordnet wurden und die sich wohl als Korrelate kriminellen Verhaltens, aber kaum als kohärentes Persönlichkeitssyndrom erwiesen haben.
Wenn dem so ist, steht eine Erfassung von Selbstkontrolle über unterschiedliche Facetten der Persönlichkeit im Widerspruch zu der Idee einer gemeinsamen, generellen
Ursache für den gesamten Verhaltenskomplex, deren zentrales Merkmal die überdauernde Tendenz ist, kurzfristige Bedürfnisbefriedigung auf Kosten langfristiger Eigeninteressen zu suchen. Sie konfligiert außerdem mit dem Grundgedanken der
Kontrolltheorie, daß der Antrieb für die Tat in den Ergebnissen der Handlung selbst
und nicht in der Persönlichkeit des Täters zu suchen ist (Hirschi & Gottfredson,
1993).

Anhand dieser Leitgedanken lassen sich relativ einfach konzeptionelle Unterschiede und Gemeinsamkeiten zwischen G&Hs Konstrukt und einigen in der Liste
enthaltenen Eigenschaften aufzeigen. Ein besonders illustratives Beispiel dafür ist die
Differenzierung zwischen dem stimulierenden Charakter krimineller Handlungen und
dem Verständnis von sensation seeking (Ssk) als Trait. G&H identifizieren „thrill",
Aufregung oder Stimulation, als eines der wesentlichen Elemente, die den Reiz krimineller Handlungen ausmachen. Es sei hier jedoch daran erinnert, daß sie den Anreizwert krimineller und analoger Handlungen allgemein als universell ansehen und
dafür u.a. Bereicherung, Rache, Rauscherlebnisse oder sexuelle Befriedigung als

---

[37] G&H trennen in ihrer Aufzählung nicht zwischen den Attributen „thrilling" und „exciting" auf
der einen und „risky" auf der anderen Seite. Es erscheint daher gerechtfertigt, das dahinter zu vermu-
tende Persönlichkeitsmerkmal als Suche nach Stimulation und nicht (wie z.B. Lamnek, 1994) als
Risikoneigung zu interpretieren. Beide traditionsreichen Dispositionen gehen *getrennt voneinander*
etwa in Lösels (1975) in mancherlei Hinsicht mal G&H, mal den hier diskutierten Operationalisierungen verwandtes Konzept der Handlungskontrolle ein und sind dort sowohl theoretisch als auch empirisch unterschieden.

Beispiele nennen. Stimulation ist also nur eine mögliche Form des Anreizes, der kriminellem Verhalten innewohnt, und sie ist in den anderen genannten Motiven in sehr unterschiedlichem Maße präsent. „Thrill" ist m.E. sogar ein in G&Hs Sinne besonders schlechtes, weil theoriefernes Beispiel. Der Grund dafür liegt eben in der Existenz der Persönlichkeitseigenschaft „sensation seeking".

Das Bedürfnis nach Stimulation ist nämlich keineswegs universell, manche Menschen hegen sogar ausgesprochene Aversionen gegenüber aufregenden Aktivitäten, und exakt diese interindividuellen Differenzen werden durch das Persönlichkeitskonstrukt Ssk beschrieben. Dessen bedeutendster Theoretiker Zuckerman (z.B. 1994; nach Amelang & Bartussek, 1997) versteht darunter das Bedürfnis, ein optimales Erregungsniveau aufrechtzuerhalten, dessen interindividuelle Unterschiede psychobiologisch begründet sind, also einen *inneren Drang*. Genau diese Art von Trait stellt aber G&Hs Konstrukt der Selbstkontrolle *nicht* dar. Allerdings sind viele Handlungen, die kurzfristige Befriedigung auf Kosten langfristiger Ziele versprechen, *auch* aufregend - die kriminellen tendenziell stärker als die nichtkriminellen. Daher läßt sich zwischen Selbstkontrolle und Ssk eine positive Korrelation erwarten, obwohl beide Konstrukte konzeptionell Welten trennen.

Diese Unterscheidung wird um so wichtiger in einer Theorie, die eine Eigenschaft unmittelbar aus den Handlungen ableitet und daher einer exakten konzeptionellen Abgrenzung bedarf, welche Verhaltensweisen in ihren Geltungsbereich gehören und welche nicht. So ist es zweifellos ein Indikator für geringe Selbstkontrolle, wenn jemand es vorzieht, auszuschlafen, wenn er eigentlich zur Arbeit gehen sollte, denn er riskiert damit auf Dauer seine beruflichen Perspektiven zugunsten einer momentanen Erleichterung. Dieses Verhalten ist aber sicher nicht besonders stimulierend (Wie sollte man sonst schlafen?) und damit kein guter Indikator für Ssk. Auf der anderen Seite fragt ein typisches Ssk-Item nach der Vorliebe für Achterbahnfahrten, eine zwar aufregende, aber langfristig nach menschlichem Ermessen folgenlose Aktivität, die sich deshalb nicht zur Messung von Selbstkontrolle eignet.

Solche Beispiele ließen sich - mit Ausnahme vielleicht der Tendenz zum Belohnungsaufschub, bei der die Unterscheidung etwas subtiler ist - auch für die anderen aufgezählten „Elemente" finden (Sind Sportler weniger selbstkontrolliert, nur weil sie eine Vorliebe für körperliche Aktivitäten haben? Kann nicht jemand aus purem Eigeninteresse aggressives Verhalten meiden, obwohl ihm andere Menschen gleichgültig sind?). Es sollte jedoch bereits hinreichend deutlich geworden sein, daß die von G&H ausgeführte Liste Selbstkontrolle nicht im Sinne konstitutiver Merkmale *definiert*. Sie läßt sich m.E. besser als eine Art nomologisches Netz interpretieren, in dem eine Reihe von Außenvariablen (Hirschi & Gottfredson, 1993, verwenden den Begriff „byproducts") aufgeführt wird, zu denen Selbstkontrolle aus verschiedenen Gründen in Beziehung steht bzw. stehen sollte, und die deshalb im Rahmen einer Konstruktvalidierung dem psychologischen Verständnis der eigentlichen Zielvariable dienlich sein können. Ihre Heraushebung und die Form der Präsentation in der ursprünglichen Formulierung der Theorie verführt allerdings dazu, die Passage als eine Art Bedienungsanleitung zur Operationalisierung von Selbstkontrolle aufzufassen.

Genau dies taten Grasmick, Tittle, Bursik und Arneklev (1993), als sie ihr Instrument zur Messung von Selbstkontrolle entwickelten. Die Skala dient, inzwischen z.T. in leichten Überarbeitungen, in einer Vielzahl empirischer Studien als zentraler Prädiktor zur Überprüfung der Theorie (Arneklev, Grasmick, Tittle & Bursik, 1993; Deng, 1994; Grasmick et al., 1993; LaGrange & Silverman, 1999; Longshore, 1998; Longshore, Turner & Stein, 1996; Nagin & Paternoster, 1993, 1994; Piquero, McIntosh & Hickman, in press; Piquero & Rosay, 1998; Piquero & Tibbetts, 1996; Simon & Fetchenhauer, 1996; Vazsonyi, 1995; Wood, Pfefferbaum & Arneklev, 1993) und liegt sogar in einer deutschen Übersetzung (Simon & Fetchenhauer, undatiert) vor. Grasmick und Kollegen hielten sich eng an die oben diskutierte Aufzählung und setzten sie in einem 24-Item-Fragebogen mit sechs Subskalen zu je vier Items um: Impulsivität, Präferenz für einfache Aufgaben, Risikosuche (mit typischen Ssk-Items), Präferenz für körperliche Aktivitäten, Egoismus („Self-Centeredness") und „sprunghaftes Gemüt" bzw. Frustrationsintoleranz („volatile temper"). Eine Hauptkomponentenanalyse erbrachte eine sechsfaktorielle Lösung mit allerdings deutlichem Eigenwertabfall (von 4,66 auf 2,34) nach dem ersten Faktor. Die Autoren äußern sich etwas unschlüssig darüber, ob damit Evidenz für die Ein- oder Mehrdimensionalität ihrer Skala gefunden wurde. Insgesamt finden sich in allen Studien moderate Zusammenhänge des Verfahrens mit kriminellem und deviantem Verhalten, wobei teilweise einzelne Subskalen besser abschnitten als das gesamte Instrument (v.a. Impulsivität und Risikosuche; noch gut: Selbstzentriertheit und „Gemüt"; allgemein schwach die beiden „Präferenz"-Skalen; Arneklev et al., 1993; Longshore et al., 1996).

Ungeachtet der empirischen Resultate äußern sich die Urheber der Theorie in einem Kommentar wenig zufrieden mit dieser Form der Messung von Selbstkontrolle: „We had hoped to show in *A General Theory of Crime* that the view attributed to us by Grasmick et al. is not the logic of control theory but is instead the logic of psychological positivism, a logic we explicitly reject." (Hirschi & Gottfredson, 1993, p.49). Andererseits scheinen sie die Vorgehensweise von Grasmick et al. als gangbaren, wenn auch nicht bevorzugt einzuschlagenden Weg zu erachten:

> In our version, self-control is the (general) cause of crime; many apparent traits of personality may also be its byproducts. These byproducts *may be rightly used to index levels of self-control*, or they may serve as outcome variables, depending on the researcher's interests. (Hirschi & Gottfredson, 1993, p.49; Hervorhebung hinzugefügt)

In dieser etwas ambivalenten Haltung drückt sich m.E. ein wenig die verspätete Einsicht aus, der gegenwärtig vorherrschenden Tendenz zu Messung von Selbstkontrolle über einzelne Persönlichkeitskonstrukte (ähnliche Skalenentwicklungen finden sich bei V.S. Burton, Cullen, Evans & Dunaway, 1994; V.S. Burton, Cullen, Evans et al., 1998; Evans, Cullen, Burton et al., 1997; Ganon, 1996; und Herbert, 1997; bei Driscoll, 1992; Eifler, 1997 und Rivers, 1993, wurden Standardpersönlichkeitstests eingesetzt) durch die eigene Explikation Vorschub geleistet zu haben. In dieser Arbeit wird eine weniger liberale Auffassung von der Umsetzung der Theorie in ein Meßkonzept vertreten. Danach können „byproducts" dazu beitragen, Selbstkontrolle zu verstehen, sie aber nicht gleichzeitig messen. Die Methode der additiven Verknüpfung einzelner Traits, die jeweils mit deviantem Verhalten korreliert sind, zu einer Gesamtskala, erinnert dagegen wie erwähnt stark an das Konstruktionsprinzip eigenschaftsorientierter Integrity Tests. Vielleicht liegt der eigentliche Beitrag der Arbeiten von Grasmick und anderen im Anschluß an G&Hs Theorie darin, die kriminologische *Persönlichkeitsforschung* vorangebracht zu haben. Sie zeigen, daß sich valide Persönlichkeitstests zur Prognose devianten Verhaltens konstruieren lassen, ohne auf die als atheoretisch und tautologisch kritisierte Methode der empirischen Itemselektion zurückzugreifen (wie bei Integrity Tests bzw. in der Kriminologie bei Skalen wie MMPI-Pd, CPI-So oder Eysencks P) und auch, ohne mit einem kompletten Persönlichkeitsinventar einen rein exploratorischen Fischzug nach Korrelaten krimineller Handlungen zu unternehmen (prototypisch für Kontraproduktivität: Judge et al., 1997; für Kriminalität: Caspi, Moffitt, Silva et al., 1994). Ähnliches konnten jedoch zuvor schon andere demonstrieren (z.B. Lösel, 1975; siehe auch J.Q. Wilson & Herrnstein, 1985).

Zweites Mißverständnis: Selbstkontrolle läßt sich messen wie jede andere Persönlichkeitseigenschaft

Das von Hirschi und Gottfredson geäußerte Unbehagen gegenüber dem Ansatz von Grasmick et al. ist keineswegs überall ungehört verhallt. Einen deutlichen, aber leider noch nicht entscheidenden Fortschritt stellen die Arbeiten von Gibbs und Giever (1995; Gibbs, Giever & Martin, 1998; Giever, 1995) dar, in denen eine eigene, jeweils leicht variierte 40-Item-Skala zur Messung von Selbstkontrolle verwandt wurde. Obwohl sich auch diese Autoren an der bekannten Aufzählung orientieren (einige Items sind aus verschiedenen Subskalen des Grasmick-Fragebogens übernommen), lösen sie sich doch von der Grundidee, alle dort vertretenen Facetten möglichst gleichgewichtig abzubilden. Ihre Skala nähert sich der Eindimensionalität nach den Kriterien des Eigenwertabfalls (von 11,2 auf 3,1 nach dem ersten Faktor) und der internen Konsistenz ($\alpha = .92$). Die stärksten Markiervariablen (Trennschärfe $> .60$: „If it feels good, do it.", „Don't postpone until tomorrow a good time that can be had today.", „Eat, drink, and be merry sums up my philosophy of life.") legen eine Interpretation nahe, die sich vielleicht als hedonistische „Hier und jetzt"-Orientierung beschreiben läßt, was dem zentralen Merkmal der Nicht-Berücksichtigung langfristiger Handlungsfolgen in G&Hs Konzept schon sehr nahe kommt. Allerdings korrelieren auch bspw. Frustrationstoleranz- („Sometimes people make me so mad I'd like to hit them.") und Ssk-Items („Excitement and adventure are more important to me than security.") kaum geringer mit der Gesamtskala.

Insgesamt erinnert das Instrument stark an die selbstreflektive Messung von Impulsivität, wie sie für Persönlichkeitstests typisch ist und deren klassisches Item (siehe z.B. H.-J. Eysenck & M.W. Eysenck, 1992) in etwa lautet: Ich handle oft aus einer Eingebung des Augenblicks heraus. Impulsivität, so unterschiedlich sie auch konzeptualisiert wurde, enthält stets das Moment spontanen, unüberlegten Handelns, was mit einer gering ausgeprägten Fähigkeit zum Belohnungsaufschub einhergeht. Darin unterscheiden sich Persönlichkeitsskalen zu ihrer Messung nicht von G&Hs

Vorstellung von Selbstkontrolle. Sie unterscheiden sich allerdings in ihrer theoretischen Herleitung und diese wiederum hat m.E. eindeutige Implikationen für die Messung, eindeutiger als die relative Bevorzugung durch die Autoren selbst nahelegt („In our view, the best indicators of self-control are the acts we use self-control to explain: criminal, delinquent, and reckless acts."; Hirschi & Gottfredson, 1993, p.49).

In G&Hs Theorie leitet sich, man kann es nicht oft genug sagen, Selbstkontrolle direkt aus kurzsichtigem, egoistischem, unüberlegtem Verhalten ab. Dieses Verhalten tritt in frühester Kindheit auf, ist zu diesem Zeitpunkt schon impulsiv (unüberlegt), aber Impulsivität ist hier noch kein Trait (stabile interindividuelle Differenz), sondern Ausdruck natürlichen, kindlichen Verhaltens. Andere mit Kriminalität korrelierte Traits wie Intelligenz oder Erregungsniveau sind, wie G&H (p.96) anmerken, zu diesem Zeitpunkt schon ausgebildet. Im Zusammenwirken von Veranlagung (die bei G&H eine untergeordnete Rolle spielt, aber nicht völlig negiert wird) und Sozialisation bildet sich die Fähigkeit heraus, Versuchungen des Augenblicks zu widerstehen. Diese Fähigkeit zeigt sich über die gesamte Lebensspanne (Stabilität) in unterschiedlichsten Formen (Versatilität) krimineller und analoger Handlungen, die durch das gemeinsame Merkmal unmittelbarer Bedürfnisbefriedigung bei gleichzeitiger Verletzung der eigenen langfristigen Interessen charakterisiert sind.

Selbstcharakterisierungen dieser Verhaltenstendenz nach Art typischer Persönlichkeitsitems sind deshalb schlechtere Indikatoren als das Verhalten selbst, weil sie, unabhängig von der Ausprägung der Eigenschaft, realistische Selbstreflexion - auch über die langfristigen Folgen des eigenen Handelns - voraussetzen und sich mehr oder weniger selbstkontrollierte Individuen genau in diesen Einschätzungen unterscheiden. Geringe Selbstkontrolle als Verhaltenstendenz kann sowohl auf die Spontaneität oder momentane Nichtbeachtung langfristiger Konsequenzen als auch auf deren Geringschätzung zurückzuführen sein (G&H, 1990, p.95). Die Geschichte der Persönlichkeitsforschung zeigt freilich, daß Items der oben beschriebenen Art trotz dieser Einschränkung in der Lage sind, zuverlässig zwischen Individuen zu differenzieren; sie stehen der *theoretischen* Konzeption von G&H jedoch ferner als die „acts [they] use self-control to explain". Die Suche nach einer besseren Alternative kann uns deshalb auch ein Instrument wie das von Gibbs und Giever vorgestellte nicht ersparen.

Ansätze zu einer strikter verhaltensorientierten Messung von Selbstkontrolle waren bereits bei einigen Prüfungen aus dem Bereich der Reanalysen festzustellen (Hirschi & Gottfredson, 1993, äußern sich sehr positiv etwa über die Arbeit von Keane et al., 1993). Als Probleme dieser Messungen waren oben u.a. Defizienz (nur sehr wenige Indikatoren verfügbar), mangelnde Vergleichbarkeit und Replizierbarkeit identifiziert worden. Außer der ungenügenden Abdeckung der Bandbreite des Konstrukts - die auch durch eine Neukonstruktion kaum vollständig, wohl aber besser zu erreichen sein dürfte - widerspricht die isolierte Untersuchung einzelner Verhaltensakte auch der Grundidee einer generellen Verhaltenstendenz, die sich erst über eine Vielzahl von Verhaltensgelegenheiten reliabel manifestiert. Neuere Studien, die wiederum auf selbstberichtete Einzelindikatoren (Ganon, 1996), unwiederholbare Verhaltensbeobachtung (Quist, 1996) oder existierende Delinquenzskalen zu einzelnen Erscheinungsformen wie Drogenmißbrauch (Mueller, 1996) zurückgreifen, lösen diese Probleme nur partiell. Ein umfassendes (d.h. zumindest das Element der Versatilität hinreichend berücksichtigendes), standardisiertes, auswertungsobjektives Verfahren, das Selbstkontrolle über Verhaltensindikatoren erfaßt, wäre eine geeignetere Grundlage zur unabhängigen Prüfung der Theorie.

Einen Schritt in diese Richtung stellt die Konstruktion von Herbert (1997) im Rahmen einer von Michael Gottfredson betreuten Dissertation dar. Neben einer u.a. auf Grasmick et al. fußenden Persönlichkeits-(„attitudinal")Skala entwickelte Herbert auch einen Fragebogen mit selbstberichteten Verhaltensitems zur Messung von Selbstkontrolle. In dem verständlichen Bemühen, sich nicht dem Vorwurf der Tautologie auszusetzen (s.u.), geht Herbert allerdings in ihrer Definition von „Verhalten" weiter als es m.E. dem Instrument gut tut.

Die Autorin operationalisiert das Konstrukt über zunächst 28 Items in fünf Subskalen: Unfälle (4 Items), Viktimisierung (9 Items), Fehlverhalten gegenüber den Eltern (3 Items), schulisches Fehlverhalten (8 Items) und Drogenkonsum (4 Items). Um keine im juridischen Sinne kriminellen Handlungen in den Fragebogen aufzunehmen, schließt sie je zwei Items aus der Eltern- und der Drogenskala von der weiteren Analyse aus, so daß diese im wesentlichen auf der Messung von Unfällen, der Verwicklung in strafbare Handlungen als deren Opfer, Betrugsversuchen im Rahmen akademischer Prüfungen sowie zwei Fragen zu Alkohol- und Zigarettenkonsum beruht. Als Kriterium dient übrigens interessanterweise u.a. eine sechs Items umfassende „Näherungsvariable" (proxy) für „white-collar crime", die neben Steuerhinterziehung auch vier kontraproduktive Verhaltensweisen (Diebstahl, Betrug bei der Abrechnung von Arbeitsstunden, Lügen bei der Bewerbung und während der Beschäftigung) einschließt.

Um zunächst wieder das Meßproblem von Selbstkontrolle zu diskutieren: Die von Herbert erfragten nichtkriminellen Handlungen (Betrugsversuche, Konsum legaler Drogen) erfüllen sicherlich die Kriterien für die Aufnahme in den von G&H abgegrenzten Verhaltensbereich. Sie sind kurzfristig angenehm (Rauscherlebnis, Prüfungserfolg ohne Anstrengung) und konfligieren gleichzeitig mit bedeutenderen Langfristzielen (Erhaltung der Gesundheit, Erwerb von beruflicher und akademischer Kompetenz). Sie sind sicher nicht besonders umfassend, und sie stellen den geringeren Anteil an der Gesamtskala. Deren größerer Teil besteht aus selbstberichteten Häufigkeiten von Unfällen und Viktimisierungen.

G&H (1990) schließen diese Bereiche zwar explizit in das Universum möglicher Manifestationen geringer Selbstkontrolle ein, v.a. wegen ähnlicher Korrelate wie bei kriminellen Handlungen (vgl. p.42), es ist jedoch nicht zu übersehen, daß Opfer eines Unfalls oder Verbrechens zu werden definitionsgemäß keine Handlung oder einen Verhaltensakt, sondern die *Folge* eines solchen darstellt. Die Ursache *kann* in leichtsinnigem Verhalten oder Umgang seitens des Opfers liegen, ebenso gut und oftmals überwiegend oder (bei Viktimisierung) zumindest zusätzlich in dem Verhalten Dritter oder unglücklichen Umständen. Dies ist selbstverständlich auch den Autoren bewußt, und sie rechnen z.B. Unfälle zu den eher weniger geeigneten Indikatoren für Selbstkontrolle (siehe Hirschi & Gottfredson, 1993, pp.49-50). Psychometrisch bedeutet die Vermischung von Handlungen mit Handlungsfolgen, besonders wenn letztere, wie in diesem Fall, das Instrument dominieren, die (vermeidbare) Vergrößerung der Fehlervarianz, der Kontamination mit irrelevanten Einflüssen, im Testergebnis. Es ist daher nicht verwunderlich, daß sich in Herberts Analyse Homogenität nur ansatzweise (Eigenwertverlauf: 4,9; 2,5; 1,5; α = .78) bestätigen ließ, wobei die „echten" Verhaltensitems im Mittel deutlich trennschärfer waren (.41 vs. .29) und auch durchgängig enger mit kriminellem und kontraproduktivem Verhalten zusammenhingen (vgl. Herberts Tabellen 4.7 und 4.8).

Herberts Ansatz geht sicherlich in die richtige Richtung: Erfassung von Selbstkontrolle über eine standardisierte, replizierbare Verhaltensmessung. Ihr Instrument ist jedoch nach wie vor hochgradig defizient und zusätzlich kontaminiert. Es berücksichtigt zwar (durch die Aufnahme und Zusammenfassung unterschiedlicher Erscheinungsformen) ansatzweise den Aspekt der Versatilität, nicht oder höchstens sehr unsystematisch jedoch die Stabilität des Verhaltens (incl. der situativen und Altersabhängigkeit der Erscheinungsformen) und die angenommene Altersverteilung im Ausmaß des Verhaltens. Ebenfalls nicht kontrolliert werden situative Faktoren, deren teils zufällige, teils systematisch mit Selbstkontrolle variierende Verteilung sich Hirschi und Gottfredson (1993, p.50) zufolge konsistenz- bzw. versatilitätsmindernd auswirkt und deshalb für Mängel in der Homogenität eines verhaltensorientierten Meßinstruments von Selbstkontrolle verantwortlich ist. Diese Fehlervarianz wird im Gegenteil durch die Aufnahme von Handlungsfolgen über das unvermeidbare Maß hinaus vergrößert. Im Umkehrschluß ließe sich folgern, daß bei hinreichender Kontrolle der Situation ein derartiges Verfahren eindimensional sein sollte.

Es läßt sich also nun zusammenfassen, welche Kriterien ein in der hier dargelegten Interpretation theoriekonformes Instrument zur Erfassung von Selbstkontrolle erfüllen sollte: Verhaltensorientierung; Berücksichtigung der definitorischen Merkmale bei der Auswahl der Verhaltensweisen[38]; Berücksichtigung der zentralen Merkmale Versatilität und Stabilität; Minimierung des Einflusses der von Selbstkontrolle unabhängigen Faktoren Alter und Situation (Gelegenheiten) auf das Testergebnis; Standardisierung von Anwendung und Auswertung (Objektivität und Vergleichbarkeit bzw. Replizierbarkeit bei mehrmaliger Anwendung); möglichst universelle Anwendbarkeit in unterschiedlichen Populationen und Kulturen (gemäß der behaupteten universellen Geltung der Theorie). Bislang scheint m.E. keines der in der Literatur vorfindlichen Verfahren diese Anforderungen auch nur näherungsweise zu erfüllen.

---

[38] „Definitorisch" ist dabei für G&H ein Charakteristikum von durchaus gradueller Natur, wie das folgende Zitat zeigt: „In the end, we concluded that the acts that tend to be found together in the behavior of offenders share a common feature: they carry for the individual involved in them the risk of long term negative consequences. Upon inspection, these acts have other common, *if less defining*, features. They require little effort, skill, or planning; their execution and benefits are obvious to anyone in the situation; they require no particular tutelage or training." (Hirschi & Gottfredson, 1995, p.139; Hervorhebung hinzugefügt)

Damit sind aber auch die Befunde der Studien schwerlich als Prüfungen der Theorie zu interpretieren. Im empirischen Teil dieser Arbeit wird der eigene Versuch vorzustellen sein, auf dem beschriebenen Weg ein Stück voranzukommen. Wie gut oder schlecht im Sinne der aufgeführten Kriterien dies auch gelungen sein mag (auch dazu unten mehr), ein möglicher Kritikpunkt wurde darin ausgespart: das Tautologieargument. Da er sich nicht nur gegen mögliche Operationalisierungen von Selbstkontrolle, sondern gegen G&Hs Theorie ganz allgemein richtet, soll er - neben anderen, nicht ganz so grundsätzlichen - im folgenden Abschnitt diskutiert werden.

3.2.3 Kritikpunkte an der Theorie der Selbstkontrolle

G&H vertreten in der *General Theory* radikale Standpunkte, die Grundannahmen eingeführter Schulen der Kriminologie prinzipiell in Frage stellen und z.T. in wenig konzilianter Deutlichkeit formuliert werden. Sie lehnen insbesondere die Notwendigkeit jeder Art von Ordnungsschemata oder Unterteilungen der Täter und Taten nach Ursachen oder disziplinärer Zuständigkeit ab (ein in wissenschaftlichen Texten so verbreitetes Vorgehen, daß man es fast schon für die Essenz der Wissenschaftlichkeit halten könnte), mit dem Argument, daß darüber der Blick für die ins Auge fallende Einheitlichkeit des Phänomens verloren gehe. Es konnte nicht ausbleiben, daß G&Hs provozierende Thesen auf heftige Gegenwehr seitens der Vertreter anderer Richtungen innerhalb der Kriminologie stießen (wie von Tittle, 1991, vorausgesehen). Da einzelne Argumente von den Autoren bereits vor der Publikation von 1990 entwickelt wurden, sind einige daran anknüpfende Kontroversen schon in den achtziger Jahren ausgetragen worden (siehe Tittle & Ward, 1993, für eine Übersicht) und im Anschluß an die Zusammenfassung zu einer allgemeinen Theorie neuerlich entflammt.

Daneben sollte nicht vergessen werden, daß G&Hs Ablehnung anderer Theorien nicht vollständig ist. Sie berufen sich, neben den Klassikern, explizit auf andere Autoren in der Konzeption der Rolle von Gelegenheiten bei der Erklärung einzelner Akte, der Erziehung für die Bildung von Selbstkontrolle und bei der Zusammenführung der drei notwendigen Bedingungen (Täter, Gelegenheit und Objekt) zur Entstehung eines Verbrechens, wobei allerdings v.a. ihr Täterbild gravierend abweicht. Dieses wiederum weist durchaus Parallelen zu anderen personalistischen Erklärungen über Selbstkontrolle/Impulsivität (z.B. S.B.G. Eysenck & Gudjonsson, 1989; Lösel, 1975; Pulkinnen, 1982; J.Q. Wilson & Herrnstein, 1985), Psychopathie (dazu unten mehr) oder zu älteren Kontrolltheorien (vgl. Akers, 1991) auf, auf die G&H nicht oder kaum Bezug nehmen (im Gegensatz zu Aggressivität, die sie als Vertreter des „psychologischen Positivismus" ausführlich besprechen).[39] G&H übertreffen aber sogar den nicht für eine konfliktscheue Argumentation bekannten H.-J. Eysenck an

---

[39] G&Hs Betonung der Unterschiede und ihre geringe Explizitheit bei der Herausarbeitung von Gemeinsamkeiten mit anderen Theorien war Gegenstand eines eigenständigen Kritikpunkts (Akers, 1991), der jedoch eher stilistischer als inhaltlicher Natur ist und hier nicht weiter vertieft wird.

Radikalität in Kritik und Abgrenzung zu alternativen Modellen und dominierenden Forschungsmethoden.

Einige Reaktionen darauf muten in ihrer Defensivität ein wenig hilflos an. Soziologen vermissen in der Theorie soziologische Erklärungsvariablen (Tittle, 1991) oder finden einzelne Aspekte „soziologisch unbefriedigend" (Lamnek, 1994, S.157), Feministinnen können darin keine Berücksichtigung der Feministischen Kriminologie erkennen (Miller & Burack, 1993), und vermutlich werden auch Ingenieure vergebens nach einem mechanischen Element suchen. Eine Argumentation, die die ihr zugrundeliegende Meinung als Selbstzweck begreift und daraus ihre Kritik ableitet, ist für G&H (und den Verfasser dieser Arbeit) schlicht irrelevant. Statt dessen soll im folgenden auf drei zentrale Kritikpunkte eingegangen werden, die inhaltlich begründet sind: das Tautologieargument, die Überbetonung der Generalität zulasten bedeutsamer Unterschiede und, mit letzterem zusammenhängend, das Fehlen eines motivationalen Elements. Der erste Punkt, der besonders unser Meßproblem tangiert, ist grundsätzlicher, die beiden anderen mehr oder weniger gradueller Natur. Der Grundsatzkritik gebührt der Vorrang.

Wie wir gesehen haben, bezeichnen G&H geringe Selbstkontrolle als eine Ursache für kriminelles Verhalten und gleichzeitig kriminelles Verhalten als einen Indikator für geringe Selbstkontrolle. In seiner ungewöhnlich ausführlichen Buchbesprechung erkennt Akers (1991, p.204) darin einen Zirkelschluß:

> G&H use „low self-control" and „high self-control" simply as labels for this differential propensity to commit crime. [...] Thus, it would appear to be tautological to explain the propensity to commit crime by low self-control. They are one and the same, and such assertions about them are true by definition. The assertion means that low self-control causes low self-control. Similarly, since no operational definition of self-control is given, we cannot know that a person has low self-control (stable propensity to commit crime) unless he or she commits crime or analogous behavior. The statement that low self-control is a cause of crime, then, is also tautological.

Nun zählt man den Vorwurf der Tautologie gemeinhin zu den schwerwiegendsten, die gegen eine Theorie erhoben werden können; Zirkelschlüsse sind bekanntlich unwiderlegbar, und eine tautologische Erklärung wird für sich schwerlich den Status einer Theorie in Anspruch nehmen können. Praktisch alle oben vorgestellten Versuche zur Operationalisierung von Selbstkontrolle bemühen sich explizit um eine tautologiefreie Umsetzung. Im vorangegangenen Abschnitt waren sie dafür kritisiert worden, darüber die Vereinbarkeit mit den Grundannahmen der Theorie zu vergessen, und es war für eine verhaltensorientierte Messung von Selbstkontrolle plädiert worden. Wie kann dabei dem Tautologieargument begegnet werden?

Hirschi und Gottfredson (1993, 1994) haben sich dazu in mehrererlei Hinsicht geäußert. Zunächst ziehen sie eine Parallele zwischen Tautologie und Logik:

> In our view, the charge of tautology is in fact a compliment, an assertion that we followed the path of logic in producing an internally consistent result. [...] We started with a conception of crime, and from it attempted to *derive* a conception of the offender. As a result, there should

be strict definitional consistency between our image of the actor and our image of the act (Hirschi & Gottfredson, 1993, p.52; Hervorhebung im Original).

Sie fahren fort, indem sie aufzuzeigen versuchen, daß Theorien, die mit einer Ursache beginnen, am Ende nicht weniger tautologisch sind (wer etwa ökonomische Benachteiligung als Ursache für Verbrechen ansieht, definiert schließlich Verbrechen als das Bemühen, diese zu überwinden). Versuche einer voneinander unabhängigen Definition von Tat und Täter führten den Autoren zufolge regelmäßig zu Theorien, die sich empirisch nicht bestätigen ließen und deshalb schlicht als falsch angesehen werden müssen. Diese Argumentationsstränge lassen den eigenen Ansatz in einem, *relativ* gesehen (was G&H betonen), anderen Licht erscheinen, lösen aber freilich nicht das Meßproblem.

Hier sehen Hirschi und Gottfredson (1994, p.9) eine Unterschied zwischen definitorischer Tautologie und empirischer Unwiderlegbarkeit. Aus G&Hs (und Akers', 1991, p.204) Sicht reduziert sich das Tautologieargument weitgehend auf das Meßproblem der Falsifizierbarkeit. Definitorisch ist Selbstkontrolle die stabile Tendenz, langfristige Handlungsfolgen in das Entscheidungskalkül einzubeziehen, und Verbrechen sind „Akte von Zwang oder Täuschung in der Verfolgung des Eigeninteresses" (G&H, 1990, p.15), die deshalb verboten sind, was für den Handelnden negative Konsequenzen haben kann. (Geringe) Selbstkontrolle und Verbrechen sind nicht „ein- und dasselbe": Verbrechen ist zwar *ein* Indikator geringer Selbstkontrolle, aber nicht der einzige; geringe Selbstkontrolle ist *eine* Ursache für Verbrechen, aber nicht die einzige, noch ist Verbrechen die zwangsläufige Folge geringer Selbstkontrolle.

Inhaltlich besteht zwischen beiden eine beträchtliche Schnittmenge, aber ebenfalls keine Deckungsgleichheit. Der Bereich der von Selbstkontrolle beeinflußten Verhaltensweisen ist glücklicherweise so groß, daß sich stets die Möglichkeit bietet, abhängige und unabhängige Variablen ohne inhaltliche Überlappung zu erfassen. Interessiert als Kriterium Verbrechen, bietet sich als Prädiktor eine Vielzahl nichtkrimineller, „analoger" Handlungen an (Hirschi & Gottfredson, 1993, 1994, nennen Beispiele). Die gleichen Indikatoren können als Pädiktor für Kontraproduktiviät dienen, sofern es sich um Verhalten außerhalb der Arbeit handelt. Ohne die Vorstellung einer inneren Verbundenheit des in Kriterium und Prädiktor erhobenen Verhaltens über die im Konzept von Selbstkontrolle spezifizierten Merkmale sind diese Verhaltensweisen voneinander (logisch) unabhängig. Die Theorie wird somit falsifizierbar, indem sich die postulierten Zusammenhänge nicht aufzeigen lassen. Voraussetzung ist allerdings eine (inhalts)valide Auswahl der Indikatoren. Weiterhin muß sichergestellt sein, daß auf seiten der unabhängigen Variable (Selbstkontrolle) eine *generelle* Tendenz erfaßt wird und nicht einer oder wenige (situativ kontaminierte) Akte oder Erscheinungsformen. Dies setzt eine inhaltlich hinreichend breite Messung voraus, wozu - angesichts schiefer Verteilungen bei der Beantwortung heikler Fragen besonders im Selbstbericht - eine relativ große Anzahl von Items nötig sein dürfte. Vom Aggregationsprinzip profitiert erfahrungsgemäß auch die Reliabilität der abhängigen Variable, wenngleich hier eine umfassende Messung *theoretisch* nicht unbedingt notwendig ist.

Auf die beschriebene Weise - inhaltlich überlappungsfreie, aber *nicht* theoretisch unabhängige Erfassung von Prädiktor und Kriterium - läßt sich ein Zirkelschluß vermeiden, ohne dessen nicht weniger unangenehmer Alternative, dem Trugschluß, aufzusitzen. Letzterer ist die Konsequenz in mehreren Arbeiten, die versuchen, Selbstkontrolle „tautologiefrei" zu messen (z.b. Arneklev et al., 1993; Burton et al., 1998; Gibbs et al., 1998; Piquero & Tibbetts, 1996; Wood et al., 1993). In diesen Untersuchungen war, neben Selbstkontrolle als „klassisches" Persönlichkeitskonstrukt, jeweils auch nichtkriminelles „unvernünftiges" Verhalten, geringfügige Devianz oder früheres Fehlverhalten in unterschiedlicher Form erhoben worden, wurde aber als abhängige oder Kontrollvariable interpretiert. Dies führt dann etwa zu dem Schluß, daß frühere Devianz von Selbstkontrolle unabhängige Effekte auf (mittels Szenario gemessene) Verhaltensabsichten hat (Piquero & Tibbetts, 1996), oder daß die Subskalen des Grasmick-Tests für einzelne Verhaltensweisen differentiell valide sind (Wood et al., 1993), was im ersten Fall als Evidenz für die z.T. situative Bedingtheit der Stabilität gewertet wird, im zweiten Fall als Verweis auf die Notwendigkeit der Disaggregation von Selbstkontrolle. Aus Sicht der Theorie (zumindest in der hier entwickelten Interpretation) ist der erste Befund ein Hinweis auf die mangelnde Konstruktvalidität der Selbstkontrolleskala, und der zweite illustriert den Unterschied zwischen elementaristischer Persönlichkeitsmessung (manche Handlungen versprechen mehr Aufregung als andere, manche sind sozial unverträglicher, was zu unterschiedlicher Validität der korrespondierenden Persönlichkeitsmerkmale führt) und der Suche nach *gemeinsamen* Elementen im Verhalten. Die angesprochenen - und einige hier nicht erwähnte - Fehlinterpretationen unterstreichen die Bedeutung einer theoriekonformen Messung, die, wie wir gesehen haben, nicht tautologisch sein muß.

Der zweite Kritikpunkt ist weniger leicht zu fassen. Im Grunde handelt es sich um eine ganze Reihe einzelner Argumente, die um das gemeinsame Thema kreisen, die Theorie gehe in ihrer Betonung der Generalität und Invarianz zu weit und übersehe (bzw. übergehe) deshalb für das Verständnis wichtige Unterschiede zwischen einzelnen Tätergruppen und Arten krimineller Handlungen (z.B. Barlow, 1991; Benson & Moore, 1992; L.E. Cohen & Vila, 1996; Sampson & Laub, 1995). In der Tat finden sich in G&Hs Werk Feststellungen, die in ihrem Anspruch auf Allgemeingültigkeit kaum zu überbieten sind:

> [Our theory] is meant to explain all crime, at all times, and, for that matter, many forms of behavior that are not sanctioned by the state. (G&H, 1990, p.117)

Ihre Theorie ist allgemein, indem sie *eine* gemeinsame Ursache aller kriminellen und analogen Handlungen, Selbstkontrolle, herausarbeitet, die die Befunde der Versatilität und Stabilität erkläre. Sie behauptet jedoch nicht, daß dies die *einzige* Ursache sei, wohl aber die einzige *gemeinsame*, von dem etwas unscharf definierten Prozeß der Reifung einmal abgesehen.

Die Autoren gehen dann noch einen Schritt weiter, indem sie den Erklärungswert ihrer Theorie über den jeder anderen stellen und dies in einer vergleichenden Forschung überprüft sehen wollen (siehe insbes. Hirschi & Gottfredson, 1994, pp.8-9). Aus ihrer Sicht kann eine Theorie nicht „zu allgemein" sein, sondern lediglich richtig oder falsch. Eine Falsifizierung ihrer Vorstellung, die z.B. davon ausgeht, Mord erfordere keine andere Erklärung als Raub, im Vergleich zu einer anderen, die das Gegenteil behauptet, würde etwa den Nachweis erfordern, daß Räuber mit gleicher (d.h. nicht höherer) Wahrscheinlichkeit einen Mord begehen wie „Nicht-Räuber". Was sie jedoch nicht sagen, ist, daß eine Falsifizierung der Gegenhypothese (Spezialisierung) den Nachweis erfordert, daß frühere Räuber mit gleicher (d.h. nicht geringerer) Wahrscheinlichkeit eine Mord begehen wie frühere Mörder. Dazwischen befindet sich ein Graubereich zwischen Spezialisierung und Versatilität, innerhalb dessen, wie wir in Abschnitt 3.1.3 gesehen haben, die empirische Faktenlage normalerweise angesiedelt ist (im Beispiel würden Räuber mit höherer Wahrscheinlichkeit als Nichträuber zu Mördern, aber mit noch höherer Wahrscheinlichkeit würden Mörder zu Wiederholungstätern).

G&H erkennen diese ambivalente Befundlage durchaus an, erklären aber Spezialisierung hauptsächlich über differentielle Gelegenheiten (siehe insbes. Hirschi & Gottfredson, 1993, p.50). Gelegenheiten gibt es aus ihrer Sicht in unbegrenzter Zahl, sie können aber für spezifische Handlungen stark eingeschränkt sein. Sie sind i.d.R. von Selbstkontrolle unabhängig, können aber im Einzelfall mit dieser interagieren. Dies kann sich graduell auf den Erklärungswert von Selbstkontrolle auswirken: Je universeller Gelegenheiten zugänglich sind (Einschränkung der Fehlervarianz) und je weniger der Zugang durch Selbstkontrolle selbst beeinflußt wird (Erhöhung der „wahren" Trait-Varianz), desto stärker ist der relative (gegenüber der Situation) Einfluß der Eigenschaft auf das Verhalten. Als Gegenbeispiel wird Wirtschaftskriminalität genannt, besonders von solcher Art, wie sie in gehobenen Positionen mit beträchtlichen Schadensfällen vorzufinden ist. Eine solche Stellung überhaupt zu erreichen, erfordert ein nicht geringes Maß an Selbstkontrolle, weshalb es für G&H nicht verwunderlich ist, daß sich Wirtschaftskriminelle von „gewöhnlichen" Kriminellen im Ausmaß ihrer Versatilität unterscheiden (vgl. Benson & Moore, 1992). *Innerhalb* der Gruppe, die Gelegenheit zur Weiße-Kragen-Kriminalität hat, sollen individuelle Merkmale aber sehr wohl erklären, wer kriminell wird und wer nicht, weshalb G&H Kontrastgruppenvergleiche mit „Straßenkriminellen" als Methode zur Prüfung ihrer Theorie in diesem Kontext ablehnen (siehe Collins & Schmidt, 1993, für einen Vergleich mit unbescholtenen Angestellten, der den Erklärungswert von Persönlichkeitsvariablen [nicht Selbstkontrolle] bestätigt).

Andere Theorien gehen davon aus, daß solche Sonderfälle einer gesonderten Erklärung bedürfen, in diesem Fall etwa einer anders gearteten Motivation (zur Motivation unten mehr). G&H lehnen dagegen jegliche Form spezifischer Erklärungsansätze ab, und sie sind auch erklärte Gegner „integrativer" Theorien (z.B. Elliot et al., 1985), die versuchen, durch die Vereinigung mehrerer Erklärungen gewissermaßen „Synergien" freizusetzen. Für G&H beruhen die meisten dieser Theorien (von Hirschi & Gottfredson, 1990, unter dem Begriff „Positivismus" zusammengefaßt, was für Monodisziplinarität, Determinismus [vs. Probabilismus], die Ableitung von Effekten aus postulierten Ursachen [statt umgekehrt], Spezifität der Erklärungen und die Unterstellung eines motivatorischen Antriebs [statt des Fehlens einer Blockade] als Ursache zugleich steht) auf Annahmen, die mit ihren eigenen - und mit der Wirklichkeit (p.XV) - unvereinbar sind. Diese extreme (aus ihrer Sicht konsequente) Position bringt sie in Konflikt auch mit Schulen, die ihre Theorie teilweise anerkennen, aber nur für die halbe Wahrheit halten.

Darunter finden sich v.a. neuere Ansätze, die weniger auf einer Taxonomie der Taten als einer der Täter beruhen und innerhalb der aktuellen kriminologischen Diskussion beträchtliche Resonanz gefunden haben. Einer der meistbeachteten Beiträge dieser Art ist der Aufsatz von Moffitt (1993), in dem eine alternative Erklärung der Alterskurve und gleichzeitig des bereits angesprochenen „Paradoxons" vertreten wird, daß deviantes Verhalten zwar von Kindheit an stabil bleibt, aber aus den meisten dissozialen Jugendlichen durchaus konforme Erwachsene werden. Moffitt identifiziert auf der Grundlage längsschnittlicher Daten zwei vollkommen unterschiedliche Gruppen von Delinquenten: eine Minderheit persistenter Normverletzer, deren Dissozialität von Kindheit an bis ins Erwachsenenalter auf konstant hohem Niveau bleibt (life-course-persistent offenders) und die überwiegende Mehrheit temporärer Straftäter, die ausschließlich während der Adoleszenz auffällig wird (adolescence-limited offenders). Demnach wäre die Alterskurve das Ergebnis des Hinzutretens der zweiten Gruppe während eines Lebensabschnitts, und die Stabilität wäre exklusiv auf das (auch absolut konstante) Verhalten der ersten Gruppe zurückzuführen. Ferner unterscheiden sich beide Moffitt zufolge grundlegend in dem Wesen ihrer Kriminalität. Aus der entwicklungspsychologischen Perspektive, die in der Arbeit eingenommen wird, erklärt sich das Verhalten der persistenten Täter aus ursprünglich neuropsychologischen Problemen, die, durch Interaktion mit Umweltreaktionen verstärkt, schließlich in eine pathologische Persönlichkeit münden: die des klassischen Psycho- oder Soziopathen. Die temporär Devianten dagegen ahmen während der Pubertät, in einem Stadium der (nur) „biologischen Reife", das Verhalten der ersten Gruppe nach, die für sie zeitweise zum Vorbild wird, bis endlich neue Verantwortlichkeiten das Verhaltensmuster wieder löschen - mit Verzögerung hat das Stadium der sozialen Reife eingesetzt. Ein individuelles Verhaltensproblem (von allerdings gravierendem Ausmaß) haben nur die persistenten Täter.

Die Koexistenz langfristig stabiler Entwicklungspfade (trajectories) mit manchmal plötzlich wechselnden Rollen und Sozialisationsinstanzen, die erstere in unterschiedliche Richtungen lenken können, kennzeichnet alle entwicklungsbezogenen (ihrer Natur nach interaktionistischen) Perspektiven der Kriminalitätserklärung. Vertreter dieser Richtung kommen mit der Versatilitätshypothese relativ problemlos zurecht, was für die personalistische Erklärung von Verlaufsformen (Beginn, Persistenz und Ende der kriminellen Laufbahn) naturgemäß weniger gilt (vgl. Barnett, Blumstein, Cohen & Farrington, 1992; Moffitt, 1993; Sampson & Laub, 1995). G&H, als Proponenten der anderen Seite, lehnen derartige Ansätze vollständig ab (siehe auch Hirschi & Gottfredson, 1995). Dies betrifft den Prozeß der Reifung (den G&H als einheitliches, biologisches Phänomen ansehen, weitgehend unbeeinflußt von sozialen Faktoren), die durchgängig lerntheoretische Fundierung (für G&H ist Lernen ab einem frühen Alter kaum noch persönlichkeitsbildend), den Einfluß später Sozialisationsinstanzen (die bei G&H gemäß der eigenen Persönlichkeit gewählt werden und dann kaum noch sozialisierend wirken) und die bevorzugte Forschungsmethode (Längschnittstudien produzieren laut G&H konsistent die gleichen Ergebnisse wie Querschnittuntersuchungen und sind daher mangels Zusatznutzen überflüssig). Moffitts Analyse nun stellt eine v.a. gegenüber dem zuletzt aufgeführten Befund neue Entwicklung dar: die Ergebnisse stehen in scharfem Kontrast zu den Annahmen der *Allgemeinen Theorie*. Sie verdient deshalb eine etwas ausführlichere Besprechung.

Während G&H einen Trait als generelle Ursache allen devianten Verhaltens postulieren, auf dem jedermann ein relatives Standing besitzt, schlägt Moffitt vollkommen unterschiedliche Erklärungen für zwei Subgruppen vor, die folglich sauber zu trennen seien. Bei G&H bleibt die Rangordnung der Individuen in ihrer Devianzneigung über den gesamten Lebensweg weitgehend stabil, während das Ausmaß der individuellen Delinquenz einem kurvilinearen Alterstrend folgt; bei Moffitt verharrt dieses Verhalten in der persistenten Gruppe auf konstant hohem Niveau, während die Alterskurve durch das zeitweilige Hinzutreten einer zweiten Gruppe entsteht. Verhaltensstabilität in diesem Bereich ist also für Moffitt einer Minderheit von ca. 5 % der männlichen (und 1 % der weiblichen) Bevölkerung vorbehalten; eine zahlenmäßig etwa zehnmal so starke Gruppe hört nach vorübergehender Jugenddelinquenz einfach wieder auf, sich abweichend zu verhalten, und der Rest bleibt ein Leben lang konform. Beide Seiten reklamieren für sich eine empirische Fundierung ihrer Hypothesen. Moffitts Erklärung der Alterskurve ist sicher theoretisch eleganter als G&Hs Automatismus der Reifung; sie hat aber Schwierigkeiten, Devianz im Erwachsenenalter und deren interindividuelle Varianz jenseits einer pathologischen Extremgruppe zu begründen.

Moffitt selbst nimmt in ihrem Beitrag nur sehr am Rande Notiz von der *General Theory*, und G&H haben sich ihrerseits noch nicht in publizierter Form zu Moffitts Taxonomie geäußert. Eine Schlußfolgerung aus der Gegenüberstellung der beiden Standpunkte ziehen dagegen L.E. Cohen und Vila (1996). Nach ihrer Interpretation ist die Gruppe der persistenten Kriminellen oder Psycho- bzw. Soziopathen „...obviously...the group of offenders that Gottfredson and Hirschi have in mind...“ (p.142; siehe auch pp. 145-146). Für diese Population halten sie die Theorie für „...the most theoretically comprehensive and conceptually sophisticated explanation...“ (p.146), während für Mitglieder anderer Gruppen - für Cohen und Vila existieren neben temporären Jugenddelinquenten auch weitere überdauernd deviante Gruppen - andere Erklärungen besser greifen, für nicht-pathologische Persistenz etwa (aus ihrer Sicht verständlicherweise) am besten ein evolutionstheoretisches Modell (L.E. Cohen & Machalek, 1988).

Wir sind also bereits bei (mindestens) drei Gruppen von Straftätern angekommen, für die mindestens drei Erklärungsmodelle notwendig sind: Modellernen für zeitweilige Jugendelinquenz (Moffitt), eine kompetetive Nischenstrategie für sozial benachteiligte Berufskriminelle (Cohen und Kollegen) und eine stabile Disposition für Psychopathen (G&H). Aus der hier vertretenen Interpretation der *General Theory* sollte klar geworden sein, daß der Verfasser es für alles andere als „offensichtlich“ hält, daß eine solche Reduktion auf ein spezielles Segment in G&Hs Sinne sein kann.

Das wesentliche Element der Theorie ist ihre Allgemeinheit, und jede Widerlegung für eine Subpopulation, sofern angemessen hergeleitet und methodisch umgesetzt, falsifiziert die Theorie in ihrem Kern. Hirschi und Gottfredson (1994) plädieren wie erwähnt in aller Deutlichkeit für vergleichende Prüfungen mit anderen Modellen anstelle von Versuchen einer Integration.

Allerdings sind nicht alle alternativen Ansätze gleichermaßen unvereinbar mit G&Hs Konzept. Moffitt etwa leitet in vorbildlicher Explizitheit Hypothesen für ihre beiden Taxa ab (pp.694-695), aus denen sich direkt der Grad an Überschneidung mit einer ähnlichen Aufstellung bei Hirschi und Gottfredson (1994, p.5) ablesen läßt. Allerdings, darin ist Cohen und Vila zuzustimmen, findet sich darin weniger Widerspruch für die Gruppe der lebenslang persistenten Täter, wenngleich Moffitts Erklärung auch hier eine interaktionistisch-dynamische Perspektive zeigt, die von G&H bestenfalls bis zum Alter von acht Jahren geteilt wird. Vergleichbar sind hier jedoch die Annahmen über Korrelate aus den Bereichen familiärer Hintergrund, demographische Merkmale, Persönlichkeitseigenschaften inkl. Intelligenz und schulische Leistungen. Unvereinbar mit der Theorie ist Moffitts Hypothese, daß das Alter *in dieser Gruppe* unabhängig vom Ausmaß der Devianz sei. Wie erinnerlich postulieren G&H einen direkten Alterseffekt, der weder von der Zugehörigkeit zu einer Kategorie noch von sonst irgendetwas abhängt. Bei den temporär Devianten ergibt sich das umgekehrte Bild. Hier präsentiert Moffitt eine Liste von Korrelaten (z.B. historischer und kultureller Kontext) und vor allem „Nicht-Korrelaten" (individuelle Differenzen), die fast durchgängig im Widerspruch zu G&H steht. Lediglich das Alter hat hier einen direkten Einfluß. Diese Hypothesen sollten auch gegeneinander prüfbar sein - eine Aufgabe, die Kriminologen in Zukunft m.E. eher beschäftigen sollte als die Parzellierung des Forschungsgebiets im Dienste friedlicher Koexistenz.

Dabei darf jedoch mehreres nicht übersehen werden. Auch auf dem einem Nicht-Kliniker wie dem Verfasser dieser Arbeit etwas verschwommen anmutenden Gebiet wie dem der Psychopathie und verwandter Konzepte bestehen zwischen G&H und Entwicklungstheoretikern nicht nur graduelle Meinungsverschiedenheiten. Ordnet man mit z.B. af Klinteberg (1994) die Konstrukte auf einem Kontinuum zwischen Kategorisierung und Dimensionalität (als kontinuierlich verteilter Trait) an, befindet sich etwa Moffitt an dem Pol, der eine klare Unterscheidung zwischen dem Vorliegen oder Nicht-Vorliegen einer Persönlichkeitsstörung (in diesem Fall der antisozialen) trifft, während G&H mit z.B. Eysencks Psychotizismus-Konzept dem anderen Ende der Skala zuzuordnen wären. Kategorisierung *an sich*, ob in diesem oder etwa Cohen und Vilas Sinn, steht in *prinzipiellem* Widerspruch zur Allgemeinen Theorie. Sie könnte eine Falsifizierung in dieser Hinsicht nur als spezifisches Konzept überleben, was ihren grundsätzlichen Erklärungswert selbstredend massiv beeinträchtigen würde. *Zusätzlich* unterscheidet sich die *General Theory*, wie wir gesehen haben, hinsichtlich der strikten Ableitung des Konstrukts aus Verhaltensattributen (vs. der Vermischung von Verhalten und Eigenschaften als Psychopathie-Indikatoren) und der Ablehnung von Multidimensionalität des Trait (vs. einer elementaristischen Substruktur) eher graduell (im Sinne einzelner Aspekte) von anderen individualistischen Erklärungen.

Bei dem Plädoyer für eine konkurrierende Prüfung sollte auch hier wiederum der schon oben erwähnte „Graubereich" berücksichtigt werden, in dem die „weichen" Disziplinen der Verhaltenswissenschaft normalerweise operieren. Wenn etwa Moffitt und G&H ihre teils diametralen Hypothesen aus z.T. identischen Daten ableiten, so hat dies eben auch mit der Ambivalenz der Empirie zu tun. Perfekte Korrelationen auf der einen und überlappungsfreie Kategorisierung auf der anderen Seite sind empirisch so selten vorzufinden, daß ein derartiger Befund zunächst einmal wohl jedem mit dem Gebiet vertrauten Rezipienten suspekt wäre. Daß formale Regeln über statistische Signifikanz hier nicht immer weiter helfen, hat nicht zuletzt die Entwicklung metaanalytischer Techniken gezeigt. Auch in diesem Fall kann weder Moffitt z.B. Stabilität durch Konzentration auf bloß zeitweilige Delinquenten vollständig eliminieren, noch können G&H den Nachweis der Invarianz in einem absoluten Sinne führen. Beide Ansätze haben ihre Schwächen im Umgang mit der unaufgeklärten Varianz (G&H haben hier immerhin das Konzept der „Gelegenheiten" als allerdings einzigen theorieimmanenten Baustein zur Erklärung von Spezifität).

Beide lassen jedoch im Grunde keine Abstriche an ihren theoretischen Annahmen zu. Bei Moffitt ergibt sich der Absolutheitsanspruch gewissermaßen als theoretische Notwendigkeit der Typologisierung: Jemand kann nicht gut ein bißchen psychisch kerngesunder Nachahmer sein, der sich durch prosoziale Vorbilder wieder von der schiefen Bahn abbringen läßt, und gleichzeitig ein bißchen durch angeborene Defekte getriebener Psychopath, der sich von frühester Kindheit an immer tiefer in ein schließlich irreversibles Verhaltensmuster verstrickt. Bei G&H erscheint die Ungnädigkeit gegenüber alternativen Ansätzen manchmal willkürlich: Warum sollen, neben Selbstkontrolle als allgemeiner Erklärung, nicht auch - abgesehen von Gelegenheiten - spezifische Ursachen für spezifische Verhaltensweisen (mit-)verantwortlich sein? Sie negieren diese Möglichkeit nicht vollständig, halten solche Differenzierungen aber für theoretisch so unbedeutend, daß auf sie verzichtet werden könne. In beiden Fällen ergibt sich aus der Absolutheit der Annahmen die vermutlich gar nicht unwahrscheinliche Möglichkeit, zwei konkurrierende Hypothesen auf einmal zu falsifizieren, z.B. wenn sich herausstellen sollte, daß eine Tätergruppe mit *etwas* höherer Stabilität delinquent bleibt als eine andere. Es besteht die Gefahr, daß solche Befunde zum Anlaß genommen werden für genau die Art von Schlußfolgerungen, die G&H angetreten sind zu widerlegen: Jede Tätergruppe (sensu Cohen & Vila) und jede Erscheinungsform (z.B. Wirtschaftskriminalität) erfordert (mindestens) eine theoretische Erklärung; die Zahl der Abstufungen (und damit der Theorien) ist faktisch unbegrenzt.

Manchmal ist aber die Farbe der Wahrheit Grau, bekanntlich eine Mischung aus Schwarz und Weiß. Aus der Annahme eines kontinuierlich verteilten Traits zur Kriminalitätserklärung ergibt sich nicht die Notwendigkeit, Personen mit extremer Ausprägung dieses Merkmals („Psychopathen") keine größere Beachtung zu schenken als weniger schwierigen Fällen, schon weil sie ein größeres gesellschaftliches Problem konstituieren. Devianz mangels Kontrolle (von außen und/oder innen) und Devianz als Nachahmung von Vorbildern kann in ein- und derselben Person nebenoder nacheinander existieren, wobei der relative Anteil an der Verhaltenserklärung inter- und intraindividuell schwanken kann (Jugendlicher mit geringer Selbstkontrolle lernt Drogendealer kennen). Eine Verhaltensweise kann sowohl aufregend sein als auch Belohnung ohne Anstrengung versprechen (Diebstahl), was sie für Sensation Seeker und gering Selbstkontrollierte gleichermaßen attraktiv macht. Für solche Relativierungen ist in G&Hs Theorie kein Platz vorgesehen. Ihr Standpunkt ist von polarisierender Rigorosität und kompromißfeindlicher Konsequenz. Dies ist in der Regel sicherlich ein nicht zu unterschätzender Vorzug, der jedoch, wie sich bei der Diskussion des dritten Kritikpunkts noch zeigen wird, auch die Gefahr des Defizits in sich birgt.

Schließlich sei noch angefügt, daß die scheinbare Unvereinbarkeit der Befunde Moffitts und G&Hs auch aus der unterschiedlichen Konzeption des Kriteriums herrühren kann. Moffitt beschäftigt sich mit - nirgendwo klar abgegrenztem - „antisozialem Verhalten", das verschiedentlich synonym zu Delinquenz und Verbrechen, aber auch zu pathologischen Verhaltensstörungen bei Kindern verwendet wird. G&Hs Verhaltensbereich ist bekanntlich breiter. Die aufgezeigte mehrheitliche Desistenz jugendlicher Straftäter ist mglw. zum Teil ein Artefakt der Restriktion im Kriterium. Aus der Sicht der *General Theory* ist die strafrechtliche Relevanz einer Handlung in der Adoleszenz von geringerer Bedeutung als im Erwachsenenalter, weil solche Akte dort i.d.R. weniger schwerwiegende Konsequenzen nach sich ziehen: Sie führen selten zur Prisonierung, die Delinquenten haben keinen Arbeitsplatz oder Lebenspartner zu verlieren usw. Als Indikator für Selbstkontrolle sollten strafbare Handlungen daher hier eine geringere Itemschwierigkeit besitzen, was dazu beitragen könnte, daß Jugendliche (bei konstanter Selbstkontrolle) häufiger delinquent werden als Erwachsene. Zugegebenermaßen bewegt sich diese letzte Erklärung noch im Bereich der Spekulation.

Auch der dritte hier zu diskutierende Kritikpunkt hängt eng mit G&Hs kompromißloser Haltung in theoretischen Fragen zusammen. Er ist allerdings etwas spezifischer als die oben angesprochenen Zweifel an der Allgemeingültigkeit und bezieht sich direkt auf den Charakter der *General Theory* als Kontrolltheorie. Eine Konstante - für manche Interpreten die einzige - in Travis Hirschis Beiträgen zur theoretischen Kriminologie über Jahrzehnte ist die Ablehnung jeder positiven Motivation zu kriminellem Verhalten. Menschen werden kriminell, wenn sie nicht durch irgendetwas davon abgehalten werden und nicht, weil sie eine spezifische Erfahrung oder Veranlagung dazu treibt; der unmittelbare Nutzen devianter Handlungen ist für jedermann Antrieb genug. Auch in der neuen Theorie der Selbstkontrolle wird dieser Grundsatz konsequent verfolgt. Verbrechen und Verbrecher werden nicht gemacht, sondern durch einen Mangel an innerer (Selbstkontrolle) und äußerer (Gelegenheiten) Kontrolle ermöglicht (vgl. Akers, 1991, der auf Parallelen mit älteren Kontrolltheorien hinweist); der Anreiz für die Tat ist für jeden offensichtlich und universell verlockend, während bei der Kalkulation der Kosten gravierende Unterschiede bestehen, die letztlich die Verhaltensdifferenzen *allein* erklären (siehe G&H, 1990, p.95). Die Motivation zu deviantem Handeln ist also für G&H eine interindividuelle Konstante, die damit als Erklärung ausscheidet; es variieren nur die handlungshemmenden

Kräfte. In dem Bemühen um theoretische Konsistenz begeben sich G&H hier eines möglichen Freiheitsgrades in der Erklärung sowohl auf seiten der Person (Motivation) als auch, m.E. weniger stringent und theoretisch notwendig, auf seiten der Situation (Anreiz).

Auf das Fehlen interindividuell unterschiedlicher Motive weisen etwa Benson und Moore (1992; ähnlich Barlow, 1991) in ihrer Verteidigung des Konzepts der „Weiße-Kragen-Kriminalität" hin. Ihres Erachtens unterscheiden sich Wirtschaftskriminelle von „gewöhnlichen Verbrechern" durch die kompetetive Grundhaltung, die sie dazu bringt, Erfolg auch mit illegalen Mitteln zu suchen, wenn er legal nicht zu erreichen ist. Weiße-Kragen-Delikte sind aus ihrer Sicht die Kehrseite (und Konsequenz) des Leistungsprinzips im wirtschaftlichen Wettbewerb. Aus G&Hs Perspektive sind Wirtschaftskriminelle, gleich welcher hierarchischen Position, einfach weniger selbstkontrolliert als ihre Kollegen, die nicht straffällig werden. Sie unterscheiden sich aber auch von „Straßenkriminellen", die u.a. mangels Selbstkontrolle solche Positionen gar nicht erst erreichen. Die beiden Standpunkte lassen sich folglich durch die üblichen Kontrastgruppenvergleiche nicht angemessen prüfen. Auch hier ist im Prinzip die Koexistenz von Elementen individueller Motivation (Wettbewerbsorientierung) und Inhibition (Selbstkontrolle) denkbar, die auf konzeptionell sehr unterschiedlichen Ebenen liegen können.

Die Ablehnung motivatorischer Variablen zur Kriminalitätserklärung bringt G&H auch in anderen Bereichen mit m.E. besserer empirischer Grundlage in Erklärungsnöte. Ein solcher Bereich, auf den bereits mehrfach hingewiesen wurde, ist die Verbindung zwischen dem stimulierenden Charakter vieler krimineller Handlungen und dem motivationspsychologischen Trait Sensation Seeking. G&H hatten „excitement, risk, or thrill" explizit in ihre Aufzählung konstitutiver Elemente krimineller Handlungen aufgenommen, und diese Entscheidung war im vorigen Abschnitt kritisiert worden, gerade weil Aufregung alles andere als universell attraktiv ist und die Beschreibung obendrein auf viele v.a. analoge Handlungen nicht zutrifft. Selbstkontrolle als anerzogene Fähigkeit zur Langfristorientierung im Handeln und Ssk als biologisch begründetes Streben nach äußerer Stimulation sind konzeptionell schwer auf einen Nenner zu bringen (auch Zuckermans Ssk-Facette der „Disinhibition" bezieht sich auf Impulsivität in einem ganz anderen als G&Hs Sinn), können jedoch als Erklärungen für eine große Schnittmenge sowohl stimulierender als auch langfristig schädlicher Handlungen nebeneinander stehen. Der Anspruch der *Allgemein*gültigkeit in G&Hs Ansatz begründet nicht notwendig auch den der *Allein*gültigkeit.[40] Daß G&H hier neben Selbstkontrolle die Zusatzvariablen Gelegenheit und Alter explizit einschließen und Motivation ausdrücklich ausschließen (man gewinnt gelegentlich den Eindruck, daß sich dies explizit oder implizit auch auf alle anderen möglichen

---

[40] Damit soll keineswegs einem „integrativen" Ansatz das Wort geredet werden. Aus meiner Sicht haben Kontroll- und Motivationstheorien, jede für sich, ihren eigenständigen Erklärungswert für sorgfältig abzugrenzende Verhaltensbereiche. Wo sich diese Bereiche berühren, mögen sie interagieren oder einfach nur koexistieren, was Gegenstand zukünftiger Forschung wäre. Interessant daran wäre u.a. die Möglichkeit der vergleichenden Prüfung innerhalb solcher Schnittmengen, was sowohl gegen voreilige Integration als auch das Abstecken von „Claims" spricht.

Erklärungen erstreckt), ist m.E. kein Akt der Willkür, sondern eine Konsequenz der strikten Orientierung am Konzept der Kontrolltheorien. Diese an sich bewundernswerte Stringenz zwingt sie jedoch an einer Stelle, bei der Beschreibung der Verhaltensweisen als „aufregend", zu einer kleineren logischen Inkonsistenz.

G&H erweitern implizit die „Motivlosigkeit" ihres Ansatzes aber auch auf einen Bereich, wo sie sich, aus Sicht einer Theorie der Selbstkontrolle, nicht mehr als konzeptionelle Notwendigkeit ergibt. Nicht nur bestehen zwischen Personen keine bedeutsamen Unterschiede in ihrer kriminellen Motivation, auch zwischen Situationen wird keine Differenzierung in ihrem relativen Anreizwert als explizite Variable eingeführt. G&H übernehmen zwar das Konzept des „pleasurable target" als notwendige Voraussetzung für den Versuch, eine kriminelle oder analoge Tat zu begehen, führen diesen Bereich jedoch nicht näher aus, so daß der Eindruck entsteht, es handele sich um eine dichotome Bedingung, die entweder vorliegt oder nicht. Es fehlt also die Varianz innerhalb jener Gruppe von Situationsvariablen, die in Abschnitt 3.1.4.1 unter dem Begriff „Anlässe" zusammengefaßt worden waren, die man aber auch mit der stärker motivationstheoretisch besetzten Vokabel „Anreiz" bezeichnen kann. Noch deutlicher wird der Motivationsbezug in Ansätzen, die dieses Element als situativen Druck (pressure; z.B. Albrecht, Wernz & Williams, 1995) oder Bedürftigkeit (need; z.B. L. Greenberg & Barling, 1996) ansehen. Soweit diesen Ausdrücken die Konnotation der Ausweglosigkeit oder zumindest eingeschränkten Entscheidungsfreiheit anhaftet, wird dieser sprachlichen Nuance hier nicht gefolgt, zumal sie auch durch empirische Ergebnisse wenig Unterstützung gefunden hat (vgl. die Nullbefunde gerade zum Zusammenhang zwischen Mitarbeiterdiebstahl und Einkommen). In der weniger suggestiven Form der „Anlässe" ließ sich jedoch oben für kontraproduktives Verhalten zeigen, daß eine Reihe äußerer Interventionen durchaus substantielle Mittelwertseffekte auszulösen in der Lage ist, denen z.T. durch andere Interventionen entgegengewirkt werden kann.

Im Gegensatz zu den Effekten der Gelegenheiten werden solche Einflüsse in der *General Theory* nicht beschrieben (aber auch nicht bestritten). Gelegenheiten sind allerdings ein Element (äußerer) Kontrolle, Anlässe eines des (äußeren) Antriebs, und dafür haben G&H keinen Platz in ihrem theoretischen Konzept. Wir könnten mit G&H diesen Bereich einfach aussparen, wenn es nicht so deutliche Hinweise auf seine Bedeutung gäbe oder wir sicher sein könnten, daß die angesprochenen Mittelwertseffekte keine personalen „Nebenwirkungen" in Form von etwa Interaktionen haben. Im Fall der Gelegenheiten leiten G&H selbst Annahmen über das Zusammenwirken mit Selbstkontrolle aus der Allgemeinen Theorie ab: die Günstigkeit der Gelegenheit wirkt sich unmittelbar positiv auf den Zusammenhang zwischen Selbstkontrolle und Verhalten aus; je schwächer die äußere Kontrolle, desto stärker der Einfluß der inneren - eine klassische Moderatorhypothese mit der Situationsstärke als Variable.

Im Fall der Anlässe liefert die Theorie den Rahmen für eine eigene Ableitung von Hypothesen. Wie reagieren Menschen mit unterschiedlicher Selbstkontrolle, wenn etwa, wie in J. Greenbergs (1990) Experiment, zu einem allgemein begehrten Objekt (Waren oder Geld) noch ein Anlaß (ungerechte Behandlung) hinzutritt, die Organisation bewußt zu schädigen? Hier kommt zu dem unmittelbaren Nutzen von Diebstahl (pekuniärer Gewinn) noch ein zweiter (Vergeltung) dazu, der G&H zufolge nicht anders zu behandeln ist als der erste. Es erhöht sich die Ertragsseite der Kalkulation, was zunächst auch in der *General Theory* eine Niveauverschiebung erwarten läßt, sofern man auch auf dieser Seite Varianz zuläßt (notwendig i.S.d. Theorie ist nur die Diskrepanz zu den langfristigen Kosten, was nicht bedeutet, daß der Nutzen immer *gleichermaßen* trivial sein muß). Damit wird - kontrolltheoretisch - ein höheres Maß an Selbstkontrolle (oder ungünstigere Gelegenheiten) erforderlich, um Diebstahl zu verhindern. Wir können also erwarten, daß jetzt auch Mitarbeiter stehlen, deren Selbstkontrolle vorher gerade noch ausgereicht hat, um sich nicht am Betriebseigentum zu vergreifen.[41] Vielleicht werden auch diejenigen mit besonders geringer Selbstkontrolle mehr stehlen als zuvor. Dies verändert nicht grundsätzlich den funktionalen Zusammenhang, erhöht aber die Varianz im Kriterium, so daß sich hier eine engere Korrelation zwischen Selbstkontrolle und Devianz bei *Verstärkung* der Anlässe ergeben sollte.

Ceteris paribus wirken Anlässe also nicht anders als situative Kontrolle, allerdings mit umgekehrtem Vorzeichen. Sie sind wie bereits früher erwähnt jedoch keine *notwendige* Bedingung zur Entstehung devianten Verhaltens (das bereits aus sich heraus attraktiv ist), können eine ohnehin (wegen geringer Kontrolle) schwache Situation aber noch zusätzlich in ihrem Einfluß mindern. Es ist ferner nicht auszuschließen und m.E. sogar folgerichtig, daß Anlässe die durch äußere Kontrolle (kurzfristige Kosten, die auch von wenig selbstkontrollierten Individuen einkalkuliert werden) bedingte Verstärkung der Situation kompensieren, indem den höheren Kosten auch ein höherer Ertrag gegenübergestellt wird. In manchen, womöglich nicht seltenen Fällen könnten sie auch die Rolle einer notwendigen Bedingung spielen, wenn nämlich dem Objekt der devianten Handlung (dem „pleasurable target") die Universalität der Attraktivität als Ziel abgeht. Ohne einen äußeren Anlaß mag es keineswegs für jedermann attraktiv sein, etwa eine Maschine aus dem Eigentum des Arbeitgebers mutwillig zu zerstören. Auch in diesem Fall sind es wieder, vorausgesetzt die Theorie trifft zu, vor allem Personen mit geringer Selbstkontrolle, die von einer solchen Handlung nicht nur träumen, sondern sich tatsächlich zu ihr „hinreißen lassen". Das Konzept der Anlässe als zusätzliche Gruppe von Situationsvariablen konfligiert in keiner Weise mit G&Hs Theorie von Selbstkontrolle und Gelegenheiten, sondern rundet sie ab. Seine Abwesenheit in der *General Theory* erscheint daher unbegründet, es sei denn, man teilt die prinzipielle Abneigung gegen jede Form „positiver" Motivation.

Was geschieht andererseits, wenn Anlässe nicht nur universelle, sondern auch differentielle Effekte abseits von Selbstkontrolle hätten, wenn wir die „ceteris paribus"-Klausel also aufheben? Es könnte sich zeigen, was schon in der Diskussion von Ssk angedeutet wurde, daß nämlich Selbstkontrolle nicht die einzige Erklärung für stabile

---

[41] Ökonomen würden vielleicht eine formale Darstellung in Grenzraten der Substitution zwischen den Gütern „Freude" und „Meidung langfristiger Unannehmlichkeiten" bevorzugen. Der Punkt wird aber m.E. so auf allgemeinverständlichere Weise klar.

Tendenzen zu deviantem Verhalten ist. Manche Anlässe sprechen Persönlichkeits-merkmale an, die getrennt von Selbstkontrolle zu behandeln sind. Emotional labile Menschen reagieren z.B. anders auf äußere Stressoren als selbstbewußtere Personen und wie sich die unterschiedliche interne Verarbeitung in äußerem Verhalten nieder-schlägt, kann dann u.a. wieder von der Ausprägung von Selbstkontrolle abhängen. Es bleibt genügend Raum für spezifische Erklärungen spezifischer Phänomene, ohne die Allgemeingültigkeit der Theorie anzutasten.

G&H selbst erkennen durchaus an, daß Selbstkontrolle manche Verhaltensweisen weniger gut erklärt als andere. Sie nennen als Beispiele für ersteres Unfälle (wegen der nicht immer vorhandenen Eigenverantwortlichkeit) und Weiße-Kragen-Kriminal-ität (wegen der systematischen Varianzeinschränkung im Prädiktor). Diese Liste ließe sich fortsetzen: Suchtverhalten setzt sozusagen per definitionem eine gewisse Spezialisierung auf die Droge voraus, von der eine Abhängigkeit besteht, was die Versatilität einschränkt; bei politischem und besonders religiösem Terrorismus mag sich durch die immanente Heilserwartung der Täter - etwa bei Selbstmordattentaten - subjektiv das Kosten-/Nutzenverhältnis geradezu umkehren (kurzfristig „triviale" Kosten zugunsten ewigen Seelenheils); wer häufig bei der Arbeit fehlt, hat oftmals eher eine labile Gesundheit als zu geringe Selbstkontrolle. Andererseits: Wird je-mand mit hoher Selbstkontrolle süchtig? Steigt nicht mit der Selbstkontrolle auch die Wahrscheinlichkeit einer gesunden Lebensweise? Diese Beispiele sollten gezeigt ha-ben, daß man bei der Auswahl von Indikatoren und Kriterien für Selbstkontrolle sehr sorgfältig im Auge behalten muß, welche Implikationen sich aus der Theorie selbst für das Verhalten ableiten lassen. Nur so läßt sie sich angemessen prüfen und es las-sen sich fundamentale Denkfehler vermeiden, für die etwa die Kontrastgruppenstudie von Benson und Moore (1992) ein inzwischen vielzitiertes Beispiel ist.

G&Hs Theorie hat sicherlich ihre Schwachstellen. Diese sind m.E. weniger in dem Argument der Tautologie zu suchen, noch in dem Vorwurf, zu allgemein zu sein. Die Autoren sind gründlicher in der Abgrenzung von anderen Konzeptionen als im Aufzeigen von Gemeinsamkeiten. Sie stellen die Konfrontation, den Wettbewerb der Ideen über jede Rücksichtnahme. Sie betonen die Metaperspektive, das Generelle auf Kosten vieler Details. Darin liegen die Stärken wie auch die Schwächen der *General Theory*. G&H haben den Versuch eines ganz großen Wurfs unternommen, einer Theorie von wahrhaft universeller Geltung, die nicht nur Verbrechen erklärt, sondern auf ein weites Feld nichtkriminellen Verhaltens anwendbar ist, unabhängig vom sozialen, kulturellen oder historischen Umfeld. Sie sind dank ihrer theoretischen Stringenz und eines scharfen Blicks für das Wesentliche auf ihrem Weg weit ge-kommen. Freilich ist er auch mit vielen theoretischen Leichen gepflastert, von denen es einige wert gewesen wären, am Leben erhalten zu werden. Es ist ein Vorzug von G&Hs Theorie, den Vertretern alternativer Standpunkte eine genügend große An-griffsfläche zur Gegenwehr angeboten zu haben.

3.2.4 Zusammenfassung

Gottfredson und Hirschis (1990) *A General Theory of Crime* stellt den vielbeachteten Versuch dar, fast alle kriminellen und viele nichtkriminelle Handlungen durch einen einzigen theoretischen Ansatz von radikaler Einfachheit und universeller Gültigkeit zu erklären. Sie gehen dabei von einem klassisch-hedonistischen Menschenbild aus, das jegliches Verhalten als Ausdruck der Suche nach Freude und der Meidung von Schmerz versteht. Unter diesem Leitgedanken analysieren sie die typischen Merkmale zahlreicher Erscheinungsformen abweichenden Verhaltens und kommen zu dem Ergebnis, daß die Gemeinsamkeiten die Unterschiede bei weitem überwiegen. Als wichtigstes Kennzeichen aller untersuchten Verhaltensweisen identifizieren sie die Diskrepanz zwischen dem unmittelbaren, aber geringfügigen Nutzen der Handlungen und dem Risiko langfristiger, aber bedeutsamer Kosten für das Individuum selbst. Hinzu kommen die Merkmale, daß der Nutzen einfach, ohne besondere Qualifikation zu erlangen und für jedermann offensichtlich und attraktiv ist.

Aus den empirischen Befunden der individuellen Stabilität und Versatilität krimineller Akte schließen sie induktiv, daß nur eine stabile individuelle Disposition von hoher Generalität als Erklärung für das gemeinsame Element dieser Handlungen in Frage kommt. Aus den identifizierten Merkmalen des Verhaltens schließen sie deduktiv auf das Wesen dieser Disposition. Sie geben diesem Trait die Bezeichnung „Selbstkontrolle" und verstehen ihn als die Tendenz, Handlungen zu vermeiden, deren langfristige Kosten den kurzfristigen Nutzen übersteigen. Selbstkontrolle ist ein durch Sozialisation, vorwiegend im Kindesalter, anerzogenes Persönlichkeitsmerkmal, das als „Barriere" zwischen dem kriminellen Akt und der natürlichen hedonistischen Tendenz des Individuums steht, der Versuchung zu unmittelbarer Bedürfnisbefriedigung nachzugeben. Sie ist eine in der Population kontinuierlich verteilte Eigenschaft, die kriminelles Verhalten nicht determiniert, sondern in probabilistischem Zusammenhang dazu steht. Dieser Einfluß erstreckt sich auch auf alle nicht strafbaren (analogen) Handlungen, die sich durch die gleichen definitorischen Merkmale wie Verbrechen und ihr weitgehend identisches Muster statistischer Kovarianzen auszeichnen.

Als weitere Einflußfaktoren kriminellen und analogen Verhaltens nennen die Autoren das Vorliegen eines attraktiven Ziels, die Günstigkeit der Gelegenheit und die empirisch aufgezeigte Altersverteilung dieser Handlungen. In der Theorie ist die Anwesenheit eines Objekts eine notwendige Bedingung, auf dessen Attribut der Attraktivität als relativierendes Merkmal nicht näher eingegangen wird. Gelegenheiten sind gleichfalls notwendige Bedingungen für die Verhaltensentstehung, zeichnen sich aber durch ihre relative Günstigkeit aus. Sie erklären als Element situativer Kontrolle das Auftreten einzelner Handlungen mit, nicht jedoch die allgemeine Verhaltenstendenz, und sind von Selbstkontrolle, abgesehen von einzelnen Erscheinungsformen, in der Regel unabhängig. Die Altersverteilung krimineller Akte zeigt typischerweise einen kurvilinearen Verlauf mit dem Scheitelpunkt gegen Ende der Adoleszenz, wobei für G&H das Alter einen direkten Einfluß hat, der allein vom biologischen Prozeß der Reifung abhängt, von sozialen und individuellen Variablen einschließlich Selbstkontrolle dagegen unabhängig ist.

Die Autoren untermauern den Allgemeinheitsanspruch ihrer Theorie, indem sie sie auf die prominentesten demographischen und sozio-kulturellen Korrelate der Kriminalität anwenden, ihren Erklärungswert für scheinbar damit inkonsistente Bereiche wie Wirtschafts- oder organisierte Kriminalität besonders herausstellen und ihren Geltungsbereich auf alle Kulturen, historischen Epochen, Formen devianten Verhaltens und Tätergruppen ausdehnen. Zu ihren Handlungsempfehlungen zählt der Verzicht auf längsschnittliche Untersuchungen in der Kriminologie sowie die Ableitung von Maßnahmen der Kriminalitätsbekämpfung, die auf die frühzeitige Entwicklung von Selbstkontrolle in der Familie und erhöhte situative Kontrolle setzen, wobei gleichzeitig „Law and Order"-Interventionen wie härteren Strafen und verschärfter Fahndung eine Absage erteilt wird.

In einer Vielzahl von Studien wurde inzwischen versucht, die Theorie und einzelne ihrer Aspekte zu prüfen. Aus Sicht der daran beteiligten Forscher stützen die Resultate die Annahmen G&Hs überwiegend, ohne dabei besonders substantielle Effektstärken zu finden. Eine angemessene Prüfung der Theorie erfordert jedoch zuallererst eine theoriekonforme Operationalisierung des zentralen Konstrukts der Selbstkontrolle. Daran mangelt es den bisherigen Untersuchungen in erheblichem Maße.

Eine frühe Generation von Studien bestand aus Reanalysen vorhandenen Datenmaterials. Darin wurden Indikatoren für Selbstkontrolle gesucht, die in ihrer Eignung für diesen Zweck innerhalb und zwischen einzelnen Untersuchungen erheblich differieren, insgesamt sehr heterogen zusammengesetzt und untereinander nicht vergleichbar sind. Einige Studien verwenden durchaus brauchbare Indikatoren, auch sie sind jedoch in ihrer Konstruktabdeckung durch die Datenlage beschränkt und weisen Sekundäranalysen immanente Mängel in Standardisierung und Vergleichbarkeit auf.

In neueren Untersuchungen wurden überwiegend eigens entwickelte Skalen zur Messung von Selbstkontrolle verwendet. Damit lassen sich einige Schwächen der Reanalysen beheben, die bisherigen Umsetzungen leiden aber unter zumindest einer von zwei gravierenden Fehlinterpretationen der Theorie, die z.T. durch unglücklich gewählte Formulierungen innerhalb des grundlegenden Werkes nahegelegt werden. Die Interpreten verstehen Selbstkontrolle als additive Verknüpfung einzelner Eigenschaftsfacetten, was u.a. der Betonung des gemeinsamen Elements in der Explikation der Theorie zuwiderläuft, und/oder versuchen, das Konstrukt durch traditionelle selbstreflektive Persönlichkeitsitems zu operationalisieren, während es in der Theorie direkt aus dem Verhalten abgeleitet wird. Das Ergebnis sind durchaus kriteriumsvalide Fragebogen, die jedoch entweder an eigenschaftsorientierte Integrity Tests oder an klassische Impulsivitätsskalen erinnern und konzeptionell z.T. in direktem Widerspruch zur *General Theory* stehen. Auch ein kürzlich vorgestelltes Instrument, daß sich durch stärkere Verhaltensorientierung von den anderen Operationalisierungen absetzt, löst das Problem nicht hinreichend, da es zum einen in der Abdeckung des Konstrukts noch übermäßig defizient ist, zum anderen neben Verhalten auch und sogar überwiegend Verhaltensergebnisse mißt, was in unnötiger Weise zur Konfundierung mit Situationseinflüssen führt. In der Umsetzung des theoretischen Konzepts in ein Meßinstrument bleibt also noch viel Qualitätsspielraum nach oben.

Die Theorie der Selbstkontrolle ist erwartungsgemäß nicht unwidersprochen geblieben. Als grundsätzlichen Kritikpunkt merkt etwa Akers (1991) an, die Erklärung des Verhaltens durch die zentrale Eigenschaft sei tautologisch. Kriminelle Handlungen und Selbstkontrolle seien durch G&H im Grunde identisch definiert worden. Es läßt sich jedoch zeigen, daß die Autoren ihren Trait zwar aus Verhalten ableiten, ersterer jedoch auf einer konzeptionellen Ebene durch seinen Charakter als stabile und generelle Eigenschaft durchaus von den Handlungen abzugrenzen ist. Das verbleibende Meßproblem der mangelnden Falsifizierbarkeit läßt sich lösen, indem aus dem überaus breitgefächerten Bereich einschlägiger Verhaltensweisen überlappungsfreie Indikatoren für Prädiktor und Kriterium gewählt werden.

Weitere Kritik richtet sich gegen den Anspruch hoher Allgemeingültigkeit, der bei G&H u.a. mit der Ablehnung aller Theorien verbunden ist, die auf Besonderheiten einzelner Tätergruppen oder Erscheinungsformen abstellen. Zu letzteren zählt etwa die eigenständige Erklärung des Phänomens der Wirtschaftskriminalität, zu ersteren z.B. die von Moffitt (1993) vorgestellte Differenzierung in zwei Subgruppen pathologischer, lebenslang devianter Krimineller und nur vorübergehend während der Adoleszenz straffällig werdender Nachahmungstäter. Die mit der *General Theory* konkurrierenden Annahmen solcher Modelle lassen sich empirisch vergleichend prüfen, wozu G&H ausdrücklich auffordern. Bei der Interpretation von Befunden, die keine eindeutige Bestätigung eines der extremen Standpunkte erlauben, wäre zu bedenken, daß die Allgemeingültigkeit einer Theorie noch nicht gleichbedeutend mit ihrer alleinigen Gültigkeit ist. Die kompromißlose Haltung der Autoren, die andererseits für ihre Konsequenz zu loben sind, läßt allerdings wenig Raum für die Koexistenz mit alternativen Thesen. Die von Cohen und Vila (1996) vorgeschlagene Lösung, die *General Theory* auf ein Modell zur Erklärung der Delinquenz einer soziopathischen Extremgruppe zu reduzieren, läuft dagegen dem Wesen der Theorie vollständig zuwider, obwohl sich für diese Gruppe eine vergleichsweise größere Übereinstimmung mit Moffitt und anderen ergibt.

Ein spezifischerer Kritikpunkt richtet sich schließlich gegen das Fehlen eines motivatorischen Elements in der Erklärung kriminellen Verhaltens. Als Vertreter der Kontrolltheorien lehnen G&H jeden „positiven" Antrieb zu deviantem Handeln ab, der sich nicht aus dem unmittelbaren Nutzen der Tat selbst ergibt. Letzteren sehen die Autoren als interindividuell invariant an. Diese Position bringt sie in Widerstreit zu allen Motivationstheorien, deren angenommener Geltungsbereich sich mit dem ihren überschneidet. Einige davon, etwa das Konzept des *sensation seeking*, können für sich einen durchaus respektablen empirischen Bestätigungsgrad beanspruchen. Wiederum widerlegen solche Befunde allenfalls die Alleingültigkeit, nicht die Allgemeingültigkeit der *General Theory*. Auf seiten der situativen Elemente könnte die Einbeziehung differentieller Anreize oder Anlässe obendrein die Theorie um eine empirisch bedeutsame Komponente erweitern, ohne die grundsätzlichen Annahmen in Frage zu stellen.

Bei aller Kritik haben G&H ein theoretisches Gebäude errichtet, das - ohne jede Ironie gesagt - sowohl durch Schlichtheit als auch durch Größe beeindruckt. Sie betonen die Abgrenzung von anderen Positionen auf Kosten möglicher Übereinstimmungen oder zumindest Verträglichkeiten, die Universalität und Generalität, das gemeinsame Element der Handlungen zulasten jeglicher Details und die Bedeutung der individuellen Persönlichkeit gegenüber v.a. sozialen Faktoren, ohne die Situation zu vergessen. Man kann über alle diese Dinge geteilter Meinung sein, aber man wird die Thesen der *General Theory* nur schwer ignorieren können, wenn man sein Forschungsinteresse innerhalb ihres Geltungsbereichs angesiedelt hat. Aufzuzeigen, daß dies bei der Diskussion von Integrity Tests und Kontraproduktivität der Fall ist und worin die Verbindungslinien zu Selbstkontrolle bestehen, wird Gegenstand des abschließenden Kapitels in diesem theoretischen Teil der vorliegenden Arbeit sein.

4 Integrity, Kontraproduktivität und Selbstkontrolle: Versuch einer Zusammenführung

In den bisherigen Abschnitten wurden drei Bereiche entwickelt, in denen die bisherige Forschung bis zu einem Punkt vorangeschritten ist, der eine Verbindung nahelegt, ohne daß diese Integration bislang irgendwo konsequent vollzogen wurde. Integrity Tests sind innerhalb des eignungsdiagnostischen Instrumentariums inzwischen etabliert, ihre Kriteriumsvalidität ist belegt, und es wurden zumindest prüfenswerte Hypothesen zu ihrer persönlichkeitstheoretischen Fundierung aufgestellt. Kontraproduktives Verhalten als hauptsächliches Zielkriterium dieser Tests wurde bisher vor allem aus situationistischer Perspektive theoretisch beleuchtet, obwohl - nicht zuletzt aus der Forschung zu Integrity Tests - genügend empirische Hinweise vorliegen, die einen personalistischen Ansatz als vielversprechende Ergänzung erscheinen lassen. Solche Ansätze existieren innerhalb der allgemeinen Kriminologie, sowohl mit Persönlichkeitseigenschaften als auch dem Verhalten als Ausgangspunkt, wurden bislang aber nur sehr rudimentär auf den beruflichen Kontext übertragen. Hier soll nun der Versuch unternommen werden, diese „losen Enden" miteinander zu verknüpfen. Dabei wird der Schwerpunkt auf der personalistischen Perspektive liegen; Situationen werden nur als Randvariable berücksichtigt. Die wesentlichen Anknüpfungspunkte liegen im Verhältnis zwischen offenem Verhalten und Dispositionen, wobei unter letzteren Verhaltenstendenzen, Einstellungen und deskriptive Persönlichkeitsmerkmale subsumiert werden.

An den Beginn dieser Analyse läßt sich eine These stellen, wie sie in den Arbeiten von Wanek (1995; Sackett & Wanek, 1996) angedeutet, aber nie wirklich ausgesprochen wird. In einfachster Form könnte sie lauten: Integrity Tests messen Selbstkontrolle (im Sinne der *General Theory*). Diese Annahme besticht auf den ersten Blick durch ihre Einfachheit und hat zudem den Reiz, daß damit sozusagen zwei Fliegen mit einer Klappe geschlagen würden. Integrity Tests, als „Meßinstrumente auf der Suche nach einer Theorie", ließen sich so auch inhaltlich verstehen und das Konzept der Selbstkontrolle, eine „Theorie auf der Suche nach einem Meßinstrument", könnte auf diese Weise mit vorhandenen Mitteln operationalisiert werden. Wir brauchten dann nur noch zu lokalisieren, wo Selbstkontrolle innerhalb eines deskriptiven Persönlichkeitssystems wie dem FFM einzuordnen ist (Sackett und Wanek vermuten den Ort bekanntlich unterhalb des Faktors Gewissenhaftigkeit) und hätten auf einen Schlag Eignungsdiagnostik, Kriminologie und Grundlagenforschung der Differentiellen Psychologie in einem geschlossenen Ansatz vereint. Der einzige Nachteil dieser bestechenden These ist m.E., daß sie nicht zutrifft.

Aus mehreren Gründen erscheint diese einfachste denkbare Verbindung zwischen Integrity Testing und Selbstkontrolle theoretisch und empirisch unhaltbar. Zunächst wird darin nicht berücksichtigt, wie Integrity Tests konstruiert werden und welche Unterschiede dabei zwischen den beiden Arten von Verfahren bestehen. Wie oben ausführlicher dargelegt, setzen sich eigenschaftsorientierte Instrumente i.d.R. aus verschiedenen Traits zusammen, die sich empirisch als trennscharf bezüglich zweier oder mehrerer Gruppen erwiesen haben, zwischen denen Unterschiede im Ausmaß ihres devianten oder kontraproduktiven Verhaltens bestehen. Das Ziel der Testautoren ist dabei die Maximierung der Kriteriumsvalidität ohne Rücksicht auf Homogenitätspostulate; der Ausgangspunkt zur Itemgenerierung ist jedoch eine möglichst umfassende Liste valider und homogener Eigenschaften. Auch die Autoren einstellungsorientierter Integrity Tests sind vor allem an der prädiktiven Validität interessiert, ihr Ansatz ist jedoch verhaltensnäher, indem sie vorwiegend nach Meinungen, affektiven Haltungen und Absichten mit direktem Bezug zu den zu prognostizierenden Handlungen fragen. Empirisch zeigt sich, daß diese Vorgehensweise zu etwas homogeneren Skalen führt, die gleichwohl mindestens ebenso kriteriumsvalide sind. Der einfachen Gleichung „Integrity = Selbstkontrolle" folgend, müßten beide Konstruktionsprinzipien in Fragebogen resultieren, die mit G&Hs Verständnis letzteren Konstrukts vereinbar sind.

Wie wir gesehen haben, leiten die Autoren der *General Theory* ihr Konzept von Selbstkontrolle direkt aus dem Verhalten ab, genauer: aus einem definitorisch und empirisch abgegrenzten Verhaltensbereich. Es wurde oben ausführlich dargelegt, daß G&Hs theoretische Vorstellungen von diesem Verhaltensbereich mit einigen Persönlichkeitskorrelaten der Devianz konzeptionell eng verbunden sind, zu anderen in eher losem Zusammenhang stehen und mit nochmals anderen teilweise unvereinbar sind. Auch Einstellungen sind Reflexionen über ein Objekt, die zwar mglw. weniger zu G&H konträre Vorstellungen transportieren als manche Eigenschaften und dem Verhalten näher stehen, trotzdem als Indikatoren für Selbstkontrolle als Verhaltenstendenz nicht ideal sind und mit dieser nicht gleichgesetzt werden sollten.

Ferner ist es ein Wesensmerkmal der *General Theory*, daß darin das gemeinsame, verbindende Element in allen eingeschlossenen Verhaltensweisen betont wird, und aus der Essenz dieser Gemeinsamkeiten wird der Trait „Selbstkontrolle" abgeleitet. Dieser läßt sich durchaus als „g-Faktor" abweichenden Verhaltens beschreiben, doch genauso, wie bei Intelligenztests noch spezifische oder situative Faktoren in die intellektuellen Leistungen einfließen, stellt eine einzelne Manifestation von Selbstkontrolle kaum einen hinreichenden Indikator dar. Eine gute Messung erfordert Aggregation und Breite, und zwar gerade, um den generellen Faktor zu erfassen. Vor diesem Hintergrund erscheinen zunächst jene Sichtweisen von Integrity Tests mit der „Einheitsthese" (Integrity = Selbstkontrolle) vereinbar, die auch hinter diesen Verfahren das Wirken eines generellen Faktors vermuten. Unabhängig von den Zweifeln an der Gültigkeit der Hypothesen zu Integrity und FFM spricht jedoch alle verfügbare Evidenz dagegen, daß ein eventueller Generalfaktor devianten Verhaltens eine Entsprechung auf seiten deskriptiver Persönlichkeitsmodelle besitzt. Im Gegenteil, je weiter man sich vom Verhalten entfernt und dem Bereich homogener Persönlichkeitskonstrukte nähert, desto heterogener erscheint insgesamt das Spektrum der mit dem Verhalten korrelierten Dispositionen. Wir können definitiv sicher sein, daß

Selbstkontrolle als *Verhaltens*tendenz sensu G&H (und auch „Integrity") nicht einfach eine Gewissenhaftigkeitsfacette ist, wie von Wanek angenommen. Ob dies für oberhalb der Big5 anzusiedelnde „g"-, „p"- oder „α-Faktoren" eher zutrifft, wäre erst noch empirisch zu prüfen. Der Verfasser dieser Arbeit neigt der Vermutung zu, daß der Verlust spezifischer und die Hinzufügung irrelevanter Varianz auf abstrakteren Ebenen der Persönlichkeitsmessung für solche Hypothesen eher geringe Bestätigungschancen erwarten läßt.

Die empirische Evidenz spricht auch dafür, daß *Integrity Tests* keinen g-Faktor messen, sondern spezifische Facetten der Persönlichkeit. Dies gilt wiederum für die eigenschaftsorientierten Instrumente stärker als für die einstellungsorientierten Verfahren. Letztere machen sich in größerem Maße objektspezifische Erfahrungen des Individuums mit der Umgebung zunutze, jene Form der individuellen Verarbeitung der Situation, bei der die Schwelle von der momentanen Reaktion auf das Umfeld zur überdauernden Disposition irgendwann in der Vergangenheit überschritten wurde. Sie sind darin konsequenter und erfolgreicher als Vertreter pseudo-situationistischer Erklärungsmodelle der Kontraproduktivität mit ihren unspezifischen Konstrukten. Das situationsspezifische Element einstellungsorientierter Integrity Tests steht aber wiederum im Kontrast zu G&Hs Vorstellung von Selbstkontrolle, in der Situationen ein eigenständiges, aus der Messung des Konstrukts nach Möglichkeit zu eliminierendes Element darstellen.

Wir können bis hierher also zusammenfassen, daß die hier vertretenen Auffassungen der beiden Arten von Integrity Tests und von Selbstkontrolle sehr verschiedenartig sind. Eigenschaftsorientierte Integrity Tests messen eine heterogene Zusammenstellung von Traits, und Selbstkontrolle bezeichnet einen generellen Faktor individuellen Verhaltens. Einstellungsorientierte Integrity Tests stehen, gemessen an den Kriterien Verhaltensnähe und Homogenität, zwischen diesen beiden Zugangsformen. Trotz der substantiellen theoretischen Unterschiede wäre es überraschend, wenn die kriteriumsoptimierten Integrity Tests mit Selbstkontrolle nicht positiv zusammenhingen; dies bedeutet jedoch keine Identität, sondern der konzeptionell folgerichtige Weg führt über ein verbindendes Element, das in der „Einheitsthese" übergangen wird: das Verhalten.

In ebenso einfacher Form wie die Einheitsthese formuliert, lautet die hier vertretene Annahme: Selbstkontrolle erklärt Kontraproduktivität; Integrity Tests prognostizieren Kontraproduktivität. Dies hört sich vielleicht auf Anhieb wieder etwas tautologisch an (frei nach Gertrude Stein: Ein Selbstkontrolltest ist ein Integrity Test ist ein Kontraproduktivitätstest), läßt sich aber soweit ausführen, daß die Nuancen klar werden und sich eindeutige Hypothesen ableiten lassen.

Bei der Definition kontraproduktiven Verhaltens waren - den Dingen etwas vorausgreifend - eindeutige Anleihen bei G&Hs Abgrenzung ihres Verhaltensbereichs krimineller und analoger Handlungen gemacht worden. Im Sinne der anwendungsbezogenen Relevanz war dem allerdings noch das Merkmal des Schädigungspotentials dieser Handlungen für andere als den Handelnden selbst hinzugefügt worden (vgl. Abschnitt 3.1.1). Dies ist zunächst tatsächlich eine Frage der Definition: Hier wird kontraproduktives Verhalten am Arbeitsplatz weitgehend gleichgesetzt mit dem bei G&H erklärten Verhalten. Kontraproduktivität ist ein Teilbereich dieser kriminellen und (hier überwiegend) analogen Handlungen. Dies ermöglicht zunächst zweierlei: eine Abgrenzung von verwandten Begriffen, die derzeit in der einschlägigen Literatur bevorzugt werden und eine exakte, *deduktive* Ableitung dessen, was zu dem in Frage stehenden Verhaltensbereich gehört und was nicht, auf der Grundlage definitorischer Elemente. Schon darin wird hier ein unschätzbarer Vorzug gegenüber theoretischen Perspektiven gesehen, die bereits in der Definition der abhängigen Variable nicht beobachtbare Konstrukte (z.B. Schädigungsabsicht) spezifizieren, die eigentlich erst bei der Einführung der unabhängigen Variable (z.B. Frustration) gerechtfertigt wären.

Alle aufgeführten Erscheinungsformen (insbes. Diebstahl, Absentismus und Arbeitsverweigerung, Rauschmittelmißbrauch, Aggression) lassen sich ohne empirische Prüfung daraufhin untersuchen, ob und wie gut sie die konstituierenden Merkmale erfüllen: beruflicher Kontext; Schädigungspotential nach außen; unmittelbare Bedürfnisbefriedigung für den Handelnden; langfristig negative Folgen auch für den Akteur selbst, die den kurzfristigen Nutzen deutlich übersteigen können; prinzipielle Absehbarkeit der Folgen ohne besondere Vorkenntnisse (zu Unterschieden und Ergänzungen durch „weniger definitorische" Merkmale bei G&H siehe Abschnitt 3.2 oben). In den meisten Fällen werden Verhaltensweisen der beschriebenen Art die Kriterien erfüllen; in manchen mag dies nur zum Teil („geduldete" Formen trivialen Diebstahls oder Absentismus wie die Mitnahme von Büromaterial oder gelegentliche Verspätung) oder gar nicht (Trinken zu besonderen Anlässen) der Fall sein. Normalerweise wird man sich jedoch um so weniger für das Verhalten interessieren, je schlechter die oben aufgeführten Merkmale darauf zutreffen.

Nachdem die abhängige Variable in dieser Weise abgegrenzt wurde, können wir uns der Prädiktorseite zuwenden. Wenn dort „Selbstkontrolle" durch eine Intrument erfaßt wird, daß Verhaltensweisen *außerhalb* der Arbeitswelt mißt, die ebenfalls G&Hs Merkmale erfüllen, aber dem Eintritt ins Berufsleben zeitlich vorgelagert sind, so ist dieser Prädiktor vom Kriterium logisch und inhaltlich unabhängig, beruht aber auf der gleichen theoretischen Abgrenzung. Es ist nicht tautologisch, anzunehmen, Mitarbeiterdiebstahl und häufiges Krankfeiern gehe auf die gleiche individuelle Disposition zurück wie z.B. häufige Auseinandersetzungen mit Lehrern und Mitschülern während der Schulzeit, der verschwenderische Umgang mit Geld oder das Übertreten der Geschwindigkeitsbegrenzung im Straßenverkehr. Läßt sich zusätzlich noch zeigen, daß diese oberflächlich betrachtet sehr heterogenen Prädiktoren, über die Zeit und verschiedene Erscheinungsformen aggregiert, von einem gemeinsamen Faktor geladen sind (auf der Kriterienseite ist diese Restriktion zunächst nicht notwendig), so besitzen wir in diesem Generalfaktor einen Trait im Sinne einer stabilen, konsistenten Verhaltenstendenz, dessen Merkmale *zuvor* theoretisch abgeleitet wurden. In diesem Sinne läßt sich falsifizierbar und ohne die Gefahr von Zirkelschlüssen prüfen, ob Selbstkontrolle kontraproduktives Verhalten am Arbeitsplatz *erklärt*.

In strikter Auslegung der Theorie ließe sich erwarten, daß sich auch auf der Kriterienseite ein g-Faktor findet, der mit Selbstkontrolle letztlich identisch ist. Es ist das gemeinsame Moment aller konzeptionell verwandten Verhaltensweisen, das den Trait konstituiert. Daneben existieren Spezifika einzelner Erscheinungsformen, die G&H nur über systematische Einflüsse differentieller Gelegenheiten erklären. In dieser restriktiven Form wird dem monokausalen Ansatz der *General Theory* hier nicht gefolgt. Spezifische Verhaltensweisen mögen durchaus spezifische individuelle Ursachen *neben* Selbstkontrolle besitzen. So läßt sich vermuten, daß sensation seeking ein guter Prädiktor für Diebstahl und Drogenmißbrauch, aber ein weniger guter für Absentismus ist, daß Verträglichkeit interpersonale Kontraproduktivität besser erklärt als organisationsschädigendes Verhalten u.a.m.; Selbstkontrolle dagegen sollte *jede* Form kontraproduktiven Verhaltens erklären können, weil sie das Gemeinsame dieser Handlungen verkörpert. Wir haben also Zusammenhangshypothesen für die spezifischen und allgemeinen Einflußfaktoren der Kontraproduktivität.

Selbstkontrolle, gemessen durch kurzsichtiges Verhalten in verschiedenen Lebensphasen, ist auch nicht dasselbe, was Integrity Tests messen. Diese erfassen klassische Persönlichkeitsmerkmale aus dem Arsenal faktorenanalytischer Schulen, die mit deviantem Verhalten korreliert sind, oder Einstellungen zu diesem Verhalten, den Objekten, Tätern oder Geschädigten der Handlungen. Dies ist etwas anderes als das Verhalten selbst und erfordert auch nicht notwendig einen gemeinsamen Faktor. Integrity Tests sind ihrem Wesen nach empirisch optimierte Kombinationen einzelner Traits oder typischer Attitüden kontraproduktiver Mitarbeiter, die den Zusammenhang zum Kriterium maximieren (sollen). In diesem Sinn prognostizieren diese Verfahren kontraproduktives Verhalten, *ohne* es zu erklären (Das tun, in je spezifischer und nicht allgemeingültiger oder umfassender Weise, die einzelnen Traits - sofern man faktorenanalytisch hergeleitete Eigenschaften als Erklärungsvariablen akzeptiert). Für das theoretische Verständnis erscheint es wichtig, die Testwerte in ihre Facetten zu disaggregieren und diese zu einzelnen Kriterien in Beziehung zu setzen.

Aus der konzeptionell unterschiedlichen Relation, in der Selbstkontrolle, Integrity Tests und einzelne Persönlichkeitsmerkmale zueinander und zum Kriterium stehen, lassen sich ferner Hypothesen über die empirischen Zusammenhänge all dieser Variablen ableiten. Selbstkontrolle sollte der Hauptprädiktor der Persönlichkeit für allgemeine Kontraproduktivität sein. Anders formuliert: Zusammenhänge zwischen Integrity Tests oder einzelnen Traits und einem Generalfaktor kontraproduktiven Verhaltens sollten verschwinden, wenn man Selbstkontrolle auspartialisiert. Dies gilt nicht in gleichem Maße für alle spezifischen Erscheinungsformen, bei denen spezifische Traits eigenständige Validität besitzen mögen. Außerdem läßt sich erwarten, daß der Zusammenhang zwischen Integrity Tests und (positiven) Leistungskriterien zum Teil über Selbstkontrolle vermittelt wird, indem eine Orientierung an unmittelbarer Bedürfnisbefriedigung es weniger wahrscheinlich macht, langfristige Ziele zu erreichen, die kurzfristig einen Belohnungsverzicht oder -aufschub erfordern.

Während Selbstkontrolle also dem Verhalten und dessen Resultaten näher steht als Integrity Tests oder deren Facetten, sollten letztere stärker mit Eigenschaften korrespondieren, wie sie in taxonomischen Persönlichkeitsmodellen beschrieben werden. Dies gilt um so mehr, je eindeutiger die Tests selbst aus solchen Traits aufgebaut sind, für einstellungsorientierte Verfahren folglich weniger als für den eigenschafts-

orientierten Typus. Da für diese These bereits metaanalytische Evidenz aus Untersuchungen mit amerikanischen Instrumenten vorliegt (siehe Abschnitt 2.3.3), kann der
Befund eines solchen Korrelationsmusters als Maßstab für die Beurteilung dienen,
wie gut eine Neuentwicklung den bekannten Verfahren entspricht, wenn eine direkte
Überprüfung - wie in dieser Untersuchung - nicht möglich ist. Daß zwischen Selbstkontrolle und etwa Elementen des FFM nochmals geringere Zusammenhänge zu erwarten sind, läßt sich aus dem Befund ableiten, daß zwischen den Big5 und kontraproduktivem wie allgemein deviantem Verhalten nur sehr moderate Beziehungen
bestehen (vgl. Abschnitt 3.1.4.3). In der inhaltlichen Frage, *welche* Traits aus dem
FFM mit den Prädiktoren korrelieren, werden dagegen *keine* gravierenden Unterschiede zwischen Integrity Tests und Selbstkontrolle erwartet, nur ist in diesem Fall
der Zusammenhang mit letzterer mittelbar, mit ersteren mehr oder weniger direkt,
was sich auf die *Höhe* der Korrelationen auswirken sollte.

Es bestehen jedoch in der internen Analyse verschiedener Prädiktorgruppen in
Relation zum FFM Unterschiede bezüglich der Eindeutigkeit, mit der sich solche
inhaltlichen Hypothesen begründen lassen. Für eigenschaftsorientierte Integrity Tests
wird vermutet, daß sie vorwiegend mit den bekannten Persönlichkeitskorrelaten
kontraproduktiven oder devianten Verhaltens zusammenhängen, aus denen sie letztlich aufgebaut sind. Dabei wird i.d.R. der Facettenebene unterhalb der Big5 größere
Relevanz zugesprochen als den fünf Faktoren selbst, d.h. es sollte mittels einer Facettenkombination besser gelingen, den Gesamtscore eines eigenschaftsorientierten
Integrity Test nachzubilden, als durch die Aggregation von Hauptdimensionen oder
einen nochmals übergeordneten Faktor. Dies gilt im Prinzip ähnlich, nur eben in absolut geringerer Höhe, auch für die verhaltensnahe Messung von Selbstkontrolle. Die
Befundlage läßt dagegen bei einstellungsorientierten Tests nur wenige inhaltliche
Hypothesen zu (z.B. über die Beziehung zu einzelnen Verträglichkeitsfacetten), so
daß wir uns hier noch teilweise im Stadium der Exploration befinden. Im empirischen Teil dieser Arbeit wird das Thema noch näher zu explizieren sein.

Unter Auslassung einiger Details, auf die bereits eingegangen wurde, läßt sich der
Bereich zwischen offenem Verhalten und deskriptiven Persönlichkeitsmodellen als
ein Kontinuum vorstellen, auf dem Selbstkontrolle nahe am Verhaltenspol und eigenschaftsorientierte Integrity Tests eher am deskriptiv-taxonomischen Ende angesiedelt sind, mit einstellungsorientierten Verfahren dazwischen. Wir können damit
eine schematische Darstellung individuell-differentieller Einflußfaktoren kontraproduktiven Verhaltens versuchen, die diese Elemente und ihre Beziehungen vollständig
enthält. In vereinfachter Form ist ein solches Modell in Abbildung 4 auf der nächsten
Seite dargestellt.

Kästchen stehen in der Abbildung für Indikatoren, Kreise für latente Konstrukte;
mit durchbrochenen Linien soll angedeutet werden, daß der Status der betreffenden
Variable(n) als durch übergeordnete Faktoren verbundene Konstrukte sich theoretisch und empirisch noch in einem explorativen Stadium befindet. Angenommene
Kausalbeziehungen, (von der jeweils übergeordneten Ebene abgehende) Faktorladungen oder (auf die höhere Ebene zeigende) Regressionspfade sind durch gerichte-
tete Pfeile angedeutet. Doppelpfeile weisen auf korrelative Beziehungen hin. Sym-

bolisch sind innerhalb der Facettenebene des FFM einige Bereiche schwarz dargestellt, womit auf die differentielle Relevanz dieser Bereiche für Integrity Tests *und*
kontraproduktives Verhalten hingewiesen werden soll. Der Grad der Abstraktion
steigt von links nach rechts an.

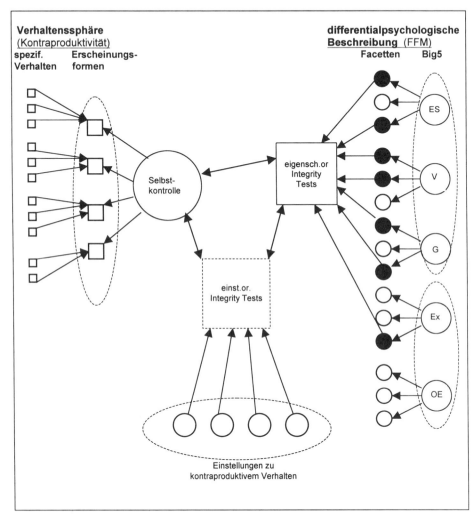

Abbildung 4: Kontraproduktives Verhalten und dessen individuelle Prädiktoren (Legende:
ES = Emotionale Stabilität; V = Verträglichkeit; G = Gewissenhaftigkeit; Ex = Extraversion; OE = Offenheit für Erfahrungen)

Aus Gründen der Übersichtlichkeit wurden verschiedene Vereinfachungen
vorgenommen. So wurde auf eine Andeutung der Stärke von Zusammenhängen
durch unterschiedlich dicke Linien verzichtet, was nicht bedeutet, daß alle dargestellten Beziehungen als gleichermaßen eng angenommen werden. Die Facettenebene

des FFM ist nur durch drei Bereiche je Faktor symbolisch angedeutet; die tatsächliche Struktur dürfte komplexer sein und auch Sekundärladungen einschließen. Ähnliches gilt für die Zusammenfassung einzelner kontraproduktiver Verhaltensweisen zu Erscheinungsformen sowie die hier nur angedeutete Enumeration letzterer. Am wichtigsten erscheint jedoch der Hinweis, daß zwischen den Bereichen des Verhaltens, der Einstellungen und Traits eigentlich *direkte* Beziehungen vermutet werden, was aus der Abbildung nicht hervorgeht. Es sollte *nicht* der Eindruck entstehen, daß z.B. zwischen Big5-Facetten und Kontraproduktivität ein Zusammenhang angenommen wird, der lediglich durch die Mediatorvariablen Integrity Tests und Selbstkontrolle zustandekommt. Vielmehr werden hier, wie auch zu den Einstellungskomponenten (Verhaltensabsichten, Rationalisierungen etc.), durchaus einzelne direkte, wenn auch mehr oder weniger spezifische Verbindungen erwartet. Anderseits sollte aber auch der Zusammenhang zwischen Integrity Tests und Kontraproduktivität *zum Teil* über Selbstkontrolle, umgekehrt derjenige zwischen Selbstkontrolle und FFM teilweise über eigenschaftsorientierte Integrity Tests vermittelt werden.[42] Die gesamte Darstellung, darauf sei hier ausdrücklich hingewiesen, lehnt sich nur in Teilbereichen an die etwa von Pfaddiagrammen der Strukturgleichungstheorie her bekannten formalen Regeln an. Mit diesen Erklärungen und der Herleitung im Text dieses Abschnitts sollte das Modell und seine theoretische Begründung ohne weitere verbale Erläuterungen verständlich sein.

Es wird dem aufmerksamen Betrachter nicht entgangen sein, daß die Darstellung in Abbildung 4 als Erklärungsmodell unvollständig ist. Sie konzentriert sich auf personalistische Erklärungsansätze kontraproduktiven Verhaltens mit der vordringlichen Intention, die Beziehungen zwischen den zentralen Konstrukten, Prädiktor- und Kriterienklassen dieser Arbeit aufzuzeigen. Wir beschäftigen uns hier in erster Linie mit Eignungsdiagnostik und deren theoretischer Fundierung für einen bestimmten Verhaltensbereich. Daraus folgt zunächst logisch die Wahl einer personalistischen Perspektive der Verhaltenserklärung, die auf die Aufklärung individueller Differenzen gerichtet ist. Auch dabei sind jedoch situative Faktoren zu berücksichtigen, soweit sie die Beziehungen zwischen stabilen Dispositionen und Verhalten beeinflussen. In der folgenden Erweiterung des Modells soll dies zumindest ansatzweise versucht werden. Zweitens haben wir uns bislang auf den Bereich kontraproduktiven Verhaltens beschränkt, der sich aber, wie wir gesehen haben (vgl. Abschnitt 3.1.3), in den übergeordneten Kontext beruflicher Leistung stellen läßt. Dies geht jedoch bereits über das eigentliche Thema dieser Arbeit hinaus und kann hier nur andeutungsweise versucht werden. Dazu benötigen wir zumindest noch ein weiteres für die Eignungsdiagnostik zentrales Konstrukt - Intelligenz.

---

[42] Was die Sache ein wenig verkompliziert, ist der Umstand, daß gleichzeitig die Zusammenhänge zwischen einzelnen Prädiktorklassen (beide Arten von Integrity Tests und Selbstkontrolle; nur letztere ist hier ein Konstrukt i.S. eines Trait) durch ihre gemeinsame Verbindung zum gleichen Verhaltensbereich erklärt werden. Dies auch graphisch umzusetzen, ohne ein kryptisches Wirrwarr zu produzieren, überstieg leider die darstellerischen Fähigkeiten des Verfassers.

Wiederum aus Gründen der einfacheren Darstellung soll der Bereich nicht-kognitiver Persönlichkeitsvariablen auf ein künstliches Konstrukt reduziert werden, dem die Bezeichnung „Selbstkontrolle +" gegeben werden soll. Das „Plus" steht dabei sowohl für jene spezifischen Facetten, für die sich gemäß obigem Kontraproduktivitätsmodell inkrementelle Validität über Selbstkontrolle hinaus erwarten läßt (in eher bescheidenem Rahmen, um dies klarzustellen), als auch für alle Faktoren oder Facetten, die in einem von Selbstkontrolle unabhängigen Zusammenhang zu beruflicher Leistung allgemein stehen. Dies hört sich vielleicht nach mehr an als ein unscheinbares Symbol (+) transportieren kann. Die Erkenntnisse vor allem der letzten Jahre gehen aber dahin, daß generelle Validität in der Eignungsdiagnostik sich bislang nur für den Faktor Gewissenhaftigkeit belegen ließ, und diese Validität ist eben nicht inkrementell, sondern ganz überwiegend durch die gemeinsame Varianz mit Integrity Tests erklärbar (siehe Kap. 2; insbesondere 2.3.3). Darüber hinaus existiert zweifellos spezifische Validität spezifischer Persönlichkeitsmerkmale für spezifische Leistungsindikatoren, deren Beitrag hier nicht geschmälert werden soll. Da es hier aber um berufliche Leistung in einem sehr generellen Sinne gehen soll, erscheint ihre Subsumierung unter dem Kürzel „Sk+" für unsere Zwecke gerechtfertigt, wobei dieses nicht als Konstrukt in einem strengen Sinn (etwa die Forderung nach Homogenität einschließend) interpretiert werden sollte. Unverzichtbar erscheint dagegen die explizite Berücksichtigung kognitiver Fähigkeiten auf der Prädiktorseite, die Selbstkontrolle zumindest an Relevanz ihres Beitrags zur Erklärung beruflicher Leistung vermutlich noch übertreffen und an Generalität mithalten können.

Zwischen Selbstkontrolle und Intelligenz wird kein praktisch bedeutsamer Zusammenhang postuliert, *obwohl* sich Kriminelle recht konsistent um ca. acht IQ-Punkte vom Bevölkerungsdurchschnitt unterscheiden (z.B. Baxter et al., 1995). Diese nicht auf Anhieb einleuchtende These beruht einerseits auf der hervorragend belegten Unabhängigkeit der Integrity Tests von Intelligenz, andererseits auf dem bei Moffitt (1993) zitierten Befund, daß das Intelligenzdefizit Krimineller fast ausschließlich auf jene pathologische Minderheit zurückgeht, auf die einige Interpreten G&Hs Theorie beschränkt sehen wollen. Hier wird diese Theorie bekanntlich auf einen Kontext übertragen, wo mit einem nennenswerten Anteil von Psychopathen in einem klinischen Sinn nicht zu rechnen ist, was u.a. voraussetzt, daß die zitierten Interpreten irren. Wir wenden hier die Theorie der Selbstkontrolle auf einen Bereich an, in dem, Moffitt zufolge, Intelligenz keinen Beitrag zur Erklärung devianten Verhaltens leistet und erwarten daher in dieser Population auch keinen Zusammenhang mit einem Generalfaktor dieses Verhaltens.

Auf der Kriterienseite ist mit einem vergleichsweise komplex aufgebauten hierarchischen Leistungskonstrukt zu rechnen, in dem logisch Verhalten den Ergebnissen zeitlich vorgelagert ist (zu den situativen Einflüssen siehe unten). Innerhalb des Verhaltens sind zunächst aufgabenspezifische Tätigkeiten und deren unterschiedlich gelungene Ausführung von übergreifenden, generell gültigen Anforderungen (bei Borman & Motowidlo, 1993, „contextual performance") zu unterscheiden. Es erscheint nach dem Kenntnisstand des Verfassers zum gegenwärtigen Zeitpunkt noch verfrüht, eindeutige Hypothesen darüber zu formulieren, wie strukturell komplex man sich den

Aufbau dieser generell bedeutsamen Verhaltensweisen vorstellen muß und in welchen Beziehungen sie zueinander stehen (zu Ansätzen hierzu siehe Borman & Motowidlo, 1997). In unserem Zusammenhang wäre insbesondere eine Klärung der Frage anzustreben, ob Verhaltensweisen aus Bereichen wie „Prosozialität" oder „organizational citizenship behaviors" lediglich die Kehrseite kontraproduktiven Verhaltens repräsentieren oder einen davon unabhängigen Faktor. Einzelne Befunde (z.B. Dawson, 1996) deuten eher auf letzteres. Kontraproduktivität scheint jedenfalls innerhalb der positionsübergreifenden Verhaltensanforderungen eine wichtige Rolle zu spielen.

Bezüglich der erwarteten Beziehungen zwischen Prädiktoren und Kriterien schließt sich der Verfasser den Hypothesen an, die übereinstimmend einigen jüngeren Arbeiten (Hattrup, O'Connell & Wingate, 1998; Hattrup, Rock & Scalia, 1997; Motowidlo, Borman & Schmit, 1997; Murphy & Shiarella, 1997; siehe dort auch für empirische Evidenz zu diesen Thesen) zum Einfluß individueller Differenzen auf die Leistung zugrundegelegt wurden. Danach hängt Intelligenz vor allem mit aufgabenbezogener Leistung zusammen, während Persönlichkeitsmerkmale besser kontextbezogenes Verhalten prognostizieren. Die erste Korrelation ist nach gegenwärtiger Befundlage etwas enger als die zweite. Dafür läßt sich aus der bisherigen Diskussion ableiten, daß kognitive Fähigkeiten zumindest mit Kontraproduktivität überhaupt nicht zusammenhängen, während „Sk+" durchaus einen Beitrag zur Prognose aufgabenbezogener Performanz leistet, solange diese von einem vorausschauenden und persistenten Vorgehen profitiert. Zusammen mit der Unabhängigkeit der beiden Prädiktoren ergibt sich damit ein extrem sparsames, nicht mehr sinnvoll reduzierbares Modell dispositiver Prädiktoren genereller beruflicher Leistung, dem nur noch das situative Element fehlt.

Dieses „Element" ist allerdings nicht ganz so einfach strukturiert, wie durch diese Bezeichnung nahegelegt wird. In Abschnitt 3.1.4.1 war zwischen „Anlässen" und „Gelegenheiten" unterschieden worden, die auf kontraproduktives Verhalten in unterschiedlicher Weise Einfluß nehmen. Gelegenheiten sind *das* situative Element in G&Hs Kontrolltheorie, in der sie die Wahrscheinlichkeit beeinflussen, mit der deviantes Verhalten in einer konkreten Situation zu erwarten ist, vorausgesetzt, es existiert gleichzeitig ein attraktives Objekt und ein nicht hinreichend selbstkontrollierter Täter. Mit Bezug auf berufliche Leistung entwickelten Peters und O'Connor (1980) das Konzept der „situational constraints", in dem sie all jene Umgebungsvariablen zusammenfassen, die die Resultate beruflichen Handelns negativ beeinflussen (Mangel an Information, Ausrüstung, Unterstützung usw.). Damit ist zunächst ein direkter Effekt auf über die Individuen aggregierte Leistungsergebnisse spezifiziert, der in unserem personalistischen Modell deplaziert wäre.

Was hier interessiert, ist der von Peters et al. (1980) experimentell demonstrierte Einfluß auf die Entfaltungsmöglichkeiten individueller Dispositionen im Leistungsverhalten, wobei sich unter der einschränkenden Bedingung jeweils deutlich geringere Zusammenhänge zwischen Einstellungen und Leistungen fanden. Einschränkungen (constraints) sind in der kontrolltheoretischen Terminologie der negative Pol der Gelegenheits-(opportunity)Faktoren; ein Mangel an Gelegenheit reduziert also den Einfluß persönlicher Eigenschaften sowohl auf positives wie auf negatives Leistungsverhalten. Es ist bemerkenswert, daß sich dieser Moderatoreffekt bei Peters et al. zeigte, obwohl die Leistungsvarianz unter der einschränkenden Bedingung *nicht* beeinträchtigt wurde und bzgl. der Qualität sogar größer war als unter erleichternden Umständen. Die Standarderklärung für solche Einflüsse, die über eine Varianzeinschränkung im Verhalten durch die Variation der Situationsstärke führt, scheint also zumindest im Fall des Experiments von Peters et al. nicht zu greifen. Die Autoren variierten offenbar nicht die Stärke, sondern die *Günstigkeit* der Situation mit ganz ähnlichen Mittelwerts- und Moderatoreffekten wie z.B. Monson et al. (1982), jedoch ohne Einfluß auf die Streuung. Ob sich für Variablen situativer Kontrolle unabhängige Wirkmechanismen auf die Dispositions-/Verhaltensbeziehung über die (varianzunabhängige) Leistungsbegünstigung und die Varianzeinschränkung finden lassen, wäre noch durch andere als die kleinzahlige Studie von Peters und Kollegen zu klären. Leider wird diese Forschungsrichtung innerhalb der Organisationspsychologie inzwischen kaum noch verfolgt.

Wir können jedoch immerhin konstatieren, daß günstige Umstände, ob mit oder ohne den Mechanismus über die Situationsstärke erklärt, sich positiv auf den Einfluß individueller Traits (i.w.S.) auf das Verhalten auswirken. Dies läßt sich theoretisch sowohl für Selbstkontrolle (+) als auch für Intelligenz erwarten: Erst in Abwesenheit offensichtlicher Kontrollmaßnahmen zeigt sich, ob jemand von sich aus einer Versuchung zum Diebstahl widersteht; erst, wenn die Lösung einer Aufgabe unter den gegebenen Umständen überhaupt möglich ist, wirken sich Unterschiede in kognitiven Fähigkeiten (und Sk+) aus. Letzterer Zusammenhang wird allerdings dadurch etwas verkompliziert, daß Aufgaben in ihrer Schwierigkeit variieren und dies nicht immer von externen Erschwernissen zu trennen ist. Da mit steigender Komplexität der Aufgaben die Leistungsvarianz insgesamt ansteigt (Hunter, Schmidt & Judiesch, 1990), könnte eine Vermischung mit situativen Hemmnissen deren varianzeinschränkende Wirkung konterkarieren: Die Lösbarkeit einer Aufgabe (z.B. Termineinhaltung) kann für *alle* durch ein äußeres Hindernis (Streik) eingeschränkt sein, was sich insgesamt varianzmindernd auswirkt, oder *differentiell* durch ihre inhärente Schwierigkeit (knapp kalkulierter Termin), wodurch individuelle Fähigkeiten und Traits bei der Bearbeitung erst zum Tragen kommen. Außerdem besteht bekanntlich in der Testtheorie ein kurvilinearer Zusammenhang zwischen Aufgabenschwierigkeit und Trennschärfe (einer Korrelation), weshalb hier Basisraten (analog zu Schwierigkeiten) bei der Formulierung von Moderatorhypothesen stets beachtet werden sollten.

Bezüglich der Anlässe war oben (Abschnitt 3.2.3) neben Mittelwertseffekten ein ähnlich moderierender Einfluß auf den Zusammenhang zwischen Selbstkontrolle und Kontraproduktivität vermutet worden wie für Gelegenheiten, wenngleich der Wirkmechanismus hier weniger direkt und damit im Effekt vermutlich schwächer ist. Dies gilt jedoch nicht für das „Plus" in unserem „Sk+"-Kompositorium, soweit dieses Motivationsvariablen einschließt. Hier läßt sich im allgemeinen erwarten, daß der motivierende Charakter der Situation solche Individuen stärker anspricht, bei denen das entsprechende Motiv bereits differentialpsychologisch stärker ausgeprägt ist. Bspw. werden „nachtragende" Menschen mit starker Sensibilität für ihnen selbst zugefügtes Unrecht auf ungerechte Behandlung eher mit Rache reagieren als Personen mit höherer Frustrationstoleranz. Hinsichtlich produktiven Leistungsverhaltens finden Anlässe ihre Entsprechung in Anreizen oder Motivatoren, für die sich eine ähnlich direkte Wirkung auf motivationale Persönlichkeitsfaktoren annehmen läßt. Mit dem Begriff „direkt" wird hier die Vorstellung verbunden, daß Anlässe bzw. Anreize als eine Art Initialzündung wirken, die die Handlungswirksamkeit des Trait unmittelbar auslöst. In ähnlicher Weise löst übrigens das *Fehlen* situativer Kontrolle direkt die Handlungswirksamkeit von Selbstkontrolle aus, wobei hier Motivation allerdings lediglich als Konstante und nicht als individuelle oder situative Variable vorkommt. Kontrolle begrenzt oder erweitert den Handlungsspielraum, während Motivatoren das „Ausreizen" von Möglichkeiten innerhalb eines gegebenen Spielraums beeinflussen. Im Ergebnis sollte beides zu Moderatoreinflüssen führen, die eher nach Stärke denn nach Richtung differieren: Anreize beeinflussen Motivationstraits stärker als Kontrolltraits, bei Gelegenheiten verhält es sich umgekehrt. Beim Effekt der Anlässe handelt es sich zudem (teilweise) um eine *Mediator*wirkung, bei der die Situation, über den Trait vermittelt, nicht auf die Stärke des Eigenschafts-/Verhaltenszusammenhangs Einfluß nimmt, sondern konkretes Verhalten unmittelbar auslöst.

Direkt handlungsauslösende Wirkung läßt sich m.E. für Intelligenz nicht zwingend herleiten, die insofern keine Mediatorstellung einnimmt. Motivierende Situationsvariablen sollten jedoch auch hier einen moderierenden Einfluß ausüben, indem kognitiv Begabtere von stärkeren Anstrengungen bei der Bearbeitung von Aufgaben in stärkerem Maße profitieren als Menschen mit geringeren intellektuellen Fähigkeiten. Dieser Effekt ist wiederum indirekt und daher vermutlich von geringerer Stärke.

Situationsvariablen beeinflussen jedoch nicht nur Zusammenhänge zwischen Dispositionen und Verhalten auf mittelbare und unmittelbare Weise, sondern auch die Auswirkungen, die das Verhalten auf die Leistungsergebnisse hat. Auch an dieser Stelle wird von einer Moderatorhypothese ausgegangen, wenngleich sich der Wirkmechanismus noch einmal um Nuancen unterscheidet. Hier wirkt sich die Situationsstärke nicht über die Varianzeinschränkung korrelationsmindernd aus, sondern durch Kontamination, indem der Kovarianz von Verhalten und Resultat auf Ergebnisseite Varianzkomponenten hinzugefügt werden, die mit dem Verhalten nichts zu tun haben. In diesem Fall läßt sich „die Situation" als eine absolute Größe vorstellen, die durch ihr schieres „Volumen" die Ergebniswirksamkeit der Handlungen beeinflußt. Ein simples Beispiel mag dies illustrieren: Sportler, die unter identischen Bedingungen trainieren und ihre Wettkämpfe absolvieren, werden sich in ihren Leistungen nur durch ihr Trainings- und Wettkampf*verhalten* unterscheiden, das seinerseits eine Funktion des physischen und psychischen Potentials ist. Dieser Einfluß verringert sich in dem Maße, in dem Faktoren wie finanzielle und zeitliche Möglichkeiten, das Wetter, die Beschaffenheit der Arena oder auch nur Meßprobleme der Leistung (z.B. Kampfrichterurteile anstelle simpler Zeitmessung) etc. hinzutreten. Solche sehr heterogenen Einflüsse sollen an dieser Stelle der Einfachheit halber unter der Bezeichnung „situatives Potential" zusammengefaßt werden, womit zum Ausdruck kommen soll, daß Ergebnisse eine Gesamtgröße darstellen, in der die relativen Anteile von

Verhalten und Situation in negativer Beziehung zum Erklärungspotential des jeweils anderen Elements stehen.

Wenn wir nun noch berücksichtigen, daß situative Variablen der beschriebenen Arten häufig über ihre Perzeption verhaltenswirksam werden, bei Anlässen oder Anreizen sogar nicht anders können[43], läßt sich auch das erweiterte Modell in einem graphischen Schema (Abbildung 5) darstellen:

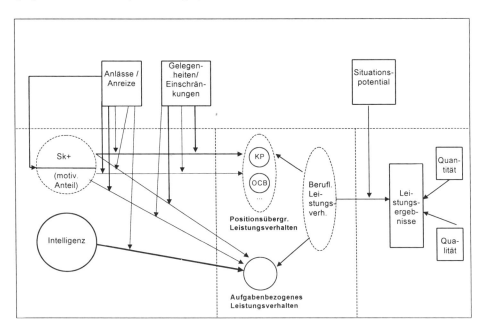

Abbildung 5: Generelle dispositive Einflüsse auf berufliche Leistung und deren situative Moderatoren (Legende: Sk+ = Selbstkontrolle plus andere relevante Traits; motiv. = motivational; KP = Kontraproduktivität; OCB = organizational citizenship behavior; positionsübergr. = positionsübergreifend)

Die Abbildung ist mittels der schwach durchbrochenen Linien in vier Bereiche aufgeteilt, die (von oben im Uhrzeigersinn) Situationsvariablen, Ergebnisse, Verhalten und Dispositionen repräsentieren. *Zwischen* diesen Bereichen deuten die Pfeile Kausaleinflüsse bzw. Mediator- und Moderatorhypothesen an, innerhalb der Verhaltenssphäre stehen sie für mögliche Faktorladungen, bei den Ergebnissen für die Zusammensetzung eines definitorisch festgelegten Kompositoriums. Auf der linken Seite der Abbildung, im Bereich der Dispositionen, werden Annahmen über die Stärke der Prädiktor-/Kriteriumszusammenhänge bzw. der Moderatoreinflüsse durch

---

[43] Um zu verstehen, daß dies für Gelegenheiten nicht zwingend ist, muß man sich nur den Effekt einer Inhaftierung auf die Wahrscheinlichkeit der Begehung von Verkehrsdelikten vor Augen führen: Insassen einer Strafanstalt werden selten Temposünder, was nicht das geringste mit ihrer Wahrnehmung zu tun hat.

unterschiedlich dicke Pfeile dargestellt. Innerhalb der positionsübergreifenden Verhaltensanforderungen stehen die Pünktchen für eine nicht abschließende Enumeration. Ansonsten entspricht die Bedeutung der Symbole derjenigen in Abbildung 4 oben.

Mit Rücksicht auf den personalistischen Grundansatz dieser Arbeit werden nur indirekte Effekte der Situationsvariablen aufgeführt, obwohl bspw. das Situationspotential den Zusammenhang zwischen Verhalten und Ergebnis strenggenommen über den direkten Einfluß auf das Ergebnis moderiert (indem sozusagen für das Verhalten relativ weniger Varianz „übrigbleibt"). Um die differentiellen Effekte motivationaler und nicht-motivationaler Anteile innerhalb des Persönlichkeitskompositoriums anzudeuten, wurde das künstliche Konstrukt „Selbstkontrolle +" entsprechend unterteilt. In Übereinstimmung mit jüngsten Befunden aus großzahligen Datensätzen (Sackett, Gruys & Ellingson, 1998) werden keine bedeutsamen non-additiven Effekte von Persönlichkeit und Intelligenz als Prädiktor unterstellt. Insgesamt ist das erweiterte Modell, wie es in Abbildung 5 dargestellt wird, in der Elaboration der Konstrukte und der angenommenen Zusammenhänge noch als beträchtlich tentativer anzusehen als das Kontraproduktivitätsmodell aus Abbildung 4.

Zusammengenommen umreißen das Modell kontraproduktiven Verhaltens und das erweiterte Modell beruflichen Verhaltens und deren dispositiver Einflußfaktoren ein umfangreiches Forschungsprogramm, das in einem Schritt nicht zu bewältigen ist. Der nun zu referierende empirische Teil dieser Arbeit beschränkt sich auf Teilbereiche, bei denen es zunächst darum gehen wird, die notwendigen Voraussetzungen für Untersuchungen im Feld zu schaffen. Dazu zählt insbesondere die Entwicklung und psychometrische Prüfung zentraler Meßinstrumente, die in deutscher Sprache oder überhaupt noch nicht in geeigneter Form vorliegen. Gleichzeitig läßt sich jedoch schon ein erheblicher Teil der im ersten Modell spezifizierten Hypothesen prüfen, und es kann zumindest in Ansätzen einigen der am Beginn dieser Arbeit angesprochenen Fragen von vorwiegend anwendungsbezogener Relevanz nachgegangen werden.

5 Abriß der empirischen Untersuchungen

Der empirische Forschungsstand in Deutschland zu den Themenbereichen dieser Arbeit bei Beginn der eigenen Untersuchungen ist mit dem Wort „rudimentär" noch sehr optimistisch umschrieben. Es fehlten nicht nur einschlägige Studien, sondern bereits deren elementare Voraussetzungen, Meßinstrumente zum zentralen Konstrukt der Selbstkontrolle sensu G&H sowie deutschsprachige Äquivalente der beiden Arten von Integrity Tests. Diese waren von Grund auf neu zu entwickeln. Der naheliegende Weg, dafür auf existierende amerikanische Vorbilder zurückzugreifen, erschien im Fall der Erfassung von Selbstkontrolle aus den oben ausführlich geschilderten Gründen unbefriedigend, für die Integrity Tests stand dem der durchgängig proprietäre Charakter dieser in Nordamerika kommerziell vermarkteten Instrumente entgegen. Die deshalb notwendige Neukonstruktion von drei Testverfahren (Selbstkontrolle, eigenschafts- und einstellungsorientierter Integrity Test) bildet ein Hauptanliegen der vorliegenden Untersuchung und gewissermaßen ein gegebenes Grundgerüst unumgänglicher Arbeitsschritte, mit dem gleichzeitig der Rahmen für die darüber hinausgehende Klärung inhaltlicher Fragen abgesteckt ist. Dies schließt Aspekte von durchaus substantieller Relevanz auch für den internationalen Forschungsstand zu den hier thematisierten Gebieten ein; einige Punkte sind aber lediglich für den deutschen bzw. europäischen Raum neu, können jedoch nicht ungeprüft aus der amerikanischen Literatur übertragen werden. Dies wird im folgenden kurz zu umreißen und weiter unten im Detail auszuführen sein. Die umfassende empirische Aufarbeitung der im theoretischen Teil skizzierten Modellvorstellungen geht aber weit über die Möglichkeiten dieser Arbeit hinaus und kann hier nur als Richtung zukünftiger (z.T. aber bereits in Angriff genommener) Forschung aufgezeigt werden.

Die Arbeitsschritte dieser Untersuchung lassen sich chronologisch in vier Hauptphasen gliedern, denen die ausführliche Darstellung im weiteren überwiegend folgt. Die hierzulande vollkommen fehlende Erfahrung mit Integrity Tests ließ es zunächst angezeigt erscheinen, einige grundsätzliche Fragen der Übertragbarkeit amerikanischer Befunde auf unseren Kulturraum im Rahmen einer Pilotstudie vorab tentativ zu prüfen. Dabei ging es sowohl um die dort eindrucksvoll dokumentierte Kriteriumsvalidität dieser Verfahren als auch um einige typische Resultate konstruktbezogener Studien. Es war in diesem Stadium weder notwendig noch praktikabel, eine umfangreiche Analyseversion eines Integrity Test einzusetzen, statt dessen wurden für diesen Zweck einige typische Items konstruiert, die als gute näherungsweise Repräsentation amerikanischer Instrumente angesehen werden konnten.

Im Anschluß und unter Nutzung der in der Pilotstudie gewonnenen Erkenntnisse erfolgte, als Umsetzung der hier vertretenen Taxonomie, die eigentliche Konstruktion

je eines eigenschafts- bzw. einstellungsorientierten Integrity Test. Diese Verfahren
haben den Charakter von Forschungsinstrumenten, die sich zwar an die kommerziel-
len amerikanischen Vorbilder anlehnen, wobei jedoch besonderer Wert auf eine inhaltlich saubere Trennung der beiden Arten von Integrity Tests gelegt wurde, die bei
den Originalskalen - gleich welche Bezeichnungen zur Kategorisierung herangezogen werden - in der Regel nicht gewährleistet ist. Ebenfalls in dieser Untersuchungsphase erfolgte die Entwicklung eines Testverfahrens zur Erfassung von Selbstkontrolle, das den in Abschnitt 3.2.2 formulierten Ansprüchen so weit wie möglich gerecht werden sollte. Diese Arbeitsschritte und vor allem die ihnen zugrundeliegenden
konzeptionellen Überlegungen werden in einem eigenen Abschnitt innerhalb des
empirischen Teils zu schildern sein, obwohl sie eigentlich am Schreibtisch vollzo-
gene Vorarbeiten für die anschließenden Erhebungen darstellen.

Eine erste größere empirische Studie diente in erster Linie einer Itemanalyse der
neu konstruierten Instrumente im Sinne der Klassischen Testtheorie. Darüber hinaus
sind die dabei angefallenen Daten jedoch auch für die Klärung einiger inhaltlicher
Fragen nutzbar, die zu den Gegenständen der nachfolgenden Hauptuntersuchung
zählen. Die Darstellung wird sich in diesem Abschnitt weitgehend auf den Bericht
der Resultate zu testtheoretischen Aspekten in einem eng umgrenzten Sinn beschränken. Die Aufarbeitung der Daten unter dem Gesichtspunkt inhaltlicher Fragestellungen erfolgt erst danach im Rahmen der Hauptuntersuchung, so daß die gesamte zur
Verfügung stehende Datenbasis zusammenhängend vorgestellt werden kann.

Die abschließende Erhebung unterscheidet sich zwar in der Stichprobengröße
kaum von der Itemanalysestudie, ganz erheblich aber im Umfang der erfaßten Variablen und in der Komplexität der untersuchten Fragestellungen. Dies macht im Unterschied zu den vorangegangenen Abschnitten eine stärkere Unterteilung nach inhaltlichen Aspekten erforderlich, in der eine teilweise Auffächerung der üblichen
Gliederung nach Methode, Ergebnissen und Diskussion sinnvoll erschien. Zudem
wurden zur Untersuchung einiger Fragen statistische Verfahren (insbes. lineare
Strukturgleichungsmodelle) eingesetzt, die einer einführenden Erläuterung in Form
eines Exkurses bedürfen, während die ansonsten angewandten traditionellen explorativen Methoden der Datenanalyse hier allgemein als bekannt vorausgesetzt werden.
Schließlich stellen Teile dieser Untersuchungsphase im Grunde Replikationen bereits
in der Itemanalysestudie erfolgter Erhebungen dar, so daß für diese Aspekte auf eine
erheblich breitere Datenbasis zurückgegriffen werden kann. Insbesondere dieser
letzte Punkt ließ es sinnvoll erscheinen, die Darstellung der Ergebnisse der Hauptuntersuchung grob nach „internen" und „externen" Fragestellungen zu gliedern. Mit
dem Begriff „intern" sind dabei all jene Aspekte gemeint, für deren Untersuchung die
Analyse der selbst entwickelten Instrumente, also der Integrity Tests und der Skala
zur Selbstkontrolle, ausreicht, insbesondere also Fragen, die sich auf die interne
Struktur der Fragebogen bzw. der dahinter vermuteten Konstrukte beziehen. Durch
die Einbeziehung externer Variablen wurde dagegen versucht, um die Konstrukte ein
„nomologisches Netz" zu knüpfen, das ein umfassenderes Verständnis befördern
sollte. Dieses Netz sollte so großflächig, dabei aber auch so engmaschig sein, wie es
im Sinne der Forschungsökonomie (und der Belastbarkeit der Versuchspersonen)

gerade noch vertretbar erschien. Dazu gehörte die Erhebung eines umfangreichen Fünf-Faktoren-Inventars, eines Intelligenztest, mehrerer alternativer Operationalisierungen von Selbstkontrolle, einer Erwünschtheitsskala sowie von Verhaltenskriterien, die noch näher zu erläutern sein werden. Für den externen Teil konnte lediglich auf die Stichprobe der Hauptuntersuchung zurückgegriffen werden. Mit diesen Probanden wurde schließlich auch eine Befragung zur Akzeptanz durchgeführt, die thematisch einen eigenständigen Abschnitt bildet.

Die gesamte Darstellung der empirischen Untersuchungen gliedert sich demgemäß in folgende Hauptabschnitte:

- Pilotstudie
- Konstruktion der Integrity Tests und des Fragebogens zur Selbstkontrolle
- Itemanalyse und Revision der Fragebogen
- Untersuchung der internen Struktur der eigenen Testentwicklungen
- Untersuchung der externen Beziehungen im nomologischen Netz
- Akzeptanzerhebung

Eine detaillierte Diskussion erfolgt jeweils im Anschluß an die Vorstellung der Ergebnisse in den einzelnen Abschnitten. Abschließend soll dann noch versucht werden, die wesentlichen Befunde zusammenfassend zu interpretieren und daraus Schlüsse für die zukünftige Forschung abzuleiten.

6 Pilotstudie

Im Rahmen eines Hauptseminars der innerhalb des Studiengangs Wirtschaftswissenschaften an der Universität Hohenheim angebotenen Vertiefungsrichtung „Wirtschaftspsychologie" ergab sich die Möglichkeit, einige grundlegende Fragestellungen zum Themenbereich Integrity Tests erstmals an einer deutschen Stichprobe zu untersuchen.[45] Die Studie wurde zu einer eigenständigen Fragestellung von Klaus Moser und den studentischen Teilnehmern des Seminars geplant und durchgeführt (siehe hierzu Moser et al., 1998). Die eigene Pilotstudie war an diese Untersuchung gewissermaßen „angehängt", so daß diese Darstellung auf einer Stichprobe und zum Teil auf Daten beruht, die dem Verfasser von außen zur Verfügung gestellt wurden. Inhaltlich bezieht sie sich jedoch auf eine von Moser et al. (1998) unabhängige Fragestellung. Die fremden und eigenen Anteile sollen im folgenden nach Möglichkeit kenntlich gemacht werden. Die Darstellung stellt eine Überarbeitung des Kongreßbeitrags von Marcus und Moser (1997) dar, die gegenüber der zitierten schriftlichen Fassung in der zur Datenanalyse angewandten Methodik und vor allem in der Aufbereitung des Kriteriums etwas abweicht.

6.1   Ziel der Untersuchung

Die in Kapitel 2 vorgestellten empirischen Erkenntnisse zu Integrity Tests beschränken sich notgedrungen praktisch ausschließlich auf den nordamerikanischen Raum. Es wurde bereits verschiedentlich darauf hingewiesen, daß diese Befunde nicht ohne weiteres auf unseren Kulturraum übertragbar sind. Die Praxis der amerikanischen Eignungsdiagnostik ist gegenüber psychologischen Tests allgemein und gegenüber der Erfassung relativ sensitiver Bereiche der Persönlichkeit im besonderen durch geringere Vorbehalte gekennzeichnet als sie hierzulande gelegentlich festzustellen sind. Es läßt sich daher nicht von vornherein ausschließen, daß die Adaption einer jenseits des Atlantik erfolgreichen Verfahrensklasse wie Integrity Tests in Deutschland bereits an Widerständen seitens der avisierten Testteilnehmer scheitern könnte. Ferner kann nicht ungeprüft davon ausgegangen werden, daß die dort ermittelte Kriteriumsvalidität in einer hiesigen Population ihre Gültigkeit behält. Schließlich wäre es wünschenswert, auch die Äquivalenz der gefundenen Beziehungen zu Persönlichkeitskonstrukten zwischen den unterschiedlichen Kulturen empirisch zu

---

[45] Ich danke Klaus Moser herzlich für diese Gelegenheit.

etablieren, bevor eine über den amerikanischen Forschungsstand hinausgehende Analyse der theoretischen Interpretation von Integrity Tests erfolgen kann.

Damit sind die Eckpunkte der Zielsetzung dieser Pilotstudie umrissen. Mit dem Wort „Pilotstudie" geht jedoch die Konnotation einher, daß die Umsetzung des Vorhabens besonderen Beschränkungen unterliegt und eine Eingrenzung auf wenige Inhalte erfordert, die mit vergleichsweise bescheidenem Aufwand zu realisieren sind. Hinzu kam in diesem Fall die Durchführung im Rahmen einer zweiten Untersuchung, was den Handlungsspielraum bei der Wahl von Menge und Art der erfaßten Variablen naturgemäß zusätzlich begrenzt (gleichzeitig natürlich die Forschungsökonomie befördert). Innerhalb der durch diese Restriktionen bestimmten Grenzen sollte diese Studie aber zumindest die brauchbare Annäherung an eine Replikation der beiden essentiellsten Befunde aus der intensiven amerikanischen Forschung zu Integrity Tests erbringen: ihrer substantiellen Kriteriumsvalidität und ihrer Verankerung innerhalb des Fünf-Faktoren-Modells der Persönlichkeit.

Insbesondere Aussagen zur kriterienbezogenen Validität lassen sich mit größerer Glaubwürdigkeit treffen, wenn sich die Stichprobe nicht aus den (für Pilotstudien fast obligatorischen) Studenten zusammensetzt, sondern aus der Zielgruppe von Berufstätigen. Daß für diese Studie im Beruf stehende Probanden gewonnen werden konnten, ist das Verdienst von Klaus Moser und seinen studentischen Mitarbeitern. Das einzige innerhalb des gewählten Design praktikabel erfaßbare Kriterium, der Selbstbericht kontraproduktiven Verhaltens, findet auch in den weitaus meisten angloamerikanischen Arbeiten Verwendung und ist insofern gut vergleichbar. Im Bereich der Beziehungen zum FFM sollte zumindest eine Untersuchung des Korrelationsmusters konvergenter und divergenter Zusammenhänge gemäß der metaanalytischen Befunde aus den USA möglich sein, was als Mindesterfordernis die Erhebung einer konstruktnahen und einer konstruktfernen Variable voraussetzt. Auch diese Anforderung war innerhalb der Untersuchung von Moser et al. erfüllt, so daß aus dieser Studie erste Erkenntnisse zu den wesentlichsten Fragen der Übertragbarkeit amerikanischer Integrity-Forschung auf unseren Kulturraum gewonnen werden können. In Übereinstimmung mit dem auf G&Hs These der Invarianz fußenden Ansatz dieser Arbeit lautet die generelle Arbeitshypothese hierzu, daß zwischen den Befunden dieser Studie und den metaanalytischen Ergebnissen aus den USA keine bedeutsamen Unterschiede auftreten werden.

6.2 Methode

Die Auswahl der Probanden und der eingesetzten Persönlichkeitsskalen sowie die Formulierung der Items zur Erfassung kontraproduktiven Verhaltens erfolgte durch Moser und Mitarbeiter. Diese Aspekte des Design werden hier nur insoweit geschildert, wie es für das Verständnis der eigenen Untersuchungsinhalte notwendig erscheint. Details über die Begründung einzelner Entscheidungen in diesem Zusammenhang sind dem Beitrag von Moser et al. (1998) zu entnehmen.

6.2.1 Stichprobe

Die Untersuchung wurde als anonyme postalische Befragung durchgeführt, wobei Bekannte der Teilnehmer des Hauptseminars als Multiplikatoren für die Distribution der Fragebogen fungierten. Insgesamt wurden 150 Beschäftigte verschiedener Unternehmen um eine Beteiligung gebeten, von denen N = 75 das Material ausgefüllt zurückschickten (50 % Rücklaufquote). Alle Vpn standen zum Zeitpunkt der Erhebung in einem Angestelltenverhältnis. Mit Rücksicht auf die Anonymität der Probanden wurden zur Deskription der Stichprobe lediglich das Geschlecht und die Berufserfahrung, eingeteilt in drei Grobkategorien, erhoben. Danach waren 42 Befragte männlich (63 % der gültigen Werte), 25 weiblich (37 %); acht Personen machten keine Angaben zum Geschlecht. Zur Berufserfahrung erteilten zehn Vpn keine Auskunft; von den übrigen gaben 12 (18 %) an, weniger als zwei Jahre berufstätig gewesen zu sein, 24 Personen (37 %) standen zwischen zwei und zehn Jahren, 29 (45 %) seit mehr als zehn Jahren im Beruf.

6.2.2 Meßinstrumente

Integrity Test. Für diese erste Vorstudie, die unter den Beschränkungen einer postalischen Befragung stattfand, mußte ein relativ kurzes Instrument entwickelt werden, das dennoch die typischen Inhalte amerikanischer Integrity Tests mit einer gewissen Repräsentativität abdecken sollte. Ziel der Konstruktion war also nicht die Maximierung der internen Konsistenz mit der Absicht, ein homogenes Konstrukt zu erfassen, sondern ein Verfahren zu entwickeln, das - im Rahmen der begrenzten Möglichkeiten - näherungsweise Parallelität zu der gesamten Gruppe existierender Integrity Tests gewährleisten sollte. Da diese Forderung mangels einsetzbarer Vorbilder empirisch nicht zu überprüfen war, konnte lediglich durch eine rationale Skalenkonstruktion, die sich relativ eng an den vorliegenden Instrumenten und Erhebungen in Nordamerika orientierte, eine größtmögliche Annäherung sichergestellt werden. Dabei war es aus proprietären Gründen nicht möglich, die Items dieser Tests einfach zu übersetzen; sie wurden um- bzw. größtenteils im Geiste existierender Verfahren völlig neu formuliert.

Dabei sollten die Typen eigenschafts- und einstellungsorientierter Integrity Tests mit ihren wesentlichen Itemkategorien bzw. den faktorenanalytisch gut bestätigten Inhalten vertreten sein. Dies machte innerhalb der Subkategorien (von dem Begriff „Skalen" soll hier bewußt noch nicht die Rede sein) eine Beschränkung auf sehr wenige Items erforderlich. Innerhalb des eigenschaftsorientierten Teils wurden, in Anlehnung an die konstruktorientierten Metaanalysen sowie die in den Abschnitten 2.3.2 und 2.3.4 beschriebenen Einzelstudien, Items generiert, die sich grob den Big5-Faktoren Emotionale Stabilität, Gewissenhaftigkeit und Verträglichkeit (soweit sie für abweichendes Verhalten als relevant angesehen werden können) sowie dem Konstrukt Sensation Seeking zuordnen lassen. Im einstellungsorientierten Teil erfolgte eine Unterteilung nach den in Faktorenanalysen wiederholt vorgefundenen Bereichen

Verhaltensabsichten, Rationalisierungen, perzipierter Verbreitungsgrad kontraproduktiven Verhaltens (false consensus) und Punitivität. Ferner wurden in diesem Stadium der Untersuchung noch einige biographische (auf die eigene Vergangenheit bezogene) Items aufgenommen, die sich zwar nicht auf Einstellungen im hier vertretenen Sinne beziehen, aber in amerikanischen Tests mit „offenkundigem" Charakter typischerweise enthalten sind (siehe den folgenden Hauptabschnitt zu einer vertiefenden Diskussion dieses Aspekts). In der Regel enthalten auch eigenschaftsorientierte Verfahren Items zum biographischen Hintergrund.

Insgesamt wurden nach einer ersten Revision aufgrund von Expertenurteilen, die sich vorwiegend auf die Verständlichkeit und Eindeutigkeit der Fragen bezogen, 31 Items in den Test aufgenommen. Davon waren 12 dem eigenschafts- und 14 dem einstellungsorientierten Teil zugeordnet. Fünf Fragen hatten biographischen Charakter. Innerhalb der Subkategorien variierte die Zahl der Items zwischen Zwei und Fünf. In Abbildung 6 auf der nächsten Seite sind beispielhaft einige Fragen mit den jeweiligen Zuordnungen aufgelistet. Als Antwortformat diente durchgängig eine fünfpolige Skala vom Likert-Typ, unterteilt nach dem Grad der Zustimmung (starke Ablehnung bis starke Zustimmung).[46]

Persönlichkeitsmessung. Zur Erfassung von Persönlichkeitseigenschaften im Sinne des FFM wurde die deutschsprachige Version des NEO-Fünf-Faktoren-Inventars (NEO-FFI; Borkenau & Ostendorf, 1993) eingesetzt, eine Kurzversion des NEO-PI, die keine Facettenskalen unterhalb der Big5 enthält. Die Faktoren werden mit jeweils 12 Items gemessen, die ebenfalls mit einem fünfpoligen Antwortformat nach dem Zustimmungsgrad verankert sind. Um die Rücklaufquote zu maximieren, wurde die Erhebung auf die drei Skalen Gewissenhaftigkeit, Verträglichkeit und Extraversion beschränkt. Dieser mit Rücksicht auf die Grenzen der Teilnahmebereitschaft in einer insgesamt umfangreicheren Befragung eingegangene Kompromiß ist für die Zwecke dieser Untersuchung insofern tragbar, als mit den Faktoren G und V zwei Skalen eingeschlossen sind, für die aufgrund der vorliegenden Befunde höhere Übereinstimmung mit dem Integrity Test (Konvergenz) zu erwarten ist, und mit Extraversion ein Konstrukt, für das sich in Metaanalysen kaum Zusammenhänge mit diesen Verfahren fanden (Diskriminanz). Dieser amerikanische Befund ist bemerkenswert, da zumindest eigenschaftsorientierte Integrity Tests (und deshalb auch der eigene) i.d.R. Items mit klarem Bezug zur Suche nach Stimulation enthalten, die nach verbreiteter Meinung eine Facette der Extraversion darstellt.

---

[46] Der Integrity Test, dessen archaische Urvariante hier diskutiert wird, ist nach einigen noch zu leistenden Überarbeitungen zur Publikation vorgesehen. In der hier beschriebenen Pilotversion und auch nach den noch darzustellenden Revisionen befindet er sich jedoch im Stadium eines Forschungsinstruments, mit dem zum Teil andere Ziele verfolgt werden als die einer möglichst validen Personalauswahl. Es erscheint daher zum jetzigen Zeitpunkt angemessen, sowohl zur Wahrung der Urheberrechte als auch um Anwender vor einem unsachgemäßen Einsatz zu schützen, in dieser Arbeit von einem vollständigen Abdruck der verschiedenen Verfahrensvarianten abzusehen.

---

eigenschaftsorientierter Teil:

Emotionale Stabilität (z.B. Selbstbild): Ich tue häufig Dinge, die ich dann später bedaure.

Verträglichkeit (z.B. Manipulation): Man könnte mich als ziemlich raffiniert bezeichnen.

Gewissenhaftigkeit (z.B. Zuverlässigkeit): Wenn ich eine Verpflichtung eingehe, kann man sich hundertprozentig auf mich verlassen.

Sensation Seeking: Manchmal reizt es mich, riskante Dinge zu machen, nur um den Nervenkitzel zu spüren.

einstellungsorientierter Teil:

Verhaltensabsichten: Ich würde niemals gestohlene Waren kaufen, auch wenn der Preis sehr günstig wäre.

Rationalisierungen: Viele Arbeitgeber nutzen ihre Mitarbeiter aus, wo es nur möglich ist. Da müssen sie sich nicht wundern, wenn die Mitarbeiter umgekehrt genauso handeln.

Verbreitungsgrad: Manchmal hört man von kriminellen Machenschaften in der Wirtschaft; aber ich glaube, daß es sich dabei nur um einige ganz seltene Ausnahmen handelt.

Punitivität: Wer sich im Betrieb öfter krankschreiben läßt, ohne wirklich krank zu sein, sollte ohne Umstände entlassen werden.

biographische Fragen:

Wenn ich provoziert wurde, bin ich auch schon mal handgreiflich geworden.

Abbildung 6: Beispielitems aus der Pilotversion des Integrity Test

Kontraproduktivität. Moser und Mitarbeiter entwickelten auf der Grundlage vorliegender Studien eine Liste mit kontraproduktiven Verhaltensweisen, die in der Version, die den Vpn vorgelegt wurde, insgesamt 40 Items enthält, mit einer fünfpoligen Häufigkeitsskala (nie bis immer) als Responseformat. Die ursprüngliche Konstruktion dieses Fragebogens war stark von der Literatur zur Ethik in Organisationen beeinflußt, deren Einschlägigkeit für die eigene Fragestellung bereits in Abschnitt 3.1.1 kritisch gewürdigt wurde. Die Itemsammlung ist im Sinne der oben diskutierten Erscheinungsformen kontraproduktiven Verhaltens sicher nicht umfassend, enthält jedoch eine Reihe von Verhaltensweisen, die der hier vertretenen Definition entsprechen. Bei anderen Items erschien es dagegen nach Durchsicht fraglich, ob sie sich als Indikatoren für eine auf kurzfristige Bedürfnisbefriedigung gerichtete Verhaltenstendenz eignen. Diese Items wurden für die eigene Auswertung eliminiert.

Für die verbleibenden Fragen wurde eine Kategorisierung versucht, die sich (mangels ausreichender Repräsentanz) nicht an den Erscheinungsformen orientierte, sondern an der Typologie von Robinson und Bennett (1995; vgl. Abschnitt 3.1.3), die zwischen organisationaler und interpersonaler Devianz unterschieden hatten

(Robinson & Bennetts zweite Dimension, der Schädigungsgrad, eignet sich einerseits wegen ihres eindeutig kontinuierlichen Charakters nicht sehr gut für Kategorisierungen und war andererseits wegen des weitgehenden Fehlens schwerer Verfehlungen im vorliegenden Itempool nicht abzudecken). Damit soll gleichzeitig und m.W. erstmals eine Überprüfung der auf der Wahrnehmung Außenstehender beruhenden Typologie aus der Sicht der Handelnden erfolgen. Anders formuliert: Werden von außen als konvergent oder divergent wahrgenommene Handlungen auch von den jeweils gleichen bzw. anderen Personen ausgeführt?

In freier Übersetzung der Terminologie von Robinson und Bennett wurden die Kategorien als (unmittelbar) arbeitgeber- bzw. kollegenschädigendes Verhalten operationalisiert und die Items zunächst nach subjektivem Urteil zugeordnet. Anschließend wurde diese rationale Skalenbildung durch eine empirische Itemanalyse auf Trennschärfe und interne Konsistenz geprüft, der einige weitere Fragen zum Opfer fielen. Die Itemkennwerte legten jedoch nur für eine der Verhaltensweisen eine andere Zuordnung als aufgrund der rationalen Kategorisierung nahe. Dies mag als erster Hinweis für die Übertragbarkeit der Typologie auf die empirische Kovariation des Verhaltens über die Individuen gewertet werden. Schließlich verblieb eine Kontraproduktivitätsskala mit 24 Items, von denen je 12 den Kategorien organisations- bzw. kollegenschädigenden Verhaltens zugeordnet wurden. Die vollständige Liste mit der Einteilung in Subskalen und den Trennschärfen der einzelnen Items ist (für wissenschaftliche Zwecke) beim Verfasser erhältlich.

6.3   Ergebnisse

Zunächst wurde der Integrity Test einer Itemanalyse unterzogen. Da das Ziel hier wie erwähnt nicht in einer Maximierung der internen Konsistenz bestand und der kleine und dabei extrem heterogene Itempool auch keine Homogenität erwarten ließ, wurde an die Trennschärfe der Items ein relativ liberaler Maßstab angelegt (korrigierte Item-Test-Korrelation $\geq .10$). Sechs Items erfüllten dieses Kriterium nicht und wurden aus dem Gesamtwert eliminiert. Darunter befanden sich beide Fragen zur Punitivität (die übrigens nach anschließender Prüfung auch untereinander und mit Kontraproduktivität unkorreliert waren) sowie vier Items unterschiedlicher Bereiche des eigenschaftsorientierten Teils. Aus den verbleibenden 25 Items wurde ein Gesamtscore als einfacher Summenrohwert berechnet. Die mittlere Schwierigkeit betrug .62 mit den Extremwerten .31 und .81. Daneben wurden „Subskalen" zu den beiden Teilen des Tests gebildet, aus denen wegen konzeptioneller Uneindeutigkeit die biographischen Fragen ausgeschlossen wurden. Dabei waren im eigenschaftsorientierten Teil zwei Items enthalten, die aus dem Summenscore wegen dort nicht ausreichender Trennschärfe eliminiert worden waren, so daß diese Skala zehn Items umfaßt. Der einstellungsorientierte Teil besteht in der den Resultaten zugrundeliegenden Fassung aus 12 Items.

In Tabelle 4 sind die Interkorrelationen sämtlicher analysierter Variablen zusammengestellt. In der Hauptdiagonalen finden sich die internen Konsistenzen (Cronbachs Alpha) der einzelnen Skalen.

Tabelle 4: Interkorrelationen und interne Konsistenzen der untersuchten Variablen

	(1)	(2)	(3)	(4)	(5)	(6)	(7)	(8)	(9)
(1) Integrity Test (gesamt)	.74ª								
(2) einstellungsor. IT-Skala		.65							
(3) eigenschaftsor. IT-Skala		.28*	.62						
(4) Kontraproduktivität (gesamt)	.55**	.49**	.31**	.82					
(5) Kontraproduktivität (Kollegen)	.51**	.38**	.34**		.72				
(6) Kontraproduktivität (Arbeitgeber)	.43**	.45**	.21		.45**	.75			
(7) NEO-FFI Verträglichkeit	.60**	.39**	.61**	.34**	.47**	.12	.73		
(8) NEO-FFI Gewissenhaftigkeit	.39**	.33**	.13	.37**	.16	.45**	.16	.79	
(9) NEO-FFI Extraversion	.16	.23	-.09	.25*	.28*	.14	.27*	.32**	.72

Anm.: a = in der Diagonalen stehen die Reliabilitäten (Cronbachs Alpha); * = p < .05; ** = p < .01

Die Variablen in Tabelle 4 lassen sich in drei Blöcke einteilen, wobei im oberen Block der Integrity Test mit seinen beiden Teilen steht, im mittleren Block die Kontraproduktivitäts-Gesamt- und Subskalen und im unteren Segment die drei Faktoren aus dem NEO-FFI. Die Kontraproduktivitätsskalen wurden umgepolt, so daß hohe Werte für eine *geringe* Ausprägung des Merkmals stehen; bei den anderen Variablen entspricht die Polung den Bezeichnungen. Die Tabelle dürfte ansonsten keiner besonderen Erläuterung bedürfen. Daher sollen an dieser Stelle lediglich einige zentrale Resultate herausgegriffen werden.

Entlang der Diagonalen finden sich Informationen, die erste Aufschlüsse über die interne Struktur der untersuchten Variablen geben. Die relativ geringe interne Konsistenz des Integrity Test und seiner beiden Teile war angesichts des Pilotcharakters dieses Instruments zu erwarten. Die Interkorrelation des einstellungs- mit dem eigenschaftsorientierten Bereich liegt reliabilitätskorrigiert bei .44 und damit in der Nähe des bei Ones (1993) metaanalytisch gefundenen Wertes von ρ = .39. Die Reliabilitäten der übrigen, jeweils 12 Items langen Skalen (Ausnahme: die Gesamtskala Kontraproduktivität mit 24 Items) unterscheiden sich nur geringfügig voneinander. Daß die Einzelskalen zur Kontraproduktivität hier mit den theoretisch und empirisch wesentlich besser fundierten Big5-Faktoren mithalten können, liefert einen weiteren Hinweis auf die Anwendbarkeit der Typologie von Robinson und Bennett auf Selbstberichte kontraproduktiven Verhaltens. Die Dimensionen sind allerdings mit r = .45 (reliabilitätskorrigiert: .61) nicht unabhängig voneinander, was für die Übertragung auf diesen Bereich eine Modifikation der im Originalbeitrag vertretenen Vorstellung von organisationaler und interpersonaler Devianz als Endpunkte eines Kontinuums angezeigt erscheinen läßt. Zwischen den Bereichen des FFM liegen die Korrelationen etwas höher als im Manual des NEO-FFI (Borkenau & Ostendorf, 1993, S.15) berichtet. Insbesondere Extraversion war in dieser Untersuchung nicht orthogonal zu den beiden anderen Faktoren.

In der Tabelle unten links stehen die Korrelationen zwischen Integrity-Skalen und den NEO-Faktoren. Erwartungsgemäß korrelieren der Integrity Test insgesamt und seine Teile mit Extraversion generell geringer als mit den beiden anderen Big5-Dimensionen. Trotz des (im Integrity Test umgepolten) Anteils von Sensation Seeking sind diese Beziehungen in der Tendenz eher positiv. Die Zusammenhänge mit Gewissenhaftigkeit und Verträglichkeit liegen für den einstellungsorientierten Teil des Integrity Test etwa im Bereich der metaanalytischen Befunde (vgl. Tabelle 3, Abschnitt 2.3.3). Der eigenschaftsorientierte Teil zeigt dagegen deutlich engere Beziehungen zu Verträglichkeit, die auch auf den Gesamtscore durchschlagen. Möglicherweise waren hier Items mit Bezug zu Verträglichkeitsaspekten etwas überrepräsentiert.

Ein zentraler Befund dieser Studie ist die Korrelation von r = .55 zwischen dem Summenscore des Integrity Test und der Kontraproduktivitätsskala. Die beachtliche Höhe dieses Validitätskoeffizienten scheint sich ein wenig zu relativieren, wenn man den am ehesten vergleichbaren Wert aus der hierarchischen Moderatoranalyse von Ones et al. (1993; mit konkurrenter Erhebung, aktuell Beschäftigten, Selbstbericht und „breiter" Kontraproduktivität als Kriterium) zum Maßstab nimmt, der mit r̄ = .75 nochmals deutlich darüber liegt. Bei der Interpretation dieses außergewöhnlich hohen Koeffizienten ist allerdings zu bedenken, daß er fast ausschließlich auf der Analyse einstellungsorientierter Integrity Tests beruht, die in der Regel Eingeständnisse kontraproduktiven Verhaltens *im Prädiktor* enthalten. Solche Items waren in die eigene Entwicklung bewußt *nicht* aufgenommen worden, um diese mögliche Quelle der Validitätsüberschätzung von vornherein auszuschalten. Der Wert von .55 ist folglich von diesem Artefakt unbelastet. Die Validität erstreckt sich dabei sowohl auf arbeitgeber- als auch auf kollegenschädigendes Verhalten, wobei der eigenschaftsorientierte Teil, bei insgesamt geringerer Validität, etwas enger mit mangelnder Kollegialität zusammenhängt, während es sich bei den Einstellungen umgekehrt verhält. Sehr viel deutlicher zeigt sich diese differentielle Validität bei den faktoriell

„reineren" Konstrukten des FFM, wo Verträglichkeit fast auschließlich mit Kollegialität, Gewissenhaftigkeit dagegen überwiegend mit arbeitgeberbezogener Kontraproduktivität zusammenhängt, was sich für beide Faktoren letztlich in Korrelationen um
r = .35 mit der Gesamtskala niederschlägt. Diese Werte liegen geringfügig (r$_{diff}$ um
.10) über denen aus direkt vergleichbaren Studien in den USA (Dawson, 1996;
Woolley & Hakstian, 1993). Unerwartet ist dagegen der positive Beitrag von Extraversion, der aber vor allem auf der höheren Kollegialität extravertierter Personen
beruht.

Die allgemein zumindest moderaten korrelativen Zusammenhänge zwischen
Kontraproduktivität und den NEO-Faktoren legten eine genauere Prüfung der Frage
nahe, ob durch den Integrity Test, wie aufgrund der vorliegenden Literatur zu erwarten gewesen wäre, überhaupt ein zusätzlicher Beitrag zur Aufklärung devianten Verhaltens am Arbeitsplatz geleistet wird. Die inkrementelle Validität wurde mittels
einer hierarchischen Regression untersucht, bei der im ersten Schritt die drei Skalen
des NEO-FFI in die Gleichung aufgenommen wurden. Im zweiten Schritt wurde der
Gesamtwert des Integrity Test hinzugefügt. Diese Prozedur wurde anschließend in
umgekehrter Reihenfolge wiederholt. Die Ergebnisse sind in Tabelle 5 dargestellt.

Tabelle 5: Hierarchische Regression der Persönlichkeitsskalen und des Integrity Test auf
das Kriterium Kontraproduktivität

	R	R^2	ΔR^2	β	p
Schritt 1:					
Extraversion				.08	.47
Verträglichkeit	.49	.24	.24	.09	.45
Gewissenhaftigkeit				.17	.10
Schritt 2:					
Integrity	.61	.37	.13	.47	.00
in umgekehrter Reihenfolge:					
Schritt 1:					
Integrity	.58	.34	.34	.48	.00
Schritt 2:					
Extraversion				.08	.47
Verträglichkeit	.61	.37	.03	.06	.61
Gewissenhaftigkeit				.15	.18

In den Spalten der Tabelle stehen, von links nach rechts gelesen, die multiple Korrelation für die eingeschlossenen Prädiktoren, deren Quadrat (aufgeklärte Varianz), die Veränderung der quadrierten multiplen Korrelation nach Aufnahme des jeweiligen Prädiktorblocks, die Beta-Gewichte der einzelne Prädiktoren sowie deren Signifikanzniveau. Wie aus der Betrachtung insbesondere der zusätzlichen Varianzaufklärung unmittelbar deutlich wird, leistet der Integrity Test auch dann noch einen praktisch und statistisch bedeutsamen Beitrag zur Aufklärung des Kriteriums (minderungskorrigiert: .12), wenn seine aus den Big5-Faktoren bezogenen Validitätsanteile vollständig kontrolliert werden. Umgekehrt erbringen die drei Persönlichkeitsskalen keinen nennenswerten Beitrag über den Integrity Test hinaus (minderungskorrigiert sinkt er noch von .03 auf .006). Wie aus der hier nicht im Detail dargestellten Analyse nach Art des Integrity Test hervorgeht, geht dessen inkrementelle Validität vorwiegend (und erwartungsgemäß) auf den einstellungsorientierten Teil zurück (Beta = .34 gegenüber .20 für die Eigenschaften).

Um die Struktur der erhobenen Kontraproduktivität näher zu untersuchen, wurde eine Hauptkomponentenanalyse mit den 24 Items der entsprechenden Skala gerechnet. Die Orientierung an den Modellvorstellungen Robinson und Bennetts hätte eigentlich eine konfirmatorische Prüfung nahegelegt, auf die jedoch wegen des Pilotcharakters der Studie (kleine Stichprobe, im Verhältnis dazu große Zahl von Variablen) verzichtet wurde. Aus den gleichen Gründen ist auch die hier vorgestellte explorative Faktorenanalyse lediglich als erster Anhaltspunkt zu werten. Nach Prüfung des Eigenwertverlaufs der unrotierten Komponenten mittels Scree-Test war die Extraktion nur eines Faktors zu favorisieren, eine zweifaktorielle Lösung erschien jedoch gleichfalls vertretbar (Eigenwertverlauf: 5,27; 2,16; 1,77; 1,71). Da Unabhängigkeit der Faktoren der hier vertretenen Auffassung von Kontraproduktivität explizit widersprechen würde, wurden die beiden ersten Komponenten anschließend schiefwinklig rotiert (direktes Oblimin, $\delta = 0$), was zu zwei in etwa gleich starken (Eigenwerte: 4,35; 3,96) Faktoren führte, die zusammen 31 % der Varianz aufklärten und zu $r = .28$ korreliert waren. In der Faktorladungsmatrix fand sich sehr deutlich die rationale Sortierung der Items wieder. Lediglich eine Frage, die der arbeitgeberbezogenen Kontraproduktivität zugeordnet worden war („Ich melde Fehler meiner Kollegen nur dann, wenn ich daraus Vorteile ziehen kann."), lud stärker auf die andere Komponente. In diesem Fall mag der durch das Wort „Kollegen" gegebene Hinweisreiz die eigentlich zunächst eher den Arbeitgeber betreffende Schädigung überlagert haben. Insgesamt ließen sich die empirisch ermittelten Faktoren jedoch eindeutig im Sinne der angenommenen Struktur interpretieren.

6.4   Diskussion

Ziel dieser Pilotstudie war in erster Linie eine Überprüfung der Übertragbarkeit zentraler Befunde aus der amerikanischen Forschung zu Integrity Tests sowie von deren grundsätzlicher Anwendbarkeit in unserem Kulturraum. Zusätzlich ergab sich

die Möglichkeit, einen der elaboriertesten Versuche zur Strukturierung kontraproduktiven Verhaltens, der bislang jedoch auf Ähnlichkeitsurteilen von Experten beruht, die keine Angaben über ihr eigenes Verhalten machten, auf seinen Wert für die
Interpretation interindividueller Kovarianzen der einbezogenen Handlungen zu prüfen. Der tentative Charakter einer Pilotstudie, die begrenzten Möglichkeiten bezüglich Stichprobengröße, Kontrolle von Störvariablen und Umfang der erhobenen
Datenmenge sowie die Ankopplung an Design und Inhalte einer anderen Untersuchung machen eine Vielzahl von Kompromissen erforderlich, die insgesamt eine
vorsichtige Interpretation der vorliegenden Ergebnisse nahelegen. Im Rahmen dieser
Möglichkeiten lassen sich jedoch durchaus aussagekräftige Erkenntnisse aus der
Erhebung gewinnen. Dazu trägt unter anderem bei, daß der Stichprobenumfang mit
N = 75 das für Pilotstudien übliche Maß bei weitem übertrifft, und daß dank der Bemühungen von Moser und Mitarbeitern Probanden rekrutiert werden konnten, die
aktuell im Berufsleben stehen.

Der Anwendbarkeit einer für eine andere Kultur entwickelten Verfahrensgruppe
und der Übertragbarkeit der dort erzielten Befunde können eine ganze Reihe potentieller Hindernisse im Weg stehen. Bei einer heiklen Thematik wie der hier untersuchten stellt bereits die Ablehnung seitens der Versuchspersonen eine erste mögliche Hürde dar. Es war in diesem frühen Stadium noch nicht möglich, etwa die Akzeptanz des Integrity Test direkt zu untersuchen. In einer schriftlichen Befragung läßt
sich jedoch die Rücklaufquote als Indikator für die generelle Bereitschaft der Zielgruppe interpretieren, Auskünfte über diesen sensiblen Verhaltensbereich zu erteilen.
Sie liegt mit 50 % angesichts eines Fragebogens von insgesamt neun Seiten Umfang
in einem Bereich, der kaum auf eine außergewöhnliche Unwilligkeit zur Teilnahme
im Vergleich zu weniger verfänglichen Themen schließen läßt. Auch die Prävalenz-
analyse der Angaben aus der Kontraproduktivitätsskala (siehe hierzu auch Moser et
al., 1998) ergab im Mittel über alle 24 Items, daß 59,2 % der Probanden bereit waren
einzugestehen, die jeweilige kontraproduktive Verhaltensweise zumindest „selten"
zu zeigen und liefert damit einen Hinweis, daß es grundsätzlich möglich ist,
derartiges Verhalten auch hierzulande mittels Selbstbericht zu erheben. Inhaltlich
unterscheidet sich die entsprechende Skala jedoch so stark von amerikanischen
Instrumenten, daß von einem Vergleich mit den dort gefundenen Basisraten
abgesehen werden soll. Insgesamt liegen aus der Studie keine Indikatoren vor, die
auf kulturspezifische Vorbehalte gegenüber dem Untersuchungsbereich hindeuten.

Die korrelative Analyse der Beziehungen des eingesetzten Integrity Test zum
FFM stimmt für dessen einstellungsorientierten Teil weitgehend mit den in Abschnitt
2.3.3 referierten Befunden aus amerikanischen Studien überein. Eine nennenswerte
Abweichung ergab sich lediglich durch den schwach positiven (statistisch nicht signifikanten) Zusammenhang mit Extraversion. Hier war eher mit einer Nullkorrelation gerechnet worden, eventuell - vermittelt über Sensation Seeking - mit leichter
Tendenz in den negativen Bereich. Die Extraversionsskala des NEO-FFI ist allerdings stark durch die Facetten Geselligkeit, Herzlichkeit und Aktivität dominiert, die
theoretisch kaum Relevanz für Integrity Tests besitzen. Insgesamt fallen die
Ergebnisse für diesen Teil hinsichtlich der konvergenten Validität etwas günstiger

aus als bezüglich der Diskriminanz. Dies verhält sich für die eigenschaftsorientierte Skala genau umgekehrt. Hier war die erwartete Unabhängigkeit von Extraversion mit $r = -.09$ empirisch vorzufinden, während die Konvergenzen erheblich auseinanderliegen, wobei Gewissenhaftigkeitsanteile unter- und Verträglichkeitskomponenten überrepräsentiert zu sein scheinen (der NEO-FFI enthält keine Facettenebene). Dies ist m.E. zunächst als Hinweis für die Überarbeitung des eigenen Fragebogens zu werten und weniger als Indikator für kulturelle Unterschiede im nomologischen Netz von Integrity Tests. Dies erforderte eine sehr viel tiefergehende Analyse, wozu Ansätze in den folgenden Abschnitten vorzustellen sein werden. Für die Zwecke dieser Pilotstudie läßt sich festhalten, daß die Annahmen zu konvergenten und diskriminanten Zusammenhängen in der Tendenz bestätigt wurden, im Detail aber noch erheblicher Spielraum für Verbesserungsmöglichkeiten besteht.

Das praktische Interesse an einem Einsatz von Integrity Tests hierzulande steht und fällt jedoch mit ihrer Kriteriumsvalidität. Da dem eigentlichen Zielkriterium Kontraproduktivität in späteren Phasen der Untersuchung, soweit sie in dieser Arbeit vorgestellt werden, nicht mehr nachgegangen wird, sind die diesbezüglichen Resultate der Pilotstudie besonders vorsichtig zu interpretieren. Vor diesem Hintergrund erscheint das Prädikat „vielversprechend" angemessen. Die gefundenen Zusammenhänge sind für das breite Kriterium wie für seine beiden Teilbereiche substantiell. Zwar finden sich mit vergleichbaren Designs in den USA zum Teil noch höhere Koeffizienten, allerdings nur, wenn man auf Studien zurückgreift, in denen Prädiktor und Kriterium nicht frei von inhaltlichen Überlappungen sind (bei den in dieser Hinsicht weniger verdächtigen eigenschaftsorientierten Tests beträgt die mittlere Validität aus leider nur zwei Studien .16 für die konkurrente Erhebung selbstberichteter breiter Kontraproduktivität bei aktuell Beschäftigten; Ones et al., 1993, Tab. 11). Allgemein muß aber damit gerechnet werden, daß durch konkurrente Erhebung die operative prognostische Validität eines Auswahlinstruments überschätzt wird, nach der Metaanalyse von Ones et al. (1993) vor Artefaktkorrektur um $r_{diff} = .14$. Selbst nach einer entsprechenden Minderungskorrektur verbliebe aber noch immer eine Validität, die einen Verzicht auf die weitere Entwicklung dieser Verfahrensgruppe in unserem Kulturraum als ein echtes Versäumnis erscheinen ließe.

Diese Einschätzung muß auch nicht wesentlich relativiert werden, wenn man die durchaus bemerkenswerten Zusammenhänge der hier erfaßten allgemeinen Persönlichkeitsmerkmale mit Kontraproduktivität berücksichtigt. Nach den vorliegenden Ergebnissen der Regressionsanalyse lassen sich diese Korrelationen praktisch vollständig durch die gemeinsame Varianz mit dem Integrity Test erklären, was umgekehrt nicht der Fall ist. Für praktische Anwendungen wäre dies als Hinweis darauf zu werten, daß die erfaßten Big5-Faktoren durch den Einsatz eines Integrity Test ersetzbar sind, dieser aber nicht durch die Verwendung des NEO-FFI obsolet wird. Selbstverständlich läßt sich diese Aussage nur für das erfaßte Kriterium treffen. Hinzu kommt einschränkend, daß ein statistisch optimierendes Verfahren wie die multiple Regression bei relativ kleinen Stichproben eine besonders konservative Interpretation (bzw. eine Kreuzvalidierung) nahelegt. Unter Ausnutzung von Stichprobenspezifika optimiert wird allerdings die gesamte Vorhersagegüte, nicht die eines bestimmten

Prädiktors. Es ist anzumerken, daß sich die 95%- Konfidenzintervalle um die Regressionskoeffizienten zwischen dem Integrity Test und den einzelnen NEO-Skalen in keinem Fall überlappen, ersterer also eine statistisch bedeutsame höhere Validität besitzt, wobei Stichprobenfehler und Interkorrelation der Prädiktoren berücksichtigt sind. Auch diese inkrementelle Validität repliziert Befunde amerikanischer Metaanalysen (vgl. Abschnitt 2.3.4).

Die vor allem für die Big5-Faktoren festgestellten differentiellen Validitäten bezüglich der Subskalen der Kontraproduktivitätsmessung sind in erster Linie für die Konstruktvalidität der Unterscheidung von arbeitgeber- und kollegenschädigendem Verhalten interessant, die hier als eigenständiger Aspekt neben der Übertragbarkeit amerikanischer Forschungsergebnisse zu Integrity Tests untersucht wurde. Theoretisch zu erwarten war hier eine größere Relevanz von Verträglichkeit für den Umgang mit Kollegen, während sich Gewissenhaftigkeit eher auf die Meidung organisationaler Devianz auswirken sollte. Dies entspricht exakt den empirischen Ergebnissen. Auch die Validität von Extraversion für das Kollegialitätskriterium macht Sinn, wenn man sich noch einmal den Geselligkeitscharakter der entsprechenden Operationalisierung im NEO-FFI vor Augen führt (Markiervariable laut Manual: „Ich habe gerne viele Leute um mich herum."). Dieses Muster liefert einen Hinweis darauf, daß aus dem Bereich deskriptiver Persönlichkeitsmodelle selbst auf dem hohen Abstraktionsniveau des FFM unterschiedliche Traits für einzelne Bereiche kontraproduktiven Verhaltens unterschiedlich relevant sind. Ein derartiges Muster findet sich nicht in dem Maße für den Integrity Test, der ohne Rücksicht auf Homogenität aus unterschiedlichen Persönlichkeitsbereichen komponiert ist (der Eigenschaftsteil erscheint wie gesagt ein wenig verträglichkeitslastig, was sich auch in der Kriteriumsvalidität niederschlägt). Nimmt man die Beziehungen zu abgegrenzten Traits als Verweis auf die Interpretation des damit zusammenhängenden Verhaltens, liefert Robinson und Bennetts Unterscheidung zweier Grobkategorien der Kontraproduktivität einen offenbar sinnvollen Ansatzpunkt für die Untersuchung der psychologischen Struktur dieses Verhaltensbereichs.

Dieser Eindruck wird durch die hier vorgestellte Faktorenanalyse der Kontraproduktivitätsitems teils bestätigt, teils relativiert. Es ließen sich Faktoren extrahieren, die recht eindeutig im Sinne der Typologie von Robinson und Bennett zu interpretieren waren. Die Varianzaufklärung von 31 % ist für die Analyse von 24 Einzelfragen ein durchaus beachtlicher Wert, der auch von Persönlichkeitsfragebogen unter vergleichbaren Umständen selten überboten wird (bei einer PCA der 24 Items von jeweils zwei NEO-FFI-Skalen in dieser Stichprobe erklärten die ersten zwei Faktoren zusammen maximal 29,5 % der Varianz). Gleichzeitig fand sich jedoch ein deutlich herausragender *erster* Faktor (empirischer Varianzanteil: 22 %), und sowohl die Summenscores der Einzelskalen als auch die Komponenten der zweifaktoriellen Lösung erwiesen sich als *nicht* unabhängig voneinander (im zweiten Fall freilich ein Resultat der obliquen Rotation). Zusammengenommen ergibt dies durchaus ein Bild der Struktur, wie es in der tentativen Zusammenfassung empirischer Studien aus den USA in Abschnitt 3.1.3 angeklungen war: ein hierarchisch aufgebautes Konstrukt mit einer gemeinsamen Komponente und Facetten von eigenständiger Spezifität. Noch fehlt es diesem Bild aber an der nötigen Schärfe, die sich erst durch eine wesentlich breitere empirische Grundlage als bei den hier vorgestellten Daten erzielen ließe.

Die differentiellen Validitäten der Persönlichkeitsskalen weisen auch darauf hin, daß der *gemeinsame* Faktor nicht sehr gut durch ein einzelnes Konstrukt aus dem FFM zu erklären ist. Hier bewährt sich der aus unterschiedlichen Elementen zusammengesetzte Integrity Test eindeutig besser. Eine theoretische Verhaltenserklärung ergibt sich daraus jedoch nicht; es zeigt sich lediglich wieder einmal, daß relevante Merkmale innerhalb eines Beschreibungsmodells der Persönlichkeit an vielen Stellen zu finden sind und zusammen bessere Resultate erbringen als jedes für sich. Es zeigte sich aber auch, daß der untersuchte Verhaltensbereich in sich homogener ist als eine Zusammenstellung der dafür relevanten Traits. Im Detail können wir der hier vertretenen Hypothese, daß ein „g-Faktor" abweichenden Verhaltens sich eher in diesem selbst ausdrückt als daß er über den Umweg deskriptiver Traitmodelle zu finden ist, auf der Grundlage der Daten dieser Pilotstudie nicht weiter nachgehen. Ein weiterer Schritt in diese Richtung wird in einem folgenden Abschnitt zu berichten sein. An dieser Stelle bleibt immerhin festzuhalten, daß die Unterscheidung in interpersonale und organisationale Devianz am Arbeitsplatz in dieser Untersuchung Unterstützung auf der Ebene individuellen Verhaltens (vs. projizierter Ähnlichkeitsurteile) erhalten hat, aber um die Vorstellung einer dahinterstehenden gemeinsamen latenten Variable ergänzt werden muß. Diese Interpretation steht selbstverständlich wieder unter den allgemeinen Vorbehalten gegenüber der Aussagekraft einer Pilotstudie sowie in diesem Fall auch unter der Einschränkung, daß der Kontraproduktivitätsfragebogen ursprünglich nicht zur Operationalisierung von Robinson und Bennetts Modell entwickelt, sondern lediglich daraufhin überarbeitet wurde.

Insgesamt liefert diese im Feld durchgeführte Pilotstudie im Rahmen der begrenzten Möglichkeiten einer solchen Untersuchung überwiegend Hinweise, die keine wesentlichen Abweichungen von zentralen Befunden amerikanischer Forschung zu Integrity Tests erkennen lassen. Die Probanden waren in hohem Maße bereit, Auskünfte über allgemein als unerwünscht angesehenes Verhalten im Beruf zu erteilen, und die hier erstmals erprobte, im Vergleich zu ausgereiften Instrumenten noch sehr kurze Vorversion eines Integrity Test war substantiell mit diesen Selbstberichten korreliert. Die einzige bedeutsame Einschränkung der Äquivalenz zu den Resultaten aus den USA fand sich im Bereich der Konstruktvalidität der eigenschaftsorientierten Skala des eigenen Integrity Test, wo das metaanalytische Korrelationsmuster nur sehr grob repliziert werden konnte. Dies reicht jedoch sicher nicht aus, um die allgemeine Arbeitshypothese eher unbedeutender kultureller Differenzen zu verwerfen. Alle Resultate stehen dabei unter den Vorbehalten relativ geringer Stichprobengröße, eingeschränkten Variablenumfangs, aus Gründen der Anonymitätswahrung sehr begrenzter Kontrolle deskriptiver Personmerkmale sowie des konkurrenten Designs mit ausschließlicher Verwendung von Selbstberichten. Eine Replikation und Erweiterung erscheint von daher unbedingt geboten, was allerdings geradezu ein Bestimmungsmerkmal von Pilotstudien ist.

Die tentative Analyse der Struktur kontraproduktiven Verhaltens erbrachte annahmegemäß Hinweise auf einen generellen Faktor, für den sich interkorrelierte Facetten kollegen- und organisationsschädigenden Verhaltens unterscheiden ließen. Neben diesen beiden Grobkategorien sollten in zukünftigen Untersuchungen jedoch auch stärker die Beziehungen zwischen einzelnen Erscheinungsformen einbezogen werden, die bislang das Feld der ursachenbezogenen Erforschung kontraproduktiver Verhaltensweisen strukturieren. Über die auch für die anderen Aspekte dieser Studie gültigen Einschränkungen hinaus wäre hierzu noch anzumerken, daß situative Variablen in dieser Erhebung nicht berücksichtigt werden konnten. Weder dieser noch die anderen Vorbehalte beeinträchtigen jedoch das insgesamt ermutigende Fazit dieser ersten Phase der Erhebung, die in erster Linie dem Zweck diente, unter einigen zentralen Gesichtspunkten die generelle Anwendbarkeit von Integrity Tests und Kontraproduktivitätsmessungen hierzulande zu demonstrieren.

7 Konstruktion der Fragebogen für die Haupt-untersuchung

Nachdem aus der Pilotstudie erste Anhaltspunkte für die Gangbarkeit des hier eingeschlagenen Wegs, aber auch für mögliche Verbesserungen vorlagen, wurden für die weiteren empirischen Studien längere Fragebogen konstruiert, die zunächst auf die hier untersuchten theoretischen Fragestellungen zugeschnitten sein sollten. Es handelt sich daher um Forschungsinstrumente, bei denen zugunsten konzeptioneller Erfordernisse an verschiedenen Stellen auf eine kompromißlose Maximierung der Kriteriumsvalidität, wie sie für kommerzielle Integrity Tests typisch ist, verzichtet wurde. Diese Beschränkung sollte andererseits natürlich nicht so weit gehen, daß sie zu Ergebnissen führt, die den Namen Integrity Test nicht mehr rechtfertigen. Im folgenden sollen die Vorgehensweisen näher beschrieben und begründet werden, mit denen ein brauchbarer Kompromiß zwischen konzeptionellen Defiziten und prognostischen Stärken der amerikanischen Vorbilder gesucht wurde. Der anschließende Abschnitt ist der Entwicklung eines Verfahrens zur Messung von Selbstkontrolle sensu G&H gewidmet, für die es im Grunde kein Vorbild gab. Auf die empirische Bewährung dieser Instrumente, soweit sie im Rahmen dieser Arbeit untersucht wurde, wird in den späteren Kapiteln einzugehen sein.

7.1   Konstruktion der Integrity Tests

Wenn in der Überschrift dieses Abschnitts der Plural gebraucht wird, ist damit angedeutet, daß die in der Pilotstudie noch als „Teile" eines Ganzen bezeichneten Bereiche einstellungs- und eigenschaftsorientierter Items im folgenden nicht als Subskalen, sondern als zwei eigenständige Instrumente aufgefaßt werden. Dies entspricht der in Abschnitt 2.1 geschilderten unabhängigen historischen Entwicklung der beiden Verfahrensarten, auch wenn sich in jüngster Zeit die Entwicklungslinien aufeinander zu zu bewegen scheinen. Diese Annäherung erfolgte jedoch weniger über den Itemgehalt als über die Breite des Zielkriteriums. Nach wie vor sind Sackett et al.'s (1989) Kategorien im amerikanischen Markt eindeutig unterscheidbar, und es zählt zu den Zielen dieser Untersuchung, die theoretische Relevanz dieser Unterscheidung etwas eingehender zu beleuchten. Trotz ihrer verschiedenartigen Tradition dürften jedoch keine zwei Repräsentanten dieser jeweiligen Arten existieren, die inhaltlich wirklich wechselseitig exklusiv sind. Insbesondere in eigenschaftsorientierten Tests finden sich häufig Items, die ähnlich direkt nach Einstellungen zu und Erfahrungen mit abweichendem Verhalten fragen, wie es für die „overt"-Kategorie wesensbestimmend ist - eine Konsequenz der „blind" empirischen Skalierung. Dies erhöht zweifellos die Kriteriumsvalidität dieser ansonsten eher indirekt vorgehenden Verfahrensklasse, wirft allerdings für konzeptionelle Arbeiten ein Problem auf. Inhaltliche Überlappungen führen bekanntlich zu artifiziellen Korrelationen zwischen zwei als verschieden betrachteten Variablen, die in theoretischen Analysen einen Störfaktor darstellen. Es mußte also ein Ziel der eigenen Konstruktion von Forschungsinstrumenten sein, solche Kontentüberlappungen zu eliminieren.

Dazu war es notwendig, die bei Sackett et al. zunächst rein deskriptive und in Abschnitt 2.3.1 konzeptionell eingegrenzte Unterscheidung von *kompletten Tests* auf eine operationale Ebene zu übertragen, die geeignet ist, die Generierung *einzelner Items* anzuleiten, mit der jede Fragebogenkonstruktion nun einmal beginnen muß. Wie bereits oben angesprochen, liefern auch die Konzepte „Eigenschaft" und „Einstellung" aus den verschiedensten Gründen keine sich wechselseitig ausschließenden Kategorien, die in allen Fällen eine eindeutige Zuordnung gewährleisten. Es wurde jedoch als Kernunterschied herausgearbeitet, daß Einstellungen stets ein (meist äußeres) Objekt spezifizieren und bewerten, während Eigenschaften vornehmlich der Beschreibung des Selbst in Relation zu anderen dienen. Ferner wurde darauf hingewiesen, daß in Fällen, bei denen von dieser Regel abgewichen wird (Einstellungen zur eigenen Person; Eigenschaften mit Spezifikation eines Objekts), die Grenzen zwischen beiden Konzepten verschwimmen. An dieser Unterscheidung setzt die operationale Definition an, die in der Phase der Itemgenerierung zur Grundlage einer überlappungsfreien Entwicklung der beiden Arten von Integrity Tests dienten: dem einstellungsorientierten Instrument wurden *objekt-evaluative* Items zugeordnet, d.h. solche Fragen, in denen ein äußerer Meinungsgegenstand (*nicht das Selbst*) bewertet wird; im eigenschaftsorientierten Verfahren finden sich *selbstbezogene* (beschreibende *oder* bewertende) Aussagen zur eigenen Person. Oberflächlich betrachtet erfordert die zweite Kategorie Introspektion, die erste nicht (was nicht bedeutet, daß sie Introspektion verhindert). Natürlich soll ein Proband auch mit einstellungsorientierten Tests letztlich eine Aussage über sich selbst treffen, jedoch indem er ein Urteil über die Außenwelt abgibt. Die Logik hinter dieser empirisch offenbar gut bewährten Hypothese ist, daß auch Bewertungen externer Objekte zunächst über den Weg der Introspektion führen. So betrachtet sind objekt-evaluative Items zwar näher am interessierenden Verhalten, aber weiter von der Sphäre der Persönlichkeitsdeskription entfernt (vgl. Abb. 4, Kap. 4)

Eine Möglichkeit, über die eigene Person zu sprechen, ohne daß notwendig komplexe kognitive Prozesse der urteilenden Selbsteinschätzung ablaufen müssen, besteht in Auskünften über beobachtbares Verhalten in der Vergangenheit. Wie oben berichtet, ist dieser biographische Ansatz als eigenständiger Zweig von Integrity Tests seit langem verdorrt, lebt jedoch in den beiden aktuellen Kategorien, in der einstellungsorientierten tendenziell stärker, als konzeptionell schwer einzuordnende Form der Itemformulierung fort. In der eigenen Pilotform waren noch einige biographische Items enthalten, wenn auch ohne direkten Bezug zu Kontraproduktivität. Diese Art von Fragen wurde aus der Langversion der Integrity Tests aus drei Gründen von aufsteigender Wichtigkeit eliminiert. Erstens sind sie selbst in amerikanischen „overt" Tests zahlenmäßig eine Nebenkategorie, deren bloße Existenz Zweifel an der Aussagekraft vieler Validitätsstudien genährt hat. Zweitens wurde bereits in der Pilotstudie auf die konzeptionelle Schwierigkeit einer Zuordnung hingewiesen, die sich durch die obige Festlegung auf eine operationale Definition m.E. zur Unmöglichkeit verdichtet. Drittens und mit Blick auf die Zielrichtung dieser Arbeit am bedeutendsten sind Berichte über vergangenes Fehlverhalten die Domäne von G&Hs Verständnis des Konstrukts Selbstkontrolle, deren noch zu erläuternde Operationalisierung hier ebenfalls überlappungsfrei zu den beiden Arten von Integrity Tests gehalten werden soll. Der biographische *Verhaltensbericht* ist damit bereits als ein dritter operationaler Zugang zur Prognose kontraproduktiven Verhaltens abgegrenzt. Der Verzicht auf diesen Bereich im Rahmen der Entwicklung der Integrity Tests dürfte nicht ohne negative Auswirkung auf deren Kriteriumsvalidität bleiben, erscheint aber aus konzeptionellen Gründen für die hier verwendeten Forschungsinstrumente unumgänglich. Ein Blick auf die Validitätskoeffizienten der beiden „biographiefreien" Teile der Pilotversion in Tab. 4 (Abschnitt 6.3) zeigt, daß sich der Validitätsverlust vermutlich in Grenzen hält.

Damit sind die wesentlichsten Aspekte erläutert, in denen sich die Eigenentwicklung von ihren amerikanischen Vorbildern unterscheidet. Sie sollten, das sei noch einmal betont, in der Summe nicht zu gravierenden inhaltlichen Abweichungen führen, wohl aber zu einer konzeptionell saubereren Abgrenzung von Verfahrensarten, die als Grundlage verläßlicher Daten konstruktorientierter Studien unerläßlich erscheint. Ein weiterer Unterschied besteht freilich in dem Umstand, daß die eigenen Verfahren rational konstruiert wurden, während in den USA vor allem eigenschaftsorientierte Tests fast durchgängig empirisch entwickelt wurden. Um dies zu kompensieren und nach Möglichkeit keine weiteren Abweichungen zuzulassen, wurde - im Rahmen der oben angeführten operationalen Definition - versucht, sich im übrigen möglichst eng an die Inhalte anzulehnen, die bei eben diesen Vorbildern empirisch vorgefunden wurden. Als Grundlage dafür dienten in erster Linie die in Abschnitt 2.3.2 ausführlich dargestellten Faktorenanalysen mit einzelnen Tests auf Itemebene, daneben Einzelstudien zu Beziehungen zu spezifischen Persönlichkeitskonstrukten auf Skalenebene (vgl. Abschnitte 2.3.3 und 2.3.4). Durch eine Beschränkung auf mehrfach replizierte Inhalte aus verschiedenen Instrumenten kann es dabei sogar gelingen, Verfahren zu konstruieren, die ihre jeweilige *Klasse* in gewisser Weise besser repräsentieren (prototypischer sind) als ein einzelner, bereits vorliegender Integrity Test. Mangels deutschsprachiger Integrity Tests läßt sich diese Plausibilitätsannahme allerdings z.Z. noch nicht direkt empirisch prüfen.

Die meisten vertretenen Inhalte lagen bereits der oben kurz vorgestellten Pilotversion zugrunde (für Beispielitems siehe Abb. 6, Abschnitt 6.2.2). Sie wurden für die hier vorgestellte Langversion um einige weniger zentrale Aspekte ergänzt und vor allem quantitativ stark erweitert. Im folgenden sollen die den beiden Testarten zugeordneten Subskalen inhaltlich kurz umrissen werden. Dem schließt sich jeweils eine Angabe zur Skalenlänge in der bei der Itemanalyseerhebung vorgelegten Form an.

Für den einstellungsorientierten Test konnte auf eine Vielzahl einzelner Faktorenanalysen zurückgegriffen werden, deren Ergebnisse sich inhaltlich stark überschneiden (vgl. Abschnitt 2.3.1). Neben den in der Pilotversion vertretenen vier Kategorien
wurde für diese Version noch eine fünfte (Phantasien) angefügt sowie eine „offene"
Kategorie, in der probeweise einige weniger durchgängig vorgefundene Inhalte aufgenommen wurden. Wie schon im theoretischen Teil erwähnt, bezieht sich der Begriff „Inhalte" hier generell weniger auf den Gegenstand der Einstellung selbst als
eher auf die Art, wie dieser bewertet wird:

- *Verbreitungsgrad:* Damit wird auf den in praktisch allen einstellungsorientierten
  Integrity Tests genutzten „false consensus"-Effekt Bezug genommen, der in diesem Fall impliziert, daß Menschen, die sich selbst oft abweichend verhalten, dies
  für nicht ungewöhnlich halten und deshalb hohe Angaben über den Verbreitungsgrad devianten bzw. kontraproduktiven Verhaltens machen (20 Items).

- *Rationalisierungen:* Diese ebenfalls universelle Kategorie entspricht in etwa dem,
  was in der Kriminologie unter „Neutralisierungen" verstanden wird, womit gemeint ist, daß Devianz zwar auch von den Tätern durchaus als solche betrachtet
  wird (als „moralisch fragwürdig"), Deviante also keine abweichenden Normen
  haben, sie aber nach Ausreden und Rechtfertigungen suchen, warum das Verhalten in ihrem persönlichen Fall eben doch vertretbar ist, und daher besonders geneigt sind, solchen Rechtfertigungen zuzustimmen (20 Items).

- *Verhaltensabsichten:* Die Form einer Auskunft über das eigene hypothetische
  Verhalten in einer vorgestellten Situation entspricht exakt dem Prinzip der situativen Frage im Interview. Im Sinne der Unterscheidung von Warshaw und Davis
  (1985) handelt es sich eher um Erwartungen an das eigene Verhalten als um echte,
  geplante Absichten. Die Zugehörigkeit von Intentionen zum Einstellungskonstrukt
  ist in der Sozialpsychologie umstritten. Sie wurden hier jedoch aufgenommen,
  weil sie ebenfalls aus den verbreitetsten einstellungsorientierten Tests nicht wegzudenken sind. Gleichwohl läßt sich erwarten, daß diese Skala sowohl mit Selbsteinschätzungen der Persönlichkeit als auch mit biographischen Verhaltensitems
  enger zusammenhängt als die anderen Subskalen dieses Tests. Sie bildet gewissermaßen eine konzeptionelle Brücke zwischen beiden (17 Items).

- *Punitivität:* Nicht alle einstellungsorientierten Integrity Tests enthalten
  Punitivitätsitems, aber immerhin einige der prominentesten (der Pionier dieser
  Gattung, der Reid Report, z.B. in ganz überproportionalem Maße). Hier wird davon ausgegangen, daß Personen, die abweichendes Verhalten bei anderen besonders streng geahndet sehen wollen und auch eher bereit sind, andere deshalb zu
  denunzieren, an sich selbst ebenso strenge Maßstäbe anlegen. Diese ein wenig
  zum Widerspruch herausfordernde These scheint sich in den USA bewährt zu haben, in der eigenen Pilotstudie jedoch nicht (10 Items).

- *Verhaltensphantasien:* Diese in der Pilotstudie noch nicht vertretene Kategorie
  bezieht sich auf die starke emotionale und gedankliche Beschäftigung mit Themen
  aus dem Bereich abweichenden Verhaltens. Sie wurde in amerikanischen Tests
  mehrfach als separater Faktor extrahiert und mit Bezeichnungen wie „ruminations" versehen, obwohl die konzeptionelle Nähe zu den Verhaltensabsichten auf

der Hand zu liegen scheint. (10 Items; Bsp.: „Die Idee des 'perfekten Verbrechens' fasziniert mich irgendwie.").

- *„offene" Kategorie:* Dabei handelt es sich nicht um eine Skala, sondern um eine Sammelbezeichnung für einige Items, die sich an Inhalten orientieren, die in den USA nur gelegentlich gefunden wurden. Sie beziehen sich etwa auf perzipierte Gelegenheiten oder Risiken (Bsp.: „Wer seinen Arbeitgeber bestehlen will, dem wird es im allgemeinen ziemlich leicht gemacht."), den Glauben an „toughness" als Mittel zum Erfolg („Man muß ab und zu seine Ellenbogen benutzen, wenn man es zu etwas bringen will.") oder eine (geringer) Punitivität verwandte Indifferenz gegenüber deviantem Verhalten („Im großen und ganzen ist es mir gleichgültig, wieviel Geld und Waren in Deutschland von Angestellten gestohlen werden.") (insgesamt 15 Items).

Für den eigenschaftsorientierten Integrity Test konnte nicht im gleichen Maße auf Faktorenanalysen existierender Verfahren zurückgegriffen werden, da diese nur sehr vereinzelt vorliegen. Es wurde daher hier ergänzend versucht, typische Inhalte teils aus Untersuchungen mit der gattungsbildenden CPI-So-Skala, teils aus den Beziehungen von Integrity Tests zu eng definierten Persönlichkeitsmerkmalen sowie aus der Literatur zu Persönlichkeit und abweichendem Verhalten zu erschließen (vgl. hierzu auch Abschnitt 3.1.4.3), um sie durch entsprechende Items nachzubilden. Der Bezug zur kriminologischen Literatur ist insofern naheliegend, als eigenschaftsorientierte Integrity Tests i.d.R. ja auf der Grundlage einzelner Eigenschaftsfacetten entwickelt wurden, die empirisch zwischen kriminellen und unauffälligen Personen diskriminieren. Die Skalenbezeichnungen orientieren sich hier wie bereits in der Pilotstudie zum großen Teil zunächst tentativ am FFM, was nicht zu der Einschätzung führen sollte, daß sie dessen Dimensionen vollständig wiedergeben können und sollen. Sie stellen vielmehr eine Art Arbeitstitel dar, die als Anhaltspunkt zur differentialpsychologischen Einordnung der Inhalte dienen soll:

- *Emotionale Stabilität:* Sowohl die allgemeine Devianzforschung als auch Untersuchungen mit Integrity Tests deuten darauf hin, daß der Zusammenhang zu Neurotizismus vorwiegend durch ein weniger positives Selbstbild in delinquenten Gruppen und durch den Impulsivitätsanteil in dieser Persönlichkeitsdimension zustandekommt. Entsprechend wurden Items konstruiert (z.B. „Ich glaube, ich bin kein so ungeheuer wertvolles Mitglied der Gesellschaft"; „Ich bin manchmal ein ziemlicher Hitzkopf") und zu einer gemeinsamen Skala zusammengestellt (13 Items).
- *Verträglichkeit.* In dieser Skala finden sich Aspekte wie die Meidung von Konflikten (trouble avoidance: z.B. „Es macht mir nichts aus, mit jemand in Streit zu geraten, wenn ich anderer Meinung bin.") oder Manipulation/Berechnung im sozialen Umgang („Am Ende tun die Leute meistens, was ich von ihnen will."), die in amerikanischen Vorlagen regelmäßig vertreten sind. Wichtige Verträglichkeitsfacetten wie Sensitivität oder Bescheidenheit scheinen dort dagegen zu fehlen und wurden hier deshalb ebenfalls ausgespart (19 Items).
- *Gewissenhaftigkeit:* Ein zentraler Inhalt eigenschaftsorientierter Integrity Tests ist die Zuverlässigkeit (vgl. Abb. 5 für ein Beispielitem), die für manche Verfahren

namensgebend ist. Daneben zählt die Tendenz zu planendem, vorausschauendem Handeln (z.B. „Wenn ich arbeite, weiß ich meistens heute schon, was ich morgen tun werde.") zu den Merkmalen, die in delinquenten Populationen unterdurchschnittlich ausgebildet sind. Diese weniger affektive (s.o.) Facette (geringer) Impulsivität wird etwa im NEO-Modell Gewissenhaftigkeit und nicht emotionaler Stabilität zugeordnet, was bezeichnend für die Ambivalenz von Impulsivitätsskalen in Relation zum FFM ist (19 Items).

- *Suche nach Stimulation:* Ungeachtet marginaler Unterschiede in den exakten Bezeichnungen (adventure seeking; thrill seeking) ist Ssk in durchaus ähnlichen Operationalisierungen ein Standardinhalt eigenschaftsorientierter Tests. Ein Beispielitem aus der eigenen Skala findet sich in Abb. 6 oben (insgesamt 8 Items).

- *Extraversion:* Ähnlich wie beim einstellungsorientierten Tests, jedoch aus anderen Gründen, wurde zusätzlich zu den in der Pilotstudie erprobten Inhalten eine neue Skala aufgenommen. Sie bezieht sich auf interpersonale Aspekte der Extraversion (z.B. „Reden fällt mir leichter als Zuhören."), die etwa in Eysencks Kriminalitätserklärung eine Rolle spielen, aber in eigenschaftsorientierten Integrity Tests kaum zu finden sind und auch empirisch wenig mit abweichendem Verhalten zu tun haben. Ziel war hier eine eher explorative Prüfung auf Divergenz bzw. Konvergenz zu den anderen erfaßten Aspekten im Anschluß an die Befunde mit der NEO-FFI Extraversionsskala aus der Pilotstudie (6 Items).

Die beiden Integrity Tests umfaßten in der beschriebenen Form zusammen 157 Items (92 einstellungsorientiert, 65 eigenschaftsorientiert). Der größere Umfang des einstellungsorientierten Test spiegelt in etwa die durchschnittliche Relation zwischen amerikanischen Verfahren wider. Innerhalb der beiden Tests wurde durch die unterschiedliche Skalenlänge eine implizite Gewichtung vorgenommen, die gleichfalls grob die Bedeutung der jeweiligen Inhalte repräsentieren soll. Alle Items waren wieder durch eine fünfpolige Zustimmungsskala vom Likert-Typ verankert, deren Ausprägungen mit „starke Ablehnung", „Ablehnung", „neutral", „Zustimmung", „starke Zustimmung" markiert waren.

Zusätzlich zu diesen 157 Items sollten durch einige Fragen andere Responseformate erprobt werden. Als alternative Erhebung des perzipierten Verbreitungsgrads devianten Verhaltens wurde in sechs Items aufgefordert, die Prävalenz verschiedener Delikte (z.B. Diebstahl über zehn Mark, betrunken Auto fahren, Steuerhinterziehung) in der erwachsenen Bevölkerung prozentual zu schätzen (freie Schätzung zwischen 0 und 100 %). Durch vier weitere Items wurde versucht, Einstellungen mittels eines Multiple-Choice-Formats zu erfassen (z.B.: „Welchen Grund haben die meisten Arbeitnehmer, die in der Firma Geld oder Waren unterschlagen?: a) Sie wurden von ihren Arbeitgebern nicht angemessen bezahlt; b) Sie haben sich privat verschuldet; c) Sie stehlen einfach aus Habgier"). Für letztere Aufgabenform existieren Vorbilder aus den USA.

Ebenfalls an ein amerikanisches Vorbild angelehnt, allerdings aus dem eigenschaftsorientierten Bereich, waren die letzten fünf Multiple-Choice-Items, bei denen aus jeweils drei Eigenschaftswörtern dasjenige auszuwählen war, durch das sich der

Proband am relativ besten beschrieben fühlt. Die Adjektive sollten dabei so gewählt werden, daß sie möglichst gleich erwünscht erscheinen, aber zwischen unterschiedlichen Ausprägungen für Devianz relevanter Traits differenzieren (z.B. besonnen [positiv], kreativ [neutral], abenteuerlustig [negativ]). Das Prinzip entspricht dem aus der Leistungsbeurteilung bekannten Wahlzwangverfahren (Sisson, 1948) und soll vor allem Erwünschtheitstendenzen eliminieren. Die Schwierigkeit besteht in erster Linie darin, gleich günstig erscheinende Items zu finden, die aber im interessierenden Merkmal deutliche Unterschiede repräsentieren, zumal wenn dieses Merkmal, wie hier der Fall, ausgesprochen werthaltig ist. Als Grundlage zur Beurteilung der Erwünschtheit diente die leider nicht mehr ganz aktuelle Untersuchung von Anderson (1968), der 555 Adjektive hinsichtlich ihrer „likeableness" einschätzen ließ.

Die Items der Prozentskala waren der Einstellungsfacette Verbreitungsgrad zugeordnet, die Mehrfachwahlaufgaben der zuerst geschilderten Art sollten verschiedene andere Bereiche des einstellungsorientierten Test erfassen. Die Adjektive sind als alternative Itemform für jeweils eine Skala im eigenschaftsorientierten Test gedacht. Somit umfaßten die für die Itemanalyse entwickelten Formen der beiden Integrity Tests insgesamt 168 Aufgaben.

7.2 Konstruktion eines Fragebogens zur Selbstkontrolle nach Gottfredson und Hirschi

Anders als bei den Integrity Tests, bei denen die Nähe zu existierenden Verfahren eine explizite Anforderung in der Konstruktion darstellte, war zur Erfassung von Selbstkontrolle eine vollständige Neuentwicklung erforderlich. Dies wurde in Abschnitt 3.2.2 ausführlich begründet und soll hier nicht noch einmal wiederholt werden. Ebenfalls in diesem und den beiden anderen Abschnitten des Kapitels 3.2 waren die wichtigsten Anforderungen an eine, im Sinne der eigenen Interpretation, theoriekonforme Umsetzung von G&Hs Konstrukt herausgearbeitet worden. Zur Rekapitulation seien an dieser Stelle lediglich noch einmal die wesentlichen Punkte zusammengefaßt. Im Kern sollte das Instrument (a) sich auf Verhalten stützen und nicht auf äußere Ereignisse, Einstellungen oder Selbstreflexionen; (b) bei der Auswahl der Akte von den definitorischen Elementen der Theorie geleitet sein, insbesondere dem zentralen Aspekt der kurzfristigen Befriedigung universeller Bedürfnisse auf Kosten möglicher langfristiger negativer Konsequenzen von größerer Relevanz für den Handelnden selbst; (c) die Merkmale der Versatilität und Stabilität berücksichtigen, also sowohl inhaltlich als auch zeitlich einen breiten Verhaltensbereich abdecken; (d) dabei aber die Möglichkeit bieten, theoretisch äquivalente Verhaltensweisen (z.B. Delinquenz, Kontraproduktivität) in einer Untersuchung als abhängige Variablen aufzunehmen, ohne sich durch inhaltliche Überlappungen dem Vorwurf der Tautologie auszusetzen; (e) eine Konfundierung mit den in der Theorie unabhängigen Prädiktoren Alter und Gelegenheiten so weit wie möglich minimieren; (f) Objektivität und Vergleichbarkeit über mehrere Anwendungen gewährleisten; (g) in sozio-kultu-

rell möglichst unterschiedlichen Populationen einsetzbar sein. Neben diesem vor
allem durch die Punkte (a) bis (d) abgesteckten Kernbereich sollten in der ersten, hier
zu beschreibenden Analyseform, ähnlich wie bei den Integrity Tests, aus explorativen Gründen noch einige Randbereiche aufgenommen werden. Im folgenden wird
die operationale Umsetzung all dieser Aspekte im einzelnen zu schildern und begründen sein.

Auch wenn G&H selbst Beobachtungsexperimente als ideale Methode zur Messung von Selbstkontrolle ansehen (Hirschi & Gottfredson, 1993), läßt sich die Forderung nach Objektivität und Replizierbarkeit (f) am besten durch einen standardisierten Fragebogen einlösen, der zudem, wie noch zu erläutern sein wird, eine Berücksichtigung der Stabilität in erheblich ökonomischerer Form erlaubt. Dieser Fragebogen sollte sich jedoch grundlegend von den oben beschriebenen und kritisierten Verfahren unterscheiden.

Eine erste Abgrenzung erfolgte dadurch, daß das Instrument als biographischer
Fragebogen konstruiert wurde. Darunter wird hier mit Mael (1991) die Beschränkung
auf *historische* Items verstanden, also Fragen zur persönlichen Vergangenheit des
Probanden, und nicht etwa die oft unter dieser Bezeichnung firmierende Methode der
empirischen Itemselektion. Das eigene Verfahren ist im Gegenteil strikt rational konstruiert, was geradezu ein Erfordernis für spätere konfirmatorische Prüfungen darstellt. Damit sind u.a. gemäß Forderung (a) Einstellungen und reflektive Selbstbeschreibungen ausgeschlossen, noch nicht jedoch unbedingt äußere Ereignisse. Um
die etwa bei Herbert (1997) evidente Konfundierung mit Umständen außerhalb der
Kontrolle des Individuums weitgehend zu vermeiden, sollten den Probanden aber
Fragen zu ihrem eigenen Handeln in der Vergangenheit gestellt werden und nicht zu
Ereignissen, die ihnen mit oder ohne eigenes Zutun zugestoßen sind (vgl. hierzu die
noch folgenden Ausführungen zu den Randbereichen des Fragebogens). Auch dazu
findet sich eine Parallele in Maels Merkmalsliste biographischer Items, der diesen
Aspekt allerdings als peripher ansieht.

Die Auswahl der einzelnen Handlungen erfolgte nach dem Grundsatz, daß das
Verhalten kurzfristig ein möglichst universelles Bedürfnis befriedigen und mit einem
nur geringen *unmittelbaren* Risiko für den Handelnden verbunden sein sollte, langfristig aber Folgen nach sich ziehen kann, die den kurzfristigen Nutzen übersteigen
(b). Als erforderlich wurde dabei nur eine nach konsensfähiger Auffassung deutlich
negative Differenz zwischen kurz- und langfristigem Erfolg angesehen, nicht aber
unbedingt ein besonders schwerwiegender Schaden für die eigene Person, zumal dies
intersubjektiv schwierig zu beurteilen ist. Bei sehr geringem Nutzen kann auch eine
vergleichsweise mäßige „Strafe" hoch selbstkontrollierte Personen von der Ausführung der Handlung abhalten. Daß der Eintritt der negativen Konsequenz ungewiß ist,
ist eine typische Begleiterscheinung der langen Frist. Zusätzlich zu dem zentralen
Merkmal wurde bei der Auswahl der Handlungen versucht, auch den „weniger definitorischen" Elementen des Verhaltens bei G&H (Offensichtlichkeit des unmittelbaren Nutzens, geringe Anforderungen an Vorbereitung und spezifische Kenntnisse und
Fähigkeiten zur Ausführung) Rechnung zu tragen.

Um Forderung (c) gerecht zu werden, wurde ein möglichst breites Spektrum im obigen Sinne theoriekonformer Verhaltensweisen einbezogen (Versatilität). Dabei erschien es zunächst sinnvoll, sich bei der Auswahl und Formulierung der Items keine inhaltlichen Beschränkungen aufzuerlegen (außer, daß es sich um Indikatoren für Selbstkontrolle handeln sollte). Der auf diese Weise entstandene Itempool ließ sich jedoch im Nachhinein zum Teil rational gebildeten inhaltlichen Kategorien zuordnen. Diese Inhaltskategorien bilden theoriegemäß aber keine Subskalen im Sinne psychometrischer Homogenität, sondern sie sind, in Anlehnung an die Erscheinungsformen kontraproduktiven Verhaltens, als Arten von Handlungen zu verstehen, die bei oberflächlicher Betrachtung innerhalb jeder Kategorie eine größere Ähnlichkeit verbindet als dazwischen. Dies läßt sich vielleicht am besten durch Beispiele verdeutlichen. Insgesamt ließen sich acht sinnvolle Kategorien identifizieren, die jeweils durch mindestens fünf Items abgedeckt waren: (1) schulisches Fehlverhalten (z.B. „Ich habe meine Hausaufgaben bei Klassenkameraden abgeschrieben."); (2) Eigentumsdevianz (z.B. „Es kam vor, daß ich ein Lokal verlassen habe, ohne die Zeche zu bezahlen"); (3) Rauschmittelkonsum (z.B. „Ich habe weiche Drogen (Haschisch oder Marihuana) ausprobiert."); (4) körperliche Aggression (z.B. „Wenn ich provoziert wurde, bin ich auch schon mal handgreiflich geworden."); (5) Verschwendung (z.B. „Ich habe spontan Dinge gekauft, die ich eigentlich gar nicht brauchen konnte."); (6) Unpünktlichkeit (z.B. „Zu wichtigen Terminen kam ich schon mal unpünktlich."); (7) Verkehrsdelikte (z.B. „Ich bin schon von einer Radarfalle geblitzt worden."); (8) Probleme im Sozialverhalten (z.B. „Wenn ich schlechte Laune hatte, habe ich andere schon ohne besonderen Grund beleidigt."). Wie ersichtlich, sind die angesprochenen Verhaltensweisen auf den ersten Blick extrem unterschiedlich. Damit soll der theoretische Anspruch eingelöst werden, einen Verhaltensbereich zu erfassen, dessen einziges gemeinsames Merkmal der Bezug zu Selbstkontrolle ist. Für die angenommene Homogenität sollen also, sofern sie sich empirisch belegen läßt, alternative Erklärungen möglichst unwahrscheinlich sein. Auf der anderen Seite war zu keinem Zeitpunkt der Anspruch erhoben worden, den gesamten Bereich an Manifestationen geringer Selbstkontrolle abzudecken. Dies wäre zum einen unrealistisch, zum anderen aber auch gar nicht erwünscht, da es mit Forderung (d) konfligieren würde. Ein hinreichend breiter Ausschnitt unsystematisch zusammengestellter Erscheinungsformen sollte für eine konstruktvalide Messung ausreichen.

Die ebenfalls unter (c) aufgeführte Forderung nach der Berücksichtigung des zweiten zentralen Elementes Stabilität führt üblicherweise zu einem längsschnittlichen Design. In der *General Theory* wird Stabilität für die gesamte Lebenszeit, mit Ausnahme der frühen Kindheit, postuliert, was weder in dieser noch wohl in den meisten anderen Untersuchungen praktikabel zu prüfen ist. Die Methode des biographischen Fragebogens bietet jedoch immanent einen zwar mglw. nicht idealen, aber immerhin gangbaren und unvergleichlich ökonomischeren Weg als Alternative zum Längsschnitt. Biographische Items sind ihrer Natur nach retrospektiv, und wenn man diese Rückschau in mehrere Abschnitte unterteilt, lassen sich auf diese Weise gewissermaßen verschiedene Meßzeitpunkte rekonstruieren. Grenzen sind diesem Verfahren zweifellos durch das menschliche Gedächtnis gesetzt. Im hier beschriebenen Instrument wurde versucht, Anspruch und Grenzen durch die Einteilung der Items in die drei groben Lebensabschnitte *Kindheit, Adoleszenz* und *Erwachsenenalter* Rechnung zu tragen. Der Übergang zur und später aus der Adoleszenz markiert auch in entwicklungspsychologischen Kriminalitätserklärungen die beiden bedeutsamen Einschnitte, an denen sich diesen Theorien zufolge wesentliche Verhaltensänderungen vollziehen. Dies erlaubt es, die Annahmen von Laufbahntheorien und die gegenteiligen Hypothesen G&Hs auf denkbar einfache Weise einer ersten Prüfung zu unterziehen. Außerdem ließen sich so a priori altersgemäße Items formulieren, die den Probanden unterscheidbare Hinweisreize zum Abruf von Gedächtnisinhalten an die Hand geben und so gleichzeitig eine relativ trennscharfe Retrospektion der Inhalte aus den drei Skalen ermöglichen und die Erinnerungsleistung insgesamt befördern sollten (vgl.. z.B. Baddeley, 1990).

Unter Punkt (d) war auf die Möglichkeit einer „tautologiefreien" Erfassung abhängiger Variablen abgestellt worden, worunter hier in einem operationalen Sinn die Freiheit von inhaltlichen Überlappungen des eigenen Instruments zur Selbstkontrolle mit für Nachfolgeuntersuchungen als Kriterium in Frage kommenden Verhaltensbereichen verstanden werden soll. Bei letzteren ist insbesondere an Kontraproduktivität und, sofern der Fragebogen auch außerhalb des eigenen unmittelbaren Forschungsbereichs auf Resonanz stoßen sollte, allgemeine Delinquenz zu denken. Mit Ausnahme von zwei versuchsweise aufgenommenen Items („Ich habe meine Arbeitsstelle schon vorzeitig gewechselt."; „Ich habe mich Vorgesetzten gegenüber stets sehr diplomatisch ausgedrückt."), denen selbst ein gewisser Kriteriencharakter zukommt, wurde daher auf jeglichen Bezug zur Arbeitswelt verzichtet. Dagegen wurden in die Jugend- und Erwachsenenskala einige Items aufgenommen, die von rechtlichen Instanzen als Straftat (z.B. Konsum illegaler Drogen) oder zumindest Ordnungswidrigkeit (z.B. Schwarzfahren) behandelt werden können und insofern auch in Delinquenzskalen mglw. eine Entsprechung finden. Auch hier hatte dies den Hintergrund, in einer Vorstudie, die ohne eigentliche Kriterienerhebung auskommen mußte, den Zusammenhang mit delinquentem Verhalten zumindest tentativ prüfen zu können. Im übrigen ist die juristische Relevanz der Handlungen auch von Belang für die Itemschwierigkeiten, die sich über ein gewisses, allerdings auch nicht zu breites Spektrum verteilen sollten (dazu unten näheres). Ganz überwiegend erfaßt der Fragebogen jedoch Verhaltensweisen, die zwar Indikatoren für Selbstkontrolle sein, nicht jedoch kriminelles Verhalten abbilden sollten. Für Studien, in denen letzteres als Kriterium durch eigene Messung erfaßt wird, wäre ggf. zu empfehlen, die entsprechenden Items zu eliminieren, um jedem Vorwurf der Tautologie vorzubeugen. Es sollte mit dem vorliegenden Itempool möglich sein, für die meisten Zwecke eine hinreichend umfassende Messung von Selbstkontrolle ohne jede Überlappung mit als abhängig definierten Variablen zu generieren.

Ebenfalls weitgehend ausgeschlossen werden sollte die Möglichkeit, daß die bei G&H als unabhängige Ursachen postulierten Variablen Alter und (situative) Gelegenheiten die Erfassung von Selbstkontrolle als stabile, transsituativ konsistente Eigenschaft konfundieren (Forderung e). Der Einfluß unterschiedlichen Zugangs zu Gelegenheiten sollte sich dabei, gewissermaßen als Nebeneffekt der oben beschriebenen Versatilitätskomponente, durch die Erhebung sehr verschiedenartiger Verhaltensweisen minimieren. Dies entspricht dem aus der Klassischen Testtheorie wohlbekannten Effekt der gegenseitigen Ausschaltung spezifischer Fehlerquellen durch eine Verlängerung der Skala. Anders ausgedrückt: Die Reliabilität und in diesem Fall auch die Konstruktvalidität erhöht sich, wenn die sicher für jedes einzelne Item gegebene Zufallskomponente differentieller Gelegenheiten, das erfragte Verhalten zu zeigen, durch Aufsummierung über viele Items unterschiedlicher Art sukzessive verringert wird. Dies ist auch *ein* Grund, warum ein reliabler Fragebogen zur Selbstkontrolle m.E. eine relativ große Skalenlänge besitzen muß (zu einem weiteren kommen wir später). Auf der Ebene eines einzelnen Items ist die Reliabilität einer Erfassung über konkrete Handlungen einer eher summarischen Selbsteinschätzung in der Form traditioneller Persönlichkeitstests (z.B. „Ich handle oft aus Eingebungen des Augenblicks heraus.") sicher unterlegen. Der Zugewinn durch die Aufnahme weiterer, gleichartiger Fragen sollte dagegen bei der ersten, hier favorisierten Form größer sein, da damit das Universum möglicher Manifestationen immer besser erschlossen werden kann, während bei den traditionellen Tests irgendwann die Tendenz erkennbar wird, im wesentlichen nicht mehr die Inhalte, sondern nur noch die Formulierungen zu variieren. Zusätzlich wurden die Items aber so gewählt, daß sie für einen möglichst breiten Kreis denkbarer Populationen zugängliche Situationen beschreiben, so daß bereits auf der Ebene der Einzelitems keine zu starke Situationsspezifität bestehen sollte.

Das Lebensalter hat bei G&H bekanntlich gleichfalls einen von Selbstkontrolle unabhängigen Effekt auf das Ausmaß devianten Verhaltens. Dieser Einfluß soll in dem vorliegenden Instrument durch die oben angesprochene Generierung altersgemäßer Items und die Verankerung der entsprechenden Skalen kontrolliert werden. Hier zeigt sich ein vielleicht unscheinbarer, aber m.E. wesentlicher Unterschied zu Selbstberichtsskalen der Delinquenz. In diesen wird üblicherweise nach der Häufigkeit krimineller Handlungen innerhalb eines bestimmten zurückliegenden Zeitraums (bspw. eines Jahres), vom *Zeitpunkt der Erhebung* aus betrachtet, gefragt. Dies führt dazu, daß die „Alterskurve", die unterschiedliche Verbreitung kriminellen Verhaltens in Abhängigkeit vom aktuellen Alter der Versuchspersonen, sich ungeschmälert auf den Testscore auswirken kann. Dabei zeigt sich dann in der Regel, daß etwa Jugendliche sehr viel höhere Werte erreichen als reife Erwachsene. Im eigenen Instrument beziehen sich die Fragen zur Kindheit (verankert mit: „als Sie zwischen 5 und 13 Jahren alt waren") und Adoleszenz („als Sie zwischen 14 und 18 Jahren alt waren") auf abgeschlossene, für jede Vpn *gleiche* Lebensabschnitte. Abgesehen von dem unvermeidlichen Umstand, daß die entwicklungspsychologische Maturität verschiedener Personen zu einem bestimmten Zeitpunkt im Leben innerhalb gewisser Toleranzen schwankt, sollte damit der Effekt einer Alterskurve der Delinquenz weitgehend ausgeschaltet sein. Für die Erwachsenenskala wurde in dieser Untersuchung, die sich auf eine altersmäßig relativ homogene Gruppe von Studenten bezog, eine offene Verankerung gewählt („19 Jahre oder älter"). Bei dieser Population war damit zu rechnen, daß viele Teilnehmer nur unwesentlich älter als 19 Jahre sein würden, weshalb die Spezifikation eines abgeschlossenen Zeitraums hier nicht sinnvoll erschien.

In Gruppen, die sich aus Mitgliedern deutlich unterschiedlichen Alters zusammensetzen, wäre dagegen anzuraten, auch die Erwachsenenskala auf einen bestimmten, abgeschlossenen Lebensabschnitt (z.B. 19 bis 25 Jahre) zu beschränken. Sonst könnte
sich hier zeigen, daß die Werte für geringe Selbstkontrolle mit dem Alter zunehmen,
einfach weil ältere Teilnehmer länger Gelegenheit hatten, das entsprechende Verhalten zu zeigen. In einer formalen Normierung, wie sie für diesen Test z.Z. aber nicht
vorgesehen ist, ließe sich das Problem freilich auch durch geeignete Altersnormen
umgehen.

Nachdem auf Forderung (f) bereits zu Beginn dieses Abschnitts eingegangen
wurde, bleibt an dieser Stelle noch übrig, den Personenkreis (g) anzusprechen, für
den das Instrument Gültigkeit besitzen soll. Es wäre sicherlich ein wenig vermessen,
streng nach G&H Übertragbarkeit auf sämtliche Gruppen innerhalb sämtlicher Kulturen zu fordern. Dazu sind die Umstände (nicht unbedingt die Persönlichkeitseigenschaften) in verschiedenen Kulturen einfach zu unterschiedlich und der Verfasser mit
den Gegebenheiten auch zuwenig vertraut, was die Formulierung äquivalenter Items
schwierig erscheinen läßt. Der Test sollte jedoch innerhalb der westlichen Kultur
wohlhabender Industriestaaten für breite Bevölkerungsgruppen einsetzbar sein. Die
Items setzen ihrem Inhalt nach unter anderem allgemeine Schulpflicht (zumindest
allgemeinen Schulbesuch) in der Kindheit und Jugend sowie die weite Verbreitung
des Individualverkehrs (Autofahren) im jungen Erwachsenenalter voraus. Ein Einsatz
etwa in Entwicklungsländern erscheint daher nicht empfehlenswert. In unter diesem
Aspekt adäquaten Kulturkreisen sind die Fragen auf die „Normalbevölkerung" zugeschnitten, sollten also auch innerhalb nicht-krimineller Populationen deutlich diskriminieren. Sie unterscheiden sich auch darin substantiell von gängigen Delinquenz-
items. Dahinter steht die Vermutung, daß Selbstkontrolle kein dichotomes Merkmal
ist, das bei „Kriminellen" fehlt und bei „Nicht-Kriminellen" vorhanden ist, sondern
ein kontinuierlich verteilter Trait, der bei jedermann in individuell unterschiedlicher
Ausprägung vorliegt. Die einzelnen Verhaltensweisen sind daher so gewählt, daß
ihre (erwartete) positive Interkorrelation allein durch die definitorischen Merkmale
von Selbstkontrolle zu erklären ist und nicht durch ihre Strafwürdigkeit oder moralische Verwerflichkeit. Dies erfordert eine Erfassung durch überwiegend alltägliche
Handlungen, die - um eine Redensart zu bemühen - „in den besten Familien vorkommen" (was nicht bedeutet, daß sie dort oder sonstwo erwünscht sind). Der Grad
an sozialer Konformität reicht dabei von vollkommen trivialen „Verfehlungen", die
allgemein kaum als in irgendeinem Sinne deviant einzustufen sind („Ich habe mir
Bücher gekauft, aber nie zu Ende gelesen.") bis zu den oben angesprochenen minder
schweren Formen der Delinquenz. Gemäß der Theorie sollten all diese Verhaltensweisen in Abhängigkeit der zugrundeliegenden Eigenschaftsausprägung mit unterschiedlicher Wahrscheinlichkeit auftreten, über eine Häufigkeitsskala letztlich aber
auch mit kriminellem Verhalten (das ebenfalls durch Selbstkontrolle zu erklären ist)
zusammenhängen. Indem also relativ „einfache" Items gewählt werden, die auch
innerhalb einer überwiegend konformen Population differenzieren, und zusätzlich die
Häufigkeit des erfragten Verhaltens anzugeben ist, um im unteren Bereich des Trait

Unterscheidungen zu treffen, sollte es möglich sein, das gesamte Spektrum von Selbstkontrolle abzudecken.[44]

Bis zu dieser Stelle wurde auf Aspekte eingegangen, die m.E. für eine theoriekonforme und testtheoretisch fundierte Erfassung von Selbstkontrolle zentral sind. In die hier vorgestellte Vorversion des Fragebogens wurden jedoch aus großteils explorativen Gründen auch einige Items von eher peripherer Bedeutung aufgenommen. Dazu zählen erstens biographische Ereignisse, die in der hier vertretenen Interpretation nicht als Verhaltensindikatoren für Selbstkontrolle zu bezeichnen wären, da sie etwa nicht immer der willentlichen Kontrolle des Handelnden unterliegen (z.B. „Ich mußte wegen Unfallverletzungen vom Arzt behandelt werden.") oder selbst als situative Erklärung für Devianz in Frage kommen (z.B. „Ich hatte einen oder mehrere vorbestrafte Freunde."). Da G&H selbst derartige Items als Manifestationen von Selbstkontrolle akzeptieren, sollte diese Möglichkeit nicht ungeprüft ausgeschlossen werden. Aus ähnlichen Gründen wurden einige wenige Items formuliert, die wegen ihres introspektiven Charakters besser in eine an der vielzitierten Eigenschaftsliste orientierten Fragebogen von der Art der Grasmick-Skala gepaßt hätten (z.B. „Spaß zu haben, war in meiner Jugend mein oberstes Ziel."). Für all diese Items war zu erwarten, daß sie zwar mit der zentralen Erfassung von Selbstkontrolle über einzelne Handlungen zusammenhängen würden, aber als Einzelindikatoren ersteren in einer Itemanalyse unterlegen wären.

Davon zu unterscheiden ist die Überprüfung der schon einmal kurz angeführten Frage, ob Selbstkontrolle im Sinne G&Hs ausschließlich über ihren negativen Pol zu definieren ist, oder ob sich umgekehrt auch solche Verhaltensindikatoren für deren Messung eignen, von denen sich annehmen läßt, daß ihr Vorliegen ein hohes Maß an Selbstkontrolle *erfordert* und nicht *verhindert*. Damit sind Handlungen gemeint, die kurzfristig als eher lästig empfunden werden, dafür aber langfristig (ungewissen) Nutzen versprechen (z.B. „Wenn meine Eltern mir eine attraktive Belohnung für die Erreichung eines Ziels versprochen hatten, habe ich hart dafür gearbeitet."; „Wenn Freunde von mir umzogen, habe ich Ihnen unentgeltlich dabei geholfen."). Diese Unterscheidung nach Polung der Items ähnelt konzeptionell derjenigen zwischen dissozialem und prosozialem Verhalten, ohne damit identisch zu sein. Dennoch lassen sich einige der Items sicher auch als Indikatoren für Prosozialität interpretieren (etwa das zweite der obigen Beispiele, nicht jedoch das erste). Die Dimensionalität eines (zweier?) solchermaßen von zwei Enden her definierten Konstrukte(s) erscheint bislang ungeklärt.

Schließlich wurde in den Fragebogen noch eine „Lügenskala" eingefügt, die, nach dem Vorbild klassischer Skalen dieser Art z.B. bei H.-J. Eysenck (1964; deutsch: Eggert, 1983), vorwiegend auf zwar positiv evaluiertes, aber äußerst unwahrscheinliches Verhalten abstellte (z.B. „Ich habe immer alles mit anderen geteilt, was ich ge-

---

[44] G&H selbst bevorzugen eine reine Prävalenz- bzw. „Versatilitäts"-Skala (vgl. auch Hindelang et al., 1981) mit Dichotomisierung der Items. Mir erscheint dieser willkürliche Verzicht auf eine Varianzquelle jedoch weder theoretisch begründet noch psychometrisch vorteilhaft.

schenkt bekam.“). Die Items wurden so adaptiert bzw. neu formuliert, daß sie nach Möglichkeit innerhalb des Kontexts der übrigen Fragen nicht besonders auffallen sollten. Vorliegende Instrumente erschienen dafür nicht vollständig geeignet. Die Skala umfaßte zusammen neun Items.

Insgesamt entstanden auf die beschriebene Weise 128 Items. Dies erscheint für die Messung eines einzelnen Merkmals selbst für die Analyseform eines Fragebogens zunächst ein wenig lang. Die Länge ist zum Teil freilich durch die Aufnahme einiger theoretisch randständiger Aspekte zu erklären. Eine weitere Ursache liegt in der beabsichtigten und oben begründeten Breite des einbezogenen Verhaltens sowohl in inhaltlicher als auch in zeitlicher Hinsicht. Schließlich wurde bereits darauf hingewiesen, daß einzelne Verhaltensindikatoren für sich betrachtet nur geringe Reliabilität besitzen.

Es erschien aber noch aus einem anderen Grund notwendig, eine Vielzahl von Items zu formulieren. Kurzfristige Bedürfnisbefriedigung auf Kosten langfristiger Ziele ist allgemein sowohl individuell als auch sozial unerwünscht (die Konsequenzen für den Handelnden selbst sind zum Teil eine Folge der gesellschaftlichen Inakzeptabilität). Es ist ein Irrglaube, daß etwa Kriminelle auf ihre Straftaten stolz sind, zumindest, wenn sie dabei erwischt werden (vgl. zusammenfassend Blackburn, 1993, pp. 200-202). Solche Items, die - wie hier überwiegend der Fall - Selbstkontrolle über ihren negativen Pol erfassen, haben in der Regel die psychometrisch ungünstige Eigenschaft schiefer Verteilungen. Dies ist keineswegs nur ein Artefakt einer substanzlosen „Antworttendenz“, sondern die logische Konsequenz der objektiven Seltenheit gesellschaftlich negativ bewerteten Verhaltens, die in direktem Zusammenhang mit dem Grad dieser Evaluation stehen dürfte. Auch Mörder morden nicht jeden Tag, und selbst die hartnäckigsten Absentisten erscheinen öfter zur Arbeit als daß sie ihr fernbleiben. In Befragungen kommt aber mit Sicherheit noch ein Antwortbias hinzu, wie immer dieser auch inhaltlich zu bewerten ist. Es war folglich davon auszugehen, daß die Items nicht um eine mittlere Schwierigkeit von .50 streuen würden, und dies erfordert zum Ausgleich eine Verlängerung der Skala. Im Verein mit den Reliabilitätsmängeln einzelner Verhaltensindikatoren läßt sich sogar folgern, daß eine zuverlässige Erfassung von Selbstkontrolle über eine Kurzform von 10 oder 20 Items nicht möglich sein dürfte.

Die Länge sollte jedoch gegenüber der Analyseform noch substantiell reduziert werden. In der hier beschriebenen Fassung wurden z.B. noch zwei verschiedene Antwortformate erprobt, die in der revidierten Form auf ein einheitliches Format reduziert werden sollten. Die Mehrzahl (83 Items) der Fragen war mit einer sechspoligen Häufigkeitsskala verankert, mit den Alternativen „nie“, „ein- bis zweimal“, „mehrmals“, „häufig“, „meistens“ und „immer“ (in einigen Fällen wurde die Skala leicht modifiziert, da sie sonst nicht zur Formulierung des Items gepaßt hätte). Zur Verminderung der Schiefe differenziert die Skala im unteren Bereich etwas stärker, was sich in anderen für Antworttendenzen anfälligen Bereichen bereits bewährt hat (z.B. in der Leistungsbeurteilung bei der „Sequentiellen Prozentrangskala“; Brandstätter & Schuler, 1974). Es ist nach allen vorliegenden Erkenntnissen illusorisch,

Häufigkeiten weit zurückliegender, diskreter Ereignisse retrospektiv in exakter Menge erfassen zu wollen (z.B. Hindelang et al., 1981). Eine relativ grobe Skaleneinteilung erschien daher sinnvoll, ein völliger Verzicht auf Inzidenzen als Indikator dagegen nicht a priori überlegen. Reine Prävalenz erfassen jedoch die übrigen 45 Items, die mit den einfachen Alternativen „ja" und „nein" verankert wurden. Hierzu zählen auch die neun „Lügenitems". Die Items wurden nach den drei Lebensabschnitten angeordnet, wobei jeweils auf die zusammengruppierten Häufigkeitsitems eine Reihe dichotom verankerter Aufgaben folgte. Der gesamte Fragebogen ist in der aktuellen Form (nach Revision, vgl. unten) beim Verfasser erhältlich, sofern ein reines Forschungsinteresse glaubhaft gemacht werden kann.

Die Verständlichkeit und Invasivität der beiden Integrity Tests und des Fragebogens zur Selbstkontrolle wurde vorab in einem Pretest mit studentischen Teilnehmern (N = 14) geprüft. Die Probanden wurden aufgefordert, die Tests zu bearbeiten, und sollten anschließend diejenigen Items nominieren, bei denen sie (a) Verständnisschwierigkeiten hatten und (b) ihre Privatsphäre verletzt sahen. Insgesamt erfolgten nur sehr wenige Nennungen zu beiden Fragen; die meisten Vpn äußerten keine Einwände. Von den übrigen wurde keines der Items mehr als einmal nominiert, so daß auf eine Überarbeitung der Fragebogen vor der Erhebung zur Itemanalyse verzichtet wurde.

8 Itemanalyse und Revision der Fragebogen

8.1 Ziel der Untersuchung

Die neu entwickelten Fragebogen sollten nun in einer ersten größeren empirischen Erhebung erprobt und auf ihre teststatistischen Eigenschaften untersucht werden. Ein maßgebliches Ziel dieser Studie war eine erste Revision, im wesentlichen eine Verkürzung der ursprünglichen Instrumente vor ihrem Einsatz in der Hauptuntersuchung. Die dabei gewonnenen Daten dienten jedoch auch zur Verbreiterung der empirischen Basis für einige dort erst eingehender untersuchte inhaltliche Aspekte. Darauf wird weiter unten ausführlicher einzugehen sein. Dieser Abschnitt beschränkt sich weitgehend auf die Darstellung und Diskussion einer Itemanalyse gemäß der Klassischen Testtheorie (z.B. Lienert & Raatz, 1994). Von zentralem Interesse in diesem Zusammenhang sind also die Kennwerte Trennschärfe der Items und interne Konsistenz der Skalen, wobei jedoch zu beachten ist, was im einzelnen als Skala betrachtet wird und was nicht.

Für die beiden Integrity Tests ist nämlich interne Konsistenz a priori nur auf Subskalenebene zu fordern, während die Beziehungen der einzelnen Bereiche untereinander erst Gegenstand einer nachfolgenden Prüfung sein sollen. Das heißt, es werden im Vorfeld keine Annahmen über die Homogenität eines Konstrukts „Integrity" getroffen, die der Itemselektion aufgrund empirischer Kennwerte zugrundegelegt werden. Die einzelnen Bereiche (Subskalen), aus denen sich die Summenscores für „Integrität" zusammensetzen, sollten dagegen durch Items gemessen werden, die dem Reliabilitätsaspekt der internen Konsistenz durchaus Rechnung tragen. Die Überlegung hinter dieser Entscheidung ist, daß für die Subskalen genügend Hinweise vorliegen, die ihre Interpretation als homogene Entitäten rechtfertigen, während der Status eines übergeordneten Integrity-Faktors als (theoretisch interpretierbares) Eigenschaftskonstrukt noch als ungeklärt betrachtet werden muß. Dementsprechend wären auch die aus der Summation aller Items gebildeten Testwerte zunächst lediglich als Aussagen von eignungsdiagnostischem, nicht aber persönlichkeitsdiagnostischem Gehalt zu interpretieren. Der Summenscore eines Integrity Test soll in erster Linie eine Aussage darüber treffen, welches berufliche Verhalten aus einem bestimmten Bereich von der Vpn in Zukunft zu erwarten ist; ob er auch einen einzelnen homogenen Persönlichkeitsfaktor abbildet ist eine theoretische Frage, zu deren Klärung erst nachfolgende Analysen beitragen sollen und die daher in den Konstruktionsprozeß der Fragebogen nach Möglichkeit *nicht* einfließen sollte. Dies gilt insbesondere für die stärker inhaltlich abgegrenzten Skalen des eigenschaftsorientierten Test, während die einstellungsbezogenen Bereiche eher unterschiedliche Zugangsformen zu ähnlichen Einstellungsobjekten darstellen, für die eine gewisse Übereinstimmung auch a priori zu erwarten ist.

Beim Fragebogen zur Selbstkontrolle verhält es sich hingegen eher umgekehrt. Hier ist modellgemäß der Gesamtscore des Test der Wert, mit dem das theoretisch relevante Konstrukt gemessen werden soll. Der Charakter des Instruments, das sich aus diskreten Verhaltensaussagen mit zudem überwiegend heiklem Gehalt zusammensetzt, erfordert sicher Abstriche bei den Ansprüchen an die empirischen Kennwerte der einzelnen Items. In der Summe sollte dagegen ein homogenes Konstrukt erfaßt werden, was u.a. interne Konsistenz der Skala voraussetzt. Die mehr oder weniger arbiträr gebildeten „Subskalen" zu den drei Altersbereichen und den verschiedenen Erscheinungsformen der Selbstkontrolle sollten ebenfalls ein gewisses Maß an interner Konsistenz besitzen, theoriegemäß jedoch *nicht*, weil sie eigenständige, spezifische Konstrukte messen, sondern weil sie auch jede für sich durch den übergeordneten Faktor Selbstkontrolle beeinflußt werden. Zu erwarten wäre hier also im Prinzip eine Abnahme der Reliabilität gegenüber der Gesamtskala aufgrund der Verkürzung gemäß der Spearman-Brownschen prophecy formula. Demnach wurde hier in der Itemanalyse vornehmlich auf die Bildung einer konsistenten Gesamtskala Wert gelegt.

Im folgenden soll auf eine langatmige Aufzählung der Vielzahl von Itemkennwerten im Detail soweit als möglich verzichtet werden. Es erscheint jedoch sinnvoll, auf einige systematische Effekte einzugehen, die empirisch im Rahmen der Aufgabenanalyse vorgefunden wurden und die den inhaltlichen Charakter der revidierten Versionen beeinflußt haben.

8.2   Methode

8.2.1 Stichprobe

Die Untersuchung wurde überwiegend mit Studierenden der Universität Hohenheim durchgeführt. Die erste Rekrutierung erfolgte dabei in einer Veranstaltung für Studenten der Wirtschaftswissenschaften im ersten Semester. Nachdem auf diese Weise noch keine hinreichende Anzahl von Probanden für die Studie gewonnen werden konnte, wurde die Möglichkeit zur Teilnahme durch allgemein zugängliche Aushänge auf dem Universitätsgelände bekanntgemacht. Die Stichprobe setzt sich daher aus Teilnehmern einer ersten (Erstsemester Wirtschaftswissenschaften, ca. 40 %) und einer zweiten „Welle" (im Prinzip alle Universitätsangehörigen als Grundgesamtheit, ca. 60 %) zusammen. Bis auf wenige Ausnahmen waren die Untersuchungsteilnehmer jedoch Studenten in Hohenheim.

Als Anreiz erhielten alle Teilnehmer bei Abgabe der ausgefüllten Fragebogen einen Betrag von DM 10.-. Dies hatte außerdem den Sinn, einer mögliche Verzerrung der Ergebnisse durch die unumgängliche Freiwilligkeit der Teilnahme entgegenzuwirken. Dahinter steht die Annahme, daß durch die Bezahlung (der Zeitbedarf lag bei etwa 30 bis 45 Minuten) ein Personenkreis angesprochen wird, der sich sonst nicht für eine psychologische Untersuchung zur Verfügung gestellt hätte. Darüber hinaus wurde den Teilnehmern fakultativ ein Feedback ihrer Testergebnisse angeboten. Die Probanden mußten in diesem Fall ihre Matrikelnummer bzw. - bei Angestellten - eine äquivalente Identifikation angeben. Da die meisten Teilnehmer (85 %) von dieser Möglichkeit Gebrauch machten, läßt sich auch abschätzen, daß die Teilnahme von Angestellten eine seltene Ausnahme bildete, die weniger als fünf Prozent des gesamten Umfangs ausmachte.

Insgesamt betrug die Stichprobengröße in dieser Untersuchung N = 214 bei 320 ausgegebenen Fragebogen (66,9 % Rücklaufquote). Das durchschnittliche Alter lag bei 23,5 Jahren mit einem Minimum von 19 und einem Maximum von 47. 40,7 % der Teilnehmer waren weiblich. Die Angaben zu Alter und Geschlecht sind vollständig, d.h. es traten keine fehlenden Werte auf.

8.2.2 Meßinstrumente und Durchführung

Vorgelegt wurden in dieser Studie die beiden Integrity Tests und der Fragebogen zur Selbstkontrolle in der im vorangegangenen Kapitel beschriebenen Fassung. Angefügt wurden, neben den Angaben zu Alter und Geschlecht, eine Frage nach der Durchschnittsnote im Abitur sowie zwei Items, die sich auf die Akzeptabilität der Instrumente in der Personalauswahl richteten. Die diesbezüglichen Ergebnisse werden in einem späteren Abschnitt zu berichten sein. Außerdem wurden die Probanden in zwei offenen Fragen aufgefordert anzugeben, was mit den Fragebogen ihrer Meinung nach gemessen werden soll.

Die Untersuchung wurde als schriftliche Befragung ohne anwesenden Testleiter durchgeführt. Das heißt, die Teilnehmer erhielten das Testmaterial zum Ausfüllen ausgehändigt und konnten es an einem Ort und zu einem Zeitpunkt ihrer Wahl bearbeiten (Die Abgabe erfolgte jedoch persönlich am Lehrstuhl für Psychologie der Universität Hohenheim, da die Vpn den Erhalt ihrer Vergütung quittieren mußten). Um dennoch eine sachgemäße Bearbeitung zu gewährleisten, wurde den Fragebogen eine ausführliche Instruktion vorangestellt, in der auch auf die Wahrung der Anonymität, auf die Bedeutung ehrlicher Auskünfte sowie auf die Vorkehrungen hingewiesen wurde, die zur Erkennung von Tendenzen zu sozial erwünschtem Antwortverhalten getroffen wurden. Letztere Warnung hat sich verschiedentlich als erfolgreiche Methode zur Reduzierung positiver Selbstdarstellung erwiesen (Kluger & Colella, 1993; Lautenschlager, 1994). Als Titel wurde eine neutrale Formulierung gewählt („Fragebogen zu Lebensereignissen, Einstellungen und Selbsteinschätzungen"), die die Antworten möglichst nicht beeinflussen sollte.

8.3   Ergebnisse

Die Revision der Fragebogen erfolgte auf der Grundlage mehrerer Kriterien. Zunächst wurden die Itemkennwerte herangezogen, vor allem die Trennschärfe bezüglich der jeweils relevanten Skalen (korrigierte Item-Gesamt-Korrelationen) sowie der positive Beitrag des Items zur Erhöhung der internen Konsistenz. Daneben wurden Schwierigkeitsindizes sowie Schiefe und Exzeß für jedes Item berechnet, um Fragen mit in dieser Hinsicht ungünstigen Verteilungseigenschaften zu identifizieren. Ergänzend wurde als Außenkriterium die Durchschnittsnote im Abitur einbezogen, die einen vergleichsweise reliablen Leistungsindikator für diese überwiegend nicht berufstätige Stichprobe darstellt (vgl. zusammenfassend zur neueren Forschung bezüglich Schulnoten als Leistungskriterium und -prädiktor, die deren oftmals ideologisch begründete Geringschätzung deutlich relativiert, Schuler, 1998). Sowohl für Integrity Tests als auch für Selbstkontrolle kann aus der vorliegenden Literatur geschlossen werden, daß sie Zusammenhänge auch zu Leistungsergebnissen außerhalb des Bereichs der Devianz aufweisen sollten. Die Items der Integrity Tests wurden außerdem an ihrem Zusammenhang mit dem Testwert für Selbstkontrolle gemessen, der sich auch als Indikator abweichenden Verhaltens (außerhalb des Berufs) interpretieren läßt. Eine revidierte Ordnung der Subskalen der Integrity Tests erfolgte schließlich auf der Basis mehrerer Hauptkomponentenanalysen.

Für die 119 Items des vollständigen Fragebogens zur Selbstkontrolle (exklusive der Lügenskala) ergab sich ein Cronbachs Alpha von .87. Dieser angesichts der Skalenlänge noch nicht befriedigende Wert ging nach Durchsicht der Trennschärfen jedoch vorwiegend auf zwei systematische Ursachen zurück. Erstens schneiden die dichotom skalierten Items im Mittel schwächer ab als die Fragen mit sechsfach gestufter Antwortvorgabe. Dieser Effekt entsteht, obwohl die Items der zweiten Kategorie mit einer mittleren Schwierigkeit von .795 noch weiter von der Skalenmitte entfernt waren als die zweifach gestuften ($\overline{P}$ = .715). Der Verzicht auf die Varianzquelle der Häufigkeit (oder Inzidenz) scheint sich, entgegen den Annahmen G&Hs, zumindest unter testtheoretischen Gesichtspunkten - wie meist bei standardisierten Fragebogen - nicht auszuzahlen. Für die revidierte Version wurde daher auf eine dichotome Verankerung verzichtet; die zehn wegen guter Resultate in der Itemanalyse beibehaltenen Fragen wurden entsprechend umformuliert.

Zweitens, und in sehr viel gravierenderem Ausmaß, gingen Reliabilitätseinbußen der Selbstkontrollskala aber auf Items zurück, die in dem hier vertretenen theoretischen Rahmen als peripher anzusehen sind. In dieser Hinsicht besonders auffällig erwiesen sich jene Verhaltensweisen, die den positiven Pol von Selbstkontrolle repräsentieren sollten. Eliminiert man die 24 Items, in denen nach Verhalten gefragt wird, das eine aktive Eigeninitiative zur Erreichung langfristiger Ziele verlangt (und nicht bloß die Meidung selbstschädigender Handlungen), so *steigt* die interne Konsistenz der Skala sogar leicht auf α = .89 an. Eine Skala aus diesen Items korreliert mit dem restlichen Instrument mäßig, wenn auch hoch signifikant positiv (r = .20). Diese Skala selbst ist in sich mit α = .59 nur wenig konsistent. Aufgrund dieser Ergebnisse überstanden die derartigen Fragen mit fünf Ausnahmen die Itemanalyse nicht und wurden aus dem revidierten Instrument eliminiert. Auch bei den übrigen ausgeschiedenen Fragen findet sich eine Häufung in theoretischen Randbereichen, die sich etwa auf äußere Ereignisse, den Freundeskreis etc. beziehen und eher Korrelate geringer Selbstkontrolle als deren Verhaltensindikatoren erfassen.

Insgesamt umfaßt der revidierte Fragebogen zur Selbstkontrolle noch 77 Items. Cronbachs Alpha für diese Version mit zwei unterschiedlichen Antwortformaten (10 dichotome Items) beträgt .90; die mittlere Aufgabenschwierigkeit liegt bei .82. In der durchaus befriedigenden internen Konsistenz bei relativ extremer Schwierigkeit und damit Schiefe der Items zeigt sich das psychometrische Phänomen, daß weit vom Ideal mittlerer „Lösungswahrscheinlichkeit" entfernte Aufgaben die Reliabilität nicht nachhaltig beeinträchtigen müssen, solange die Schwierigkeiten innerhalb eines relativ engen Bereichs streuen (z.B. Nunnally, 1978), was hier der Fall war. Es wurde bereits darauf hingewiesen, daß beim vorliegenden Instrument von vornherein mit schiefen Verteilungen zu rechnen war. Die Testwerte der *Gesamtskala* zeigten gleichwohl nur mäßige Schiefe (-.49), kaum Exzeß (-.03) und waren annähernd normalverteilt (Kolmogorov-Smirnov-Z = .76; p = .60). Der Mittelwert lag in der Stichprobe bei 363 Rohwertpunkten (theoretisches Minimum: 77; Maximum: 422) mit einer Standardabweichung von 21,6.

Für die nach Lebensabschnitt und Inhaltskategorien gegliederten Teilbereiche des Test war eine der Skalenverkürzung entsprechende Verminderung der Reliabilität erwartet worden. 60 der 77 Items ließen sich den acht oben erläuterten Erscheinungsformen zuordnen. Tabelle 6 zeigt die internen Konsistenzen und die Interkorrelationen der (nicht als Skalen zu verstehenden) Bereiche.

Tabelle 6: Interkorrelationen und interne Konsistenzen der Teilbereiche von Selbstkontrolle

	(1)	(2)	(3)	(4)	(5)	(6)	(7)	(8)	(9)	(10)	(11)
Lebensabschnitte:											
(1) Kindheit	(.84)										
(2) Jugend	.62**	(.76)									
(3) Erwachsenenalter	.54**	.63**	(.75)								
Inhaltskategorien:											
(4) schul. Fehlverhalten				(.78)							
(5) Eigentumsdevianz				.37**	(.67)						
(6) Rauschmittelkonsum				.34**	.38**	(.63)					
(7) körperliche Aggression				.38**	.48**	.37**	(.76)				
(8) Verschwendung				.27**	.34**	.23**	.15*	(.57)			
(9) Unpünktlichkeit				.44**	.56**	.40**	.41**	.34**	(.63)		
(10) Verkehrsdelikte				.30**	.34**	.44**	.33**	.15*	.36**	(.67)	
(11) problem. Sozialverhalten				.15*	.38**	.15*	.27**	.39**	.40**	.04	(.65)

Anm.: * = p < .05; ** = p < .01; in der Hauptdiagonalen stehen Cronbachs Alphas; N = 214

Wie der Tabelle zu entnehmen ist, erreichen vor allem die teilweise sehr kurzen „Skalen" zu den Inhaltskategorien fast durchweg interne Konsistenzen, die über das, ausgehend von der Gesamtskala, nach Spearman-Brown zu erwartende - hier im Detail nicht dargestellte - Maß hinausgehen. Dies deutet, entgegen einer strengen Auslegung der Theorie zur Selbstkontrolle, auf eine gewisse eigenständige Spezifität der inhaltlichen Zusammenfassungen hin. Dennoch sind alle Teilbereiche untereinander, mit einer Ausnahme auch signifikant, positiv interkorreliert. Ein hierarchisch aufgebautes Konstrukt mit interner Substruktur liegt hier als Interpretation nahe. Dieser Gedanke wird uns noch später beschäftigen. Die entwicklungsbezogene Struktur des Instruments zeigt sehr substantielle Korrelationen zwischen allen Lebensabschnitten, wenngleich die zeitlich am weitesten voneinander entfernten Abschnitte etwas geringer zusammenhängen.

Die Lügenskala war mit $\alpha = .38$ in sich wenig konsistent; ein typischer Befund für derartige, inhaltlich sehr heterogene Instrumente, die lediglich eine Tendenz zur allgemein positiven Selbstdarstellung erfassen sollen. Gleichzeitig stellt dies aber den Charakter von „sozialer Erwünschtheit" als eigenständiges Konstrukt in Frage. Die mittlere Itemschwierigkeit von .18 zeigt, daß die Probanden überwiegend bereit waren, auch wenig erwünschtes, aber stark verbreitetes Verhalten einzugestehen. Lediglich 11,7 % der Stichprobe erreichten mehr als 3 Rohwertpunkte bei einem theoretischen Maximum von 9. Dennoch ist die Korrelation mit dem Testwert für Selbstkontrolle mit $r = .41$ substantiell. Ob dies inhaltlich oder im Sinne einer Antworttendenz zu interpretieren ist, sei dahingestellt. Die Zusammenhänge zwischen den untersuchten Variablen wurden jedenfalls durch eine Auspartialisierung des „Lügenwertes" generell nicht wesentlich beeinflußt, weshalb hier auf eine gesonderte Darstellung verzichtet wird.

Die Korrelation zwischen Selbstkontrolle und Abiturnote (Mittelwert = 2,2) betrug -.22 ($p < .001$) und lag damit in der erwarteten Richtung. Ein weiterer tentativer Hinweis auf die Validität der Skala ergibt sich aus den (part-whole-korrigierten) Trennschärfekoeffizienten der beiden Kontraproduktivitätsitems, die $r = .11$ (vorzeitiges Ausscheiden aus einem Arbeitsverhältnis) bzw. .31 (undiplomatische Äußerung gegenüber Vorgesetzten) betragen. Insbesondere der erste Wert ist wegen der extremen Schwierigkeit (P = .97) des Items in dieser überwiegend berufsunerfahrenen Stichprobe als ausgesprochen vorläufig zu interpretieren. Eine aus 17 Items, die sich bei weiter Auslegung als zumindest minder schwere Formen der Delinquenz interpretieren lassen, zusammengesetzte Skala korreliert mit den übrigen, rechtlich nicht relevanten Verhaltensweisen zu $r = .67$. Dies läßt erkennen, daß der Übergang von bloß unvernünftigen zu rechtlich belangbaren Handlungen durchaus fließend ist. Diese zum Teil auf Binnenkriterien beruhenden Werte sollten als erste Validitätshinweise genügen.

Eine Analyse der Geschlechterdifferenzen erbrachte den erwarteten Befund, daß sich Frauen allgemein durch höhere Selbstkontrolle auszeichnen ($t = 4,99$; $p < .001$). Die Effektstärke betrug, ausgedrückt in Standardabweichungseinheiten, $d = 0,65$, wobei der Effekt tendenziell mit der Folge der erfaßten Lebensabschnitte abnahm, in der Kindheit also am stärksten war. Mit Ausnahme der Bereiche Verschwendung und

Sozialverhalten unterschieden sich die Geschlechter auch in allen Inhaltskategorien, besonders stark bei der körperlichen Aggression. Dies sind durchweg unmittelbar plausible Ergebnisse, abgesehen vielleicht von dem angesprochenen Alterseffekt. Hier scheint über die Lebensspanne eine gewisse Angleichung zwischen Männern und Frauen stattgefunden zu haben, wobei für die Sozialisation eine Rolle gespielt haben mag, daß die Hohenheimer Studentinnen überwiegend in Fächern eingeschrieben sind, die (noch) von Männern dominiert werden. Das aktuelle Alter der Vpn spielte dagegen keine Rolle für die Testwerte, was bei einer retrospektiven Skala auch nicht der Fall sein sollte. Lediglich der Bereich Erwachsenenalter korrelierte hier leicht negativ (r = -.16, p < .05); ein Hinweis auf die Problematik der nach oben offenen Verankerung in altersmäßig heterogenen Stichproben.

Die Revision der beiden Integrity Tests erfolgte, wie angesprochen, auf einer etwas komplexeren Grundlage. Hier wurden neben der internen Konsistenz der *Sub-*skalen und der damit eng zusammenhängenden Trennschärfe der Aufgaben stärker auch andere Itemkennwerte beachtet (Meidung sehr schiefer oder bimodaler Verteilungen), daneben in Zweifelsfällen auch die Kriteriums- (Abitursnote, Delinquenz gemäß der Selbstkontrollskala) und die faktorielle Validität (Substruktur).

Die ursprünglichen Skalen zeigten sich empirisch, gemessen an der internen Konsistenz, in höchst unterschiedlichen Maße reliabel. Innerhalb des einstellungsorientierten Test war Cronbachs Alpha für die Bereiche Verbreitungsgrad (.81), Verhaltensabsichten (.74) und Verhaltensphantasien (.73) zumindest ausreichend, nicht jedoch für die Rationalisierungen (.64) und noch weniger für die Punitivität (.57). Letzterer Befund repliziert das schwache Resultat aus der Pilotstudie auch mit einer längeren Skala. Innerhalb der offenen Kategorie fand sich lediglich für die sieben Items, die sich auf den Glauben an Rücksichtslosigkeit als Mittel zum Erfolg bezogen, eine interne Konsistenz (.60), die in etwa den Begriff „Skala" rechtfertigt.

Nach Eliminierung einiger Items mit ungünstigen Kennwerten legten Faktorenanalysen auf Itemebene (PCA, varimax-rotiert) eine teilweise Neuordnung der Skalen nahe. Insgesamt fanden sich 21 Hauptkomponenten mit Eigenwerten größer Eins, wobei der Scree-Plot Knicke nach dem ersten und siebten Faktor zeigte. In der siebenfaktoriellen Lösung ließen sich einzelne Komponenten eindeutig als Verbreitungsgrad und Rationalisierungen interpretieren. Die Items für Verhaltensabsichten und -phantasien waren empirisch nicht zu unterscheiden (Korrelation der ursprünglichen Skalen r = .61), ließen sich zum Teil aber inhaltlich aufspalten (eigener Faktor mit Bezug zu Diebstahl/ Eigentumsdevianz). Ein neuer Faktor bildete sich, in dem die meisten „toughness"-Items mit einem Teil der Skala Verbreitungsgrad zusammengingen und der sich an seinem negativen Pol vielleicht am besten als „allgemeines Mißtrauen" auslegen läßt. Im übrigen waren die Komponenten inhaltlich schwer zu interpretieren; für eine Punitivitätsskala sowie die übrigen Bereiche der offenen Kategorie fanden sich keine Hinweise.

Auf der Grundlage dieser Befunde wurde der einstellungsorientierte Integrity Test auf 68 Items verkürzt (darunter zwei ohne eindeutige Zuordnung zu den Subskalen). Der Test setzt sich aus den revidierten bzw. neuen Subskalen „Verhaltensabsichten/

-phantasien" (20 Items; auf eine Aufspaltung nach Inhaltsbereichen wurde verzichtet, zumal sich dafür kein Vorbild in der amerikanischen Literatur findet), „Rationalisierungen" (16 Items), „Verbreitungsgrad" (16 Items) und „Mißtrauen" (14 Items) zusammen. Nachdem sich für Punitivität auch keine bedeutsame Validität für die Kriterien fand, wurde die Skala aufgelöst. Zwei Items daraus sowie einige aus der offenen Kategorie ließen sich anderen Skalen zuordnen. Ansonsten liegt der Schwerpunkt der nach Revision ausgeschlossenen Fragen in eben diesen Bereichen. Faktorenanalytisch hatten sich, neben den beschriebenen Subskalen, auch Hinweise auf einen Generalfaktor gefunden, der immerhin 14,1 % der Varianz erklärte. In diesem Sinne läßt sich auch der Summenscore des einstellungsorientierten Integrity Test als Messung eines Merkmals von einer gewissen Homogenität deuten. Auf diesen Punkt wird weiter unten in elaborierterer Weise zurückzukommen sein.

Für die Skalen des eigenschaftsorientierten Integrity Test fanden sich in ursprünglicher Form interne Konsistenzen von $\alpha = .74$ (Emotionale Stabilität), .69 (Verträglichkeit), .71 (Gewissenhaftigkeit), .70 (Suche nach Stimulation) und .34 (Extraversion). Für die probeweise aufgenommene Extraversionsskala legte dies, ebenso wie deren mangelnde Kriteriumsvalidität, den Ausschluß von den weiteren Untersuchungen nahe; die übrigen Bereiche wurden einem ähnlichen Prozeß der Kürzung und Neuordnung unterzogen wie der einstellungsorientierte Test. Insgesamt fielen die Änderungen jedoch weniger grundlegend aus als dort.

Eine Hauptkomponentenanalyse erbrachte 16 Faktoren mit Eigenwerten > 1, wobei lediglich nach dem zweiten Faktor ein etwas deutlicherer Abfall zu erkennen war. Ein dominierender Generalfaktor fand sich hier eindeutig nicht. Am besten interpretierbar war jedoch eine (varimax-rotierte) vierfaktorielle Lösung, in der sich relativ deutlich die intendierten Inhalte wiederfanden. Lediglich bei der emotionalen Stabilität luden einige Items zum Selbstwertgefühl auf den Gewissenhaftigkeitsfaktor, während Aspekte der Impulskontrolle eine separate Komponente bildeten. Der als Suche nach Stimulation interpretierbare Faktor wurde durch den Verträglichkeitsaspekt der Berechnung/Manipulation ergänzt.

Diese nicht immer unmittelbar plausiblen Resultate wurden nur in wenigen Fällen zu einer neuen Zuordnung der Items genutzt. Im wesentlichen bestand hier die Revision aus einer Skalenkürzung, nach der noch 53 der ursprünglich 64 Items verblieben. Sie teilen sich in die vier verbleibenden Skalen „Verträglichkeit" (15 Items), „Emotionale Stabilität" (12 Items), „Gewissenhaftigkeit" (17 Items) und „Suche nach Stimulation" (9 Items) auf.

Tabelle 7 zeigt Mittelwerte, Standardabweichungen, die internen Konsistenzen sowie die Interkorrelationen der Summenscores und der Subskalen für die beiden Integrity Tests nach der Revision. Außerdem sind die Korrelationen mit der Abiturnote und dem Gesamt- sowie „Delinquenz"-Wert des Fragebogens zur Selbstkontrolle angegeben.

Tabelle 7: Deskriptive Statistiken und Korrelationen für die revidierten Integrity Tests

	m	SD	(1)	(2)	(3)	(4)	(5)	(6)	(7)	(8)	(9)	(10)
einstellungsorientiert:												
(1) gesamt	219,9	23,9	(.90)									
(2) Verhaltensabsichten/ -phantasien	68,8	11,3		(.84)								
(3) Rationalisierungen	55,0	7,1		.46**	(.77)							
(4) Verbreitungsgrad	47,9	7,1		.41**	.38**	(.79)						
(5) Mißtrauen	48,2	6,1		.31**	.47**	.55**	(.75)					
eigenschaftsorientiert:												
(6) gesamt	175,6	15,5	.46**	.48**	.30**	.28**	.23**	(.81)				
(7) Verträglichkeit	46,0	6,8	.23**	.25**	.02	.18**	.20**		(.76)			
(8) Emotionale Stabilität	42,8	5,9	.27**	.16**	.31**	.17*	.20**		-.06	(.76)		
(9) Gewissenhaftigkeit	60,4	7,4	.39**	.44**	.31**	.18**	.15*		.03	.48**	(.79)	
(10) Suche n. Stimulat.	26,4	5,5	.21**	.30**	.08	.15*	.01		.30**	-.15*	.29**	(.74)
Abiturnote			-.16*	-.13	-.13	-.07	-.17*	-.13	-.01	-.07	-.17*	-.05
Selbstkontrolle (gesamt)			.46**	.59**	.26**	.19**	.19**	.53**	.25**	.20**	.44**	.39**
Selbstkontrolle (Delinq.)			.47**	.64**	.18**	.28**	.11	.39**	.17*	.05	.31**	.43**

Anm.: * = $p < .05$; ** = $p < .01$; m = Mittelwert; SD = Standardabweichung; in der Hauptdiagonalen stehen Cronbachs Alphas; alle Skalen der Integrity Tests sind in Richtung höherer „Integrität" gepolt; N = 214

Die Reliabilitäten liegen angesichts der begrenzten Länge der Subskalen nunmehr durchgängig in einem befriedigenden Bereich. Es fällt allerdings auf, daß die interne Konsistenz des eigenschaftsorientierten Integrity Test kaum über die Werte seiner Teilskalen hinausgeht. Dies deckt sich mit amerikanischen Befunden (vgl. Abschnitt 2.3.2) und wird erklärlich, wenn man deren Interkorrelationen betrachtet. Hier finden sich neben drei konvergenten Beziehungen auch zwei Nullkorrelationen und sogar ein leicht negativer Zusammenhang zwischen emotionaler Stabilität und der Meidung aufregender Situationen. Die Subskalen des einstellungsorientierten Test hängen dagegen durchweg positiv zusammen und konvergieren interessanterweise auch konsistenter mit den Eigenschaftskonstrukten als diese untereinander.

Alle Teilbereiche der Integrity Tests sind mit den Verhaltensitems der Selbstkontrollskala korreliert, wenngleich in z.T. recht unterschiedlichem Ausmaß. Eine Sonderstellung scheint dabei die Skala „Verhaltensabsichten" einzunehmen, die sowohl mit Selbstkontrolle als auch mit den eigenschaftsorientierten Skalen besonders eng zusammenhängt. Aus der sozialpsychologischen Literatur unmittelbar plausibel wäre ein Befund, der Intentionen eine Mediatorfunktion zwischen *Einstellungen* und Verhalten zuweist. Hier deutet sich dagegen etwas ähnliches für den Bereich der Eigenschaften an. Insgesamt bestenfalls mäßig, wenn auch in der erwarteten Richtung, fallen die Koeffizienten zwischen Integrity und Schulnoten aus. Die Resultate ändern sich auch hier insgesamt kaum, wenn man den Testwert der Lügenskala, die mit den Integrity Tests zu .23 bzw. .26 korrelierte, auspartialisiert.

Die mittlere Itemschwierigkeit lag mit .58 relativ nah am psychometrischen Optimum. Keine der Skalen wich signifikant von der Normalverteilung ab. Im Gegensatz zu Selbstkontrolle fanden sich bei den Integrity Tests nur geringfügige Geschlechterdifferenzen. Die etwas höheren Werte der weiblichen Teilnehmer beim einstellungsorientierten Test (d = 0,28) gingen vollständig auf den Effekt der verhaltensnahen Skala zu Absichten und Phantasien zurück. Innerhalb des Eigenschaftsbereichs glichen sich die gegenläufigen Effekte für emotionale Stabilität (Männer signifikant höher) und Suche nach Stimulation (Männer in der - hier umgepolten - Skala niedriger) wechselseitig aus. Das Alter spielte generell keine Rolle für die einstellungsorientierten Skalen; ältere Probanden beurteilten sich jedoch tendenziell als gewissenhafter und weniger reizsuchend. Diese Resultate stehen im Einklang mit Befunden aus dem Schrifttum zu Integrity (Ones, 1993; Ones & Viswesvaran, 1998) und Persönlichkeitstests (siehe hierzu etwa die Manuale der verbreitetsten Persönlichkeitsinventare).

Eine Analyse der Zusatzitems mit alternativen Antwortformaten erbrachte recht unterschiedliche Resultate. Die Prozentschätzungen verschiedener Delikte hingen zu r = .45 mit der Likert-skalierten Skala Verbreitungsgrad zusammen, eine durchaus befriedigende Konvergenz. Brauchbar waren auch die Kennwerte von drei der vier Multiple-Choice-Aufgaben zu Einstellungen, während ein Item dieser Art eliminiert werden mußte. Die mit Wahlzwang versehenen Adjektive zeigten allerdings, trotz der Orientierung an Andersons (1968) Erwünschtheitseinschätzungen, überwiegend sehr ungleichmäßige Verteilungen. Hier wurden für die Revision die Zusammenstellungen teils umgruppiert, teils durch neue Eigenschaftswörter ersetzt.

8.4   Diskussion und Interpretation der revidierten Instrumente

Die Itemanalyse erbrachte überwiegend Resultate, die im Hinblick auf die theoretischen Annahmen bei der Konstruktion der Tests ermutigend sind. Insbesondere bei der Entwicklung der Skala zur Selbstkontrolle aus inhaltlich sehr heterogenen Items, die sich auf die Retrospektion einzelner Verhaltensakte bezogen, war weitgehend Neuland betreten worden, was stets mit dem Risiko des Scheiterns verbunden ist. Daher kann die Tatsache, daß es gelungen ist, eine in sich konsistente Skala aus derartigen Fragen zu konstruieren, bereits als eine erste, noch sehr vorläufige Bestätigung der zugrundeliegenden Theorie gewertet werden.

Dabei ist es im Sinne der eigenen Interpretation durchaus theoriekonform, daß in der Revision die als zum Kernbereich des Konstrukts gehörig spezifizierten Inhalte weitgehend erhalten blieben, während die Kürzungen überwiegend als peripher betrachtete Items betrafen. Die revidierte Skala kann also als gegenüber der Analyseversion „reinere" Messung von Selbstkontrolle gemäß G&H angesehen werden.

Durch einzelne Aufgaben werden aber nach wie vor Randbereiche einbezogen (z.B. Unfälle, instabile Beziehungen), deren Verursachung durch Selbstkontrolle theoriegemäß zwar wahrscheinlich, aber nicht zwingend ist. Diese sind jedoch, anders als in bisherigen Operationalisierungen, weit davon entfernt, das Instrument zu dominieren.

Über die bisherige Diskussion hinaus reicht der Befund, daß eine positiv, über das Erfordernis eigener Initiative und damit Motivation definierte Seite von Selbstkontrolle mit der Meidung kurzsichtigen Verhaltens offenbar nur sehr marginal verbunden ist. G&Hs Ablehnung motivationalen Antriebs bezog sich auf deren Erklärungswert für Devianz bzw. Delinquenz, und entsprechend definierten sie ihr Kernkonstrukt vor allem als Mangelerscheinung (lack of self-control), dessen Nichtvorliegen - im Gegensatz zu einem positiven Antrieb - das Durchbrechen gewissermaßen archaischer Bedürfnisse nach unmittelbarer Nutzenstiftung erklärt. Daraus läßt sich logisch keineswegs ableiten, ob das Vorhandensein von Selbstkontrolle in diesem Sinn lediglich von unvernünftigem Handeln abhält, oder ob das gleiche Konstrukt auch zur Überwindung von Barrieren im langfristigen Eigeninteresse antreibt, was eine motivatorische Komponente implizieren würde. Die vorliegenden Ergebnisse sprechen wie gesagt eher gegen diese Hypothese. Dies belastet den Erklärungswert von G&Hs Theorie für deviantes (kurzsichtiges) Verhalten nicht, ist jedoch mglw. von einigem Interesse für das Verständnis dieses und ähnlicher Konstrukte, deren Pole im Spannungsfeld zwischen Meiden und Aufsuchen liegen (z.B. Dissozialität vs. Prosozialität; Impulsivität vs. Inhibition). Dieser nicht zum Gegenstand dieser Arbeit gehörende Aspekt sei hier lediglich kursorisch referiert.

Die revidierte Fassung des Fragebogens zur Selbstkontrolle reduziert sich also weitgehend auf den Kern des bei G&H spezifizierten Konstrukts: Verhaltensindikatoren für die allgemeine, überdauernde Tendenz, Handlungen zu meiden, die langfristig nicht im eigenen Interesse liegen, obwohl sie kurzfristig angenehme Effekte haben.

Zumindest in der hier gewählten retrospektiven Messung zeigt sich diese Tendenz über verschiedene Lebensabschnitte erstaunlich stabil. In der Summation der individuell seltenen Ereignisse ergibt sich für die hier betrachtete, sozial unauffällige Studentenpopulation ein annähernd normalverteiltes Merkmal mit hinreichender Varianz. Dabei sind die Manifestationen über unterschiedlichste Erscheinungsformen, unterhalb wie oberhalb der Schwelle zur juridisch relevanten Normabweichung durchweg positiv korreliert, wie es die Theorie voraussagt. Entgegen einer allzu orthodoxen Auslegung finden sich jedoch auch Hinweise auf die spezifische Konsistenz einzelner Erscheinungsformen. Eine mit der Theorie zu vereinbarende Interpretation dieses Befunds wäre, daß neben Selbstkontrolle als genereller Ursache noch eine unbekannte Zahl spezifischer Erklärungen existiert, die nur auf bestimmte Bereiche Einfluß nehmen. Als Kandidaten hierfür kommen etwa die im eigenschaftsorientierten Integrity Test erfaßten Persönlichkeitsmerkmale in Frage, für die sich (hier im Detail nicht dargestellte) Anzeichen für differentielle Validität fanden. So korrelierte etwa Verträglichkeit vor allem mit Aggressivität und problematischem Sozialverhalten, Gewissenhaftigkeit am stärksten mit Unpünktlichkeit, Verschwendung und Schulproblemen, und Suche nach Stimulation hing besonders eng mit Verkehrsdelikten zusammen. Diese Ergebnisse sind durchweg unmittelbar einsichtig und bestätigen auch teilweise Resultate der Pilotstudie. Ähnlich deutliche Differenzen fanden sich bei den Einstellungen kaum. Derartige Aspekte der Konstruktvalidität werden uns unten noch eingehender beschäftigen.

Auch für die Integrity Tests ließen sich Skalen mit zufriedenstellenden psychometrischen Eigenschaften konstruieren. Dies erforderte bei den einstellungsorientierten Bereichen jedoch eine etwas umfangreichere Revision, die sich teilweise auch auf die inhaltliche Interpretation erstreckte. So ließ sich die in amerikanischen Faktorenanalysen gelegentlich gefundene Unterscheidung von Verhaltensabsichten und eher emotionaler Beschäftigung mit den Einstellungsobjekten nicht replizieren. Aus den oberflächlich betrachtet wertfreien Einschätzungen über die Verbreitung devianten Verhaltens und einer als „Ellenbogenmentalität" interpretierbaren Lebenseinstellung bildete sich eine stärker inhaltlich geprägte neue Komponente, in der sich die Tendenz ausdrückt, anderen ohne Rücksicht zu begegnen und eine entsprechendes Auftreten auch von anderen zu erwarten. Damit besitzt der Fragebogen eine eher auf Häufigkeitsschätzungen beruhende Skala Verbreitungsgrad (Markiervariable: „Wer sein Geld nur mit ehrlicher Arbeit verdient, gehört heutzutage schon zu einer Minderheit.") und eine direkter am eigenen Umfeld orientierte Skala Mißtrauen („Die meisten Menschen, denen man begegnet, versuchen einen auszunutzen, wo sie nur können."), die beide auf den false-consensus-Effekt zurückgreifen, aber faktoriell unterscheidbar sind. Die Skala Rationalisierungen konnte durch Kürzung und Aufnahme einzelner Items der offenen Kategorie wesentlich verbessert werden, ohne ihren inhaltlichen Charakter bedeutend zu verändern (Markiervariable: „Natürlich ist es verboten, seinen Chef zu bestehlen, aber es trifft wenigstens keinen Armen."). Für die ursprüngliche Punitivitätsskala waren die Befunde, ähnlich wie schon in der Pilotstudie, unter allen Gesichtspunkten so dürftig, daß ein Verbleib dieses Teilbereichs im Test nicht mehr zu vertreten war. Dies stellt den einzigen wirklich substantiellen Unterschied inhaltlicher Art zu den amerikanischen Vorbildern dar. In Deutschland scheint eine „law and order"-Haltung gegenüber deviantem Verhalten weder ein in sich konsistentes noch valides Merkmal darzustellen.

Die Grenzen zwischen einzelnen Einstellungsbereichen scheinen teilweise etwas zu verschwimmen, wie die umfangreiche Neuordnung der Items zeigt. Dies mag daran liegen, daß in den Skalen nicht bestimmte Objekte spezifiziert worden waren, sondern eher unterschiedliche Zugänge zum einheitlichen Bereich kontraproduktiven bzw. devianten Verhaltens. Dies war jedoch keine willkürliche Entscheidung; sie beruhte auf den wiederholten Befunden zu „overt tests" in Nordamerika. Zum Teil bestätigen sich diese Resultate auch in der eigenen Untersuchung, im Einzelfall kommt es aber auch zu deutlichen Abweichungen. Eine Einteilung nach inhaltlichen Komponenten wäre jedoch aufgrund der Faktorenanalyse noch wesentlich schwerer zu rechtfertigen gewesen. Dadurch wird die Interpretation der Subskalen allerdings teilweise schwierig, etwa was die Abgrenzung zwischen „Verbreitungsgrad" und „Mißtrauen" angeht, die auch empirisch mit r = .55 eng zusammenhängen. Insgesamt findet sich im einstellungsorientierten Test eine Tendenz zur Konvergenz der Sub-

skalen und auch der einzelnen Fragen (alle Items besitzen zumindest positive Trennschärfen bezüglich der Gesamtskala), die auf die Existenz eines Generalfaktors hinweisen.

Ein solcher g-Faktor ist bei den eigenschaftsorientierten Skalen in dieser explorativen Analyse nicht zu erkennen. Die Einzelskalen besitzen dagegen auch hier nach
der Revision durchgängig brauchbare interne Konsistenz. Ihre Interpretation blieb in
der veränderten Fassung weitgehend unberührt. Es sei daher an dieser Stelle lediglich
auf Abschnitt 7.1 verwiesen. Die am FFM orientierten Skalenbezeichnungen sollen
vorläufig beibehalten werden, wenngleich dies die Gefahr von Mißverständnissen
birgt. Wir werden uns von dieser Vereinfachung erst nach einer eingehenderen Untersuchung zur Konstruktvalidität lösen.

Die Zusammenhänge mit dem Abitursdurchschnitt fallen eher dürftig, wenn auch
gerade noch signifikant aus, etwas höher ist hier die Validität von Selbstkontrolle.
Dabei ist aber anzumerken, daß Schulnoten zur Beurteilung der Validität von Integrity Tests ein konzeptionell recht weit entferntes Außenkriterium darstellen. Besser
geeignet erscheinen die im Fragebogen zur Selbstkontrolle enthaltenen Verhaltensweisen, für die sich, wie auch schon für Kontraproduktivität in der Pilotstudie, zum
Teil substantielle Validitäten fanden. Dies war der Fall, obwohl mit diesem Test
nicht das eigentliche Zielkriterium Kontraproduktivität erfaßt wird. Die Koeffizienten sind andererseits nicht so hoch, daß davon die Rede sein könnte, mit den Integrity
Tests werde das gleiche gemessen wie mit der Selbstkontrollskala. Verhaltensinten-
tionen stellen dagegen einen Bereich dar, der eine Brückenfunktion zwischen allgemeinen Einschätzungen des Selbst und äußerer Einstellungsobjekte und dem selbstberichteten, konkreten Verhalten bildet. Dies erscheint einsichtig, wenn man bedenkt,
daß diese Art von Items sowohl introspektiv als auch verhaltensbezogen ist (Was
würde ich *tun*, wenn...?). Sie nehmen innerhalb des Einstellungskonzepts zumindest
eine Sonderstellung ein, indem sie eine Beurteilung der eigenen Person verlangen,
unterscheiden sich jedoch auch vom biographischen Verhaltensbericht durch ihren
hypothetischen, zukunftsbezogenen Charakter und von den eigenschaftsbezogenen
Selbsteinschätzungen durch die Spezifikation bestimmter Situationen (im Einstel-
lungsinterview werden entsprechende Fragen sogar unter der Bezeichnung „situativ"
geführt). Insofern sind Verhaltensabsichten vielleicht als eine Art Bindeglied zwischen den drei hier untersuchten Bereichen mit eigenständigem Charakter zu verstehen.

Wenngleich in diesem Kapitel verschiedentlich Aspekte gestreift wurden, die unter das Rubrum Konstruktvalidität gehören, richtete sich das Hauptaugenmerk doch
auf eine Itemanalyse gemäß der Klassischen Testtheorie. Es gilt anzumerken, daß die
dabei vordringlich angewandten Methoden der Itemselektion nach empirischen
Kennwerten, ebenso wie die ergänzend bei den Integrity Tests herangezogenen Faktorenanalysen, statistisch optimierende Verfahren darstellen, die sich, wie stets in
diesen Fällen, die Eigenheiten der jeweiligen Stichprobe zunutze machen, was gewöhnlich durch Überanpassung zu einer Überschätzung der gefundenen Werte führt.
Es zählt zu den unguten Praktiken mancher Testentwicklungen, lediglich die Kenn-

werte zu berichten, die am Ende dieses Prozesses stehen und auf die notwendige Bestätigung in einer Replikation zu verzichten. Dies wird zu den Gegenständen der nachfolgenden Hauptuntersuchung zählen. Die hier referierten Teststatistiken sind daher als vorläufige Werte anzusehen. Die eigentliche Zielsetzung der Hauptuntersuchung geht freilich weit darüber hinaus und schließt eine sicher nicht allumfassende, aber doch sehr intensive Bearbeitung von Fragen aus dem facettenreichen Komplex der Konstruktvalidität ein. Dafür wurden dem Untersucher mit Hilfe der Ergebnisse dieser Studie Instrumente an die Hand gegeben, die einer ersten empirischen Prüfung weitgehend standhielten.

9 Hauptuntersuchung

Die dritte empirische Erhebung im Rahmen dieser Arbeit richtete sich in erster Linie auf Aspekte der Konstruktvalidität. Dieser schillernde Begriff ist freilich in seiner Bedeutung so schwer einzugrenzen, daß sich fast jedes Resultat einer Untersuchung als Teil einer Konstruktvalidierung auffassen läßt. Vielsagend muß nicht immer das Gegenteil von nichtssagend sein. In einem allgemeinen Ansatz soll hier unter der Konstruktvalidierung von Tests die Prüfung verstanden werden, ob deren empirisch vorgefundene Ergebnisse zur internen Struktur und zu mittels Außenkriterien erfaßten Konstrukten mit den theoretisch zu erwartenden Resultaten übereinstimmen. Dabei hängt es im Einzelfall von der Art der theoretischen Aussagen und dem Entwicklungsstand der Tests ab, inwieweit einzelne Analysen eher als Prüfung der psychometrischen Qualität der Fragebogen oder der Haltbarkeit der theoretischen Annahmen zu interpretieren sind.

Im einzelnen sind die hier untersuchten Gesichtspunkte so vielfältig, daß es im Dienste der Übersichtlichkeit angezeigt erschien, sich für den folgenden Hauptabschnitt von der klassischen Gliederung in Zielsetzung bzw. Hypothesen, Methode, Ergebnisse und Diskussion zu lösen. Stattdessen soll diesem Kapitel ein allgemeiner Methodenteil vorangestellt werden, in dem, neben der Vorstellung von Stichprobe und Meßinstrumenten, auch in knapper Form auf die Grundprinzipien linearer Strukturgleichungsmodelle eingegangen wird, die an verschiedenen Stellen bei der Datenanalyse zum Einsatz kamen. Die Darstellung von Zielsetzung, Ergebnissen und die Diskussion erfolgen jeweils innerhalb inhaltlich gegliederter Unterabschnitte von überschaubarem Umfang. Dabei richtet sich das Augenmerk zunächst auf eine interne Prüfung der eigenen Testkonstruktionen, wobei, nach einer Replikation der Itemanalyse als Grundlage einer nochmaligen Revision, die Untersuchung der inneren Struktur im Mittelpunkt steht. Das eigentliche „nomologische Netz" wird erst durch die Einbeziehung von Außenkriterien im zweiten Teil dieses Kapitels aufgespannt. Dazu zählen eine Vielzahl von Fragebogenmaßen (in Relation zu Selbstkontrolle und Integrity) konstruktnaher und -ferner Merkmale, daneben aber auch unterschiedliche Verhaltens- und Leistungsindikatoren. Ein Nebenaspekt der externen Analyse ist die Untersuchung der kontrovers diskutierten Frage nach Personentypologien mittels klassifizierender Verfahren. Schließlich wird in einem dritten, inhaltlich vollkommen eigenständigen Teil auf den praktisch bedeutsamen Gesichtspunkt der Akzeptabilität von Integrity Tests im Vergleich zu anderen Eignungsdiagnostika einzugehen sein.

9.1   Methode

9.1.1 Stichprobe und Durchführung

Die dritte Untersuchung wurde wieder an studentischen Teilnehmern durchgeführt, diesmal jedoch unter Ausschluß anderer Gruppen. Da es um die Prüfung von Beziehungen zwischen Konstrukten ging und nicht um die Ermittlung operativer Kriteriumsvaliditäten von Personalauswahlverfahren, erschien eine Erhebung im Feld eher schädlich als nützlich (vgl. zum inflationären Effekt von echten Auswahlsituationen auf die Korrelationen zwischen Persönlichkeitsmerkmalen z.B. Collins & Gleaves, 1998); allerdings ist eine reine Studentenpopulation unter verschiedenen Gesichtspunkten vermutlich homogener als die Gesamtbevölkerung, so daß mit gewissen Varianzeinschränkungen zu rechnen ist. Die Beschränkung auf Studenten hatte u.a. den Sinn, als eindeutig identifizierendes Merkmal die Matrikelnummer erheben zu können. Auf den Hintergund dieser Maßnahme wird noch zurückzukommen sein.

Insgesamt nahmen 213 Probanden an dieser Studie teil. In dieser Stichprobe wurden etwas umfangreichere deskriptive Angaben erfragt als in den vorangegangenen Untersuchungen. Die Verteilung von Alter (m = 23,7; SD = 2,9; Spannweite = 20 bis 41 Jahre) und Geschlecht (41,8 % weiblich) war ähnlich wie bei der Untersuchung zur Itemanalyse. 126 Vpn (59,2 %) absolvierten zum Zeitpunkt der Erhebung das Grundstudium, der Rest stand im Hauptstudium. Die Studenten verteilten sich auf 14 verschiedene Studiengänge, die das Spektrum der in Hohenheim angebotenen Fächer recht gut repräsentieren. Zur Vereinfachung wurden Bereiche gebildet, die bis zum Abschluß des Grundstudiums vergleichbaren Prüfungsordnungen unterliegen. Der Schwerpunkt lag dabei wie in der Grundgesamtheit bei den Wirtschaftswissenschaften (N = 126; incl. Wirtschaftspädagogik, Haushaltswissenschaften/-ökonomie und Agrarökonomie), gefolgt von den Naturwissenschaften/Diplom (N = 38; Biologie; Agrarbiologie; Lebensmitteltechnologie; Ernährungswissenschaften), den Allgemeinen Agrarwissenschaften (N = 36) und den Naturwissenschaften/Lehramt (N = 8; Biologie, Chemie, Physik); die restlichen fünf Teilnehmer studierten andere Fächer oder machten keine Angaben zum Studiengang. Etwa ein Drittel (N = 72) verfügte über eine abgeschlossene Berufsausbildung. Lediglich 20 (9,6 %) Probanden gaben an, über keine nennenswerte Berufserfahrung (weniger als 4 Wochen) zu verfügen; 35,6 % hatten zwischen 4 Wochen und einem Jahr, 39,4 % zwischen einem und drei Jahren und 15,4 % mehr als drei Jahre Erwerbsarbeit hinter sich. 28 Probanden hatten bereits an der fünf Monate zuvor erfolgten Untersuchung zur Itemanalyse teilgenommen, was die Berechnung von Retest-Reliabilitäten erlaubt.

Anders als bei den beiden Vorstudien wurde die Erhebung diesmal in Gruppensitzungen zu ca. 10 bis 12 Personen mit Anwesenheit eines Testleiters durchgeführt. Insgesamt fanden, über zwei Wochen verteilt, 20 Sitzungen statt. Die Teilnehmer wurden persönlich vor dem Eingang der Hohenheimer Mensa rekrutiert und mußten sich zu einem bestimmten Termin mit ihrer Matrikelnummer in eine Liste eintragen. Der Drop-Out konnte auf diese Weise unter zehn Prozent (20 der angemeldeten Personen) gedrückt werden. Als Anreiz wurde diesmal, wegen des gegenüber der Itemanalyse erheblich größeren Aufwands, ein Betrag von DM 30.- ausgesetzt. Jüngste Forschungen (Ullman & Newcomb, 1998) haben bestätigt, daß der Erhalt einer materiellen Vergütung die wirksamste Maßnahme ist, um der unterproportionalen Teilnahmebereitschaft sozial devianter Personen an freiwilligen Befragungen entgegenzuwirken.

Die Sitzungen fanden in einem vom allgemeinen Publikumsverkehr abgelegenen, im Keller des Instituts befindlichen Raum statt. Der jeweils anwesende von insgesamt zwei Versuchsleitern (je eine(r) männlich und weiblich; die männliche Form sei hier nur aus stilistischen Gründen gewählt) verlas zu Beginn der Durchführung eine inhaltlich neutrale Einführung des Gegenstands der Untersuchung sowie einige Testinstruktionen, soweit sie nicht schriftlich vorlagen. Außerdem überwachte er die Einhaltung des Zeitlimits beim Intelligenztest (s.u.) und stand für Fragen zur Verfügung. Ansonsten verhielt er sich möglichst unbeteiligt, indem er die Erhebung lesend verbrachte. Mit Ausnahme des Intelligenztest, der stets zu Beginn vorgelegt wurde, wurde die Reihenfolge der Instrumente in der Durchführung variiert. Unmittelbar im Anschluß an die Durchführung, die individuell sehr unterschiedlich etwa zwischen einer und zwei Stunden in Anspruch nahm, betraten die Teilnehmer einzeln einen Nebenraum, in dem ein Verbündeter (entweder eine weibliche oder männliche wissenschaftliche Hilfskraft) auf sie wartete. Dieser war für die Auszahlung des ausgesetzten Geldbetrags in bar sowie für die Durchführung der Manipulation der Verhaltensmaße (s.u.) zuständig. Auch die Verbündeten versuchten, die Vpn nach Möglichkeit nicht in ihrem Verhalten zu beeinflussen.

9.1.2 Meßinstrumente und Analysemethoden

Im folgenden sollen die Instrumente bzw. Variablen vorgestellt werden, soweit sie für die Untersuchung zur Konstruktvalidität von Belang sind (zur Akzeptanz siehe unten näheres). Im einzelnen handelt es sich um die im Rahmen der vorangegangenen Kapitel eingeführten Eigenentwicklungen, einen allgemeinen Persönlichkeitstest zur Erfassung der Big5, einen kurzen Intelligenztest, mehrere alternative Operationalisierungen von Selbstkontrolle mittels konventioneller Persönlichkeitsskalen, eine Skala zur Erfassung sozial erwünschten Antwortverhaltens, zwei Verhaltensmaße, mit denen ein methodisch anders gearteter Zugang zum Bereich Selbstkontrolle bzw. Ehrlichkeit gesucht wurde, sowie Schul- und Studienleistungen als Außenkriterien. Abschließend soll noch in einem methodischen Exkurs das Grundprinzip der Datenanalyse mittels linearer Strukturgleichungsmodelle erläutert werden, dessen Kenntnis für das Verständnis einiger Auswertungen unentbehrlich ist.

Eigene Testentwicklungen

Den Teilnehmern wurden die beiden *Integrity Tests* und der *Fragebogen zur Selbstkontrolle* in der aufgrund der Itemanalyse überarbeiteten Form vorgelegt. Ergänzend sei hier nur angefügt, daß das Verfahren zu Selbstkontrolle nunmehr mit einem einheitlichen Antwortformat versehen war, das einer siebenpoligen Häufigkeitsskala (zuvor: sechspolige oder dichotome Items) entsprach. Mit dem zusätzlichen Pol sollte das untere Ende der Skala noch etwas mehr „gestreckt" werden. Die Verankerungen lauten: 1 = nie; 2 = einmal; 3 = zwei- bis dreimal; 4 = mehrmals; 5 = häufig; 6 = sehr häufig; 7 = immer. Der letzte Skalenpunkt wurde nur aus Gründen optischer Symmetrie eingefügt; er paßt i.d.R. nicht sehr gut zu den Items und wurde auch entsprechend selten gewählt.

Allgemeine Persönlichkeit

Eine der Hauptzielsetzungen dieser Studie bestand in der Untersuchung der Beziehungen zwischen Integrity Tests, Selbstkontrolle und dem FFM der Persönlichkeit, die bereits an verschiedenen Stellen (z.B. Abschnitte 2.3.4 und 4) ausführlich thematisiert wurden. Die fünf Faktoren sollten dabei einschließlich der untergeordneten Ebene der Facetten gemessen werden. Das international bei weitem verbreitetste FFM-Instrument, das eine elaborierte (wenngleich nicht unumstrittene) Facettenebene enthält und zudem die fünf Faktoren vergleichsweise gut zu repräsentieren scheint (Ostendorf & Angleitner, 1994a), ist der *NEO-PI-R* (Costa & McCrae, 1992). Eine deutschsprachige, noch nicht publizierte Version wurde von Ostendorf und Angleitner (1994b, Angleitner & Ostendorf, 1993) entwickelt, die sie dem Verfasser für diese Untersuchung dankenswerterweise zur Verfügung stellten. Wie jedes andere derartige Instrument mißt der NEO das FFM in einer spezifischen, mit anderen Operationalisierungen nicht ohne weiteres vergleichbaren Variante. Diese stellt jedoch den besonders in der Eignungsdiagnostik bevorzugt gewählten Referenzrahmen dar und eignet sich daher für international relevante Forschung besser als mögliche Alternativen.

Der NEO-PI-R besteht aus 241 Items, wobei sich jeder Faktor aus sechs Facetten zusammensetzt, die mit jeweils acht Aussagen gemessen werden (ein Item fragt nach der Ehrlichkeit beim Beantworten der anderen 240 Fragen). Alle Items sind mit einer fünfpoligen Zustimmungsskala vom Likert-Typ verankert (von -2: völlig unzutreffend bis +2: völlig zutreffend). Die folgende Aufstellung gibt die deutschen Bezeichnungen der Faktoren und der zugehörigen Facetten wieder (zur Definition siehe das amerikanische Testmanual):

- *Neurotizismus (N)*: N1: Ängstlichkeit; N2: Reizbarkeit; N3: Depression; N4: Soziale Befangenheit; N5: Impulsivität; N6: Verletzlichkeit
- *Extraversion (E)*: E1: Herzlichkeit; E2: Geselligkeit; E3: Durchsetzungsfähigkeit; E4: Aktivität; E5: Erlebnishunger; E6: Frohsinn
- *Offenheit für Erfahrungen (O)*: (Offenheit für...) O1: Phantasie; O2: Ästhetik; O3: Gefühle; O4: Handlungen; O5: Ideen; O6: des Normen- und Wertesystems

- *Verträglichkeit (A)*: A1: Vertrauen; A2: Freimütigkeit; A3: Altruismus;
  A4: Entgegenkommen; A5: Bescheidenheit; A6: Gutherzigkeit
- *Gewissenhaftigkeit (C)*: C1: Kompetenz; C2: Ordnungsliebe; C3: Pflicht-
  bewußtsein; C4: Leistungsstreben; C5: Selbstdisziplin; C6: Besonnenheit

Intelligenz

Als von Integrity Tests unabhängiges Merkmal sollte allgemeine Intelligenz erfaßt werden. Da dies eher einen Nebenaspekt im umfangreichen theoretischen Rahmen dieser Arbeit darstellt, mußte die Messung in ökonomischer Form erfolgen, so daß mehrdimensionale Intelligenztests von vornherein ausschieden. Die globale Erhebung eines g-Faktors erschien ausreichend, solange dabei nicht die in der Kriminologie als besonders bedeutsam erachtete verbale Komponente eliminiert wird, was etwa bei „kulturfreien" (sprich: sprachfreien) Tests der Fall ist. Unter den in Deutschland publizierten Verfahren kam unter Berücksichtigung dieser Kriterien zunächst nur noch der *Verbale Kurzintelligenztest* (VKI; Anger, Mertesdorf, Wegener & Wülfing, 1980) in Frage, dessen Problem jedoch nach Vorprüfungen darin bestand, im oberen Leistungsbereich nicht hinreichend zu differenzieren. Dies erschien bei einer studentischen Stichprobe nicht tragbar.

Daher wurde auf die deutsche Übersetzung des *Wonderlic Personnel Test* (WPT; Wonderlic, Inc., 1996) zurückgegriffen, der in den USA das verbreitetste Instrument zur Messung kognitiver Fähigkeiten in der Personalauswahl darstellt. Er wurde auch häufig im Zusammenhang mit Integrity Tests eingesetzt, was sich günstig auf die internationale Vergleichbarkeit der Ergebnisse auswirken sollte. Das Hauptproblem besteht in diesem Fall darin, daß für die deutsche Version noch keine Normen vorliegen. Da es hier jedoch nicht um Einzelfalldiagnostik, sondern vorwiegend um die Ermittlung korrelativer Zusammenhänge ging, erschien diese Einschränkung weniger gravierend.

Der WPT besteht aus 50 Items mit offenem Antwortformat, die im Grunde eine Zusammenstellung aus typischen Subskalen mehrdimensionaler Intelligenztests darstellt. Ausgewertet wird jedoch nur ein Gesamtwert, der als „g" interpretiert wird. Aus den im Manual zitierten Untersuchungen mit der amerikanischen Version werden sehr hohe Übereinstimmungen mit längeren Tests berichtet, etwa mit dem IQ aus den Wechsler-Skalen um r = .90. Der WPT ist als Speed-Test gedacht, dessen reine Durchführungszeit 12 Minuten beträgt. Eine Abwägung von Ökonomie, Validität und internationaler Vergleichbarkeit gab damit den Ausschlag, den WPT hier zur Intelligenzmessung einzusetzen.

Alternative Fragebogenmessungen von Selbstkontrolle

Auf die lange Tradition des Merkmals „Selbstkontrolle" in der Persönlichkeitsforschung vor G&H wurde bereits eingehend hingewiesen. Übereinstimmungen und Unterschiede mit dem hier vertretenen Meßkonzept sowie den Integrity Tests wurden mittels dreier Skalen untersucht, von denen zwei allgemeinen Persönlichkeitsinventaren entstammen, während eine als Operationalisierung der Theorie von G&H gedacht ist, deren Qualität hier bekanntlich bestritten wird.

Aus dem *California Psychological Inventory* (CPI, Gough, 1975; deutsch: Weinert et al., 1982) wurde die Subskala „Selbstbeherrschung" (self-control; CPI-Sc) entnommen. Sie besteht aus 49 dichotom skalierten Aussagen (richtig - falsch) über die eigene Person und äußere Meinungsgegenstände und mißt laut Handbuch Ausmaß und Angemessenheit der Selbstregulation sowie die Freiheit von Impulsivität und Egozentrik. Anders als etwa die So-Skala wurde CPI-Sc rational unter Maximierung der internen Konsistenz konstruiert.

Als zweite eingeführte Operationalisierung von Selbstkontrolle wurde die Skala Q₃ (Spontaneität vs. Selbstkontrolle) aus dem *16-Persönlichkeits-Faktoren-Test* (16PF; Cattell, Eber & Tatsuoka, 1970; deutsch: Schneewind, Schröder & Cattell, 1983) herangezogen, die sich dem Manual zufolge u.a. durch die Tendenz, sich von augenblicklichen Bedürfnissen leiten zu lassen und bei Schwierigkeiten leicht aufzugeben beschreiben läßt. Sie besteht aus 12 Multiple-Choice-Items mit je drei Alternativen, die als intervallskaliert gewertet werden. Wie alle Dimensionen des 16PF beruht die Skala ursprünglich auf einer faktorenanalytischen Konstruktion, wobei für die deutsche Version zunächst die Trennschärfen ausschlaggebend waren (siehe Schneewind et al., 1983, für Details).

Bei der dritten Skala handelt es sich um eine Übersetzung des Fragebogens von Grasmick et al. (1993), der oben (Abschnitt 3.2.2) als prototypischer Vertreter einer elementaristischen und introspektiven Interpretation von G&Hs Konstrukt vorgestellt und kritisiert worden war. Die deutsche Version von Simon und Fetchenhauer (undatiert) erschien nach Durchsicht etwas zu frei übertragen, so daß auf eine bereits vorliegende Eigenübersetzung zurückgegriffen wurde (auf Anfrage erhältlich). Das Instrument enthält 24 Items, die sechs Bereichen à vier Fragen zugeordnet sind, die sich an der bekannten Liste der „Elemente von Selbstkontrolle" orientierten: Impulsivität, Präferenz für einfache Aufgaben, Risikosuche, Präferenz für körperliche Aktivitäten, Egoismus und „Sprunghaftes Gemüt". Grasmick et al. berichten jedoch Itemkennwerte (Ladungen auf den ersten Faktor) lediglich für die Gesamtskala. Die Items sind im Original mit einer vierpoligen Zustimmungsskala verankert. Für die vorliegende Untersuchung wurden sie unter die (ihrerseits vermischt dargebotenen) Fragen der Integrity Tests gemischt, was zur Folge hat, daß das ursprüngliche Antwortformat um einen mittleren, neutralen Pol ergänzt wurde.

Soziale Erwünschtheit

Entgegen der Itemanalyse sollte in dieser Untersuchung ein bereits bewährtes Instrument zur Erfassung sozial erwünschter Antworten zum Einsatz kommen. Der z.Z. theoretisch am besten fundierte Fragebogen dieser Art ist das *Balanced Inventory of Desirable Responding* (BIDR) von Paulhus (1989b), das leider zum Zeitpunkt der Untersuchung noch nicht auf Deutsch vorlag. Daher wurde auf eine zweitbeste Lösung zurückgegriffen, die wohl bekannteste Erwünschtheitsskala *Social Desirability Scale* (SDS, Crowne & Marlowe, 1960) in der Übertragung von Lück und Timaeus (1969; nach Wehner & Durchholz, 1980), die nach Einschätzung von

Paulhus (1989a) eine Mischung der Faktoren „self-deception" und „impression management" erfaßt. Der Marlowe-Crowne-Test ist ein prototypischer Vertreter sog. Lügenskalen, auf den folglich die Kritik an dieser Form der Kontrolle von Antworttendenzen Anwendung finden kann (z.B. H.D. Mummendey, 1995; siehe auch Abschnitt 2.2.3). Am schwersten wiegt hier sicherlich die mangelnde Trennbarkeit von (artifizieller) Antworttendenz und („wahrer") Traitvarianz.

Die SDS umfaßt 23 Items, deren Antwortformat identisch mit dem des CPI ist. Es bot sich daher an, die Skala unter die Fragen der CPI-Sc zu mischen. Crowne und Marlowe konstruierten ihre Skala rational, indem sie Items entwickelten, die allgemein erwünschte, in der Eindeutigkeit der gewählten Formulierung aber extrem unwahrscheinliche Aussagen über die eigene Person darstellen (z.B.: „Ich bin niemals ärgerlich, wenn ich um eine Gefälligkeit gebeten werde."). Für die deutsche Übersetzung wurde auf eine traditionelle Itemanalyse (Schwierigkeit und Trennschärfe) zurückgegriffen.

Zusätzlich erlaubt der Einsatz des NEO-PI-R die Anwendung der Validitätsskalen, die Schinka, Kinder und Kremer (1997) aus den Originalitems dieses Fragebogens berechnet haben. Schinka et al. schlugen die Ermittlung je eines Testwerts für negative (NPM) und positive Selbstdarstellung (PPM) aus je 10 NEO-Items sowie eine Skala zur Ermittlung inkonsistenter Antworten vor. Zur Messung sozialer Erwünschtheit erscheint vor allem die PPM-Skala relevant. Sie wurde rational konstruiert, um - ähnlich einer Lügenskala - die Behauptung unwahrscheinlich günstiger Selbsteinschätzungen aus allen Persönlichkeitsdimensionen zu erfassen, und nach klassischer Itemanalyse revidiert.

Verhaltensmaße

Neben den zahlreichen Fragebogen sollte in dieser Untersuchung auch ein methodisch anderer Zugang zu dem interessierenden Verhaltensbereich gewählt werden. Den Vpn wurde im Anschluß an die Erhebung Gelegenheit gegeben, konkrete Handlungen zu zeigen, über die sich Zusammenhänge mit den Fragebogenmaßen postulieren ließen. Dazu seien an dieser Stelle nur drei Anmerkungen eingefügt, die sich darauf beziehen, was diese Form der Messung *nicht* darstellt: Sie wird erstens nicht als a priori überlegene (weil „objektive") Art der Verhaltensmessung angesehen, da u.a. eine einzelne Verhaltensgelegenheit unter erheblichen Reliabilitätsmängeln leidet; zweitens, und damit zusammenhängend, sollen die Ergebnisse nicht anhand klassischer MTMM-Kriterien ausgewertet werden, weil nicht davon auszugehen ist, daß die Verhaltensmaße *dieselben* Konstrukte erfassen wie die Fragebogen und darüber hinaus diesbezüglich äußerst lückenhaft wären (z.B. erfordert die formale Prüfung einer MTMMM eine vollständige Matrix); drittens verleihen die angewandten Verhaltensmaße der Studie nicht den Status eines Experiments, da keine unabhängigen Variablen manipuliert werden und folglich auch keine Gruppen zu vergleichen sind - es handelt sich lediglich um eine von der Fragebogenmethode verschiedene Art der Messung von Variablen.

Da jede Versuchsperson, bedingt durch das Design, nur an einer der beiden vorgesehenen Verhaltensmessungen teilnehmen konnte, wurde die Stichprobe bzgl. dieser

Maße halbiert. Die Verhaltensgelegenheiten wurden jeweils am Ende der Erhebung in dem erwähnten Nebenraum eingeführt, so daß die Probanden lediglich durch den Verbündeten beobachtet werden konnten.

Belohnungsaufschub. Die erste Hälfte der Teilnehmer wurde beim Erhalt der Vergütung vor die Wahl gestellt, entweder sofort DM 30.- ausgezahlt zu bekommen oder sich frühestens zwei Wochen später DM 35.- am Lehrstuhl abzuholen. Höhe und Verzögerung der zusätzlichen Vergütung waren aufgrund eines Pretests festgelegt worden und erwiesen sich als durchaus varianzmaximierend, indem sich am Ende 50 Probanden (46,7 %) für eine sofortige Auszahlung entschieden, während 57 Teilnehmer für eine aufgeschobene Belohnung optierten. Belohnungsaufschub (BA) wird hier als Indikator höherer Selbstkontrolle betrachtet, was auch im Einklang mit praktisch allen persönlichkeitspsychologischen Interpretationen von Impulsivität steht. Die Arbeitsgruppe um Mischel (zusammenfassend Mischel, Shoda & Rodriguez, 1989), der die bedeutendsten Beiträge zu dieser Form der Messung zu verdanken sind, berichtet darüber hinaus für BA im Labor substantielle Stabilität über lange Zeiträume und Zusammenhänge mit einer Vielzahl wichtiger Variablen aus den Bereichen Eigenschaften, Verhalten (einschließlich Kriminalität) und Ergebnissen (z.B. Schul- und Berufsleistungen). Dessenungeachtet ist die Konvergenz mit Fragebogenmaßen *derselben* Variable nicht immer befriedigend (Blass, 1983).

Ehrlichkeit. Während die Entscheidung für sofortige Belohnung selbst nicht als deviant zu werten ist, wurde den Vpn in mehreren Studien mit Integrity Tests Gelegenheit gegeben, sich explizit unehrlich zu verhalten (Cunningham et al., 1994; McCormick, 1996; Paajanen, 1988; Schlesinger, 1993, mit sehr gemischten Resultaten). Typischerweise erhalten die Probanden dabei die Möglichkeit, sich eine höhere Bezahlung zu verschaffen als vereinbart, indem Ihnen etwa „aus Versehen" eine höhere Summe ausgezahlt wird oder der für die Auszahlung zuständige Mitarbeiter „zufällig" gerade anderweitig beschäftigt ist. Ursprünglich war ein ähnliches Design auch für diese Untersuchung vorgesehen; nach Vorlage meldete jedoch die Ethikkommission der DGPs minderheitlich dagegen Bedenken an - interessanterweise unter Berufung auf die amerikanischen APA-Richtlinien (sämtliche zitierten Studien stammen aus den USA) - so daß, trotz des grundsätzlich nicht ablehnenden Bescheids, auf eine Erhebung in dieser Form verzichtet wurde.

Als Alternative wurde folgendes Vorgehen gewählt (die Ethikkommission hatte hier keine Einwände)[45]: Die zweite Hälfte der Teilnehmer erhielt zum Abschluß der Durchführung ein zweites Exemplar des Intelligenztests mit der Bitte ausgehändigt, diesen nach genau drei Wochen (im Pretest war ein Intervall von drei Tagen als zu kurz befunden worden) zu Hause auszufüllen und sich dabei wieder an das Zeitlimit zu halten. Danach sollten sie den Test umgehend zurückschicken (eine Briefmarke wurde lose beigelegt). Die Cover-Story war in diesem Fall, daß es um die Ermittlung einer Retest-Reliabilität gehe. Außerdem wurde die Aufgabe angefügt, in einem kurzen schriftlichen Exposé rückblickend die Gefühle und Gedanken während der Durchführung zu schildern und anzugeben, ob die Tests in einer echten Bewerbungs-

---

[45] Die Idee zu dieser Variante verdanke ich Michaela Riediger.

situation genauso bearbeitet worden wären. Als Gegenleistung erhielten die Vpn *so-fort* einen zusätzlichen Betrag von DM 10.- (insgesamt also DM 40.-) ausbezahlt. Die Gegenleistung wurde also *vor* der Eigenleistung der Probanden erbracht, wodurch sie Gelegenheit erhielten, die Vereinbarung zu brechen, indem sie das Material nicht abliefern. Dies läßt sich leider nur eingeschränkt als Indikator für Selbstkontrolle sensu G&H betrachten, da erstens Eigeninitiative verlangt war und nicht die Unter-drückung eines langfristig schädlichen Impulses, zweitens - anders als in der Theorie - die eigentlich kritische Verhaltensgelegenheit (das vereinbarte Ausfüllen des Mate-rials) erst mit zeitlicher Verzögerung erfolgen sollte. Um wenigstens die hypotheti-sche Möglichkeit einer noch langfristigeren negativen Konsequenz aus der Sicht der Vpn aufrechtzuerhalten, waren diese aufgefordert worden, sich mit der Angabe ihrer Matrikelnummer zu identifizieren. Dennoch erscheint es angebracht, das Verhal-tensmaß mit der Bezeichnung „Ehrlichkeit" und nicht „Selbstkontrolle" zu belegen.

Die Manipulation war insofern erfolgreich, als sich keiner der Teilnehmer wei-gerte, den ausgelobten Betrag anzunehmen. Allerdings brachen lediglich 10 Personen (9,4 %) die Vereinbarung, indem sie den Test nicht zurückschickten. Dies stellt eine gravierende Einschränkung der Varianz dar. Das Design erlaubt jedoch eine Reihe von Zusatzauswertungen aufgrund der Testwerte und der Antworten im Exposé.

Schul- und Studienleistungen

Als zusätzliches Außenkriterium wurde wiederum nach dem Notendurchschnitt im Abitur gefragt. Darüber hinaus wurde in dieser Studie bei den Probanden im Hauptstudium auch die Gesamtleistung im Vordiplom bzw. der Zwischenprüfung erhoben. Da jedoch die Anforderungen und die Praxis der Notenvergabe zwischen einzelnen Studiengängen erheblich differieren, war es notwendig, hier vergleichbare Werte zu erzeugen. Dazu wurde auf der Grundlage aller relevanten Studienleistungen der jeweils letzten vier Semester eine Prozentrangverteilung je Fach ermittelt und den einzelnen Teilnehmern ein Prozentrang gemäß dieser auf alle Studenten ihres Fachs bezogenen Verteilung und ihren Angaben in der Untersuchung zugewiesen.[46] Die Notwendigkeit einer marginalen Korrektur ergab sich danach noch daraus, daß Noten ein diskretes Merkmal sind (d.h. mehrfach vorkommen können) und die Formel für Prozenträge gleichen Werten jeweils den oberen Rang innerhalb der möglichen Bandbreite zuweist. Dadurch liegen die Mittelwerte der Prozentrangskala in der Grundgesamtheit knapp über 50 (in schwach besetzten Fächern tendenziell höher), was entsprechend korrigiert wurde. Auf diese Weise sind die Studienleistungen zwi-schen den Fächern direkt vergleichbar, abgesehen von Niveauunterschieden, die zwi-schen der Leistungsfähigkeit ganzer Populationen als Gruppe bestehen mögen. Gemessen an ihren Abiturnoten unterschieden sich die Studiengänge jedoch nicht signifikant (varianzanalytisch F = 1,67; n.s.) in ihren Vorleistungen, so daß mit den so zustande gekommenen Werten gerechnet wird.

---

[46] Ich danke den Mitarbeitern der Hohenheimer Universitätsverwaltung, insbes. Herrn Sprang und Herrn Kirschner, dafür, mir die notwendigen Daten zur Verfügung gestellt zu haben.

Datenanalyse

An dieser Stelle soll noch in allgemeiner Form auf eine bei der Datenanalyse verwandte Methode eingegangen werden. Konventionelle Methoden der multivariaten Statistik werden hier als bekannt vorausgesetzt, die verschiedentlich eingesetzten Auswertungen mittels linearer Strukturgleichungsmodelle (SEM: Structural Equations Modeling) bedürfen dagegen mglw. einer kurzen Erläuterung. Hier ist sicher nicht der Ort, auf die mathematisch komplexen Grundlagen des SEM, die auf höherer Matrixalgebra beruhen, ausführlich einzugehen (siehe hierzu knapp Backhaus, Erichson, Plinke & Weiber, 1996; Rietz, Rudinger & Andres, 1996; ausführlicher Bollen, 1989; Jöreskog & Sörbom, 1988; speziell über die konfirmatorische Faktorenanalyse [CFA] informieren Byrne, 1989; und, fundierter, Long, 1983); einige Grundprinzipien sind für das Verständnis des folgenden jedoch unabdingbar. Alle SEM-Berechnungen in dieser Arbeit wurden mit dem Programmpaket LISREL (Version 8.12a, Jöreskog & Sörbom, 1993a) durchgeführt, dessen Name zwischenzeitlich zum Synonym für SEM geworden ist. Dies soll auch hier so gehandhabt werden, ohne damit etwa eine Überlegenheit gegenüber anderen Produkten andeuten zu wollen.

Der LISREL-Ansatz wird nicht selten mit der Analyse von Kausalbeziehungen gleichgesetzt (z.B. Backhaus et al., 1996), was m.E. den Kern der Sache nicht wirklich trifft (auch mittels SEM lassen sich traditionelle „Henne-und-Ei-Probleme" nicht wirklich zweifelsfrei lösen). Das eigentliche, originäre Anwendungsfeld von Strukturgleichungen ist die konfirmatorische Prüfung *zuvor* aufgestellter theoretischer Modelle. Dabei wird die empirisch vorgefundene mit einer theoretisch spezifizierten Struktur verglichen, wobei moderne Programmpakete eine Vielzahl von Prüfstatistiken sowohl für das Modell in toto als auch für einzelne Parameter anbieten. Dieser konfirmatorische Grundansatz ist der entscheidende, wenngleich nicht einzige Unterschied zu traditionellen explorativen Methoden.

Das vollständige LISREL-Modell besteht aus einem Strukturmodell, das die Beziehungen zwischen latenten Variablen (hypothetischen Konstrukten) abbildet, und zwei Meßmodellen, mit denen die Struktur der Zusammenhänge zwischen latenten unabhängigen (in LISREL-Terminologie: exogenen) und den zu ihrer Messung verwandten manifesten Indikatoren auf der einen Seite, sowie einem entsprechenden Modell für die abhängigen (endogenen) Variablen und ihre Indikatoren auf der anderen Seite beschrieben wird. Hinzu kommen jeweils Fehlerterme für die erklärten (beobachtete und endogene latente) Variablen. Aus diesem vollständigen Modell lassen sich im Prinzip Submodelle beliebig herausgreifen und ebenfalls mit LISREL prüfen. So ist eine CFA von Primärfaktoren nichts anderes als die Testung eines einzelnen Meßmodells (die Spezifikation von endogenen oder exogenen Faktoren ist in diesem Fall bedeutungslos). Auch auf ein Strukturmodell hypothetischer Konstrukte kann zur Gänze verzichtet werden, so daß, wie in der konventionellen Statistik, nur noch die Beziehungen zwischen beobachteten Variablen untersucht werden. LISREL erfordert also notwendig weder die Spezifikation von Kausalbeziehungen noch von latenten Konstrukten. Was SEM erfordert, sind Hypothesen, die anhand der Daten geprüft werden. Dabei hält den Forscher freilich nichts davon ab, solange herumzuprobieren, bis irgendein Modell zu den Daten „paßt" - außer vielleicht seiner Be-

quemlichkeit, die auf die Dauer mit der in fürsorglicher Weitsicht eingerichteten Be-
nutzerfeindlichkeit speziell von LISREL konfligieren muß. SEM bietet per se keine
Versicherung gegen unethisches Verhalten in der Forschung.

Eine LISREL-Analyse beginnt also stets mit der Spezifikation eines theoretischen
Modells. Dieses läßt sich sowohl in Matrixschreibweise als auch graphisch darstellen, wofür sich eine Reihe allgemein gebräuchlicher Konventionen herausgebildet
hat. Zur weiteren Abschreckung unbedarfter Nutzer werden Variablen (mit Ausnahme der Indikatoren, die x [unabhängige] und y [abhängige Größen] heißen) und
die Matrizen der Pfadkoeffizienten zwischen ihnen durchgängig mit griechischen
Buchstaben bezeichnet. Das vollständige Modell kennt sieben Arten von Variablen
(latente, manifeste und Residuen, jeweils nach endogen und exogen unterschieden)
und acht verschiedene Matrizen bzw. Vektoren, für deren genaue Beschreibung und
Bezeichnung auf die Fachliteratur verwiesen wird. Die Visualisierung erfolgt über
ein sog. Pfaddiagramm, das aus Knoten und Pfeilen besteht. Die Knoten stehen für
die Variablen, wobei latente Größen durch Kreise, beobachtete Indikatoren durch
Kästchen abgebildet werden, in denen jeweils die entsprechenden Bezeichnungen
stehen; Residuen müssen ohne graphische Ummantelung auskommen. Zwischen den
Knoten befinden sich ebenfalls bezeichnete Pfeile, deren Spitzen immer auf die zu
erklärende Variable deuten. Doppelpfeile sind zwischen latenten Größen zulässig und
stehen für korrelative Zusammenhänge; wechselseitige Kausalbeziehungen werden
dagegen durch zwei gegenläufige, einfach gerichtete Pfeile dargestellt. Bei mehreren
Variablen des gleichen Typs wird dem griechischen Symbol zur Unterscheidung ein
Zahlenindex nachgestellt, der im Fall der Pfadkoeffizienten doppelt ist. Dabei steht
die erste Ziffer für die endogene (zu erklärende) Größe, die zweite für die exogene
(z.B. γ_{21} für den Pfad, der von der ersten unabhängigen auf die zweite abhängige Variable zeigt). Die Höhe der einzelnen Pfadkoeffizienten wird im Modell simultan
geschätzt oder zuvor festgelegt (s.u.).

Die eigentliche mathematische Arbeit beginnt jedoch mit dem Einlesen der Datenmatrix, die LISREL benutzen soll. Die allgemeine Methodik ist auf die Analyse
von Varianz-Kovarianz-Matrizen ausgelegt, obwohl das Programm auch jede Art von
Korrelationsmatrizen verarbeiten kann. Die damit verbundene Standardisierung der
beobachteten Variablen kann jedoch unter bestimmten Umständen die Ergebnisse
gravierend verfälschen (für ein leicht verständliches Beispiel siehe Long, 1983,
pp.77-79). Anschließend ist es Aufgabe des Untersuchers, die Modellparameter
(Pfadkoeffizienten) zu spezifizieren. Sie können entweder frei (vom Programm zu
schätzen), fix (zuvor auf einen exakten Wert festgelegt) oder restringiert (mehrere
Parameter gleichgesetzt, wobei die Höhe der identischen Koeffizienten vom Programm geschätzt wird) gewählt werden. Je mehr Vorannahmen in das Modell eingehen, desto weniger beliebig wird die Prüfung, was sich günstig auf den theoretischen
Gehalt, aber i.a. ungünstig auf die Werte der Fit-Indizes auswirkt. Die entsprechenden Werte (s.u.) sind daher stets in Relation zur Strenge des geprüften Modells zu
interpretieren, deren mathematischer Ausdruck die Anzahl der Freiheitsgrade ist.

Die Anzahl der fixierten Parameter wirkt sich auch auf ein spezifisches Problem
des SEM-Ansatzes aus, das m.W. mathematisch noch immer nicht endgültig gelöst

bzw. überhaupt nicht lösbar ist. Bei, im Verhältnis zur Zahl der beobachteten Variablen, zu vielen zu schätzenden Parametern oder bei Fehlspezifikationen kann es zur sog. Nichtidentifizierbarkeit des Modells insgesamt oder einzelner Parameter kommen, d.h. das System der Strukturgleichungen ist nicht eindeutig lösbar (es existieren unendlich viele gleich gute Lösungen). In diesem Fall sind die entsprechenden Schätzungen absolut wertlos. Die Autoren von LISREL empfehlen mit nicht von allen Experten geteiltem Optimismus, sich auf die im Programm eingebauten Prüfungen und daraus folgenden Warnungen zu verlassen; es kann offenbar aber in Einzelfällen zu nicht erkannten Identifizierbarkeitsproblemen kommen.

Die eigentliche Rechenarbeit zur Ermittlung der Parameter erledigt selbstredend der Computer mittels unterschiedlicher, z.T. hochkomplexer Schätzalgorithmen, deren Aufwand mit der Zahl der verarbeiten Variablen exponentiell ansteigt (es kann vorkommen, daß ein Pentium-Rechner stundenlang an einem einzigen Modell arbeitet). Die Startwerte (Ausgangswerte in der Nähe der endgültigen Lösung verkürzen den Rechenaufwand enorm) können vorgegeben oder vom Programm mittels einfacherer Algorithmen ermittelt werden. Alle Schätzverfahren versuchen, die Modellstruktur, soweit sie nicht fixiert wurde, bestmöglich an den empirischen Datensatz anzupassen. Ein vollkommen freies (saturiertes) Modell paßt daher stets perfekt zu den Daten, was bspw. auch für alle explorativen Methoden der Datenanalyse gilt. Das gebräuchlichste Schätzverfahren ist die iterative Maximum-Likelihood (ML) Methode, die allerdings strenggenommen multivariate Normalverteilung voraussetzt. Diese Annahme trifft bei komplexen Modellen mit vielen Variablen selten zu; Bollen (1989) geht jedoch davon aus, daß bei nicht zu extremen Werten für Schiefe und Exzeß die Schätzungen relativ robust gegenüber Verletzungen dieser Annahme sind. ML kann wie andere iterative Verfahren in Ausnahmefällen in einem „lokalen Minimum" enden, d.h. suboptimale Werte liefern.

Zu den Ergebnissen einer LISREL-Analyse gehören zunächst also die Schätzwerte für die freien und restringierten Parameter, die in standardisierter und unstandardisierter Form ausgegeben werden können. Die komplett standardisierten Werte lassen sich, je nach zugrundeliegendem Modell, in gewohnter Weise als Korrelationen, Faktorladungen, Pfadkoeffizienten usw. interpretieren. Über die traditionelle Datenanalyse hinaus geht dagegen die Überprüfung der Passung des spezifizierten Modells (der fixen und restringierten Parameter) anhand von Güteindizes, die LISREL sowohl für die einzelnen Parameter als auch für das Modell insgesamt anbietet. Eine erste Prüfung richtet sich jedoch bereits auf die Plausibilität der geschätzten Werte. Unplausible Parameterschätzungen (z.B. Korrelationskoeffizienten > 1; negative Varianzen) weisen, ebenso wie Nicht-Identifizierbarkeit, auf eine unzureichende Datenbasis bzw. Fehlspezifikationen im Modell (d.h. das geprüfte Modell ist zur Gänze oder in Teilen falsch) hin.

Die Güte des Gesamtmodells steht i.d.R. im Mittelpunkt der Publikation praktischer Anwendungen von SEM; häufig werden dort lediglich die diesbezüglichen Indizes berichtet. Inzwischen wurden eine Vielzahl solcher Indizes entwickelt, denen gemeinsam ist, daß sie eine Aussage darüber treffen, wie gut theoretisches Modell und empirische Realität im vorliegenden Datensatz zusammenpassen. Historisch am ältesten und mathematisch am besten untersucht ist der χ^2-goodness-of-fit-Wert, der die Abweichung der empirischen von der theoretisch erwarteten Kovarianzmatrix mißt. Die Wahrscheinlichkeit, mit der diese Abweichung unter bestimmten Voraussetzungen auf zufällige Gegebenheiten der Stichprobe zurückzuführen ist, läßt sich berechnen und an konventionellen Signifikanzniveaus messen. Allerdings sind diese Voraussetzungen (u.a. wieder Normalverteilungsannahme) nicht immer erfüllt, und das χ^2 reagiert auf Verletzungen sehr sensitiv. Außerdem „bestraft" diese Prüfstatistik eine Vergrößerung des Stichprobenumfangs (hinreichend große Stichproben werden andererseits vorausgesetzt) ebenso hart wie strengere Modellannahmen (mehr Restriktionen), beides ansonsten für die empirische bzw. theoretische Aussagekraft sehr wünschenswerte Maßnahmen, weshalb die Interpretation eines Modells als „gut" oder „schlecht" allein aufgrund der Signifikanz von χ^2 von sehr begrenztem Wert ist.

Aus diesen Gründen wurden zahlreiche alternative Güteindizes entwickelt, die zwar auf χ^2 beruhen, aber vom Stichprobenumfang weniger abhängig sind und die Strenge des geprüften Modells z.T. berücksichtigen (Bollen, 1989; Jöreskog & Sörbom, 1993b). Die Bezeichnungen werden leider bemerkenswert uneinheitlich gehandhabt (diese Arbeit folgt der Terminologie von Jöreskog & Sörbom, 1993b). Ihre mathematischen Verteilungseigenschaften sind z.T. noch unbekannt, und es existieren daher keine exakten Angaben (etwa Signifikanztests), wann ein Wert als gut oder ausreichend anzusehen ist. Es haben sich aber immerhin eine Reihe von Konventionen herausgebildet, die eher als Faustregel zu verstehen sind (z.B. GFI, AGFI, NFI > .90; RMSEA < .05 oder zumindest .08) sowie die sinnvolle Praxis, für die Interpretation mehrere Indizes simultan zu berücksichtigen. Die genannten Fit-Statistiken haben den Vorteil, daß sie, von unwahrscheinlichen Ausnahmen abgesehen, innerhalb genormter Grenzen schwanken (zwischen 0 und 1; RMSEA nähert sich bei perfektem Fit Null) und daher ein leicht verständliches Gütemaß darstellen. Die meisten derartigen Indizes vergleichen das angepaßte Modell mit einem theoretischen Nullmodell, das von vollständiger Unabhängigkeit der untersuchten Variablen ausgeht, messen also die Verbesserung gegenüber dem völligen Fehlen theoretischer Vorstellungen. Sie eignen sich dagegen nur in sehr begrenztem Maß zum Vergleich konkurrierender Modelle.

Dafür existieren wiederum χ^2-Tests, die die Signifikanz der Veränderung dieses Wertes durch die Einführung zusätzlicher Restriktionen prüfen. Nimmt der Wert nicht (statistisch) bedeutsam zu, kann die zusätzliche Annahme nicht zurückgewiesen werden. Dies setzt allerdings genestete Modelle voraus, die als Spezialfälle eines jeweils übergeordneten Modells angesehen werden können. In dieser Hinsicht voraussetzungsfrei sind einige komparative Indizes (AIC, CAIC, ECVI), die außerdem die Strenge (oder Parsimonität in Form der Freiheitsgrade) berücksichtigen, d.h. sie „bestrafen" ab einem bestimmten Punkt die Freisetzung weiterer Parameter. Auf diese Weise ermöglichen sie bei gleichem Datensatz direkte Vergleiche zwischen verschiedenen Modellen, einschließlich des Nullmodells und des (statistisch optimierten) saturierten Modells in Form von Rangordnungen. Eine mathematisch exakte

Entscheidung bedeutet dies jedoch nicht, die Rangfolgen etwa zwischen ECVI und CAIC können voneinander abweichen.

LISREL bietet außerdem eine Reihe von Hilfen an, die den Forscher bei der Modifikation seiner ursprünglichen Annahmen unterstützen, falls die Passung der Modellspezikation keine befriedigenden Werte annimmt. Auf der Grundlage detaillierter Fit-Statisken zu einzelnen Parametern kann entschieden werden, welche Liberalisierungen den Fit entscheidend verbessern würden. Damit wird allerdings die strenge Form der konfirmatorischen Prüfung verlassen, und es ergeben sich die gleichen Gefahren einer Überanpassung an die Stichprobe wie bei explorativen Methoden. Mangelnde Passung kann zwar stets auch auf Meßproblemem beruhen; die theoretische Haltbarkeit ist aber bei nachträglichen Änderungen immer ein kritischer, nur noch subjektiv zu beurteilender Faktor (Hayduk, 1988, diskutiert Möglichkeiten, zwischen Änderungen des Meßmodells und des theoretischen Modells zu unterscheiden). Es werden in dieser Untersuchung grundsätzlich nur in wenigen Ausnahmefällen nachträgliche Modellspezifikationen zugelassen.

LISREL bietet also die Möglichkeit, innerhalb eines geschlossenen Modells für einen Teil der Parameter theoretische Annahmen zu spezifizieren und für einen anderen Teil die Werte dieser Parameter simultan zu schätzen. Die Haltbarkeit des theoretischen Modells wird anhand der Daten geprüft, und es lassen sich auch Rangordnungen alternativer Modelle untersuchen. Eine LISREL-Analyse trifft also eine Aussage über die Qualität (Fit) des theoretischen Modells *und* das Ausmaß empirischer Zusammenhänge, das mit traditionellen Methoden i.d.R. *ohne Prüfung* der Angemessenheit von Vorannahmen interpretiert wird. Technisch vereinigt SEM multiple Regression, Faktorenanalyse und Pfadanalyse in einem einzigen Ansatz. Gegenüber der explorativen Datenanalyse hat LISREL u.a. den Vorzug, Hypothesen sehr flexibel modellieren und prüfen zu können. Generelle und willkürliche Annahmen, die bei explorativen Methoden vorausgesetzt werden (in der Faktorenanalyse z.B. die Erklärung aller latenten durch alle manifesten Variablen, Unkorreliertheit der Residuen, entweder vollständige Orthogonalität oder Schiefwinkligkeit aller Faktoren; in der Reliabilitätsprüfung äquivalente Meßgenauigkeit der Indikatoren usw.), lassen sich durch spezifische und theoretisch fundierte Hypothesen ersetzen. SEM ist also eine umfassende und flexible Methode der Datenanalyse, die für viele Anwendungen einen erheblichen Fortschritt gegenüber der explorativen multivariaten Statistik darstellt, jedoch keine „Wahrheitsmaschine" (gleiches gilt übrigens für Metaanalysen), mit der sich etwa Kausalhypothesen „beweisen" lassen. Sie ist komplexer als schlichte Pfaddiagramme und Fit-Indizes suggerieren, wird in Teilen mathematisch auch von Spezialisten noch nicht durchdrungen, und der - trotz moderner Soft- und Hardware - erhebliche Aufwand rechtfertigt sich nur bei erkennbarem Erkenntnisfortschritt gegenüber einfacheren Verfahren.

9.2   Interne Analyse der eigenen Testentwicklungen

In diesem Abschnitt sollen zunächst Auswertungen berichtet werden, die im wesentlichen eine Replikation der vorangegangenen Erhebung darstellen. Sie richten
sich auf eine nochmalige Itemanalyse und Revision der eigenen Skalen, darüber hinaus werden Retest-Werte berichtet. Im Anschluß erfolgt eine detailliertere Untersuchung der internen Struktur mittels Strukturgleichungsmodellen, wobei bei Intention
und exakter Vorgehensweise zwischen Integrity Tests und Fragebogen zur Selbstkontrolle zu unterscheiden ist.

9.2.1 Nochmalige Itemanalyse und Revision mit Untersuchung der Reliabilität

9.2.1.1 Zielsetzung

Die in der oben berichteten Studie (Kapitel 8) geprüften und revidierten Fragebogen sollten aufgrund der neuen Daten nochmals einer Itemanalyse im Sinne der Klassischen Testtheorie unterzogen werden. Dies dient zum einen einer replikativen
Überprüfung der in der ersten Erhebung erzielten Ergebnisse zu den Kennwerten
einzelner Items und der Reliabilität der Skalen, da die Fragebogen dort unvermeidlich unter Nutzung zufälliger und systematischer Eigenheiten der Stichprobe optimiert wurden. Ferner erschien es wünschenswert, die Instrumente für spätere Anwendungen nochmals zu kürzen. In der ersten Revision waren einige Items mit nur
marginal günstigen Kennwerten beibehalten worden. Die Subskalen der revidierten
Integrity Tests waren außerdem inhaltlich gegenüber den zuvor rational gebildeten
Skalen leicht verändert worden, was ebenfalls durch eine zweite Erhebung abgesi-
chert werden sollte. Schließlich war es wegen der nochmaligen Teilnahme eines
kleinen Teils (N = 28) der vormaligen Stichprobe möglich, für alle zum zweiten Mal
erhobenen Werte Retest-Koeffizienten zu ermitteln. Damit steht, neben der internen
Konsistenz, noch ein zweiter Aspekt zur Beurteilung der Reliabilität zur Verfügung,
wenngleich die Stichprobengröße hier eine vorsichtige Interpretation nahelegt. Da
ansonsten im folgenden kaum grundlegend Neues zu berichten ist, kann die Darstellung in diesem Abschnitt relativ kurz gehalten werden.

9.2.1.2 Ergebnisse und Diskussion

Für die Integrity Tests und den Fragebogen zur Selbstkontrolle wurden zunächst
die Itemkennwerte und internen Konsistenzen für die Skalen ermittelt, die den nach
der ersten Revision erstellten Versionen entsprachen. Nachdem die Items zu Selbstkontrolle ein neues, nunmehr siebenpoliges Antwortformat erhalten hatten, waren
diese Koeffizienten sowie die deskriptiven Statistiken mit der vorigen Erhebung
nicht mehr direkt vergleichbar. Dies sollte sich jedoch stärker auf Maße absoluten
Niveaus (Mittelwerte, Itemschwierigkeiten) denn auf Zusammenhangsmaße (interne

Konsistenz, Trennschärfen) auswirken. Die nunmehr einheitliche Skalierung mittels einer stark differenzierenden Verankerung ermöglichte es, verschiedene Formen der Schlüsselung zu vergleichen. Dabei erwies sich eine Zusammenfassung auf fünf Pole, bei der die Kategorien „häufig", „sehr häufig" und „immer" gleich gewichtet wurden, gegenüber den reinen Rohwerten aus sieben Kategorien als (wenn auch nur minimal) überlegen. Offenbar trifft diese Diffenzierung keine reliablen Unterscheidungen. Dagegen fiel eine künstlich dichotomisierte Skala, wie sie G&H als „Versatilitäts-Score" empfehlen, wiederum merklich ab, weshalb dieser Empfehlung hier keine Folge geleistet wird. Die berichteten Werte beziehen sich also im folgenden auf die Berechnung mit fünfpoligem Antwortformat, während für die Präsentation der Items die sieben ursprünglichen Kategorien aus optischen Gründen beibehalten werden sollten.

Aufgrund der Kennwerte, insbesondere der Trennschärfen für die relevanten Skalen, wurden nochmals einige Items aus allen Tests eliminiert. Beim Fragebogen für Selbstkontrolle waren dies insgesamt neun Fragen, so daß noch 67 Items im endgültigen Test verbleiben (das Item Nr.1 dient als Eisbrecher und wird nicht gewertet). Mit einer Ausnahme (Schulklassen wiederholen) handelte es sich bei den Aufgaben mit geringer Trennschärfe (negative Werte traten nicht auf) um Fragen, die sich den acht Erscheinungsformen nicht zurechnen ließen. Dies waren auffällig häufig Items aus peripheren Bereichen, die nach der ersten Revision beibehalten worden waren (z.B. Helfen aus eigener Initiative, freundschaftlicher Kontakt zu Vorbestraften). Außerdem korrelierten Fragen, die sich auf den vorzeitigen Abbruch von Aktivitäten bezogen (nicht abgeschlossene Ausbildung, kurze Dauer von Beziehungen und Interessen) nur mäßig mit der Gesamtskala. Auch hier scheint, trotz des offensichtlichen Bezugs zu mangelnder Langfristorientierung, das Merkmal der Hemmung unmittelbarer Versuchungen zu fehlen. Die verbleibende Skala kann insgesamt als theoretisch nochmals reinere (und enger gefaßte) Umsetzung von G&Hs Konstrukt angesehen werden.

Aus den Integrity Tests wurden lediglich sieben der 121 Items eliminiert, die sich unsystematisch auf die verschiedenen Skalen verteilten. Aufgrund nochmaliger explorativer Faktorenanalysen wurden außerdem einige Items neu zugeordnet, sofern die Umgruppierung auch theoretisch plausibel erschien. Auf die Interpretation der Verschiebungen soll weiter unten noch kurz eingegangen werden. Die wesentlichste Veränderung ergab sich hier jedoch auf der Skalenebene, indem die Skala Verträglichkeit aus dem eigenschaftsorientierten Test faktorenanalytisch in zwei Dimensionen zerfiel. Diese ließen sich inhaltlich durchaus sinnvoll als „Manipulation/Dominanz" (Markiervariable: „Vermutlich bin ich nicht sehr geschickt darin, andere zu etwas zu überreden, das für mich von Vorteil wäre.") bzw. „Konfliktmeidung" („Ich könnte niemals jemandem ins Gesicht sagen, daß ich ihn nicht ausstehen kann.") interpretieren und sollen daher im folgenden getrennt untersucht werden. Sie bestehen aus je sieben Items. Die Fragen mit alternativen Antwortformaten zeigten sich zwar überwiegend als brauchbare Indikatoren, lieferten jedoch allgemein nur unwesentliche zusätzliche Beiträge zur psychometrischen Qualität der Integrity Tests. Zur Vereinfachung und Umgehung von Skalierungsproblemen wird deshalb in den folgenden Analysen auf ihre explizite Berücksichtigung verzichtet. In Tabelle 8 sind die deskriptiven Statistiken und die Reliabilitäten aller Tests und ihrer Subskalen zusammengefaßt.

Tabelle 8: Deskriptive Statistiken und Reliabilitäten der eigenen Testentwicklungen

	Itemanalyseunt. (erste Revision)			Hauptunters. (gemäß erster Rev.)			Hauptunters. (zweite Revision)			Retest (gem. zweiter Rev.[1])		
	m	SD	α	m	SD	α	m	SD	α	m$_1$	m$_2$	r$_{tt}$
Selbstkontrolle:												
gesamt			.89	288,1	30,8	.92	251,2	29,7	.92			.89
Kindheit			.84	100,8	14,8	.88	95,9	14,8	.88			.81
Jugend			.76	79,7	10,5	.81	71,6	9,9	.81			.84
Erwachsenenalter			.75	107,2	11,6	.79	83,4	10,7	.80			.83
Schul. Fehlverh.			.78	36,7	7,1	.80	31,8	7,1	.81			.75
Eigentumsdevianz			.67	47,1	5,3	.71						.72
Rauschmittel			.63	29,2	4,6	.67						.93
körp. Aggression			.76	36,2	5,8	.80						.79
Verschwendung			.57	19,4	3,6	.55						.76
Unpünktlichkeit			.63	22,2	4,1	.57						.75
Verkehrsdelikte			.67	17,4	3,7	.66						.74
Probl. Sozialverh.			.65	24,8	4,8	.70						.79
Integrity - Einst.:												
gesamt	219,9	23,9	.90	223,4	25,5	.91	199,8	23,6	.91	199,4	205,6	.90
Verh.-Absichten	68,8	11,3	.84	70,9	11,3	.83	52,0	8,7	.80	50,8	52,6	.89
Rationalisierung	55,0	7,1	.77	54,2	7,4	.79	65,8	9,3	.85	66,1	66,9	.84
Verbreitungsgrad	47,9	7,1	.79	50,3	7,4	.78	27,0	5,8	.76	27,9	29,2	.82
Mißtrauen	48,2	6,1	.75	48,0	6,3	.76	54,8	7,3	.81	54,6	56,9	.90
Integrity - Eig.												
gesamt	175,6	15,5	.81	173,2	16,1	.82	175,2	17,1	.83	172,8	177,1	.83
Emotionale Stab.	42,8	5,9	.76	42,1	6,8	.82	57,0	9,6	.86	62,2	64,4	.76
Gewissenhaftigkt.	60,4	7,4	.79	59,1	7,8	.79	50,5	6,6	.79	50,5	51,6	.68
Suche n. Stim.	26,4	5,5	.74	26,0	5,3	.74	20,1	4,5	.75	20,0	21,1	.79
Verträglichkeit	46,0	6,8	.76	46,1	6,6	.71				44,1	45,1	.88
Manipulation	21,5	3,6	.59				21,2	3,9	.65	21,1	20,9	.85
Konfliktmeidung	20,6	3,9	.65				20,4	4,1	.67	19,0	19,3	.86

Anm.: 1 = mit Ausnahme von Verträglichkeit; m = Mittelwert; SD = Standardabweichung; m$_1$ = Mittelwert in der Itemanalyseerhebung; m$_2$ = Mittelwert in der Hauptuntersuchung; r$_{tt}$ = Retest-Reliabilität; Einst. = Einstellungen; Eig. = Eigenschaften (Skalenbezeichnungen ansonsten gemäß Text); N = 214 (Itemanalyseuntersuchung), 213 (Hauptuntersuchung), 28 (Retest)

In den ersten drei Spalten stehen zum Vergleich noch einmal die entsprechenden Werte aus der Untersuchung zur Itemanalyse; auf die Wiederholung der deskriptiven Angaben zu Selbstkontrolle wurde mangels Vergleichbarkeit verzichtet. Der nächste Block zeigt die Angaben aus der Hauptuntersuchung für die Skalen, wie sie nach der

ersten Revision gebildet wurden. Die nach der nochmaligen Veränderung resultie-
renden Werte finden sich im dritten Block (die Inhaltskategorien von Selbstkontrolle
blieben außer schulischem Fehlverhalten unverändert). Die Tabelle enthält schließlich die Koeffizienten zum Retest, die auf der kleineren Teilstichprobe beruhen
(Mittelwerte und Reliabilität), wiederum ohne die Mittelwerte des Fragebogens zur
Selbstkontrolle. Sie basieren, mit Ausnahme der Skala „Verträglichkeit", auf den
endgültigen Versionen, die für den ersten Meßzeitpunkt nachträglich gebildet wurden.

Der Tabelle unmittelbar zu entnehmen ist, daß die interne Konsistenz der nach der
ersten Revision gebildeten Skalen in der Replikation fast durchgängig stabil bleibt,
tendenziell sogar eher steigt. Dies gilt insbesondere dort, wo es theoretisch besonders
zu fordern ist, nämlich beim Gesamtwert des Fragebogens für Selbstkontrolle. Die
nunmehr einheitliche Skalierung, die zu einer nicht mehr ganz so schiefen Verteilung
der Items geführt hat (die mittlere Schwierigkeit sank von .751 auf .698, in der
zweiten Revision auf .687), mag dazu ihr Teil beigetragen haben. Die Konsistenz
bleibt jedoch auch bei den Subskalen der Integrity Tests zumindest gleichwertig, die
gegenüber der Voruntersuchung nicht verändert wurden. Einzige Ausnahme ist der
etwas geringere Wert bei Verträglichkeit, der sich wie gesagt faktorenanalytisch
durch die Zweidimensionalität dieser Skala erklären ließ. Insgesamt ist das Resultat
der Replikation diesbezüglich überraschend positiv, wenn man den empirisch opti-
mierenden Charakter einer Itemselektion nach Trennschärfen bedenkt.

Dennoch legten Faktorenanalysen auf Itemebene für die Integrity Tests einige
Neuordnungen nahe, die nach Inspektion unmittelbar plausibel erschienen. Innerhalb
des einstellungsorientierten Test luden einzelne Fragen zu Verhaltensabsichten, die
gleichzeitig eine Ausrede für das Verhalten anboten, auf den Faktor, der durch Rationalisierungen definiert wurde. Aus der ohnehin von Mißtrauen inhaltlich schwer
trennbaren Skala „Verbreitungsgrad" waren es vor allem Items mit geringer Spezifität (z.B. „Die meisten Menschen haben einen ehrlichen Charakter."), die zu der entsprechenden Skala verschoben wurden. Für den eigenschaftsorientierten Test erbrachte die durch den Scree-Test angezeigte fünffaktorielle Lösung die erwähnte
Aufsplittung der Verträglichkeitsskala. Zu dem überwiegend als „Manipulation" interpretierten Faktor gesellten sich Aspekte einer expressiven Oberflächlichkeit („Reden fällt mir leichter als zuhören."), die ein Überbleibsel der in der ersten Revision
bereits eliminierten Skala zur Extraversion darstellen. Eine Verlängerung der Skala
„Emotionale Stabilität" ergab sich durch den bekanntlich etwas ambivalenten Aspekt
der Impulsivität („Es fällt mir oft schwer, einer Versuchung zu widerstehen."), der
zuvor noch teilweise Gewissenhaftigkeit zugeordnet worden war (vgl. Abschnitt 7.1).
Insgesamt sind die inhaltlichen Veränderungen der Integrity-Subskalen jedoch nicht
als substantiell einzustufen. Der weitaus größte Teil der Items verblieb in den ursprünglichen Skalen.

Die interne Konsistenz ist *zwischen* den einzelnen Bereichen wegen der unterschiedlichen Skalenlänge nur schwer vergleichbar. Ergänzend seien daher hier die
mittleren Interkorrelationen der Items innerhalb der theoretisch als relevant erachteten Skalen nach der erneuten Revision genannt: für Selbstkontrolle (67 Items) .15

(die Items der Inhaltskategorien, nicht jedoch der Lebensabschnitte, sind hier mit .18 bis .30 [Mittelwert: .23] teilweise deutlich höher interkorreliert); für Verhaltensabsichten (15 Items) .21; für Rationalisierungen (19 Items) .22; für Verbreitungsgrad (10 Items) .24; für Mißtrauen (16 Items) .22 (Einstellungen gesamt: .15); für Emotionale Stabilität (19 Items) .25; für Gewissenhaftigkeit (14 Items) .21; für Suche nach Stimulation (7 Items) .32; für Manipulation (7 Items) .21; für Konfliktmeidung (7 Items) .22 (Eigenschaften gesamt: .08). Mit Ausnahme des etwas höheren Koeffizienten für Ssk liegen die Werte recht nah beieinander und durchweg in einem Bereich, den man vernünftigerweise erwarten darf, wenn man sich nicht auf die Messung sehr eng definierter Konstrukte oder bloße Umformulierungen beschränkt. Der geringere Wert für Selbstkontrolle war aufgrund der Art der dort verwendeten Items zu erwarten und sollte bekanntlich durch die Länge der Skala kompensiert werden.

Fast noch eindrucksvoller als die replizierten internen Konsistenzen fallen, bei aller Vorsicht angesichts der Stichprobengröße, in aller Regel die Retest-Koeffizienten aus. Trotz der Variation der Durchführungsbedingungen, bei Selbstkontrolle zusätzlich noch des Antwortformats und vor allem trotz des Zeitintervalls von fünf Monaten, das eine Überschätzung durch Erinnerungseffekte (wohlgemerkt an die Tests) äußerst unwahrscheinlich erscheinen läßt, liegen die Stabilitätskoeffizienten der relevanten Skalen überwiegend im Bereich über .80. Sie sollten bei Selbstkontrolle nicht als Hinweis auf die Stabilität des zugrundeliegenden Merkmals interpretiert werden, sondern allein auf die Reliabilität der Messung, die ja bereits retrospektiv ist. Dies ist bei den Integrity Tests, vor allem bei den Einstellungsskalen, die nach aktuellen Einschätzungen fragen, nicht so eindeutig der Fall. Hier können sowohl Meßfehler als auch Merkmalsänderungen zu den Residuen beitragen. Um so erfreulicher fallen die Werte dort, auch in ihrer - abgesehen von Gewissenhaftigkeit - Konsistenz über alle Skalen aus.

Bei Selbstkontrolle fällt dagegen auf, daß die Retest-Reliabilität mit der Skalenlänge zunimmt, von Werten überwiegend knapp unter .80 bei den kurzen Inhaltskategorien, über etwas darüber liegende Koeffizienten bei den drei Lebensabschnitten, bis auf knapp .90 für die Gesamtskala. Auch hier macht sich die intendierte Verbesserung der Meßqualität durch die Erhebung zahlreicher Indikatoren offensichtlich bezahlt. Die stärker generalisierenden Aussagen in den Integrity Tests gewinnen dagegen durch die Aufsummierung nicht an Stabilität. Dieser Unterschied wird plausibel, wenn man berücksichtigt, daß die Probanden im Fragebogen zur Selbstkontrolle aufgefordert werden, sich an die Häufigkeit einzelner, zum Teil lang zurückliegender Ereignisse zu erinnern. Die dabei unvermeidlichen Fehler scheinen sich in der Summe gegenseitig aufzuheben. Abschließend zum Stabilitätsaspekt sei noch angefügt, daß die Messung der Abiturnoten im Selbstbericht mit r_{tt} = .99 fast perfekt reliabel war (ein Proband änderte seine Angabe um einen zehntel Notenpunkt).

Ebenfalls unter dem Vorbehalt der geringen Stichprobengröße soll hier noch kursorisch auf einen Mittelwertseffekt in Tabelle 8 eingegangen werden. Wie aus dem Vergleich der zwischen Itemanalyseerhebung und Hauptuntersuchung unveränderten Skalen in den beiden linken Blocks hervorgeht, änderten sich allgemein die Mittelwerte der Integrity Tests nur marginal und unsystematisch. Die 28 in beiden Studien beteiligten Vpn zeigten dagegen in der zweiten Erhebung fast durchgängig leicht erhöhte Werte. Dieser Effekt war zwar nicht sehr stark (d ca. .23), aber für beide Summenscores der Integrity Tests auf dem 5%-Niveau signifikant (t-Tests für abhängige Stichproben), was bei diesem Stichprobenumfang immerhin bemerkenswert ist. Im Scatterplot zeigte sich für den einstellungsorientierten Test eine recht gleichmäßige, beim eigenschaftsorientierten Teil weniger einheitliche Niveauverschiebung bei den meisten Probanden. Solche „Übungseffekte" wurden bislang hauptsächlich für Intelligenztests berichtet (z.B. Burke, 1997), ein ähnlich moderater Einfluß fand sich jedoch in den USA auch bereits mit Persönlichkeits- (Schwab, 1971; nach Mount & Barrick, 1995) und Integrity Tests (Brooks & Arnold, 1989).

Zu den Geschlechtsunterschieden gilt es anzumerken, daß die Befunde aus der Voruntersuchung in fast identischer Form repliziert wurden. Wieder waren Frauen deutlich (d = .62) selbstkontrollierter, was sich auf die meisten Inhaltskategorien, mit Ausnahme von Verschwendung und problematischem Sozialverhalten (v.a. verbale Aggressivität), besonders aber auf körperliche Aggression erstreckte. Die Ausdrucksformen geringer Selbstkontrolle scheinen sich zwischen den Geschlechtern durchaus zu unterscheiden, der Gesamteffekt deckt sich mit den theoretischen Annahmen. Die Differenzen wirkten sich auf die in den folgenden Abschnitten zu berichtenden Zusammenhangsmaße nicht bedeutsam aus, so daß hier auf die Darstellung separater Analysen verzichtet wird. Bei den Integrity Tests traten, auch hier wieder mit Ausnahme der gegenläufigen Tendenzen für Emotionale Stabilität und Suche nach Stimulation, keine signifikanten Unterschiede auf. Das aktuelle Lebensalter spielte in dieser Stichprobe generell keine Rolle für die Testwerte. Dies ist insbesondere für den Fragebogen zur Selbstkontrolle von Bedeutung, bei dem durch die retrospektive Fragestellung der Alterseffekt ausgeschaltet werden sollte, was vollständig gelang (empirische Korrelation: r = .00).

Insgesamt können die eigenen Testentwicklungen nach der bisherigen Analyse als reliable Instrumente betrachtet werden, deren interne Konsistenz einer Replikation in erstaunlichem Maße standhielt. In der kleinen Stichprobe, die zur Untersuchung der Retest-Reliabilität zur Verfügung stand, waren sie über ein Intervall von fünf Monaten auch zeitlich sehr stabil. Die Zusammenhänge mit den deskriptiven Merkmalen Alter und Geschlecht entsprachen durchgängig den Erwartungen. Wir können damit für die nun folgenden tiefergehenden Analysen davon ausgehen, daß die Ergebnisse nicht durch mangelnde Zuverlässigkeit oder einen theoretisch unplausiblen Bias übermäßig verzerrt werden.

9.2.2 Untersuchung der internen Struktur der Fragebogen

9.2.2.1 Zielsetzung und Vorgehensweise

In diesem Abschnitt soll die konfirmatorische Prüfung von Annahmen über die interne Struktur der eigenen Testentwicklungen berichtet werden. Zielsetzung und Vorgehensweise unterscheiden sich dabei für die Integrity Tests und den Fragebogen zur Selbstkontrolle. Bei ersteren geht es hier zunächst noch darum, die Qualität der Messung nach Kriterien abzusichern, die zwar über die zuvor dargestellte klassische Reliabilitätsprüfung hinausgehen, inhaltlich aber noch nicht als Validierung theoretischer Vorstellungen über latente Konstrukte zu interpretieren sind (dazu unten mehr). Formal ist das Vorgehen bei Selbstkontrolle diesem Ansatz ähnlich, indem auch hier die Analyse auf die interne Struktur beschränkt bleibt; das Wesen des untersuchten Konstrukts führt jedoch dazu, daß dabei die Grenze zwischen psychometrischer und theoretischer Prüfung nicht so eindeutig zu ziehen ist. Dies gilt es im folgenden etwas näher zu erläutern.

Die beiden Integrity Tests bestehen nach der zweiten Revision aus vier (Einstellungen) bzw. fünf (Eigenschaften) Subskalen, deren Inhalt und wechselseitige Abgrenzung sich einzeln als Skala wie insgesamt als „Test" weitgehend am Vorbild amerikanischer Faktorenanalysen mit vergleichbaren Instrumenten orientierte. Dabei wurden im Laufe des Konstruktionsprozesses verschiedene Änderungen an den ursprünglich rational gebildeten Skalen vorgenommen, die zum Teil auf empirischen Grundlagen basieren. Wenngleich dabei die rationale Plausibilität der Revisionen stets im Auge behalten wurde, steht am Ende der Konstruktion ein gemischt rational-empirisches Resultat, dessen empirischer Anteil möglicherweise durch Spezifika der zuletzt herangezogenen Stichprobe systematisch verzerrt wird. Diese Stichprobenspezifität läßt sich ohne wirklich repräsentative Datenbasis kaum eliminieren, ihr Ausmaß kann aber über eine retrograd-konfirmatorische Prüfung (Multigruppenvergleich) abgeschätzt werden, indem die im zweiten Sample gefundene (und an diesen angepaßte) Struktur auf ihre Invarianz in der ersten Stichprobe (die 28 Teilnehmer beider Untersuchungen wurden aus dem ersten Sample eliminiert) untersucht wird. Die generelle Arbeitshypothese lautet hierbei, daß die Parameter über beide Stichproben stabil bleiben. Dies würde auf die Validität des zugrundegelegten Meßmodells für die Integrity Tests schließen lassen.

Im einzelnen wurde dabei wie folgt vorgegangen.[47] Zunächst wurde das Meßmodell für jede einzelne Skala separat mit den Daten der zweiten Stichprobe untersucht. Die Skalen sollten jeweils ein eindimensionales Konstrukt abbilden, das substantiell auf seine einzelnen Indikatoren (manifeste Variablen) lädt. Hierzu wurden neun konfirmatorische Faktorenanalysen (CFAs) erster Ordnung gerechnet, in die jeweils die Items der betreffenden Skala als beobachtete Werte eingingen. Da es sich dabei um ordinalskalierte Variablen handelt, beruhen die Berechnungen hier auf den Matrizen der polychorischen Korrelationen, die mit dem Programm PRELIS (Jöreskog & Sörbom, 1986; siehe dort auch die Ergebnisse einer Monte-Carlo-Studie, der zufolge dies zu der besten Annäherung der wahren Zusammenhänge führt) erzeugt wurden. Einer bei Bacon, Sauer und Young (1995) berichteten Empfehlung folgend, wurde als kritischer Wert für die Faktorladungen eine Grenze von .30 festgelegt, die von

---

[47] Die in diesem Abschnitt berichteten LISREL-Berechnungen zur internen Struktur der Integrity Tests wurden von Michaela Riediger (1998a) unter methodischer Beratung von Stefan Höft durchgeführt. Beiden gilt dafür mein besonderer Dank.

den Items überschritten werden sollte. Für jede einzelne Skala der Integrity Tests wurde also zunächst folgende Hypothese geprüft:

H_{1a-i}: Die Skala „x $_{x=a-i}$" des Integrity Test mißt ein eindimensionales Konstrukt.

Anschließend wurde die Struktur der beiden Tests als Ganzes jeweils in einem Modell mit interkorrelierten Faktoren abgebildet. Als Indikatoren für die nach obigem Vorgehen abgesicherten Faktoren dienten nunmehr Skalenhälften, in denen paarweise die Items mit den ähnlichsten Faktorladungen zunächst zusammengefaßt und dann jeweils auf die beiden Hälften aufgeteilt wurden, so daß zwei möglichst äquivalente Indikatoren für jedes Konstrukt entstanden. Damit reduziert sich die Zahl der manifesten Variablen und mit ihr auch die Zahl der freien Parameter erheblich, was deren Relation zum Stichprobenumfang verbessert. Gleichzeitig sind die einzelnen Indikatoren als Summenwerte reliabler und weichen i.d.R. weniger von der Normalverteilung ab (siehe hierzu Bagozzi & Heatherton, 1994). Die manifesten Variablen können hier als intervallskaliert betrachtet werden, was das Einlesen der Kovarianzmatrizen erlaubt. In der relativ voraussetzungsfreien Annahme interkorrelierter Faktoren erster Ordnung drückt sich die Konzentration auf das Meßmodell, also das Fehlen theoretischer Postulate über „Integrity" als Konstrukt zu diesem Zeitpunkt der Analyse (Rückgriff auf das saturierte Strukturmodell) aus. Die Prüfung konkurrierender Hypothesen hierzu (siehe 2.3.4) ist Gegenstand eines späteren Abschnitts.

In den an dieser Stelle zu referierenden Multi-Sample-Analysen geht es noch nicht um die Passung des soeben dargestellten Modells, sondern wie gesagt um die Invarianz der für die zweite Stichprobe berechneten Parameter. Diese läßt sich im Prinzip in jeder beliebigen Strenge graduell modellieren. Die liberalste Annahme wäre im vorliegenden Fall, daß lediglich das Muster freier und fixer Parameter in den beiden Stichproben übereinstimmt, die Höhe der Koeffizienten aber frei schwankt (Modell M_0). Zusätzlich läßt sich die Invarianz des Meßmodells für die Subskalen prüfen, indem die Ladungen der Faktoren erster Ordnung gleichgesetzt werden (M_1). Eine weitere Verschärfung, bei der auch die Interkorrelationen dieser Faktoren als invariant postuliert werden (M_2), betrifft bereits das Strukturmodell. Vollständige Invarianz würde zusätzlich noch gleiche Fehlerterme voraussetzen (M_3). Letzteres erscheint theoretisch unsinnig, bedenkt man allein die unterschiedlichen Durchführungsbedingungen in beiden Stichproben. Zu fordern ist dagegen auf jeden Fall, daß das Meßmodell die Replikation übersteht (Passung von M_1). Da die Stichproben sich ähneln und die erfaßten Konstrukte in beiden Fällen identisch sein sollen, ist ebenfalls nicht zu erwarten, daß die Korrelation der Subskalen in den Samples bedeutend voneinander abweicht. Die Hypothese 2 geht also von der Geltung der strengsten theoretisch sinnvollen unter den obigen Restriktionen aus (M_2):

$H_{2a \, und \, b}$: Die Struktur der Integrity Tests (a und b) ist über beide Stichproben stabil, d.h. die Ladungen der Indikatoren auf die Faktoren sind gleich und deren Korrelationen sind invariant.

Beim Fragebogen zur Selbstkontrolle ist die Vorgehensweise methodisch etwas schlichter. Gleichwohl geht die theoretische Intention der Prüfung über diejenige bei den Integrity Tests inhaltlich hinaus. Nach G&Hs *General Theory* sollten Verhaltensweisen, die den definitorischen Kriterien genügen, von einem gemeinsamen latenten Konstrukt der Selbstkontrolle beeinflußt werden. Der Fragebogen wurde konstruiert, um dieses Konstrukt zu messen. Die Qualität dieser Umsetzung läßt sich zunächst an ihrer Inhaltsvalidität messen, indem etwa Experten die Übereinstimmung mit den theoretischen Erfordernissen einschätzen. Auf eine Prüfung dieser Art in formaler Form wurde hier verzichtet, zumal selbst Wissenschaftler, die sich eingehend mit G&Hs Theorie beschäftigt haben, überwiegend Vorstellungen pflegen, die bemerkenswert von der hier vertretenen Auffassung abweichen[48] (vgl. Abschnitt 3.2.2). Grundlagen und Konstruktionsweise des Fragebogens wurden in der vorliegenden Arbeit ausführlich beschrieben; die Items sind auf Anfrage für Forschungszwecke zugänglich. Sie sind in dem Maße inhaltsvalide, in dem sie Verhaltensweisen erfassen, die kurzfristig angenehm oder vorteilhaft sind, langfristig negative Konsequenzen nach sich ziehen können und keine besondere Begabung oder Ausbildung erfordern. Der Leser ist aufgerufen, sich über diese Aspekte selbst ein Urteil zu bilden.

In diesem Abschnitt wird statt dessen über die empirische Bewährung des Fragebogens zu berichten sein. Dies läßt allerdings alternative Interpretationen zu. Im negativen Fall kann die mangelnde Bestätigung für einen Faktor Selbstkontrolle auf eine fehlgeschlagene Operationalisierung hinweisen *oder* auf eine Falsifikation der Theorie (H.-J. Eysenck, 1997, plädiert z.B. sehr entschieden dafür, die allgemein „schwachen" Theorien der Psychologie nicht zu frühzeitig aufgrund empirischer Befunde zu begraben). Dies wäre ggf. schwer zu entscheiden und würde jedenfalls eine vertiefte Beschäftigung mit dem Inhalt des Fragebogens rechtfertigen, wie er hier z.B. für andere Operationalisierungen in dem oben erwähnten Abschnitt versucht wurde. Ein positiver Befund läßt sich dagegen kaum begründen, ohne daß die Theorie - soweit sie hier geprüft wird (Existenz eines umfassenden Verhaltensfaktors „Selbstkontrolle") - zutrifft *und* ihre Umsetzung gelungen ist. Die einzige alternative Erklärung wäre, daß der Fragebogen ein Konstrukt mißt, das *nicht* Selbstkontrolle sensu G&H ist, sondern etwa eine spezifischere Form von Verhalten darstellt.

Um eine solche Erklärung auszuschließen, wurden explizit sehr unterschiedliche Verhaltensbereiche in den Fragebogen aufgenommen, die hier als „Inhaltskategorien" bezeichnet werden. Dabei handelt es sich wie gesagt nicht (oder zumindest nicht beabsichtigt) um Messungen eigenständiger Konstrukte, sondern um unterschiedliche, innerhalb der Kategorien jedoch ähnliche Manifestationen des gleichen Konstrukts der Selbstkontrolle. Die hier geprüfte Annahme ist, daß diesen sehr verschiedenen Handlungen eine gemeinsame (nicht unbedingt eine einzige!) Ursache zugrunde liegt. Empirisch sollte sich dies in der Bestätigung eines Modells mit einem übergeordneten Faktor sowie in substantiellen Ladungen dieser latenten Variable auf alle Verhaltensweisen zeigen. Genau dies soll in diesem Abschnitt geprüft werden. In dem beschriebenen Sinn stellt diese Prüfung sowohl das eigene Meßmodell als auch die Theorie der Selbstkontrolle simultan auf die Probe. Dabei ist der empirische Test

---

[48] Travis Hirschi erhielt einige Beispielitems vorab mit der Bitte um seine Einschätzung und befand diese für „appropriate" (pers. Komm.).

wegen der Breite des gesamten Verhaltensbereichs und der (inhaltlichen) Homogenität der einzelnen Indikatoren als konservativ anzusehen.

Die Vorgehensweise besteht hier in der Berechnung einer simplen einfaktoriellen CFA über die Inhaltskategorien als Indikatoren. Diese Summenwerte wurden aus ähnlichen Gründen gewählt wie oben bei den Multi-Sample-Analysen der Integrity Tests deren Skalenhälften. Da hier jedoch keine Subskalen im Sinne homogener Konstrukte gebildet werden, existiert - theoretisch folgerichtig - keine Facettenebene unterhalb des g-Faktors. Dies führt methodisch dazu, daß das Meßmodell nicht (durch Items oder Subskalenhälften als Indikatoren) separat geprüft werden konnte. Noch stärker als bei den Integrity Tests gilt hier aber aus den genannten Gründen, daß die Aufsummierung Reliabilität und Verteilungseigenschaften verbessert. Die Inhaltskategorien waren allerdings in beiden Stichproben zum Teil nicht normalverteilt (und damit auch nicht multinormalverteilt), wenngleich die Abweichungen merklich schwächer ausfielen als für die einzelnen Items. Schiefe und Exzeß hielten sich aber durchgängig, mit einer Ausnahme im zweiten Sample (Kurtosis bei Rauschmittelkonsum = 1,2), innerhalb der Grenzen von -1 bis +1, für die Muthén und Kaplan (1985; nach Bollen, 1989) in einer Simulation Robustheit gegenüber Verletzungen der Normalverteilungsannahme für die beiden skaleninvarianten Schätzverfahren Maximum Likelihood (ML) und Generalisierte Kleinste Quadrate (GLS) fanden. Skaleninvarianz ist eine unerläßliche Eigenschaft, wenn Kovarianzmatrizen mit gewählter Skalierung eingelesen werden. Da das GLS-Verfahren etwas geringere Anforderungen an die Verteilungseigenschaften stellt (Browne, 1974; nach Bollen, 1989), wurde ihm hier der Vorzug gegeben.

Wegen der unterschiedlichen Skalierung der manifesten Variablen in beiden Stichproben wurde auf eine Prüfung der Stabilität der Faktorladungen in einer geschlossenen Multi-Sample-Analyse verzichtet. Um die Antwortformate einander zumindest anzunähern, wurden für den Sample der ersten Untersuchung bei den sechspoligen Items die beiden letzten Skalenpunkte zusammengefaßt und die Schlüsselung der dichotomen Fragen gestreckt, indem entweder einer oder drei Rohwertpunkte vergeben wurden. Dies gibt freilich die fünfpolige Skala aus der Hauptuntersuchung, schon wegen der unterschiedlichen Verankerung, nur sehr unvollkommen wieder. Das g-Faktor-Modell der Selbstkontrolle ließ sich aber immerhin, im Sinne einer Replikation, in beiden Gruppen separat testen. Die zusätzliche Information besteht hier einfach darin, daß der Fit in zwei unabhängigen Erhebungen ermittelt werden kann. Auch die Faktorladungen sollten für alle Verhaltensweisen, da diese theoriegemäß durch Selbstkontrolle beeinflußt sein sollten, in beiden Stichproben substantiell sein. Die Stabilität der absoluten Höhe der Ladungen hängt jedoch von der internen Gewichtung innerhalb des Fragebogens ab, die u.a. - wenn auch in der Summe nicht sehr stark - wiederum durch die Skalierung beeinflußt wird. Da die Auswahl, die Gewichtung und die Skalierung der Verhaltensweisen arbiträr erfolgte, sollten die einzelnen Ladungen nachher nicht in dem Sinne theoretisch interpretiert werden, daß z.B. die Varianz von Rauschmittelkonsum, körperlicher Aggression etc. zu soundso viel Prozent durch Selbstkontrolle „erklärt" wird. Es kommt hier vielmehr auf den globalen Befund an, daß diesen Handlungen ein gemeinsamer Faktor zugrunde liegt. Daher lautet Hypothese 3:

H_3: Den in den Inhaltskategorien von Selbstkontrolle erfaßten Verhaltensweisen liegt ein gemeinsamer Faktor zugrunde, der auf alle Handlungen substantiell lädt.

Ein Großteil der hier untersuchten Annahmen betrifft den globalen Fit der geprüften Modelle, und geschätzte Parameter sollten generell nicht interpretiert werden, wenn das zugrundeliegende Modell nicht zutrifft (z.B. Rietz et al., 1996). Leider existieren keine allgemein anerkannten Konventionen, wann ein Modell akzeptiert oder verworfen werden soll. Auf die Schwierigkeiten der Signifikanzprüfung über den χ^2-Test wurde bereits oben (Abschnitt 9.1.3) hingewiesen, für andere Indizes fehlen formale Tests völlig. Die erwähnten Faustregeln beziehen sich jeweils auf Grenzwerte für eine einzelne Prüfstatistik. In dieser Untersuchung sollen jedoch jeweils mehrere Indizes berichtet werden, die zwar alle eine Aussage über die Abweichung der empirischen von der modellgemäß geschätzten Datenmatrix (bestehend aus freien, fixierten und restringierten Parametern) treffen, aber dafür unterschiedliche Zugänge wählen bzw. zu unterschiedlichen Klassen zählen. Eben darin besteht hier der Informationsgewinn. Es werden daher neben dem χ^2-Wert und dessen Signifikanz (ein formaler Test der Hypothese, daß die Abweichung von theoretischer und empirischer Matrix Null für alle Elemente beträgt) jeweils noch der *Normed Fit Index* (NFI, ein Maß der inkrementellen Anpassung gegenüber dem Nullmodell), der *Root Mean Square Error of Approximation* (RMSEA, ein Abweichungsmaß pro Freiheitsgrad, das zudem - anders als χ^2 - nicht die exakte, sondern näherungsweise Geltung des Modells unterstellt) sowie der *Goodness of Fit Index* (GFI) und der *Adjusted Goodness of Fit Index* (AGFI; beides Maße für den relativen Varianzanteil, den das theoretische Modell an der empirischen Matrix erklärt; AGFI berücksichtigt zusätzlich das Verhältnis von Freiheitsgraden zu Variablen) berichtet. Als kritische Grenzen für einen akzeptablen Fit werden, in Übereinstimmung mit verbreiteten Konventionen, folgende Werte festgelegt:

- p von $\chi^2 \geq .05$ (eine Alternative hierzu wäre, ein Verhältnis von $\chi^2/df < 2$ zu fordern)
- NFI $\geq .90$
- RMSEA $\leq .08$
- GFI $\geq .90$
- AGFI $\geq .90$

Diese Werte beziehen sich auf die Beurteilung der einzelnen Indizes. Ein Informationsgewinn entsteht jedoch erst, wenn die Güte an der Summe der Einzelkriterien gemessen werden kann. Da ein „ultimativer" Fit-Index nicht existiert, können auf diese Weise zumindest unterschiedliche Fehlerquellen verschiedener Statistiken wechselseitig ausgeglichen werden. Es gibt leider m.W. in der Spezialliteratur keine anerkannte Konvention darüber, wie mehrere Indizes zu einem Globalurteil zusammengefaßt werden sollten. In diesem und den folgenden Abschnitten wird daher ein Vorschlag von Riediger (1998a) aufgegriffen, die angeregt hat, die Modellgüte dann als „akzeptabel" zu bewerten, wenn mindestens zwei der fünf Werte diesseits der festgelegten Grenzen bleiben, und als „gut", wenn dies für mindestens vier Indizes gilt. Liegen alle Indizes im akzeptablen Bereich, wird der Fit als „sehr gut" angesehen. Diese Festlegung ist zwar willkürlich, bedeutet jedoch durch die Offenlegung und Selbstbeschränkung immerhin einen Fortschritt gegenüber der bislang völlig freien Handhabung im Schrifttum.

9.2.2.2 Ergebnisse

Zur Erinnerung an die vorherige und zur Deskription der zweiten Untersuchung ist in Tabelle 9 die Matrix der Produkt-Moment-Korrelationen aller Haupt- und Subskalen der eigenen Testentwicklungen (beobachtete Variablen, also *keine* LISREL-Schätzungen für latente Konstrukte) für beide Studien dargestellt.

Tabelle 9: Interkorrelationen der eigenen Testentwicklungen in beiden Stichproben

	1	2	3	4	5	6	7	8	9	10	11	12	13	14	15	16	17	18	19	20	21	22	23
Selbstkontrolle:																							
1: gesamt													.42	.57	.25	.26	.10	.48	.28	.39	.35	.22	.19
2: Kindheit			.65	.57									.30	.46	.15	.16	.06	.33	.15	.28	.28	.16	.16
3: Jugend		.66		.62									.36	.50	.20	.19	.11	.41	.20	.35	.32	.21	.17
4: Erwachsenenalter		.48	.61										.45	.54	.33	.35	.09	.53	.41	.40	.32	.21	.15
5: Schul. Fehlverh.						.38	.36	.41	.29	.47	.31	.17	.26	.36	.15	.09	.12	.32	.18	.35	.19	.07	.14
6: Eigentumsdevianz					.42		.37	.48	.37	.58	.36	.40	.40	.51	.24	.38	.05	.30	.21	.25	.20	.11	.08
7: Rauschmittel					.47	.48		.37	.27	.41	.44	.17	.29	.47	.14	.21	.01	.25	.13	.16	.24	.16	.10
8: körp. Aggression					.50	.47	.46		.19	.43	.36	.28	.28	.37	.15	.15	.11	.28	.11	.11	.30	.20	.21
9: Verschwendung					.34	.42	.38	.28		.36	.19	.38	.18	.27	.16	.02	.04	.33	.23	.34	.16	.13	.04
10: Unpünktlichkeit					.55	.56	.57	.46	.45		.37	.41	.28	.40	.20	.14	.04	.38	.23	.41	.23	.14	.07
11: Verkehrsdelikte					.33	.46	.49	.38	.21	.34		.08	.33	.48	.19	.30	-01	.29	.04	.23	.39	.24	.09
12: Probl. Sozialverh.					.20	.39	.30	.25	.32	.37	.17		.23	.17	.19	.17	.14	.44	.47	.26	.07	.11	.24
Integrity - Einst.:																							
13: gesamt	.46	.33	.42	.46	.25	.51	.35	.30	.24	.30	.31	.37						.47	.45	.33	.19	.15	.12
14: Verh.-Absichten	.58	.45	.55	.51	.40	.54	.50	.40	.30	.35	.46	.27			.50	.48	.22	.49	.35	.39	.30	.24	.13
15: Rationalisierung	.26	.16	.25	.28	.08	.32	.18	.18	.19	.18	.07	.29		.48		.48	.41	.33	.39	.25	.07	.07	.02
16: Verbreitungsgrad	.34	.23	.29	.38	.17	.49	.20	.15	.14	.20	.35	.27		.48	.53		.39	.26	.22	.14	.15	.12	.09
17: Mißtrauen	.22	.15	.18	.25	.12	.22	.16	.14	.09	.16	.12	.29		.23	.52	.41		.26	.34	.13	.01	.02	.13
Integrity - Eig.:																							
18: gesamt	.48	.32	.40	.54	.38	.30	.33	.25	.29	.41	.17	.58	.47	.50	.35	.31	.26						
19: Emotionale Stab.	.26	.15	.16	.39	.18	.14	.15	.12	.20	.20	-02	.54	.45	.29	.41	.29	.37			.54	.06	.01	.11
20: Gewissenhaftigkt.	.43	.33	.37	.39	.39	.26	.27	.20	.31	.42	.15	.35	.26	.33	.20	.15	.08	.38			.25	.08	-02
21: Suche n. Stim.	.35	.23	.39	.29	.24	.24	.33	.17	.17	.30	.35	.13	.22	.35	.12	.17	.01	-03	.27			.42	.16
22: Manipulation	.17	.10	.16	.21	.10	.19	.15	.08	.01	.11	.16	.17	.12	.24	-02	.10	.04	-13	-02	.26			.29
23: Konfliktmeidung	.08	.06	.06	.10	.11	.01	.05	.14	-01	.04	-04	.15	.03	.16	-06	.01	-04	.06	.05	.09	19		

Anm.: oberhalb der Diagonalen die Werte aus der Itemanalyseuntersuchung (N = 214), unterhalb aus der Hauptuntersuchung (N = 213); p < .05 für |r| > .13, p < .01 für |r| > .18 in beiden Stichproben; zu Abkürzungen und deskriptiven Statistiken vgl. Tabelle 8

Oberhalb der Hauptdiagonalen stehen die Koeffizienten für die erste, unterhalb diejenigen der zweiten Untersuchung. Die Werte weichen wegen der Reskalierungen im Itemanalyse-Sample geringfügig von den Angaben in den Tabellen 6 und 7 oben ab. Es sind nur die Korrelationen für unabhängige (inhaltlich überschneidungsfreie) Skalen aufgeführt.

Bereits ein deskriptiver Vergleich der Werte in dieser einfachen Korrelationsmatrix macht deutlich, wie ähnlich die Ergebnisse in beiden Untersuchungen generell waren. Wir werden diesen oberflächlichen Eindruck gleich mittels konfirmatorischer Statistik vertiefen. Zuvor sei noch angemerkt, daß die Tabelle auch Angaben zu den Beziehungen zwischen einzelnen Tests enthält. Auf diesen Punkt wird weiter unten noch zurückzukommen sein.

Bei den Integrity Tests wurden zunächst die Meßmodelle der einzelnen Subskalen mit der oben beschriebenen Methodik geprüft. In Tabelle 10 sind die Resultate dieser LISREL-Analysen durch Angabe und Bewertung der Fit-Indizes zusammengefaßt.

Tabelle 10: Globale Güteindizes der Meßmodelle für die Integrity-Subskalen

Subskala	χ^2	df	p von χ^2	NFI	RMSEA	GFI	AGFI	Bewertung*
Einstellungen:								
Verh.-Absichten	253,26	90	.00	.86	.093	.92	.90	akzeptabel
Rationalisierung	227,69	152	.00007	.92	.048	.95	.94	gut
Verbreitungsgrad	77,18	35	.00005	.90	.075	.96	.94	gut
Mißtrauen	138,78	104	.013	.93	.040	.96	.95	gut
Eigenschaften:								
Emotionale Stab.	324,60	152	.00	.90	.073	.94	.93	gut
Gewissenhaftigk.	142,76	77	.000008	.90	.063	.95	.93	gut
Suche n. Stim.	18,27	14	.19	.97	.038	.99	.97	sehr gut
Manipulation	31,82	14	.0042	.90	.077	.97	.94	gut
Konfliktmeidung	23,20	14	.057	.93	.056	.98	.96	sehr gut

Anm.: * = Gesamtbewertung nach den oben (9.2.2.1) aufgestellten Kriterien; p von χ^2 = exaktes Sigifikanzniveau; zu den einzelnen Indizes siehe Abschnitt 9.2.2.1; N = 213 (Hauptuntersuchung)

Mit Ausnahme der Skala „Verhaltensabsichten/-phantasien", die einen akzeptablen Fit zeigte, fand sich für alle Bereiche eine zumindest gute Passung der Meßmodelle nach der oben spezifizierten Gesamtbewertung. Lediglich der χ^2-Test fiel in den meisten Fällen signifikant aus, was bei der hohen Komplexität der meisten Modelle (abzulesen an der Zahl der Freiheitsgrade) kaum anders zu erwarten war. Bei den kürzeren Skalen ergaben sich zum Teil nach sämtlichen Indizes eine sehr gute Anpassung (Man beachte, daß die Erhöhung der Indikatorenzahl in der CFA im Vergleich zu Cronbachs Alpha gegenläufige Auswirkungen auf die Beurteilung der Skalenqualität hat). Insgesamt fällt die Bewertung der Meßmodelle für eine einfaktorielle Struktur der einzelnen Integrity-Subskalen bis hierhin durchweg so aus, daß einer weiteren Interpretation nichts im Wege steht.

Es waren jedoch auch substantielle Ladungen (vollstandardisierte Werte > .30) auf die einzelnen Indikatoren gefordert worden. Dieser kritische Wert wurde, bei insgesamt 114 Items, lediglich in zwei Fällen knapp (λ jeweils = .27) unterschritten. Beide Fragen wichen auch inhaltlich etwas von den übrigen Items ab, so daß sie aus den weiteren Analysen (aus den Skalen „Mißtrauen" bzw. „Manipulation") ausgeschlossen wurden.[49] Diese beiden Modifikationen sind die einzigen, die in dieser Arbeit aufgrund konfirmatorischer Prüfungen nachträglich eingeführt wurden. Für die übrigen Indikatoren ergaben sich zusammenfassend folgende Ladungen: für Verhaltensabsichten .39 bis .62 (Mittelwert: .51); für Rationalisierungen .32 bis .68 (Mittel: .51); für Verbreitungsgrad .36 bis .69 (Mittel: .52); für Mißtrauen .35 bis .67 (Mittel: .52); für Emotionale Stabilität .38 bis .75 (Mittel: .53); für Gewissenhaftigkeit .32 bis .70 (Mittel: .50); für Suche nach Stimulation .36 bis .72 (Mittel: .61); für Manipulation .36 bis .66 (Mittel: .52) und für Konfliktmeidung .36 bis .68 (Mittel: .50). Diese Werte sprechen durchweg für eine brauchbare Meßqualität der einzelnen Items.

Die Stabilität der Meßmodelle wurde anschließend in geschlossenen Multi-Sample-Analysen für die beiden Integrity Tests getrennt untersucht, die hier bekanntlich als je eigenständige Verfahren betrachtet werden.. Tabelle 11 zeigt die Fit-Statistiken jeweils für die Modelle M_0 bis M_3 mit gleichgesetzten Faktorladungen und -interkorrelationen über die beiden Stichproben.

Tabelle 11: Globale Güteindizes für die Invarianz der Struktur der Integrity Tests in beiden Stichproben (Multi-Sample-Analysen)

Integrity Test	χ^2	df	p von χ^2	NFI	RMSEA	GFI	Bewertung*
Einstellungen:							
M_0	91,20	28	.00000001	.94	.075	.94	gut
M_1	92,95	32	.00000007	.93	.069	.94	gut
M_2	101,32	42	.0000008	.93	.060	.94	gut
M_3	109,05	50	.0000028	.92	.055	.93	gut
Eigenschaften:							
M_0	80,55	50	.0040	.94	.039	.97	gut
M_1	84,79	55	.0061	.93	.037	.97	gut
M_2	117,25	70	.00035	.91	.041	.95	gut
M_3	130,14	80	.00034	.90	.040	.95	gut

Anm.: * = AGFI in Multi-Sample-Analysen nicht anwendbar, Gesamtbewertung hier als gut bei Erfüllung von drei der oben aufgestellten Kriterien; N = 213 (Hauptuntersuchung) und 186 (Itemanalyseuntersuchung) für die Invarianzprüfung; vgl. ansonsten Tabelle 10 oben; zur Definition der Modelle M_0 bis M_3 siehe Abschnitt 9.2.2.1

---

[49] Ich schließe mich hier der Einschätzung von Michaela Riediger an, auf die diese Entscheidung ursprünglich zurückgeht.

Eine komparative Prüfung der Modelle M_0 bis M_3 mittels χ^2-Differenzen-Test erbrachte die beste Passung des vollständig restringierten Modells (M_3) bei den Einstellungen bzw. des Modells mit Fixierung der Faktorladungen (M_1) bei den Eigenschaften (vgl. Riediger, 1998a). Dies sei hier eher kursorisch berichtet, da für beide
Varianten keine theoretische Begründung hergeleitet wurde. Entscheidend ist, daß
die Anpassungsgüte unter dem theoretisch hergeleiteten, sehr strengen Postulat der
Invarianz aller substantiellen Parameter (M_2) als gut zu bewerten ist, die Meßmodelle
für beide Arten von Integrity Tests also stabil sind. In der vergleichenden Prüfung
ließ sich lediglich die Annahme gleicher Faktorinterkorrelationen für den eigenschaftsorientierten Tests nicht halten. Es kann also festgehalten werden, daß die
weiter unten in bezug auf Außenkriterien untersuchten Beziehungen der Subskalen
und ihre je individuellen Meßeigenschaften nicht in bedeutsamem Umfang auf Spezifika der Stichprobe aus der Hauptuntersuchung zurückzuführen sind. Dies ist ein ent-
scheidendes Kriterium für die Beurteilung der Generalisierbarkeit, mit der die Meßmodelle Gültigkeit beanspruchen können, freilich mit der Einschränkung, daß es sich
bei den Vpn jedesmal überwiegend um Studenten handelte.

Mit dem Fragebogen zur Selbstkontrolle wurden, in beiden Stichproben getrennt,
CFAs erster Ordnung gerechnet, in denen ein genereller Faktor auf alle acht Inhaltskategorien lädt. Korrelierte Fehlerterme, die etwa auf den Einfluß von Drittvariablen
auf die untersuchte Struktur hinweisen würden, wurden dabei nicht zugelassen. In
Tabelle 12 (nächste Seite) sind die entsprechenden Ergebnisse aus beiden Untersuchungen dargestellt. Die Aufstellung enthält hier neben den globalen Güteindizes
auch die Faktorladungen und die Schätzungen für die Reliabilität der Einzelindikatoren (in SEM-Definition der Varianzanteil des Indikators, der im Modell, abzüglich
der Fehlerterme, erklärt wird [R^2, siehe Bollen, 1989]; in der einfaktoriellen CFA
hier identisch mit der quadrierten Faktorladung)
Der Tabelle ist zunächst zu entnehmen, daß die Anpassung an die einfaktorielle
Struktur von Selbstkontrolle in beiden Stichproben gut war, in der zweiten tendenziell etwas besser, was mglw. auf die konsistente Skalierung zurückzuführen ist. Die
Faktorladungen liegen ebenfalls durchgängig weit jenseits der kritischen Grenze von
.30 und sind als moderat bis hoch anzusehen. Damit ließen sich die wesentlichen aus
G&Hs Theorie abgeleiteten Annahmen anhand des Fragebogens empirisch bestätigen. Zum Replikationsaspekt der Untersuchung ist noch anzumerken, daß die Ladungen in beiden Studien i.d.R. nur geringfügig voneinander abweichen, am stärksten für die Kategorie Rauschmittelkonsum, die auch die ungünstigsten Verteilungseigenschaften hatte. Zwischen den Kategorien bestehen zum Teil deutliche
Unterschiede, die wie gesagt allgemein nicht unbedingt als Hinweis auf differentielle
Validität des Konstrukts Selbstkontrolle für verschiedene Bereiche zu deuten sind,
sondern vorwiegend die arbiträre Gewichtung innerhalb des Fragebogens
widerspiegeln. Eine deutliche Abweichung von der Rangfolge, die allein aufgrund
der unterschiedlichen Itemzahl zu erwarten war, ergibt sich lediglich für die
Kategorien „Unpünktlichkeit" (nach oben) und „Problematisches Sozialverhalten"
(nach unten). Allgemein verblieb in den meisten Fällen ein erheblicher Anteil unauf-

geklärter Varianz ($1 - R^2$). Dabei ist zu bedenken, daß sich dieser Prozentsatz aus sämtlichen Erklärungsfaktoren für das fragliche Verhalten außer Selbstkontrolle *und* der Unvollkommenheit der Messung dieses Konstrukts zusammensetzt. Angesichts dessen ist die aufgeklärte Varianz zum Teil beträchtlich.

Tabelle 12: Globale und detaillierte Güteindizes sowie Ladungen für die einfaktorielle Struktur von Selbstkontrolle in beiden Stichproben

Stichprobe	χ^2	df	p von χ^2	NFI	RMSEA	GFI	AGFI	Bewertung
Itemanalyse:	43,82	20	.0016	.93	.075	.95	.91	gut
Inhaltskategorie:	λ		R^2					
Schul. Fehlverhalten	.60		.36					
Eigentumsdevianz	.75		.56					
Rauschmittelkonsum	.59		.34					
körperliche Aggression	.64		.41					
Verschwendung	.51		.26					
Unpünktlichkeit	.77		.60					
Verkehrsdelikte	.55		.30					
Problem. Sozialverhalten	.53		.28					
Hauptuntersuchg.:	39,56	20	.0056	.95	.068	.95	.92	gut
Inhaltskategorie:	λ		R^2					
Schul. Fehlverhalten	.68		.46					
Eigentumsdevianz	.75		.56					
Rauschmittelkonsum	.75		.56					
körperliche Aggression	.65		.43					
Verschwendung	.55		.30					
Unpünktlichkeit	.79		.62					
Verkehrsdelikte	.59		.35					
Problem. Sozialverhalten	.46		.21					

Anm.: λ = Faktorladung auf die jeweilige Kategorie; R^2 = im Modell aufgeklärter Varianzanteil des Indikators; N = 214 in der Itemanalysestichprobe bzw. 213 in der Hauptuntersuchung; vgl. ansonsten Tabelle 10 oben

9.2.2.3 Diskussion

Die Ziele in diesem Teil der Untersuchung waren für die beiden Integrity Tests von anderer Art als für den Fragebogen zu Selbstkontrolle. Entsprechend sind die Ergebnisse, unabhängig vom Bestätigungsgrad der aufgestellten Hypothesen, unterschiedlich zu interpretieren. Mit den Integrity Tests soll auch hier wieder begonnen werden.

Bei diesen Instrumenten ging es darum, Meßmodelle, die sich an existierenden Vorbildern aus Nordamerika orientierten, auf unseren Kulturkreis zu übertragen und dabei möglichst in ihrer Substanz zu erhalten. Hierzu waren zunächst rational Items konstruiert und zu Skalen zusammengefaßt worden, die anschließend in einem iterativen rational-empirischen Prozeß über zwei Studien optimiert wurden. Die in diesem Abschnitt referierte konfirmatorische Prüfung bezog sich auf die Bestätigung der Struktur der Endresultate dieses Vorgehens und die retrograde Kontrolle ihrer Stichprobenunabhängigkeit. Entsprechend wurde in zwei Phasen vorgegangen. Zunächst wurde für jede Skala einzeln untersucht, ob sie - unabhängig vom psychologischen Gehalt - ein eindimensionales Konstrukt mißt und damit den testtheoretischen Begriff „Skala" verdient. Anschließend wurde für beide Arten von Integrity „Tests" ein theoretisch möglichst voraussetzungsfreies Gesamtmodell aufgestellt, das keine Annahmen über die Struktur der Subskalen auf der Ebene der Gesamttests enthält (das Strukturmodell ist hier saturiert) und auch nicht in diesem Sinne testtheoretisch zu interpretieren ist. Es diente lediglich als Vehikel für die Überprüfung der Invarianz der Struktur über beide Stichproben. Die Notwendigkeit einer getrennten Untersuchung nach Arten von Tests ergibt sich daraus, daß diese Aufteilung den gegenwärtigen Status des Untersuchungsfeldes „Integrity" am besten repräsentiert.

Die Ergebnisse der konfirmatorischen Prüfungen sind bemerkenswert eindeutig. Für keine der neun Subskalen muß die Hypothese 1 einer einfaktoriellen Struktur zurückgewiesen werden. Die Items sind, wie schon nach der klassischen Aufgabenanalyse angedeutet, fast ausnahmslos geeignete Indikatoren. Die Struktur war außerdem über beide Stichproben stabil. Dies erstreckt sich sowohl auf die Faktorladungen als auch auf die Interkorrelation der Faktoren, so daß auch die Hypothesen 2a und b als bestätigt gelten können. Damit kann (vorläufig) davon ausgegangen werden, daß die einzelnen Skalen jeweils ein Konstrukt messen und daß diese Konstrukte nicht Zufallsprodukte einer einzigen, spezifischen Stichprobe sind. Letztere Anmerkung steht jedoch unter der Einschränkung, daß die Durchführungsbedingungen zwar in den beiden Studien sehr unterschiedlich waren, die Probanden sich aber beide Male aus Studenten der Universität Hohenheim rekrutierten. Obwohl sich dabei immerhin nach Fachrichtungen eine heterogene Mischung zeigte, sind die Stichproben zweifellos nicht repräsentativ und, was für die Beurteilung der Invarianz schwerer wiegt, einander recht ähnlich. Dem dürfte allerdings insgesamt korrelationsmindernd die gegenüber einer Gesamtpopulation größere Homogenität der Samples entgegenwirken. Dennoch sollte man mit Generalisierungen auf andere Gruppen vorsichtig sein, es fand sich aber kein Hinweis auf *un*systematische Verzerrungen durch Zufallsfehler.

Diese allgemeinen Aussagen über die Gültigkeit des Meßmodells besagen noch wenig über die inhaltliche Interpretation der Skalen. Eine solche Auslegung ist auch bei Anwendung der CFA nur insoweit weniger subjektiv als aufgrund explorativer Faktorenanalysen (hierzu sarkastisch H.-J. Eysenck, 1997) als die Zuordnung der Items zuvor aufgrund theoretischer Überlegungen getroffen wurde und nicht ein Pro-

dukt der empirischen Exploration ist. Dies ist bei den vorliegenden Skalen nur teilweise der Fall gewesen, obwohl die ursprüngliche Konstruktion rational war. Sie
beruhte jedoch auf den Ergebnissen explorativer Faktorenanalysen aus anderen Studien. Außerdem wurde die rationale Entwicklung zum Teil, wie oben eingehend beschrieben, anhand empirischer Befunde revidiert. Andererseits folgte die Konstruktion einem zuvor spezifizierten Konzept, bei dem zwischen objekt-evaluativen und
selbstbezogenen Items unterschieden wurde - Charakteristika, die aus den „Meta-
Konstrukten" Einstellung und Eigenschaft abgeleitet worden waren. Diese den beiden Gesamttests zugrundeliegende Differenzierung wurde zu keinem Zeitpunkt auf-
gegeben. Zwischen den Subskalen ergaben sich gleichwohl Umgruppierungen der
Items, die zum Teil nicht ohne Einfluß auf den psychologischen Gehalt blieben.

Die Ergebnisse der konfirmatorischen Prüfungen geben aber immerhin Anlaß zu
der optimistischen Einschätzung, daß mit den revidierten Skalen Konstrukte von einiger Substanz erfaßt werden. Dies läßt es angezeigt erscheinen, auch den Versuch
einer inhaltlichen Interpretation zu wagen. In den meisten Fällen wird sich diese nur
wenig von den in Abschnitt 7.1 angebotenen Deutungen unterscheiden. Insbesondere
gilt dies, mit Ausnahme der neu gebildeten Skala „Mißtrauen", für die Einstellungsskalen, die sich vor allem durch eine verschiedenartige Form des Zugangs zu einem
ähnlichen Verhaltensbereich differenzieren ließen. In den meisten Fällen sollte hier
ein Verweis auf die obigen Definitionen genügen. Beim eigenschaftsorientierten Test
waren ursprünglich mit Bedacht recht allgemein gehaltene Bezeichnungen gewählt
worden, die sich weitgehend am FFM orientierten. Hier können nunmehr auf der
Basis der bis hierher erzielten empirischen Absicherung etwas spezifischere Interpretationen versucht werden. Dies sollte jedoch nicht als völlige Neudeutung der
Inhalte mißverstanden werden. Auch hier blieb, abgesehen von der Aufspaltung der
Verträglichkeitsskala, die ursprüngliche Bedeutung im Kern erhalten. Bereits die
erste Konstruktion war nicht als umfassende Nachbildung der Fünf-Faktoren-Struk-
tur - auch nicht in Teilen - gedacht. Es sollen lediglich die Inhalte jetzt etwas präziser
herausgearbeitet werden. Die Bezeichnungen der neuen Skalen, die auch in den folgenden Abschnitten verwendet werden sollen, und ihre Kurzinterpretationen, die auf
einer (subjektiven) Zusammenschau unter besonderer Berücksichtigung der am
höchsten ladenden Items beruhen, lauten wie folgt:

Einstellungen:

- *Verhaltensabsichten und -phantasien (VaPh):* Die ursprünglich getrennten Bereiche, in denen entweder eine konkrete Absicht oder eine eher diffuse Beschäftigung mit deviantem Verhalten geäußert wurde, ließen sich empirisch nicht unterscheiden. Für Beispiele und genauere Interpretation siehe Abschnitt 7.1 oben.
- *Rationalisierungen (Rat):* Auch die Bedeutung dieser Skala, in der die Zustimmung zu „guten Gründen" für Devianz und Kontraproduktivität erfragt wird, änderte sich gegenüber der Originalform nicht. Am Rande sei erwähnt, daß hier auch
  das einzige verbliebene Item aus der ursprünglichen Punitivitätsskala („Man ver-
  pfeift seine Kollegen nicht, auch wenn sie am Arbeitsplatz stehlen.") enthalten ist.

- *Verbreitungsgrad devianter Handlungen (Vbr):* Hier geht es nach wie vor überwiegend um konkrete Einschätzungen über die Häufigkeit, mit der einschlägige Verhaltensweisen allgemein auftreten („So ziemlich jeder schummelt bei der Steuererklärung."). In zwei Fällen wurden diese um Verhaltensabsichten ergänzt, die sehr wahrscheinlich wegen ihres inhaltlichen Bezugs zu genau diesem Verhalten sehr hoch mit den entsprechenden Schätzungen zusammenhingen (hier z.B.: „Ich könnte mir vorstellen, daß ich bei der Steuererklärung einen Teil meines Einkommens verschweigen würde."). Dies ändert den Tenor der Gesamtskala jedoch kaum.

- *Mißtrauen (Mtr):* Hier werden größtenteils recht allgemeine Einstellungen erfaßt, die einen stärkeren Bezug zum sozialen Umgang haben als die Items der Skala Vbr, die eher auf spezifische Akte zielen. Markiervariablen sind etwa „Die meisten Menschen, denen man begegnet, versuchen einen auszunutzen, wo sie nur können" oder „Wer anderen Vertrauen entgegenbringt, wird nur sehr selten enttäuscht". Der (negativ formulierte) Begriff „Mißtrauen" scheint diese Grundhaltung relativ genau zu treffen. Obwohl auch hier die Formulierungen i.d.R. auf Häufigkeiten abzielen, läßt sich die Skala stärker als die anderen Einstellungsbereiche inhaltlich, als Persönlichkeitsmerkmal, interpretieren, jedoch eines mit Bezug zu Einstellungsobjekten außerhalb der eigenen Person.

Eigenschaften:

- *Gelassenheit/Selbstwertgefühl (GlSw):* Die Skala betont durch Umgruppierungen etwas stärker als der ursprüngliche Bereich „Emotionale Stabilität" den Impulsivitätsaspekt (z.B. „Ich bin manchmal ein ziemlicher Hitzkopf."). Nach wie vor sind aber auch Aspekte des Selbstkonzepts („Ich glaube, ich bin kein so ungeheuer wertvolles Mitglied der Gesellschaft.") vertreten, so daß die angegebene Mischinterpretation den Gehalt am besten zu beschreiben scheint. Im Meßmodell laden die Impulsivitätsitems allerdings fast durchweg höher. Die Skala mißt also vor allem eine Tendenz, „kühlen Kopf" zu bewahren und unüberlegte Handlungen zu meiden.

- *Zuverlässigkeit/Planung (ZuPl):* Hier werden Aspekte von Gewissenhaftigkeit erfaßt, die sich auf die Persistenz und Voraussicht bei der Erledigung einmal übernommener Aufgaben beziehen (z.B. „Was ich anfange, bringe ich auch zu Ende."). Die Skala ist damit gegenüber der ursprünglichen Fassung, die auch einen Meidungsanteil von Impulsivität enthielt, stärker auf klassische „Arbeitstugenden" und eine aktive, planerische Langfristorientierung ausgerichtet.

- *Suche nach Stimulation (SnS):* Das Konstrukt läßt sich relativ eindeutig als Sensation Seeking, also das Aufsuchen riskanter oder aufregender Situationen interpretieren, ohne dabei explizit etwa an dem mehrfaktoriellen Zuckerman-Modell orientiert zu sein. Dies war bereits die Intention bei der anfänglichen Konstruktion. Die Skala ist im übrigen empirisch die homogenste unter den neun Bereichen der Integrity Tests.

- *Manipulation/Oberflächlichkeit (MaOb):* Hier finden sich Aspekte des Sozialverhaltens, die eine berechnende Haltung gegenüber anderen („Am Ende tun die

Leute meistens, was ich von ihnen will.") mit der Tendenz verbinden, Kontakte ohne tiefergehendes Interesse am Gegenüber zu knüpfen („Reden fällt mir leichter als zuhören."). Darin mischen sich, in FFM-Terminologie, Anteile geringer Verträglichkeit und hoher Extraversion. Aus diesen ursprünglichen Skalen sind die Items auch zusammengestellt, wobei Verträglichkeit - auch gemessen an den Ladungen - deutlich überwiegt.

- *Konfliktmeidung (Kon):* In der letzten Skala ist inhaltlich wiederum recht eindeutig die Tendenz zu erkennen, Konfrontationen im sozialen Umgang aus dem Weg zu gehen („Ich könnte niemals jemandem ins Gesicht sagen, daß ich ihn nicht ausstehen kann."). Dies ist eine zentrale und zugleich wenig mit anderen Faktoren konfundierte Facette von Verträglichkeit, die sich empirisch von dem manipulativen Aspekt trennen ließ.

Wie aus der Aufstellung hervorgeht, blieben der unterschiedliche Grundansatz der Itemformulierung und auch die inhaltlich verschiedenartige Systematik der Untergliederung in den Subskalen zwischen dem einstellungs- und dem eigenschaftsorientierten Integrity Test auch nach der zweiten Revision im Kern erhalten. Nach wie vor wird bei ersteren auf äußere Objekte Bezug genommen, wobei die Skalen sich im wesentlichen durch unterschiedliche Formen der Evaluation auszeichnen. Bei letzteren findet sich durchgängig die Einschätzung der eigenen Person in Gestalt klassischer Traits. Für alle erfaßten Bereiche existieren theoretische und großteils auch empirische Hinweise, die einen Zusammenhang mit kontraproduktivem oder deviantem Verhalten erwarten lassen. Dies gilt aber, im Gegensatz zu Selbstkontrolle, nicht notwendig für alle Erscheinungsformen dieses Verhaltensbereichs. Die differentielle oder generelle Kriteriumsvalidität der Skalen ist jedoch nicht Gegenstand des empirischen Teils dieser Arbeit (die teils sehr heterogenen Zusammenhänge mit Inhaltskategorien [vgl. Tab. 9] ließen sich gleichwohl in diesem Sinn auslegen). Wir werden uns dagegen in den folgenden Abschnitten eingehend damit beschäftigen, wie die Testwerte in Relation zu anderen bzw. ähnlichen Persönlichkeitsmerkmalen zu interpretieren sind.

Zuvor sei noch angemerkt, daß die oben gewählten Skalenbezeichnungen nicht immer einheitlich gerichtet sind. Sie wurden so gewählt, daß sie die Inhalte subjektiv am besten wiedergeben. Die Schlüsselrichtung wurde jedoch in allen Datenanalysen und den entsprechenden Darstellungen soweit vereinheitlicht, daß positive Werte stets für ein höheres Ausmaß an „Integrität" (dto. für Selbstkontrolle) stehen, die meisten Skalen (alle Einstellungsbereiche sowie SnS und MaOb) wurden also sinngemäß umgepolt. In den folgenden Abschnitten sollen die Kürzel verwendet werden, die für die hier erläuterten Inhalte stehen. Sie zeichnen m.E. ein detailliertes und inhaltlich zutreffendes Bild von den in Integrity Tests erfaßten Konstrukten, das einerseits den Gehalt der amerikanischen Vorbilder hinreichend repräsentiert und für das andererseits in deutschen Stichproben eine ausreichende Substanz demonstriert werden konnte.

Für den Fragebogen zur Selbstkontrolle war eingangs dieses Abschnitts postuliert worden, daß seine Inhaltskategorien ein eindimensionales Konstrukt bilden, das auf alle Bereiche substantiell lädt. Ferner wurde davon ausgegangen, daß eine empirische Widerlegung dieser Annahme entweder auf Mängel in der Messung oder im theoretischen Modell (eventuell auch auf beides) zurückzuführen wäre, während eine Bestätigung - von unbekannten und unwahrscheinlichen Drittvariablen abgesehen - nur durch die Gültigkeit von Meßmodell *und* theoretischer Grundlage zu erklären wäre.

Es läßt sich auch aufgrund der konfirmatorischen Prüfung mit einiger Überzeugung feststellen, daß der positive Fall eingetreten ist. Das einfaktorielle Modell ließ sich in beiden Stichproben mit insgesamt guter Anpassung aufrechterhalten. Die Replikation über zwei Samples mit unterschiedlichen Durchführungsbedingungen und hier zudem unterschiedlicher Skalierung der Fragen läßt eine Reihe alternativer Erklärungen zufälliger und methodischer Natur nicht eben plausibler erscheinen. Auch die Faktorladungen lagen mit mindestens .46 und durchschnittlich .635 weit jenseits der Trivialität. Dies ist als globales Bild zu werten, das zeigt, daß die für den Fragebogen gewählten Bereiche aus dem weit umfangreicheren Feld der Selbstkontrolle durchweg in substantiellem Maß durch einen gemeinsamen Faktor gesteuert werden. Daß dabei im einzelnen einige Abweichungen auftreten, ist nicht überraschend, wenn man sich von der unrealistischen Annahme löst, Selbstkontrolle sei die einzige Ursache für das jeweilige Verhalten. So deutet die vergleichsweise geringe Varianzaufklärung für die Kategorie „Problematisches Sozialverhalten" darauf hin, daß verbale Aggressionen und häufiges Scheitern sozialer Beziehungen mglw. komplexere Gründe haben (und vermutlich auch selbst einen komplexeren Verhaltensbereich darstellen) als etwa die Nichteinhaltung von Terminen. Diese unmittelbar einleuchtende Einschätzung ändert jedoch nichts an dem Befund, daß auch solche Handlungen in nicht geringem Umfang durch Selbstkontrolle beeinflußt werden.

Was aber rechtfertigt eigentlich den Optimismus, mit dem der gefundene Faktor hier als Selbstkontrolle sensu G&H interpretiert wird? Zunächst ist dies die explizite theoretische Ableitung, die in Abschnitt 3.2 theoretisch begründet und in 7.2 in ein Meßkonzept umgesetzt wurde. Der Verfasser hofft darin aufgezeigt zu haben, daß die Beschränkung auf die Erfassung theoriekonformer Verhaltensweisen - in einer strikteren Auslegung als von deren Urhebern selbst zugelassen - und gleichzeitig die Ausnutzung der enormen Breite des theoretisch eingegrenzten Verhaltensbereichs dazu führen sollte, daß weder Konzepte (z.B. klassische Traits) oder Handlungen außerhalb des Geltungsbereichs der Theorie einbezogen werden noch dieser durch Beschränkung auf allzu eng definierte Ausschnitte übermäßig verengt wird. Durch erstere Maßnahme sollte sichergestellt werden, daß der Fragebogen nichts mißt, was eigentlich gar nicht erfaßt werden soll (Exzessivität), durch letztere, daß sich im Summenscore (ausschließlich dieser wird als Messung von Selbstkontrolle interpretiert) nicht die Konfundierung mit einer unbekannten Drittvariable von spezifischer Relevanz nur für einen Verhaltensausschnitt widerspiegelt. Dabei wurden keineswegs alle denkbaren Indikatoren berücksichtigt; einige Bereiche, namentlich nontriviale Kriminalität und kontraproduktives Verhalten am Arbeitsplatz, wurden sogar mit Blick auf spätere „tautologiefreie" Kriteriumsvalidierungen explizit ausgegrenzt.

Aus dem verbleibenden Universum des theoretischen Geltungsanspruchs wurde jedoch eine Stichprobe gezogen, die heterogen genug sein sollte, um spezifischen Erklärungen eine denkbar geringe Chance zu geben.

Es zeigte sich empirisch, daß die mögliche Exzessivität der Messung, die durch den Einbezug von peripheren Indikatoren in der Itemanalyseform noch gegeben sein mochte, im Verlauf der Revision sukzessive fast vollständig zu eliminieren war, da sie nicht oder nicht in hinreichendem Maße mit den zentralen Inhalten zusammenhingen. Die verbleibenden Items messen fast ausschließlich die acht Inhaltskategorien, ergänzt um sieben diesen nicht zuordenbare Fragen, die jedoch überwiegend ebenfalls als theoretisch zentral zu erachten sind (kurzsichtige Handlungen: z.B. „Ich habe (als Kind) mit Feuerwerkskörpern gespielt."). Lediglich drei Items, die nicht unbedingt das Kriterium einer volitional gesteuerten Eigenhandlung erfüllten („Ich mußte wegen Unfallverletzungen vom Arzt behandelt werden."; „Ich hatte als Jugendliche(r) Ärger mit der Polizei."; „Ich war mit Leuten unterwegs, die ziemlich viel Unsinn angestellt haben.") und daher durch situative Umstände stärker kontaminiert sein können, leisteten einen ausreichenden Beitrag zur Gesamtskala.

Wir können aus den genannten Gründen also mit einiger Gewißheit davon ausgehen, daß der Fragebogen weder entschieden mehr noch wesentlich weniger mißt als Selbstkontrolle im Sinne der hier vertretenen Auslegung von G&Hs Theorie. Es bleibt aber noch die hypothetische Möglichkeit, daß er etwas anderes erfaßt. Die, in den Grenzen der Vorstellungskraft des Verfassers, einleuchtendste Alternativerklärung für den gefundenen Generalfaktor (eine weitere könnte, wie stets bei Beschränkung auf Selbstauskünfte, in einem generellen Methodenfaktor liegen; dazu unten mehr) wäre das in solchen Fällen notorische Konstrukt der sozialen Erwünschtheit. Es kommt in der Regel vor allem dann als Kandidat in Betracht, wenn substantielle Zusammenhänge dort beobachtet werden, wo sie theoretisch nicht zu erwarten waren (z.B. zwischen als orthogonal angesehenen Persönlichkeitsfaktoren). Dies ist hier offensichtlich nicht der Fall. Die erfaßten Verhaltensweisen verbindet freilich, neben ihrer Eigenschaft als Ausdruck geringer Selbstkontrolle, zumeist auch eine nicht allzu hohe gesellschaftliche Reputation. Die meisten Verfehlungen sind zwar trivial und dürften eher als „läßliche Sünden" angesehen werden, aber immerhin doch als Abweichungen von einer Norm. Der evaluative Charakter dieser Handlungen liegt in der Natur der Sache und kann nicht von den Handlungen selbst getrennt oder „auspartialisiert" werden, ohne ihr Wesen gravierend zu verändern. Wir werden unten noch auf die Zusammenhänge mit unseren (unvollkommenen) Messungen sozialer Erwünschtheit zurückkommen, können hier aber schon berichten, daß die - wie gesagt theoretisch eigentlich nicht zu rechtfertigende - Auspartialisierung der Erwünschtheitsskala die mittlere Interkorrelation der Inhaltskategorien von $\bar{r} = .39$ auf .36 senkt. Dies scheint mir keine schwerwiegende Einbuße zu sein.

Es läßt sich also zusammenfassend festhalten, daß der in dieser Arbeit entwickelte retrospektive Fragebogen einen generellen Faktor mißt, der sich aus sehr unterschiedlichen Handlungen zusammensetzt, deren einzige substantielle Gemeinsamkeit in aus G&Hs Theorie abgeleiteten definitorischen Elementen von Selbstkontrolle besteht. In allen wesentlichen Punkten (Eindimensionalität; substantielle Ladung aller theoriekonformen Indikatoren; hohe Korrelation über die Lebensabschnitte; bessere Kennwerte für zentrale Inhalte als für periphere Korrelate; kein Einfluß des aktuellen Alters; allgemein höhere Werte für Frauen mit plausiblen Unterschieden zwischen den Kategorien) verhielten sich die empirischen Ergebnisse so, wie es psychometrisch zu fordern bzw. nach der Theorie zu erwarten war. Dies konnte in dieser Eindeutigkeit m.W. bislang für kein anderes als Operationalisierung von G&Hs Konstrukt gedachtes Instrument auch nur annähernd nachgewiesen werden (vgl. z.B. Longshore et al., 1996; Piquero et al., in press). Die Resultate wurden zudem in einer zweiten Stichprobe ausnahmslos repliziert. Einschränkend ist auch hier die Homogenität der Population zu beachten, daneben aber auch die Uneinheitlichkeit von Skalierung und Durchführungsbedingungen. Das Instrument ist zur Messung von Selbstkontrolle auch in einer sozial unauffälligen Normalbevölkerung gedacht, wie sie hier durch Studenten zwar nicht im stichprobentheoretischen Sinne repräsentiert aber doch immerhin vertreten wurde. Es spricht nach den vorliegenden Ergebnissen nichts dagegen, aber um so mehr dafür, daß es seinen Zweck erfüllt. Anstelle des bisherigen Arbeitstitels soll ihm hier ein Name gegeben werden, der den Charakter der Messung umschreibt und im folgenden beibehalten wird: *Retrospektive Verhaltensskala der Selbstkontrolle* (RVS). Für die Anwendung sei jedoch empfohlen, den neutralen Titel „Fragebogen zu Lebensereignissen" oder die bloße Abkürzung zu verwenden.

Die Resultate zur internen Struktur der RVS sind aber auch als Bestätigung wesentlicher Bestandteile von G&Hs Theorie zu werten. Die Versatilität erstreckt sich offenbar, zumindest in den beiden hier untersuchten Stichproben, auf einen deutlich breiteren Verhaltensbereich als aus den kriminologischen Studien mit eigentlicher Delinquenz schon zu ersehen war, auf die sich die Autoren in der Entwicklung ihrer Theorie weitgehend berufen haben. Dieses Resultat ließ sich nach den Aussagen über den Geltungsbereich der Theorie erwarten, sie finden sich hier aber empirisch bestätigt. Wir können ferner festhalten, daß die Ergebnisse, ebenfalls im Einklang mit den theoretischen Postulaten, in einer nicht-kriminellen Population und in einer anderen Kultur als der nordamerikanischen erzielt wurden. Auf den ähnlich bedeutsamen Aspekt der Stabilität wird später noch in anderer Form zurückzukommen sein. An dieser Stelle mag dazu der Verweis auf die substantiellen Interkorrelationen der nach Lebensabschnitten gegliederten Teilbereiche ausreichen (zwischen .48 und .66; im Mittel über beide Stichproben .60; siehe Tabelle 9).

Die geschilderten Ergebnisse liefern zwar Evidenz für bedeutsame Aspekte der Theorie, letztlich aber doch nur für Teilbereiche, die als Vorstufe für den eigentlichen Kern angesehen werden können: Läßt sich kriminelles Verhalten oder, mit Blick auf das Thema dieser Arbeit, Kontraproduktivität am Arbeitsplatz durch ein stabiles, aus Verhaltenselementen abgeleitetes Persönlichkeitsmerkmal „Selbstkontrolle" generell, also situations- und gruppenübergreifend erklären? Diese Frage läßt sich im Rahmen dieser Arbeit nicht beantworten. Hier wurde jedoch durch die Entwicklung eines theoriekonformen und dennoch tautologiefreien Erhebungsinstruments für eine solche Prüfung eine Grundlage geschaffen, die den bisherigen empirischen Bemühungen m.E. in entscheidendem Maße abging. Im folgenden wird noch vertiefend darauf eingegangen, wie G&Hs Konstrukt der Selbstkontrolle im Kontext persönlichkeits-psychologischer Modelle zu interpretieren ist.

9.3   Analyse der externen Beziehungen im nomologischen Netz

Nachdem bis zu diesem Punkt der Analyse gezeigt worden sein sollte, daß in den eigenen Testentwicklungen die meßtheoretischen und konzeptionellen Ansprüche in ausreichender Qualität umgesetzt wurden, um auf den Testwerten weitergehende Schlußfolgerungen zu gründen, wird in diesem Hauptabschnitt auf das Kernthema der eigenen empirischen Erhebungen einzugehen sein - die Untersuchung der Inter-pretation von „integrity" und „Selbstkontrolle" im Kontext allgemeiner persönlich-keitspsychologischer Modelle bzw. Variablen. Der vorliegende Kenntnisstand läßt dabei nicht immer eine eindeutige Zuordnung der einzelnen Fragestellungen auf dem Kontinuum von Exploration und konfirmatorischer Prüfung zu. Zu einigen Bereichen liegen begründete und bereits intensiv diskutierte Annahmen vor, in anderen Fragen lassen sich allenfalls Hypothesen mit dem Status informierter Mutmaßungen auf-stellen.

Als erster Unterabschnitt wird dem hier besprochenen Komplex daher eine rein korrelative Analyse der Beziehungen zwischen den per Fragebogen untersuchten Persönlichkeitsmerkmalen vorangestellt. Auch hier lassen sich zum Teil durchaus Hypothesen prüfen, ihnen kommt jedoch im Fall von Selbstkontrolle sensu G&H noch weitgehend Entdeckungscharakter zu, da solche Fragen bislang in der Literatur noch kaum thematisiert wurden. Zu Integrity Tests existieren dagegen schon verfe-stigte Lehrmeinungen (siehe Abschnitt 2.3.4), die im zweiten Unterabschnitt konfir-matorisch geprüft werden sollen. Ähnliches gilt zwar auch für konkurrierende An-nahmen zu entwicklungsbezogenen Typologien der Delinquenz; wir können diese Thematik jedoch mit den hier gesammelten Daten nur als Nebenaspekt streifen, dem der kurz gehaltene dritte Abschnitt gewidmet ist. Schließlich ist noch gesondert auf die Zusammenhänge mit den Verhaltensmaßen für Belohnungsaufschub und Ehr-lichkeit sowie mit den akademischen Leistungen einzugehen.

9.3.1 Korrelative Analyse der Beziehungen zwischen den Fragebogenmaßen

9.3.1.1 Zielsetzung

Zwischen Integrity Tests und Selbstkontrolle auf der einen und den erhobenen allgemeinpsychologischen Merkmalen auf der anderen Seite besteht ein äußerst komplexes Beziehungsgeflecht, was sich allein schon aus der Zahl der untersuchten Variablen ergibt. Wir werden uns hier auf die Analyse der für den Themenbereich wesentlichen Aspekte beschränken. Hinzu kommen die Zusammenhänge zwischen Integrity Tests und der RVS, für die detaillierte Ergebnisse bereits oben in Tabelle 9 berichtet worden waren. Die Form der aufgestellten Hypothesen wird in diesem Abschnitt allgemein dem eher tentativen Stand der Forschung Rechnung tragen. Ein Gesamtbild sollte sich dabei weniger auf exakt quantifizierte Annahmen über die Enge von Zusammenhängen gründen als vielmehr auf Tendenzaussagen, die in der Zusammenschau ein Muster ergeben, mit dem die im theoretischen Teil entwickelten Vorstellungen empirisch zu stützen wären. Die Zielsetzung besteht hier also in der Prüfung der grundsätzlichen Vereinbarkeit eines empirisch gefundenen Korrelationsmusters mit Annahmen, die sich aus dem anfangs des Kapitel 4 vorgestellten Modell ergeben. Diese eher tastende Form der Prüfung erstreckt sich jedoch nicht auf die Hypothesen zum Zusammenhang zwischen Integrity Tests und FFM, deren gegenwärtiger Status eine eigenständige Analyse im folgenden Abschnitt rechtfertigt.

In der zusammenfassenden Darstellung in Kapitel 4 war u.a. die Aussage postuliert worden, daß Selbstkontrolle i.S.v. G&H auf einer von den Polen konkretes Verhalten und abstrakte Persönlichkeitsbeschreibung aufgespannten Dimension eine Position einnimmt, die deutlich näher am Verhalten liegt als die eigenschaftsorientierter Integrity Tests, während deren einstellungsorientierte Variante einen Zwischenstellung belegt. Daraus lassen sich mehrere Annahmen ableiten. In Relation zum deskriptiven FFM der Persönlichkeit sollte sich eine Rangordnung ergeben, bei der der eigenschaftsorientierte Test insgesamt die engsten Zusammenhänge zum NEO-PI-R als Repräsentanten der Big5 aufweist, die Einstellungsskalen entsprechend geringere und die RVS nochmals schwächere Bezüge. Damit lautet die erste hier zu prüfende Hypothese:

H$_4$: Zwischen RVS und NEO-PI bestehen insgesamt weniger enge Zusammenhänge als zwischen letzterem und einstellungsorientiertem Integrity Test. Beide werden noch von den Korrelationen zwischen NEO-PI und eigenschaftsorientiertem Integrity Test übertroffen.

Dies bezieht sich auf Abweichungen der absoluten Höhe, nicht notwendig aber auf solche im Muster der Korrelationen. Wie im folgenden Abschnitt näher auszuführen sein wird, können hier lediglich für eigenschaftsorientierte Integrity Tests, bedingt durch ihre konzeptionelle Nähe zu deskriptiven Traitmodellen, dezidierte Annahmen aufgestellt werden, welche innerhalb des NEO erfaßten Merkmale in welcher Höhe mit „Integrität" korreliert sein sollten (dazu unten mehr). Zumindest auf der Ebene der Dimensionen des FFM lassen sich aber aufgrund der einschlägigen Metaanalysen (vgl. Tabelle 3 in Abschnitt 2.3.3) eher geringfügige Unterschiede im Korrelationsmuster gegenüber dem einstellungsorientierten Verfahren erwarten. Diese Aussage läßt sich m.E., wenngleich aus einem anderen Grund, auch auf Selbstkontrolle erweitern. Wenn eigenschaftsorientierte Integrity Tests Persönlichkeitsmerkmale messen, die mit abweichendem Verhalten zusammenhängen, und Selbstkontrolle ein genereller Faktor (vor allem) abweichenden Verhaltens ist, dann sollten sich deren Persönlichkeitskorrelate im FFM zwar wegen der unterschiedlichen konzeptionellen Nähe in der Höhe, nicht aber in der Zusammensetzung wesentlich unterscheiden. Daher läßt sich postulieren:

H_5: Eigenschaftsorientierter Integrity Test und RVS ähneln sich stark im Muster ihrer Korrelationen mit dem NEO-PI. Dies gilt in abgeschwächter Form auch für den einstellungsorientierten Integrity Test.

Die oben in Hypothese 4 beschriebene Rangfolge der Korrelationen sollte auch in umgekehrter Richtung gelten. Damit ist gemeint, daß die Zusammenhänge zwischen den „benachbarten" Paaren einstellungs- und eigenschaftsorientierter Integrity Test sowie ersterem und Selbstkontrolle enger sein sollten als derjenige zwischen Eigenschaftsskala und RVS. Damit soll aber gleichzeitig zum Ausdruck kommen, daß die von den drei Fragebogen erfaßten Konstruktbereiche keineswegs identisch sind. Weder messen Integrity Tests einfach Selbstkontrolle noch erfassen die beiden Arten von Integrity Tests den gleichen Bereich. Es handelt sich um sehr verschiedene Formen des Zugangs zu Dispositionen, die für abweichendes bzw. kontraproduktives Verhalten relevant sind. Sie sind jeweils nicht als umfassend anzusehen und sollten sich wechselseitig nur partiell überschneiden. Folglich lautet Hypothese 6:

H_6: Die drei Bereiche Eigenschaften, Einstellungen und Selbstkontrolle hängen untereinander in mittlerer, jedoch nicht auf Identität hinweisender Höhe zusammen, wobei die niedrigste Korrelation zwischen den konzeptionell am weitesten voneinander entfernten Fragebogen zu Selbstkontrolle und Eigenschaften erwartet wird.

Eine deutlich andere Form des Zugangs speziell zu Selbstkontrolle wurde durch die Aufnahme zweier Selbstkontrollskalen aus allgemeinen Persönlichkeitstests sowie der Operationalisierung von G&Hs Konstrukt durch Grasmick et al. (1993) untersucht. Diese unterscheiden sich auch untereinander deutlich (rationale Skalenbildung mit dem Ziel der Homogenität bei CPI-Sc; faktorenanalytisch beim 16PF; mehrere Facetten innerhalb der Grasmick-Skala), heben sich aber vor allem von der eigenen, an konkretem Verhalten orientierten RVS durch ihren Rückgriff auf überwiegend generalisierende Selbsteinschätzungen ab. Daher ist auch hier allgemein eher mit einer mittleren Konvergenz zu rechnen:

H_7: Zwischen RVS und den drei alternativen Operationalisierungen von Selbstkontrolle mittels Fragebogen bestehen allgemein Korrelationen in mittlerer Höhe.

Eine spezifische Hypothese richtet sich auf den Zusammenhang zwischen der Grasmick-Skala und dem eigenschaftsorientierten Integrity Test. Auf die konzeptionelle Ähnlichkeit dieser Verfahren wurde bereits verschiedentlich hingewiesen. Beide setzen sich aus einzelnen, eng definierten Traits zusammen, die sich valide bezüglich abweichenden Verhaltens am oder außerhalb des Arbeitsplatz erwiesen haben. Dies sollte zu stark korrespondierenden Resultaten führen, die sich in einer hohen Korrelation auf der Ebene der Gesamtskala niederschlagen. Im übrigen ist davon auszugehen, daß sich auch das Muster der Korrelate beider Fragebogen innerhalb des FFM im wesentlichen entspricht. Deshalb postuliert die folgende Hypothese:

H_8: Eigenschaftsorientierter Integrity Test und die Skala von Grasmick et al. (1993) korrelieren hoch
miteinander und enger als mit allen anderen konvergierenden Verfahren. Sie weisen außerdem ein
sehr ähnliches Muster der Beziehungen zum NEO-PI auf.

Für allgemeine Intelligenz läßt sich Unabhängigkeit von allen Variablen aus dem
Bereich Selbstkontrolle und Integrität erwarten. Dies ergibt sich für Integrity Tests
und mittels konventioneller Persönlichkeitsdiagnostik erfaßte Selbstkontrolle aus den
konsistenten diesbezüglichen Resultaten, die in der Literatur berichtet werden. Für
die verhaltensnahe Messung von Selbstkontrolle mit der RVS läßt sich diese Annahme aus dem in Abschnitt 3.2.3 ausgeführten Befund herleiten, daß lediglich eine
Extremgruppe hochgradig auffälliger Krimineller verminderte Intelligenz zeigte, die
in der vorliegenden Stichprobe nicht nennenswert vertreten sein sollte. Auf stärker
delinquente Populationen sollte diese Annahme nicht generalisiert werden. Für diese
Untersuchung läßt sich aber folgern:

H_9: Alle Fragebogenmaße aus den Bereichen Selbstkontrolle und Integrität sind unkorreliert mit der
durch den WPT erfaßten allgemeinen Intelligenz.

Für die meisten untersuchten Persönlichkeitsvariablen läßt sich dagegen nicht
vermuten, daß sie in einem Maße wertfrei sind, daß mit Unabhängigkeit von Selbstdarstellungstendenzen oder sozialer Erwünschtheit zu rechnen wäre. Die hierfür eingesetzten Instrumente sind zudem nicht so geartet, daß sie Antworttendenzen
unkontaminiert von „wahrer" Traitvarianz erfassen könnten. Auf der anderen Seite
sollte dieser Einfluß über die verschiedenen Fragebogen relativ gleichmäßig sein und
nicht so stark ausgeprägt, daß die Zusammenhänge zwischen substantiellen Persönlichkeitsmerkmalen dadurch wesentlich verzerrt werden. Es kann also folgendes
angenommen werden:

H_{10}: Soziale Erwünschtheit, erfaßt durch Fragebogenskalen, hängt moderat mit Integrity Tests und
Maßen der Selbstkontrolle zusammen, ohne die Beziehungen zwischen den Persönlichkeitsmerkmalen bedeutsam zu verfälschen.

Es wurde in den obigen Aussagen bewußt vermieden, Annahmen über die
absolute Höhe von Zusammenhängen exakt zu quantifizieren oder etwa Bereiche ab-
zustecken, innerhalb derer die Werte der Korrelationen zu vermuten sind. Übergänge
zwischen z.B. „moderaten", „mittleren" und „hohen" Korrelationen sind ohnehin
stets fließend, auch wenn uns eine solche Kategorisierung das Gegenteil weismachen
will. Der Kenntnisstand erlaubt in den meisten Fällen auch keine exakteren Festle-
gungen. Aus diesen Gründen wird im folgenden für die aufgestellten Unterschiedshypothesen auf eine formale Signifikanzprüfung der Korrelationsdifferenzen mittels
z-Test für jeden Einzelfall verzichtet (zur eigenen Nachprüfung: auf dem 1% -Niveau
werden nach Fishers Z transformierte Korrelationsdifferenzen größer .135 in dieser
Stichprobe signifikant. Im typischen Bereich moderater und mittlerer Korrelationen
um .30 bis .50 entspricht dies grob den absoluten Differenzen; deutlich oberhalb
reicht bspw. eine r_{diff} von .70 - .62 = .08 dafür aus). Aussagekräftiger erschiene es,
wenn sich aus der Zusammenschau des Korrelationsmusters ein Gesamtbild ergäbe,

das mit den hier in empirische Tendenzaussagen umgesetzten Auffassungen vereinbar wäre. Dafür sollte eine einfache Darstellung in Form bivariater Korrelationen zunächst ausreichen. Betrachtet man darin vorfindliche Muster, ist dies auch ein Argument gegen die mögliche Gefahr einer Alpha-Inflationierung aufgrund der Vielzahl von Koeffizienten.

9.3.1.2 Ergebnisse

Die in diesem Abschnitt untersuchten Zusammenhänge beziehen sich auf die Gesamtscores der eigenen Testentwicklungen sowie auf die Testwerte für Intelligenz, soziale Erwünschtheit, Selbstkontrolle in alternativer Operationalisierung und das FFM der Persönlichkeit. Aus Gründen der Übersichtlichkeit zeigt die folgende Tabelle 13 keine vollständige Matrix aller Variablen; d.h. auf die Darstellung der Interkorrelationen aller 35 Dimensions- und Facettenskalen des NEO wurde verzichtet, zumal sie nicht Gegenstand der Untersuchung waren. In der Tabelle sind also im oberen Teil die Zusammenhänge der NEO-Skalen mit den anderen Variablen aufgeführt, der untere Teil zeigt deren Interkorrelationen. Außerdem finden sich jeweils Angaben zu Mittelwert, Standardabweichung und interner Konsistenz.

Tabelle 13: Korrelationen zwischen den Fragebogenmaßen in dieser Untersuchung sowie Angaben zu deren deskriptiven Kennwerten und interner Konsistenz

	m	SD	α	RVS	einst. IT	eig. IT	CPI-Sc	16PF-Q_3	Gras.-Sc	SDS	NEO-PPM	WPT
NEO-PI-Skalen:												
N1: Ängstlichkeit	15,2	5,3	.80	-.07	-.25**	-.30**	-.30**	-.38**	-.29**	-.42**	-.60**	-.07
N2: Reizbarkeit	13,4	5,2	.78	-.16*	-.30**	-.61**	-.48**	-.36**	-.48**	-.52**	-.42**	.02
N3: Depression	13,1	6,0	.86	-.10	-.26**	-.34**	-.39**	-.40**	-.31**	-.42**	-.61**	-.06
N4: Soz. Befangenheit	16,3	4,3	.67	-.01	-.18*	-.21**	-.25**	-.35**	-.22**	-.42**	-.63**	-.05
N5: Impulsivität	16,5	4,8	.70	-.37**	-.31**	-.60**	-.52**	-.46**	-.54**	-.40**	-.30**	.06
N6: Verletzlichkeit	12,3	4,9	.83	-.10	-.31**	-.37**	-.32**	-.52**	-.38**	-.53**	-.69**	-.10
N: Neurotizismus	**86,7**	**23,4**	**.93**	**-.18****	**-.35****	**-.53****	**-.49****	**-.54****	**-.48****	**-.59****	**-.70****	**-.05**
E1: Herzlichkeit	21,9	4,0	.73	.04	.16*	.10	.07	.11	.14*	.27**	.40**	.02
E2: Geselligkeit	19,4	4,8	.76	-.16*	.01	-.08	-.03	.11	-.01	.14*	.43**	-.06
E3: Durchsetzgsfähigkt.	17,1	5,6	.86	-.02	.05	-.04	-.05	.34**	.16*	.21**	.58**	.20**
E4: Aktivität	18,4	4,2	.73	-.02	.03	-.11	-.10	.24**	.00	.13	.36**	.14*
E5: Erlebnishunger	16,1	4,6	.56	-.39**	-.34**	-.39**	-.37**	-.11	-.43**	-.03	.04	.05
E6: Frohsinn	22,1	5,3	.81	-.06	.11	.03	-.05	.10	.03	.13	.28**	-.02
E: Extraversion	**114,9**	**19,5**	**.90**	**-.15***	**.00**	**-.12**	**-.13**	**.20****	**-.02**	**.21****	**.51****	**.09**
O1: Offenh. f. Phantasie	20,1	5,3	.82	-.23**	-.20**	-.36**	-.27**	-.40**	-.21**	-.22**	-.38**	-.01
O2: Off. f. Ästhetik	20,2	5,6	.80	.13	-.03	.08	-.02	-.06	.05	.14*	-.10	-.18**
O3: Off. f. Gefühle	22,4	4,0	.71	-.04	-.13	-.11	-.19**	-.09	-.08	-.05	-.06	-.06
O4: Off. f. Handlungen	18,5	4,3	.70	-.06	.04	.01	.05	-.01	.08	.19**	.17*	.03
O5: Off. f. Ideen	18,7	4,7	.76	.03	.04	.03	-.03	.11	.15*	.23**	.19**	.18**
O6: Off. d. Normen- und Wertesystems	21,0	3,4	.47	-.15*	-.05	-.08	-.02	-.12	.02	-.01	-.05	.16*
O: Off. f. Erfahrungen	**120,9**	**18,5**	**.88**	**-.07**	**-.08**	**-.11**	**-.12**	**-.15***	**.00**	**.07**	**-.07**	**.01**

Tabelle 13 Forts.

	m	SD	α	RVS	einst. IT	eig. IT	CPI-Sc	16PF-Q_3	Gras.-Sc	SDS	NEO-PPM	WPT
A1: Vertrauen	19,1	4,4	.78	.15*	.54**	.22**	.12	.12	.30**	.22**	.28**	.25**
A2: Freimütigkeit	18,0	4,0	.61	.23**	.41**	.24**	.31**	-.00	.25**	.04	-.06	.05
A3: Altruismus	21,3	3,8	.71	.13	.21**	.34**	.32**	.10	.27**	.37**	.29**	-.12
A4: Entgegenkommen	16,9	4,3	.64	.25**	.27**	.50**	.22**	.11	.34**	.37**	.22**	-.06
A5: Bescheidenheit	16,4	4,5	.75	.21**	.19**	.05	.43**	-.14*	.01	.01	-.18**	-.11
A6: Gutherzigkeit	20,5	3,3	.55	.04	.09	.11	.17*	-.16*	.10	.08	.02	-.10
A: Verträglichkeit	**112,2**	**15,6**	**.86**	**.27****	**.46****	**.38****	**.38****	**.01**	**.33****	**.28****	**.15***	**-.02**
C1: Kompetenz	20,5	4,0	.72	.20**	.23**	.43**	.26**	.57**	.43**	.34**	.48**	.22**
C2: Ordnungsliebe	17,7	5,2	.76	.34**	.15*	.42**	.17*	.52**	.27**	.23**	.20**	-.06
C3: Pflichtbewußtsein	21,9	3,8	.68	.43**	.30**	.59**	.38**	.54**	.51**	.47**	.41**	.05
C4: Leistungsstreben	19,2	4,5	.71	.22**	.17*	.35**	.16*	.60**	.39**	.30**	.34**	.12
C5: Selbstdisziplin	18,9	5,1	.82	.38**	.28**	.56**	.38**	.69**	.53**	.40**	.50**	.07
C6: Besonnenheit	16,8	5,0	.79	.40**	.23**	.62**	.38**	.55**	.53**	.29**	.21**	.05
C: Gewissenhaftigkeit	**115,1**	**21,1**	**.92**	**.43****	**.29****	**.65****	**.38****	**.75****	**.58****	**.43****	**.46****	**.09**
RVS	251,2	29,7	.92	-								
einstellg. Integrity Test	199,8	23,6	.91	.46**	-							
eigensch. Integrity Test	175,2	17,1	.82	.49**	.47**	-						
CPI-Selbstkontrolle	26,9	7,1	.79	.53**	.54**	.66**	-					
16PF-Q_3	14,1	4,1	.69	.35**	.36**	.59**	.43**	-				
Grasmick-Selbstkontr.	80,6	8,5	.73	.42**	.56**	.76**	.67**	.58**	-			
Crowne-Marlowe SDS	12,0	4,2	.75	.32**	.33**	.54**	.51**	.51**	.48**	-		
NEO- PPM	19,5	4,4	.54	.20**	.35**	.35**	.32**	.53**	.41**	.53**	-	
WPT (Intelligenz)	29,5	5,3	-	-.02	.09	-.08	-.06	.07	.10	-.05	.09	-

Anm.: * = $p < .05$; ** = $p < .01$; m = Mittelwert; SD = Standardabweichung; RVS = Retrospektive Verhaltensskala der Selbstkontrolle; ein. IT = einstellungsorientierter Integrity Test; eig. IT = eigenschaftsorientierter Integrity Test; CPI-Sc = Skala Selbstkontrolle des California Psychological Inventory; 16PF-Q_3 = Skala Selbstkontrolle des 16 Persönlichkeits-Faktoren-Test; Gras.-Sc = Selbstkontrolleskala von Grasmick et al. (1993); SDS = Social Desirability Scale; NEO-PPM = Skala Positive Presentation Management aus NEO-PI-Items nach Schinka et al. (1997); WPT = Wonderlic Personnel Test; N = 213 (außer für WPT: N = 210)

Aus der Vielzahl der in der Tabelle enthaltenen Informationen sei hier hauptsächlich auf jene eingegangen, die für die oben aufgestellten Hypothesen von Belang sind. Dabei war zunächst von einer Rangordnung der Enge der zwischen eigenen Testentwicklungen und NEO-PI ermittelten Beziehungen gemäß dem in Abbildung 3 dargestellten Modell ausgegangen worden (H_4). Dazu läßt sich zunächst feststellen, daß die RVS mit 16 der 30 NEO-Facetten signifikant korreliert (davon 12 hochsignifikant), der einstellungsorientierte Integrity Test mit insgesamt 20 (davon 16 hochsignifikant) und das eigenschaftsorientierte Verfahren mit 18 Facetten, wobei hier alle Zusammenhänge hochsignifikant ausfielen. Dies ist zwar tendenziell einigermaßen konform mit der Annahme, aber noch nicht sehr aussagekräftig. Wenn man die absoluten Korrelationen nach Fisher transformiert, anschließend mittelt und wieder zurücktransformiert, ergeben sich durchschnittliche Zusammenhänge von .17, .20 und .29 für die drei Verfahren in obiger Reihenfolge. Diese Unterschiede sind wiederum tendenziell hypothesenkonform, aber in keinem Fall signifikant. Eine solche formale Prüfung ist allerdings außerordentlich streng, da sie sich auf den Mittelwert von jeweils 30 Einzelkoeffizienten bezieht und dabei auch Merkmale einschließt, die für alle drei Verfahren gleichermaßen irrelevant sind. Wird dieser Prozeß auf die 22 Facetten beschränkt, die mit zumindest einem der drei Tests bedeutsam korrelieren, ändern sich die Werte auf .21, .25 und .37. Zumindest der eigenschaftsorientierte Integrity Test scheint den abstrakten Selbstbeschreibungen des NEO-PI näher zu stehen als die beiden anderen Verfahren.

Eine gewisse Ähnlichkeit der Korrelationsmuster (H_5) ergibt sich allein schon aus der Tatsache, daß 13 Facetten des NEO mit allen drei Verfahren korreliert sind, während lediglich drei Merkmale mit nur einem der Tests (jeweils knapp) signifikant zusammenhängen. Trotz z.T. erheblicher Abweichungen in der absoluten Höhe stimmt das Muster der Korrelationen zwischen RVS und eigenschaftsorientiertem Integrity Test innerhalb der Faktoren Neurotizismus (höchste Werte für N2 und N5), Extraversion (vor allem E5), Offenheit für Erfahrungen (überwiegend O1) und Gewissenhaftigkeit (höchste Werte für C3, C5 und C6) weitgehend überein. Lediglich innerhalb von Verträglichkeit zeigen sich deutlichere Unterschiede, wobei der Integrity Test stärker zwischen den einzelnen Facetten differenziert. Der einstellungsorientierte Test weicht von dem beschriebenen Muster etwas ab, indem die Korrelationen mit den N-Facetten gleichmäßiger sind, bei Verträglichkeit der Schwerpunkt eher auf A1 und A2 liegt und Gewissenhaftigkeit insgesamt weniger stark erfaßt wird. Hier waren nach den Resultaten anderer Studien durchaus gewisse Differenzen zu erwarten gewesen, zusammengenommen sind aber auch beim einstellungsorientierten Test die Ähnlichkeiten ausgeprägter als die Unterschiede, so daß für Hypothese 5 die unterstützenden Befunde überwiegen.

Inhaltlich erscheinen auf der Ebene der Dimensionen die gleichen drei Faktoren relevant, die auch in den Metaanalysen (siehe Abschnitt 2.3.3) mit Integrity Tests korreliert waren. Auf Facettenebene zeigt sich aber bereits hier, daß die scheinbaren Nullkorrelationen mit Extraversion und Offenheit für Erfahrungen sich nicht auf alle darunter subsumierten Merkmale erstrecken müssen. Die Extraversionsfacette „Reizhunger" (Sensation Seeking) ist erwartungsgemäß eindeutig eine relevante Eigenschaft. Etwas überraschend ist dagegen der konsistente, moderat negative Zusammenhang mit Offenheit für Phantasie, der sich im übrigen auch bei den anderen Selbstkontrollskalen und - besonders bemerkenswert - bei sozialer Erwünschtheit findet. Eher wäre, vor allem beim einstellungsorientierten Integrity Test, eine gewisse Affinität zu der Facette O6 (umgepolt die NEO-Umschreibung für eine „wertkonservative" Haltung) zu erwarten gewesen (so z.B. eine Hypothese von Guastello & Rieke, 1991); auch in anderen Studien fanden sich aber nur geringe oder gar erwartungskonträre Befunde zum Zusammenhang zwischen Integrity Tests und traditionellen Werthaltungen in unterschiedlichster Operationalisierung (Arnold & Brooks, 1988; Baehr et al., 1993; Costa & McCrae, 1995; Lasson, 1992).

Die Zusammenhänge zwischen Integrity Tests und RVS (H_6) waren bereits oben in Tabelle 9 detailliert (d.h. auf Subskalenebene) dargestellt worden und sind hier nur noch einmal auf der Ebene der gesamten Tests aufgeführt. Dabei waren insgesamt mittlere Korrelationen mit Unterschieden gemäß der konzeptionellen Nähe erwartet worden. Es ist festzustellen, daß alle drei Verfahren fast identisch um r = .48 zusammenhängen. Damit zeigt sich zwar annahmegemäß, daß diese Instrumente mglw. auf einer höheren Ebene einer gemeinsamen Klasse angehören, aber keineswegs das Gleiche erfassen. Die angenommene Rangordnung von Ähnlichkeiten wurde dagegen nicht bestätigt. Die Hypothese 6 muß aufgrund der Daten daher zum Teil zurückgewiesen werden.

In den gleichen, vielleicht durch die differentialpsychologische Relevanz für abweichendes Verhalten umgrenzten Bereich, zu dem freilich viele Zugänge führen mögen, gehören auch die drei alternativen Messungen von Selbstkontrolle in dieser Studie. Auch hier waren lediglich mittlere Konvergenzen mit der RVS erwartet worden (H_7). Diese Prognose ist eingetroffen, belegt durch Korrelationen zwischen .35 und .53. Dabei findet sich die engste Beziehung interessanterweise keineswegs mit der als G&H-Operationalisierung gedachten Grasmick-Skala (r = .42), sondern mit der Jahrzehnte alten Skala aus dem CPI. Untereinander hängen die drei Persönlichkeitstests zur Selbstkontrolle mit r = .43, .58 und .67 höher zusammen (die Differenz zu den Korrelationen mit der RVS ist hochsignifikant: z = 2,647) und zeigen im Mittel, gemessen an ihrer Reliabilität, schon sehr substantielle Konvergenz. Vor diesem Hintergrund überraschen ein wenig die Abweichungen der 16PF-Skala im Korrelationsmuster mit dem NEO-PI (Verträglichkeit unbedeutend, dafür sehr hohe Übereinstimmung mit Gewissenhaftigkeit). Dessenungeachtet bleibt der Bestätigungsgrad der Hypothese 7 hoch.

Wenn die Skala von Grasmick und Kollegen nicht, wie beabsichtigt, Selbstkontrolle im Sinne der *General Theory* erfaßt, sondern ein Kompositorium unterschiedlicher Persönlichkeitskorrelate abweichenden Verhaltens darstellt, sollte sie eng mit dem ähnlich konstruierten eigenschaftsorientierten Integrity Test zusammenhängen. Die empirische Korrelation beträgt r = .76 (reliabilitätskorrigiert: .98, wobei eine solche Korrektur anhand der internen Konsistenz allerdings die hier angreifbare Angemessenheit dieses Reliabilitätsmaßes voraussetzt; s.u.), ein Wert von substantieller Höhe, der die Zusammenhänge beider Verfahren mit anderen Skalen ausnahmslos signifikant übersteigt. Das Bild hoher Konvergenz wird zusätzlich durch das ausgesprochen ähnliche Korrelationsmuster beider Tests mit dem NEO-PI gestützt, so daß Hypothese 8 in allen Teilen bestätigt wurde. Obwohl kein Item in den beiden Instrumenten gleich ist und sie sich auch auf Subskalenniveau im Detail unterscheiden, scheinen sie doch eindeutig der gleichen Klasse anzugehören.

Divergenz oder diskriminante Validität war dagegen für Verfahren zu Selbstkontrolle und Integrität bezüglich allgemeiner Intelligenz erwartet worden (H_9). Diese Annahme wurde durchgängig durch die empirischen Befunde gestützt, während sich zwischen WPT und NEO-PI vereinzelt moderate Korrelationen fanden, die jedoch wegen der Gefahr der Alpha-Inflationierung nicht überbewertet werden sollten. Für Integrity Tests stimmen die Resultate mit metaanalytischen Befunden überein (Ones,

1993), für die Bereiche des FFM nur bedingt (Ackerman & Heggestad, 1997). Unerwartet ist hier insbesondere die Nullkorrelation mit dem Gesamtwert von Offenheit für Erfahrungen, die weniger auf die (nur beim WPT gegenüber den amerikanischen Normen etwas) eingeschränkten Varianzen als auf gegenläufige Korrelationen mit einzelnen Facetten zurückzuführen ist. Auch dies sei hier nur kursorisch angemerkt, da die eigentliche Hypothese sich auf die Unabhängigkeit von Selbstkontrolle und Integrity von Intelligenz bezog. Diese fand sich wie gesagt bestätigt.

Die eingesetzten Fragebogenmaße sozialer Erwünschtheit sind dagegen, wie angenommen (H_{10}), von den angesprochenen Persönlichkeitsmerkmalen - und darüber hinaus auch von zahlreichen NEO-Facetten - nicht unabhängig. Die im Mittel über beide Erwünschtheitsskalen geringsten Koeffizienten finden sich interessanterweise mit der verhaltensorientierten RVS (um .25), gefolgt vom einstellungsorientierten Integrity Test (um .35), CPI-Sc, Grasmick-Skala und eigenschaftsorientiertem Integrity Test (über .40) und der nur 12 Items langen 16PF-Skala als offenbar „anfälligster" Messung von Selbstkontrolle (über .50). Diese Zusammenhänge gehen bei den Eigenschaftsskalen über das postulierte moderate Maß hinaus, was sich für die SDS auch auf die NEO-Faktoren Neurotizismus und Gewissenhaftigkeit erstreckt (NEO-PPM ergibt hier wegen der teilweisen inhaltlichen Überlappung ein verzerrtes Bild). Allgemein sind die Persönlichkeitskorrelate der Erwünschtheitsskalen denen von Integrity und (vor allem per Persönlichkeitstest erfaßter) Selbstkontrolle nicht unähnlich, so daß sich hier Scheinkorrelationen nicht a priori ausschließen lassen. Entgegen diesem intuitiven Verdacht bleibt aber empirisch der Effekt einer Auspartialisierung der SDS-Werte auf alle Kernbereiche der hier untersuchten Zusammenhänge weit unterhalb einer Schwelle, die einen Verzicht auf ihre inhaltliche Interpretation in Betracht ziehen ließe: zwischen eigenen Testentwicklungen und NEO-PI bleiben alle substantiellen Korrelationen erhalten (N5 tritt als relevanteste N-Facette deutlicher hervor, die negativen Korrelationen mit E und O steigen geringfügig, bei A und C sinken die positiven Beziehungen etwas, O1, A3, A4, C1 und C5 verlieren an Bedeutung); die Zusammenhänge zwischen den drei eigenen Tests sinken auf um .39; die Persönlichkeitsskalen zu Selbstkontrolle sind untereinander noch immer höher korreliert als mit der RVS ($z = 1{,}806$; $p < .05$) und die Korrelation zwischen eigenschaftsorientiertem Integrity Test und Grasmick-Skala sinkt auf .68. Keine dieser Änderungen legt eine Neuinterpretation der weiter oben berichteten Resultate nahe, selbst wenn man die Bewertung der SDS als Meßinstrument einer Fehlerquelle akzeptiert. Dies war die Kernaussage der Hypothese 10, so daß für die folgende Diskussion auf die Korrelationen nullter Ordnung zurückgegriffen werden kann.

9.3.1.3 Diskussion

In den oben aufgestellten Hypothesen dieses Abschnitts wurde versucht, aus dem komplexen Beziehungsgefüge, um das es in dieser Untersuchung geht, einzelne besonders relevante Bereiche herauszugreifen, die zumindest näherungsweise eine formale Prüfung gestatten. Es läßt sich feststellen, daß die vorgefundenen Daten in den meisten Fällen mit diesen Annahmen übereinstimmen. Wir finden für die eigenen

Testentwicklungen Unabhängigkeit von Intelligenz, eine breite Verankerung innerhalb des FFM, wobei die Zusammenhänge in der Regel inhaltlich plausibel sind
(Ausnahme: die Korrelation mit O1), mittlere Konvergenz mit Persönlichkeitstests zu
Selbstkontrolle und moderate bis mittlere Beziehungen zu Erwünschtheitsmaßen, die
die inhaltliche Interpretation auch nach Auspartialisierung kaum gravierend beeinflussen. Nicht oder nur in Ansätzen ließ sich dagegen die angenommene Rangordnung der Zusammenhänge zwischen den drei eigenen Tests und dem FFM bestätigen. Lediglich der eigenschaftsorientierte Integrity Test ist dem NEO-PI ähnlicher,
die anderen beiden Verfahren unterscheiden sich in dieser Hinsicht kaum. Alle drei
Instrumente zeigen untereinander ein mittleres Maß an Übereinstimmung, ohne darin
erkennbar zu differieren. Sie erfassen offensichtlich nicht völlig Unterschiedliches,
aber auch nicht das Gleiche.

Wir könnten uns mit dem Befund, daß die aus den konzeptionellen Vorstellungen
dieser Arbeit abgeleiteten Detailhypothesen überwiegend der empirischen Prüfung
standhielten, zufriedengeben und die allgemein brauchbare Konstruktvalidität der
hier entwickelten Tests konstatieren. Die Zielsetzung dieser Studie geht jedoch über
die Evaluation der dabei entwickelten Instrumente hinaus. Im nomologischen Netz
geht es darum, Unbekanntes besser zu verstehen, indem man seine Beziehungen zu
(besser) Bekanntem untersucht. In der vorliegenden Arbeit spielen „Integrity" und
„Selbstkontrolle (sensu G&H!)" die Rolle der Unbekannten, während das FFM und
(weniger bedeutsam) Intelligenz den Part der bekannten Größen übernehmen. Die
anderen Selbstkontrollskalen stehen in gewissem Sinn dazwischen; vor allem die
Interpretation der Grasmick-Skala kann nicht als geklärt gelten. Vielleicht lassen sich
die weit über 300 Koeffizienten in Tabelle 13 inhaltlich am besten interpretieren,
wenn man sich ihnen zunächst gewissermaßen aus größerer Entfernung nähert, um
dann sukzessive die Perspektive zu verengen.

Versucht man, die korrelativen Zusammenhänge zwischen den erhobenen Fragebogenmaßen als Gesamtbild zu betrachten, so lassen sich drei Ebenen graduell unterschiedlicher Verwandtschaft unterscheiden, die gleichzeitig mit zunehmender
Schärfe der Fokussierung verbunden sind. Auf einer ersten, noch recht verschwom-
menen Ebene zeichnen sich sowohl RVS als auch Integrity Tests und die drei alternativen Messungen von Selbstkontrolle, im weiteren Sinne sogar die Erwünschtheitsskalen, durch ein ähnliches Muster der Verankerung im deskriptiven Persönlichkeitsmodell der fünf Faktoren aus, wie es hier durch den NEO-PI repräsentiert wird.
Fast in allen diesen Fällen läßt sich eine gewisse generelle Affinität zu den Dimensionen Gewissenhaftigkeit, emotionale Stabilität und (zum Teil) Verträglichkeit feststellen, während aus Extraversion und Offenheit für Erfahrungen nur einzelne Facetten von Belang zu sein scheinen. Untereinander sind alle Verfahren zumindest moderat korreliert, zu kognitiven Fähigkeiten stehen sie dagegen weitgehend orthogonal.
Dies deutet darauf hin, daß den untersuchten Bereich an Persönlichkeitsmerkmalen,
unabhängig von der gewählten Zugangsform und der jeweiligen Homogenität der
darin enthaltenen Einzelinstrumente, ein gewisses Maß an Zusammengehörigkeit
oder - vorsichtiger formuliert - Ähnlichkeit auszeichnet. Die Anzahl korrelierender
Facetten innerhalb des FFM ist dabei durchgängig außerordentlich hoch und breit

gestreut, so daß es schwerfällt, Selbstkontrolle oder Integrität einen eindeutigen Platz in diesem Modell zuzuweisen. Es liegt aber nahe, Digmans (1997) Superfaktor „α" als gemeinsames Element hinter den Zusammenhängen zu vermuten. Wir werden eine solche Hypothese für die Integrity Tests im folgenden Abschnitt untersuchen und dabei auch darauf eingehen, warum sich diese intuitiv verlockende Annahme im Einzelfall als Kurzschluß erweisen kann.

Bereits bei etwas näherer Analyse fällt auf, daß die Ähnlichkeiten zwischen den Fragebogen zu Selbstkontrolle und Integrität ihre Grenzen haben, und daß diese Grenzen nicht unbedingt mit denen zwischen den angeführten Oberbegriffen zusammenfallen. Vor allem was die Höhe, zum Teil aber auch das Muster der Korrelationen mit dem NEO-PI angeht, sind die Persönlichkeitstests zu Selbstkontrolle (beim Muster ist die kurze 16PF-Skala ein Sonderfall) und der eigenschaftsorientierte Integrity Test einander deutlich ähnlicher als der Selbstkontrollmessung mittels RVS und - mit Abstrichen - dem einstellungsorientierten Integrity Test. Diese beiden Verfahren unterscheiden sich untereinander wiederum wenig in der Enge der Zusammenhänge, und die Abweichung im Muster bezieht sich vor allem auf generelle Effekte für Neurotizismus (Einstellungen höher korreliert) und Gewissenhaftigkeit (für RVS bedeutsamer). Die Korrelationsmuster korrespondieren jedoch für diese beiden und 16PF-Q_3 weniger als zwischen den anderen drei Verfahren. In der Tendenz zeigt sich, daß die Messung von Selbstkontrolle und Integrität mittels globaler Selbstbeschreibungen einander und dem ähnlich konstruierten NEO-PI näher stehen als die konkret verhaltensberichtenden Inhalte der RVS und die abstrakt verhaltensevaluierenden Aspekte des einstellungsorientierten Integrity Test. Die erste Gruppe von Verfahren hängt auch enger mit den Maßen sozialer Erwünschtheit zusammen, in denen gleichfalls die Evaluation der eigenen Person erfaßt wird. Wir können auf einer zweiten Ebene also zwischen den in den Kapiteln 4 und 7 beschriebenen drei Zugangsformen unterschiedlichen Abstraktionsgrads unterscheiden. Diese sollten an diesem Punkt der Analyse noch nicht als Konstrukte im Sinne homogener Merkmale aufgefaßt werden. Bereits der Blick auf die internen Konsistenzen lehrt, daß die Homogenität der selbstbeschreibenden oder -bewertenden Skalen *als Klasse* oder Gruppe sich nicht auf die einzelnen Instrumente übertragen läßt. RVS und einstellungsorientierter Integrity Test, die sich auf Skalenebene von den anderen Verfahren stärker unterscheiden, sind im Gegenteil in sich deutlich konsistenter.

Bei nochmals näherer Betrachtung findet sich eine dritte Ebene der Ähnlichkeit, auf der die Grasmick-Skala zusammen mit dem eigenschaftsorientierten Integrity Test eine Sonderstellung einnimmt. Die Konvergenz dieser beiden Instrumente ist in der Tat so frappierend, daß davon gesprochen werden kann, Grasmick et al.'s Operationalisierung von Selbstkontrolle hat im Ergebnis zu einem Integrity Test der eigenschaftsorientierten Art geführt. Dies ist, wie mehrfach angemerkt, kaum verwunderlich, wenn man sich vor Augen führt, wie ähnlich die Vorgehensweise bei der Konstruktion in beiden Fällen war: Beide selektieren aus dem Universum relativ eng definierter Traits jene Merkmale, die konsistent mit abweichendem Verhalten zusammenhängen, messen sie durch vorwiegend globale Selbsteinschätzungen und errechnen daraus einen Summenscore, ohne Rücksicht auf dessen Homogenität. Dies führt, unbeschadet der höchst unterschiedlichen Herkunft und Intention der Instrumente, zu hochgradig konvergenten Resultaten. Es erscheint nicht übertrieben zu konstatieren, daß die Grasmick-Skala im Grunde ein eigenschaftsorientierter Integrity Test ist.

Neben dieser „Meta-Sicht" auf Korrelationsmuster und durchschnittliche Zusammenhänge interessiert natürlich auch die inhaltliche Interpretation der Skalen aufgrund der Beziehungen zum stärker auf faktorielle Reinheit ausgelegten NEO-PI. Nachdem auf die Integrity Tests noch einmal speziell eingegangen wird, sind es an dieser Stelle vor allem die Korrelationen der RVS, die im Hinblick auf ihre Verankerung in der allgemeinen Persönlichkeit zu interpretieren wären.

Innerhalb des NEO-PI weisen in erster Linie drei Facetten einen unmittelbaren Bezug zu Selbstkontrolle auf: N5 (Impulsivität) als mangelnde Fähigkeit, Begierden zu widerstehen; C5 (Selbstdisziplin) als eher positiv definierte Persistenz bei der Erledigung von Aufgaben auch gegen situative Widerstände; C6 (Besonnenheit) als Tendenz, die langfristigen Folgen des eigenen Handelns zu bedenken. Empirisch finden sich zu allen diesen Merkmalen Zusammenhänge um $r = .40$ mit der RVS. Bemerkenswert ist dabei, daß auch die Facette „Selbstdisziplin" hier nicht auffällig abweicht, obwohl in der RVS *Verhaltensweisen*, für die sich eine ähnlich antreibende Motivationskomponente als ausschlaggebend vermuten ließ, in der Itemanalyse ganz überwiegend eliminiert werden mußten (s.o.). Im global beschreibenden FFM findet sich diese tendenzielle Orthogonalität von Antrieb und Hemmung nicht wieder; die drei Facetten sind auch untereinander höher korreliert als etwa N2 mit den anderen Neurotizismus-Komponenten. Die Konvergenz mit verhaltensorientierter Selbstkontrolle hält sich jedoch für alle drei eng definierten Merkmale in Grenzen.

Nicht geringer sind nämlich die Zusammenhänge mit einigen Facetten, für die sich zwar großteils Validität bezüglich abweichenden Verhaltens erwarten ließ, die sich aber inhaltlich deutlich von der persönlichkeitstheoretischen Konzeption von Selbstkontrolle / Impulsivität abheben. Dies gilt für die NEO-Variante von Sensation Seeking (E5) ebenso wie für zwei weitere Gewissenhaftigkeitsfacetten: C3 (Pflichtbewußtsein) als ethisch motivierter Zuverlässigkeit und C2 (Ordnungsliebe) als klassischer „Arbeitstugend". Daneben finden sich noch moderate Beziehungen zu einigen Verträglichkeitskomponenten (vor allem einer aufrichtigen [A2], nachgiebigen [A4] und zurückhaltenden [A5] Art, weniger dagegen zu Altruismus und Gutherzigkeit), den beiden stark leistungsthematischen C-Facetten Kompetenz und Leistungsstreben sowie (geringer) Offenheit für Phantasie. In dieser Liste fehlt kaum ein Merkmal, für das sich Konvergenz vermuten ließ (mit Ausnahme vielleicht der nur schwach korrelierenden Facette N2: Reizbarkeit), dafür sind einige vertreten, deren Relevanz sich nicht unmittelbar erschließt. Insgesamt bleiben die Korrelationen zwischen Selbstkontrolle als genereller Verhaltenstendenz und den spezifischen Facetten des NEO hinter den Zusammenhängen mit (ablesbar an deren NEO-Korrelaten) breiter definierten Persönlichkeitsskalen zu „Integrity" wie auch „Selbstkontrolle" zurück.

Eine Reihe zunächst vielleicht rätselhafter Korrelate wird erklärlich, wenn man die (hier nicht im Detail dargestellten) acht einzelnen Inhaltsbereiche der RVS in ihrer Relation zum NEO betrachtet. Hier zeigen sich einige Facetten (N5, E5, C2, C3, C5, C6) für fast alle Verhaltensbereiche relevant, was sich auch in höheren Korrelationen mit dem - bekanntlich als g-Faktor interpretierten - Gesamtscore niederschlägt. Neben diesem Kernbereich existieren jedoch auch eine Vielzahl differentieller Beziehungen zwischen einzelnen NEO-Facetten auf der einen und einzelnen Verhaltensweisen auf der anderen Seite: Verträglichkeit zeigt kaum Zusammenhänge mit z.B. Verschwendung oder Verkehrsdelikten, dafür aber deutliche Korrelationen sowohl mit körperlicher als auch verbaler Aggressivität; Offenheit für Phantasie scheint vor allem für Rauschmittelkonsum, Verschwendung und schulische Probleme anfällig zu machen; die Leistungskomponenten von Gewissenhaftigkeit sind, im Gegensatz zu schulischem Fehlverhalten und Verschwendung, unkorreliert mit Diebstahl, Aggressivität oder Verkehrsdelikten. Reizbarkeit (N2) ist ein deutliches Korrelat (r = -.48) von Problemen im sozialen Umgang.

Dies korrespondiert durchaus mit der in Anlehnung an G&H vertretenen Vorstellung, daß den in der RVS versammelten Verhaltensweisen einerseits ein genereller Faktor zugrunde liegt, der andererseits nicht ausreicht, alle spezifischen Tendenzen zu erklären. Einzelnen Persönlichkeitsmerkmalen aus dem deskriptiven Modell der fünf Faktoren kann ein zusätzlicher Erklärungswert für das Verhalten zukommen, der in der Gesamtbetrachtung mglw. verschleiert wird. G&Hs Konstrukt der Selbstkontrolle war zweifellos niemals als einzige Ursache jeder Form von Devianz konzeptualisiert worden - wohl aber als deren gemeinsame Grundlage. Nach diesem Verständnis zeigt sich in der korrelativen Analyse, daß die hier entwickelte Operationalisierung in dieser Stichprobe innerhalb des FFM nicht eindeutig zu lokalisieren ist. Wohl finden sich konsistente Korrelate mit einem deutlichen Schwerpunkt bei der Dimension Gewissenhaftigkeit, diese bleiben aber insgesamt zuwenig ausgeprägt als daß von einer taxonomischen Zuordnung die Rede sein könnte. Zudem streuen die Zusammenhänge innerhalb der Dimensionen erheblich und sie reichen weit über Gewissenhaftigkeit in der Operationalisierung von Costa und McCrae hinaus. Wir sollten daher nicht, wie etwa bei Wanek (1995) angedeutet, G&Hs Konstrukt als Facette von Gewissenhaftigkeit ansehen und auch nicht, wie von anderen Autoren vertreten, Selbstkontrolle mit einer additiven Verknüpfung einzelner Persönlichkeitsmerkmale gleichsetzen (siehe den Zusammenhang mit der Grasmick-Skala), sondern sollten bei der im vorigen Abschnitt empirisch untermauerten Interpretation bleiben - Selbstkontrolle als genereller Faktor hinter einer Klasse von Verhaltensweisen mit eigenem Stellenwert innerhalb der Differentiellen Psychologie. Deskriptive, über Selbsteinschätzungen erhobene Traits können mit diesem Faktor korrelieren und einige der darin enthaltenen Handlungen u.U. gleich gut oder sogar besser erklären als der g-Faktor selbst, sie sollten aber nicht damit verwechselt werden.

Dies gilt nach den vorliegenden Ergebnissen um so mehr für kognitive Fähigkeiten, die ebenfalls schon als Synonym für Selbstkontrolle angeboten wurden (Eifler, 1997, in eigenwilliger Auslegung von J.Q. Wilson & Herrnstein, 1985, als Vorläufer G&Hs). In der in dieser Hinsicht sicher nicht repräsentativen Stichprobe dieser Untersuchung waren Selbstkontrolle und Intelligenz vollständig unabhängig. Dies mag in einer Population, die nicht ausschließlich Studenten einschließt, durchaus anders

sein. Das Resultat zeigt aber immerhin, daß bereits eine einfache Maßnahme wie das
Abschneiden des unteren Endes in der Verteilung kognitiver Fähigkeiten ausreicht,
um eine Diskussion über Intelligenz und Selbstkontrolle als einander vor- oder nach-
gelagerte Ursachen delinquenten Verhaltens (Block, 1995b, vs. Lynam et al., 1993)
hinfällig erscheinen zu lassen. Unterschiede in einem Generalfaktor devianten Verhaltens zeigen sich in einer entsprechenden Stichprobe ohne jeden Bezug zu Intelligenz. Freilich fehlt auch für diese Analyse ein adäquates Kriterium für Delinquenz in
dieser Studie. Für zukünftige Untersuchungen sollten die Befunde auf Konstruktebene gleichwohl Berücksichtigung finden.

9.3.2 Konfirmatorische Prüfung alternativer Hypothesen zu Integrity Tests und FFM

9.3.2.1 Zielsetzung und Vorgehensweise

In Abschnitt 2.3.4 dieser Arbeit waren vier konkurrierende Sichtweisen vorgestellt
worden, in denen das oder die von Integrity Tests gemessene(n) Konstrukt(e) in Relation zum FFM erklärt werden. Zwei dieser Hypothesen verengen dabei Integrität
auf den Faktor Gewissenhaftigkeit bzw. einen Teilbereich dieser Dimension. Diese
Sicht ist weder mit den Fakten aus vorangegangenen amerikanischen Studien noch
mit den bis hierher berichteten Resultaten dieser Untersuchung vereinbar. Die Prüfung in diesem Abschnitt wird sich daher auf die umfassenderen Thesen 2 (g-Faktor-
Hypothese) und 4 (Mehr-Facetten-Hypothese) der obigen Darstellung beschränken.
Es soll versucht werden, darin eine Klärung der z.T. einander widersprechenden Positionen zu erzielen, die in der vorliegenden Literatur bislang auf sehr unterschiedlichen und wenig vergleichbaren Ebenen diskutiert wurden.

Zur Rekapitulation sei noch einmal darauf hingewiesen, daß die hauptsächlich von
Ones und Kollegen vertretene g-Faktor-Hypothese aus einer stark verdichteten Form
der Datenanalyse entstanden ist. Durch Zusammenfassung der Gesamtscores mehrerer Integrity Tests auf der einen und zahlreicher Persönlichkeitsskalen auf der anderen Seite in einem mehrstufigen Prozeß kommt sie zu dem Ergebnis, daß auf diese
Weise gebildete Kompositorien von Integrität praktisch identisch sind mit einer Linearkombination der Faktoren Gewissenhaftigkeit, Verträglichkeit und emotionale
Stabilität aus dem FFM, der als g-Faktor der Persönlichkeit interpretiert wird. Sie
betrachtet dabei weder die Facettenebene unterhalb der Big5, noch berücksichtigt sie
die Möglichkeit, daß Integrity Tests ihrerseits schon auf der Ebene einzelner Verfahren als heterogene Mischung mehrerer Konstrukte aufgebaut sein könnten. Auf diese
Weise bleiben alternative Erklärungen für die hohe Übereinstimmung zwischen Integrity Tests und den drei Persönlichkeitsdimensionen (wie in der Mehr-Facetten-
Hypothese spezifiziert) ungeprüft. Neuere Studien scheinen allerdings nachträglich
Teile der bei Ones et al. implizit getroffenen Vorannahmen zu bestätigen. So fand
Digman (1997) in Persönlichkeitstests einige Evidenz für einen G, V und N überge-
ordneten Faktor, und Hogan und Brinkmeyer (1997) konnten in zwei Integrity Tests

einen gemeinsamen Faktor auf Itemebene nachweisen. In beiden Fällen waren allerdings die Ladungen nicht sehr substantiell, und die Studie von Hogan und Brinkmeyer benutzte eine stark verkürzte Version des HRI als eigenschaftsorientierten
Integrity Test, in der die ursprünglich neun Facetten, aus denen dieses Verfahren
einmal zusammengesetzt war, auf vier beschränkt wurden. Dies ist in dieser Verfahrensklasse ein Einzelfall, der an der Prototypikalität des (noch immer erstaunlichen)
Ergebnisses Zweifel weckt.

Auf einer völlig anderen Basis argumentierten u.a. R.J. Schneider, Hough und andere für eine Sicht, die Integrity Tests als heterogene Kombination teils voneinander
unabhängiger Facetten unterhalb der Big5 ausweist. Nach dieser Position messen
diese Verfahren überhaupt kein Konstrukt im Sinne einer auf faktorielle Reinheit
bedachten Taxonomie, sondern sie selektieren einzelne, eng definierte Merkmale aus
dem gesamten Feld der Eigenschaften auf der Grundlage ihrer Kriteriumsvalidität für
kontraproduktives Verhalten und kombinieren sie zu einer Art Prädiktorbatterie. Dies
führe, so die Autoren, nicht zu einem Generalfaktor, sondern zu heterogenen Tests,
die sich differentialpsychologisch nicht als Messung *eines* Persönlichkeitsmerkmals
interpretieren lassen. Schneider et al. begründen ihre Sichtweise vorwiegend aus der
historischen Entwicklung dieser Verfahren, wie sie in der Literatur dokumentiert ist;
die empirische Bewährung der These beschränkt sich auf wenige Einzelstudien, in
denen zudem nicht der g-Faktor-Hypothese nachgegangen wurde. Eine weitere
Schwäche dieses Ansatzes liegt in der weitgehenden Beschränkung auf die Grundlagen eigenschaftsorientierter Tests, von denen ungeprüft auf die einstellungsorientierten Verfahren generalisiert wird. Bei Ones dagegen wurden beide Verfahrensklassen zwar separat geprüft, freilich mit einer Methode, die völlig ungeeignet ist, Unterschiede in der Dimensionalität aufzudecken (wie erinnerlich, führen bei kompositorischen Korrelationen größere Unterschiede auf einer Seite der Gleichung zu höherer
Übereinstimmung im Endergebnis).

Diese beiden Sichtweisen und ihre Herleitung sind bei näherer Betrachtung weniger schlicht gegensätzlich als vor allem sehr verschiedenartig, was die vergleichende
Prüfung im folgenden außerordentlich erschwert. Dies soll zunächst anhand einzelner
Annahmen, die sich aus den beiden Positionen ableiten lassen, näher spezifiziert
werden. Es erscheint dabei zweckdienlich, die Standpunkte etwas pointiert darzustellen, um Unterschiede deutlicher herausarbeiten zu können. Daraus ergeben sich
methodische Konsequenzen, die einen direkten empirischen Vergleich in einem Zug
unangebracht, wenn nicht unmöglich erscheinen lassen. Es soll jedoch versucht werden, diese Problematik durch ein mehrstufiges Vorgehen aufzulösen, bei dem jeweils
zentrale Annahmen der einen Position direkt geprüft werden und gleichzeitig alternative Standpunkte, die sich aus Teilbereichen der jeweils anderen These ergeben,
zum Vergleich herangezogen werden.

Relativ unproblematisch sind die Annahmen, die sich aus der g-Faktor-Hypothese
ableiten lassen. Sie geht von einem Faktor höherer Ordnung aus, der sowohl auf die
drei FFM-Dimensionen als auch auf alle Integrity Tests lädt. Letztere messen *diesen*
Faktor und sind folglich gleichzusetzen mit der Operationalisierung einer breiten,
hierarchisch hoch angesiedelten Persönlichkeitsdimension, deren Subkonstrukte po-

sitiv interkorreliert sein sollten, weil sie alle von dem gemeinsamen Faktor geladen
sind. Im Sinne von Bollen und Lennox (1991), die zwei Arten konfirmatorischer
Konstruktvalidierungen unterscheiden, stellt dies ein faktorenanalytisches Modell
(höherer Ordnung) dar, was eine Prüfung mittels CFA impliziert. Der Generalfaktor
sollte sich in beiden Arten von Integrity Tests gleichermaßen finden, weshalb die
Unterscheidung nach Verfahrensklassen hier keine Rolle spielt, d.h. sie können sowohl gemeinsam als auch getrennt betrachtet werden. Der gleiche Faktor sollte auch
auf die FFM-Dimensionen Gewissenhaftigkeit, Verträglichkeit und emotionale Stabilität (in englischsprachiger NEO-Terminologie: C, A und N) - und nur auf diese -
laden, womit der relevante Persönlichkeitsbereich eindeutig festgelegt ist. Die Facettenebene des FFM ist diesen Faktoren untergeordnet, und daher ist eine Unterscheidung zwischen einzelnen Merkmalen innerhalb der Big5-Dimensionen ohne
Belang. Auf einer übergeordneten Ebene sollte sich ein eindimensionales Konstrukt
bestätigen lassen, das die Beziehungen zwischen Integrity-Subtests wie auch den drei
FFM-Faktoren erklärt.

Weniger eindeutig stellt sich die Lage bei der Mehrfacetten-Hypothese dar, was
u.a. daran liegt, daß diese Sichtweise für einstellungsorientierte Integrity Tests nur
wenig ausgearbeitet erscheint. Für diese Verfahrensklasse kann die These bislang
lediglich einen eher explorativen Entwicklungsstand beanspruchen, so daß Annahmen über die eigenschaftsorientierten Instrumente nicht vollständig oder nur vorläufig übernommen werden können. Daraus ergibt sich zunächst die Notwendigkeit,
zwischen beiden Arten von Integrity Tests zu differenzieren. Bei den eigenschaftsorientierten Tests wird explizit angenommen, daß der internen Struktur dieser Verfahren *kein* genereller Faktor zugrunde liegt, sondern daß sie sich aus mehr oder
weniger unabhängigen Primärfaktoren zusammensetzen (diese können, müssen aber
nicht korreliert sein). Vergleichbares läßt sich für die Einstellungen nicht postulieren,
wir müssen also hier zunächst beide Möglichkeiten in Betracht ziehen. In der Hypothese wird bezüglich der Existenz eines g-Faktors im FFM keine Position bezogen,
es ist jedoch eindeutig, daß ein solcher - falls er denn existiert - nicht die Beziehungen zwischen Big5 und Integrity Tests erklären kann. Diese sind allein durch Zusammenhänge mit einzelnen, spezifischen Merkmalen auf Facettenebene zu deuten,
die in der Summe den Gesamtscore quasi reproduzieren sollten. Eine solche Form
der Konstruktaufklärung wird bei Bollen und Lennox (1991) in Analogie zur multiplen Regression durch deren zweites Modell repräsentiert: nicht ein übergeordneter
Faktor lädt auf deshalb interkorrelierte Indikatoren, sondern diese erklären durch
additive Verknüpfung ein definitorisch festgelegtes Konstrukt, ohne untereinander in
festgelegter Weise zusammenhängen zu müssen (strenggenommen wirkt sich Orthogonalität der Indikatoren sogar günstig auf die multiple Korrelation aus). Wir haben
es hier also mit einem formal regressionsanalytischen Modell zu tun, für das eine
Prüfung mittels CFA eindeutig unangemessen wäre. Dies stellt das methodische
Kernproblem in der vergleichenden Analyse der beiden konkurrierenden Ansätze dar.
Innerhalb der Mehrfacetten-Hypothese gibt es darüber hinaus einen Bereich, der eine
Kombination von Faktoren- und Regressionsanalyse nahelegt. Wenn nämlich (soweit
noch nicht festgelegt) einstellungsorientierte Tests sich (faktorenanalytisch) als ein-

dimensional erweisen sollten, wäre anschließend (durch Regression) zu prüfen, ob sich dieser Faktor durch einzelne Facetten des FFM aufklären läßt. Ein solcher Befund würde allerdings eine relativ weite Auslegung der Mehrfacetten-Hypothese erfordern und die Generalisierung von den eigenschaftsorientierten auf alle Integrity Tests erheblich einschränken.

Auch bezüglich der Eindeutigkeit, mit der sich die relevanten Persönlichkeitsmerkmale spezifizieren lassen, bestehen Unterschiede zwischen den Arten von Integrity Tests. Generell gilt, daß die Mehrfacetten-Hypothese voraussetzt, daß lediglich einzelne Facetten (also nicht alle Bereiche einer Dimension) für die Erklärung von Integrity-Scores maßgeblich sind und daß sie sich über einen weiten Bereich der allgemeinen Persönlichkeit verteilen. Für eigenschaftsorientierte Verfahren können die relevanten NEO-Facetten aufgrund ihrer Konstruktionsgeschichte, früherer Faktorenanalysen und einzelner empirischer Vergleiche mit Persönlichkeitsinventaren (siehe Abschnitt 2.3) relativ eindeutig identifiziert werden: Innerhalb von Neurotizismus erscheinen die Facetten N2 (Reizbarkeit: eine Art latenter Aggressivität) und N5 (Impulsivität) einschlägig; bei Extraversion ausschließlich E5 (Reizhunger: englisch „excitement seeking"); für Offenheit für Erfahrungen lassen sich keine plausiblen Zusammenhänge erwarten; für Verträglichkeit sind besonders A2 (Freimütigkeit: umschreibt hier in etwa geringen Machiavellismus), A3 (Altruismus: hier - im Gegensatz zu A6 - als tätige Unterstützung anderer verstanden) und A4 (Entgegenkommen: ähnlich der Meidung von Konflikten) relevant; bei Gewissenhaftigkeit können die leistungsthematischen Facetten C1 (Kompetenz) und C4 (Leistungsstreben) eliminiert werden.[50] Damit sind hier zehn Facetten aus vier Dimensionen spezifiziert, wobei in keinem Fall mehr als zwei Drittel des Faktors als relevant erachtet werden.

Über die Verankerung der Einstellungen in der durch Eigenschaften beschriebenen allgemeinen Persönlichkeit gibt es naturgemäß weniger genaue Vorstellungen. Wir könnten uns hier mit dem pragmatischen Ansatz behelfen, zunächst von den gleichen Facetten auszugehen, die für eigenschaftsorientierte Tests als relevant angesehen werden. Die insgesamt geringere konzeptionelle Nähe zum FFM, empirisch gestützt durch metaanalytische Befunde (siehe Abschnitt 2.3.3), und einige Besonderheiten dieser Skalen lassen jedoch eine 1:1-Übertragung nicht sinnvoll erscheinen. Die geringe Affinität der im allgemeinen direkt auf deliktische Handlungen bezogenen Einstellungen legt nahe, daß die Beziehungen zu Hilfsbereitschaft (A3) und Nachgiebigkeit (A4) hier weniger relevant sein sollten. Unverzichtbar erscheint dagegen das Einstellungskonstrukt Vertrauen (im NEO: A1), das im eigenen Test durch eine Facette vertreten ist und sich auch als verallgemeinernde Variante der Einschätzungen zum Verbreitungsgrad auffassen läßt. Innerhalb von Gewissenhaftigkeit ist mit einer weniger breiten Verankerung zu rechnen, so daß hier eine Beschränkung

---

[50] Ein Blick auf Tabelle 13 sollte übrigens verdeutlichen, daß diese Auswahl ohne Berücksichtigung der korrelativen Zusammenhänge aus der eigenen Studie getroffen wurde, obwohl sich natürlich auch zahlreiche Übereinstimmungen finden. Daß diese Korrelationen bereits im vorigen Abschnitt dargestellt wurden, hat seine Gründe in der Strukturierung der Arbeit.

auf die einschlägigsten Facetten C3 (Pflichtbewußtsein) und C6 (Besonnenheit) ausreichen sollte, die beide vor allem mit Verhaltensabsichten korrespondieren sollten.
Eine konservative, traditionellen Werten verpflichtete Grundhaltung im Sinne einer
generalisierten Einstellung drückt sich dagegen in dem Merkmal O6- (negativer Pol
von Offenheit des Normen- und Wertesystems) aus. Damit werden für den einstellungsorientierten Test acht Facetten aus allen fünf Dimensionen als relevant im Sinne
der Mehr-Facetten-Hypothese erachtet. Davon stimmen sechs mit den für den eigenschaftsorientierten Test spezifizierten Merkmalen überein.

Wir haben damit für beide hier zu prüfenden Hypothesen die als einschlägig erachteten Persönlichkeitsbereiche innerhalb der NEO-Version des FFM festgelegt. Für
den vergleichenden Test tritt dadurch ein zusätzliches Problem auf, daß es sich in
einem Fall um Dimensionen, im anderen um Facetten handelt. Daneben erschwert
die Unschärfe der Mehr-Facetten-Hypothese für einstellungsorientierte Verfahren
den direkten Vergleich. Am methodisch schwerwiegendsten bleibt jedoch der Umstand, daß die eine These eine faktorenanalytische Prüfung impliziert, die andere eine
regressionsanalytische. In Abbildung 7 (nächste Seite) sind die Unterschiede der aus
den beiden Hypothesen abgeleiteten Annahmen noch einmal in schematischer Form
zusammengefaßt. Gleichzeitig ist darin der hier gewählte Lösungsweg für die konfirmatorische Prüfung angedeutet, der im folgenden noch etwas näher auszuführen sein
wird.

Die gleichzeitige Prüfung eines faktoren- und eines regressionsanalytischen
Modells ist schlechterdings unsinnig. Es ist natürlich durchaus möglich und auch
sinnvoll, beide Hypothesen getrennt voneinander zu prüfen. Dies führt aber leider zu
Fit-Statistiken, die auf völlig unterschiedlichen Modellspezifikationen beruhen und
deshalb nicht direkt vergleichbar sind. Es wurde daher hier nach einem Kompromiß
gesucht, der einen modellkonformen Test beider Standpunkte erlaubt und gleichzeitig zumindest ansatzweise einen Vergleich der Positionen zuläßt. Die nun vorzustellende Vorgehensweise stellt, nach der begrenzten Vorstellungskraft des Verfassers,
die günstigste Annäherung an diese Quadratur des Kreises dar. Dabei wird, in einem
mehrstufigen Prozeß, zunächst die g-Faktor-Hypothese in den Mittelpunkt gestellt
und dabei gleichzeitig ein Teil der Annahmen, die sich aus der Mehrfacetten-Hypothese ergeben, mit überprüft. Anschließend erfolgt ein ähnliches Vorgehen mit umgekehrter Schwerpunktsetzung.

	g-Faktor-Hyp.	Mehr-Facetten-Hypothese		
Unterscheidung eigenschafts- vs. einst.or. Integrity Tests ?	nein bzw. irrelevant	ja		
		eigensch.or.	einst.or.	
Faktor höherer Ordnung bei Integrity Tests?	ja	nein (korr. Primärfak)	unklar	
Modell der „Integrität"	Integrity-Faktor	kein Integrity-Faktor	Integrity-Faktor	kein Integrity-Faktor
Faktor höherer Ord. bei Persönlichkeit / FFM ?	ja	irrelevant	irrelevant	irrelevant
Beziehung zw. Integr. / FFM erklärt durch ?	g-Faktor	Pers.facetten	Pers.facetten	Pers.facetten
Implikation für Modellprüfung	faktorenanalyt.	regressionsan.	gemischt fakt.- / regressionsan.	regressionsan.
Spezifikation der relev. Persönlkt.dimensionen bzw. -facetten	gegeben (N, A und C)	gegeben (N2, N5, E5, A2, A3, A4, C2, C3, C5, C6)	nur tw. gegeben (geprüft mit: N2, N5, E5, O6, A1, A2, C3, C6)	nur tw. gegeben (geprüft mit: N2, N5, E5, O6, A1, A2, C3, C6)
FFM-Facetten	irrelevant (gleiche Ladung auf g-Faktor)	relevant (ungleiche Beta-Gewichte)	relevant (ungleiche Beta-Gewichte)	relevant (ungleiche Beta-Gewichte)
=> „Hilfsmodelle" zur vergl. Prüfung	*1.1b:* 18 Facetten aus NEO- N, A, C „erklären" eig.or. Int.Score *1.2b:* dto. für einst.or. Integrity-Score	Einführung der Restriktion gleicher Beta-Gewichte		Einführung der Restriktion gleicher Beta-Gewichte

Abbildung 7: Spezifikation der Annahmen aus der g-Faktor- und der Mehrfacetten-Hypothese

Zunächst soll eine Grundannahme der g-Faktor-Hypothese explizit thematisiert werden, die bei Ones und Kollegen schlicht und ungeprüft vorausgesetzt wird: Gibt es einen g-Faktor in Integrity Tests, sind diese also eindimensional? Mit Rücksicht auf den beabsichtigten Vergleich wird dabei zwischen beiden Arten von Tests unterschieden. Dies ist für die g-Faktor-Hypothese ohne Relevanz, für die Mehr-Facetten-Hypothese aber unbedingt erforderlich. Die Prüfung erfolgt jeweils mittels CFA für ein hierarchisches Modell, in das wieder die Subskalenhälften als Indikatoren ihrer jeweiligen Skalen eingehen und bei dem ein übergeordneter „Integrity"-Faktor spezifiziert wird, der auf alle Subskalen frei lädt. Der Rückgriff auf Skalenhälften anstelle ganzer Subtests erlaubt den Vergleich mit alternativen Modellen, in denen jeweils korrelierte Faktoren erster Ordnung, aber kein Faktor zweiter Ordnung (g-Faktor) modelliert wird. Dies ist aus den beschriebenen Gründen noch nicht als Prüfung des eigentlichen Kerns der Mehrfacetten-These anzusehen, wohl aber einer notwendigen Voraussetzung, während es der g-Faktor-Hypothese explizit widerspräche. Dort wird davon ausgegangen, daß Integrity Tests und drei FFM-Dimensionen durch einen generellen Faktor verbunden sind, was zunächst die Existenz eines g-Faktors der „Integrität" voraussetzt. In der Gegenposition wird ein solcher Generalfaktor für eigenschaftsorientierte Verfahren konkret abgelehnt. Zumindest für diese Gruppe stellt dies also einen direkten Vergleich einander widersprechender Annahmen dar, die beide Male noch keine Bestätigung, aber eine Falsifikation der dahinter stehenden Gesamtaussage erlauben. Die dabei geprüften Hypothesen lauten:

$H_{11a \text{ und } b}$ (g-Faktor):   In beiden Arten von Integrity Tests existiert ein genereller Faktor, der die Beziehungen zwischen deren Subskalen erklärt.

$H_{12a \text{ und } b}$ (Mehrfacetten):   In den Subskalen des eigenschaftsorientierten Integrity Test existiert kein genereller Faktor (a); bei den Einstellungsskalen wird die Übertragbarkeit dieser Annahme zunächst explorativ untersucht (b).

Man muß dabei zwischen der Prüfung von Einzelmodellen und deren Vergleich unterscheiden. Für jedes der vier Modelle (zwei Hypothesen mal zwei Testarten) wäre zunächst ein individuell zumindest akzeptabler Fit zu fordern, um darauf weitere Analysen aufzubauen. Dafür lassen sich die in Abschnitt 9.2.2.1 spezifizierten Kriterien für die Bewertung der Anpassungsgüte heranziehen. Es ist durchaus möglich, daß sich für beide Annahmen ein in diesem Sinne ausreichender Fit zeigt. In diesem Fall wären zusätzlich komparative Indizes heranzuziehen, wofür inzwischen ebenfalls mehrere Alternativen entwickelt wurden. Im folgenden sollen jeweils die nicht redundanten Statistiken ECVI und CAIC berichtet werden (ECVI und AIC führen, trotz unterschiedlicher Herleitung, stets zu gleichen Rangordnungen; Jöreskog & Sörbom, 1993b), die außerdem einen Vergleich mit dem saturierten (voraussetzungsfreien) Modell erlauben. Bei beiden Indizes deuten niedrigere Werte auf bessere Passung.

Eine Bestätigung der Annahmen über die Dimensionalität der Integrity Tests ist jedoch für keine der geprüften Hypothesen hinreichend. Im Fall der g-Faktor-Hypothese ist das weitere Vorgehen wiederum faktorenanalytisch. In einem zweiten Schritt wird der These nachgegangen, ob der im ersten Schritt definierte Faktor, dessen akzeptable Güte vorausgesetzt, auch auf die drei NEO-Dimensionen lädt und ob dieses dann vollständige g-Faktor-Modell eine akzeptable Passung aufweist. Dazu werden die in der vorangegangenen CFA festgestellten Ladungen der Integrity-Skalen fixiert, um die Bedeutung des Faktors nicht zu verändern. Geprüft wird also der Fit eines übergeordneten Integrity-Faktors, der gleichzeitig als Ausdruck einer dem FFM übergeordneten Persönlichkeitsdimension zu interpretieren ist. Dies ist die Kernaussage von Ones und Kollegen: Integrity Tests messen einen Generalfaktor der Persönlichkeit. Ein Vergleich mit einem der Mehrfacetten-Hypothese entsprechenden alternativen Modell erscheint auf dieser Ebene mittels CFA nicht möglich. Eine Bestätigung würde diese jedoch gleichzeitig widerlegen; eine Falsifikation wäre mit Schneider et al. zwar vereinbar, aber noch kein Beweis für die Richtigkeit von deren These. Die im zweiten Schritt geprüfte Hypothese lautet also (aus der Sicht der g-Faktor-Position formuliert):

H_{13} (g-Faktor): Der g-Faktor in Integrity Tests ist gleichzusetzen mit einem Generalfaktor der Persönlichkeit, der auch den FFM-Dimensionen Gewissenhaftigkeit, Verträglichkeit und emotionale Stabilität zugrunde liegt.

Die explizite Prüfung der Mehrfacetten-Hypothese erfolgt mittels multipler Regressionsanalysen, die hier ebenfalls mit LISREL durchgeführt werden. Diese eher unkonventionelle Verbindung ermöglicht, über traditionelle Maße der Varianzaufklärung (R^2) hinaus, die Fixierung bzw. Gleichsetzung von Parametern gemäß der Modellspezifikation und außerdem die Beurteilung der Vertretbarkeit dieser Restriktionen anhand modellspezischer und vergleichender Güteindizes. Dies ist eine erhebliche Erweiterung der rein explorativen Regressionsanalyse, die eine aussagekräftige Hypothesenprüfung erst möglich macht. Auch hier erfolgt eine gleichzeitige komparative Prüfung mit alternativen Modellen, die stellvertretend für einen Teil der konträren, hier also der g-Faktor-Hypothese stehen.

Schneider et al. gehen davon aus, daß Integrity Tests eine Kombination einzelner, eng definierter Persönlichkeitsmerkmale aus unterschiedlichen Dimensionen darstellen, die im NEO-PI auf der Facettenebene anzusiedeln wären und darin weitgehend erschöpfend vertreten sein sollten. Diese Annahme wird explizit nur für eigenschaftsorientierte Verfahren hergeleitet, aber implizit - indem diese Unterscheidung *nicht* getroffen wird - auch auf die „offenkundigen" Instrumente übertragen. Daraus ergibt sich zunächst, daß in beiden Integrity Tests ein hoher Anteil der Varianz, gemessen durch die multiple Korrelation, durch eine Kombination einzelner Facetten des NEO aufgeklärt werden sollte. Die dabei jeweils als relevant erachteten Merkmale wurden oben spezifiziert; sie sollten gleichzeitig für die Erklärung hinreichen, d.h. die als irrelevant betrachteten Facetten sollten keinen bedeutsamen Zusatzbeitrag leisten. Dies läßt sich prüfen, indem man die irrelevanten Merkmale gleich Null setzt (fixiert) und das Ergebnis mit dem saturierten Modell (alle 30 Facetten als Prädiktoren) vergleicht, welches das Optimum an Varianzaufklärung repräsentiert. LISREL bietet hierfür die Möglichkeit, neben R^2 komparative Güteindizes (hier wieder CAIC und ECVI ausgewählt) zu berechnen, die den Sparsamkeitsgrad berücksichtigen. Außerdem erlauben die modellspezischen Fit-Statistiken wieder eine globale Einschätzung der Vertretbarkeit der Restriktionen. Die Angaben zur traditionellen Parsimonitätsstatistik in der Regression (korrigiertes R^2) werden über ergänzende explorative Analysen (mittels SPSS) berechnet, da LISREL keine entsprechende Option anbietet. Generell ist zwischen Varianzaufklärung (R^2) und konfirmatorischer Modellprüfung (andere Indizes) strikt zu trennen. Bis zu diesem Punkt läßt sich also eine Hypothese formulieren, die sich allein auf die Mehrfacetten-Position bezieht:

$H_{14a\ und\ b}$ (Mehrfacetten): Die Summenscores beider Integrity Tests lassen sich durch eine additive
Kombination der dafür spezifizierten NEO-Facetten umfassend beschreiben
und durch Hinzunahme weiterer Facetten nicht wesentlich verbessern.

Den bis hierher beschriebenen Analysen liegen keine Annahmen über die absolute
Höhe der Regressionskoeffizienten zugrunde; die entsprechenden Parameter variieren also frei. Die Mehrfacetten-Hypothese ist in dieser Hinsicht nicht ganz eindeutig,
es wird aber zumindest nicht ausdrücklich vorausgesetzt, daß allen relevanten Facetten der *gleiche* Erklärungswert zukommt. Auch Ones und Kollegen gehen nicht explizit davon aus, daß ihre drei Dimensionen mit gleichem Gewicht vom Integrity-
Faktor geladen sind. Ein direkter Vergleich zwischen beiden Thesen erfordert aber
aus einem anderen Grund die Restriktion der Beta-Gewichte für die Facetten. Die g-
Faktor-Hypothese bezieht sich auf die Faktorenebene des FFM, die konkurrierende
Sicht auf die Ebene der Facetten. Da die erste Stufe der zweiten übergeordnet ist,
schließt sie diese ein, umgekehrt aber nicht. Ein direkter Vergleich läßt sich also nur
auf der Facettenebene sinnvoll prüfen. *Auf dieser Ebene* ergibt sich aus der Annahme, daß Integrität den FFM-Dimensionen nochmals übergeordnet ist (g-Faktor),
daß die Unterscheidung einzelner Facetten innerhalb der Faktoren für die Erklärung
von Integrität keine Rolle spielen sollte. Ihre Gewichte in einer Regressionsgleichung
sind also zur modellkonformen Prüfung dieser These gleichzusetzen. Dies - die
Gleichsetzung aller relevanten Facetten - stellt gegenüber der bloßen Fixierung als
irrelevant erachteter Parameter auf Null eine erheblich strengere Form der Prüfung
dar. Um diesen Nachteil für die Seite von Ones et al. auszugleichen, werden im folgenden auch Modelle spezifiziert, in denen die Koeffizienten der für die Mehrfacetten-Hypothese als relevant erachteten Merkmale gleichgesetzt werden.

Die Vorgehensweise ist dabei im einzelnen wie folgt: Für jeden der beiden Integrity Tests wird zunächst ein saturiertes Modell gerechnet, das aber vorwiegend zur
isolierten Prüfung der Mehrfacetten-Hypothese dient (H_{14} oben: Varianzaufklärung
unter Berücksichtigung der Parsimonität). In diesem dienen jeweils alle 30-NEO-
Facetten als Prädiktoren und der Integrity Test als Kriterium einer multiplen Regressionsanalyse. Der Vergleich der beiden Annahmen über Integrity und das FFM erfolgt durch weitere vier Modelle je Verfahrensklasse. Darin werden einmal die für
die Mehrfacetten-These jeweils als relevant spezifizierten 10 bzw. 8 Merkmale aus
dem NEO-PI entweder frei (Modelle 1.1a, 2.1a) oder auf gleiche Werte fixiert[51] (Modelle 1.1b, 2.1b) vorgegeben, während die übrigen Koeffizienten gleich Null gesetzt
werden. Die g-Faktor-Hypothese wird durch die 18 Facetten repräsentiert, die zu den
drei relevanten Dimensionen gehören (dies ermöglicht, außer der direkten Vergleichbarkeit, eine teilweise Liberalisierung der Annahmen in der g-Faktor-Hypothese).
Auch hier werden die Prädiktoren jeweils wieder frei- (Modelle 1.2a, 1.2b) oder
gleichgesetzt (Modelle 2.2a, 2.2b). Das sind die in Abbildung 7 als „Hilfsmodelle"

---

[51] Ein Hinweis für LISREL-Anwender: Die Gleichsetzung von Parametern mit umgekehrter Polung (hier z.B. die Facetten von N vs. A und C) erfolgte hier über den CONSTRAINT-Befehl, indem
zunächst alle positiv definierten Facetten gleichgesetzt und dann mit CO definiert wurde, daß die
übrigen den Wert -1 mal den ersten annehmen sollten.

zur vergleichenden Prüfung bezeichneten Spezifikationen. Damit soll zum Ausdruck kommen, daß diese Modelle die g-Faktor-Hypothese nicht in ihrer Kernaussage prüfen, sich aus dieser aber ergibt, daß die unter den Dimensionen N, A und C subsumierten Facetten eine bessere (und eigentlich ebenfalls umfassende) Vorhersage der Summenscores von Integrity Tests erlauben sollten als die mehr FFM-Faktoren entstammenden Merkmale der konkurrierenden Hypothese. Wäre dies nicht der Fall, dann müßten im g-Faktor-Modell entweder irrelevante Facetten enthalten sein (Exzessivität) oder bedeutende Komponenten fehlen (Defizienz) oder beides. All dies spräche für die Annahmen der Mehrfacetten-Hypothese. Die Pfeilrichtung wird bei dieser Prüfung gegenüber der Faktorenanalyse einfach umgedreht, der g-Faktor also durch Verknüpfung seiner Subfacetten „erklärt".[52] Dies wäre umgekehrt sinnlos, da hinter den Prädiktoren der Mehrfacetten-Hypothese eben kein genereller Faktor vermutet wird. Im Überblick dargestellt, wurden also folgende Modelle geprüft:

Tabelle 14: Aufstellung der mittels Regression geprüften Modelle

eigenschaftsorientierter Test als Kriterium:	einstellungsorientierter Test als Kriterium:
saturiertes Modell (30 Facetten als Prädiktoren, keine Restriktion)	saturiertes Modell (30 Facetten als Prädiktoren, keine Restriktion)
1.1a: Mehrfacetten / freie Parameter (N2, N5, E5, A2, A3, A4, C2, C3, C5, C6; Rest auf Null gesetzt)	2.1a: Mehrfacetten / freie Parameter (N2, N5, E5, O6, A1, A2, C3, C6; Rest auf Null gesetzt)
1.2a: g-Faktor / freie Parameter (18 Facetten aus N, A, C; Rest auf Null gesetzt)	2.2a: g-Faktor / freie Parameter (18 Facetten aus N, A, C; Rest auf Null gesetzt)
1.1b: Mehrfacetten / restringierte Parameter (zusätzl. zu 1.1a: Regressionskoeffizienten gleich)	2.1b: Mehrfacetten / restringierte Parameter (zusätzl. zu 2.1a: Regressionskoeffizienten gleich)
1.2b: g-Faktor / restringierte Parameter (zusätzl. zu 1.2a: Regressionskoeffizienten gleich)	2.2b: g-Faktor / restringierte Parameter (zusätzl. zu 2.2a: Regressionskoeffizienten gleich)

Das absolute Ausmaß der Varianzaufklärung ist hier weniger wichtig als die Rangfolge und die Unterschiede im Fit zwischen den die beiden Hypothesen vertretenden Modellen. Da diese nicht vollständig genestet sind (1.1a ist z.B. kein Spezialfall von 1.2a, da es die Facette E5 enthält), entfällt die Möglichkeit der Prüfung über den χ^2-Differenzen-Test. Es wird also wieder auf die Indizes ECVI und CAIC zurückgegriffen, denen hier ungleich größere Bedeutung zukommt als bei den obigen

---

[52] Ein Generalfaktor in den Prädiktoren einer multiplen Regression führt mit einiger Wahrscheinlichkeit zu Multikollinearitätsproblemen, eben weil die unabhängigen Variablen korreliert sind. Dies zieht ungenaue Beta-Gewichte nach sich, verändert aber die Varianzaufklärung nur wenig (Bortz, 1993). Die Höhe der Regressionskoeffizienten ist hier für die Hypothesenprüfung aber unerheblich, und das Problem wird durch die Restriktion der Parameter z.T. umgangen, weil die Koeffizienten damit nicht mehr unabhängig voneinander geschätzt werden müssen. Zur Varianzaufklärung bei Einsetzung der Dimensionen siehe Fußnote 53 unten.

Analysen. Aus der Sicht von Schneider, Hough und Kollegen formuliert, lautet die damit geprüfte Hypothese wie folgt:

H$_{15a\ und\ b}$ (Mehrfacetten): Die in der Mehrfacetten-Hypothese spezifizierten Merkmale erklären die Integrity-Scores besser als die 18 Facetten aus N, A und C gemeinsam.

9.3.2.2 Ergebnisse

Zuerst erfolgt die Prüfung auf Eindimensionalität in den Subskalen (Hypothesen 11 und 12) der beiden Integrity Tests mittels CFA (Subskalenhälften als Indikatoren, Schätzung hier und in allen folgenden Analysen auf der Grundlage von Kovarianz-matrizen mittels Maximum Likelihood). Die Resultate sind in Tabelle 15 dargestellt, die neben den globalen Güteindizes auch die Ladungen auf den Generalfaktor (falls interpretierbar) und die Interkorrelationen der Subskalen (Faktoren erster Ordnung, daher nicht identisch mit den Angaben in Tabelle 9 oben) enthält:

Tabelle 15: Ergebnisse der CFA-Prüfung auf Eindimensionalität der Integrity Tests

Modellfit:	df	χ^2	GFI / AGFI	NFI	RMSEA	ECVI	Bewertung
eigenschafts.or. Test:						(sat.: .52)	
kein „Integrity"-Faktor (korrel. Subskalen)	25	39,30 (p =.034)	.97 / .93	.94	.052	.47	gut
„Integrity"-Faktor höherer Ordnung		- unplausible Parameterschätzungen -					schlecht
einstellungs.or. Test:						(sat.: .34)	
kein „Integrity"-Faktor (korrel. Subskalen)	14	51,06 (p <.001)	.95 / .86	.94	.11	.45	akzeptabel
„Integrity"-Faktor höherer Ordnung	16	65,46 (p <.001)	.93 / .84	.92	.12	.50	akzeptabel

Faktorinterkorrelationen:	einstellungsorientiert				eigenschaftsorientiert				
	Mtr	Vbr	Rat	VaPh	MaOb	Kon	GlSw	ZuPl	SnS
Mtr	-								
Vbr	.52	-							
Rat	.63	.65	-						
VaPh	.28	.61	.57	-					
MaOb	-.02	.12	-.03	.26	-				
Kon	-.07	.06	-.04	.19	.11	-			
GlSw	.42	.36	.46	.36	-.27	.06	-		
ZuPl	.08	.19	.24	.40	-.08	.04	.47	-	
SnS	-.06	.25	.10	.44	.32	.12	-.07	.28	-
Ladungen des g-Faktors (standardisiert, nur Einst.):	.67	.80	.88	.63					

Anm.: N = 213; sat. = saturiertes Modell; Bewertung nach den in Abschnitt 9.2.2.1 aufgestellten Kriterien; zu den Abkürzungen und Definitionen der Integrity-Subskalen vgl. Abschnitt 9.2.2.3; Berechnungen in dieser Tabelle von M. Riediger

Die Resultate der konfirmatorischen Prüfung fallen für die beiden Arten von Integrity Tests sehr unterschiedlich aus. Beim eigenschaftsorientierten Test ist das Ergebnis eindeutig: Die gemäß Mehrfacetten-Hypothese getroffene Annahme lediglich interkorrelierter Faktoren erster Ordnung auf Subskalenebene zeigt einen guten Fit, der auch einem Vergleich mit dem saturierten Modell standhält (hier nur ECVI angegeben, da CAIC die gleiche Rangfolge ergab). Für einen Faktor höherer Ordnung (g-Faktor) finden sich dagegen unplausible Parameterschätzungen (negative Varianzen, Korrelationen > 1), die allgemein als Hinweis auf eine inakzeptabel schlechte Passung des Gesamtmodells zu werten sind. Die Ursache für diesen Befund läßt sich unmittelbar aus den ebenfalls in der Tabelle angegebenen Interkorrelationen (unteres rechtes Dreieck der Korrelationsmatrix) der Subskalenfaktoren ableiten. Diese beschreiben keineswegs ein „positive manifold", sondern sind zu einem erheblichen Teil unbedeutend, gelegentlich sogar negativ. Insgesamt muß für diesen Test die Annahme eines Generalfaktors der „Integrität" (H_{11a}) abgelehnt werden, die alternative Hypothese (H_{12a}) kann insoweit als bestätigt gelten. Damit werden gleichzeitig weitergehende Analysen zur Übereinstimmung eines Integrity-Faktors mit den FFM-Dimensionen hinfällig, da ein solcher Faktor in diesem Test und bei dieser Stichprobe offensichtlich nicht existiert.

Beim einstellungsorientierten Verfahren stellt sich die Befundlage grundsätzlich anders dar. Hier zeigen beide nach den konkurrierenden Hypothesen spezifizierten Modelle einen akzeptablen Fit nach den aufgestellten Kriterien. Die Anpassung der Spezifikationen an die Daten ist aber in beiden Fällen nicht besonders gut, wie der Vergleich mit dem saturierten (rein empirischen) Modell anhand des ECVI zeigt, der die größere Sparsamkeit durch die Restriktionen ja berücksichtigt. Auch zwischen den beiden gemäß den Hypothesen 11b bzw. 12b spezifizierten Modellen fällt die Entscheidung nicht ganz eindeutig aus, wenngleich die Annahme interkorrelierter Faktoren durch die Empirie etwas besser bestätigt wird (alle komparativen Indizes besser; nach χ^2-Differenzen-Test signifikant: $p < .001$). Die Passung für einen Generalfaktor erscheint aber gerade noch ausreichend, um darauf weitergehende Analysen aufzubauen, zumal alle Subskalen substantiell von diesem Faktor geladen sind. Die Interkorrelationsmatrix (oberes linkes Dreieck) zeigt hier ebenfalls ein völlig anderes Bild als bei den eigenschaftsorientierten Skalen, wobei praktisch alle Faktoren erster Ordnung in zumindest mittlerer Höhe zusammenhängen.

Im zweiten Schritt der faktorenanalytischen Prüfung wurde die auf die allgemeine Persönlichkeit erweiterte g-Faktor-Hypothese aufgrund der obigen Resultate ausschließlich für den einstellungsorientierten Test überprüft. Eine isolierte Voruntersuchung der NEO-Skalen hatte ergeben, daß das (allerdings sehr komplexe) zweistufige Modell von Costa und McCrae mit Facetten- und Dimensionsebene einer konfirmatorischen Prüfung nicht standhielt (Riediger, 1998b; schlechten Fit hatten auch schon Parker, Bagby & Summerfeldt, 1993, nach Block, 1995a, in der amerikanischen Normstichprobe des NEO gefunden), was jedoch für unsere Zwecke nicht unbedingt ausschlaggebend ist. Für die Prüfung der Hypothese 13b reichen die Dimensionen aus, wobei sich aber lediglich für hoch aggregierte Indikatoren (Dimensionshälften)

ein akzeptabler Fit auf Seiten des NEO-PI zumindest für ein Modell mit interkorrelierten Faktoren ergab, die schließlich als beobachtete Variablen in die Analyse eingingen. Es wurde also ein Modell geprüft, in dem die oben gefundenen Ladungen des
einstellungsorientierten Integrity-Faktors auf seine Subskalen und dieser auf ihre
Indikatoren (Skalenhälften) fixiert wurden, und bei dem dieser g-Faktor frei auf die
durch Domänen-Hälften repräsentierten NEO-Faktoren N, A und C lud. Abbildung 8
zeigt das Modell - auf die Darstellung der Fehlerterme wurde verzichtet - sowie die
Güteindizes und Ladungen für dessen konfirmatorische Prüfung.

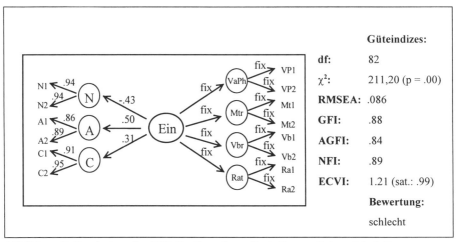

Abbildung 8: Ergebnisse der CFA-Prüfung des vollständigen g-Faktor-Modells

Wie sich zeigt, fällt auch hier eine endgültige Bewertung nicht leicht. Die Passung
ist zwar nach den festgelegten Grenzwerten als schlecht zu beurteilen, diese werden
aber zumeist nur knapp verfehlt. Bei einem relativ komplexen Modell wie diesem,
abzulesen an der Zahl von 82 Freiheitsgraden, stehen die Chancen, einen formal betrachtet guten Fit zu erzielen, bereits a priori nicht zum besten. Ein Teil der Restriktionen ergibt sich andererseits aus der Fixierung der Ladungen auf Seiten des Integrity Test, die im vorangegangenen Arbeitsschritt empirisch anhand der gleichen
Daten ermittelt wurden. Dies ist konzeptionell nicht mit einer Festlegung aufgrund
theoretischer Überlegungen gleichzusetzen, und die Aufnahme von drei neuen Variablen läßt für diesen Teil nur begrenzte Abweichungen von den ursprünglichen Werten erwarten. Eine Relaxation der betreffenden Parameter ergab denn auch nur sehr
geringfügige Änderungen, während sich der Modellfit eher verschlechterte (df: 70;
χ^2: 209,86; RMSEA: .097; GFI: .88; AGFI: .82; NFI: .89; ECVI: 1,32). Insgesamt
wirkt sich dies kaum auf die Bewertung des Modells aus, das noch immer sehr komplex ist und eine akzeptable Güte knapp nicht erreicht. Formal muß also Hypothese
13b ebenfalls abgelehnt werden und damit das g-Faktor-Modell zur Gänze. Diese
negative Beurteilung steht freilich für den einstellungsorientierten Test auf einer wesentlich schwächeren Grundlage als für die Eigenschaftsskalen. Will man auf der
Basis dieser Einschätzung, trotz der mangelhaften Passung, die Ladungen des g-

Faktors auf die drei FFM-Dimensionen interpretieren, so ergeben sich für diese durchaus plausible Werte angesichts der metaanalytischen Befunde hierzu. Sie fallen allerdings in der Höhe beträchtlich geringer aus als die kompositorischen Korrelationen, die bei Ones und Kollegen als adäquate Maße für die Beziehungen zwischen Integrity und Big5 gewertet werden (vgl. Abschnitt 2.3.4).

Im zweiten Teil der Analysen sind die Resultate der multiplen Regression zu berichten, wobei der Schwerpunkt hier auf der Prüfung der Mehrfacetten-Hypothese liegt. Tabelle 16 auf der folgenden Seite zeigt die Ergebnisse für die oben spezifizierten Modelle im einzelnen. Dabei finden sich in den beiden letzten Spalten die traditionellen Güteindizes für die unkorrigierten und korrigierten multiplen Korrelationen (letzteres ist bei den restringierten Modellen nicht möglich und auch nicht sinnvoll, da die Anzahl zu schätzender Parameter hier überall gleich ist), davor die SEM-spezifischen Fit-Statistiken, die Auskunft über etwas ganz anderes geben, nämlich wie gut die Restriktionen mit den empirischen Daten übereinstimmen. Das gemäß ECVI und CAIC innerhalb der Verfahrensgruppen jeweils am besten passende Modell ist durch Fettdruck der betreffenden Werte hervorgehoben. Auf eine Gesamtbewertung wurde hier verzichtet (formal passen fast alle Modelle akzeptabel; 2.1a und 2.2a gut), weil die den Parsimonitätsgrad nicht berücksichtigenden Indizes GFI und NFI wegen der im Verhältnis zu den Restriktionen hohen Zahl freier Parameter (in der geschätzten Kovarianzmatrix zwischen den 30 Prädiktoren wurden keine Restriktionen vorgenommen) stets Werte nahe 1 annehmen, so daß die Aussagekraft der globalen Einschätzung erheblich beeinträchtigt ist.

In der isolierten Betrachtung der Mehrfacetten-Hypothese gemäß Hypothese 14a und b läßt sich zunächst feststellen, daß der eigenschaftsorientierte Testscore auch nach Schrumpfungskorrektur durch die zehn spezifizierten Facetten zu mehr als drei Vierteln aufgeklärt werden kann; die Hinzunahme der anderen zwanzig Merkmale erbringt eine praktisch nur marginale Verbesserung, die allerdings statistisch signifikant ist (p < .05 für die Veränderung in F). Auch die komparativen Indizes sprechen für die Beschränkung auf zehn Facetten, die übrigen fallen recht unterschiedlich aus. Das eigenschaftsorientierte Verfahren scheint in der Sphäre der allgemeinen Persönlichkeit nach Costa und McCraes Big5-Modell gut verankert, wobei einzelne Facetten, die insgesamt breit über die gesamte Persönlichkeit streuen, zur Erklärung weitgehend ausreichen. Die Varianzaufklärung ist dagegen beim einstellungsorientierten Test wesentlich geringer, läßt sich aber ebenfalls durch die Einbeziehung aller Facetten kaum (schrumpfungskorrigiert gar nicht) verbessern. Auch hier favorisieren ECVI und CAIC eindeutig die sparsamere Erklärung durch lediglich acht Facetten, die auch nach den modellspezifischen Indizes einen überwiegend guten Fit produzieren. Die Mehrfacetten-Hypothese kann nach den vorliegenden Ergebnissen für beide Tests nicht zurückgewiesen werden.

Tabelle 16: LISREL-Regression der Integrity Tests auf die gemäß g-Faktor- und Mehrfacetten-Hypothese spezifizierten Facetten des NEO-PI

Modellfit	df	χ^2	p	RMSEA	GFI	AGFI	NFI	ECVI	CAIC	R^2	korr. R^2
eigenschafts.or. Integrity Test:											
saturiertes Modell: (30 Fac. als Prädikt., keine Restriktion)	0							5,45	3155,20	.81	.78
1.1a: *Mehrfacetten* / freie Parameter: (10 Facetten; Rest auf Null gesetzt)	20	38,44	.0078	.071	.99	.74	.99	**5,44**	3066,42	.78	.76
1.2a:*g-Faktor* / freie Parameter: (18 Fac. v. N,A,C; Rest auf Null gesetzt)	12	65,99	.00	.16	.98	.30	.98	5,68	3144,85	.74	.72
1.1b: *Mehrfac.* / restring. Parameter: (zusätzlich Regress.koeffizienten gleich)	29	63,24	.00024	.081	.98	.72	.98	5,49	**3040,33**	.75	
1.2b:*g-Faktor* / restringierte Parameter: (zusätzlich Regress.koeffizienten gleich)	29	167,74	.00	.16	.97	.42	.96	6,06	3144,83	.59	
einstellungs.or. Integrity Test:											
saturiertes Modell: (30 Fac. als Präd., keine Restriktion)	0							5,45	3155,20	.56	.49
2.1a: *Mehrfacetten* / freie Parameter: (8 Fac.; Rest auf Null gesetzt)	22	27,71	.16	.038	.99	.82	.99	**5,36**	**3042,97**	.50	.49
2.2a:*g-Faktor* / freie Parameter: (18 Fac. v. N,A,C; Rest auf Null gesetzt)	12	18,02	.11	.053	.99	.78	1.00	5,42	3096,89	.52	.48
2.1b: *Mehrfac.* / restring. Parameter: (zusätzlich Regress.koeffizienten gleich)	29	87,81	.00000008	.11	.98	.64	.98	5,63	3064,90	.33	
2.2b:*g-Faktor* / restringierte Parameter: (zusätzlich Regress.koeffizienten gleich)	29	110,18	.00	.12	.98	.58	.97	5,75	3087,26	.26	

Anm.: N = 213; korr. R^2 = korrigierte quadrierte multiple Korrelation; Modellvergleich anhand ECVI und CAIC (jeweils beste Passung durch Fettdruck hervorgehoben); die anderen Indizes dienen der modellspez. Bewertung

Trotz der erheblichen methodischen und konzeptionellen Unterschiede zu den vorangegangenen CFAs stellt sich die Befundlage zur vergleichenden Beurteilung der konkurrierenden Hypothesen bemerkenswert ähnlich dar. Wieder zeigt sich die Mehrfacetten-Hypothese beim eigenschaftsorientierten Test relativ eindeutig überlegen, insbesondere wenn man die aus der g-Faktor-These abgeleitete Annahme berücksichtigt, daß Unterschiede zwischen den Facetten innerhalb der relevanten Faktoren keine Rolle spielen sollten (Modell 1.2b). Nicht nur die komparativen, sondern auch alle anderen Indizes einschließlich der multiplen Korrelationen sprechen für die erste Sichtweise, die mit weniger Prädiktoren auskommt[53]; bei Gleichsetzung der Parameter bricht die Varianzaufklärung ein. Dies alles spricht im Sinne von Hypothese 15a dagegen, daß eigenschaftsorientierte Integrity Tests einen Generalfaktor oberhalb der Dimensionsebene des FFM erfassen. Durch Verknüpfung einzelner Facetten aus vier Dimensionen gelingt eine deutlich bessere Annäherung.

Auch hier verschwimmt dieses recht eindeutige Bild, wenn man sich dem einstellungsorientierten Test zuwendet. Die komparativen Güteindizes favorisieren zwar auch hier durchgängig die Annahmen nach der Mehrfacetten-Hypothese, die Unterschiede sind aber eher gering, und zumindest bei freien Parametern ist die Passung auch der gemäß g-Faktor-Hypothese selektierten Prädiktoren als gut zu bezeichnen. Die Überlegenheit der Annahmen von Schneider et al. macht sich vor allem dort bemerkbar, wo die größere Sparsamkeit der darauf basierenden Modelle berücksichtigt wird. Die Ergebnisse sprechen also insgesamt auch für die Bestätigung der Hypothese 15b, wobei diese Entscheidung nicht so eindeutig ausfällt wie bei den eigenschaftsorientierten Tests. Mit Blick auf die folgende Diskussion gilt es ferner im Auge zu behalten, daß der Fit, insbesondere aber die multiple Korrelation für die nach *beiden* Sichtweisen spezifizierten Modelle regelrecht einbricht, wenn man die Regressionskoeffizienten gleichsetzt.

9.3.2.3 Diskussion

Um zu der hier geprüften Ausgangsfrage des Abschnitts 2.3 dieser Arbeit zurückzukehren: Was messen Integrity Tests? Es wurde versucht, sich einer Lösung auf zwei sehr unterschiedlichen Wegen zu nähern, die jeweils einer der dazu vertretenen Lehrmeinungen näher stehen, ohne die andere ganz zu vernachlässigen. Die Antwort scheint nach beiden Ansätzen zunächst einmal zu sein: Es kommt darauf an, nämlich vor allem auf die Art des untersuchten Integrity Test.

Für das hier entwickelte und eingesetzte eigenschaftsorientierte Verfahren ließ sich ein genereller Faktor eindeutig nicht nachweisen. Darüber hinaus erklärten die

---

[53] gemessen am Anteil des Meßbereichs des NEO; eine Beschränkung auf die drei für Ones et al. relevanten Dimensionen als Prädiktoren führt bei beiden Tests zu einer Minderung in R^2 (eigenschaftsorientiert: .62; einstellungsorientiert: .33) gegenüber dem Modell mit freien Parametern und identischen Werten bei Gleichsetzung (.59 bzw. .26). Der Fit war in allen Fällen schlechter als für das saturierte Modell mit fünf Prädiktoren; modellspezifisch nur bei Einstellungen mit freien Parametern akzeptabel. An der Beurteilung der g-Faktor-Hypothese ändern diese Befunde wenig.

nach Ones et al. als relevant anzusehenden Merkmale den Testwert deutlich schlechter als einzelne Facetten, die breit über die Bereiche des FFM streuen, vor allem wenn gemäß g-Faktor-Hypothese keine Unterschiede unterhalb der Dimensionsebene zugelassen werden. Im Gegensatz dazu konnte keine der aus der Mehrfacetten-Hypothese abgeleiteten Annahmen widerlegt werden: der Integrity Test setzt sich nach den Resultaten der CFA aus interkorrelierten Subfaktoren zusammen; sein Summenscore ist in hohem, durch weitere Prädiktoren kaum zu steigerndem Maße durch zehn a priori spezifizierte NEO-Facetten erklärbar; die Nullsetzung der übrigen Persönlichkeitsmerkmale erscheint nach konfirmatorischer Prüfung vertretbar. Dies alles spricht für die Annahme eines „compound trait" von Schneider et al., einer eher artifiziellen denn persönlichkeitstheoretisch fundierten „Eigenschaft", die durch diese Gruppe von Integrity Tests gemessen wird, indem nach Art einer Prädiktorbatterie die Scores untereinander weitgehend unabhängiger Merkmale einfach aufsummiert werden.

Dieses Resultat ließ sich durchaus voraussehen, es reproduziert im Grunde nur die Vorgehensweise bei der Konstruktion des Tests durch Validierung an einem Außenkriterium, in diesem Fall dem NEO-PI. Nichts anderes war jedoch die Grundlage der entwicklungshistorisch abgeleiteten Mehrfacetten-Hypothese: Was man in den Test hineinsteckt, kommt am Ende auch heraus. Dies wäre sicher keine besonders aufsehenerregende These, gäbe es nicht eben auch die Ansicht von Ones und Kollegen, derzufolge das gleiche Konstruktionsprinzip zu etwas ganz anderem geführt haben sollte - der Messung eines Superfaktors der Persönlichkeit durch Integrity Tests. Hier wurde nicht der Frage nachgegangen, ob ein oder zwei solcher g-Faktoren der Persönlichkeitstaxonomie des FFM anzufügen wären (hierzu Digman, 1997; die eigenen NEO-Daten sprechen im übrigen nicht dafür: entsprechende Modelle konvergierten nicht bzw. zeigten Identifizierbarkeitsprobleme, auch exploratorisch gingen N, A und C nicht zusammen). Was hier interessierte war, ob Integrity Tests einen entsprechenden g-Faktor messen, wenn er denn existiert. Dies muß für das eigenschaftsorientierte Verfahren eindeutig verneint werden. Die im Grunde fast etwas tautologische Bestätigung der Mehrfacetten-Hypothese kann auch als Entmystifizierung der Position von Ones und Kollegen gewertet werden, deren geheimnisvoller Generalfaktor sich in den eigenen Daten nicht finden ließ. Mittels kompositorischer Korrelationen wäre dieser Befund auch hier nicht aufgedeckt worden; sie beträgt zwischen eigenschaftsorientiertem Integrity Test und einem N,A,C-Kompositorium .77 (mit Einstellungen: .55; mit Integrity-Kompositorium: .84), was wiederum auf hohe Konvergenz hätte schließen lassen. Wie die Analyse zeigt, können solche Werte auch, eigentlich sogar gerade dann erreicht werden, wenn den im Kompositorium verbundenen Variablen *kein* genereller Faktor zugrunde liegt. Damit aber wird die Kernaussage der g-Faktor-These hinfällig - die Konvergenz zwischen eigenschaftsorientiertem Integrity Test und den drei FFM-Dimensionen entsteht durch Summation unabhängiger Merkmale, die einander auf beiden Seiten der Gleichung ähnlich sind. Wenn man Brot, Gemüse und Fleisch zusammenbringt, entsteht eben kein g-Faktor, der allen Grundnahrungsmitteln innewohnt, sondern etwas neues - ein Hamburger. Man kann diesen Vorgang mit leichten Abwandlungen wiederholen und erhält noch

immer keine übergeordnete Dimension, sondern zwei Hamburger, die einander zweifellos sehr ähnlich sein können. Die Befunde aus der multiplen Regression zeigen,
daß - um im Bild zu bleiben - eigenschaftsorientierte Integrity Tests ein Rezept mit
spezifischeren Zutaten erfordern, die durch die groben Dimensionen des FFM nicht
hinreichend genau zu beschreiben sind. Eben dies ist der Standpunkt der Mehrfacetten-Hypothese.

Gegen eine Generalisierung dieser Aussage läßt sich zumindest zweierlei einwenden. Erstens ist die empirische Grundlage mit einer studentischen Stichprobe von gut
200 Personen weder besonders umfangreich noch repräsentativ. Eine Replikation der
Studie wäre vor diesem Hintergrund sicherlich wünschenswert. Sie sollte bei dieser
Thematik jedoch nicht in einer Bewerber- oder vergleichbar motivierten Population
erfolgen, was mit einiger Sicherheit zu einer inflationären Überschätzung von evaluativ geladenen Merkmalszusammenhängen führt (Collins & Gleaves, 1998; Schmit
& Ryan, 1993). Der zweite mögliche Einwand richtet sich gegen den hier verwendeten Integrity Test. Dabei handelt es sich schließlich um ein Forschungsinstrument
und nicht um einen „echten" Vertreter dieser bislang nur in Nordamerika gebräuchli-
chen Verfahrensgruppe. Die Entscheidung, für diese Untersuchung eigene Integrity
Tests zu entwickeln, wurde sicher zunächst durch den Mangel diktiert - es standen
einfach keine deutschsprachigen Instrumente zur Verfügung. Es wurde aber auch
versucht, aus dieser Not eine Tugend zu machen, indem die Konstruktion soweit als
möglich auf Prototypizität abzielte; d.h. nicht *ein* Verfahren sollte bestmöglich ins
Deutsche übertragen werden, sondern es sollte ein Test konstruiert werden, der die
Essenz an Gemeinsamkeiten in der ganzen Gruppe transportiert. Auf diese Weise
lassen sich im Prinzip, eine gelungene Umsetzung vorausgesetzt, besser generali-
sierbare Ergebnisse erzielen als wenn man ein beliebiges Instrument aus der Verfahrensklasse herausgegriffen hätte, dessen Vergleichbarkeit mit anderen Tests keineswegs a priori gesichert ist (siehe die Anmerkungen zu Hogan & Brinkmeyer, 1997,
oben). Entsprechend wurden auch für die Prüfung der Mehrfacetten-Hypothese nicht
etwa rein tautologisch jene Facetten innerhalb des NEO-PI selektiert, die in der eigenen Studie am höchsten mit dem Integrity Test korrelierten, sondern es wurde versucht, die gesamte Basis bisheriger Untersuchungen in die Entscheidung einfließen
zu lassen. Insofern gehen die Ergebnisse doch erheblich über eine inhaltsleere Bestätigung der Gleichung „Input = Output" hinaus: Sie zeigen, daß die Scores in einem
prototypisch konstruierten Integrity Test sich durch die Werte in prototypisch ausgewählten Facetten der Persönlichkeit sehr gut annähern lassen, ohne daß ein g-Faktor
nötig oder auch nur vorhanden wäre, der diese Zusammenhänge erklärt.

Abgerundet wird das Bild durch eine Überprüfung der Befunde an der hier als eigenschaftsorientierter Integrity Test klassifizierten Skala von Grasmick et al. (1993).
Auch hier sind die Subskalen untereinander in sehr unterschiedlicher Höhe und
Richtung korreliert (im Mittel zu .14); ein Generalfaktor ließ sich entsprechend nicht
bestätigen (χ^2 = 59,11 bei 9 df; RMSEA = .16; GFI = .92; AGFI = .81; NFI = .62;
Bewertung: schlecht). Die Varianzaufklärung durch die gleichen zehn Facetten wie
oben beträgt R^2 = .60 (korrigiert: .58; beim saturierten Modell [30 Facetten]: .67 bzw.
.61; für das „g-Faktor-Modell" mit 18 Facetten: .59 bzw. .55) - sie ist insgesamt bei

diesem kurzen Test geringer, fällt aber im Vergleich zu den anderen Modellen ähnlich aus wie oben. Bei einem anderen Integrity Test wären vermutlich nochmals leicht abweichende Werte herausgekommen; vielleicht wäre auch eine etwas andere Mischung der Persönlichkeitsfacetten die geeignetste Annäherung. An der grundsätzlichen, oben ausgesprochenen Einschätzung ändert dies nichts - bis zum Beweis des Gegenteils. Bis dahin scheinen die hier berichteten Resultate darauf hinzudeuten, daß ein aus Persönlichkeitskorrelaten abweichenden Verhaltens komponierter Test, im Gegensatz zu der verhaltensnahen RVS, keinen generellen Faktor mißt. Wenn Selbstkontrolle sensu G&H also ein eindimensionales Konstrukt ist, dann messen eigenschaftsorientierte Integrity Tests etwas anderes.

Wie aber verträgt sich diese Einschätzung mit den Befunden zum einstellungsorientierten Verfahren? Wir haben hier eine gewisse, wenn auch nicht sehr starke Unterstützung für das Wirken eines generellen Faktors in den Subskalen festgestellt. Auch eine gewisse Affinität dieser Komponente zu der gemeinsamen Varianz in N, A und C kann nicht von der Hand gewiesen werden, wenngleich die Evidenz hierfür nochmals merklich schwächer ausfällt. Vergleiche mit dem saturierten Modell in der multiplen Regression zeigen, daß die beiden anderen NEO-Dimensionen nur einen unwesentlichen Beitrag zur Erklärung der Testwerte leisten. Soweit spricht einiges dafür, daß dieser zumeist rational konstruierten Verfahrensklasse eine generelle Komponente zugrunde liegt, die sich in den drei einschlägigen Dimensionen des FFM wiederfindet. Es spricht jedoch auch einiges dafür, daß diese Interpretation nicht allzu stark ausgelegt werden sollte, etwa in dem Sinne, daß einstellungsorientierte Integrity Tests einfach einen g-Faktor der Persönlichkeit messen.

Zunächst ließ sich ein solcher Persönlichkeitsfaktor in den Daten zum NEO isoliert nicht nachweisen (s.o.). In der im Ergebnisteil referierten CFA wurde der *Integrity*-Faktor fixiert und dessen Ladungen auf die drei FFM-Dimensionen untersucht. Dies führt dazu, daß das Modell sehr weitgehend durch den Bedeutungsgehalt der Einstellungen zu kontraproduktivem Verhalten determiniert ist (wie erinnerlich, führte die Freisetzung der Integrity-Ladungen, die eine Verschiebung zugunsten des NEO ermöglicht, zu einem schlechteren Fit). Die Ladungen des g-Faktors auf N, A und C liegen zwischen etwa .30 und .50, sie sind sicher nicht trivial, machen aber auch nur einen bescheidenen Anteil an deren Varianz aus. Integrity reicht also bei weitem nicht aus, um die drei Dimensionen umfassend zu beschreiben. Nun geht die g-Faktor-Hypothese natürlich nicht so weit, den Dimensionen des FFM jede spezifische Varianz abzusprechen. Aber auch umgekehrt kann der einstellungsorientierte Test durch die Dimensionen nur unzureichend reproduziert werden. Setzt man die Dimensionen als Prädiktoren ein, so erklären sie zusammen 33 % der Varianz im Integrity-Score. Dies ist beträchtlich weniger als bei Verwendung der 18 Subfacetten (52 % bzw. schrumpfungskorrigiert 48 %), d.h. die Unterschiede zwischen enger definierten Merkmalen der Persönlichkeit innerhalb einer FFM-Dimension sind auch für den einstellungsorientierten Integrity Test relevant. Ungefähr die gleiche Varianzaufklärung läßt sich mit nur acht Facetten aus allen fünf Dimensionen erzielen, und auch die Fit-Indizes favorisieren diese sparsamere Lösung gemäß der Mehrfacetten-Hypothese. Umfassend im Sinne einer Aufklärung der Testwerte ist aber auch diese Variante ebenso wenig wie das saturierte Modell mit dem kompletten Skalensatz des NEO.

Zusammengenommen läßt sich aus den Ergebnissen bestenfalls ein mäßig starker g-Faktor im einstellungsorientierten Verfahren ableiten, und es spricht nur wenig dafür, daß es sich dabei um eine dem FFM übergeordnete Persönlichkeitskomponente handelt. Eine begrenzte Zahl nur mäßig korrelierter Facetten reicht aus, um den Überschneidungsbereich zwischen Integrity Test und deskriptivem Persönlichkeitsmodell hinlänglich zu beschreiben. Es scheint neben diesen Gemeinsamkeiten auch einen großen Anteil an spezifischer Varianz innerhalb des hier eingesetzten Integrity Test zu geben, der durch das FFM überhaupt nicht zu erklären ist. Dieser Befund kontrastiert nun allerdings mit Ones et al.'s kompositorischen Korrelationen, die - zwischen mehreren Integrity Tests und mehreren Persönlichkeitsskalen berechnet - eine weit extremere Höhe erreichten als in der eigenen Untersuchung. Dies verlangt nach einer Erklärung.

Amerikanische Integrity Tests vom einstellungsorientierten Typ beschränken sich nur selten wirklich auf Einstellungen im hier definierten Sinne. Typischerweise finden sich darin auch Selbstbeschreibungen und Eingeständnisse vergangenen Fehlverhaltens, die aus dem eigenen Verfahren im Dienste der konzeptionellen „Reinheit" eliminiert wurden. Die rationale Konstruktionsweise führt je nach Autor zu recht unterschiedlichen Definitionen, was sich auch in den nur moderaten Korrelationen zwischen den von Ones untersuchten Verfahren ausdrückt (siehe Abschnitt 2.3.2). Diese mangelnde Übereinstimmung führt bei der von der Autorin und ihren Kollegen angewandten Methode dazu, daß die kompositorischen Korrelationen nach oben korrigiert werden - von den (metaanalytisch bereits reliabilitätskorrigierten) Zusammenhängen mit den drei FFM-Faktoren zwischen .30 und .40 auf bis zu .80 mit Gewissenhaftigkeit und schließlich fast 1 mit dem FFM-Kompositorium. In der eigenen Testentwicklung wurde dagegen auch hier versucht, nur die gemeinsame Basis der gängigsten Verfahren zum Leitbild zu machen. In dieser gewissermaßen destillierten Form erweisen sich weder einzelne Facetten noch ein g-Faktor der evaluativen Selbstbeschreibung als hinreichende Erklärungsmodelle für das oder die im Integrity Test erfaßte(n) Konstrukt(e), auch wenn beide der wahllosen Annäherung durch ein vollständiges FFM-Konglomerat (saturiertes Modell) überlegen sind.

Es scheint dem hier eingesetzten einstellungsorientierten Verfahren, neben einer Schnittmenge mit allgemeinen Eigenschaften, auch ein Anteil eigenständiger Varianz innezuwohnen, der durch das FFM nicht erfaßt wird. In Kapitel 3 war ein Modell postuliert worden, in dem Einstellungen auf einem durch die Pole Verhalten und abstrakte Selbstbeschreibung beschriebenen Kontinuum einen Mittelplatz zwischen Selbstkontrolle i.S.v. G&H und eigenschaftsorientierten Integrity Tests einnehmen, zunehmende Übereinstimmung also durch zunehmende konzeptionelle Nähe in der Art der Persönlichkeitsmessung erklärt wird. Diese Sichtweise hat durch die im vorangegangenen Abschnitt berichteten Ergebnisse nur begrenzte Unterstützung erfahren, wo sich zumindest RVS und einstellungsorientierter Integrity Test nicht bedeutsam in der Höhe ihrer Korrelationen mit dem NEO unterschieden. In der multiplen

Regression liegt die Aufklärung der RVS mit maximal 45,6 % (unkorrigiert, saturiertes Modell) allerdings nochmals deutlich unter der für den einstellungsorientierten Integrity Test. Wenn man diese Resultate auch als nicht ausreichend für die Bestätigung der Stellung letzteren Verfahrens auf einem Verhaltens-Beschreibungs-Kontinuum ansehen mag, liegt doch die Interpretation nahe, daß einstellungsorientierte Integrity Tests Konstrukte erfassen, die zumindest zum Teil *neben* dem Geltungsbereich des FFM anzusiedeln sind. M.a.W.: Sie erfassen noch etwas anderes als dieses und offenbar auch etwas anderes als Selbstkontrolle (deren inkrementelle Varianzaufklärung im Integrity Test über die NEO-Facetten hinaus ist mit 2,7 % bescheiden). Saucier und Goldberg (1998) berichteten kürzlich mit einem lexikalischen Ansatz identifizierte Adjektiv-Cluster jenseits der Big5, zu denen auch verschiedene Einstellungen (Vorurteile, Religiosität) zählten. Insgesamt scheint die Stellung des Bereichs nach außen gerichteter Dispositionen wie Einstellungen oder Werte zum vorwiegend selbstbezogenen FFM noch nicht hinreichend geklärt. Die vorliegenden Resultate sind ein weiterer Hinweis darauf, daß hier ein potentiell fruchtbares Feld für taxonomische Bemühungen außerhalb des durch die Big5 abgesteckten Bereichs liegen mag.

Neben den bereits genannten Einschränkungen lassen sich gegen die hier vorgestellten Analysen auch methodische Einwände äußern. Dies gilt insbesondere für die Einbeziehung der g-Faktor-Hypothese in die vergleichenden Berechnungen mittels multipler Regression. Diese eigentlich faktorielle Annahme ist so natürlich nicht adäquat zu prüfen, dazu dienten die CFAs im ersten Teil. Die Sichtweise von Ones und Kollegen impliziert im Grunde, daß in der Regression ein Multikollinearitätsproblem auftreten *sollte*, weil ein g-Faktor den relevanten Merkmalen zugrunde liegt. Dies war empirisch nicht der Fall: entsprechende Diagnosen erbrachten Toleranz-Werte (durch die übrigen Prädiktoren nicht erklärbare Varianz einer unabhängigen Variable; siehe z.B. Pedhazur & Schmelkin, 1991) von mindestens .29 beim saturierten und g-Faktor-Modell und .47 bzw. .50 bei den Mehrfacetten-Modellen - allesamt weit jenseits eines kritischen Wertes von .10. Man kann dies auch als weiteren indirekten Hinweis auf die fehlende Gültigkeit der g-Faktor-Hypothese werten. Dennoch ist die vergleichende Analyse der multiplen Regressionen zusätzlich aufschlußreich, zeigt sie doch, daß Unterschiede zwischen einzelnen Facetten innerhalb der Dimensionen N, A und C durchaus relevant sind (v.a. bei den Einstellungen) und daß auch außerhalb dieser Dimensionen einzelne Facetten eine wichtige Rolle spielen. Die Erklärung der mit Integrity Tests gemessenen Konstrukte durch einen g-Faktor oberhalb von drei der Big5 ist also sowohl exzessiv als auch defizient.

Zusammenfassend hat sich in diesem Abschnitt ergeben, daß die g-Faktor-Hypothese für den vorliegenden Datensatz beim eigenschaftsorientierten Integrity Test als widerlegt gelten muß, die Mehrfacetten-Hypothese dagegen als bestätigt. Beim einstellungsorientierten Verfahren findet sich, bei leichter Überlegenheit der Annahme eines „compound trait", für beide Thesen teilweise Unterstützung, die jedoch als vollständige Erklärung nicht ausreichen. Wir werden uns im folgenden wieder kurz dem Thema Selbstkontrolle zuwenden, wo ebenfalls noch ein Vergleich konkurrierender Standpunkte aussteht.

9.3.3 Typologisierende Prüfung der Stabilität und Universalität von Selbstkontrolle

9.3.3.1 Zielsetzung und Vorgehensweise

In Abschnitt 3.2.3 waren entwicklungspsychologische Kriminalitätserklärungen von Moffitt (1993) und anderen diskutiert worden, aus denen etwa Cohen und Vila (1996) eine Verengung des Geltungsbereichs der *General Theory* auf eine zahlenmäßig kleine Gruppe persistenter Soziopathen ableiten. In Moffitts Analyse waren, neben einer Gruppe lebenslang konformer Personen, zwei Entwicklungspfade der Delinquenz identifiziert worden: die o.g. Minderheit persistenter Straftäter und der erheblich häufigere Typus des nur in der Adoleszenz devianten Nachahmungstäters. Sie leitet aus ihrer Taxonomie u.a. die Hypothese ab, daß sich lediglich der erste Typ bezüglich stabiler Persönlichkeitsmerkmale einschließlich der Intelligenz und in seinen schulischen oder sonstigen Leistungen vom Bevölkerungsdurchschnitt unterscheiden sollte. Aus der hier vertretenen Auslegung der Theorie G&Hs ergibt sich dagegen, daß eine bedeutsame Verschiebung in der interindividuellen Rangfolge devianten Verhaltens in Abhängigkeit von bestimmten Lebensabschnitten wegen der Stabilität von Selbstkontrolle nicht zu erwarten ist und daß die Korrelate der Devianz stets und überall die gleichen sein sollten.

Der retrospektive Charakter der RVS mit ihrer Einteilung in Lebensabschnitte ermöglicht eine relativ direkte Prüfung dieser konkurrierenden Annahmen. In diesem Abschnitt soll untersucht werden, ob sich durch eine Clusteranalyse anhand der Werte in den Phasen Kindheit, Jugend und Erwachsenenalter Gruppen identifizieren lassen, die den von Moffitt postulierten Verlaufsformen entsprechen. Zusätzlich ermöglicht der anschließende Vergleich von Persönlichkeit, Intelligenz und Schul- bzw. Studienleistungen zwischen den Gruppen eine Überprüfung der diesbezüglichen Annahmen beider Positionen. Vor der Formulierung operationaler Hypothesen müssen allerdings noch einige Besonderheiten dieser Studie berücksichtigt werden.

Einschränkend wirkt sich dabei zunächst die Eigenart der hier untersuchten Population aus. Es ist nicht damit zu rechnen, daß sich unter den studentischen Teilnehmern in nennenswertem Umfang echte Psychopathen befinden, da eine solche Extremgruppe - hier würden Moffitt und G&H übereinstimmen - vermutlich nur in Ausnahmefällen den notwendigen Bildungsabschluß erreicht. Dagegen wäre nach dem entwicklungspsychologischen Ansatz eindeutig die Identifikation eines oder mehrerer Cluster zu erwarten, in dem ein gegenüber einer durchgängig konformen Gruppe auffälliger Anstieg devianter oder unvernünftiger Verhaltensweisen während der Adoleszenz zu beobachten sein sollte, der im Erwachsenenalter wieder verschwindet. Nach G&H wären dagegen allgemein eher glatte Verläufe zu vermuten, die in allen Lebensphasen durchgängige Niveauunterschiede repräsentieren. Daraus ergeben sich die beiden alternativen Hypothesen:

H_{16} (Moffitt): Es lassen sich anhand der Lebensabschnittsskalen der RVS Cluster identifizieren, die auf eine entweder gleichbleibend konforme oder nur in der Adoleszenz deviante Lebensweise hindeuten.

H$_{17}$ (G&H): Es finden sich lediglich Cluster, die auf relativ stabile Niveauunterschiede der Selbstkontrolle in allen Altersabschnitten schließen lassen.

Aus unterschiedlichen Gründen ist die methodische Grundlage für die Prüfung beider Hypothesen in dieser Studie nicht ideal, so daß die Ergebnisse im folgenden mit Vorsicht interpretiert werden sollten. Ungünstig für die Chancen einer Bestätigung der nach G&H formulierten These wirkt sich der Umstand aus, daß die Cluster-analyse ein exploratives Verfahren ist, das statistisch Differenzen innerhalb der Gruppen minimiert und zwischen den Clustern maximiert. Auf diese Weise entsteht eine äußerst nachteilige Ausgangsposition für eine These, die im Grunde bedeutsame Differenzen in Verlaufsprofilen grundsätzlich ablehnt und bestenfalls Niveauunter-schiede zuläßt - die Möglichkeiten einer Ablehnung dieser Annahme werden hier statistisch optimiert. Einschränkend auf die Aussagekraft bzgl. Moffitts Hypothese wirkt sich, neben dem zu vermutenden Fehlen einer dort spezifizierten Subpopula-tion, auch der Inhalt der RVS aus. Wie in Abschnitt 3.2.3 angesprochen ist geringe Selbstkontrolle sensu G&H nicht das gleiche wie Delinquenz i.S.v. Moffitt. Die RVS mißt Verhaltensweisen, die zwar als Ausdruck geringer Selbstkontrolle aber nicht immer als deviant einzustufen sind. Dennoch sollte nach entwicklungstheoretischen Auffassungen die Häufigkeit z.B. des Drogenkonsums, Randalierens oder Fahrens ohne Führerschein (alles Inhalte der Jugend-Skala) bei jugendlichen Straftätern deut-lich von konformen Gruppen abweichen. Wegen des unterschiedlichen Inhalts der Subskalen können ferner nur relative Unterschiede zwischen den Lebensabschnitten untersucht werden, während sich die Alterskurve auf eine absolute Häufung während der Adoleszenz bezieht.

Die beschriebene Problematik, die aus der Eigenart explorativer Analyseverfahren entsteht, aus Zufälligkeiten der Stichprobe Kapital zu schlagen, erstreckt sich nicht auf den Vergleich der Gruppen nach Persönlichkeit, Leistung und demographischen Merkmalen. Diese werden nicht als Ähnlichkeitsmaße zur *Bildung* der Cluster heran-gezogen, sondern nur nachträglich zu deren Beschreibung verwandt. Nach Moffitt wäre damit zu rechnen, daß sich Psychopathen in ihren Charaktereigenschaften (im FFM: geringere Verträglichkeit, Gewissenhaftigkeit, emotionale Stabilität), ihrer In-telligenz (vermindert) und ihren schulischen Leistungen (schwach) von konformen Gruppen unterscheiden, nur während der Adoleszenz Auffällige dagegen nicht. Letztere sollten aber auch überwiegend männlich sein. G&H kennen solche Katego-risierungen nicht und würden daher für alle Gruppen Unterschiede gemäß der Kor-relate kriminellen Verhaltens erwarten: die gleichen wie bei Moffitts persistenten Straftätern. Vorausgesetzt, diese Gruppe findet sich in der hier untersuchten Popula-tion nicht, würden solche Differenzen also gegen die lerntheoretische Erklärung Mof-fitts sprechen und G&Hs differentialpsychologische These stützen. Ersteres gilt ins-besondere für den Fall, daß sich auch temporäre Straftäter in diesen Merkmalen von Konformen unterscheiden. Darunter ist allerdings für Intelligenz anzumerken, daß aus den mehrfach genannten Gründen in dieser Population allgemein nicht mit we-sentlichen Differenzen gerechnet werden kann. Bei der Untersuchung der folgenden Hypothesen ist zu bedenken, daß sie auf den (erwarteten) Resultaten der Clusterana-lyse aufbauen und daher nicht getrennt von den Hypothesen 16 und 17 zu sehen sind:

H_{18} (Moffitt): Es finden sich keine bedeutsamen Unterschiede in Persönlichkeits- und Leistungsmerkmalen zwischen den Gruppen, soweit sich nicht Cluster persistenter Straftäter
identifizieren lassen. Dessenungeachtet sind Deviante häufiger männlich als Konforme.

H_{19} (G&H): Geringer selbstkontrollierte Gruppen zeigen, unabhängig von ihrem Laufbahnprofil,
verminderte Werte in Verträglichkeit, Gewissenhaftigkeit, emotionaler Stabilität und
schulischen wie akademischen Leistungen; sie sind überwiegend männlich.

9.3.3.2 Ergebnisse

Die Clusteranalyse wurde nach dem hierarchisch-agglomerativen Ward-Algorithmus durchgeführt, der Objekte unter Minimierung der Fehlerquadratsumme der ausgewählten Merkmale innerhalb eines Clusters zusammenfaßt. Da die zur Clusterung
herangezogenen Variablen (Lebensabschnittsskalen der RVS) als intervallskaliert
angesehen werden, konnte ohne Transformationen auf die Euklidischen Distanzen als
Proximitätsmaße zurückgegriffen werden. Als Abbruchkriterium zur Bestimmung
der Clusterzahl wurden sprunghafte Zuwächse der Fehlerquadratsumme herangezogen, also - analog dem Screetest in der Faktorenanalyse - der Verlauf der optimierten
Statistik betrachtet (vgl. zur angewandten Methodik Bortz, 1993). Dieses Kriterium
legte eine Lösung mit sechs Clustern nahe, die in Tabelle 17 auf der nächsten Seite
beschrieben ist. Darin finden sich zunächst die (zeilenweise zu lesenden) Mittelwerte
und in Klammern die Standardabweichungen der zur Bestimmung der Cluster verwendeten Merkmale je Gruppe (insgesamt: Kindheit: 95,9 [14,8]; Jugend: 71,6 [9,9];
Erwachsenalter: 83,4 [10,7]). Abweichungen in den nachträglich zum Vergleich herangezogenen Merkmalen der NEO-Dimensionen, Intelligenz und schulischen Leistungen wurden der Übersichtlichkeit halber in Effektstärken umgerechnet, die hier
anschließend klassifiziert und durch Symbole ausgedrückt wurden. Dabei sollen
starke Abweichungen ($|d| > 1$) nach oben oder unten durch doppeltes Plus (++) bzw.
Minus (--) dargestellt werden, mittlere Effektstärken ($|d|$ zwischen 0,33 und 1) durch
einfaches Plus oder Minus und schwache Effekte ($|d| < 0,33$) durch eine Null. Beim
Vordiplom ist der mittlere Prozentrang angegeben (Gesamtstichprobe: 56,4), beim
Geschlecht der Anteil männlicher Probanden in der Gruppe (Gesamtstichprobe: 58
%).

Tabelle 17: Ergebnisse der Clusteranalyse nach Lebensabschnittswerten in Selbstkontrolle

Cluster:	1	2	3	4	5	6
N (Anteil a. d. Stpr.)	56 (26,3%)	31 (14,6%)	36 (16,9%)	28 (13,1%)	38 (17,8%)	24 (11,3%)
RVS-Skala: (m; SD)						
Kindheit	102,3 (4,5)	87,5 (7,5)	86,1 (6,2)	115,6 (4,8)	104,3 (6,5)	69,5 (8,7)
Jugend	76,1 (5,0)	59,5 (6,4)	71,0 (5,2)	84,9 (3,9)	72,9 (6,0)	58,1 (5,8)
Erwachsenenalter	80,7 (6,2)	69,5 (7,8)	87,5 (5,5)	94,1 (4,6)	92,5 (5,5)	75,3 (9,3)
NEO-Dimensionen:						
Neurotizismus	0	+	–	0	0	0
Extraversion	0	0	0	0	0	0
Offenheit f. Erfahrg.	0	0	0	0	0	0
Verträglichkeit	0	–	0	+	+	0
Gewissenhaftigkeit	0	–	0	+	+	–
Intelligenz: (WPT)	0	0	0	0	0	0
Leistungen:						
Abiturnote	0	–	0	+	0	–
Vordiplom (Prozentrang)	59,5	43,6	51,2	64,0	56,8	56,0
Geschlecht: (männl. Anteil)	34 %	74 %	81 %	32 %	58 %	87 %
Beschreibung:	„unauffällige Mehrheit": überall durchschnittlich bis leicht über dem Mittel	„Absteiger": zunehmende Probleme in Sk und Leistung; wenig gefest. Persönlichkeit	„spät entwikkelte Männer": konstante Steigerung in Sk; Leistung noch durchschnittl.; emotional stabil	„hoch kontr. Leistungselite": stets höchste Werte in Sk; beste Leistungen; hoch in A und C; meist weiblich	„(kleine) Jugendsünder": überdurchschn in Sk mit leichtem Abfall i.d. Jugend; hoch in A und C; sonst unauffällig	„männl. Problemkinder": geringe Sk, aber seit Kindheit steigend; mäßiger Schulabschluß wenig gewissenhaft

Anm.: N = 213, außer bei Vordiplom (N = 77) und Intelligenz (N = 210); Sk = Selbstkontrolle (nach RVS); A = Vertäglichkeit; C = Gewissenhaftigkeit

Die Prüfung der konkurrierenden Hypothesen 16 und 17 fällt nicht ganz eindeutig aus. Es findet sich in Cluster 5 eine Gruppe, die das von Moffitt für temporär deviante Jugendliche angenommene Profil zeigt. Allerdings ist diese nicht vor und nach der Adoleszenz unauffällig und währenddessen abweichend, sondern die Entwicklung spielt sich auf einem konstant höheren Niveau der Selbstkontrolle ab, das in der Jugend lediglich auf einen durchschnittlichen Wert absinkt. Außerdem gehören dem Cluster keineswegs besonders viele männliche Probanden an, wie nach Moffitt zu erwarten gewesen wäre. Die übrigen Gruppen zeigen entweder einen konstanten Verlauf (Cluster 1 und 4) oder ihre relativen Werte in Selbstkontrolle steigen permanent an (Cluster 3 und 6) bzw. fallen ab (Cluster 2), allerdings auf höchst unterschiedlichem Niveau. Konstante Niveauunterschiede sind mit der Auffassung G&Hs

zu vereinbaren (H_{17}). Es zeigen sich aber alle denkbaren Verlaufsformen, was weder nach der einen noch nach der anderen These zu erwarten war. Insgesamt scheinen jedoch die Niveauunterschiede ausgeprägter als solche im Profil der Lebensabschnitte[54] (die Spannweite der Rangplätze je Cluster nach Lebensabschnitten [mögliche Werte von 1 bis 6] ist nirgendwo größer als 2), was wiederum eher für die Stabilität von Selbstkontrolle spricht und damit für die differentialpsychologische Position von G&H.

Etwas deutlicher stellt sich die Befundlage zu den Korrelaten devianten Verhaltens dar (H_{18} und H_{19}). Wie erwartet finden sich keine bedeutsamen Differenzen in Intelligenz und in den NEO-Faktoren E und O. Dagegen zeichnen sich die im Niveau ihrer Selbstkontrolle gegensätzlichen Cluster 2 und 4 durchgängig auch durch Persönlichkeits- und Leistungsunterschiede in der nach Hypothese 19 erwarteten Richtung aus. Auch im „Moffitt-Cluster" 5 finden sich, den Werten in Selbstkontrolle entsprechend, erhöhte Scores für Gewissenhaftigkeit und Verträglichkeit, was im Widerspruch zu einer lerntheoretischen Erklärung steht. In Einklang mit beiden Thesen sind die Nullbefunde bei der großen Gruppe Unauffälliger in Cluster 1 sowie die teils sehr unterschiedliche Zusammensetzung der Gruppen nach Geschlecht. Eine Erklärung, die aus beiden Positionen nicht unmittelbar abgeleitet werden kann, verlangen dagegen die nur geringfügigen Persönlichkeits- und Leistungsabweichungen des Cluster 6 vom Durchschnitt. Wenn irgendwo eine persistent deviante Extremgruppe vorliegt, die sich nach Moffitt auch in den anderen Merkmalen hätte abheben sollen, dann hier bei den bereits in der Kindheit verhaltensauffälligen, überwiegend männlichen Teilnehmern. Dies gilt es für die Diskussion ebenso im Auge zu behalten wie das im Profil ähnliche, im Niveau merklich gefestigtere Cluster 3. Es sei noch angemerkt, daß die Effektstärke der Differenzen nirgendwo die als kritisch definierte Grenze einer vollen Standardabweichung übersteigt, die Effekte also nicht sehr stark sind. Insgesamt aber findet die universalistische Auffassung G&Hs, derzufolge interindividuelle Differenzen im Zusammenhang mit abweichendem Verhalten stets und überall ähnlich sein sollten, durch die Daten deutlich größere Unterstützung als typologisierende Ansätze wie der von Moffitt.

Die Clusteranalyse ist allerdings eine Verfahrensgruppe, die in besonderem Maße anfällig für nicht replizierbare Resultate ist, da sie nicht nur auf Spezifika der Stichprobe baut, sondern auch keine im statistischen Sinne optimale Lösung existiert - eine Variation von Distanzmaß, Clusteralgorithmus und Abbruchkriterium führt i.d.R. auch zu anderen Lösungen. Es wurde daher ergänzend versucht, die Berechnung mit dem Sample aus der Itemanalyseuntersuchung zu wiederholen, um ansatzweise die Stabilität der Lösung zu prüfen. Hier liegen zur ergänzenden Beschreibung

---

[54] Man kann dies ansatzweise prüfen, indem man den mittleren Abstand zwischen den Clustern, gemessen in Standardabweichungseinheiten vom Mittelwert der jeweiligen Lebensabschnittsskala, ins Verhältnis setzt zur mittleren Schwankung zwischen den Lebensabschnitten innerhalb jedes Clusters, gemessen in den gleichen Einheiten. Daraus ergibt sich ein mittlerer Abstand (Niveauunterschied) von 1,2 und eine mittlere Schwankung (Profilunterschied) von 0,51, also ein Verhältnis von 2,35 : 1. Dieser Index beschreibt, wie stark die Clusterlösung durch stabile in Relation zu entwicklungsmäßig variablen Differenzen geprägt ist.

nur die Durchschnittsnoten im Abitur sowie Angaben zum Geschlecht vor. Es ergab sich eine Lösung mit fünf Clustern, von denen drei eine relativ glatten Verlauf auf unter-, über- bzw. durchschnittlichem Niveau zeigen. Dies spiegelte sich entsprechend in den Noten und der Geschlechtsverteilung wider. Die beiden anderen Cluster zeigen einen anfangs niedrigen, später mittleren Wert in Selbstkontrolle bzw. einen in Niveau und Profil ähnlichen Verlauf wie Cluster 5 oben. In etwa repliziert dies die Gruppen 1, 3, 4 und 5 sowie eine Mischung aus Cluster 2 und 6 der obigen Tabelle, mit jeweils ähnlichen Korrelaten. Wiederum überwiegen die Niveauunterschiede („Stabilitätsindex" [vgl. Fußnote 54]: 2,42), so daß allgemein die hier im Detail aufgeführten Befunde durch die andere Stichprobe gestützt werden.

9.3.3.3 Diskussion

In diesem Abschnitt sollte eine näherungsweise Überprüfung alternativer Auffassungen von Laufbahn- und Kontrolltheorien über die Stabilität und Universalität von Verlaufsformen und Korrelaten devianten Verhaltens versucht werden. Aus verschiedenen Gründen sind weder die Stichprobe noch die Methode der Clusteranalyse noch die hier als Näherungsvariable für abweichendes Verhalten eingesetzte Skala RVS optimal für diesem Zweck geeignet, weshalb alle Schlußfolgerungen aus den Ergebnissen unter Vorbehalt stehen. Die Aussagen beziehen sich auf Personen, die mindestens einen höheren Bildungsabschluß als Lebenserfolg vorweisen können, die Unterschiede im entwicklungsbezogenen Devianz-Profil der Gruppen wurden statistisch maximiert, und dazu wurde ein Instrument herangezogen, das zwar durchweg kurzsichtiges, aber nicht ausschließlich abweichendes Verhalten mißt. Diese Einschränkungen wirken sich teils mindernd, teils erweiternd auf die Möglichkeit der Entdeckung potentieller Gruppenunterschiede aus, so daß hier in der Tendenz zumindest ein gewisser Ausgleich zu erwarten ist. Unter diesen Umständen lassen sich immerhin einige Aufschlüsse aus der Analyse gewinnen.

Ein wichtiges Ergebnis ist, daß alle möglichen Verlaufsformen über die Lebensabschnitte auftreten, die Niveauunterschiede zwischen den Gruppen aber eindeutig dominieren. Ersteres spricht weder für die eine noch die andere These, es würde eine komplexere Erklärung erfordern. Letzteres stützt dagegen die Position von G&H, nach der ein glatter Verlauf über die Lebensphasen ohne wesentliche Rangplatzverschiebungen zu erwarten ist. Der Ward-Algorithmus arbeitet in dieser Hinsicht neutral, er minimiert die Summe der Fehlerquadrate innerhalb der Cluster über alle Auswahlvariablen, so daß ein mehrfach auftretendes ausgeprägtes Profil ebenso gute Chancen hat, in einer Gruppe zusammengefaßt zu werden wie ein stabiler Verlauf. Daß letzterer Fall dominiert, ist also als Indiz für die insgesamt hohe Stabilität zu werten. Dies hatte sich bereits nach den oben berichteten hohen Korrelationen zwischen den Lebensabschnittsskalen angedeutet und wird durch die Untersuchung der Itemanalysestichprobe zusätzlich gestützt. Soweit sich die RVS zur retrospektiven Messung abweichenden Verhaltens eignet, kann allgemein nicht von einem gravierenden Einfluß der durch die Entwicklungsphasen markierten Einschnitte auf dieses Verhalten gesprochen werden. Dies steht nicht nur im Widerspruch zu Moffitt, sondern auch zu allen anderen entwicklungspsychologisch begründeten Laufbahntheorien.

Dies ist freilich nicht in einem absoluten Sinn zu interpretieren. Die Daten lassen durchaus auch Hinweise auf Niveauverschiebungen in Abhängigkeit der Lebensphase erkennen. Dabei dominiert jedoch nicht der von Moffitt postulierte temporäre Einschnitt während der Adoleszenz für männliche Jugendliche, sondern es überwiegen eher kontinuierliche Aufwärts- und Abwärtsentwicklungen. In beiden untersuchten Stichproben waren es eher überdurchschnittlich „brave" Teilnehmer beiderlei Geschlechts, die während ihrer Jugend vorübergehend auf durchschnittliche Werte absanken als zeitweilig wirklich verhaltensauffällige junge Männer. Es erscheint plausibel, daß ein gewisser Gruppendruck diese Jugendlichen dazu bringt, sich in dieser sensiblen Phase auch einmal nonkonform zu verhalten; einen wesentlichen Anteil am Gesamtaufkommen devianter Aktivitäten erreichen sie damit sicher nicht. Zur Erklärung etwa der Alterskurve erscheint dieses Phänomen wenig geeignet.

Die monoton steigenden oder fallenden Verläufe in den Clustern 2, 3 und 6 deuten dagegen nicht auf eine besondere Kritikalität der Adoleszenz. Hier scheinen die Weichen bereits in der Kindheit gestellt worden zu sein. Es ist in diesem Zusammenhang aufschlußreich, die Persönlichkeits- und Leistungsdifferenzen dieser Gruppen zu betrachten. Cluster 2, bei dem sich die Ausprägung der Selbstkontrolle kontinuierlich abwärts bewegt, zeigt in allen relevanten Persönlichkeits- und Leistungsmerkmalen verminderte Werte. Dies ist bei den beiden anderen Gruppen, die sich in umgekehrter Richtung entwickelten, nur ausnahmsweise der Fall. Nach diesem Befund läßt sich mutmaßen, daß die aktuell erhobenen Persönlichkeitsdaten, soweit sie Schlußfolgerungen auf entsprechende Werte in der Vergangenheit zulassen, nicht nur mit dem Niveau, sondern auch mit der Entwicklung von Selbstkontrolle zu tun haben. Es ist dabei nicht ganz klar, ob sinkende Selbstkontrolle zu einer aktuell negativeren Bewertung der eigenen Person führt (die NEO-Daten folglich eher eine Momentaufnahme darstellen), oder ob umgekehrt eine ungünstige Konstellation von Persönlichkeitsmerkmalen zu immer größeren Problemen in Verhalten und Leistung beiträgt. Das im Profil ähnliche, im Niveau der Selbstkontrolle aber deutlich unter der dritten Gruppe liegende Cluster 6 unterscheidet sich von diesem in erster Linie durch geringere Gewissenhaftigkeit (d = 0,75), die übrigen Differenzen sind weniger ausgeprägt. In beiden geht ein positiver Verlauf selbstkontrollierten Verhaltens mit eher unauffälligen Eigenschafts- und Leistungswerten einher - wieder stimmt vor allem die aktuelle Befundlage bzw. deren Entwicklungstendenz in allen drei Bereichen überein.

Bei den drei übrigen Clustern, in denen die Entwicklung selbstkontrollierten Verhaltens stabiler verlief und im Niveau im oder über dem Durchschnitt lag, finden sich auch für die NEO-Dimensionen und die akademischen Leistungen entsprechende Ausprägungen. Es läßt sich insgesamt nicht erkennen, auch dies ein Widerspruch zu Moffitts Hypothesen, daß Begleiterscheinungen devianten Verhaltens aus den Bereichen interindividueller Differenzen in Persönlichkeit und Erfolg nur bei einer Minderheit persistenter Straftäter anzutreffen wären. Wir finden sie mit einiger Konsistenz auch in dieser studentischen Stichprobe, in der eine entsprechende Extremgruppe weitgehend fehlen dürfte. Eine Ausnahme bildet allein die Intelligenz, die bei

Studenten freilich kaum unterdurchschnittliche Werte annehmen wird. Wenn Cohen und Vila (1996) davon ausgehen, daß G&Hs Theorie nur auf Soziopathen anwendbar sei und Moffitt diese als einzige Gruppe mit stabilen personalen Ursachen der Delinquenz definiert, dann hätten die Ergebnisse in dieser Analyse anders ausfallen müssen. Der Universalitätsanspruch der *General Theory* läßt sich damit zumindest nicht widerlegen.

Es fällt auf, daß sich in den stabileren Clustern 1, 4 und 5 (mittlere Schwankung über die Lebensabschnitte hier 0,40 Standardabweichungen gegenüber 0,67 bei den drei anderen) die meisten weiblichen Untersuchungsteilnehmer befinden. Frauen scheinen nicht nur über eine im Durchschnitt höhere Selbstkontrolle zu verfügen, sondern auch über eine im Verlauf des Lebens weniger stark schwankende Ausprägung dieses Merkmals. Dies ist kein Artefakt einer Varianzeinschränkung (die Geschlechter unterschieden sich darin nicht bedeutsam), bedarf also einer substantiellen Erklärung. Diese könnte auf der Grundlage der vorliegenden Untersuchung nur im Reich des Spekulativen angesiedelt sein, worauf an dieser Stelle verzichtet werden soll. Mit Blick auf zukünftige Forschungen erscheint das Resultat jedoch immerhin bemerkenswert.

Wir können aus den Analysen dieses Abschnitts ein weiteres Stück Bestätigung für G&Hs Annahme eines stabilen und universellen Trait der Selbstkontrolle in die nun bereits recht umfangreiche Sammlung von Bausteinen aufnehmen. Aus den genannten Gründen sollte der Wert dieses speziellen Bausteins nicht zu hoch angesetzt werden. Er steigert sich jedoch dadurch, daß sich auch in der zweiten Stichprobe ein ganz ähnliches Bild zeigte. In beiden Fällen sprechen die Clusteranalysen, immerhin ein immanent typologisierendes Verfahren, nicht für die typologischen Ansätze der Laufbahntheorien, zumindest nicht für deren entwicklungspsychologische Fundierung. Stabile interindividuelle Differenzen zeigten sich bedeutsamer als durch Lebensphasen beschriebene Einschnitte. In dem nun folgenden Abschnitt, der die Analysen zum „nomologischen Netz" um Selbstkontrolle und Integrity Tests abschließt, sollen als weitere Elemente objektive Verhaltenskriterien und, etwas direkter als hier, schulische und akademische Leistungen untersucht werden.

9.3.4 Analyse der Verhaltens- und Leistungskriterien

9.3.4.1 Zielsetzung und Vorgehensweise

In diesem Abschnitt soll, anders als bisher, dem Zusammenhang von Integrity Tests und Selbstkontrolle mit Merkmalen nachgegangen werden, die *nicht* Beschreibungen der eigenen Person mittels Selbstbericht darstellen. Damit soll u.a. dem möglichen Einwand begegnet werden, daß die bislang berichteten Beziehungen durch einen Methodenbias überhöht sein könnten, was bei ausschließlicher Verwendung von Fragebogen zweifellos nicht von der Hand zu weisen ist. Die folgenden Analysen sind dennoch nicht einfach im Sinne einer MTMM-Matrix zu interpretieren, da nicht nur die Methoden, sondern auch die „traits" variiert werden. Eher lassen

sie sich so verstehen, daß die Fragebogenmaße auch an „harten" Außenkriterien validiert werden, die freilich die zu prognostizierende Kernvariable Kontraproduktivität
nicht einschließen. Es handelt sich vielmehr um weitere Knoten im nomologischen
Netz, die das Verständnis der untersuchten Konstrukte vertiefen helfen sollen.
Gleichzeitig läßt sich damit aber bereits ein erster Schritt hin zur Prüfung des zweiten
der in Kapitel 4 vorgeschlagenen Modelle vollziehen, dessen umfassendere Untersuchung nicht mehr zu den Gegenständen dieser Arbeit zählt.

Zum einen wurden die Vpn veranlaßt, zwei unterschiedliche Arten konkreten
Verhaltens zu äußern, für dessen Erklärung die hier entwickelten Tests einen Beitrag
leisten sollten. Dazu wurde die Stichprobe in zwei Hälften aufgeteilt. Die größere
konzeptionelle Nähe zum Konstrukt der Selbstkontrolle sollte dabei die Variable
Belohnungsaufschub (BA) aufweisen, die an N = 107 Probanden untersucht wurde.
Da eine Entscheidung für einen relativ geringfügigen zusätzlichen Geldbetrag (DM
5.-) nur dann für höhere Selbstkontrolle i.S.v. G&H zu sprechen schien, wenn dieser
Zusatznutzen nicht durch übermäßigen Aufwand zu seiner Erlangung kompensiert
wird (die Vergütung mußte aus abrechnungstechnischen Gründen persönlich abge-
holt und quittiert werden), wurden nur jene Teilnehmer in die Analyse einbezogen,
die angaben, regelmäßig (mehrmals wöchentlich) an der Universität zu sein. Dadurch
verringerte sich der Stichprobenumfang auf N = 86 (die Frage fehlte leider in der
Pretest-Gruppe, so daß allein deshalb 12 Personen weniger in die Analyse eingingen). Ein unmittelbarer Zusammenhang zwischen BA, einer Verhaltensweise ohne
Bezug zu Devianz, und den gerade wegen ihrer Relevanz für abweichendes Verhalten ausgesuchten Eigenschafts- und Einstellungskomponenten in den Integrity Tests
ist dagegen nicht zu erkennen. Er läßt sich allenfalls indirekt über deren Beziehung
zu Selbstkontrolle herstellen. Daraus lassen sich die folgenden Hypothesen ableiten,
die sich auf Aspekte der konvergenten und diskriminanten (i.S. einer konzeptionellen
Unterscheidung von Selbstkontrolle und „Integrität") Validität des Konstrukts von
G&H beziehen:

H_{20}: Selbstkontrolle (RVS) und Entscheidung zum Belohnungsaufschub hängen positiv zusammen.

H_{21}: Ein möglicher Zusammenhang zwischen Belohnungsaufschub und Integrity Tests läßt sich vollständig durch die gemeinsame Varianz mit Selbstkontrolle erklären.

Die andere Hälfte der Stichprobe (N = 106) wurde im voraus für eine
Gegenleistung (nochmaliges Bearbeiten des WPT, Schilderung des persönlichen
Eindrucks von der Testsituation) bezahlt, die erst drei Wochen später zu erbringen
war. Die Erfüllung dieses (mündlichen) Kontrakts war oben (Abschnitt 9.1.2) als
Operationalisierung von Ehrlichkeit, weniger von Selbstkontrolle gewertet worden.
Umgekehrt kann die Nichterfüllung als Ausdruck abweichenden Verhaltens angesehen werden, wenngleich in einer Form, die durch die lange Verzögerung von einer
impulsiven, die Konsequenzen nicht berücksichtigenden Handlung denkbar weit entfernt ist. Wir können also annehmen, daß sich für Persönlichkeitsmerkmale, die einen
von Selbstkontrolle unabhängigen Beitrag zur Erklärung devianten Verhaltens leisten, in diesem Fall besonders günstige Umstände für das Auffinden inkrementeller

Validität ergeben. Solche Merkmale sollten durch die Integrity Tests, insbesondere durch den eigenschaftsorientierten, erfaßt werden. Daher lautet die nächste Hypothese:

H_{22}: Integrity Tests leisten einen Beitrag zur Aufklärung des Ehrlichkeitskriteriums, der sich nicht durch ihre gemeinsame Varianz mit Selbstkontrolle erklären läßt.

Betrachtet man die beiden Verhaltenskriterien im Kontext des erweiterten Modells aus Kapitel 4 dieser Arbeit, in dem für berufliche Leistung auf Borman und Motowidlos (1993) Unterscheidung positionsübergreifenden und direkt aufgabenbezogenen Verhaltens zurückgegriffen wurde, so lassen sich beide Verhaltensvariablen - von ihrem mangelnden Berufsbezug einmal abgesehen - eher dem Bereich kontextbezogener, der Qualität der unmittelbaren Aufgabenerfüllung nur indirekt dienlicher Handlungen zurechnen. Daraus ergibt sich eine weitere überprüfbare Annahme, die sich auf die erwartete Nullkorrelation zwischen Intelligenz und positionsübergreifendem Leistungsverhalten bezieht:

$H_{23a \text{ und } b}$: Intelligenz hängt weder mit Belohnungsaufschub noch mit „Ehrlichkeit" bedeutsam zusammen.

Eindeutigeren Leistungsbezug haben zweifellos die untersuchten Variablen Abiturs- und Vordiplomsnote. Für erstere lagen Angaben fast der gesamten Stichprobe (N = 210), für letztere nur für N = 77 Personen vor. In beiden Fällen handelt es sich zwar wieder nicht um berufliche Leistungen, wohl aber um ein für eine studentische Stichprobe angemessenes Äquivalent. Noten sind letztlich Ergebniskriterien, die in stärkerem Maße situativ kontaminiert sein sollten als reines Verhalten. Soweit sie nicht auf äußere Umstände, sondern auf Dispositionen und Verhalten zurückzuführen sind, handelt es sich in unserem noch immer wenig kollektivistischen Ausbildungssystem eindeutig um *individuelle* Leistungen, die den persönlichen Erfolg widerspiegeln (sollen). Die möglichst gute Erfüllung der Prüfungsanforderungen ist die Kernaufgabe während der Schul- und Hochschulausbildung, so daß diese Kriterien relativ eindeutig dem aufgabenbezogenen Bereich nach Borman und Motowidlo zuzuordnen wären. Daraus ergibt sich nach dem erweiterten Modell des Kapitel 4, daß Intelligenz hier stärker mit den Kriterien korreliert sein sollte als nicht kognitive Persönlichkeitsmerkmale. Gleichwohl sollte der Beitrag letzterer großteils inkrementell sein, also durch Intelligenz nicht erklär- oder ersetzbar. Daraus ergeben sich die allgemein formulierten Hypothesen:

H_{24}: Intelligenz leistet einen bedeutsamen Beitrag zur Erklärung von Schul- und Studienleistungen.

$H_{25a \text{ und } b}$: Integrity Tests und RVS hängen ebenfalls mit Schul- und Studienleistungen zusammen, wobei deren Beitrag nicht durch Intelligenz zu erklären ist.

Außerdem kann der im Abschnitt 2.3.4 zitierten These von Sackett und Wanek (1996) nachgegangen werden, daß die „Betonung" von Selbstkontrolle in Integrity Tests deren Validität für allgemeine Leistungskriterien erklärt. Sollte dies der Fall sein, dann müßte der Zusammenhang zwischen Integrität und Leistung verschwinden, wenn man den Anteil gemeinsamer Varianz mit Selbstkontrolle aus dieser Beziehung herauspartialisiert. Daher lautet Hypothese 26:

H_{26}: Der Zusammenhang von Integrity Tests mit Schul- und Studienleistungen wird durch ihre gemeinsame Varianz mit Selbstkontrolle erklärt.

Der sequentielle Charakter von Abitur und Vordiplom ermöglicht es, in diesem Abschnitt zusätzlich kurz ein Thema zu streifen, das in der aktuellen Hochschulpolitik eine Rolle spielt, in der vorliegenden Arbeit jedoch eher randständig ist. Im Zuge der größeren Eigenverantwortung der Universitäten für die Auswahl ihrer Studenten erhebt sich die Frage, ob bzw. mit welchen Auswahlinstrumenten eine Selektion zu gewährleisten ist, deren Prognosewert über den des traditionellen Prädiktors der Abschlußnote im Abitur hinausgeht. Wir können dies hier (explorativ, obwohl sich auch dafür begründete Hypothesen aufstellen ließen) für Intelligenz- und Persönlichkeitstests untersuchen und werden die diesbezüglichen Resultate weitgehend unkommentiert dem folgenden Ergebnisteil anfügen.

9.3.4.2 Ergebnisse

Die oben angenommenen Zusammenhänge lassen sich durchgängig mittels einfacher bivariater bzw. partieller Korrelationen untersuchen. Dabei hätten H_{20} bis H_{22} zwar auch als Unterschiedshypothesen formuliert und durch entsprechende Gruppenvergleiche geprüft werden können, die korrelative Untersuchung ist jedoch statistisch äquivalent (zur Überführung von Korrelationen in das Distanzmaß d siehe z.B. Hunter & Schmidt, 1990) und mit den Ergebnissen zu den Schul- und Studienleistungen besser vergleichbar. Tabelle 18 auf der folgenden Seite zeigt die Koeffizienten nullter Ordnung mit Selbstkontrolle, Integrity Tests und Intelligenz, wobei für die dichotomen Verhaltenskriterien punktbiseriale Werte, für die Abiturnote Produkt-Moment-Korrelationen und für den definitionsgemäß gleichverteilten Prozentrang beim Vordiplom Rangkorrelationen (Spearmans Rho) angegeben sind. Wegen der geringen Varianz im Verhaltenskriterium für Ehrlichkeit (vgl. Abschnitt 9.1.2) wurde hier zusätzlich ein Index gebildet, der neben der Totalverweigerung auch die nur teilweise Erfüllung (ohne Beantwortung der Zusatzfrage), Verspätungen (für die Rücksendung war eine fixe Zeitspanne vorgegeben worden) und die Einbehaltung der lose beigelegten Briefmarke berücksichtigt. Alle Variablen wurden dafür dummy-kodiert (0/1) und aufsummiert, so daß sich Werte zwischen 0 und 4 ergeben. Wegen der relativ willkürlichen Gewichtung sind für diesen Index in Tabelle 18 ebenfalls Rangkorrelationen aufgeführt. Alle Variablen sind so gerichtet, daß positive Koeffizienten auf hypothesenkonforme Zusammenhänge deuten.

Tabelle 18: Zusammenhänge von Selbstkontrolle (RVS), Integrity Tests und Intelligenz mit Verhaltens- und Leistungskriterien (Korrelationen nullter Ordnung)

	BA[a]	Ehrlichkeit[b] (dichotom)	Ehrlichkeit[c] (Index)	Abiturnote[d]	Vordiplom[e] (Prozentrang)
Selbstkontr. (RVS)	.27**	-.10	.03	.30**	.23*
eigensch.or. IT	.19*	-.02	.00	.16**	.22*
einstellgs.or. IT	.15	-.10	-.08	.14*	.09
Intelligenz (WPT)	.12	.18*	.21*	.36**	.20*

Anm.: a = Belohnungsaufschub, punktbiseriale Korrelationen, N = 86; b = punktbis. Korr., N = 106; c = Rangkorrelationen (Spearmans Rho), N = 106; d = Produkt-Moment-Korrelationen, N = 210; e = Rangkorr. (Spearmans Rho), N = 77; IT = Integrity Test; * = $p < .05$, ** = $p < .01$, einseitiger Test (wg. der überwiegend gerichteten Hypothesen)

Wie ersichtlich hängen Selbstkontrolle und Belohnungsaufschub erwartungsgemäß positiv zusammen, wenn auch nicht sehr hoch. Die Korrelationen mit den Integrity Tests sind geringer, liegen aber gleichfalls in der zu erwartenden Richtung. Nach Auspartialisierung der RVS vermindern sich diese Beziehungen auf ein unbedeutendes Maß (.08 für Eigenschaften; .06 für Einstellungen; n.s.). Umgekehrt verbleibt dagegen der Zusammenhang zwischen BA und Selbstkontrolle auf noch bedeutsamem Niveau, wenn die gemeinsame Varianz für *beide* Integrity Tests kontrolliert wird (.20; $p < .05$). Die Hypothesen 20 und 21 können also beibehalten werden.

Dagegen muß H_{22} bereits nach Betrachtung der einfachen Korrelationen zur Gänze zurückgewiesen werden. Weder für das dichotome Kriterium der Rücksendung eines ausgefüllten Testexemplars noch für den Index zusätzlicher Indikatoren der Kontrakterfüllung finden sich irgendwelche bedeutsamen Zusammenhänge mit Selbstkontrolle oder Integrity. Dies gilt im übrigen für sämtliche, hier im einzelnen nicht aufgeführten Persönlichkeitsvariablen in dieser Studie. Die Korrelationen liegen z.T. nicht einmal in der erwarteten Richtung, so daß eine Korrektur der Varianzeinschränkung sich erübrigt (nicht signifikante Korrelationen sollten m.E. niemals gerichteten Meßfehlerkorrekturen unterzogen werden, da über ihr Vorzeichen keine Klarheit besteht). Keinen nennenswerten Einfluß hat bei diesen geringfügigen Koeffizienten nullter Ordnung auch die Auspartialisierung, so daß hier auf ihren ausführlichen Bericht verzichtet werden kann. Zwischen der Kontrakterfüllung und den eigenen Tests bestand offensichtlich kein bedeutsamer Zusammenhang in dieser Teilstichprobe.

Hypothese 23 bezog sich auf die bivariaten Beziehungen zwischen gemessener Intelligenz und den Verhaltenskriterien, die als unbedeutend postuliert worden waren. Dies findet sich für das BA-Kriterium weitgehend bestätigt - die Entscheidung zum Belohnungsaufschub ist von der Testintelligenz weitgehend unabhängig (selbst nach Korrektur für Varianzeinschränkung gemäß amerikanischer Normen im WPT:

.16, n.s.). Überraschend und erklärungsbedürftig erscheinen dagegen die signifikanten Korrelationen mit dem hier als Ehrlichkeit interpretierten Kriterium in beiden Operationalisierungen. Die zunächst naheliegende methodische Erklärung eines Effekts der Alpha-Inflationierung erscheint weniger überzeugend, wenn man die Varianzeinschränkung auf beiden Seiten berücksichtigt. Nach Korrektur ergibt sich ein Koeffizient von immerhin .38 (p <.01) mit dem dichotomen Kriterium. Für diesen Teil muß die Hypothese einer Unabhängigkeit von Intelligenz also abgelehnt werden.

Der WPT ist ebenfalls, hier allerdings erwartungsgemäß (H_{24}), mit den Schul- und Studienleistungen korreliert, mit ersteren allerdings deutlich enger. Ähnliches gilt in der bivariaten Analyse für die Selbstkontrolleskala. Der eigenschaftsorientierte Integrity Test hängt mit beiden Leistungskriterien mäßig positiv zusammen, der einstellungsorientierte lediglich mit dem Abitursdurchschnitt noch signifikant. Insgesamt leisten die eigenen Testentwicklungen einen eigenständigen Beitrag zur Aufklärung dieses Kriteriums, der nach Auspartialisierung von Intelligenz vollständig erhalten bleibt (Partialkorrelationen: .33 für RVS, .18 für Eigenschaften, .14 für Einstellungen; die inkrementelle Validität [Änderung in R^2] beträgt in einer hierarchischen multiplen Regression 9,2 % der Kriteriumsvarianz; p < .001). Partielle Zusammenhänge sind bei Rangkorrelationen nicht berechenbar, eine Verwendung der untransformierten Noten erschien aus den oben (Abschnitt 9.1.2) beschriebenen Gründen beim Vordiplom nicht sinnvoll. Die geringen Zusammenhänge zwischen dem WPT und den eigenen Tests lassen aber auch hier keinen bedeutsamen Einfluß auf deren eigenständige Validität erwarten. Folglich kann auch Hypothese 25 in beiden Teilen als bestätigt gelten. Innerhalb der untersuchten Verfahren ergibt sich aber eine klare Rangfolge, bei der Selbstkontrolle und Intelligenz vor den deskriptiven Selbsteinschätzungen und diese wiederum vor den Einstellungen rangieren.

Dieses Muster steht auch im Einklang mit Hypothese 26, in der spezifiziert wurde, daß Selbstkontrolle den Zusammenhang von Integrity Tests mit Leistungskriterien jenseits der Devianz erklärt. Dies wurde wegen der beschriebenen Schwierigkeiten mit der Skalenqualität der Vordiplomsnoten nur für den Abitursschnitt explizit untersucht, bei dem auch auf eine deutlich größere Stichprobe zurückgegriffen werden kann. Nach Auspartialisierung von Selbstkontrolle sinkt die Validität der Integrity Tests für dieses Kriterium praktisch auf Null (Einstellungen: .03, Eigenschaften: .00; n.s.), was umgekehrt nicht der Fall ist (RVS partiell: .24; p < .001). Damit kann die Hypothese in der hier formulierten Fassung in der Tat als bestätigt gelten. Es ist jedoch anzumerken, daß sich die Formulierung Sackett und Waneks im Original auf die inkrementelle Validität von Integrity Tests gegenüber *Gewissenhaftigkeit* bezog. In dieser Form muß die These abgelehnt werden: NEO-C korrelierte bivariat zu .24 mit dem Abitur, was auch durch Auspartialisierung der Integrity Tests nicht wesentlich beeinträchtigt wurde (partiell: .19; p <.01), eher schon durch Kontrolle der RVS (.13; p < .05).

Wegen der dargestellten Probleme mit dem Skalenniveau des Kriteriums Vordiplomsnote kann eine Untersuchung der inkrementellen Validität der eingesetzten Tests über das Abiturszeugnis hinaus für die Auswahl von Studienplatzbewerbern

hier nur eingeschränkte Aussagekraft beanspruchen. Nachdem dieses Thema aber zur
Zeit an praktisch allen Hochschulen intensiv in der Diskussion steht, für die nur selten auf objektive Daten als Grundlage zurückgegriffen werden kann, sollen die Ergebnisse einer diesbezüglichen Analyse hier immerhin berichtet werden[55], die mittels
einer hierarchischen Regression berechnet wurden.

Als Kriterium dienten dabei nicht die oben beschriebenen Prozentränge (in der
multiplen Regression von ungenügender Skalenqualität), sondern die Vordiplomsnoten wurden je Studiengang (aufgeteilt in Wirtschafts-, Agrar- und Naturwissen-
schaften) z-standardisiert, was zwar zu formal intervallskalierten Werten führt, die
Vergleichsbasis aber auf diese, hier z.T. sehr kleine Stichprobe beschränkt. Als Prädiktor wurde im ersten Schritt die Abitursnote eingegeben (bivariate Korrelation mit
dem Kriterium: .42). Im zweiten Block befanden sich WPT, RVS und eigenschaftsorientierter Integrity Test (auf Einstellungen wurde wegen deren geringen Beitrags in
obiger Analyse verzichtet), die mit dem so operationalisierten Kriterium bivariat zu
.21, .25 und .27 korrelierten. Das Abiturzeugnis erklärte allein 17,7 % der Varianz im
Kriterium, die übrigen Variablen zusätzliche 6,4 % (n.s.), wobei keiner der im zweiten Schritt aufgenommen Prädiktoren ein individuell signifikantes Beta-Gewicht
erreichte. Dieser letzte Befund sollte m.E. wegen der teilweisen wechselseitigen Interkorrelation nicht überbewertet werden (bei Herausnahme der RVS wird der Koeffizient für den Integrity Test signifikant, ohne daß die Maßnahme die Varianzaufklärung beeinflußt). Schrumpfungskorrigiert verbleiben noch 4,2 % inkrementelle Validität für die Tests, was die gesamte Varianzaufklärung um immerhin ca. ein Viertel
verbessert (von 16,5 auf 20,7 %). Der zusätzliche Beitrag der Persönlichkeitsvariablen erscheint größer als derjenige des Intelligenztest, was aber gleichfalls nicht ungeprüft generalisiert werden sollte.

Es sei dahingestellt, ob die zusätzliche Validität der hier eingesetzten Tests als trivial oder bedeutsam anzusehen ist. Sie bezog sich wohlgemerkt auf einen Vergleich
mit den *Schulnoten*, dem vermutlich noch immer validesten Prädiktor konzeptionell
ähnlicher Ausbildungsleistungen (zusammenfassend Schuler, 1998). Ob andere, von
den meisten Hochschulen derzeit favorisierte, aber ungleich aufwendigere Auswahlinstrumente wie Interviews einen größeren Beitrag leisten, muß sich erst noch erweisen. Nach diesem kleinen Exkurs in die Hochschulpolitik wird sich die folgende
Diskussion wieder den für das eigentliche Thema dieser Arbeit einschlägigen
Aspekten zuwenden.

9.3.4.3 Diskussion

Die Analyse der Zusammenhänge von Tests mit den einzelnen „harten" Kriterien
dieser Untersuchung führt zu höchst unterschiedlichen Resultaten, die eine differenzierte Betrachtung erforderlich machen. Eine auch grundsätzliche Einschränkung
ergibt sich aber daraus, daß es sich bei beiden Verhaltenskriterien im Grunde um

---

[55] Der Verfasser sieht dies auch als kleine Kompensation für die Möglichkeiten zur Erstellung dieser Arbeit, die ihm seitens der Universität Hohenheim gewährt wurden.

Ein-Item-Messungen handelt, die mit den entsprechenden Reliabilitätsmängeln behaftet sein dürften. Das Problem der Leistungskriterien besteht eher in ihrem eingeschränkten Bezug zu den zentralen Konstrukten in dieser Arbeit, so daß die diesbezüglichen Analysen nicht als ultimative Kriteriumsvalidierung der hier entwickelten Tests mißverstanden werden sollten. Sie erweitern jedoch das Blickfeld über den zuvor untersuchten Bereich anderer Fragebogenmaße hinaus und können insofern eine Reihe zusätzlicher Aufschlüsse liefern.

Die Zusammenhänge mit BA entsprechen in der Tendenz allgemein den spezifizierten Erwartungen. Probanden, die sich für eine aufgeschobene Belohnung entschieden, hatten i.d.R. höhere Werte in Selbstkontrolle und schnitten auch in den Integrity Tests marginal besser ab. Letztere Beziehung ließ sich weitgehend durch die Korrelation der Integrity Tests mit der RVS erklären. Dies war deshalb zu erwarten, weil Selbstkontrolle sensu G&H durch Verhaltensmessung erfaßtem BA konzeptionell näher steht als die in Integrity Tests erfaßten Konstrukte. Man kann BA als *ein* Item auffassen, das Selbstkontrolle ähnlich unvollständig und unreliabel mißt wie die anderen *einzelnen* Items der RVS. Die beobachtete Korrelation wäre dann ähnlich wie eine Trennschärfe zu interpretieren, nur daß in diesem Fall der mögliche Effekt eines durch gemeinsame Methodenvarianz artifiziell überhöhten Koeffizienten entfällt. So betrachtet ist der Wert von r_{pbis} = .27 zwar nicht eindrucksvoll hoch, liegt aber im Rahmen des Erwartbaren. Es sei jedoch daran erinnert, daß BA nicht exakt die Art selbstkontrollierten Verhaltens darstellt, die in der RVS erfaßt wird. Im Laufe von deren Entwicklung (vgl. Abschnitte 7.2, 8.4, 9.2.1.2) waren jene Items weitgehend eliminiert worden, die eine aktiv-positive Form der Selbstkontrolle - eigene *Anstrengung* zur *Erreichung* zeitlich distaler Ziele (vs. *Widerstehen* unmittelbarer Versuchungen zur *Meidung* langfristigen Schadens) - erfassen sollten. BA steht gewissermaßen zwischen diesen Polen, indem es zwar die Unterdrückung eines Impulses erfordert, aber nicht um Schaden abzuwenden, sondern um ein nochmals attraktiveres Ziel zu erreichen. Ob solche Nuancen sich als empirisch bedeutsame Differenzierungen erweisen, wäre durch zukünftige Forschung zu klären. Die eigenen Ergebnisse sprechen dafür, daß die Wahlhandlung im mit dem traditionellen BA-Design induzierten Appetenz-Appetenz-Konflikt durchaus mit der in der RVS erfaßten allgemeinen Tendenz zusammenhängt, langfristig negative Konsequenzen des eigenen Handelns zu bedenken (vgl. zur Beziehung zwischen Delinquenz und BA Blass, 1983; Mischel et al., 1989).

Integrity Tests, zumindest die hier verwendeten, scheinen die gleiche Wahlhandlung nur insoweit zu prognostizieren, als sie mit Selbstkontrolle in Beziehung stehen. Dieser Aspekt der diskriminanten Validität zeigt sich in den allgemein nicht besonders großen Effektstärken der einfachen Korrelationen nicht sehr deutlich, wird aber nach Partialisierung (etwas) klarer. In der hierzu formulierten Hypothese 21 drückt sich die Vorstellung aus, daß Integrity Tests zwar, vermittelt über gemeinsame Varianz mit deviantem Verhalten, mit Selbstkontrolle korrelieren, aber eigentlich etwas messen, das nicht Selbstkontrolle ist. Wir können dem hier mangels geeigneter Devianzkriterien nicht explizit nachgehen. Der beobachtete Effekt für ein Verhaltenskriterium, das gleichzeitig Selbstkontrolle und *nicht* Devianz mißt, trägt aber ein weiteres

Stück indirekter Evidenz für diese (und damit gegen Waneks „Einheitsthese" von Selbstkontrolle und Integrity, vgl. Kapitel 4) bei. Mehr sollte m.E. in die wenig substantiellen Effekte nicht hineininterpretiert werden.

Sie unterscheiden sich bivariat bei den Integrity Tests im übrigen nur wenig vom (erwartungsgemäß nicht signifikanten) Zusammenhang zwischen BA und Intelligenz. Hierzu sei nur angemerkt, daß anderswo - ähnlich wie bei deviantem Verhalten - durchaus moderat positive Zusammenhänge zwischen diesen Variablen berichtet werden (z.B. Lynam et al., 1993; Mischel et al., 1989). In dieser nach u.a. Intelligenz vorselektierten Stichprobe scheint die Entscheidung gegen Belohnungsaufschub nicht auf kognitiven Defiziten zu beruhen - mglw. ein Hinweis auf eine „reinere" und damit auch konstruktvalidere Erfassung eines non-kognitiven Merkmals wie Selbstkontrolle durch das BA-Design gegenüber anderen Operationalisierungen (z.B. benutzten Lynam und Kollegen zwar ein mit 30 Verhaltensgelegenheiten weit reliableres Maß für BA, das andererseits den dort im Mittel durchschnittlich intelligenten Vpn die Berücksichtigung unterschiedlicher Eintrittswahrscheinlichkeiten abverlangte). Insgesamt sind die Resultate zum BA zumindest tendenziell durchgängig hypothesenkonform.

Dies gilt in keiner Weise für das andere Verhaltenskriterium, das bislang als Ehrlichkeit (Devianz, aber nicht unbedingt Selbstkontrolle) interpretiert wurde. Etwas vereinfacht gesagt zeigte sich hier das exakte Gegenteil dessen, was erwartet wurde: Ehrlichkeit korrelierte mit Intelligenz, aber weder mit Integrity Tests noch mit sonst irgendeinem Persönlichkeitsmerkmal einschließlich Selbstkontrolle. Selbstverständlich muß bei Ein-Item-Messungen mit geringen Effektstärken und manchmal auch erwartungskonträren Ergebnissen stets gerechnet werden. Die Umkehrung der postulierten Beziehungen scheint aber m.E. durch methodische Mängel allein nicht befriedigend erklärbar.

Konzeptionelle Ursachen können in der Spezifikation der Annahmen oder in der Operationalisierung der Konstrukte liegen. Tatsache ist zunächst: Die Werte in den Integrity Tests waren nicht in der Lage, die Erfüllung oder Nicht-Erfüllung des Kontrakts zu prognostizieren, während die Testintelligenz mit dem Kriterium zusammenhing. Damit ist zu konstatieren, daß die Hypothesen 22 und 23b widerlegt wurden. Die naheliegendste und einfachste Erklärung dafür wäre, daß die dahinter stehenden theoretischen Vorstellungen falsch sind - nicht Integrity Tests sagen deviantes Verhalten voraus, sondern Intelligenztests. Dies ist angesichts der Ergebnisse anderer Untersuchungen nicht unmittelbar plausibel, und die denkbare Erklärung durch einen kulturellen Unterschied wäre zumindest replikationsbedürftig. Die weiter oben berichteten Resultate legen auch nicht gerade nahe, die Ursache in der mangelhaften Operationalisierung der Prädiktoren (Integrity Tests) zu suchen.

Es existiert jedoch zumindest eine Interpretation der Befunde, die eine gewisse Plausibilität für sich beanspruchen kann. Sie führt über das Design des Kriteriums und ergibt sich erst aus der Kombination der Nullkorrelationen im Persönlichkeitsbereich mit Ausnahme gerade des Intelligenztests. Die Probanden waren aufgefordert worden, einen Intelligenztest ausgefüllt zurückzuschicken, den sie in einer Parallelversion zuvor schon bearbeitet hatten. Diese Erfahrung in Verbindung mit den Differenzen in den erfaßten Fähigkeiten mag durchaus dazu führen, daß die damit verbundene Aufgabe nicht von allen Teilnehmern als gleichermaßen angenehm empfunden wird. Gerade Vpn, die das (offenbar nicht ganz unbegründete) Gefühl haben, in solchen Tests schlecht abzuschneiden, sollten sich auch beim zweiten Mal schwerer tun (die Retest-Reliabilität des WPT betrug bei den 96 eingesandten Exemplaren .71, trotz der unkontrollierten „Durchführung" des zweiten Tests). Dies mag einige kognitiv weniger begabte Probanden veranlaßt haben, den WPT am Ende doch nicht noch einmal zu bearbeiten. Das Kriterium hätte in diesem Fall weniger mit Ehrlichkeit als mit Testangst zu tun.

Diese These findet indirekte Unterstützung durch zwei zusätzliche Befunde: Der Zusammenhang zwischen einem um die zehn „Totalverweigerer" bereinigten Index für Ehrlichkeit und WPT liegt mit r = .11 in praktisch und statistisch nicht mehr bedeutsamer Höhe (trotz der größeren Varianz gegenüber dem dichotomen Kriterium), und die Korrelation mit dem dichotomen Ehrlichkeitskriterium sinkt ebenfalls unter das Signifikanzniveau (r = .15), wenn man die Bewertung des WPT durch die Probanden (siehe nächster Abschnitt) auspartialisiert. Dies alles sind zweifellos nur schwache Hinweise, und die Interpretation, daß Testangst für die vereinbarte Rücksendung des WPT eine Rolle gespielt haben könnte, bleibt spekulativ und kann allenfalls als Teilerklärung - insbesondere für die Nullbefunde mit dem Integrity Test - in Frage kommen. Ebenso einleuchtend erscheint die Mutmaßung, daß schlichte Vergeßlichkeit den zehn Personen einen Streich gespielt haben könnte, die letztlich den Kontrakt gebrochen haben. Insgesamt ist diese Quote außerordentlich gering, was in erster Linie als Problem des verwendeten Design zu werten ist. Es bleibt die Feststellung, daß die Integrity Tests, wie in ähnlichen Studien zuvor teils auch (McCormick, 1996; Schlesinger, 1993), teils aber auch nicht (Cunningham et al., 1994; Paajanen, 1988), das Kriterium nicht vorhersagen konnten. Ob dies an ungeeigneten Tests oder an einem ungeeigneten Kriterium gelegen hat, oder am Ende auf die Spezifität des Verhaltens (eine Verhaltensgelegenheit) zurückzuführen ist, wäre in zukünftigen Studien an reliableren und weniger ambivalenten Verhaltensmaßen zu prüfen.

Eine höhere Reliabilität ist sicherlich den Durchschnittsnoten in Abitur und Vordiplom zu bescheinigen, die sich aus zahlreichen Einzelleistungen mit jeweils langer Vorbereitungszeit (auch hier werden Leistungen erbracht) zusammensetzen. Die Stichprobe ist allerdings für das Abitur etwa dreimal so umfangreich[56], weshalb den Daten hier entsprechend größeres Gewicht beigemessen werden sollte.

Noten haben als Kriterium für die Ausbildungsleistung einen Globalcharakter, der sich im beruflichen Umfeld vielleicht am besten mit der Gesamtbeurteilung durch den Vorgesetzten vergleichen läßt. Sie berücksichtigen aber ausschließlich den Prü-

---

[56] Zu Abitur und Integrity Tests liegen auch Informationen aus dem Itemanalysesample vor, insgesamt zu N = 393 Personen. Die Zusammenhänge mit dem Notendurchschnitt bleiben in der Gesamtstichprobe mit r = .19 (Eigenschaften) und .15 (Einstellungen) äußerst stabil, werden aber hochsignifikant (p < .001). Die RVS mit ursprünglicher Skalenverankerung korrelierte nach der ersten Revision zu .22 mit dem Abitur.

fungserfolg (Lösung von Aufgaben) und erfassen sicher weniger als das Vorgesetztenurteil kontextbezogene, unterstützende Beiträge. Insofern handelt es sich um Kriterien, für die die untersuchten Persönlichkeitsvariablen eher distale, kognitive Fähigkeiten aber unmittelbare Relevanz besitzen sollten. Ein entsprechender Unterschied war zumindest zwischen Selbstkontrolle und Intelligenz nicht erkennbar. Beide waren in ähnlicher Höhe mit den Noten korreliert, wobei sie sich zudem fast perfekt in ihrer Validität ergänzten. Daraus läßt sich, bei aller Vorsicht, der Schluß ziehen, daß die Rolle der Persönlichkeit in der Erklärung des Ausbildungserfolgs bislang, abzulesen bspw. an dem bis vor kurzem praktizierten Auswahlverfahren für medizinische Studiengänge, eher unterschätzt wurde. Sie leisten einen eigenständigen Beitrag, der über die sicher bedeutsame Rolle kognitiver Fähigkeiten hinausreicht. Dieser findet sich auch in der multiplen Regression, die mit ihrer linearadditiven Verknüpfung ein kompensatorisches Modell nahelegt, bei dem Defizite in einem Bereich (teilweise) durch den anderen ausgeglichen werden können, beide zusammen aber erst Höchstleistungen ermöglichen. Die Übertragbarkeit dieser Befunde auf das berufliche Feld wird zwar immer wieder angenommen (z.B. auch im erweiterten Modell des Kapitels 4 dieser Arbeit), kann aber durch die Daten dieser Studie nicht belegt werden (zu empirischer Evidenz für den militärischen Bereich siehe Borman, White, Pulakos & Oppler, 1991). Auch dies zählt zu den noch zu untersuchenden Gegenständen des Forschungsprojekts, dessen Vorarbeiten hier berichtet werden.

Ein aufschlußreicher Aspekt der hier berichteten Ergebnisse besteht darin, daß sie zu einem gewissen Grad erlauben, die oben global als „Persönlichkeit" bezeichnete Black Box zu öffnen. Als ähnliche Sammelvariable war in Kapitel 4 die etwas suggestive Bezeichnung „Sk+" eingeführt worden, wobei unter dem „Plus" im wesentlichen motivatorische Dispositionen verstanden worden waren. Für das von Devianz oder Kontraproduktivität weitgehend freie, durch derartiges Verhalten aber mglw. belastete Kriterium des Schulerfolgs läßt sich feststellen, daß Integrity Tests keinen eigenständigen Beitrag über Selbstkontrolle hinaus leisten. In *diesem* Sinne erklärt Selbstkontrolle den Zusammenhang zwischen Integrity bzw. den darin erfaßten Persönlichkeitsmerkmalen und allgemeiner Leistung. Dies ist aber etwas grundsätzlich anderes als die These von Sackett und Wanek aussagt, derzufolge Integrity Tests Selbstkontrolle *messen* und *deshalb* Gewissenhaftigkeit bei der Prognose beruflichen Erfolgs überlegen sind.

Dieser zweistufigen Aussage liegen nach den Ergebnissen dieser Arbeit zumindest zwei Fehlschlüsse zugrunde. Erstens messen, wie wir gesehen haben, Integrity Tests nicht einfach Selbstkontrolle, zumindest nicht im Sinne der hier vorgetragenen Interpretation der Theorie von G&H. Sie transportieren vielmehr neben Selbstkontrolle auch eine Reihe anderer Merkmale, die für das hier untersuchte *aufgabenbezogene* Kriterium ohne Relevanz waren. Für dieses Kriterium zeigte sich die NEO-Dimension Gewissenhaftigkeit den Integrity Tests sogar überlegen, wobei die Leistungsmotivation thematisierenden Facetten C1 und C4, die sich mit dem Inhalt von Integrity Tests weniger decken als die Zuverlässigkeitskomponente, im unauffälligen

Mittelfeld rangierten (Korrelationen mit dem Abitur: C1: .19; C2: .08; C3: .13; C4: .19; C5: .21; C6: .28).

Im beruflichen Kontext, auf den sich Sackett und Wanek beziehen, spielen außer der Aufgabenlösung auch andere Kriterien eine Rolle für die Gesamtbeurteilung. Die Erklärung für die erwiesenermaßen höhere Validität von Integrity Tests gegenüber reinen Gewissenhaftigkeitsskalen sollte auf dieser „kontextbezogenen" Seite der beruflichen Leistung zu finden sein und nicht - zweiter Fehlschluß von Sackett und Wanek - bei der grundsätzlichen Irrelevanz motivationaler Komponenten von Gewissenhaftigkeit. So berichten etwa Borman et al. (1991) einen direkten Pfad von Disziplinarmaßnahmen zu Beurteilungen, wobei die Disziplin - der Militärjargon ist dieser Stichprobe angemessen - wiederum von dem als „dependability" bezeichneten nonmotivationalen Anteil in Gewissenhaftigkeit abhing, nicht aber von der Leistungsmotivation. Wenn also Integrity Tests dem Big5-Faktor bei der Prognose von Vorgesetztenurteilen überlegen sind, dann weil sie diese Seite der beruflichen Leistung besser abdecken (wie aus Abschnitt 9.3.2 hervorgeht, auch jenseits von Gewissenhaftigkeit im Sinne des FFM) als faktoriell reine Persönlichkeitsskalen. Es mangelt der hier vorgelegten Studie an geeigneten Kontraproduktivitätskriterien, um diese Erklärung empirisch zu untermauern. Die Daten engen aber, soweit sie übertragen und generalisiert werden können, den Kreis alternativer Erklärungen erheblich ein. Unter anderem sind sie nicht mit der von Sackett und Wanek vertretenen Vorstellung in Einklang zu bringen. Was davon bleibt, ist die Relevanz von Selbstkontrolle auch für ein vorwiegend aufgabenbezogenes Kriterium. Diese Art von Selbstkontrolle ist aber weder das, was Integrity Tests messen, noch handelt es sich einfach um eine Facette von Gewissenhaftigkeit. Es ist offenbar ein eigenständiger Trait, der sich aus dem stabilen und vielgestaltigen Auftreten konkreter Handlungen in einer Person ergibt, die sich durch bestimmte gemeinsame Merkmale auszeichnen.

Damit schließt sich gewissermaßen der Kreis um Selbstkontrolle und Integrity Tests, der in diesem Hauptabschnitt unter der Überschrift „nomologisches Netz" geschlagen wurde. Darin ließ sich im wesentlichen feststellen, daß G&Hs Konstrukt ebenso wie die beiden Arten von Integrity Tests eine eigenständige Würdigung verdienen. Sie ähneln einander in gewisser Weise, was nicht verwunderlich ist, da sie im Grunde alle die gleiche Art von Verhalten erklären bzw. vorhersagen sollen. Sie finden dafür aber sehr unterschiedliche Zugänge, die zu unterschiedlichen Beziehungen mit anderen Persönlichkeitsvariablen und externen Kriterien für Verhalten und Erfolg führen. Es erscheint daher sinnvoll, diese Zugangsformen konzeptionell auseinanderzuhalten, um den Einfluß von Dispositionen auf Devianz und Leistung zu verstehen.

9.4   Untersuchungen zur Akzeptabilität

9.4.1 Zielsetzung

Nachdem in den letzten Abschnitten eher theoretische Aspekte von Selbstkontrolle und Integrity Tests behandelt wurden, soll es nun noch einmal um eine Frage von direkter praktischer Relevanz für den Einsatz dieser Instrumente in der Personalauswahl gehen. Die Evaluation von Auswahlprozeduren, insbesondere von deren Berufsbezogenheit, durch die Bewerber ist eine bedeutende Determinante für die Wahrnehmung der Organisation wie für die rechtliche Zulässigkeit der Verfahren (vgl. Abschnitt 2.2.4). Ein zuverlässiges Urteil über die Einschätzung einer bestimmten Verfahrensklasse wie Integrity Tests läßt sich dabei m.E. nur gewinnen, wenn verschiedene Voraussetzungen erfüllt sind: Erstens sollten die Probanden den Meinungsgegenstand, über den sie urteilen, wirklich kennen. Dies läßt sich am besten durch konkrete Durchführung der entsprechenden Prozedur gewährleisten. Zweitens ist eine Untersuchung der Akzeptabilität um so informativer, je besser das Spektrum alternativer Auswahlinstrumente darin abgedeckt wird. Schließlich sollten die abgegebenen Urteile die ehrliche Meinung der Probanden widerspiegeln. Dies ist, entgegen der vielfach gedankenlos propagierten Bevorzugung „echter" Bewerberstichproben, gerade dann nicht der Fall, wenn die Vpn in ihrem eigenen Interesse hochgradig motiviert sind, einen potentiellen Arbeitgeber durch positive Beurteilungen für sich einzunehmen. Dies ist nirgendwo so offensichtlich wie in einer Bewerbungssituation, weshalb der Rückgriff auf Laborforschung hier geradezu geboten erscheint.

Zwischen den beiden ersten Forderungen - Vertrautheit mit und Anzahl der eingeschätzten Instrumente - besteht ein offensichtlicher Widerspruch. Der Durchführungsaufwand für die Erhebung von Reaktionen auf tatsächlich erlebte Verfahren macht es i.d.R. unmöglich, mehr als zwei verschiedene Instrumente auf diese Weise direkt zu vergleichen. Komparative Studien greifen daher normalerweise auf kurze Beschreibungen der einbezogenen Verfahren zurück und kontrollieren bestenfalls durch einfache Nachfrage die Vorerfahrung der Teilnehmer. Dies gilt auch für die Erhebung von D.D. Steiner und Gilliland (1996; vgl. Abschnitt 2.2.4), deren partielle Replikation das erste Ziel der in diesem Abschnitt vorgestellten Untersuchungen ist. Die Autoren hatten die m.W. bislang einzige kulturvergleichende Studie vorgestellt, in der Integrity Tests auch von einer außeramerikanischen Stichprobe (Teilnehmer waren Studenten in Frankreich und den USA) im Vergleich zu einer Vielzahl anderer Instrumente eingeschätzt wurden. Mangelnde Vertrautheit stellt hier insofern ein besonderes Problem dar, als in Frankreich derzeit kein Integrity Test existiert; daß trotzdem 6 % der französischen Teilnehmer angaben, bereits Erfahrungen damit zu besitzen, weckt gewisse Zweifel an der Validität dieser Kontrollvariable. Das Design der vorliegenden Studie erlaubt in einem über die bloße Replikation hinausgehenden Schritt, solche Effekte direkt zu untersuchen (s.u.).

Die Untersuchung von Steiner und Gilliland beruhte auf dem konzeptionellen Ansatz des Zweitautors (Gilliland, 1993), der Akzeptabilität und deren Auswirkungen mittels Adaption von Adams' Equity-Theorie, also durch einen sozialpsychologischen Ansatz aus der Gruppe der Austauschtheorien zu erklären sucht. Die Autoren ließen zunächst zehn Auswahlprozeduren relativ global hinsichtlich ihrer Bewertung einschätzen („process favorability"; gemessen durch je zwei Items, die nach der Eignung des Verfahrens für die Personalauswahl in der Wunschposition des Teilnehmers und der wahrgenommenen Fairneß im Falle einer eigenen Ablehnung fragten) und untersuchten dann sieben Komponenten proceduraler Gerechtigkeit auf ihren Erklärungswert für diese Einschätzungen. Als bedeutsamste Ursache erwies sich in diesem zweiten Schritt die Augenscheingültigkeit der Tests. Diese modelltheoretische Prüfung sei hier nur kursorisch berichtet, da sie außerhalb der eigenen Fragestellung steht, die sich vorwiegend auf die Feststellung des *Ausmaßes* an Akzeptanz bzw. der Vorbehalte richtet, mit dem für derartige Verfahren in Deutschland zu rechnen ist.

Die vorliegende Erhebung beschränkt sich folglich auf die Replikation des ersten Teils der Studie von Steiner und Gilliland, in dem es um die kultur- und verfahrensvergleichende Einschätzung der zehn Auswahlprozeduren *ohne* direktes Erleben derselben ging. Die Autoren fanden hier varianzanalytisch sowohl Haupteffekte für Verfahren und Kultur (untersuchtes Land) als auch eine Interaktion zwischen beiden Variablen. D.h. die Instrumente werden nicht alle gleich eingeschätzt, sie werden in Frankreich allgemein etwas ungünstiger beurteilt, aber die Urteile differierten auch zwischen den Ländern von Verfahren zu Verfahren. Dabei schätzten die Amerikaner Interview, Lebenslauf, biographischen Fragebogen und ganz besonders Integrity Tests günstiger ein als die Franzosen, bei Persönlichkeitstests und vor allem graphologischen Gutachten verhielt es sich umgekehrt. Das gegensätzliche Bild für Integrity Tests und Graphologie war aufgrund der unterschiedlichen Verbreitung in beiden Ländern erwartet worden, nicht aber, daß trotzdem beide Prozeduren auch in den Staaten, wo sie stark verbreitet sind, in der Bewertung relativ weit unten rangieren (Rang 8 für Integrity Tests in den USA, ebenso für Graphologie in Frankreich). Insgesamt wurden in beiden Ländern praktisch universell angewendete (Interview, Lebenslauf) und Verfahren mit hoher „face validity" (Arbeitsproben) bevorzugt, gefolgt von Testverfahren unterschiedlicher Art sowie Referenzen, während Graphologie und persönliche Beziehungen allgemein eher negativ bewertet wurden. Dieser Gesamteindruck deckt sich mit dem aus anderen Studien (siehe 2.2.4 oben).

Auch für die vorliegende Untersuchung wird nicht damit gerechnet, eine grundsätzlich andere als die typische Rangfolge zwischen den Verfahren zu finden: Interviews, Bewerbungsunterlagen und Arbeitsproben an der Spitze, Tests im Mittelfeld und Graphologie sowie persönliche Beziehungen am Ende der Bewertungsskala. Daß Integrity Tests innerhalb der Gruppe standardisierter Instrumente eher schlecht abschneiden, wird hier jedoch als Artefakt der von Steiner und Gilliland verwandten Erklärung betrachtet: „Tests that ask you about your thoughts on theft and experiences related to your personal honesty". Diese Einführung wird besonders eigenschaftsorientierten Verfahren nicht gerecht und verkürzt allgemein die Inhalte auf Formulierungen mit besonders invasivem Charakter. Eine neutralere - gleichwohl zutreffende - Erläuterung sollte zu günstigeren Urteilen führen, insbesondere gegenüber der französischen Stichprobe, in der sehr wahrscheinlich noch niemand einen wirklichen Integrity Test gesehen hatte. Ferner lassen die Besonderheiten der französischen Auswahlpraxis erwarten, daß die Handschriftenanalyse in Deutschland wesentlich ungünstiger beurteilt wird. Ansonsten werden keine spezifischen Annahmen zu interkulturellen Differenzen getroffen. Als Hypothese läßt sich folgendes formulieren:

H_{27}: Wie in Frankreich und den USA werden auch in Deutschland Interviews, Bestandteile der Bewerbungsunterlagen und Arbeitsproben besser bewertet als Tests, die wiederum günstiger abschneiden als persönliche Beziehungen und graphologische Gutachten.

H_{28}: Integrity Tests werden in der eigenen Untersuchung günstiger beurteilt als im französischen Sample von Steiner und Gilliland, Graphologie dagegen ungünstiger.

Das Problem der unterschiedlichen Vorerfahrung, das darin liegt, daß Probanden Instrumente beurteilen sollen, die sie (überwiegend) eigentlich nicht kennen, wird durch die Replikation der Studie von Steiner und Gilliland natürlich nicht gelöst. Die meisten bisherigen Akzeptanzstudien, in denen die Vpn Verfahren einschätzten, an denen sie tatsächlich teilgenommen hatten, beschränken sich nicht nur aus forschungsökonomischen Gründen auf wenige Instrumente, sondern auch auf einen Meßzeitpunkt (nach Testdurchführung) und erlauben somit keine Aussage darüber, ob und ggf. wie stark die mangelnde Vertrautheit die Resultate verfälscht. Sie haben aber auf jeden Fall den Vorzug, auch den Zusammenhang zwischen Testergebnis und Akzeptanzurteil untersuchen zu können, der bei Integrity Tests bisher recht unterschiedlich ausfiel (siehe Abschnitt 2.2.4).

Erst in jüngster Zeit wurden einige Studien mit mehreren Meßzeitpunkten vorgelegt, die darüber hinaus z.T. die Untersuchung von Verschiebungen im Urteil durch das Erleben der Testsituation ermöglichen. Dabei zeigte sich für kognitive Fähigkeiten, daß eine günstige Einstellung sowohl die nachfolgende Performanz im Test positiv beeinflussen kann (Chan, Schmitt, Sacco & DeShon, 1998a) als auch, daß die (nicht rückgemeldete) Leistung im Test dessen nachfolgende Beurteilung verbessert (Chan et al., 1997, 1998a), teilweise vermittelt über die Einschätzung der eigenen Performanz (Chan, Schmitt, Jennings, Clause & Delbridge, 1998b). Daneben wurden in einer der Studien von Chan und Kollegen (1998a) starke direkte Zusammenhänge zwischen den Einstellungen vor und nach Testdurchführung festgestellt, die eigentlich eher dagegen sprechen, daß sich die Beurteilung von Intelligenztests durch die unmittelbare Erfahrung wesentlich verändert; auch die Mittelwerte veränderten sich kaum. Dagegen fanden Bauer, Maertz, Dolan und Campion (1998), ebenfalls für kognitive Fähigkeiten, keine bedeutenden Zusammenhänge zwischen Einstellungen und Testleistung, dafür aber Korrelationen um .50 zwischen den Beurteilungen vor und nach Testdurchführung; die Einschätzung der Fairneß sank zum zweiten Meßzeitpunkt ab. Lediglich aus einer Studie von Chan et al. (1998a) liegen bislang Daten zu einem non-kognitiven Test vor, der Gewissenhaftigkeitsskala aus dem NEO-FFI, in denen sich kein Einfluß der Einstellungen auf die Testwerte oder umgekehrt fand, dafür aber eine hohe Stabilität (Pfadkoeffizient: .71) der Beurteilungen vor und nach Testdurchführung. Die mittleren Beurteilungen änderten sich auch hier praktisch nicht. In den Studien von Chan und Kollegen wurden die Probanden vor Erhebung der ursprünglichen Einstellungen allerdings nicht durch globale Beschreibungen mit dem Inhalt der folgenden Tests bekanntgemacht, sondern durch Präsentation mehrerer Beispielitems. Es ist zu erwarten, daß dies wesentlich zu den hohen beobachteten Zusammenhängen der Urteile vor und nach Durchführung beigetragen hat. Bauer et al. bezogen sich zu allen Meßzeitpunkten auf eine globale Einschätzung der Fairneß von Tests allgemein, nicht also auf das konkret erlebte Verfahren.

Das Design der vorliegenden Arbeit gestattet die Untersuchung der Mittelwertsverschiebungen und Zusammenhänge zwischen Einstellungen vor und nach Durchführung sowie der Testergebnisse für eine weitaus umfangreichere Testbatterie als in den bisherigen Studien. Erschöpfend gemäß der bei Steiner und Gilliland aufgelisteten Verfahren ist auch diese Studie nicht, sie beschränkt sich auf standardisierte Tests. Wir können für diese immerhin direkte Vergleiche zwischen einer verbalbeschreibenden Darbietung von Informationen über Auswahlverfahren und deren persönlicher Bearbeitung ziehen, die in dieser Form bislang nicht zugänglich sind.

Dabei gilt es, zwischen Gruppen- (Mittelwerte) und individuellen (Korrelationen) Effekten zu unterscheiden. Für erstere liegen bislang keine hinreichenden Informationen vor, die eine Spezifikation gerichteter Hypothesen über den Einfluß der Durchführung auf die Bewertung der Instrumente erlauben würden. Die Untersuchung ist in dieser Hinsicht explorativ. Positive Zusammenhänge zwischen Testwert und Einstellung lassen sich nach den vorliegenden Resultaten lediglich für kognitive Verfahren erwarten, und zwar sowohl für die Bewertung vor wie auch nach der Bearbeitung der Tests. Korrelationen zwischen den zu verschiedenen Meßzeitpunkten erhobenen Einstellungen sollten allgemein positiv sein, in der Höhe aber unterhalb der Resultate aus den Arbeitsgruppen um Bauer und Chan liegen. Dies ergibt sich aus der Einschätzung, daß einerseits die Beschreibungen bei Steiner und Gilliland eine Annäherung an den tatsächlichen Gehalt der Tests darstellt, deren Qualität nicht diejenige von Chan et al.'s konkreten Beispielitems erreicht, andererseits stärker durch die tatsächliche Erfahrung verändert werden sollte als Bauer et al.'s allgemeine Einstellungen. Mit dieser Annahme moderater bis mittlerer Korrelationen ist gleichzeitig ausgesagt, daß es zwischen den Meßzeitpunkten zu gravierenden Rangverschiebungen bei den Vpn kommt, die zum einen aus der mangelnden Vertrautheit vor der Durchführung (alternative Lesart: ungenügende Qualität der verbalen Beschreibungen), zum anderen aus tatsächlichen Änderungen der Meinung nach Bearbeitung der Tests resultiert. Die Korrelationen sollten daher bei jenen Verfahren höher ausfallen, mit denen zuvor bereits eine gewisse Erfahrung bestand. Leider können für die in dieser Hinsicht einschlägigsten Instrumente (v.a. Interviews und Bewerbungsunterlagen) keine Ergebnisse vorgelegt werden, es ist also eher mit geringfügigen Unterschieden zu rechnen. Aus diesen Überlegungen ergeben sich folgende Hypothesen:

H_{29}: Akzeptanzurteil und Testleistung sind beim Intelligenztest positiv korreliert, bei den nonkognitiven Verfahren dagegen nicht.

H_{30}: Akzeptanzurteile zu den beiden Meßzeitpunkten korrelieren allgemein positiv in moderater bis mittlerer Höhe, wobei die Enge des Zusammenhangs mit der Vorerfahrung steigt.

9.4.2 Methode

Die Akzeptabilität wurde in beiden studentischen Stichproben dieser Arbeit untersucht, mit explizitem Bezug auf die oben dargestellte Zielsetzung jedoch lediglich in der Hauptuntersuchung. Die Ergebnisse der tentativen Erhebung mit dem Sample der Itemanalyse (N = 214) sollen hier aber zumindest kursorisch berichtet werden. Dort wurden die Vpn *nach* Ausfüllen der beiden dabei eingesetzten Verfahren (zusammengefaßter Integrity Test und RVS in der ursprünglichen Fassung) um ihre Einschätzung dieser Instrumente gebeten. Zusätzlich sollten sie, ohne damit untersucht worden zu sein, die drei Instrumente „Einstellungsgespräch mit einem Personalverantwortlichen", „graphologisches Gutachten (Handschriftenanalyse)" und „Intelligenztest" anhand der gleichen Kriterien beurteilen. Dazu diente eine leicht veränderte Fassung der beiden Fragen von Steiner und Gilliland, die sich auf die *Tauglichkeit* für Auswahlzwecke („Angenommen, der Fragebogen würde in einem Unternehmen zur Auswahl des Management-Nachwuchs eingesetzt. Wie würden Sie die Eignung der beiden Teile des Tests für diesen Zweck beurteilen? Geben Sie bitte zusätzlich Ihre Einschätzung für drei alternative Auswahlverfahren ab.") und die perzipierte *Fairneß* („Wenn Sie sich in dem Unternehmen beworben hätten und man würde Ihre Bewerbung wegen eines negativen Ergebnisses bei einem dieser Auswahlverfahren ablehnen: Wie würden Sie die Fairneß des betreffenden Verfahrens einschätzen?") bezogen. Zur Beantwortung diente jeweils, ebenfalls wie bei Steiner und Gilliland, eine siebenpolige Skala, die bei der Tauglichkeit von „völlig ungeeignet" bis „sehr geeignet", bei der Fairneß von „völlig unfair" bis „völlig fair" reichte. Die Items wurden je Verfahren zusammengefaßt, nachdem die internen Konsistenzen für ZweiItem-Messungen sehr hoch lagen (Cronbachs Alpha zwischen .66 und .86).

In der Hauptuntersuchung (N = 213) wurde die Studie von Steiner und Gilliland detaillierter repliziert. Zunächst wurde in der Frage nach der Tauglichkeit der Bezug auf den „Management-Nachwuchs", der bei den größtenteils wirtschaftswissenschaftlichen Studenten in der Itemanalyse noch passend erschien, durch die persönliche Wunschposition ersetzt. Außerdem wurden alle zehn bei Steiner und Gilliland untersuchten Verfahren einbezogen: Lebenslauf, Intelligenztest, Arbeitsprobe, persönliche Beziehungen, allgemeiner Persönlichkeitstest (im Original „personality test"), spezieller Persönlichkeitstest zur Vertrauenswürdigkeit (Umschreibung für Integrity Test; im Original „honesty test"), Referenzen, Einstellungsgespräch, graphologisches Gutachten, biographischer Fragebogen. Die Beschreibungen der einzelnen Verfahren wurden i.d.R. sinngemäß, aber nicht unbedingt wörtlich übertragen, da sie in Ausführlichkeit und evaluativem Gehalt im Original z.T. weit auseinanderlagen. Auf das krasseste Beispiel, Integrity Tests, wurde bereits hingewiesen. Schließlich wurde, auch dies wie bei Steiner und Gilliland, mit einem einzelnen Item nach der Erfahrung mit dem jeweiligen Verfahren in einer Auswahlsituation gefragt (Skalierung: ja - nein).

Die Befragung wurde in dieser Form unmittelbar vor der Bearbeitung der Tests durchgeführt. Direkt im Anschluß an diese Prozedur wurden die Probanden aufgefordert, die beiden gleichen Fragen zu Fairneß und Tauglichkeit noch einmal zu be antworten, diesmal bezogen auf die Tests, die sie gerade bearbeitet hatten. Die Rei-henfolge der Bearbeitung war dabei, wie erinnerlich, mit Ausnahme des WPT, der stets am Beginn stand, permutiert worden. Da die Items der beiden Integrity Tests gemischt dargeboten worden waren, konnten darüber keine getrennten Einschätzun-gen erhoben werden. Die diesbezügliche Analyse stellt also eine zusammenfassende Evaluation beider Arten von Integrity Tests dar. Die alternativen Verfahren zur Mes-sung von Selbstkontrolle (CPI, 16PF) waren nur aus Gründen der Anmutung für die Probanden in die Bewertung aufgenommen worden; die Ergebnisse hierzu werden im folgenden nicht in die Auswertung einbezogen (sie wurden im übrigen schlechter beurteilt als die anderen Tests). Für vier der oben aufgeführten Auswahlverfahren, nämlich alle standardisierten Tests, konnten somit Posttest-Evaluationen erhoben werden. Dabei vertritt der WPT die Intelligenztests, der NEO-PI-R die allgemeinen Persönlichkeitstests, die Zusammenfassung der beiden Eigenentwicklungen steht für die Integrity Tests und die RVS für biographische Fragebogen. Die letzte Wahl kann nur mit Einschränkungen als repräsentativ angesehen werden, da die RVS zwar in Maels (1991) Sinne rein biographisch ist, aber einen sehr speziellen Aspekt erfaßt, dessen Berufsbezug für die meisten Probanden kaum unmittelbar ersichtlich gewesen sein dürfte. Dies gilt zwar häufig auch für andere biographische Fragebogen, deren Gehalt jedoch im allgemeinen als weniger invasiv anzusehen ist. Insofern stellt die RVS, die für die Personalauswahl nicht vorgesehen ist, einen untypischen Vertreter ihrer Gattung dar, bei dem mit eher negativeren Bewertungen zu rechnen ist. Für die anderen Tests sind solche Einschränkungen nicht erkenntlich. Wie in der Vorunter-suchung wurden die Fragen zu Tauglichkeit und Fairneß jeweils zusammengefaßt (Alphas vor Testung: .43 bis .81; nach Testung: .69 bis .82).

Einen methodisch anderen Zugang zur Thematik erlaubt schließlich die Zusatz-frage, die im Zusammenhang mit dem oben dargestellten Verhaltenskriterium der „Ehrlichkeit" einer Hälfte der Stichprobe in der Hauptuntersuchung gestellt und von N = 90 Personen beantwortet wurde. Sie lautete:

> „Im Abstand von drei Wochen betrachtet: Wie haben sie die Situation, eine Vielzahl Fragen in einer psychologischen Untersuchung beantworten zu müssen, persönlich erlebt? Schildern Sie bitte ausführlich, ob Sie die Situation als belastend oder anstrengend empfunden haben, welche Gedanken Ihnen während der Sitzung und danach durch den Kopf gingen, und ob Sie die Fragen in einer echten Bewerbungssituation genauso oder anders beantwortet hätten."

Die Antworten wurden inhaltsanalytisch (Merten, 1983; Rust, 1983) aufbereitet, indem zunächst ein Kategoriensystem erstellt wurde, das aus folgenden Bereichen und Antwortkategorien besteht: 1. Test als belastend / anstrengend empfunden (ja; nein; teils teils; anstrengend, aber nicht belastend); 2. Fragen in einer echten Bewer-bungssituation genauso beantwortet (ja; nein; teils teils); 3. Versuch einer konsisten-ten Beantwortung ähnlicher Fragen (ja); 4. Äußerungen zu Akzeptanz / Kritik: (a) Länge (zu lang); (b) Intimität (zu intim); (c) Durchschaubarkeit (Fragen leicht durch-schaubar); (d) Vorbehalte gegen Eignung als Einstellungstest (ungeeignet; teils teils); (e) Wiederholungen (zu viele ähnliche Fragen); (f) Test positiv beurteilt (ja; teils

teils); (g) ähnliche Fragen als Kontrolle interpretiert (ja). In jedem Inhaltsbereich wurden zudem die Antwortmöglichkeiten „keine Angabe" und „sonstiges" ausgewertet. Für das Thema der Akzeptabilität sind insbesondere die Bereiche 1, 4b, 4d und 4f einschlägig. Die Kategorien 2, 3, 4c und 4g liefern interessante Anhaltspunkte für die Übertragbarkeit der Untersuchungsergebnisse auf echte Bewerbungssituationen und die empfundene Verfälschbarkeit der Tests. Sie seien daher hier kursorisch berichtet. Bei den Bereichen 1, 4a und 4e ist zu bedenken, daß sich die Antworten auf die *gesamte* Erhebung einer äußerst umfangreichen Testbatterie bezogen. Daher sollen hier 4a und 4e nicht weiter, 1 nur mit Einschränkungen interpretiert werden.

Alle Antworten wurden von drei Ratern unabhängig voneinander eingestuft.[57] Insgesamt betrug die Übereinstimmung bei der Zuordnung 92,4 %; vollständige Einigkeit (alle drei Beurteiler stimmten überein) wurde in 82,3 % der Fälle erzielt. Um einen konservativen Maßstab anzulegen, werden im folgenden nur Fälle als gültig gewertet, bei denen sich alle Rater einig waren. Am problematischsten erwies sich in dieser Hinsicht mit einer Quote von 62,2 % der Inhaltsbereich 1, bei dem es oft schwierig war, die Kategorien „teils teils" und „anstrengend, aber nicht belastend" zu trennen. In allen anderen Bereichen wurde zumindest bei 72,2 % der Fälle vollständige Übereinstimmung erzielt.

9.4.3 Ergebnisse

Die Replikation der Studie von Steiner und Gilliland beschränkt sich auf Intra- und Intergruppenvergleiche anhand der Mittelwerte. Da die gleichen Skalen mit gleicher Verankerung verwendet wurden, sollten die Ergebnisse direkt vergleichbar sein. Tabelle 19 zeigt die Mittelwerte und Standardabweichungen der Zwei-Item-Akzeptanzmessungen für den amerikanischen und französischen Sample bei Steiner und Gilliland und die beiden deutschen Stichproben aus dieser Arbeit, für die Hauptuntersuchung getrennt nach Erhebung vor und nach Bearbeitung der Tests. Unterschiede zwischen Gruppen und Instrumenten sind jeweils indiziert.

Wie zu erkennen ist, wurden auch in den deutschen Stichproben Interview, Arbeitsprobe und Bestandteile der Bewerbungsunterlagen Tests allgemein vorgezogen, die ihrerseits weit vor persönlichen Beziehungen und der Handschriftenanalyse rangierten. Dies entspricht den Erwartungen der Hypothese 27. Insgesamt beurteilten die deutschen Probanden die Verfahren jedoch differenzierter als etwa die Amerikaner bei Steiner und Gilliland. Interview und Arbeitsprobe wurden günstiger bewertet als Referenzen und Lebenslauf; innerhalb der Tests ergab sich eine klare Rangfolge mit Intelligenz und allgemeiner Persönlichkeit an der Spitze, gefolgt von Integrity und dem eher negativ bewerteten biographischen Fragebogen. In der Stichprobe aus der Itemanalyse hatten sich Integrity und Intelligenztest noch nicht unterschieden. Graphologie bildete beide Male eindeutig das Schlußlicht. In den direkt vergleichbaren

---

[57] Ich danke in diesem Zusammenhang Michaela Riediger und insbesondere Gerhard Hümpfner, der auch maßgeblich an der Entwicklung des Kategoriensystems mitgewirkt hat.

Zellen traten zwischen den beiden deutschen Stichproben (ohne Wiederholer berechnet; N = 183 bis 185) kaum bedeutsame Unterschiede auf.

Tabelle 19: Vergleich der Akzeptanzurteile bei D.D. Steiner und Gilliland (1996) und in der eigenen Untersuchung (Mittelwerte und, in Klammern, Standardabweichungen)

	Steiner & Gilliland (1996)				eigene Hauptuntersuchg.			eigene Unters. (Itemanalyse)
	USA		Frankreich		vor Testdurchf.	nach Testdurchf.		2, 8, 9 ohne Dfrg., 6 und 10 danach
1. Lebenslauf	$5{,}37_a$ (1,19)	>	$4{,}54_b$ (1,19)	U>	$4{,}85_b$ (1,13)			
2. Intelligenztest	$4{,}50_b$ (1,25)		$4{,}21_{b,c}$ (1,36)	U>	$4{,}10_c$ (1,17)	$4{,}30_a$ (1,43)		$4{,}12_b$ (1,33)
3. Arbeitsprobe	$5{,}26_a$ (1,49)		$5{,}26_a$ (1,19)		$5{,}34_a$ (1,20)			
4. persönliche Beziehungen	$3{,}29_c$ (1,64)		$2{,}92_{d,e}$ (1,67)	U>	$2{,}62_f$ (1,51)			
5. allgemeiner Persönlichk.test	$3{,}50_c$ (1,30)	<	$3{,}96_c$ (1,35)	U<	$4{,}18_c$ (1,09)	$3{,}96_b$ (1,20)		
6. Integrity Test	$3{,}41_c$ (1,62)	>	$2{,}54_e$ (1,24)	F<	$3{,}64_d$ (1,28)	$3{,}83_b$ (1,19)		$4{,}00_b$ (1,35)
7. Referenzen	$4{,}38_b$ (1,30)		$4{,}12_{b,c}$ (1,10)	U< F<	$4{,}91_b$ (1,21)			
8. Interview	$5{,}39_a$ (1,26)	>	$4{,}56_b$ (1,19)	F<	$5{,}67_a$ (0,99)		>	$5{,}31_a$ (1,20)
9. Graphologie	$1{,}95_d$ (1,18)	<	$3{,}23_d$ (1,62)	F>	$1{,}90_g$ (1,10)			$2{,}23_d$ (1,27)
10. biographischer Fragebogen	$4{,}59_b$ (1,31)	>	$3{,}91_c$ (1,31)	U> F>	$3{,}20_e$ (1,27)	$3{,}02_c$ (1,15)		$3{,}29_c$ (1,26)

Anm.: Gleiche Buchstaben indizieren, daß die Instrumente sich in derselben Spalte *nicht* signifikant ($p > .05$) unterscheiden (Post-hoc-Tests nach Tukey [Steiner & Gilliland] bzw. Bonferroni [eigene Untersuchungen]); Ungleichheitszeichen (>, <) stehen für signifikante Unterschiede (t-Test für unabhängige Stichproben; $p < .01$) zwischen benachbarten Spalten (sofern Felder besetzt), bei der eigenen Hauptuntersuchung (vor Durchführung) gegenüber USA (U) und Frankreich (F); Durchf., Drfg. = Durchführung; N = 142 im amerikanischen Sample; 117 im französischen Sample; zwischen 209 und 214 in den eigenen Untersuchungen

Dagegen findet sich zu beiden Samples aus der Untersuchung von Steiner und Gilliland eine Vielzahl oft nicht nur statistisch signifikanter Differenzen. Dazu zählen auch die in Hypothese 28 erwarteten Unterschiede bzgl. Integrity Tests und Graphologie zu den französischen Studenten. Erstere wurden dort wesentlich schlechter, letztere erheblich günstiger beurteilt, was beides den Erwartungen entsprach. Darüber hinaus sind aber auch bei anderen Instrumenten erhebliche Unterschiede zu beiden Staaten festzustellen. In den USA wurden vor allem der biographische Fragebogen, aber auch persönliche Beziehungen, Lebenslauf und Intelligenztest vorteilhafter bewertet, allgemeine Persönlichkeitstests und Referenzen dagegen ungünstiger. Nachdem sich sowohl für Tests als auch für Bewerbungsunterlagen positive und negative Abweichungen finden, scheint dem kein erkennbares Muster zugrunde zu liegen, auch nicht eine Höherbewertung wissenschaftlich fundierter Verfahren in den USA (Steiner & Gilliland, 1996). Die französischen Probanden standen neben dem Integrity Test auch Referenzen und Interview kritischer gegenüber, biographischen Fragebogen dagegen positiver. Auch dies kann unmittelbar weder auf differentielle Verbreitung, noch auf die bei Steiner und Gilliland vorgeschlagene Erklärung einer in Frankreich besonders verbreiteten „Kartesianischen Logik" zurückgeführt werden. Insgesamt erscheinen die Unterschiede zwischen den drei Nationen relativ gleichmäßig verteilt, wobei die oben angesprochene Tendenz (gewohnte und interaktive Verfahren an der Spitze, Tests im Mittelfeld und schwer beeinfluß- oder durchschaubare Instrumente am Ende) überall erkennbar ist. Integrity Tests werden in beiden deutschen Stichproben nicht auffällig ungünstiger bewertet als andere Tests.

Varianzanalytisch ergab sich in allen drei eigenen Erhebungen bzw. Meßzeitpunkten ein deutlicher ($p < .001$) Haupteffekt für die Auswahlinstrumente (within-subject factor), die folglich unterschiedlich beurteilt werden. Bezieht man das Geschlecht als Zwischensubjektfaktor ein, so findet sich kein signifikanter Haupteffekt für diese Variable, wohl aber eine Interaktion mit den Auswahlverfahren ($p < .01$). Frauen bewerten vor allem Intelligenztests, aber auch biographische Fragebogen und persönliche Beziehungen schlechter als Männer, Interview und Lebenslauf dafür etwas günstiger. Deutlicher zeigte sich der Einfluß der angegebenen Vorerfahrung auf die Evaluation. Bei fast allen Verfahren, bei denen in nennenswertem Umfang vor dem Test bereits Erfahrungen gesammelt worden waren (dies war bei Graphologie und Integrity Tests nicht der Fall: N = 1 bzw. 3)[58], wirkte sich dies signifikant günstig auf die Bewertung aus. Einzige Ausnahme war das Interview, bei dem sich keine Unterschiede fanden. Dieses Resultat steht in explizitem Widerspruch zu Steiner und Gilliland, aber in Übereinstimmung etwa zu der ähnlichen Studie von Kravitz et al. (1996) in den USA.

Die eben berichteten Ergebnisse bezogen sich auf mittels Selbstbericht erhobene Vorerfahrung. Dies dürfte insbesondere dort eine relativ schlechte Näherungsvariable für das tatsächliche Erlebnis eines bestimmten Verfahrens sein, wo das Erkennen des beurteilten Instruments ohne besondere Fachkenntnisse schwerfällt - hier also vor allem bei der Unterscheidung verschiedener Arten psychologischer Tests. Der Vergleich der Mittelwerte vor und nach Erhebung (Datenspalten 3 und 4 in Tabelle 19) zeigt, daß sich die Beurteilung im *Durchschnitt der Stichprobe* bei keinem der Verfahren durch das unmittelbare Erlebnis der Testsituation wesentlich verändert. Daran ändert sich im übrigen auch nichts, wenn man die Analyse auf jene Probanden beschränkt, die angegeben hatten, zuvor noch nicht mit dem jeweiligen Test in Berührung gekommen zu sein. Die einzige bedeutsame Mittelwertsverschiebung ergibt sich

---

[58] Es ist bemerkenswert, daß auch die 28 Teilnehmer der Untersuchung zur Itemanalyse sich überwiegend nicht erinnern konnten, bereits einen Integrity Test ausgefüllt zu haben. Allerdings war nach der Erfahrung in einer Bewerbungssituation gefragt worden.

aus dem Zusammenwirken eines leichten Absinkens beim Persönlichkeits- und eines kleinen Anstiegs beim Integrity Test: Der zuvor festgestellte Unterschied zwischen beiden Verfahrensarten verschwand, nachdem die Vpn beide Tests bearbeitet hatten. Allgemein wurden Tests nach wie vor im neutralen Bereich der Skala bewertet.

Die nur geringfügigen Änderungen der Mittelwerte lassen jedoch nicht den Schluß zu, daß die Teilnehmer die Tests nach dem konkreten Erlebnis der Bearbeitung genauso beurteilt hätten wie davor; die Vorstellung durch kurze Beschreibungen also ausreicht, um ein zuverlässiges Bild der Bewertung zu gewinnen. Gravierende Verschiebungen der individuellen Urteile können sich im Mittel gegenseitig kompensieren. Dies läßt sich, ebenso wie der Zusammenhang zwischen Akzeptanzbeurteilung und Abschneiden im Test sowie die Differenzierung zwischen den einzelnen Meinungsgegenständen, durch eine korrelative Analyse untersuchen. Tabelle 20 zeigt die Interkorrelationen zwischen den Beurteilungen vor und nach der Durchführung und den erreichten Testscores (für die beiden Integrity Tests wiederum zusammengefaßt; beim NEO-PI wurde die beruflich relevanteste Dimension Gewissenhaftigkeit ausgewählt).

Tabelle 20: Korrelationen zwischen Akzeptanzurteilen vor und nach Durchführung sowie den Testwerten (in Klammern Cronbachs Alpha)

	vor Testdurchführung										nach Durchführung			
	(1)	*(2)*	*(3)*	*(4)*	*(5)*	*(6)*	*(7)*	*(8)*	*(9)*	*(10)*	*(11)*	*(12)*	*(13)*	*(14)*
Akzeptanz:														
(1) Lebenslauf	(.52)													
(2) Intellig.test	.01	(.71)												
(3) Arbeitspr.	-.15*	.09	(.70)											
(4) Pers. Bez.	-21**	.09	.03	(.44)										
(5) Persön.test	-.01	.04	-.13	.11	(.62)									
(6) Integr.test	.17*	.03	.11	.14*	.46**	(.65)								
(7) Referenzen	.31**	-.04	-.03	.04	-.00	-.04	(.63)							
(8) Interview	.33**	.03	.11	-.09	-.01	.02	.24**	(.43)						
(9) Grapholog.	-.06	.05	-.03	.09	.10	.20**	.02	-.17*	(.81)					
(10) biogr. FB	.06	.14*	.01	.10	.34**	.23**	-.02	-.05	.16*	(.76)				
(11) WPT	.17*	.40**	.06	-.01	.09	.00	.01	.00	-.03	.09	(.82)			
(12) NEO-PI	.11	.13	-.03	-.06	.30**	.18**	.05	.10	.14*	-.02	.07	(.78)		
(13) Integ.Test	.09	.01	-.05	.04	.23**	.21**	.11	.14*	.17*	.05	.02	.59**	(.72)	
(14) RVS	.06	-.06	.01	.16*	.08	.09	.07	-.06	.16*	.24**	.05	.20**	.22**	(.69)
Testwerte:														
Intelligenz	.01	.22**	.21**	-.08	-.04	.02	-.05	-.01	-.17*	.06	.27**	.01	-.06	-.04
Gewissenhaft.	.02	.02	-.01	.12	.01	.10	.04	.10	.03	.09	-.01	.10	.11	.12
Integrity (ges.)	.00	-.04	-.04	-.02	.08	.05	.02	.04	-.04	.07	-.05	.03	.08	.05
Selbstk. (RVS)	.06	-.08	-.01	-.06	-.03	.07	.01	-.05	.05	.01	-.09	-.02	.07	.03

Anm.: Reihenfolge der Verfahren 1 bis 10 entspricht Tabelle 19 oben; Integ.Test = Integrity Test; Gewissenhaft. = NEO-Gewissenhaftigkeit; ges. = zusammengefaßte Skala; Selbstk. = Selbstkontrolle; konvergente Korrelationen (bei gleichartigen Verfahren) sind unterstrichen; * = p < .05; ** = p < .01; N um 210

Wie aus der Tabelle zu ersehen ist, korrelieren Einschätzungen gleichartiger Verfahren vor der Durchführung mit der Beurteilung der konkreten Tests danach zwischen .21 und .40, am höchsten beim Intelligenztest. Diese Werte sind weit entfernt von den aus den USA berichteten und deuten darauf hin, daß die Beurteilungen zu beiden Meßzeitpunkten keineswegs identisch sind. Positive und negative Meinungsänderungen halten sich zwar in etwa die Waage, treten aber durchaus massiv auf (die Standardabweichungen der Differenzen zwischen den Meßpunkten liegen zwischen 1,4 und 1,6 und sind damit zumindest ebenso groß wie die Streuung der Urteile je Test). Selbst wenn man die Repräsentativität der eingesetzten Instrumente für ihre Gattung im einen oder anderen Fall anzweifeln mag, spricht dies insgesamt nicht dafür, daß Laien allein aufgrund knapper Beschreibungen wirklich reliable Urteile über psychologische Tests abgeben. In diesem Teil findet sich Hypothese 30 bestätigt. Entgegen den Annahmen im zweiten Teil von H_{30} waren die Korrelationen jedoch bei jenen Vpn *nicht* enger, die angegeben hatten, bereits vorher Erfahrungen mit Intelligenztests (ja: .30; nein: .41) oder Persönlichkeitstests (ja: .28; nein: .30) gemacht zu haben. Bei den beiden anderen Instrumenten war deren Anteil für eine aussagekräftige Auswertung zu klein. Die Moderatorhypothese über den Einfluß der Vorerfahrung muß daher zurückgewiesen werden.

Allgemein zeigt sich auch in der korrelativen Analyse, daß die Teilnehmer die Verfahren sehr differenziert beurteilten. In einer explorativen Faktorenanalyse (PCA) der zehn vor der Durchführung eingeschätzten Verfahren wurden vier Komponenten extrahiert, die jedoch zusammen lediglich 57 % der Varianz aufklärten (Eigenwertverlauf: 1,9; 1,6; 1,2; 1,0). Die beiden ersten Faktoren waren nach Varimax-Rotation relativ eindeutig als „non-kognitive Tests" (Ladungen von Persönlichkeitstest, Integrity Test, biographischem Fragebogen) und „Standardverfahren" (Lebenslauf, Referenzen, Interview) interpretierbar, die beiden letzten waren spezifische Dimensionen für Arbeitsprobe bzw. Intelligenztest. Die nicht sehr hohen Eigenwerte und eher mittleren Ladungen zeigen jedoch, daß zwischen den Instrumenten i.d.R. unterschieden wurde. Es existieren also differenzierte Vorlieben für ganz bestimmte Verfahren der Personalauswahl.

In Hypothese 29 war vermutet worden, daß Testergebnis und Einstellung lediglich bei kognitiven Fähigkeitstests korreliert sein würden. Dies war in der vorliegenden Untersuchung sowohl vor als auch nach der Durchführung der Fall. Dies steht im Einklang mit den Resultaten von Chan et al. (1998a), widerspricht aber einem Teil der Befunde zu Integrity Tests, bei denen positive Zusammenhänge beobachtet worden waren (vgl. Abschnitt 2.2.4). In der eigenen Stichprobe zur Itemanalyse waren allerdings sowohl RVS ($r = .15$; $p < .05$) als auch Integrity Test ($r = .22$; $p < .01$) noch positiv mit ihren jeweiligen Akzeptanzbeurteilungen korreliert gewesen. Beim NEO hing zwar nicht Gewissenhaftigkeit, aber emotionale Stabilität und Extraversion (r jeweils .17; $p < .05$; beides vor Durchführung) etwas mit der Einstellung zu Persönlichkeitstests zusammen, so daß die Ergebnisse hier insgesamt ein wenig uneindeutig ausfallen. Am konsistentesten erscheint aber der Zusammenhang beim Intelligenztest, was in der Tendenz für die Annahme von H_{29} spricht.

Einige tiefere Einblicke in ihre emotionale und kognitive Bewertung der Situation, „Versuchsperson" bei der Durchführung einer umfangreichen psychologischen Testbatterie zu sein, gewährten jene 90 Teilnehmer, die dazu eine offene Frage beantwortet hatten. Dabei ist zu bedenken, daß sich die Beurteilungen i.d.R. auf die Durchführung insgesamt richteten. Die Ergebnisse der inhaltsanalytischen Auswertung dieser Daten sind in Tabelle 21 wiedergegeben. In den Zeilen stehen die Inhaltsbereiche, in den Spalten die ausgewerteten Antwortkategorien.

Tabelle 21: Ergebnisse der Inhaltsanalyse zur Bewertung der Testsituation

	keine Angabe	ja	nein	teils teils	„nur" anstrengend	sonstiges
1. Situation als belastend, anstrengend empfunden?	12,5	32,1	23,2	5,4	21,4	5,4
2. Fragen bei echter Bewerbung genauso beantwortet?	15,4	23,1	16,9	33,8	X	10,7
3. Versuch einer „konsistenten" Beantwortung?[a]	86,4	13,6	X	X	X	0
4b) Fragen zu intim?[a]	94,7	5,3	X	X	X	0
4c) Fragen durchschaubar?[a]	91,3	8,7	X	X	X	0
4d) Vorbehalte gegen Eignung zur Personalauswahl?[a]	82,2	8,2	X	6,8	X	2,7
4f) positive Einschätzung? [a]	84,3	10,3	X	1,4	X	0
4g) Wiederholungen als Kontrollfragen interpretiert? [a]	89,0	9,8	X	X	X	1,2

Anm.: alle Angaben in Prozent der gültigen Werte, d.h. Anteil der Vpn, bei denen unter den Ratern Einigkeit erzielt wurde (N = 56 bis 82); a = Inhaltsbereich war nicht explizit erfragt, sondern ergab sich aus globaler Aufforderung, die eigenen Gedanken zu schildern; X = Antwortkategorie nicht anwendbar / nicht ausgewertet

Die Inhaltsbereiche 1, 4b, 4d und 4f weisen einen mehr oder weniger direkten Bezug zum Thema dieses Abschnitts, der Akzeptabilität, auf. Dabei zeigt sich, daß die Situation von zahlreichen Teilnehmern als belastend oder zumindest anstrengend empfunden wurde. Letzteres wäre angesichts des Umfangs der Testbatterie nicht weiter bemerkenswert. Sollten die Probanden, welche eine echte Belastung angaben, die semantische Feinheit dieser Unterscheidung in ihren Antworten allerdings korrekt erfaßt haben, wäre für rund ein Drittel zu konstatieren, daß sie die Tests als Stressoren wahrgenommen haben. Die Inspektion der einzelnen Antworten legt nahe, daß dies in erster Linie auf den Intelligenztest zurückzuführen sein könnte. Eine typische Antwort lautete etwa:

„Zweifellos war die Situation belastend, sogar unter den nicht realen Bedingungen. Ich hatte mehrmals das Gefühl (besonders beim Personal Test [gemeint ist der WPT, d.V.]) aufgrund des Zeitdrucks eine geringere Konzentrationsfähigkeit zu haben. Es war interessant, mich selbst zu beobachten, wie man in Streßsituationen reagiert." (weibliche Vp, 21 Jahre)

Die relative seltene Erwähnung der Intimität der Fragen (4b) deutet darauf hin, daß hier eher nicht das Hauptproblem gesehen wird. In den wenigen Fällen fand sich zudem ein direkter Bezug zur RVS („Fragen nach der Kindheit"), die eben wegen ihrer potentiellen Invasivität nicht als Auswahlinstrument empfohlen wird (dies ungeachtet der möglichen Validität). Positive und negative Einschätzungen zur Eignung einer solchen Batterie für die Personalauswahl halten sich ungefähr die Waage; unter den Vorbehalten fand sich oft die Vorstellung, die Tests seien wegen ihrer leichten Durchschaubarkeit zur Auslese weniger geeignet. Einige wenige Vpn äußerten sich jedoch unverblümt dahingehend, sie würden derartige Fragen in einer Bewerbungssituation als echte Zumutung empfinden. Auch wenn es sich dabei um eine Minderheit handelt, sind solche Reaktionen sehr ernst zu nehmen; es wäre ihnen ggf. durch die Möglichkeit einer Antwortverweigerung (natürlich ohne persönlichen Nachteil) Rechnung zu tragen. Insgesamt ist festzustellen, daß gegenüber Tests unterschiedlicher Art verschiedenartige Vorbehalte bestehen können, die häufig nicht in der gleichen Person zusammenfallen. Wirkliche Ablehnung scheint aber eher selten zu sein.

Aus einer anderen Perspektive, die nicht unmittelbar mit der Akzeptanz zusammenhängt, sind die Antworten zu den Bereichen 2, 3, 4c und 4 g interessant. Ein nicht geringer Teil der Stichprobe gab an, sie würden die Fragen in einer echten Bewerbungssituation zumindest teilweise anders beantworten, auch wenn nicht alle darunter dies für die eigene Person zugestehen mochten (hier wurde häufig in der dritten Person geantwortet). Dies zeigt zumindest die Absicht, in gewissem Umfang „faking" betreiben zu wollen, wobei die oft als leicht durchschaubar perzipierten Items dies besonders einfach zu machen scheinen (4c). Dies deckt sich mit der Beobachtung, daß die Scores von Persönlichkeitstests in realen Auswahlsituationen in der Tat beträchtlich erhöht sind (vgl. Abschnitt 2.2.3), was in der Vorstellung (nicht nur!) von Laien dazu führen muß, daß die Validität der Instrumente zusammenbricht. Dies ist nach allen empirischen Erkenntnissen eindeutig nicht der Fall - ein durchaus erklärungsbedürftiges Phänomen, das aus pragmatischer Sicht aber zunächst impliziert, daß für den Einsatz non-kognitiver Tests auch bei den Personalverantwortlichen Überzeugungsarbeit zu leisten ist. Auf die Akzeptanz seitens der Bewerber dürfte sich die vorgebliche Täuschungsanfälligkeit nicht unbedingt negativ auswirken, betrachtet man Transparenz und Beeinflußbarkeit des Ergebnisses mit Schuler und Stehle (1983) als Facetten der sozialen Validität. Die Ergebnisse zu den Bereichen 3 und 4g deuten ferner darauf hin, daß manche Probanden versuchen, durch bewußt konsistente Beantwortung als ähnlich wahrgenommener Items den Eindruck von Aufrichtigkeit zu wahren. Diese Strategie mag zu den mehrfach angesprochenen erhöhten Merkmalsinterkorrelationen in organisationalen Settings beitragen.

Damit soll die Interpretation der inhaltsanalytischen Auswertung abgeschlossen werden, die hier als Ergänzung zu den vorangegangenen quantitativen Analysen angefügt wurde. Die folgende Diskussion zu diesem Abschnitt wird sich weitgehend auf die standardisierte Form der Erfassung von Akzeptabilität richten, die hier konkret an einige jüngere amerikanische Arbeiten zu diesem in letzter Zeit stark bearbeiteten Thema anschließt.

9.4.4 Diskussion

Das Thema Akzeptabilität von Verfahren der Personalauswahl hat in jüngerer Zeit einen regelrechten Boom in der internationalen Forschung erlebt. Gleichwohl ist das Gebiet, ungeachtet einiger konzeptioneller Arbeiten, die ihren Ursprung zum Teil hierzulande haben, theoretisch noch nicht sehr gut erschlossen. In der Regel werden evaluative Reaktionen und deren Übertragung auf die Bewertung der durchführenden Organisation und ihrer Mitglieder untersucht, was eine stärkere Orientierung an den sozialpsychologischen Grundlagen solcher Phänomene nahelegen würde. Dies konnte und sollte in der vorliegenden Arbeit nicht geleistet werden. Aus einer pragmatischen Sicht ging es in erster Linie darum zu klären, in welchem Ausmaß und in welcher Form gegen ein in Deutschland neuartiges Instrument wie Integrity Tests mit besonderen Vorbehalten zu rechnen ist. Dies ist von bedeutender praktischer Relevanz, da negative Reaktionen nicht nur das Verhältnis von Bewerbern zu ihrem künftigen Arbeitgeber bereits zu einem sehr frühen Zeitpunkt belasten können, sondern solche Konsequenzen auch von den Personalverantwortlichen antizipiert werden - häufig auf der Grundlage des „gesunden Menschenverstands", sprich: der persönlichen Meinung -, was nicht ohne Einfluß auf die Entscheidung zur Einführung bleibt (M.M. Harris, Dworkin & Park, 1990). Darüber hinaus messen auch rechtliche Instanzen Akzeptanzaspekten wie Augenscheingültigkeit oder Invasivität großes Gewicht bei. Dies gilt im übrigen für alle Auswahlinstrumente, so daß der Versuch einer empirischen Objektivierung im Vorfeld allemal lohnend erscheint.

In der Zielsetzung zu dieser Untersuchung wurden drei Voraussetzungen definiert, die dabei erfüllt werden sollten: Vergleichbarkeit mit Alternativen (Personalauswahl ohne Auswahlinstrumente kann es nicht geben, weshalb eine relative Bewertung ungleich aussagekräftiger ist als ein isoliertes Urteil), Verläßlichkeit der abgegebenen Urteile („ehrliche Meinungen") und Vertrautheit mit dem Meinungsgegenstand. Die beiden ersten Voraussetzungen sollten bestmöglich durch die Replikation der Studie von Steiner und Gilliland gewährleistet werden, die nicht nur einen repräsentativen Querschnitt gebräuchlicher Selektionsverfahren einschloß, sondern darüber hinaus den Vergleich mit zwei in ihrer Tradition und Praxis der Personalauslese von Deutschland stark abweichenden Kulturen ermöglicht. Hier wie dort wurde auf Laboruntersuchungen mit Studenten zurückgegriffen, die durchschnittliche Bewerberpopulationen nicht ideal repräsentieren mögen, aber den Vorzug eines durch persönliche Interessen unverzerrten Urteils bieten. Auch wenn unterschiedliche Verfahren in einzelnen Aspekten differenziert beurteilt werden (z.B. Kersting, 1998), sollte eine relativ globale Bewertung wie durch die von Steiner und Gilliland adaptierte Zwei-Item-Messung eine ausreichende Vergleichsbasis für einen allgemeinen Eindruck darstellen; i.a. zeigte sich in bisherigen Untersuchungen ein genereller evaluativer Faktor - die Teilnehmer mochten ein Verfahren oder eben nicht. Die dritte Voraussetzung schließlich sollte, anders als bei Steiner und Gilliland, zumindest für die ohne Vorkenntnisse besonders schwer einzuschätzenden Tests durch Erhebung auch nach Bearbeitung erfüllt werden. Damit werden zwei bislang eher nebeneinander existierende Linien der Akzeptanzforschung verbunden: die isolierte, dafür aber vertieftere Untersuchung einzelner Instrumente und die umfassenden, aber oftmals durch unzureichende „Stellvertreter" echter Testsituationen eingeschränkten Vergleichsstudien.

Die Ergebnisse bestätigen in der Tendenz ein grobkörniges Bild, das sich in bisherigen vergleichenden Akzeptanzstudien in unterschiedlichen Kulturen immer wieder gezeigt hat: Die Probanden schätzen vertraute Verfahren wie das Bewerbungsgespräch oder die Bestandteile der Bewerbungsunterlagen, und sie legen Wert auf einen offensichtlichen Berufsbezug wie er im simulationsorientierten Konzept der Eignungsdiagnostik - hier vertreten durch die Arbeitsprobe - idealtypisch zum Ausdruck kommt. Beides ist sozialpsychlogisch unmittelbar plausibel. Der Zusammenhang von Vertrautheit und positiver Einstellung ist hinreichend dokumentiert (Zajonc, 1968), und ähnliches gilt für Prozeßmodelle der Einstellungsbildung, bei denen der Weg zur Überzeugung über das Verständnis führt (zusammenfassend Eagly & Chaiken, 1993). Den allgemein positiv bewerteten Standardinstrumenten haftet allerdings, bei der in der Praxis zumeist anzutreffenden unsystematischen Durchführung, der Nachteil mangelnder Validität an (Schuler & Marcus, in Vorb.), und Simulationen sind ihrer Natur nach auf eine bestimmte Position ausgerichtet.

Beide bedürfen für längerfristige Potentialeinschätzungen zumindest einer Ergänzung, wie sie durch Tests geleistet werden kann. Diese werden allgemein weder besonders positiv noch extrem negativ beurteilt, es sind jedoch unterschiedliche Personen, die gegenüber kognitiven und nicht-kognitiven Verfahren Vorbehalte hegen. Innerhalb der letzten Gruppe und auch insgesamt nehmen Integrity Tests in dieser deutschen Population eine unauffällige Position in der neutralen Mitte ein. Besondere Bedenken, die man etwa aus dem heiklen Charakter des in diesen Tests thematisierten Verhaltens ableiten könnte, lassen sich, sowohl aus der standardisierten Erhebung in beiden Stichproben als auch aus der Inhaltsanalyse, allenfalls für eine kleine Minderheit feststellen. Allgemein scheint es eine Personengruppe zu geben, die Persönlichkeitstests i.w.S. als Auswahlinstrument ablehnt. Dies gilt jedoch, in unterschiedlichem Ausmaß, für jedes der untersuchten Verfahren. Integrity Tests werden, besonders nach einer persönlichen Erfahrung damit, im Mittel ohne Begeisterung, aber auch nicht reaktant aufgenommen. In dieser Hinsicht unterschieden sich die deutschen Probanden nicht von den amerikanischen bei Steiner und Gilliland, wohl aber von deren französischer Stichprobe, die lediglich durch eine kurze Beschreibung mit dem Verfahren bekanntgemacht worden war. Betrachtet man Akzeptabilität und Validität als die wesentlichen Kriterien für den praktischen Einsatz eines Auswahlverfahrens, so spricht letzteres bei Integrity Tests dafür und ersteres nicht dagegen. Diese Kombination kann sonst nur noch von Arbeitsproben und strukturierten Interviews übertroffen werden, die beide hohe Validität mit hoher Akzeptanz verbinden (zur Akzeptanz strukturierter Interviews siehe Rynes & Connerley, 1993; Smither et al., 1993).

Undurchsichtige Verfahren wie die Handschriftenanalyse werden dagegen eindeutig negativ bewertet (ähnlich auch Astrologie und Polygraphie bei Kravitz et al., 1996), dies tendenziell sogar in Frankreich, wo sie zum Standardrepertoire der Eignungsdiagnostik zählt. Dies scheint zu illustrieren, daß Vertrautheit mangelnde Augenscheingültigkeit nicht vollständig kompensieren kann. Ähnliches gilt für „Vitamin B" (persönliche Beziehungen lagen bei den Vorerfahrungen an dritter Stelle), bei dem der Bezug zur späteren Leistung nicht nur augenscheinlich zweifelhaft sein dürfte. In diesen Fällen (zur Graphologie etwa Neter & Ben-Shakhar, 1989) decken sich die Befunde zur Akzeptanz mit denen zur Validität, von einem generellen „Dilemma" zwischen diesen beiden Kriterien (Cropanzano & Konovsky, 1995) kann also keine Rede sein. Es kommt vielmehr darauf an, unter der Vielzahl von Selektionsinstrumenten eine Auswahl zu treffen, die technischen wie sozialen Mindeststandards genügt und sich dabei in der Abdeckung relevanter Anforderungselemente ergänzt. Soll die Prognose über den Tag und die Position hinausreichen, sollte dafür, nach der Vorselektion aufgrund von Bewerbungsunterlagen, eine Kombination von Intelligenz- und Integrity Test als Erweiterung des klassischen (besser: strukturierten) Bewerbungsgesprächs in Betracht gezogen werden.

Mit Blick auf den gegenwärtigen Stand der Akzeptanzforschung zeigen die vorliegenden Untersuchungen, daß die Präsentation der bloßen Beschreibung eines Verfahrens nicht ausreicht, um die tatsächlichen Reaktionen darauf zu erfassen. Auch wenn sich die Einschätzungen bei der zweiten Messung im Mittel kaum änderten, die individuellen Urteile taten dies in erheblichem Ausmaß, wie die korrelative Analyse ergab. Die Einstellungen zu einer Kurzbeschreibung waren nicht die gleichen wie die zu einem wirklich bearbeiteten Test. Daraus ist zu folgern, daß erstere als Näherungsvariablen für letztere von begrenztem Nutzen sind. Dies wird verständlich, wenn man sich vor Augen führt, daß die wenigsten Bewerber schon persönliche Erfahrungen mit Intelligenz-, noch weniger mit Persönlichkeitstests gemacht hatten, und daß den Begriff „psychologischer Test" in der breiteren Öffentlichkeit noch immer der Hauch des Geheimnisvollen umweht, dessen individuelle Fehldeutungen zwischen Röntgenblick und Hokuspokus streuen. Die Validierung der ursprünglichen Urteile an denjenigen nach konkret gesammelter Erfahrung ergab im wesentlichen, daß auch dann noch Vorbehalte mittleren Ausmaßes gegen Tests bestehen, jedoch zum Teil von anderen Personen und mglw. auch aus anderen Gründen. Letztere scheinen bei Persönlichkeitstests seltener in der Invasivität der Fragen zu liegen, wie oft gemutmaßt, sondern eher in Zweifeln an der Validität aufgrund der wahrgenommenen Durchschaubarkeit der Fragen (das „Geheimnis" scheint gelüftet). Die Laien in dieser Untersuchung mögen sich damit trösten, daß sie sich mit diesem Irrtum in bester Gesellschaft nicht weniger Fachkollegen befinden.

Aber auch vertraute Instrumente wie das Interview mögen anders eingeschätzt werden, nachdem sie unmittelbar erlebt wurden (Rynes, 1993b). Gerade unstandardisierte, interaktive Verfahren streuen schon begriffsnotwendig ganz erheblich in Abhängigkeit von Umständen und Interaktionspartnern von Durchführung zu Durchführung in praktisch allen Merkmalen. Selbst Smither et al. (1993), die lediglich Szenarien unterschiedlicher Interviewbedingungen einsetzten, fanden eine erhebliche Streuung der mittleren Urteile ihrer Vpn. Wir sollten daher aus Studien wie der von Steiner und Gilliland und ihrer hier erfolgten Replikation nicht mehr herauszulesen versuchen als die oben beschriebenen groben Tendenzen. Dies gilt auch für eventuelle kulturelle Differenzen bei einzelnen Verfahren, die sich zwischen allen drei beteiligten Nationen in großer Zahl fanden, aber keine eindeutige Tendenz erkennen lassen. Möglich, daß bestimmte Kulturunterschiede die beobachteten Vorlieben erklären könnten; allein, sie erschließen sich dem Verfasser dieser Arbeit nicht. Unter den faktorenanalytisch als zusammengehörig identifizierten Verfahrensklassen findet sich nicht ein über alle Elemente konsistenter Mittelwertsunterschied zwischen den Stichproben. Dies läßt den Stichprobenfehler als vorläufig plausibelste Erklärung für die Differenzen erscheinen; die im groben ähnliche Tendenz, mit gewohnten und offensichtlich berufsrelevanten Verfahren an der Spitze der Bewertung, gefolgt von Tests und mit zweifelhaften Instrumenten am Ende der Skala, bleibt überall erhalten, wird aber mglw. manchmal von Stichprobencharakteristika, Instruktionen bei der Durchführung und dem unterschiedlichen Verbreitungsgrad in verschiedenen Kulturen teilweise überlagert.

Die Testergebnisse wurden in der vorliegenden Untersuchung nicht zurückgemeldet. Die diesbezüglichen Korrelationen erfassen also nur den Zusammenhang zwischen objektiver Testleistung und Beurteilung, nicht den des Feedback (das eine gewichtige Determinante der Einstellung, auch zu Organisation und Position, ist; z.B. Bauer et al., 1998; Gilliland, 1994; Kluger & Rothstein; 1993). Die direkte Beziehung zwischen Testwert und -bewertung ist, mit Ausnahme des Intelligenztests, eher schwach und inkonsistent. Dies läßt sich als Indiz dafür werten, daß die Probanden ihre eigene Leistung in Relation zu anderen bei Intelligenztests besser einschätzen können als bei Persönlichkeitsinventaren. Die eingesetzten nicht kognitiven Verfahren sind in dem Sinne mglw. doch nicht so leicht durchschaubar, daß den Teilnehmern zwar die „erwünschte" Antwortrichtung häufig klar ist, nicht aber, wo sie mit ihrem individuellen Antwortverhalten relativ stehen. Sie müssen ihr Ausmaß an „faking", wenn sie es denn bewußt anwenden, dosieren, um nicht aufzufallen. Wenn sich alle ein wenig gewissenhafter, „integerer", emotional stabiler darstellen als sie tatsächlich zu sein glauben, ändert sich die Rangfolge der Individuen kaum. Dies mag zum Teil erklären, daß die Validität derartiger Tests trotz aller Täuschungsversuche erhalten bleibt. Die Unabhängigkeit von Bewertung und Leistung bei Persönlichkeitstests hat auch einen praktischen Effekt: Es existieren weder Synergien noch Unverträglichkeiten zwischen den Merkmalen der Validität und Akzeptablität; sie sind also für die Entscheidung über den Einsatz individuell zu gewichten. Bei Intelligenztests ergibt sich dagegen der angenehme Nebeneffekt, daß diejenigen, die letztlich durch das Verfahren ausgewählt würden, nicht nur bessere (berufliche) Leistungen zeigen, sondern auch den Test im Mittel positiver beurteilen.

Wir können insgesamt für diesen Abschnitt festhalten, daß die Bewertung des zusammengefaßten Integrity Tests als Auswahlinstrument keinen Anlaß zu Euphorie, aber auch nicht zu übermäßiger Besorgnis bietet. Er wird durchschnittlich und damit nicht schlechter beurteilt als andere nicht kognitive Tests, die in ihrer Evaluation durch die Teilnehmer als Gruppe wahrgenommen werden. Zu dieser Gruppe zählen Intelligenztests in verschiedener Hinsicht nur bedingt. Die Resultate zur Relation zwischen den Tests traten nach der Durchführung eher noch deutlicher auf als zuvor und wurden auch durch Befunde im Sample der Itemanalyse gestützt. Damit unterscheidet Integrity Tests auch hierzulande hinsichtlich der Akzeptabilität wenig von allgemeinen Persönlichkeitstests, so daß die Validität das ausschlaggebende Kriterium für die Entscheidung über einen praktischen Einsatz sein sollte. Dazu liegen bislang, mit Ausnahme der Pilotstudie und der schulischen Leistungskriterien, keine eigenen Daten vor. Deren Erhebung ist jedoch Gegenstand der nächsten Stufe des Forschungsprojekts, in dessen Zusammenhang diese Arbeit stand. Damit schließt sich der Kreis unserer Untersuchungen, und wir können einen abschließenden Blick zurück und nach vorne werfen.

10 Fazit und Ausblick

Am Beginn dieser Arbeit stand die Feststellung, daß schädigendes Verhalten von Mitarbeitern in Wirtschaftsorganisationen zwar ein Problem darstellt, mit dem praktisch jedes Unternehmen in mehr oder minder starkem Ausmaß konfrontiert ist, dessen Erklärung jedoch bislang nur in sehr unzureichendem Maße zum Gegenstand wissenschaftlicher Untersuchungen gemacht wurde. Ziel der vorliegenden theoretischen und empirischen Analysen war es in erster Linie, hier an einem Punkt anzusetzen, der von der Forschung - vor allem außerhalb des angloamerikanischen Raums - ganz besonders stiefmütterlich behandelt wurde: den dispositiven Ursachen in der Person des einzelnen Mitarbeiters. Dabei konnte auf Literatur aus unterschiedlichen Anwendungsfeldern und Disziplinen zurückgegriffen werden, deren Perspektiven bisher zumeist unverbunden und ohne erkennbare wechselseitige Rezeption nebeneinander existierten. Daraus ergab sich ein durchaus bereits facettenreiches Bild - es war keineswegs nötig, bei Null anzufangen und in einem exploratorischen Fischzug nach mglw. relevanten Konstrukten zu suchen. Der Kenntnisstand erlaubte es, das Bestehende zu verknüpfen, um damit das Verständnis möglicher Zusammenhänge innerhalb des komplexen Feldes personaler Ursachen schädlichen Verhaltens am Arbeitsplatz zu befördern. Die Fragestellung, soweit sie hier empirisch untersucht wurde, beschränkt sich dabei weitgehend auf die Binnenstruktur unterschiedlicher Bereiche relevanter Dispositionen. Darin ist aber auch schon der Blick über diesen Komplex hinaus angelegt. Letzteres ist Gegenstand des Ausblicks, während es an dieser Stelle in begrenztem Umfang möglich ist, zu ersterem bereits ein Fazit zu ziehen.

Wir haben dabei drei Bereiche abgegrenzt, die sich methodisch als unterschiedliche Formen des Zugangs zur personalen Erklärung des interessierenden Verhaltens interpretieren lassen, denen theoretisch jeweils verschiedene Arten von Dispositionen mit sehr eigenständiger Tradition zugeordnet sind. Der erste (im theoretischen Teil zuletzt vorgestellte) Ansatz stützt sich auf die Theorie von M. Gottfredson und T. Hirschi (1990), deren Gegenstand eigentlich nicht betriebliche Devianz, sondern Kriminalität in allerdings denkbar allgemeiner Auslegung ist. Es ließ sich jedoch zeigen, daß Kontraproduktivität als Explanandum dieser Untersuchung unter die bei G&H erklärten Sachverhalte fällt, indem deren zentrales definitorisches Merkmal, die unmittelbare Erreichung eines universell attraktiven Ziels auf Kosten langfristiger Eigeninteressen, durch alle eingeschlossenen Verhaltensweisen erfüllt wird: Kurzfristig können Besitz, Freizeit, ein Rauschzustand oder die Befriedigung aggressiver Impulse erlangt werden, wobei aber andere geschädigt werden, deren Wohlwollen auf lange Sicht bedeutsam für die eigene berufliche Entwicklung ist. Dies kann zumindest potentiell negative Konsequenzen nach sich ziehen, die den kurzfristigen Gewinn mehr als aufwiegen. Aus dieser und anderen Gemeinsamkeiten im Verhalten leiten G&H direkt die Existenz einer personalen Eigenschaft ab, die sie Selbstkontrolle nennen. Dieser Trait ist also unter den hier untersuchten Dispositionen am unmittelbarsten an das Verhalten geknüpft.

Empirisch zeigte sich in der vorliegenden Arbeit, daß eine auf einschlägigen Verhaltensweisen beruhende Skala der Selbstkontrolle (die RVS) ein eindimensionales Konstrukt mißt. Die eingeschlossenen Erscheinungsformen waren dabei oberflächlich betrachtet äußerst heterogen; ihnen lag erkennbar außer den bei G&H spezifizierten Merkmalen keine Gemeinsamkeit zugrunde, nicht einmal die der sozialen Devianz in einem an anerkannten Normen orientierten Sinne. Der retrospektive Charakter des Fragebogens über mehrere Lebensabschnitte hinweg erlaubt zudem die Interpretation, daß das damit erfaßte Konstrukt ein erhebliches Maß an Stabilität aufweist. Daraus läßt sich mit aller gebotenen Vorsicht schließen, daß Manifestationen geringer Selbstkontrolle sensu G&H, gleich in welcher Form, tatsächlich eine gemeinsame, stabile Ursache in der Person zugrunde liegt. Aus der deduktiven Ableitung von Kontraproduktivität als Teilbereich dieses umfassenden Verhaltenskomplexes ergibt sich, daß auch diesen Handlungen die gleiche Ursache gemein sein sollte. Darauf deuten zwar schon einige Studien anderer Autoren hin, dies empirisch eindeutiger zu untermauern, wäre jedoch in einer explizit daraufhin angelegten Untersuchung erst noch zu leisten. An dieser Stelle läßt sich feststellen, daß die Existenz eines Trait i.S.v. G&Hs „Allgemeiner Theorie" durch die Konstruktion und Analyse der RVS deutlich gestützt wurde. Diese Eigenschaft wurde zwar aus empirisch vorgefundenen Korrelationsmustern abgeleitet, jedoch durch Explikation bestimmter Verhaltensmerkmale untermauert, deren Vorliegen intersubjektiv überprüfbar ist. In der Analyse der RVS hat sich gezeigt, daß diese logische Basis einen empirischen Test übersteht, der Verhaltensweisen weit jenseits der Delinquenz i.e.S. einschließt, die G&H als empirische Grundlage - und ihren Kritikern als Grundlage des Tautologiearguments dienten. Dies ist m.E. ein außerordentlich wichtiger Schritt zur konzeptionellen Stützung der Theorie.

G&H haben eine *gemeinsame* Ursache abweichenden Verhaltens identifiziert, die in künftigen Diskussionen um Devianz am Arbeitsplatz nicht unberücksichtigt bleiben kann. Damit ist natürlich keineswegs ausgesagt, daß es sich um die *einzige*, oder auch nur die einzige personale Erklärung handeln muß. Aus einer bzw. eigentlich zwei ganz anderen Traditionen haben sich in den USA Integrity Tests entwickelt, auf denen die beiden anderen hier spezifizierten Zugangsformen basieren. Dort - und in dem bescheidenen Umfang der eigenen Pilotstudie auch hierzulande - haben sie sich als bedeutsame Prädiktoren kontraproduktiven Verhaltens erwiesen. Aus theoretischer Sicht gilt es zu klären, ob es sich dabei um eigenständige Beiträge handelt oder ob die Geladenheit von Integrity Tests mit Selbstkontrolle zur Erklärung von deren Vorhersagekraft ausreicht. Der empirische Teil dieser Arbeit beschränkte sich auf einen ersten Schritt zur Beantwortung dieser Frage, indem zunächst die Beziehungen zwischen den einbezogenen Dispositionen untersucht wurden.

Dabei ist zunächst zwischen beiden Arten von Integrity Tests zu unterscheiden. Es fällt auf, daß sich die Autoren der amerikanischen Vorbilder für die eigenen Entwicklungen praktisch durchgängig entweder auf die sozialpsychologische Tradition der Verhaltensprognose aus Einstellungen berufen oder auf die Messung von Eigenschaften im Sinne deskriptiver Modelle der Differentiellen Psychologie - genauer hier auf den empirizistischen Zweig der Fragebogenentwicklung über Kontrastgruppenstudien.

Die erste Gruppe der Verfasser einstellungsorientierter Tests wählt dabei einen Zugang, der dem zu prognostizierenden Verhalten noch relativ nahesteht. Mit direktem Bezug auf konkrete Handlungen werden Items formuliert, die sich auf wertende Reaktionen, Meinungen oder Überzeugungen zu dem fraglichen Verhalten richten, oder auf die eigenen Intentionen in diesem Zusammenhang. Mit Ausnahme der letzteren Spielart geben die Testteilnehmer dabei aber keine direkte Auskunft über sich selbst - ihre Vergangenheit oder ihr gegenwärtiges Wesen -, sondern äußern sich über ihre Ansichten zu externen Objekten. Dies weist für einstellungsorientierte Integrity Tests zunächst auf einen phänomenologischen Unterschied zu Selbstkontrolle hin. Es werden in der hier gewählten Umsetzung entweder Einschätzungen ohne Selbstbezug oder bloße Erwartungen an das eigene Verhalten erhoben. Bemerkenswert ist mit Blick auf die oben aufgeworfene Frage auch eine konzeptionelle Differenz: Autoren einstellungsorientierter Integrity Tests haben sich explizit darauf berufen, daß *spezifische* Einstellungen zur Prognose spezifischer Handlungen, als die sie Diebstahl, Absentismus usw. ansehen, nötig seien (Jones, 1991b) - ein unübersehbarer Gegensatz zu G&H.

Empirisch finden sich aber, auch im eigenen Test, Faktoren, die eher unterschiedliche Einstellungskomponenten widerspiegeln denn verschiedene Inhalte. Diesen Komponenten lag nun, weniger deutlich als bei der RVS, wiederum ein gemeinsamer Faktor zugrunde. Es hat sich gezeigt, daß wir diesen Einstellungsfaktor weder als Selbstkontrolle sensu G&H noch als g-Faktor der Persönlichkeit i.S.v. Ones und Kollegen interpretieren dürfen. Es scheint sich um ein eigenständiges Konstrukt zu handeln, das konzeptionell und methodisch zwischen der verhaltensmäßigen Erfassung durch die RVS und der traditionellen Eigenschaftsmessung über globale Selbsteinschätzungen steht.

In einer kürzlich erschienenen Untersuchung gingen Ouellette und Wood (1998) unterschiedlichen Wegen nach, über die eigenes Verhalten in der Vergangenheit zukünftige Handlungen beeinflußt. Dabei zeigte sich, daß häufige und stark habitualisierte Akte direkt gewohnheitsmäßig ausgeführt werden, während bei seltenen Handlungen in ungewohnter Umgebung der Weg von Vorerfahrungen über Verhaltensabsichten führt. Nun sind kontraproduktive Akte sicher in unterschiedlichem Maße habitualisiert (Diebstahl z.B. weniger als Suchtverhalten), was darauf hindeutet, daß Einstellungen bei einigen dieser Handlungen ein größerer eigenständiger Erklärungswert zukommt als bei anderen. Dies ist *ein* möglicher Pfad für eine inkrementelle Validität einstellungsorientierter Integrity Tests über Selbstkontrolle hinaus.

Ein anderer führt über die Spezifität[59]: G&H lassen keine besonderen Erklärungen für einzelne Erscheinungsformen gelten. Die eigenen Daten deuten jedoch darauf hin, daß neben einem generellen Faktor der Selbstkontrolle noch hinreichend Raum für spezifische dispositive Ursachen einzelner Verhaltensweisen bleibt, die mglw. durch enger definierte Einstellungen besser berücksichtigt werden können als durch den allgemeinen Faktor der Selbstkontrolle. Um Mißverständnissen vorzubeugen, sei außerdem darauf hingewiesen, daß Selbstkontrolle nicht mit dem unbewußt gesteuerten Gewohnheitsverhalten verwechselt werden darf, das Ouellette und Wood meinen, wenn sie vom direkten Einfluß vergangenen Verhaltens auf das zukünftige sprechen. Diese extrem spezifischen Verhaltenseinheiten sind in der Hierarchie der Generalität am entgegengesetzten, unteren Ende der Pyramide anzusiedeln. Wir können bis zu diesem Punkt festhalten, daß Selbstkontrolle und die in den entsprechenden Integrity Tests erfaßten Einstellungen in einem Verhältnis zueinander stehen, das neben einem gewissen Grad der Konvergenz auch empirisch nachweisbare Unterschiede aufweist, deren mögliche theoretische Implikationen es erforderlich machen, diese Bereiche auch in künftigen Forschungen auseinanderzuhalten.

Ähnliches gilt auch für den dritten hier untersuchten Bereich der Dispositionen: über globale Selbsteinschätzungen erfaßte Persönlichkeitseigenschaften. Eigenschaftsorientierte Integrity Tests beruhen auf einer Tradition, die eine Verbindung zum Verhalten auf rein empirischem Wege herzustellen versucht. Items aus allgemeinen Persönlichkeitstests werden daraufhin untersucht, ob sie zwischen hinsichtlich eines Kriteriums unterscheidbaren Gruppen trennen können, und auf dieser Grundlage ausgewählt. Das Ergebnis sind Skalen, denen in weiten Teilen der offensichtliche Verhaltensbezug fehlt, obwohl sie unmittelbar aufgrund ihrer Kriteriumsrelevanz zusammengestellt wurden. Die darin erfaßten Merkmale entstammen dem Spektrum deskriptiver Traits, und sie werden zumeist auch so gemessen - über Einschätzungen der eigenen Person in sehr viel abstrakterer Form als bei den zuvor dargestellten Bereichen. In diesem Sinne stellen diese Dispositionen *Korrelate* des Verhaltens dar, die von diesem konzeptionell unmittelbar unterschieden werden können. Als Erklärungsvariablen bedürfen sie einer je eigenständigen Begründung, die im Falle typischer Vertreter dieser Gattung von Integrity Tests, wegen deren empirizistischer Konstruktionsweise, nur nachgeliefert werden kann. Dafür ist es außerordentlich bedeutsam, die Binnenstruktur der Tests zu kennen, da sich nur so bspw. eine Aussage darüber treffen läßt, ob der empirische Zusammenhang zum Kriterium aufgrund eines generellen Faktors im Bereich deskriptiver Eigenschaften oder durch die Addition verschiedener, mglw. auf unterschiedliche Weise relevanter Traits zustandekommt.

Es war bei der eigenen Konstruktion nicht möglich, den Prozeß der Itemselektion mittels Kontrastgruppen nachzubilden; der Test wurde jedoch, wie auch die einstellungsorientierte Variante, in Anlehnung an die mehrfach nachgewiesenen Inhalte amerikanischer Vorbilder entwickelt, so daß er mit einiger Gewißheit als prototypi-

---

[59] der Erscheinungsformen devianten Verhaltens; *nicht* gemeint ist hier die Situationsspezifität, die damit freilich keineswegs negiert werden soll.

scher Vertreter seiner Gattung angesehen werden kann. Es zeigte sich, im Gegensatz
zu den beiden anderen Zugangsformen, daß dem Verfahren eindeutig kein genereller
Faktor zugrunde liegt. In Übereinstimmung mit einer dazu konkurrierenden Hypothese von Hough, Schneider und anderen setzte sich der Test aus verschiedenen, nur
im Einzelfall korrelierenden Persönlichkeitsmerkmalen zusammen. Daraus läßt sich
zunächst schließen, daß auch der eigenschaftsorientierte Integrity Test, noch deutlicher als bei den Einstellungen, *nicht* Selbstkontrolle i.S.v. G&H mißt, obwohl er mit
der RVS korreliert. Auch ein gemeinsamer Integrity-Faktor mit dem einstellungsorientierten Verfahren ließ sich empirisch nicht bestätigen. Für die Binnenstruktur der
untersuchten Zugangsformen hat dies die Implikation, daß Versuche, die in Integrity
Tests erfaßten Konstrukte als Selbstkontrolle sensu G&H zu interpretieren, ebenso
untauglich sind wie umgekehrt das Bestreben, G&Hs Konstrukt nach Art klassischer
Persönlichkeitsinventare zu messen. Wir haben gesehen, daß eine entsprechende
Skala von Grasmick und Kollegen in jeder Hinsicht eher einem eigenschaftsorientierten Integrity Test gleicht als einer theoriekonformen Operationalisierung von
Selbstkontrolle.

Wenn also eigenschaftsorientierte Integrity Tests etwas nochmals anderes erfassen
als Selbstkontrolle und Einstellungen, dann ist zumindest eine Voraussetzung inkrementeller Validität für die Verhaltenserklärung erfüllt. Die interne Struktur dieser
Instrumente, die sich aus einzelnen, innerhalb von Costa und McCraes Variante des
FFM sehr gut erklärbaren Komponenten zusammensetzt, läßt noch stärker als beim
einstellungsorientierten Test vermuten, daß das Erklärungspotential auf einer spezifischeren Ebene des Verhaltens als der der Selbstkontrolle zu vermuten ist. Es erscheint unmittelbar plausibel, daß Verträglichkeitsfacetten zwar die Ausprägung unmittelbar sozial schädigender Handlungen erklären helfen, aber kaum Suchtverhalten
oder Absentismus, daß Sensation Seeking aufregende Handlungen direkt beeinflußt,
aber den Hang unter der Woche auszuschlafen höchstens sehr indirekt, daß ein negatives Selbstbild mit Suchtverhalten enger zusammenhängt als etwa mit der Verlängerung der Mittagspause. Einzig Bereiche der Gewissenhaftigkeit können für sich eine
gewissen Allgemeinheitsgrad in Anspruch nehmen, und es ist interessant festzustellen, daß sich hier auch die konsistentesten Beziehungen zu Selbstkontrolle finden.
Für spätere Untersuchungen, die Kontraproduktivität als Kriterium einbeziehen, lassen sich daraus spezifische Hypothesen ableiten sowie generell die Forderung formulieren, innerhalb des Verhaltens entsprechende Differenzierungen vorzunehmen.

Wir können die Beziehungen zwischen den drei untersuchten Bereichen dispositiver Ursachen kontraproduktiven Verhaltens vielleicht wie folgt zusammenfassen:
Selbstkontrolle als ein direkt aus den Verhaltensmerkmalen abgeleiteter Trait weist
die größte Verhaltensnähe auf, gleichzeitig die konzeptionell größte Entfernung zum
deskriptiven Persönlichkeitsmodell des FFM, die am weitestengehend eindimensionale Binnenstruktur[60] und die potentiell höchste Allgemeingültigkeit bei der Erklä-

---

[60] Daß sich Verhaltensnähe und Eindimensionalität positiv proportional verhalten, mag zunächst
überraschen, wird doch Verhalten allgemein, und Devianz im besonderen, als komplex verursacht
angesehen. Es ist aber gerade eine grundlegende Behauptung der Theorie von G&H, daß kriminellen

rung unterschiedlicher Erscheinungsformen der Kontraproduktivität. Eigenschafts-orientierte Integrity Tests stehen in allen diesen Punkten am anderen Ende der Skala, einstellungsorientierte Verfahren dazwischen. Alle drei Bereiche sind von kognitiven Fähigkeiten weitgehend unabhängig. Sie sind untereinander nicht nur phänomeno-logisch unterscheidbar, sondern auch empirisch und sollten aufgrund bedeutsamer kon-zeptioneller Unterschiede weiterhin getrennt behandelt werden.

Es scheint jedoch auch Gemeinsamkeiten in der Binnenstruktur der drei Bereiche zu geben, die jenseits der offensichtlichen Beziehung zu sich weitgehend über-lappenden Verhaltenskomplexen liegen. Ein wichtiges Bindeglied scheinen dabei die Verhaltensabsichten darzustellen, die mit allen Facetten bzw. Kategorien der drei Tests bedeutsam korrelieren. Sie verbindet mit Selbstkontrolle der unmittelbare, wenn auch in die Zukunft gerichtete Verhaltensbezug (wobei die Vergangenheit bei der Erwartungsbildung keine geringe Rolle spielen dürfte) und mit Eigenschaften der Bezug zur eigenen Person. Intentionen überhaupt als Einstellungskomponente zu betrachten ist wie erwähnt nicht unumstritten, findet hier aber durchaus empirische Unterstützung. Auf die mögliche Rolle von Verhaltensabsichten als Mediatorvariable wurde bereits hingewiesen. Innerhalb der Eigenschaften zeigen der Faktor Gewissen-haftigkeit und seine Facetten eine allgemeine Affinität zu Selbstkontrolle, in bezug auf den einstellungsorientierten Integrity Test gilt dies eher für emotionale Stabilität (vgl. zum Ganzen Tabellen 9, 13 und 15). Hier ist eine plausible Erklärung weniger offensichtlich (siehe jedoch oben), der Befund sollte aber mit Blick auf zukünftige Forschungen zumindest festgehalten werden.

Neben diesen theoretischen Fragen aus dem vielschichtigen Feld der Konstrukt-validität zählten auch eher anwendungsbezogene Aspekte zu den Gegenständen die-ser Untersuchung. Eine generelle Fragestellung bezog sich dabei auf die Übertrag-barkeit der Befunde zu den bislang auf den angloamerikanischen Raum beschränkten Integrity Tests auf unsere Kultur. Weder die tentative Prüfung der kriterienbezogenen Validität in der Pilotstudie, noch die intensive Untersuchung von Binnenstruktur und nomologischem Netz, noch auch die direkt kulturvergleichende Studie zur Akzeptanz deuten darauf hin, daß hier mit wesentlichen Abweichungen zu rechnen ist. Die eige-nen Integrity Tests korrelierten selbst in einer noch sehr unfertigen Vorform mit Ein-geständnissen kontraproduktiven Verhaltens; sie zeigten in wesentlich überarbeiteter Form ähnliche Werte der Reliabilität, einen weitgehenden Erhalt der intendierten Struktur sowie vergleichbare Beziehungen zu anderen Konstrukten wie ihre amerika-nischen Vorbilder; und sie wurden mit ähnlichen, im Ausmaß verglichen mit anderen Verfahren unauffälligen Vorbehalten bewertet wie dort. Gleichwohl handelt es sich noch immer um Forschungsinstrumente, die nicht auf die praktische Verwendung in der Personalauswahl hin optimiert wurden und davor zumindest einer vertiefenden Prüfung der Kriteriumsvalidität sowie der Normierung bedürfen. Diese Untersu-

---

und analogen Handlungen gemeinsame, durch eine einzelne Disposition erklärbare Merkmale zugrunde liegen. Integrity Tests beider Arten gehen bei ihrem Zugang zur Verhaltensprognose nicht von dieser Voraussetzung aus und können sich daher Spezifika einzelner Erscheinungsformen we-sentlich stärker zunutze machen. Diese Ebene der Spezifität unterhalb der Generalität spiegelt sich auch in ihrer internen Struktur.

chungsschritte werden kaum ohne nochmalige Revision vonstatten gehen. Für den Moment, und als Vertreter einer in Deutschland neuartigen Gattung von Selektions-instrumenten, haben sie jedoch ihre ersten Bewährungsproben bestanden. Einem künftigen Einsatz dieser oder ähnlicher Verfahren steht von daher hierzulande nichts Grundsätzliches entgegen.

Die eben erwähnten praktischen Überlegungen führen uns schon vom Fazit des Erreichten hin zum Ausblick auf das noch zu Leistende. Einige künftige Forschungs-felder ergeben sich aus Schwächen oder Lücken der vorliegenden Arbeit und wurden z.T. bereits angedeutet; andere können daran anknüpfen, gehen aber inhaltlich weit über die hier berichteten empirischen Studien hinaus.

Zu den Ansatzpunkten der ersten Kategorie zählt sicher der Umstand, daß hier, mit Ausnahme der Pilotstudie, auf studentische Stichproben zurückgegriffen wurde. Dies erschien angesichts der spezifischen Fragestellungen, die empirisch bearbeitet wurden und weitgehend im Bereich der Konstruktvalidität bzw. der Akzeptabilität angesiedelt waren, aus den genannten Gründen vertretbar. Einige Untersuchungen, etwa zur Stabilität der Skalenstruktur, der Zusammenhänge mit Intelligenz oder der Unabhängigkeit der retrospektiven Messung der Selbstkontrolle vom aktuellen Alter, hätten jedoch von heterogeneren Stichproben profitieren können. Dies sollte bei möglichen Replikationen Berücksichtigung finden. Unbedingt erforderlich erscheint Feldforschung mit Bewerbern bzw. aktuell Beschäftigten für künftige Studien, die Kriterien aus den Bereichen Kontraproduktivität und allgemeine berufliche Leistung einschließen. Entsprechende Untersuchungen sind zum Zeitpunkt der Niederschrift bereits auf dem Weg.

Mit Blick auf den internationalen Stellenwert z.B. der Prüfung alternativer Hypo-thesen zu Integrity und FFM, aber auch generell zur Allgemeingültigkeit der Be-funde, wäre es wünschenswert, neben den Eigenentwicklungen auch auf Instrumente zurückgreifen zu können, die direkte Übertragungen amerikanischer Verfahren dar-stellen. Zumindest ein deutschsprachiger Integrity Test befindet sich offenbar derzeit in Vorbereitung (Weinert & Hogan, in Vorb.; nach Weinert, 1998). Dabei handelt es sich um die Übersetzung der jüngsten, stark verkürzten Version des HRI im Zuge der Adaption des allgemeinen Hogan-Inventars, die übrigens in Schweden schon weiter vorangekommen zu sein scheint (Mabon, 1998). Dies ist die gleiche Skala, die wegen ihrer Kürze bereits im Zusammenhang mit der Studie von J. Hogan und Brinkmeyer (1997) als wenig repräsentativ eingeschätzt wurde. Dies sollte darauf hinweisen, daß künftige Studien mit diesem oder anderen Instrumenten die eigenen Entwicklungen, bei denen Prototypikalität ein wichtiges Kriterium war, ergänzen, aber nicht unbe-dingt ersetzen können.

Einen weiteren Ansatzpunkt für Verbesserungen der eigenen Untersuchungen bietet die Qualität des als Indikator für Ehrlichkeit interpretierten Verhaltenskriteri-ums. Dabei handelte es sich wie erwähnt um eine Notlösung, die aufgrund eines teil-weise negativen Votums der Ethikkommission der DGPs zum ursprünglichen Vor-haben ersonnen worden war. Obwohl ganz ähnliche Versuchsanordnungen andern-orts auf weniger Vorbehalte gestoßen waren, sind diese Entscheidung und ihre Beweggründe unbedingt zu respektieren. Das Design der als Ersatz eingesetzten Variante scheint aber entweder das intendierte Konstrukt nicht gut genug operationalisiert zu haben, oder aber es mangelte der umfangreichen Testbatterie tatsächlich an Validität zur Prognose des Verhaltens. Künftige Prüfungen objektiver Verhaltenskriterien sollten jedenfalls auf weniger ambivalente Maße zurückgreifen und würden sicher zu eindeutigeren Aussagen kommen, wenn die Probanden mehr als eine Gelegenheit zum Handeln erhielten. Dies war im Rahmen der vorliegenden Arbeit nicht praktikabel.

Einige untersuchte Fragestellungen waren in dieser Arbeit eher randständig und konnten daher nur gestreift werden. Dazu zählt etwa die clusteranalytische Prüfung konkurrierender Annahmen über entwicklungsbezogene Taxonomien kriminologischer Tätertypen. Die RVS bietet durch ihren retrospektiven Charakter die Möglichkeit einer solchen Prüfung, ohne auf aufwendige Längsschnittstudien zurückgreifen zu müssen. Angesichts des Wesens der Stichprobe und des weitgehend delinquenzfreien Gehalts des Fragebogens konnte dies mit den vorliegenden Daten freilich nur sehr tentativ geschehen und bedarf einer vertiefenden Überprüfung. Hierzu sollten sich eher Fach-Kriminologen berufen fühlen als der Autor der vorliegenden Untersuchung. Als ähnlich vorläufig sollten die Resultate zur Umsetzung der Typologie devianten Verhaltens am Arbeitsplatz von Robinson und Bennett (1995) in den Selbstbericht aus der Pilotstudie oder die Prüfung der inkrementellen Validität von Tests über die Schulnoten hinaus für die Prognose von Studienleistungen angesehen werden. In beiden Fällen ist insbesondere die Stichprobengröße unzureichend.

Auf andere Lücken bzw. Anregungen, die sich direkt aus den empirischen Untersuchungen im Rahmen dieser Arbeit ergeben, wurde bereits weiter oben in diesem Abschnitt hingewiesen. Künftige Forschungen sollten die Analyse der Beziehungen zwischen den drei angesprochenen Zugangsformen zur dispositiven Erklärung ergänzen und vertiefen, indem bspw. Kriterien einbezogen werden. Dies würde die Prüfung pfadanalytischer Kausalmodelle erlauben. Auch hierzu sind bereits eigene Studien in Arbeit. Die Struktur der Bereiche in sich, ihre Stellung zueinander und im Hinblick auf das Verhalten erscheint grundlagentheoretisch noch nicht abschließend geklärt. Auch das nomologische Netz kann durch die Einbeziehung weiterer Konstrukte, alternativer Operationalisierungen des FFM oder anderer methodischer Zugänge noch enger geknüpft werden.

Als vordringlichste Erweiterung, neben der Ergänzung um Kriterien, erscheint jedoch die Erhebung situativer Merkmale, die kontraproduktives Verhalten erklären oder dessen Zusammenhang mit Dispositionen moderieren. Ein noch vorläufiges Modell, das diese Beziehungen in einem umfassenden Rahmen darstellt und auf vorliegenden Befunden zu einzelnen Variablen sowie konzeptionellen Überlegungen im Kontext dieser Arbeit beruht, wurde in Kapitel 4 vorgestellt. Die Vielzahl der darin teils unter allgemeinen Kategorien subsumierten Variablen, ihre Unterschiedlichkeit und die Komplexität des Beziehungsgefüges mögen dazu verführen, es als Baukasten zu begreifen, aus dem einzelne Elemente herausgegriffen und isoliert geprüft werden können. Eine solche Form der Forschung in „kleinen Schritten" vermag sicher wichtige Erkenntnisse zu erbringen. Dennoch sollte nicht vor den Schwierigkeiten des

Vorhabens kapituliert werden, das Modell in toto empirisch zu untersuchen. Erst durch ein weitgehend vollständiges Design, bei dem zumindest die wichtigsten Variablen aus allen Bereichen an der gleichen Stichprobe erhoben werden, lassen sich die vielfältigen möglichen Wechselwirkungen erschließen und die zahlreichen Moderator- und Mediatorhypothesen prüfen, die aus der bisherigen Forschung nur ansatzweise erahnt werden können.

Eine solche Erhebung würde den Beschäftigten, die darin als Versuchspersonen zu agieren hätten, einen hohen Aufwand abverlangen; die heikle Thematik stellt außerdem hohe Ansprüche an die Vertrauensbasis zwischen Forschenden, Probanden und den betrieblichen Entscheidungsträgern in Geschäftsleitung und Mitarbeitervertretung. Daß zudem eine umfangreiche Stichprobe notwendig ist, um zuverlässige Ergebnisse zu erzielen, wird die praktische Durchführung nicht eben erleichtern. Dem steht auf der Ertragsseite allerdings ein möglicher Erkenntnisgewinn gegenüber, der nicht nur für das theoretische Verständnis von erheblichem Nutzen sein dürfte. Kontraproduktives Verhalten belastet in vielen Organisationen den Unternehmenserfolg ebenso wie das Arbeitsklima zwischen den Beschäftigten und die Zusammenarbeit zwischen verschiedenen Interessengruppen. In den meisten Unternehmen ist man sich zwar der Existenz des Problems bewußt, es wird aber entweder als unabänderlich hingenommen oder durch Maßnahmen bekämpft, die allein an der Situation ansetzen, eher reaktiv erfolgen und einer gesicherten Basis entbehren, weshalb ihr Erfolg häufig ungewiß ist. Eine fundierte und umfassende Untersuchung in der hier angedeuteten Form könnte den Unternehmen helfen, Schwachstellen zu erkennen, bisherige Maßnahmen auch in ihren Nebenwirkungen zu evaluieren, Ursachen des Verhaltens auf den Grund zu gehen und daraus Interventionen abzuleiten, deren Erfolgsaussichten besser begründet sind als durch bloße Hoffnungen oder persönliche Meinungen. Dazu zählt auch die Prävention durch gezielte Personalauswahl, die für die Prognose von Kontraproduktivität hierzulande bislang praktisch nicht, und wenn, dann mit wenig tauglichen Mitteln betrieben wird.

Für die Wissenschaft könnte eine solche Untersuchung dazu dienen, die einander bislang mit bemerkenswerter Ignoranz gegenüberstehenden Lager der „Personalisten" und „Situationisten" zur Kenntnisnahme der Beiträge der jeweils anderen Position zu bringen und deren relatives Ausmaß zu objektivieren. Nachdem es in jüngster Zeit gelungen ist, die Diskussion ideologiefreier und weniger dogmatisch zu führen als früher - auch „Interaktionisten" haben hier nicht immer ein positives Beispiel gegeben -, sollte es in Zukunft möglich sein, sich auch die Mittel und Beiträge der jeweils anderen Seite zunutze zu machen, um die Kenntnis des Gegenstands auf ein Fundament zu stellen, das nicht einfach einen ganzen Ursachenkomplex negiert. Ob daraus neue, „integrative" Ansätze entstehen oder konkurrierende, miteinander nicht vereinbare Hypothesen komparativ geprüft werden, hängt im Einzelfall von den theoretischen Positionen und letzlich natürlich auch von den Ergebnissen ab. In jedem Fall kann die Berücksichtigung beider Ursachenkomplexe die Diskussion nur objektivieren, was mglw. für die eine oder andere Seite zu schmerzlichen, aber immerhin zu Einsichten führt. Ein solches Bestreben ist bislang auf dem Gebiet der Forschung zu kontraproduktivem Verhalten bestenfalls in Ansätzen erkennbar. Obwohl in dieser

Arbeit die personalistische Sichtweise dominiert hat, sollte deutlich geworden sein, daß der Verfasser dies nicht als wissenschaftsdogmatische Position begreift.

Eine Untersuchung der geschilderten Form und inhaltlichen Breite ist keine Zukunftsmusik, sondern Gegenstand des weiteren Vorgehens im Rahmen des mehrfach angesprochenen Forschungsprojekts, dessen theoretische Grundlagen und erste empirische Bausteine in der vorliegenden Arbeit geschildert wurden. Es wird sich aufgrund der zur Zeit der Niederschrift dieser Zeilen laufenden Feldforschung zeigen, ob die an studentischen Stichproben gewonnenen Erkenntnisse und die aus vorwiegend amerikanischer Literatur abgeleiteten Hypothesen auf einen Sample Beschäftigter in der deutschen Wirtschaft übertragbar sind. Davon u.a. wird es abhängen, ob den Unternehmen ein praktischer Einsatz der hier entwickelten Instrumente empfohlen werden kann und in welcher Form eine Umsetzung der theoretischen Erkenntnisse in betriebliche Maßnahmen Aussicht auf Erfolg hat. Für den Moment bleibt es bei dem klassischen Diktum von Kurt Lewin: „Nichts ist so praktisch wie eine gute Theorie."

11 Literatur

Ackerman, P.L. & Heggestad, E.D. (1997). Intelligence, personality, and interests: Evidence for overlapping traits. *Psychological Bulletin, 121,* 219-245.

Adams, J.S. (1965). Inequity in social exchange. In L. Berkowitz (Ed.), *Advances in experimental social psychology* (Vol. 2, pp. 267-299). New York: Academic Press.

Af Klinteberg, B. (1997). Hyperactive behaviour and aggressiveness as early risk indicators for violence: Variable and person approaches. *Studies on Crime and Crime Prevention, 6,* 21-34.

Ajzen, I. (1988). *Attitudes, personality and behavior.* Stony Stratford: Open University Press.

Ajzen, I. & Fishbein, M. (1977). Attitude-behavior relations: A theoretical analysis and review of empirical research. *Psychological Bulletin, 84,* 888-918.

Akers, R.L. (1991). Self-control as a general theory of crime [review essay]. *Journal of Quantitative Criminology, 7,* 201-211.

Albrecht, W.S., Romney, M.B., Cherrington, D.J., Payne, I.R. & Roe, A.V. (1982). *How to detect and prevent business fraud.* Englewood Cliffs: Prentice-Hall.

Albrecht, W.S., Wernz, G.W. & Williams, T.L. (1995). *Fraud: Bringing light to the dark side of business.* Burr Ridge: Irwin.

Alliger, G.M., Lilienfeld, S.O. & Mitchell, K.E. (1996). The susceptibility of overt and covert integrity tests to coaching and faking. *Psychological Science, 7,* 32-39.

Alvord, G. (1985). Validity of the Personnel Selection Inventory as a screening test for bus operators. *Journal of Security Information, 8,* 37-47.

Amelang, M. & Bartussek, D. (1997). *Differentielle Psychologie und Persönlichkeitsforschung* (4. überarb. Aufl.). Stuttgart: Kohlhammer.

Amelang, M. & Borkenau, P. (1982). Über die faktorielle Struktur und externe Validität einiger Fragebogenskalen zur Erfassung von Dimensionen der Extraversion und emotionalen Labilität. *Zeitschrift für Differentielle und Diagnostische Psychologie, 3,* 119-146.

Analoui, F. & Kakabadse, A. (1994). Tatort Arbeitsplatz - Ergebnisse der Sabotageforschung. *GDI-Impuls, o.Jg. (3),* 14-23.

Anderson, N.H. (1968). Likableness ratings of 555 trait words. *Journal of Personality and Social Psychology, 9,* 272-279.

Andresen, B. (1995). Risikobereitschaft (R) - der sechste Basisfaktor der Persönlichkeit: Konvergenz multivariater Studien und Konstruktexplikation. *Zeitschrift für Differentielle und Diagnostische Psychologie, 16,* 210-236.

Anger, H., Mertesdorf, F., Wegner, R. & Wülfing, G. (1980). *Verbaler Kurz-Intelligenztest (VKI).* Weinheim: Beltz.

Angleitner, A. & Ostendorf, F. (1993). *Deutsche Version des NEO-PI-R (Form S).* Unveröffentlichtes Testmanuskript. Bielefeld: Autor.

Angleitner, A., Ostendorf, F. & John, O.P. (1990). Towards a taxonomy of personality descriptors in German: A psycho-lexical study. *European Journal of Personality Psychology, 4,* 89-118.

Arneklev, B.J., Grasmick, H.G., Tittle, C.R. & Bursik, R.J. (1993). Low self-control and imprudent behavior. *Journal of Quantitative Criminology, 9*, 225-247.

Arnold, D.W. (1991). To test or not to test: Legal issues in integrity testing. *Forensic Reports, 4*, 213-224.

Arnold, D. & Brooks, P. (1988). *Personality correlates of honesty in a public safety setting* (RPS Research Memorandum No. 14). Unpublished technical report. Chicago: Reid Psychological Systems.

Arnold, D.W., Jones, J.W. & Harris, W.G. (1990). Evaluating the integrity test. *Security Management, 34*, 62-67.

Arvey, R.D. & Murphy, K.R. (1998). Performance evaluation in work settings. *Annual Review of Psychology, 49*, 141-168.

Arvey, R.D. & Sackett, P.R. (1993). Fairness in selection: Current developments and perspectives. In N. Schmitt and W.C. Borman (Eds.), *Personnel selection in organizations* (pp. 171-202). San Francisco: Jossey-Bass.

Ash, P. (1971). Screening employment applicants for attitudes toward theft. *Journal of Applied Psychology, 55*, 161-164.

Ash, P. (1986). *Factor analysis of the Reid Report Inventory* (RPS Research Memorandum No. 6). Unpublished technical report. Chicago: Reid Psychological Systems.

Ash, P. (1991a). A history of honesty testing. In J.W. Jones (Ed.), *Preemployment honesty testing: Current research and future directions* (pp. 3-19). Westport: Quorum Books.

Ash, P. (1991b). Comparison of two integrity tests based upon youthful or adult attitudes and experiences. *Journal of Business and Psychology, 5*, 367-381.

Ash, P. & Maurice, S.J. (1988). Rediscovering the first clear purpose honesty test. *Journal of Business and Psychology, 2*, 378-382.

Ashton, M.C. (1998). Personality and job performance: The importance of narrow traits. *Journal of Organizational Behavior, 19*, 289-303.

Backhaus, K., Erichson, B., Plinke, W. & Weiber, R. (1996). *Multivariate Analysemethoden: Eine anwendungsorientierte Einführung* (8. verb. Aufl.). Berlin: Springer.

Bacon, D.R., Sauer, P.L. & Young, M. (1995). Composite reliability in structural equation modeling. *Educational and Psychological Measurement, 55*, 394-406.

Baddeley, A.D. (1990). *Human memory: Theory and practice.* Needham Heights: Allyn & Bacon.

Baehr, M.E., Jones, J.W. & Nerad, A.J. (1993). Psychological correlates of business ethics orientation in executives. *Journal of Business and Psychology, 7*, 291-308.

Bagozzi, R.P. & Heatherton, T.F. (1994). A general approach to representing multifaceted personality constructs: Application to state self-esteem. *Structural Equation Modeling, 1*, 35-67.

Bandura, A. (1986). *Social foundations of thought and action: A social cognitive theory.* Englewood Cliffs: Prentice-Hall.

Bardsley, J.J. & Rhodes, S.R. (1996). Using the Steers-Rhodes (1984) framework to identify correlates of employee lateness. *Journal of Business and Psychology, 10*, 351-365.

Barge, B.N. & Hough, L.M. (1988). Utility of biographical data for predicting job performance. In L.M. Hough (Ed.), *Literature review: Utility of temperament, biodata, and interest assessment for predicting job performance* (ARI Research Note 88-02, pp. 91-130). Alexandria: U.S. Army Research Institute for the Behavioral and Social Sciences.

Barlow, H.D. (1991). Explaining crimes and analogous acts, or the unrestrained will grab at pleasure whenever they can [review essay]. *Journal of Criminal Law and Criminology, 82,* 229-241.

Barmby, L. & Treble, J.G. (1991). Betriebliche Fehlzeiten und Arbeitsverträge. *Mitteilungen aus der Arbeitsmarkt- und Berufsforschung, 24,* 595-604.

Barnett, A., Blumstein, A., Cohen, J. & Farrington, D.P. (1992). Not all criminal career models are equally valid. *Criminology, 30,* 133-140.

Baron, R.A. & Neuman, J.H. (1996). Workplace violence and workplace aggression: Evidence on their relative frequency and potential causes. *Aggressive Behavior, 22,* 161-173.

Barrick, M.R. & Mount, M.K. (1991). The big five personality dimensions and job performance: A meta-analysis. *Personnel Psychology, 44,* 1-26.

Bauer, T.N., Maertz, C.P., Dolen, M.R. & Campion, M.A. (1998). Longitudinal assessment of applicant reactions to employment testing and test outcome feedback. *Journal of Applied Psychology, 83,* 892-903.

Baxter, D.J., Motiuk, L.L. & Fortin, S. (1995). Intelligence and personality in criminal offenders. In D.H. Saklofske and M. Zeidner (Eds.), *International handbook of personality and intelligence* (pp. 673-685). New York: Plenum.

Beck, W.L. (1994). *The containment of delinquency: An examination of self-control and self-esteem as insulators against delinquency.* Unpublished doctoral dissertation. Washington State University.

Becker, G.S. (1968). Crime and punishment: An economic approach. *Journal of Political Economy, 76,* 169-217.

Becker, T.E. (1998). Integrity in organizations: Beyond honesty and conscientiousness. *Academy of Management Review, 23,* 154-161.

Behrens, J. & Müller, R. (1995). Arbeitsmedizinische Aspekte und Bedingungen des Arbeitsschutzes bei der Beschäftigung älterer Arbeitnehmer. In D. Jaufmann, E. Mezger und M. Pfaff (Hrsg.), *Verfällt die Arbeitsmoral? Zur Entwicklung von Arbeitseinstellungen, Belastungen und Fehlzeiten* (S. 89-118). Frankfurt/M.: Campus.

Ben-Shakhar, G. & Bar-Hillel, M. (1993). Misconceptions in Martin and Terris's (1991) „Predicting infrequent behavior: Clarifying the impact on false-positive rates". *Journal of Applied Psychology, 78,* 148-150.

Benson, M.L. & Moore, E. (1992). Are white-collar and common offenders the same? An empirical and theoretical critique of a recently proposed general theory of crime. *Journal of Research in Crime and Delinquency, 29,* 251-272.

Berger, K. & May, B. (1989). Fehlzeitenverhalten chronischer Alkoholiker in einem industriellen Großbetrieb - Untersuchungsergebnisse. *Suchtgefahren, 35,* 145-163.

Bergmann, T.J., Mundt, D.H. & Illgen, E.J. (1990). The evolution of honesty tests and means for their evaluation. *Employee Responsibilities and Rights Journal, 3,* 215-223.

Bernardin, A.J. & Cooke, D.K. (1993). Validity of an honesty test in predicting theft among convenience store applicants. *Academy of Management Journal, 36,* 1097-1108.

Berndsen, D. (1997). *Sabotage - Die bewußte und absichtliche Schädigung von Organisationen durch ihre Mitarbeiter: theoretische Grundlegung, empirische Exploration, Präventionshilfen.* Frankfurt/M.: Lang.

Bilik, S. (1988). EAPs in Germany: Options for transatlantic exchange. In D.W. Corneil (Ed.), *Alcohol in employment settings: The results of the WHO/ILO international review* (pp. 83-98). New York: Haworth Press.

Binning, J.F. & Barrett, G.V. (1989). Validity of personnel decisions: A conceptual analysis of the inferential and evidential bases. *Journal of Applied Psychology, 74,* 478-494.

Blackburn, R. (1993). *The psychology of criminal conduct: theory, research, and practice.* Chichester: Wiley.

Blass, W. (1983). Stabilität und Spezifität des Belohnungsaufschubs bei Straftätern. In H.-J. Kerner, H. Kury und K. Sessar (Hrsg.), *Deutsche Forschungen zur Kriminalitätsentstehung und Kriminalitätskontrolle* (S. 640-680). Köln: Heymanns.

Block, J. (1995a). A contrarian view on the five-factor approach to personality description. *Psychological Bulletin, 117,* 187-215.

Block, J. (1995b). On the relation between IQ, impulsivity, and delinquency: Remarks on the Lynam, Moffitt, and Stouthamer-Loeber (1993) interpretation. *Journal of Abnormal Psychology, 104,* 395-398.

Bollen, K.A. (1989). *Structural equations with latent variables.* New York: Wiley.

Bollen, K.A. & Lennox, R. (1991). Conventional wisdom on measurement: A structural equation perspective. *Psychological Bulletin, 110,* 305-314.

Bolton, B. (1979). The Tennessee Self-Concept Scale and the normal personality sphere (16PF). *Journal of Personality Assessment, 43,* 608-613.

Borkenau, P. (1996). Prosoziales Verhalten. In M. Amelang (Hrsg.), *Temperaments- und Persönlichkeitsunterschiede. Enzyklopädie der Psychologie* (C/VIII/3, S. 378-406). Göttingen: Hogrefe.

Borkenau, P. & Ostendorf, F. (1989). Descriptive consistency and social desirability in self- and peer reports. *European Journal of Personality, 3,* 31-45.

Borkenau, P. & Ostendorf, F. (1993). *NEO-Fünf-Faktoren-Inventar (NEO-FFI).* Göttingen: Hogrefe.

Borman, W.C., Hanson, M.A. & Hedge, J.W. (1997). Personnel selection. *Annual Review of Psychology, 48,* 299-337.

Borman, W.C. & Motowidlo, S.J. (1993). Expanding the criterion domain to include elements of contextual performance. In N. Schmitt and W.C. Borman (Eds.), *Personnel selection in organizations* (pp. 71-98). San Francisco: Jossey-Bass.

Borman, W.C. & Motowidlo, S.J. (1997). Task performance and contextual performance: The meaning for personnel selection research. *Human Performance, 10,* 99-109.

Borman, W.C., White, L.A., Pulakos, E.D. & Oppler, S.H. (1991). Models of supervisory job performance ratings. *Journal of Applied Psychology, 76,* 863-872.

Borofsky, G.L. (1992). Assessing the likelihood of reliable workplace behavior: Further contributions to the validation of the Employee Reliability Inventory. *Psychological Reports, 70,* 563-592.

Borofsky, G.L. (1993). *User's manual for the Employee Reliability Inventory screening system.* Libertyville: Wonderlic.

Borofsky, G.L. & Smith, M. (1995). Reductions in turnover, accidents, and absenteeism: The contribution of a pre-employment screening inventory. *Journal of Clinical Psychology, 49,* 109-116.

Bortz, J. (1993). *Statistik für Sozialwissenschaftler* (4. Aufl.). Berlin: Springer.

Boye, M.W. & Jones, J.W. (1997). Organizational culture and employee counter-productivity. In R.A. Giacalone and J. Greenberg (Eds.), *Antisocial behavior in organizations* (pp. 172-184). Thousand Oaks: Sage.

Boye, M.W. & Slora, K.B. (1993). The severity and prevalence of deviant employee activity within supermarkets. *Journal of Business and Psychology, 8,* 245-253.

Boye, M.W. & Wasserman, A.R. (1996). Predicting counterproductivity among drug store applicants. *Journal of Business and Psychology, 10,* 337-349.

Brandstätter, H. (1989). Stabilität und Veränderlichkeit von Persönlichkeitsmerkmalen. *Zeitschrift für Arbeits- und Organisationspsychologie, 33,* 12-20.

Brandstätter, H. & Schuler, H. (1974). *Overcoming halo and leniency: A new method of merit rating.* Paper presented at the 18th International Congress of Applied Psychology, Montreal.

Briggs, S.R. (1992). Assessing the five-factor model of personality description. *Journal of Personality, 60,* 253-293.

Britt, C.L. (1992). Constancy and change in the U.S. age distribution of crime: a test of the „invariance hypothesis". *Journal of Quantitative Criminology, 8,* 175-187.

Britt, C.L. (1994). Versatility. In T. Hirschi and M.R. Gottfredson (Eds.), *The generality of deviance* (pp. 173-192). New Brunswick: Transaction Publishers.

Brodsky, S.L. (1978). A review of the Reid Report. In O.C. Buros (Ed.), *The 8th Mental Measurement Yearbook,* p. 658. Lincoln, Nebraska: Buros Institute of Mental Measurements.

Brook, J.S. & Newcomb, M.D. (1995). Childhood aggression and unconventionality: Impact on later academic achievement, drug use, and workforce involvement. *Journal of Genetic Psychology, 156,* 393-410.

Brooks, P. & Arnold, D.W. (1989). *Reid Report examiner's manual.* Chicago: Reid Psychological Systems.

Brown, T.S., Jones, J.W., Terris, W. & Steffy, B.D. (1987). The impact of pre-employment integrity testing on employee turnover and inventory shrinkage losses. *Journal of Business and Psychology, 2,* 136-149.

Browne, M.W. (1974). Generalized least-squares estimators in the analysis of covariance structures. *South African Statistical Journal, 8,* 1-24.

Brownfield, D. & Sorenson, A.M. (1987). A latent structure analysis of delinquency. *Journal of Quantitative Criminology, 3,* 103-124.

Brownfield, D. & Sorensen, A.M. (1993). Self-control and juvenile delinquency: theoretical issues and empirical assessment of selected elements of a general theory of crime. *Deviant Behavior, 14,* 243-264.

Burke, E.F. (1997). A short note on the persistence of retest effects on apitude scores. *Journal of Occupational and Organizational Psychology, 70,* 295-301.

Burton, R.W. (1963). Generality of honesty reconsidered. *Psychological Review, 70,* 481-499.

Burton, V.S., Cullen, F.T., Evans, T.D., Alarid, L.F. & Dunaway, R.G. (1998). Gender, self-control, and crime. *Journal of Research in Crime and Delinquency, 35,* 123-147.

Burton, V.S., Cullen, F.T., Evans, T.D. & Dunaway, R.G. (1994). Reconsidering strain theory: Operationalization, rival theories, and adult criminality. *Journal of Quantitative Criminology, 10,* 213-239.

Byrne, B.M. (1989). *A primer of LISREL: Basic applications and programming for confirmatory factor analytic models.* New York: Springer.

Camara, W.J. & Schneider, D.L. (1994). Integrity tests: Facts and unresolved issues. *American Psychologist, 49,* 112-119.

Campbell, C.H., Ford, P., Rumsey, M.G., Pulakos, E.D., Borman, W.C., Felker, D.B., de Vera, M.V. & Riegelhaupt, B.J. (1990). Development of multiple job performance measures in a representative sample of jobs. *Personnel Psychology, 43,* 277-300.

Campbell, D.T. & Fiske, D.W. (1959). Convergent and discriminant validation by the multitrait-multimethod matrix. *Psychological Bulletin, 56,* 81-105.

Campbell, J.P., McCloy, R.A., Oppler, S.H. & Sager, C.E. (1993). A theory of performance. In N. Schmitt and W.C. Borman (Eds.), *Personnel selection in organizations* (pp. 35-70). San Francisco: Jossey-Bass.

Campbell, J.P., McHenry, J.J. & Wise, L.L. (1990). Modeling job performance in a population of jobs. *Personnel Psychology,* 43, 313-333.

Caprara, G.V., Barbaranelli, C., Borgogni, L. & Perugini, M. (1993). The Big Five Questionnaire: A new questionnaire for the measurement of the five factor model. *Personality and Individual Differences, 15,* 281-288.

Caprara, G.V., Barbaranelli, C. & Zimbardo, P.G. (1996). Understanding the complexity of human aggression: Affective, cognitive, and social dimensions of individual differences in propensity toward aggression. *European Journal of Personality, 10,* 133-155.

Cascio, W.F. (1991). *Costing human resources* (3rd ed.). Boston: Kent.

Caspi, A., Begg, D., Dickson, N., Harrington, H.L., Langley, J., Moffitt, T.E. & Silva, P.A. (1997). Personality differences predict health-risk behaviors in young adulthood: Evidence from a longitudinal study. *Journal of Personality and Social Psychology, 73,* 1052-1063.

Caspi, A. & Bem, D.J. (1990). Personality continuity and change across the life course. In L.A. Pervin (Ed.), *Handbook of Personality: Theory and research* (pp. 549-575). New York: Guilford.

Caspi, A., Moffitt, T.E., Silva, P.A., Stouthamer-Loeber, M., Krueger, R.F. & Schmutte, P.S. (1994). Are some people crime-prone? Replications of the personality-crime relationship across countries, genders, races, and methods. *Criminology, 32,* 163-195.

Cassel, R.N. & Betts, G.L. (1956). The development and validation of a life experience inventory for the identification of „delinquency prone" youth. *American Psychologist, 11,* 336.

Castan, E. (1983). Bedeutung und Erscheinungsformen der Wirtschaftskriminalität in der Bundesrepublik Deutschland. *Wirtschaftswissenschaftliches Studium, 12,* 112-118.

Cattell, R.B., Eber, H.W. & Tatsuoka, M.M. (1970). *Handbook for the Sixteen Personality Factor Questionnaire (16PF).* Champaign, Illinois: Institute for Personality and Ability Testing.

Chaiken, S. & Stangor, C. (1987). Attitudes and attitude change. *Annual Review of Psychology,* 38, 575-630.

Chan, D., Schmitt, N., DeShon, R.P., Clause, C.S. & Delbridge, K. (1997). Reactions to cognitive ability tests: The relationships between race, test performance, face validity perceptions, and test-taking motivation. *Journal of Applied Psychology, 82,* 300-310.

Chan, D., Schmitt, N., Jennings, D., Clause, C.S. & Delbrige, K. (1998b). Applicant perceptions of test fairness: Integrating justice and self-serving bias perspectives. *International Journal of Selection and Assessment, 6,* 232-239.

Chan, D., Schmitt, N., Sacco, J.M. & DeShon, R.P. (1998a). Understanding pretest and posttest reactions to cognitive ability and personality tests. *Journal of Applied Psychology, 83,* 471-485.

Chen, P.Y. & Spector, P.E. (1991). Negative affectivity as the underlying cause of correlations between stressors and strains. *Journal of Applied Psychology, 76,* 398-407.

Chen, P.Y. & Spector, P.E. (1992). Relationships of work stressors with aggression, withdrawal, theft and substance abuse: An exploratory study. *Journal of Occupational and Organizational Psychology, 65,* 177-184.

Cherrington, D.J. & Cherrington, J.O. (1993). Understanding honesty. *Internal Auditor, (Dec.),* 29-35.

Clinard, M.B. & Quinney, R. (1973). *Criminal behavior systems: A typology.* New York: Holt, Rinehart & Winston.

Cochran, T.K.P. (1991). *Preemployment integrity testing by selected retailers as a means of controlling employee theft.* Unpublished doctoral dissertation. Texas Women's University.

Cohen, A. (1991). Career stage as a moderator of the relationships between organizational commitment and its outcomes. A meta-analysis. *Journal of Occupational Psychology, 64,* 253-268.

Cohen, L.E. & Machalek, R. (1988). A general theory of expropriative crime: An evolutionary ecological approach. *American Journal of Sociology, 94,* 465-501.

Cohen, L.E. & Vila, B.J. (1996). Self-control and social control: An exposition of the Gottfredson-Hirschi/Sampson-Laub debate. *Studies on Crime and Crime Prevention, 5,* 125-150.

Collins, J.M. & Gleaves, D.H. (1998). Race, job applicants, and the five-factor model of personality: Implications for black psychology, industrial/organizational psychology, and the five-factor theory. *Journal of Applied Psychology, 83,* 531-544.

Collins, J.M. & Schmidt, F.L. (1993). Personality, integrity, and white collar crime: A construct validity study. *Personnel Psychology, 46,* 295-311.

Corless, T. & Dickerson, M. (1989). Gamblers' self-perceptions of the determinants of impaired control. *British Journal of Addiction, 84,* 1527-1537.

Cortina, J.M. (1993). What is coefficient alpha? An examination of theory and applications. *Journal of Applied Psychology, 78,* 98-104.

Cortina, J.M., Doherty, M.L., Schmitt, N., Kaufman, G. & Smith, R.G. (1992). The "Big Five" personality factors in the IPI and MMPI: Predictors of police performance. *Personnel Psychology, 45,* 119-140.

Costa, P.T. & McCrae, R.R. (1985). *The NEO Personality Inventory manual.* Odessa, FL: Psychological Assessment Resources.

Costa, P.T. & McCrae, R.R. (1988). Personality in adulthood: A six-year longitudinal study of self-reports and spouse ratings on the NEO Personality Inventory. *Journal of Personality and Social Psychology, 54,* 853-863.

Costa, P.T. & McCrae, R.R. (1992). *Revised NEO Personality Inventory (NEO-PI-R) and NEO Five-Factor Inventory (NEO-FFI) professional manual.* Odessa, FA: Psychological Assessment Resources.

Costa, P.T. & McCrae, R.R. (1995). Domains and facets: Hierarchical personality assessment using the Revised NEO Personality Inventory. *Journal of Personality Assessment, 64,* 21-50.

Costa, P.T. & McCrae, R.R. (1997). Longitudinal stability of adult personality. In R. Hogan, J.A. Johnson and S.R. Briggs (Eds.), *Handbook of personality psychology* (pp. 269-290). San Diego: Academic Press.

Costa, P.T., Zonderman, A.B., McCrae, R.R. & Williams, R.B. (1985). Content and comprehensiveness in the MMPI: An item factor analysis in a normal adult sample. *Journal of Personality and Social Psychology, 48,* 925-933.

Cox, T. & Leather, P. (1994). The prevention of violence at work: Application of a cognitive behavioural theory. In C.L. Cooper and I.T. Robertson (Eds.), *International Review of Industrial and Organizational Psychology* (Vol. 9, pp. 213-245). Chichester: Wiley.

Cronbach, L.J. (1984). *Essentials of psychological testing* (4th ed.). New York: Harper & Row.

Cronbach, L.J. & Meehl, P.E. (1955). Construct validity in psychological tests. *Psychological Bulletin, 52*, 281-302.

Cropanzano, R. & Konovsky, M.A. (1995). Resolving the justice dilemma by improving the outcomes: The case of employee drug screening. *Journal of Business and Psychology, 10*, 221-243.

Crowne, D.P. & Marlowe, D. (1960). A new scale of social desirability independent of psychopathology. *Journal of Consulting Psychology, 24*, 349-354.

Cunningham, M.R. (1989). Test-taking motivations and outcomes on a standardized measure of on-the-job integrity. *Journal of Business and Psychology, 4*, 119-127.

Cunningham, M.R. & Ash, P. (1988). The structure of honesty: Factor analysis of the Reid Report. *Journal of Business and Psychology, 3*, 54-66.

Cunningham, M.R., Wong, D.T. & Barbee, A.P. (1994). Self-presentation dynamics on overt integrity tests: Experimental studies of the Reid Report. *Journal of Applied Psychology, 79*, 643-658.

Dabney, D. (1995). Neutralization and deviance in the workplace: Theft of supplies and medicines by hospital nurses. *Deviant Behavior, 16*, 313-331.

Dalton, D.R. & Mesch, D.J. (1991). On the extent and reduction of avoidable absenteeism: An assessment of absence policy provisions. *Journal of Applied Psychology, 76*, 810-817.

Dalton, D.R. & Metzger, M.B. (1993). "Integrity testing" for personnel selection: An unsparing perspective. *Journal of Business Ethics, 12*, 147-156.

Dalton, D.R., Wimbush, J.C. & Daily, C.M. (1994). Using the Unmatched Count Technique (UCT) to estimate base rates for sensitive behavior. *Personnel Psychology, 47*, 817-828.

Dammert, B. (1988). Das Sabotagerisiko im Unternehmen wächst. *io Management Zeitschrift, 57*, 128-130.

Dawes, R.M. & Mulford, M. (1996). The false consensus effect and overconfidence: Flaws in judgment or flaws in how we study judgment? *Organizational Behavior and Human Decision Processes, 65*, 201-211.

Dawson, C.L. (1996). *Dispositional and attitudinal explanations of counterproductivity in the workplace.* Unpublished doctoral dissertation. Berkeley: University of California.

Dekker, I. & Barling, J. (1998). Personal and organizational predictors of workplace sexual harassment of women by men. *Journal of Occupational Health Psychology, 3*, 7-18.

Deng, X. (1994). *Toward a more comprehensive understanding of crime: An integrated model of self-control and rational choice theories.* Unpublished doctoral dissertation. Buffalo: University of New York.

De Raad, B., Hendriks, A.A.J. & Hofstee, W.K.B. (1992). Towards a refined structure of personality traits. *European Journal of Personality, 6*, 310-319.

Deusinger, I.M. (1983). Selbstperzeption und soziale Anpassung - Theoretische und empirische Untersuchungen zur Beziehung von Selbstkonzepten und Delinquenz. In H.-J. Kerner, H. Kury und K. Sessar (Hrsg.), *Deutsche Forschungen zur Kriminalitätsentstehung und Kriminalitätskontrolle* (S. 616-639). Köln: Heymanns.

Diener, E. & Larsen, R.J. (1984). Temporal stability and cross-situational consistency of affective, behavioral, and cognitive responses. *Journal of Personality and Social Psychology, 47*, 871-883.

Digman, J.M. (1990). Personality structure: Emergence of the Five-Factor Model. *Annual Review of Psychology, 41,* 417-440.

Digman, J.M. (1997). Higher-order factors of the big five. *Journal of Personality and Social Psychology, 73,* 1246-1256.

Dillig, P. (1983). *Selbstbild junger Krimineller - Eine empirische Untersuchung.* Weinheim: Beltz.

Dommaschk-Rump, C. & Wohlfarth, U. (1991). Alkohol am Arbeitsplatz - Vorgesetzte nehmen Stellung. *Sucht, 37,* 167-174.

Donovan, J.E. & Jessor, R. (1985). Structure of problem behavior in adolescence and young adulthood. *Journal of Consulting and Clinical Psychology, 53,* 890-904.

Driscoll, L.N. (1992). *An assessment of the „general" theory of crime proposed by Gottfredson and Hirschi (1990).* Unpublished doctoral dissertation. Indiana: Pennsylvania State University.

Eagly, A.H. & Chaiken, S. (1993). *The psychology of attitudes.* Fort Worth: Harcourt Brace Jovanovich.

Edelstein, W., Nunner-Winkler, G. & Noam, G. (Hrsg.) (1993). *Moral und Person.* Frankfurt/M.: Suhrkamp.

Edenfeld, S. (1997). Die Krankenkontrolle des Arbeitgebers. *Der Betrieb, 50,* 2273-2279.

Eggert, D. (1983). *Eysenck-Persönlichkeits-Inventar (E-P-I)* (2. überarb. Aufl.). Göttingen: Hogrefe.

Eifler, S. (1997). *Einflußfaktoren von Alkoholkonsum: Sozialisation, Self-Control und Differentielles Lernen.* Wiesbaden: Deutscher Unversitäts Verlag.

Einarsen, S. & Raknes, B.I. (1997). Harassment in the workplace and the victimization of men. *Violence and Victims, 12,* 247-263.

Elliott, D.S., Huizinga, D. & Ageton, S.S. (1985). *Explaining delinquency and drug use.* Beverly Hills: Sage.

Epstein, S. & O'Brien, E.J. (1985). The person-situation debate in historical and current perspective. *Psychological Bulletin, 98,* 513-537.

Evans, T.D., Cullen, F.T., Burton, V.S., Dunaway, R.G. & Benson, M.L. (1997). The social consequences of self-control: Testing the general theory of crime. *Criminology, 35,* 475-504.

Eysenck, H.J. (1964). *The Eysenck Personality Inventory.* London: University of London Press.

Eysenck, H.J. (1991). Dimensions of personality: 16, 5 or 3? Criteria for a taxonomic paradigm. *Personality and Individual Differences, 12,* 773-790.

Eysenck, H.J. (1997). Personality and experimental psychology: The unification of psychology and the possibility of a paradigm. *Journal of Personality and Social Psychology, 73,* 1224-1237.

Eysenck, H.J. & Eysenck, M.W. (1992). *Personality and individual differences: A natural science approach* (3rd ed.). New York: Plenum.

Eysenck, H.J. & Gudjonsson, G.H. (1989). *The causes and cures of criminality.* New York: Plenum.

Eysenck, S.B.G. & McGurk, B.J. (1980). Impulsiveness and venturesomeness in a detention centre population. *Psychological Reports, 40,* 1299-1306.

Farrell, D. & Stamm, C.L. (1988). Meta-analysis of the correlates of employee absence. *Human Relations, 41,* 211-227.

Ferber, C. v., Köster, I. & Ferber, L. v. (1995). Fehlzeiten und Krankenstand. In D. Jaufmann, E. Mezger und M. Pfaff (Hrsg.), *Verfällt die Arbeitsmoral?: Zur Entwicklung von Arbeitseinstellungen, Belastungen und Fehlzeiten* (S. 17-31). Frankfurt/M.: Campus.

Fishbein, M. & Ajzen, I. (1974). Attitudes toward objects as predictors of single and multiple behavioral criteria. *Psychological Review, 81,* 59-74.

Fishbein, M. & Ajzen, I. (1975). *Belief, attitude, intention, and behavior: An introduction to theory and research.* Reading: Addison-Wesley.

Fletcher, B. (1988). The epidemiology of occupational stress. In C.L. Cooper and R. Payne (Eds.), *Causes, coping and consequences of stress at work* (pp. 3-50). Chichester: Wiley.

Frese, M. & Zapf, D. (1988). Methodological issues in the study of work stress: Objective vs subjective measurement of work stress and the question of longitudinal studies. In C.L. Cooper and R. Payne (Eds.), *Causes, coping and consequences of stress at work* (pp. 375-411). Chichester: Wiley.

Fried, Y. & Ferris, G.R. (1987). The validity of the job characteristics model: A review and meta-analysis. *Personnel Psychology, 40,* 287-322.

Fruhner, R., Schuler, H., Funke, U. & Moser, K. (1991). Einige Determinanten der Bewertung von Personalauswahlverfahren. *Zeitschrift für Arbeits- und Organisationspsychologie, 37,* 119-178.

Funder, D.C. & Colvin, C.R. (1997). Congruence of others' and self-judgments of personality. In R. Hogan, J.A. Johnson and S.R. Briggs (Eds.), *Handbook of personality psychology* (pp. 617-647). San Diego: Academic Press.

Funder, D.C. & Ozer, D.J. (1983). Behavior as a function of the situation. *Journal of Personality and Social Psychology, 44,* 107-112.

Funke, U. (1993). *Auswertungsroutine zur Ermittlung des J-Koeffizienten* (Software). Unveröffentlichtes Computerprogramm. Stuttgart: Autor.

Funke, U. & Barthel, E. (1995). Nutzenanalysen von Personalauswahlprogrammen. In W. Sarges (Hrsg.), *Management-Diagnostik* (2. Aufl., S. 820-833). Göttingen: Hogrefe.

Furnham, A. & Miller, T. (1997). Personality, absenteeism and productivity. *Personality and Individual Differences, 23,* 705-707.

Ganguli, H.C. (1985). Review of the Stanton Survey and the Stanton Survey Phase II. In J.V. Mitchell (Eds.), *The 9th Mental Measurement Yearbook* (pp. 1470-1472). Lincoln, Nebraska: Buros Institute of Mental Measurements.

Ganon, M.W. (1996). *Self-control theory as an explanation of tax evasion.* Unpublished doctoral dissertation. Tucson: University of Arizona.

Gardner, H., Kornhaber, M.L. & Wake, W.K. (1996). *Intelligence: Multiple perspectives.* Fort Worth: Harcourt Brace.

Geider, F.J., Rogge, K.E. & Schaaf, H.P. (1982). *Einstieg in die Faktorenanalyse.* Heidelberg: Quelle & Meyer.

Gellatly, I.R. (1995). Individual and group determinants of employee absenteeism: Test of a causal model. *Journal of Organizational Behavior, 16,* 469-485.

Gellatly, I.R. & Luchak, A.A. (1998). Personal and organizational determinants of perceived absence norms. *Human Relations, 51,* 1085-1102.

George, J.M. (1990). Personality, affect, and behavior in groups. *Journal of Applied Psychology, 75,* 107-116.

Gerstein, L.H., Barké, C.R. & Johnson, S.D. (1989). Internal validity studies of a telephone preemployment measure. *Journal of Employment Counseling, 26,* 77-83.

Ghiselli, E.E., Campbell, J.P. & Zedeck, S. (1981). *Measurement theory for the behavioral sciences*. San Francisco: Freeman.

Giacalone, R.A. & Greenberg, J. (Eds.) (1997). *Antisocial behavior in organizations*. Thousand Oaks: Sage.

Giacalone, R.A. & Knouse, S.B. (1990). Justifying wrongful employee behavior: The role of personality in organizational sabotage. *Journal of Business Ethics, 9*, 55-61.

Giacalone, R.A., Riordan, C.A. & Rosenfeld, P. (1997). Employee sabotage: Toward a practitionar-scholar understanding. In R.A. Giacalone and J. Greenberg (Eds.), *Antisocial behavior in organizations* (pp. 109-129). Thousand Oaks: Sage.

Gibbs, J.J. & Giever, D. (1995). Self-control and its manifestations among university students: An empirical test of Gottfredson and Hirschi's general theory. *Justice Quarterly, 12*, 231-255.

Gibbs, J.J., Giever, D. & Martin, J.S. (1998). Parental management and self-control: An empirical test of Gottfredson and Hirschi's general theory. *Journal of Research in Crime and Delinquency, 35*, 40-70.

Giever, D. (1995). *An empirical assessment of the core elements of Gottfredson and Hirschi's general theory of crime*. Unpublished doctoral dissertation. Indiana: University of Pennsylvania.

Gilliland, S.W. (1993). The perceived fairness of selection systems: An organizational justice perspective. *Academy of Management Review, 18*, 694-734.

Gilliland, S.W. (1994). Effects of procedural and distributive justice on reactions to a selection system. *Journal of Applied Psychology, 79*, 691-701.

Goldberg, L.R. (1990). An alternative "description of personality": The big-five factor structure. *Journal of Personality and Social Psychology, 59*, 1216-1229.

Goldberg, L.R., Grenier, J.R., Guion, R.M., Sechrest, L.B. & Wing, H. (1991). *Questionnaires used in the prediction of trustworthiness in pre-employment selection decisions: An APA Task Force Report*. Washington: American Psychological Association.

Goldberg, L.R. & Saucier, G. (1995). So what do you propose we use instead? A reply to Block. *Psychological Bulletin, 117*, 221-225.

Goldman-Pach, J. (1995). *An investigation of the applicability of „A general theory of crime" to computer crime*. Unpublished manuscript. Tucson: University of Arizona.

Gordon, W.R. & Caltabiano, M.L. (1996). Urban-rural differences in adolescent self-esteem, leisure boredom, and sensation seeking as predictors of leisure-time usage and satisfaction. *Adolescence, 31*, 883-901.

Gottfredson, M.R. & Hirschi, T. (1990). *A general theory of crime*. Stanford: Stanford University Press.

Gottfredson, M.R. & Hirschi, T. (1993). A control theory interpretation of psychological research on aggression. In R.B. Felson and J.T. Tedeschi (Eds.), *Aggression and violence: Social interactionist perspectives* (pp. 47-68). Washington: American Psychological Association.

Gottfredson, M.R. & Hirschi, T. (1995). National crime control policies. *Society, 32*, 30-36.

Gough, H.G. (1948). A sociological theory of psychopathy. *American Journal of Sociology, 53*, 359-366.

Gough, H.G. (1960). Theory and measurement of socialization. *Journal of Consulting Psychology, 24*, 23-30.

Gough, H.G. (1971). The assessment of wayward impulse by means of the Personnel Reaction Blank. *Personnel Psychology, 24*, 669-677.

Gough, H.G. (1975). *Manual for the California Psychological Inventory*. Palo Alto, CA: Consulting Psychologists Press.

Gough, H.G. & Peterson, D.R. (1952). The identification and measurement of predispositional factors in crime and delinquency. *Journal of Consulting Psychology, 16*, 207-212.

Grasmick, H.G. & Green, D.E. (1980). Legal punishment, social disapproval and internalization as inhibitors of illegal behavior. *Journal of Criminal Law and Criminology, 71*, 325-335.

Grasmick, H.G., Tittle, C.R., Bursik, R.J. & Arneklev, B.J. (1993). Testing the core empirical implications of Gottfredson and Hirschi's general theory of crime. *Journal of Research in Crime and Delinquency, 30*, 5-29.

Gray, J.A. (1981). A critique of Eysenck's theory of personality. In H.J. Eysenck (Ed.), *A model for personality* (pp. 246-276). Berlin: Springer.

Greenberg, E.S. & Grunberg, L. (1995). Work alienation and problem alcohol behavior. *Journal of Health and Social Behavior, 36*, 83-102.

Greenberg, J. (1990). Employee theft as a reaction to underpayment inequity: The hidden costs of pay cuts. *Journal of Applied Psychology, 75*, 561-568.

Greenberg, J. (1993). Stealing in the name of justice: Informational and interpersonal moderators of theft reactions to underpayment inequity. *Organizational Behavior and Human Decision Processes, 54*, 81-103.

Greenberg, J. (1997). The STEAL motive: Managing the social determinants of employee theft. In R.A. Giacalone and J. Greenberg (Eds.), *Antisocial behavior in organizations* (pp. 85-108). Thousand Oaks: Sage.

Greenberg, L. & Barling, J. (1996). Employee theft. In C.L. Cooper and D.M. Rousseau (Eds.), *Trends in Organizational Behavior* (Vol. 3, pp. 49-64). Chichester: Wiley.

Groner (1990). Inventurdifferenzen mindern Gewinn um die Hälfte - Konsequenz: verstärkter Einsatz von Vorbeugemaßnahmen gegen Ladendiebstahl. *Dynamik im Handel, o.J.(7)*, 2-8.

Groner & Delbrügge (1993). Zwischen 0,8 und 1 Prozent vom Umsatz - Diebstähle durch Kunden und Straftaten durch Personal sind die Hauptursachen für Inventurdifferenzen. *Dynamik im Handel, o.J.(11)*, 46-50.

Grover, S.L. (1997). Lying in organizations: Theory, research and future directions. In R.A. Giacalone and J. Greenberg (Eds.), *Antisocial behavior in organizations* (pp. 68-84). Thousand Oaks: Sage.

Guastello, S.J. & Rieke, M. L. (1991). A review and critique of honesty test research. *Behavioral Sciences and the Law, 9*, 501-523.

Guion, R.M. (1987). Changing views for personnel selection research. *Personnel Psychology, 40*, 199-213.

Guion, R.M. & Gottier, R.F. (1965). Validity of personality measures in personnel selection. *Personnel Psychology, 18*, 135-164.

Haccoun, R.R. & Jeanrie, C. (1995). Self reports of work absence as a function of personal attitudes towards absence, and perceptions of the organisation. *Applied Psychology: An International Review, 44*, 155-170.

Hackett, R.D. (1989). Work attitudes and employee absenteeism: A synthesis of the literature. *Journal of Occupational Psychology, 62*, 235-248.

Hackman, J.R. & Oldham, G.R. (1975). Development of the Job Diagnostic Survey. *Journal of Applied Psychology, 60*, 159-170.

Hahne, A. (1994). Mobbing: Konflikte unter Kollegen. *Zeitschrift für Organisation, 63,* 188-193.

Hamer, E. (1991). *Krankheitsmißbrauch (Scheinkrankheit).* Kiel: Mittelstandsinstitut Schleswig-Holstein e.V..

Hamilton, J.W. (1981). Options for small sample sizes in validation: A case for the j-coefficient. *Personnel Psychology, 34,* 805-816.

Hammacher, N. (1985). Tatort Betrieb - Betriebliche Unrechtstatbestände und ihre Verhinderung. *Betriebswirtschaftliche Forschung und Praxis, 37,* 1-15.

Hampshire, S. (1953). Dispositions. *Analysis, 14,* 5-11.

Hare, R.D., Harpur, T.J., Hakstian, A.R., Forth, A.E., Hart, S.D. & Newman, J.P. (1990). The Revised Psychopathy Checklist: Reliability and factor structure. *Psychological Assessment: A Journal of Consulting and Clinical Psychology, 2,* 338-341.

Harland, L.K., Rauzi, T. & Biasotto, M.M. (1995). Perceived fairness of personality tests and the impact of explanations for their use. *Employee Responsibilities and Rights Journal, 8,* 183-192.

Harris, D.K. & Benson, M.L. (1998). Nursing home theft: The hidden problem. *Journal of Aging Studies, 12,* 57-67.

Harris, M.M., Dworkin, J.B. & Park, J. (1990). Preemployment screening procedures: How human resource managers perceive them. *Journal of Business and Psychology, 4,* 279-292.

Harris, M.M. & Sackett, P.R. (1987). A factor analysis and Item Response Theory analysis of an employee honesty test. *Journal of Business and Psychology, 2,* 122-135.

Harris, M.M. & Trusty, M.L. (1997). Drug and alcohol programs in the workplace: A review of recent literature. In C.L. Cooper and I.T. Robertson (Eds.), *International Review of Industrial and Organizational Psychology* (Vol. 12, pp. 289-315). Chichester: Wiley.

Harris, W.G. (1987). A components analysis of a preemployment integrity measure: A replicated study. *Psychological Reports, 60,* 1051-1055.

Harrison, D.A. (1995). Volunteer motivation and attendance decisions: Competitive theory testing in multiple samples from a homeless shelter. *Journal of Applied Psychology, 80,* 371-385.

Hartnett, J.J. (1991). A note on the PEOPLE Survey: EEOC data and validation of the honesty scale. *Journal of Psychology, 125,* 489-491.

Hartshorne, H. & May, M.A. (1928). *Studies in the nature of character, Vol. 1: Studies in deceit.* New York: Macmillan.

Hartshorne, H., May, M.A. & Shuttleworth, F.K. (1930). *Studies in the nature of character, Vol. 3: Studies in the organization of character.* New York: Macmillan.

Hathaway, S.R. & McKinley, J.C. (1951). *The Minnesota Multiphasic Personality Inventory manual* (Rev. Ed.). New York: Psychological Corporation.

Hattrup, K., O'Connell, M.S. & Wingate, P.H. (1998). Prediction of multidimensional criteria: Distinguishing task and contextual performance. *Human Performance, 11,* 305-319.

Hattrup, K., Rock, J. & Scalia, C. (1997). The effects of varying conceptualizations of job performance on adverse impact, minority hiring, and predicted performance. *Journal of Applied Psychology, 82,* 656-664.

Hay, D.W. (1981). *An exploration of the dimensionality of a personnel selection instrument designed to measure honesty.* Unpublished master's thesis, Illinois Institute of Technology.

Hayduk, L.A. (1988). *Structural equations modeling with LISREL: Essentials and advances.* Baltimore: Johns Hopkins University Press.

Heath, A.C. & Martin, N.G. (1990). Psychoticism as a dimension of personality: A multivariate genetic test of Eysenck and Eysenck's psychoticism construct. *Journal of Personality and Social Psychology, 58,* 111-121.

Herbert, C.L. (1997). *A test of self-control explanations of white-collar crime.* Unpublished doctoral dissertation. Tucson: University of Arizona.

Hernandez, J.T. & Diclimente, R.J. (1992). Self-control and ego identity development as predictors of unprotected sex in late adolescent males. *Journal of Adolescence, 15,* 437-447.

Hilla, W. & Tiller, R.E. (1996). Krankenstand aus arbeitsmedizinischer Sicht. In R. Marr (Hrsg.), *Absentismus: der schleichende Verlust an Wettbewerbspotential* (S. 91-118). Göttingen: Hogrefe.

Hilson Research, Inc. (ohne Datum). *Use of psychological testing to predict success of law enforcement trainees.* Unpublished manuscript. Kew Gardens: Author.

Hindelang, M.J., Hirschi, T. & Weis, J.G. (1981). *Measuring delinquency.* Beverly Hills: Sage.

Hirschi, T. (1994). Family. In T. Hirschi and M.R. Gottfredson (Eds.), *The generality of deviance* (pp. 47-69). New Brunswick: Transaction Publishers.

Hirschi, T. & Gottfredson, M.R. (1990). Substantive positivism and the idea of crime. *Rationality and Society, 2,* 412-428.

Hirschi, T. & Gottfredson, M.R. (1993). Commentary: Testing the general theory of crime. *Journal of Research in Crime and Delinquency, 30,* 47-54.

Hirschi, T. & Gottfredson, M.R. (1994). The generality of deviance. In T. Hirschi and M.R. Gottfredson (Eds.), *The generality of deviance* (pp. 1-22). New Brunswick: Transaction Publishers.

Hirschi, T. & Gottfredson, M.R. (1995). Control theory and the life-course perspective. *Studies on Crime and Crime Prevention, 4,* 131-142.

Hofstee, W.K.B., De Raad, B. & Goldberg, L.R. (1992). Integration of the big five and circumplex approaches to trait structure. *Journal of Personality and Social Psychology, 63,* 146-163.

Hofstee, W.K.B., Ten Berge, J.F.M. & Hendriks, J. (1997). *How to score questionnaires.* Unpublished manuscript. Groningen: University of Groningen.

Höft, S. & Funke, U. (in Vorb.). Simulationsorientierte Verfahren der Personalauswahl. In H. Schuler (Hrsg.), *Lehrbuch der Personalpsychologie.* Göttingen: Hogrefe.

Hogan, J. & Brinkmeyer, K. (1997). Bridging the gap between overt and personality-based integrity tests. *Personnel Psychology, 50,* 587-599.

Hogan, J. & Hogan, R.T. (1989). How to measure employee reliability. *Journal of Applied Psychology, 74,* 273-279.

Hogan, J. & Ones, D.S. (1997). Conscientiousness and integrity at work. In R. Hogan, J.A. Johnson and S.R. Briggs (Eds.), *Handbook of personality psychology* (pp. 849-870). San Diego: Academic Press.

Hogan, J. & Roberts, B.W. (1996). Issues and non-issues in the fidelity-bandwidth trade-off. *Journal of Organizational Behavior, 17,* 627-637.

Hogan, R.T. (1986). *Hogan Personality Inventory manual.* Minneapolis: National Computer Systems.

Hogan, R.T. & Jones, W.H. (1983). A role-theoretical model of criminal conduct. In W.S. Laufer and J.M. Day (Eds.), *Personality theory, moral development, and criminal behavior* (pp. 3-21). Lexington: Lexington Books.

Holcom, M.L. (1993). *A structural model of employee deviance, substance use, and performance in the workplace.* Unpublished doctoral dissertation. Fort Worth: Texas Christian University.

Hollinger, R.C. (1991). Neutralizing in the workplace: An empirical analysis of property theft and production deviance. *Deviant Behavior, 12,* 169-202.

Hollinger, R.C. & Clark, J.P. (1983). *Theft by employees.* Lexington: Lexington Books.

Hollinger, R.C., Slora, K.B. & Terris, W. (1992). Deviance in the fast-food restaurant: Correlates of employee theft, altruism, and counterproductivity. *Deviant Behavior, 13,* 155-184.

Holzbecher, M., Braszeit, A., Müller, U. & Plogstedt, S. (1997). *Sexuelle Belästigung am Arbeitsplatz.* Stuttgart: Kohlhammer.

Honts, C.H. (1991). The emperor's new clothes: Application of polygraph tests in American workplace. *Forensic Reports, 4,* 91-116.

Horst, F. (1997). Inventurdifferenzen: hoch wie eh und je. *Dynamik im Handel, o.J. (9),* 36-39.

Hough, L.M. (Ed.) (1988). *Literature review: Utility of temperament, biodata, and interest assessment for predicting job performance* (ARI Research Note 88-02). Alexandria: U.S. Army Research Institute for the Behavioral and Social Sciences.

Hough, L.M. (1992). The „big five" personality variables - construct confusion: Description versus prediction. *Human Performance, 5,* 139-155.

Hough, L.M., Eaton, N.K., Dunnette, M.D., Kamp, J.D. & McCloy, R.A. (1990). Criterion-related validities of personality constructs and the effect of response distortion on those validities. *Journal of Applied Psychology, 75,* 581-595.

Hough, L.M. & Paullin, C. (1994). Construct-oriented scale construction: The rational approach. In G.S. Stokes, M.D. Mumford and W.A. Owens (Eds.), *Biodata Handbook: Theory, research, and use of biographical information in selection and performance prediction* (pp. 109-145). Palo Alto: Consulting Psychologists Press.

Hough, L.M. & Schneider, R.J. (1996). Personality traits, taxonomies, and applications in organizations. In K.R. Murphy (Ed.), *Individual differences and behavior in organizations* (pp. 31-88). San Francisco: Jossey-Bass.

Huffcutt, A.I., Roth, P.L. & McDaniel, M.A. (1996). A meta-analytic investigation of cognitive ability in employment interview evaluations: Moderating characteristics and implications for incremental validity. *Journal of Applied Psychology, 81,* 459-473.

Hulin, C. (1991). Adaptation, persistence, and commitment in organizations. In M.D. Dunnette and L.M. Hough (Eds.), *Handbook of Industrial and Organizational psychology* (Vol. 2, pp. 455-505). Palo Alto: Consulting Psychologists Press.

Hunt, S.T. (1996). Generic work behavior: An investigation into the dimensions of entry-level, hourly job performance. *Personnel Psychology, 49,* 51-84.

Hunter, J.E. & Hunter, R.F. (1984). Validity and utility of alternative predictors of job performance. *Psychological Bulletin, 96,* 72-98.

Hunter, J.E. & Schmidt, F.L. (1990). *Methods of meta-analysis: Correcting error and bias in research findings.* Newbury Park: Sage.

Ickes, W., Snyder, M. & Garcia, S. (1997). Personality influences on the choice of situations. In R. Hogan, J.A. Johnson and S.R. Briggs (Eds.), *Handbook of personality psychology* (pp. 166-195). San Diego: Academic Press.

Inwald, R.E. (1988). Five-year follow up study of departmental terminations as predicted by 16 pre-employment psychological indicators. *Journal of Applied Psychology, 73,* 703-710.

Inwald, R.E. (1990). Those "little white lies" of honesty test vendors. *Personnel, 67,* 52-58.

Inwald, R.E., Hurwitz, H. & Kaufman, J.C. (1991). Uncertainty reduction in retail and public safety security screening. *Forensic Reports, 4,* 171-212.

Ito, T.A., Miller, N. & Pollock, V.E. (1996). Alcohol and aggression: A meta-analysis on the moderating effects of inhibitory cues, triggering events, and self-focused attention. *Psychological Bulletin, 120,* 60-82.

Jaccard, J.J. (1974). Predicting social behavior from personality. *Journal of Research in Personality, 7,* 358-367.

Jang, S.J. & Krohn, M.D. (1995). Developmental patterns of sex differences in delinquency among African American adolescents: A test of the sex-invariance hypothesis. *Journal of Quantitative Criminology, 11,* 195-221.

Jaufmann, D. (1995). Arbeitseinstellungen - Belastungen - Fehlzeiten. Ergebnisse, Problemlagen und offene Fragen im Vergleich. In D. Jaufmann, E. Mezger und M. Pfaff (Hrsg.), *Verfällt die Arbeitsmoral?: Zur Entwicklung von Arbeitseinstellungen, Belastungen und Fehlzeiten* (S. 33-80). Frankfurt/M.: Campus.

Jessor, R. & Jessor, S.L. (1977). *Problem behavior and psychosocial development.* New York: Academic Press.

John, O.P. (1989). Towards a taxonomy of personality descriptors. In D.M. Buss and N. Cantor (Eds.), *Personality psychology: Recent trends and emerging directions* (pp. 261-271). New York: Springer.

John, O.P. (1990). The "big five" factor taxonomy: Dimensions of personality in the natural language and in questionnaires. In L.A. Pervin (Ed.), *Handbook of personality: Theory and research* (pp. 66-100). New York: Academic Press.

Johns, G. (1994a). How often were you absent? A review of the use of self-reported absence data. *Journal of Applied Psychology, 79,* 574-591.

Johns, G. (1994b). Absenteeism estimates by employees and managers: Divergent perspectives and self-serving perceptions. *Journal of Applied Psychology, 79,* 229-239.

Johns, G. (1997). Contemporary research on absence from work: Correlates, causes and consequences. In C.L. Cooper and I.T. Robertson (Eds.), *International Review of Industrial and Organizational Psychology* (Vol. 12, pp. 115-173). Chichester: Wiley.

Jones, J.W. (Ed.) (1991a). *Preemployment honesty testing: Current research and future directions.* Westport: Quorum Books.

Jones, J.W. (1991b). Attitude-behavior relations: A theoretical and empirical analysis of preemployment integrity tests. In J.W. Jones (Ed.), *Preemployment honesty testing: Current research and future directions* (pp. 89-98). Westport: Quorum Books.

Jones, J.W., Arnold, D.W. & Harris, W.G. (1990). Introduction to the Model Guidelines for Preemployment Integrity Testing. *Journal of Business and Psychology, 5,* 525-532.

Jones, J.W. & Boye, M.W. (1994). Job stress, predisposition to steal, and employee theft. *American Journal of Health Promotion, 8,* 331-333.

Jones, J.W. & Joy, D.S. (1991). Empirical investigation of job applicants' reactions to taking a preemployment honesty test. In J.W. Jones (Ed.), *Preemployment honesty testing: Current research and future directions* (pp. 121-131). Westport: Quorum Books.

Jones, J.W., Joy, D.S. & Martin, S.L. (1990). A multidimensional approach for selecting child care workers. *Psychological Reports, 67*, 543-553.

Jones, J.W., Joy, D.S. & Terris, W. (1991). Psychological correlates of illicit drug use among job applicants. In J.W. Jones (Ed.), *Preemployment honesty testing: Current research and future directions* (pp. 159-170). Westport: Quorum Books.

Jones, J.W. & Orban, J.A. (1992). An evaluation of a brief integrity test user orientation program. *Journal of Business and Psychology, 7*, 93-97.

Jones, J.W., Slora, K.B. & Boye, M.W. (1990). Theft reduction through personnel selection: A control group design in the supermarket industry. *Journal of Business and Psychology, 5*, 275-279.

Jones, J.W. & Terris, W. (1983). Predicting employees' theft in home improvement centers. *Psychological Reports, 52*, 187-201.

Jones, J.W. & Terris, W. (1991a). Integrity testing for personnel selection: An overview. *Forensic Reports, 4*, 117-148.

Jones, J.W. & Terris, W. (1991b). The organizational climate of honesty. In J.W. Jones (Ed.), *Preemployment honesty testing: Current research and future directions* (pp. 133-142). Westport: Quorum Books.

Jöreskog, K.G. & Sörbom, D. (1986). *PRELIS: A preprocessor for LISREL.* Mooresville: Scientific Software International.

Jöreskog, K.G. & Sörbom, D. (1988). *LISREL 7: A guide to the program and applications.* Chicago: SPSS.

Jöreskog, K.G. & Sörbom, D. (1993a). *Windows LISREL 8.12a* (Software). Chicago: Scientific Software International.

Jöreskog, K.G. & Sörbom, D. (1993b). *LISREL 8: Structural equation modeling with the SIMPLIS command language.* Chicago: Scientific Software International.

Joy, D.S. (1991). Basic psychometric properties of a preemployment honesty test: Reliablity, validity, and fairness. In J.W. Jones (Ed.), *Preemployment honesty testing: Current research and future directions* (pp. 65-88). Westport: Quorum Books.

Judge, T.A. (1992). The dispositional perspective in human resources research. *Research in Personnel and Human Resources Management, 10*, 31-72.

Judge, T.A., Erez, A. & Bono, J.E. (1998). The power of being positive: The relation between positive self-concept and job performance. *Human Performance, 11*, 167-187.

Judge, T.A., Locke, E.A., Durham, C.C. & Kluger, A.N. (1998). Dispositional effects on job and life satisfaction: The role of core evaluations. *Journal of Applied Psychology, 83*, 17-34.

Judge, T.A., Martocchio, J.J. & Thoresen, C.J. (1997). Five-factor model of personality and emloyee absence. *Journal of Applied Psychology, 82*, 745-755.

Kaestner, R. & Grossman, M. (1995). Wages, workers' compensation benefits, and drug use: Indirect evidence of the effect of drugs on workplace accidents. *American Economic Review, 85*, 55-60.

Kahler, C.W., Epstein, E.E. & McCrady, B.S. (1995). Loss of control and inability to abstain: The measurement of and the relationship between two constructs in male alcoholics. *Addiction, 90*, 1025-1036.

Kaiser, G. & Mezger-Pregizer, G. (Hrsg.) (1976). *Betriebsjustiz: Untersuchungen über die Kontrolle abweichenden Verhaltens in Industriebetrieben.* Berlin: Duncker Humblot.

Kamp, J.D. & Brooks, P. (1991). Perceived organizational climate and employee counterproductivity. *Journal of Business and Psychology, 5,* 447-458.

Kamp, J.D. & Hough, L.M. (1988). Utility of temperament for predicting job performance. In L.M. Hough (Ed.), *Literature review: Utility of temperament, biodata, and interest assessment for predicting job performance* (ARI Research Note 88-02, pp. 1-90). Alexandria: U.S. Army Research Institute for the Behavioral and Social Sciences.

Kandel, D.B. (1978). Homophily, selection and socialization in adolescent friendships. *American Journal of Sociology, 84,* 427-436.

Kanfer, R., Ackerman, P.L., Murtha, T.C. & Goff, M. (1995). Personality and intelligence in industrial and organizational psychology. In D.H. Saklofske and M. Zeidner (Eds.), *International handbook of personality and intelligence* (pp.577-602). New York: Plenum Press.

Kay, G.G. (1991). Casting stones at integrity testing, not at integrity tests. *Forensic Reports, 4,* 163-170.

Keane, C., Maxim, P.S. & Teevan, J.J. (1993). Drinking and driving, self-control, and gender: Testing a general theory of crime. *Journal of Research in Crime and Delinquency, 30,* 30-46.

Keller, R.T. (1983). Predicting absenteeism from prior absenteeism, attitudinal factors, and nonattitudinal factors. *Journal of Applied Psychology, 68,* 536-540.

Kenrick, D.T. & Funder, D.C. (1988). Profiting from controversy: Lessons from the person-situation debate. *American Psychologist, 43,* 23-34.

Kersting, M. (1998). Differentielle Aspekte der sozialen Akzeptanz von Intelligenztests und Problemlöseszenarien als Personalauswahlverfahren. *Zeitschrift für Arbeits- und Organisationspsychologie, 42,* 61-75.

Keupp, H. (1983). Kriminalität als soziale Konstruktion - Zum interpretativen Potential der Labeling-Perspektive. In F. Lösel (Hrsg.), *Kriminalpsychologie: Grundlagen und Anwendungsbereiche* (S. 106-117). Weinheim: Beltz.

Kleinbeck, U. & Wegge, J. (1996). Fehlzeiten in Organisationen: Motivationspsychologische Ansätze zur Ursachenanalyse und Vorschläge für die Gesundheitsförderung am Arbeitsplatz. *Zeitschrift für Arbeits- und Organisationspsychologie, 40,* 161-172.

Kleinmuntz, B. (1989). Review of the Phase II Profile Status Inventory and ADdendum. In J.C. Conoley and J.J. Kramer (Eds.), *The Tenth Mental Measuremant Yearbook* (pp. 634-638). Lincoln: Buros Institute of Mental Measurements.

Kluger, A.N. & Colella, A. (1993). Beyond the mean bias: The effect of warning against faking on biodata item variances. *Personnel Psychology, 46,* 763-780.

Kluger, A.N. & Rothstein, H.R. (1993). The influence of selection test type on applicant reactions to employment testing. *Journal of Business and Psychology, 8,* 3-25.

Kochkin, S. (1987). Personality correlates of a measure of honesty. *Journal of Business and Psychology, 1,* 236-247.

Kohl, D. (1993). Verluste größer als Gewinne? Inventurdifferenzen: Lösung durch Synthese aus Mensch, Technik und Organisation. *Dynamik im Handel, o.J.,* 12-17.

Kohlberg, L. (1984). *The psychology of moral development.* San Francisco: Harper & Row.

Koslowsky, M., Sagie, A., Krausz, M. & Singer, A.D. (1997). Correlates of employee lateness: Some theoretical considerations. *Journal of Applied Psychology, 82,* 79-88.

Kräkel, M. (1997). Rent-seeking in Organisationen - eine ökonomische Analyse sozial schädlichen Verhaltens. *Zeitschrift für betriebswirtschaftliche Forschung, 49,* 535-555.

Kravitz, D.A., Stinson, V. & Chavez, T.L. (1996). Evaluations of tests used for making selection and promotion decisions. *International Journal of Selection and Assessment, 4,* 24-34.

Kuhn, K. (1995). Krankenstand im Betrieb: „Facts and Figures". In D. Jaufmann, E. Mezger und M. Pfaff (Hrsg.), *Verfällt die Arbeitsmoral?: Zur Entwicklung von Arbeitsein-stellungen, Belastungen und Fehlzeiten* (S. 81-88). Frankfurt/M.: Campus.

Kuhn, K. (1996). Krankenstand im Betrieb als Alltagsproblem. *Zeitschrift für Arbeits- und Organisationspsychologie, 40,* 200-203.

LaGrange, T.C. (1996). *Self-control and delinquency: An empirical test of Gottfredson and Hirschi's general theory of crime.* Unpublished doctoral dissertation. University of Alberta.

LaGrange, T.C. & Silverman, R.A. (1999). Low self-control and opportunity: Testing the general theory of crime as an explanation for gender differences in delinquency. *Criminology, 37,* 41-72.

Lalumière, M.L. & Quinsey, V.L. (1996). Sexual deviance, antisociality, mating effort, and the use of sexually coercive behaviors. *Personality and Individual Differences, 21,* 33-48.

Lamnek, S. (1993). *Theorien abweichenden Verhaltens* (5. Aufl.). München: Fink.

Lamnek, S. (1994). *Neue Theorien abweichenden Verhaltens.* München: Fink.

Landscheidt, K. & Rheinberg, F. (1996). Motivationale Rekonstruktion strafbarer Handlungen bei Jugendlichen mit unterschiedlicher Kriminalitätsbelastung. *Zeitschrift für Differentielle und Diagnostische Psychologie, 17,* 96-108.

Landy, F.J. & Farr, J.L. (1980). Performance rating. *Psychological Bulletin, 87,* 72-107.

Landy, F.J., Shankster, L.J. & Kohler, S.S. (1994). Personnel selection and placement. *Annual Review of Psychology, 45,* 261-296.

Larragoite, V. (1994). Rape. In T. Hirschi and M.R. Gottfredson (Eds.), *The generality of deviance* (pp. 173-192). New Brunswick: Transaction Publishers.

Lasson, E.D. (1992). *Preemployment honesty testing: Construct validity issues and a test of the person-situation question (worker deviance).* Unpublished doctoral dissertation. Wayne State University.

Latham, L.L. & Perlow, R. (1996). The relationship of client-directed aggressive and nonclient-directed aggressive work behavior with self-control. *Journal of Applied Social Psychology, 26,* 1027-1041.

Laub, J.H. & Sampson, R.J. (1994). Unemployment, marital discord, and deviant behavior: The long-term correlates of childhood misbehavior. In T. Hirschi and M.R. Gottfredson (Eds.), *The generality of deviance* (pp. 235-252). New Brunswick: Transaction Publishers.

Laufer, H. (1989). Alkoholmißbrauch - ein betriebliches Gemeinschaftsproblem. *Personal, 41,* 48-50.

Lautenschlager, G.J. (1994). Accuracy and faking of background data. In G.S. Stokes, M.D. Mumford and W.A. Owens (Eds.), *Biodata Handbook: Theory, research, and use of biographical information in selection and performance prediction* (pp. 391-419). Palo Alto: Consulting Psychologists Press.

Lehman, W.E.K., Farabee, D.J., Holcom, M.L. & Simpson, D.D. (1995). Prediction of substance use in the workplace: Unique contributions of personal background and work environment variables. *Journal of Drug Issues, 25,* 253-275.

Lehman, W.E.K. & Simpson, D.D. (1992). Employee substance use and on-the-job behaviors. *Journal of Applied Psychology, 77,* 309-321.

Leigh, J.P. (1985). The effects of unemployment and the business cycle on absenteeism. *Journal of Economics and Business, 37,* 159-170.

Lenk, H. (1991). Eigenleistung in Beruf und Gesellschaft. In H. Schuler (Hrsg.), *Beurteilung und Förderung beruflicher Leistung* (S. 1-10). Stuttgart: Verlag für Angewandte Psychologie.

Lévy-Leboyer, C. (1994). Selection and assessment in Europe. In H.C. Triandis, M.D. Dunnette and L.M. Hough (Eds.), *Handbook of Industrial and Organizational psychology* (Vol. 4, pp. 173-190). Palo Alto: Consulting Psychologists Press.

Leymann, H. (1993). Ätiologie und Häufigkeit von Mobbing am Arbeitsplatz - eine Übersicht über die bisherige Forschung. *Zeitschrift für Personalforschung, 7,* 271-284.

Liebl, K. (Hrsg.) (1987). *Internationale Forschungsergebnisse auf dem Gebiet der Wirtschaftskriminalität.* Pfaffenweiler: Centaurus.

Lienert, G.A. (1969). *Testaufbau und Testanalyse* (3. erg. Aufl.). Weinheim: Beltz.

Lienert, G.A. & Raatz, U. (1994). *Testaufbau und Testanalyse* (5. überarb. Aufl.). Weinheim: Psychologie Verlags Union.

Lilienfeld, S.O., Andrews, B.P., Stone-Romero, E.F. & Stone, D. (1994). The relations between a self-report honesty test and personality measures in prison and college samples. *Journal of Research in Personality, 28,* 154-169.

LoBello, S.G. & Sims, B.N. (1993). Fakability of a commercially produced pre-employment integrity test. *Journal of Business and Psychology, 8,* 265-273.

Locke, E.A. & Becker, T.E. (1998). Rebuttal to a subjectivist critique of an objectivist approach to integrity in organizations. *Academy of Management Review, 23,* 170-175.

Long, J.S. (1983). *Confirmatory factor analysis: A preface to LISREL* (Sage university papers on quantitative applications in the social sciences, series no. 07-033). Beverly Hills: Sage.

Longshore, D. (1998). Self-control and criminal opportunity: A prospective test of the general theory of crime. *Social Problems, 45,* 102-113.

Longshore, D., Turner, S. & Stein, J.A. (1996). Self-control in a criminal sample: An examination of construct validity. *Criminology, 34,* 209-228.

Lösel, F. (1975). *Handlungskontrolle und Jugenddelinquenz: Persönlichkeitspsychologische Erklärungsansätze delinquenten Verhaltens - theoretische Integration und empirische Prüfung.* Stuttgart: Enke.

Lösel, F. (1983). Empirische Persönlichkeitsforschung und Delinquenzerklärung. In F. Lösel (Hrsg.), *Kriminalpsychologie: Grundlagen und Anwendungsbereiche* (S. 29-40). Weinheim: Beltz.

Lück, H.E. & Timaeus, E. (1969). Skalen zur Messung Manifester Angst (MAS) und sozialer Wünschbarkeit (SDS-E und SDS-CM). *Diagnostica, 15,* 134-141.

Lynam, D.R. (1996). Early identification of chronic offenders: Who is the fledgling psychopath? *Psychological Bulletin, 120,* 209-234.

Lynam, D.R., Moffitt, T. & Stouthamer-Loeber, M. (1993). Explaining the relation between IQ and delinquency: Class, race, motivation, school failure, or self-control? *Journal of Abnormal Psychology, 102,* 187-196.

Mabon, H. (1998). Utility aspects of personality and performance. *Human Performance, 11,* 289-304.

Macan, T.H., Avedon, M.J., Paese, M. & Smith, D.E. (1994). The effects of applicants' reactions to cognitve ability tests and an assessment center. *Personnel Psychology, 47,* 715-738.

Mael, F.A. (1991). A conceptual rationale for domains and attributes of biodata items. *Personnel Psychology, 44,* 763-792.

Magnusson, D. (1990). Personality development from an interactional perspective. In L. Pervin (Ed.), *Handbook of personality: theory and research* (pp. 193-222). New York: Guilford Press.

Magnusson, D. (1992). Individual development: A longitudinal perspective. *European Journal of Personality, 6,* 119-138.

Maib, J. (1979). Über die rechtliche Zulässigkeit psychologischer Tests im Personalbereich. *Personal, 31,* 334-336.

Malin, S.Z., Luria, J. & Morgenbenser, L.I. (1987, August). *New York State psychological screening program longitudinal validation study.* Paper presented at the Annual Meeting of the American Psychological Association, New York City.

Manhardt, P.J. (1989). Base rates and tests of deception: Has I/O psychology shot itself in the foot? *The Industrial/Organizational Psychologist, 26,* 48-50.

Marcus, B. (1993). *Die Prognose der Vertrauenswürdigkeit von Stellenbewerbern mittels Fragebogen - Die Eignung von Integrity Tests für die Personalauswahl unter besonderer Berücksichtigung der Konstruktvalidität.* Unveröffentlichte Diplomarbeit, Universität Hohenheim.

Marcus, B. (1997, July). *Integrity, self-control and the FFM: Some findings on the meaning of integrity tests.* Presentation at the Summerschool on Personality Structure and Measurement, Vienna.

Marcus, B. (1999, Oktober). *Die Retrospektive Verhaltensskala der Selbstkontrolle (RVS): ein Instrument zur Messung von Gottfredson und Hirschis (1990) Konstrukt.* Vortrag auf der 5. Arbeitstagung der Fachgruppe Differentielle Psychologie, Persönlichkeitspsychologie und Psychologische Diagnostik der Deutschen Gesellschaft für Psychologie, Wuppertal.

Marcus, B., Funke, U. & Schuler, H. (1996, September). *Integrity Tests in der Personalauswahl: Eine Metaanalyse zur Einordnung des Konstrukts „Integrität" innerhalb des Fünf-Faktoren-Modells der Persönlichkeit.* Poster auf dem 40. Kongreß der Deutschen Gesellschaft für Psychologie, München.

Marcus, B., Funke, U. & Schuler, H. (1997). Integrity Tests als spezielle Gruppe eignungsdiagnostischer Verfahren: Literaturüberblick und metaanalytische Befunde zur Konstruktvalidität. *Zeitschrift für Arbeits- und Organisationspsychologie, 41,* 2-15.

Marcus, B. & Moser, K. (1997). Zur Prognostizierbarkeit kontraproduktiven Verhaltens am Arbeitsplatz: Ergebnisse einer Pilotstudie. In G. Richardt, G. Krampen und H. Zayer (Hrsg.), *Beiträge zur Angewandten Psychologie 1997* (S. 411-414). Bonn: Deutscher Psychologen Verlag.

Marcus, B., Riediger, M., Höft, S. & Schuler, H. (1998, September). *Was messen Integrity Tests: „g-Faktor" der Persönlichkeit oder Facettenkombination?* Vortrag auf dem 41. Kongreß der Deutschen Gesellschaft für Psychologie, Dresden.

Marcus, B. & Schuler, H. (in Vorb.). Leistungsbeurteilung. In H. Schuler (Hrsg.), *Lehrbuch der Personalpsychologie.* Göttingen: Hogrefe.

Markham, S.E. & McKee, G.H. (1995). Group absence behavior and standards: A multilevel analysis. *Academy of Management Journal, 38,* 1174-1190.

Marr, R. (1996). Absentismus - der schleichende Verlust an Wettbewerbspotential. In R. Marr (Hrsg.), *Absentismus: der schleichende Verlust an Wettbewerbspotential* (S. 13-39). Göttingen: Hogrefe.

Martin, S.L. & Terris, W. (1991a). Predicting infrequent behavior: Misconceptions surrounding misclassification errors. *Forensic Reports, 4,* 141-148.

Martin, S.L. & Terris, W. (1991b). Predicting infrequent behavior: Clarifying the impact on false-positive rates. *Journal of Applied Psychology, 76,* 484-487.

Mathieu, J.E. & Zajac, D.M. (1990). A review and meta-analysis of the antecedents, correlates and consequences of organizational commitment. *Psychological Bulletin, 108,* 171-194.

McCormick, P.B. (1996). *Predicting a multivariate performance variable using cognitive ability and integrity.* Unpublished doctoral dissertation. Texas A&M University.

McCrae, R.R. (1991). The five-factor model and its assessment in clinical settings. *Journal of Personality Assessment, 57,* 399-414.

McCrae, R.R. & Costa, P.T. (1983). Social desirability scales: More substance than style. *Journal of Consulting and Clinical Psychology, 51,* 882-888.

McCrae, R.R. & Costa, P.T. (1985). Comparison of EPI and psychoticism scales with measures of the five-factor model of personality. *Personality and Individual Differences, 5,* 587-597.

McCrae, R.R. & Costa, P.T. (1987). Validation of the five-factor model of personality across instruments and observers. *Journal of Personality and Social Psychology, 52,* 81-90.

McCrae, R.R., Costa, P.T. & Piedmont, R.L. (1993). Folk concepts, natural language and psychological constructs: The California Psychological Inventory and the five-factor model. *Journal of Personality, 61,* 1-26.

McDaniel, M.A. (1988). Does pre-employment drug use predict on-the-job suitability? *Personnel Psychology, 41,* 717-729.

McDaniel, M.A. (1989). Biographical constructs for predicting employee suitability. *Journal of Applied Psychology, 74,* 964-970.

McDaniel, M.A. & Jones, J.W. (1986). A meta-analysis of the validity of the Employee Attitude Inventory theft scales. *Journal of Business and Psychology, 1,* 31-50.

McDaniel, M.A. & Jones, J.W. (1988). Predicting employee theft: A quantitative review of the validity of a standardized measure of dishonesty. *Journal of Business and Psychology, 2,* 327-343.

McFall, L. (1987). Integrity. *Ethics, 98,* 5-20.

McHenry, J.J., Hough, L.M., Toquam, J.L., Hanson, M.A. & Ashworth, S. (1990). Project A validity results: The relationship between predictor and criterion domains. *Personnel Psychology, 43,* 335-354.

McHoskey, J.W., Worzel, W. & Szyarto, C. (1998). Machiavellianism and psychopathy. *Journal of Personality and Social Psychology, 74,* 192-210.

Merten, K. (1983). *Inhaltsanalyse: Einführung in Theorie, Methode und Praxis.* Opladen: Westdeutscher Verlag.

Messick, S. (1995). Validity of psychological assessment: Validation of inferences from persons' responses and performances as scientific inquiry into score meaning. *American Psychologist, 50,* 741-749.

Meyer, J.P. (1997). Organizational Commitment. In C.L. Cooper and I.T. Robertson (Eds.), *International Review of Industrial and Organizational Psychology* (Vol. 12, pp. 175-228). Chichester: Wiley.

Mikulay, S.M. & Goffin, R.D. (1998). Measuring and predicting counterproductivity in the laboratory using integrity and personality testing. *Educational and Psychological Measurement, 58,* 768-790.

Miller, S.L. & Burack, C. (1993). A critique of Gottfredson and Hirschi's general theory of crime: Selective (in)attention to gender and power positions. *Women and Criminal Justice, 4,* 115-134.

Min, S. (1994). *Causes and consequences of low self-control: Empirical tests of the general theory of crime.* Unpublished doctoral dissertation. Tucson: University of Arizona.

Miner, J.B. & Capps, M.H. (1996). *How honesty testing works.* Westport: Quorum Books.

Mischel, W. (1968). *Personality and assessment.* New York: Wiley.

Mischel. W., Shoda, Y. & Rodriguez, M.L. (1989). Delay of gratification in children. *Science, 244,* 933-938.

Mitra, A., Jenkins, G.D. & Gupta, N. (1992). A meta-analytic review of the relationship between absence and turnover. *Journal of Applied Psychology, 77,* 879-889.

Moffitt, T.E. (1993). Adolescence-limited and life-course-persistent antisocial behavior: A developmental taxonomy. *Psychological Review, 100,* 674-701.

Moffitt, T.E. & Silva, P.A. (1988): IQ and delinquency: A direct test of the differential detection hypothesis. *Journal of Abnormal Psychology, 97,* 330-333.

Monachesi, E.D. & Hathaway, S.R. (1969). The personality of delinquents. In N. Butcher (Ed.), *MMPI: Research developments and clinical applications* (pp.207-219). New York: McGraw-Hill.

Monson, T.C., Hesley, J.W. & Chernick, L. (1982). Specifying when personality traits can and cannot predict behavior: An alternative to abandoning the attempt to predict single-act criteria. *Journal of Personality and Social Psychology, 43,* 385-399.

Moore, R.W. (1990). Instructional effects on the Phase II Profile honesty test. *Psychological Reports, 67,* 291-294.

Moore, R.W. & Stewart, R.M. (1989). Evaluating employee integrity: Moral and methodological problems. *Employee Responsibilities and Rights Journal, 2,* 203-215.

Moreland, K.L. (1989). Review of the Phase II Profile Status Inventory and ADdendum. In J.C. Conoley and J.J. Kramer (Eds.), *The Tenth Mental Measurement Yearbook* (pp. 638-640). Lincoln: Buros Institute of Mental Measurements.

Morrow, I.I. (1992). Review of Jones, J.W.: Preemployment honesty testing: Current research and future directions [book review]. *Personnel Psychology, 45,* 681-686.

Moser, K. (1991). *Konsistenz der Person.* Göttingen: Hogrefe.

Moser, K. & Hertel, G. (1998). Ethisches Verhalten in Organisationen: Möglichkeiten psychologischer Eignungsdiagnostik. In G. Blickle (Hrsg.), *Ethik in Organisationen* (S. 169-184). Göttingen: Verlag für Angewandte Psychologie.

Moser, K., Schwörer, F., Eisele, D. & Haefele, G. (1998). Persönlichkeitsmerkmale und kontraproduktives Verhalten in Organisationen. Eine Pilotstudie. *Zeitschrift für Arbeits- und Organisationspsychologie, 42,* 89-94.

Motoaki, H., Souma, I., Kimura, H. & Shigehisa, T. (1990). Behavioral characteristics of juvenile deviators in Japan: A study of the current status of deviant behavior among Japanese high school boys and girls. *Japanese Psychological Research, 32,* 181-191.

Motowidlo, S.J., Borman, W.C. & Schmit, M.J. (1997). A theory of individual differences in task and contextual performance. *Human Performance, 10,* 71-83.

Mount, M.K. & Barrick, M.R. (1995). The big five personality dimensions: Implications for research and practice in human resource management. *Research in Personnel and Human Resources Management, 13,* 153-200.

Muchinsky, P.M. (1979). The use of reference reports in personnel selection: A review and evaluation. *Journal of Occupational Psychology, 52,* 287-297.

Mueller, M.F. (1996). *Juvenile delinquents' self-control of behavior and the relationship to severity of charge and frequency of arrest.* Unpublished doctoral dissertation. Michigan State University.

Mumford, M.D., Gessner, T.L., Connelly, M.S., O'Connor, J.A. & Clifton, T.C. (1993). Leadership and destructive acts: Individual and situational influences. *Leadership Quarterly, 4,* 115-147.

Mummendey, A. (1996). Aggressives Verhalten. In W. Stroebe, M. Hewstone und G.M. Stephenson (Hrsg.), *Sozialpsychologie* (3. überarb. Aufl., S. 421-452). Berlin: Springer.

Mummendey, H.D. (1995). *Die Fragebogen-Methode* (2. Aufl.). Göttingen: Hogrefe.

Murphy, K.R. (1987). Detecting infrequent deception. *Journal of Applied Psychology, 72,* 611-614.

Murphy, K.R. (1993). *Honesty in the workplace.* Pacific Grove: Brooks/Cole.

Murphy, K.R. & Lee, S.L. (1994a). Does conscientiousness explain the relationship between integrity and job performance? *International Journal of Selection and Assessment, 2,* 226-233.

Murphy, K.R. & Lee, S.L. (1994b). Personality variables related to integrity test scores: The role of conscientiousness. *Journal of Business and Psychology, 8,* 413-424.

Murphy, K.R. & Shiarella, A.H. (1997). Implications of the multidimensional nature of job performance for the validity of selection tests: Multivariate frameworks for studying test validity. *Personnel Psychology, 50,* 823-854.

Muthén, B. & Kaplan, D. (1985). A comparison of some methodologies for the factor analysis of non-normal Likert variables. *British Journal of Mathematical and Statistical Psychology, 38,* 171-189.

Myers, D.G. (1997). *Social psychology* (5th Ed.). New York: McGraw-Hill.

Nagin, D.S. & Paternoster, R. (1993). Enduring individual differences and rational choice theories of crime. *Law and Society Review, 27,* 467-496.

Nagin, D.S. & Paternoster, R. (1994). Personal capital and social control: The deterrence implications of a theory of individual differences in criminal offending. *Criminology, 32,* 581-606.

Neter, E. & Ben-Shakhar, G. (1989). The predictive value of graphological inferences: A meta-analytic approach. *Personality and Individual Differences, 7,* 737-745.

Neuman, J.H. & Baron, R.A. (1997). Aggression in the workplace. In R.A. Giacalone and J. Greenberg (Eds.), *Antisocial behavior in organizations* (pp. 37-67). Thousand Oaks: Sage.

Nieder, P. & Janssen, M. (1996). Reduzierung von Absentismus durch persönlichkeitsfördernde Arbeitsgestaltung. In R. Marr (Hrsg.), *Absentismus: der schleichende Verlust an Wettbewerbspotential* (S. 59-72). Göttingen: Hogrefe.

Norman, W.T. (1963). Toward an adequate taxonomy of personality attributes: Replicated factor structure in peer nomination personality ratings. *Journal of Abnormal and Social Psychology, 66,* 574-583.

Normand, J., Salyards, S.D. & Mahoney, J.J. (1990). An evaluation of preemployment drug testing. *Journal of Applied Psychology, 75,* 629-639.

Nunnally, J.C. (1978). *Psychometric Theory.* New York: McGraw-Hill.

Nye, D. (1989). Son of the polygraph. *Across the Board, 26,* 20-25.

O'Bannon, R.M., Goldinger, L. & Appleby, G.S. (1989). *Honesty and integrity testing: A practical guide*. Atlanta: Applied Information Resources.

O'Connor, E.J., Peters, L.H., Pooyan, A., Weekley, J., Frank, B. & Erenkra, B. (1984). Situational constraint effects on performance, affective reactions, and turnover: A field replication and extension. *Journal of Applied Psychology, 69*, 663-672.

Ones, D.S. (1993). *The construct validity of integrity tests*. Unpublished doctoral dissertation. Iowa City: University of Iowa.

Ones, D.S., Mount, M.K., Barrick, M.R. & Hunter, J.E. (1994). Personality and job performance: A critique of the Tett, Jackson, and Rothstein (1991) meta-analysis. *Personnel Psychology, 47*, 147-156.

Ones, D.S., Schmidt, F.L. & Viswesvaran, C. (1994a, July). *Correlates of preemployment integrity tests*. Paper presented at the 23rd International Congress of Applied Psychology, Madrid, Spain.

Ones, D.S., Schmidt, F.L. & Viswesvaran, C. (1994b). *Do broader personality variables predict job performance with higher validity?* Paper presented at the 1994 Conference of the Society for Industrial and Organizational Psychology, Nashville, USA.

Ones, D.S. & Viswesvaran, C. (1996). Bandwidth-fidelity dilemma in personality measurement for personnel selection. *Journal of Organizational Behavior, 17*, 609-626.

Ones, D.S. & Viswesvaran, C. (1998). Gender, age and race differences on overt integrity tests: Analyses across four large-scale applicant data sets. *Journal of Applied Psychology, 83*, 35-42.

Ones, D.S., Viswesvaran, C, & Reiss, A. (1996). Role of social desirability in personality testing for personnel selection: The red herring. *Journal of Applied Psychology, 81*, 660-679.

Ones, D.S., Viswesvaran, C. & Schmidt, F.L. (1993). Meta-analysis of integrity test validities: Findings and implications for personnel selection and theories of job performance [monograph]. *Journal of Applied Psychology, 78*, 679-693.

Ones, D.S., Viswesvaran, C., Schmidt, F.L. & Shultz, S.D. (ohne Datum). *Meta-analysis results for criterion-related validity of the Reid Report*. Unpublished working paper. Iowa City: University of Iowa.

Osgood, D.W. Johnston, L.D., O'Malley, P.M. & Bachman, J.G. (1988). The generality of deviance in late adolescence and early adulthood. *American Sociological Review, 53*, 81-93.

Ostendorf, F. & Angleitner, A. (1994a). A comparison of different instruments proposed to measure the big five. *European Review of Applied Psychology, 44*, 45-53.

Ostendorf, F. & Angleitner, A. (1994b). *Psychometric properties of the German translation of the NEO personality Inventory (NEO-PI-R)*. Unpublished manuscript. Landau: University of Koblenz-Landau.

Ouellette, J.A. & Wood, W. (1998). Habit and intention in everyday live: The multiple processes by which past behavior predicts future behavior. *Psychological Bulletin, 124*, 54-74.

o.V. (1996). Inventurdifferenzen/Ladendiebstahl: Winziger Hoffnungsschimmer. *BAG Handelsmagazin, o.Jg. (5)*, 26-33.

o.V. (1998). *Hermes-Ratgeber: Wie schütze ich mich vor Veruntreuung und den Folgen?*. Hamburg: Hermes Kreditversicherungs-AG.

Paajanen, G.E. (1988) *The prediction of counterproductive behavior by individual and group variables*. Unpublished doctoral dissertation. University of Minnesota.

Parilla, P.F., Hollinger, R.C. & Clark, J.P. (1983). Formal organizational controls and property deviance. In R.C. Hollinger and J.P. Clark, *Theft by employees* (pp. 89-118). Lexington: Lexington Books.

Parker, J.D.A., Bagby, R.M. & Summerfeldt, L.J. (1993). Confirmatory factor analysis of the Revised NEO Personality Inventory. *Personality and Individual Differences, 15,* 463-466.

Paulhus, D.L. (1981). Control of social desirability in personality inventories: Principle factor deletion. *Journal of Research in Personality, 15,* 383-388.

Paulhus, D.L. (1984). Two-component models of socially desirable responding. *Journal of Personality and Social Psychology, 46,* 598-609.

Paulhus, D.L. (1989a). Socially desirable responding: Some new solutions to old problems. In D.M. Buss and N. Cantor (Eds.), *Personality psychology: Recent trends and emerging directions* (pp. 201-209). New York: Springer.

Paulhus, D.L. (1989b). *Assessing self-deception and impression management in self-reports: The Balanced Inventory of Desirable Responding.* Unpublished manuscript. University of British Columbia.

Paunonen, S.V. (1998). Hierarchical organization of personality and prediction of behavior. *Journal of Personality and Social Psychology, 74,* 538-556.

Pedhazur, E.J. & Schmelkin, L.P. (1991). *Measurement, design, and analysis: An integrated approach.* Hillsdale: Lawrence Erlbaum.

Pérez, J. & Torrubia, R. (1985). Sensation seeking and antisocial behavior in a student sample. *Personality and Individual Differences, 6,* 401-403.

Perlow, R. & Latham, L.L. (1993). Relationship of client abuse with locus of control and gender: A longitudinal study in mental retardation facilities. *Journal of Applied Psychology, 78,* 831-834.

Perugini, M. & Leone, L. (1996). Construction and validation of a Short Adjectives Checklist to measure BIg Five (SACBIF). *European Journal of Psychological Assessment, 12,* 33-42.

Peters, L.H., O'Connor, E.J. & Rudolf, C.J. (1980). The behavioral and affective consequences of performance-relevant situational variables. *Organizational Behavior and Human Performance, 25,* 79-96.

Petersen, O. (1993). Haltet den Dieb. *BAG-Handelsmagazin, o. Jg. (11),* 25-29.

Petty, R.E., Wegener, D.T. & Fabrigar, L.R. (1997). Attitudes and attitude change. *Annual Review of Psychology, 48,* 609-647.

Piquero, A., MacIntosh, R. & Hickman, M. (in press). Does self-control affect survey response? Applying exploratory, confirmatory, and item response theory analysis to Grasmick et al.'s self-control scale. *Criminology.*

Piquero, A. & Rosay, A.B. (1998). The reliability and validity of Grasmick et al.'s self-control scale: A comment on Longshore et al.. *Criminology, 36,* 157-173.

Piquero, A. & Tibbetts, S. (1996). Specifying the direct and indirect effects of low self-control and situational factors in offenders' decision making: Toward a more complete model of rational offending. *Justice Quarterly, 13,* 481-510.

Podlesny, J.A. & Raskin, D.C. (1977). Physiological measures and the detection of deception. *Psychological Bulletin, 84,* 782-799.

Poerting, P. (1989). Tatgelegenheit und Prävention bei Wirtschaftsdelikten. *Zeitschrift für Betriebswirtschaft, 59,* 213-224.

Polakowski, M. (1994). Linking self- and social control with deviance: Illuminating the structure underlying a general theory of crime and its relation to deviant activity. *Journal of Quantitative Criminology, 10,* 41-78.

Pulkinnen, L. (1982). Self-control and continuity from childhood to late adolescence. In P.B. Baltes and O.G. Brim (Eds.), *Life-span development and behavior* (Vol. 4, pp. 63-105). New York: Academic Press.

Pulkinnen, L. (1986). The role of impulse control in the development of antisocial and prosocial behavior. In D. Olweus, J. Block and M. Radke-Yarrow (Eds.), *Development of antisocial and prosocial behaviors: Theory, research, and issues* (pp.149-175). New York: Academic Press.

Pulkinnen, L. (1990). Adult life-styles and their precursors in the social behavior of children and adolescents. *European Journal of Personality, 4,* 237-251.

Puls, W. (1992). Streß am Arbeitsplatz und die Motivation zum Alkoholkonsum: Entwicklung und Überprüfung eines Modells. *Sozialwissenschaften und Berufspraxis, 15,* 79-93.

Quist, T.M. (1996). *Homelessness, crime, and the police: Crime and order maintenance on the street.* Unpublished doctoral dissertation. Tucson: University of Arizona.

Rafilson, F.M. (1991). Development of a standardized measure to predict employee productivity. In J.W. Jones (Ed.), *Preemployment honesty testing: Current research and future directions* (pp. 145-158). Westport: Quorum Books.

Rafilson, F.M. & Frost, A.G. (1989). Overt integrity tests versus personality-based measures of delinquency: An empirical comparison. *Journal of Business and Psychology, 3,* 269-277.

Rawlings, M.L. (1973). Self-control and interpersonal violence: A study of Scottish adolescent male severe offenders. *Criminology, 11,* 23-48.

Rayner, C. (1997). The incidence of workplace bullying. *Journal of Community and Applied Social Psychology, 7,* 199-208.

Rayner, C. & Hoel, H. (1997). A summary of literature relating to workplace bullying. *Journal of Community and Applied Social Psychology, 7,* 181-191.

Raymark, P.H., Schmit, M.J. & Guion, R.M. (1997). Identifying potentially useful personality constructs for employee selection. *Personnel Selection, 50,* 723-736.

Reckless, W.C., Dinitz, S. & Murray, E. (1956). Self concept as an insulator against delinquency. *American Sociological Review, 21,* 744-746.

Ree, M.J., Earles, J.A. & Teachout, M.S. (1994). Predicting job performance: Not much more than g. *Journal of Applied Psychology, 79,* 518-524.

Renn, H. (1989). Arbeitssituation und Suchtmittelmißbrauch - Stand der empirischen Forschung. *Prävention, 12,* 16-19.

Richman, C.L., Brown, K.P. & Clark, M.L. (1984). The relationship between self-esteem and maladaptive behaviors in high school students. *Social Behavior and Personality, 12,* 177-185.

Riediger, M. (1998a). *Zur Konstruktaufklärung eines deutschsprachigen Integrity Test: Untersuchungen des „Fragebogens zu Einstellungen und Selbsteinschätzungen".* Unveröffentlichtes Manuskript. Stuttgart: Universität Hohenheim.

Riediger, M. (1998b). *"Integrity" und das Fünf-Faktoren-Modell der Persönlichkeit. (Zwischenbericht: Analysen des FES [CFAs und Multi-Sample-Analysen] und des NEO-PI-R [CFAs]).* Unveröffentlichter Arbeitsbericht. Stuttgart: Universität Hohenheim.

Rietz, C., Rudinger, G. & Andres, J. (1996). Lineare Strukturgleichungsmodelle. In E. Erdfelder, R. Mausfeld, T. Meiser und G. Rudinger (Hrsg.), *Handbuch Quantitative Methoden* (S. 253-268). Weinheim: Psychologie Verlags Union.

Rivers, L.D. (1993). *Cognitive, motor and emotional control in violent and non-violent offenders and non-offenders.* Unpublished doctoral dissertation. San Diego: California School of Professional Psychology.

Robins, L.N. (1978). Sturdy childhood predictors of adult antisocial behaviour: Replications from longitudinal studies. *Psychological Medicine, 8,* 611-622.

Robinson, S.L. & Bennett, R.J. (1995). A typology of deviant workplace behaviors: A multidimensional scaling study. *Academy of Management Journal, 38,* 555-572.

Robinson, S.L. & O'Leary-Kelly, A.M. (1998). Monkey see, monkey do: The influence of work groups on the antisocial behavior of employees. *Academy of Management Journal, 41,* 658-672.

Rosen, A.S. (1977). On the dimensionality of the California Psychological Inventory socialization scale. *Journal of Consulting and Clinical Psychology, 45,* 583-591.

Rosenbaum, R.W. (1976). Predictability of employee theft using weighted application blanks. *Journal of Applied Psychology, 61,* 94-98.

Ross, L., Green, D. & House, P. (1978). The false consensus phenomenon: An attributional bias in self-perception and social perception processes. *Journal of Personality and Social Psychology, 34,* 485-494.

Rosse, J.G., Miller, J.L. & Ringer, RC. (1996). The deterrent value of drug and integrity testing. *Journal of Business and Psychology,10,* 477-485.

Rosse, J.G., Miller, J.L. & Stecher, M.D. (1994). A field study of job applicants' reactions to personality and cognitive ability testing. *Journal of Applied Psychology, 79,* 987-992.

Rosse, J.G., Ringer, R.C. & Miller, J.L. (1996). Personality and drug testing: An exploration of the perceived fairness of alternatives to urinalysis. *Journal of Business and Psychology,10,* 459-475.

Rowe, D.C., Osgood, D.W. & Nicewander, W.A. (1990). A latent trait approach to unifying criminal careers. *Criminology, 28,* 237-270.

Rushton, J.P., Brainerd, C.J. & Pressley, M. (1983). Behavioral development and construct validity: The principle of aggregation. *Psychological Bulletin, 94,* 18-38.

Rußland, R. (1992). *Das Suchtbuch für die Arbeitswelt: Alkohol, Medikamente, Drogen, Nikotin, Eßstörungen, Spiel- und Arbeitssucht* (2. überarb. Aufl.). Frankfurt/M.: Industriegewerkschaft Metall.

Rust, H. (1983). *Inhaltsanalyse: Die Praxis der indirekten Interaktionsforschung in Psychologie und Psychotherapie.* München: Urban & Schwarzenberg.

Ryan, A.M., Gregarus, G.J. & Ployhart, R.E. (1996). Perceived job relatedness of physical ability testing for firefighters: Exploring variations in reactions. *Human Performance, 9,* 219-240.

Ryan, A.M. & Sackett, P.R. (1987). Pre-employment honesty testing: Fakability, reactions of test takers, and company image. *Journal of Business and Psychology, 2,* 248-256.

Ryan, A.M., Schmit, M.J., Daum, D.L., Brutus, S., McCormick, S.A. & Brodke, M.H. (1997). Workplace integrity: Differences in perceptions of behaviors and situational factors. *Journal of Business and Psychology, 12,* 67-83.

Rynes, S.L. (1993a). When recruitment fails to attract: Individual expectations meet organizational realities in recruitment. In H. Schuler, J.L. Farr and M. Smith (Eds.), *Personnel selection and assessment:Individual and organizational perspectives* (pp. 27-40). Hillsdale: Lawrence Erlbaum.

Rynes, S.L. (1993b). Who's selecting whom? Effects of selection practices on applicant attitudes and behavior. In N. Schmitt and W.C. Borman (Eds.), *Personnel selection in organizations* (pp. 203-239). San Francisco: Jossey-Bass.

Rynes, S.L. & Connerley, M.L. (1993). Applicant reactions to alternative selection procedures. *Journal of Business and Psychology, 7*, 261-277.

Sackett, P.R. (1992). Employment and public policy: The case of integrity testing. In D.M. Saunders (Ed.), *New Approaches to Employee Management: Fairness in Employee Selection* (Vol. 1, pp. 47-59). Greenwich: JAI Press.

Sackett, P.R. (1994). Integrity testing for personnel selection. *Current Directions in Psychological Science, 3*, 73-76.

Sackett, P.R., Burris, L.R. & Callahan, C. (1989). Integrity testing for personnel selection: An update. *Personnel Psychology, 42*, 491-529.

Sackett, P.R. & Decker, P.J. (1979). Detection of deception in the employment context: A review and critical analysis. *Personnel Psychology, 32*, 487-506.

Sackett, P.R., Gruys, M.L. & Ellingson, J.E. (1998). Ability-personality interactions when predicting job performance. *Journal of Applied Psychology, 83*, 545-556.

Sackett, P.R. & Harris, M.M. (1984). Honesty testing for personnel selection: A review and critique. *Personnel Psychology, 37*, 221-245.

Sackett, P.R. & Wanek, J.E. (1996). New developments in the use of measures of honesty, integrity, conscientiousness, dependability, trustworthiness, and reliability for personnel selection. *Personnel Psychology, 49*, 787-829.

Salgado, J.F. (1997). The five factor model of personality and job performance in the European Community. *Journal of Applied Psychology, 82*, 30-43.

Salowsky, H. (1996). Fehlzeiten - empirische Zusammenhänge. In R. Marr (Hrsg.), *Absentismus: der schleichende Verlust an Wettbewerbspotential* (S. 41-56). Göttingen: Hogrefe.

Sampson, R.J. & Laub, J.H. (1995). Understanding variability in lives through time: Contributions of life-course criminology. *Studies on Crime and Crime Prevention, 4*, 143-158.

Sarchione, C.D., Cuttler, M.J., Muchinsky, P.M. & Nelson-Gray, R.O. (1998). Prediction of dysfunctional job behaviors among law enforcement officers. *Journal of Applied Psychology, 83*, 904-912.

Saucier, G. & Goldberg, L.R. (1996). The language of personality: Lexical perspectives on the five-factor model. In J.S. Wiggins (Ed.), *The five-factor model of personality: Theoretical perspectives* (pp. 21-50). New York: Guilford.

Saucier, G. & Goldberg, L.R. (1998). What is beyond the big five? *Journal of Personality, 66*, 495-524.

Sauser, W.J., Hornsby, J.S. & Benson, P.G. (1988). Psychometric characteristics of a preemployment screening device. *Psychological Reports, 63*, 671-677.

Saxe, L. (1991). Lying - Thoughts of an applied social psychologist. *American Psychologist, 46*, 409-415.

Schinka, J.A., Kinder, B. & Kremer, T. (1997). Research validity scales for the NEO-PI-R: Development and initial validation. *Journal of Personality Assessment, 68*, 127-138.

Schlesinger, P.A. (1993). *Can integrity tests predict individual behavior: A test of equity theory's underpayment effect and the effect of groups norms on unethical behavior in the laboratory.* Unpublished doctoral dissertation. Stevens Institute of Technology.

Schmechtig, B. (1982). *Personaldelikte - Parallelen und Abweichungen zum Ladendiebstahl.* Marburg: Elwert.

Schmidt, F.L. & Hunter, J.E. (1998). The validity and utility of personnel selection methods in personnel psychology: Practical and theoretical implications of 85 years of research findings. *Psychological Bulletin, 124,* 262-274.

Schmidt, F.L. & Kaplan, L.B. (1971). Composite vs. multiple criteria: A review and resolution of the controversy. *Personnel Psychology, 24,* 419-434.

Schmidt, F.L., Ones, D.S. & Hunter, J.E. (1992). Personnel selection. *Annual Review of Psychology, 43,* 627-670.

Schmit, M.J. & Ryan, A.M. (1993). The big five in personnel selection: Factor structure in applicant and nonapplicant populations. *Journal of Applied Psychology, 78,* 966-974.

Schmitt, H.G. & Klaus, H. (1985). *Alkoholismus am Arbeitsplatz. Einige Gedanken zu betrieblichen Problemen und zu Möglichkeiten und Grenzen personalwirtschaftlicher Eingriffe* (Diskussionsbeiträge des Lehrstuhls für Allgemeine BWL und Unternehmensführung, Heft 29). Nürnberg: Universität Erlangen-Nürnberg.

Schmitt, N. (1985). Review of the London House Employee Attitude Inventory. In J.V. Mitchell. (Eds.), *The 9th Mental Measurement Yearbook* (pp. 868-869). Lincoln: Buros Institute of Mental Measurements.

Schmitt, N., Gooding, R.Z., Noe, R.A. & Kirsch, M. (1984). Meta-analysis of validity studies published between 1964 and 1984 and the investigation of study characteristics. *Personnel Psychology, 37,* 407-422.

Schmitt, N. & Landy, F.J. (1993). The concept of validity. In N. Schmitt and W.C. Borman (Eds.), *Personnel selection in organizations* (pp. 275-309). San Francisco: Jossey-Bass.

Schnabel, C. (1996). Betriebliche Fehlzeiten in der deutschen Wirtschaft. *IW-Trends, 23(4),* 24-35.

Schnabel, C. (1997). *Betriebliche Fehlzeiten: Ausmaß, Bestimmungsgründe und Reduzierungsmöglichkeiten.* Köln: Deutscher Instituts-Verlag.

Schnabel, C. & Stephan, G. (1993). Determinanten des Krankenstandes: Eine Untersuchung mit Betriebs- und Zeitreihendaten. *Jahrbuch für Sozialwissenschaft, 44,* 132-147.

Schneewind, K.A., Schröder, G. & Cattell, R.B. (1983). *Der 16-Persönlichkeits-Faktoren-Test (16 PF).* Bern: Huber.

Schneider, B. (1987). The people make the place. *Personnel Psychology, 40,* 437-453.

Schneider, R.J. & Hough, L.M. (1995). Personality and industrial/organizational psychology. In C.L. Cooper and I.T. Robertson (Eds.), *International Review of Industrial and Organizational Psychology* (Vol. 10, pp. 75-129). Chichester: Wiley.

Schneider, R.J., Hough, L.M. & Dunnette, M.D. (1996). Broadsided by broad traits: How to sink science in five dimensions or less. *Journal of Organizational Behavior, 17,* 639-655.

Scholz, G. & Schuler, H. (1993). Das nomologische Netzwerk des Assessment Centers: eine Metaanalyse. *Zeitschrift für Arbeits- und Organisationspsychologie, 37,* 73-85.

Schuerger, J.M. & Allen, L.C. (1986). Second-order factor structure common to five personality questionnaires. *Psychological Reports, 58,* 119-126.

Schuessler, K.E. & Cressey, D.R. (1950). Personality characteristics of criminals. *American Journal of Sociology, 55,* 476-484.

Schuler, H. (1990). Personalauswahl aus der Sicht der Bewerber: Zum Erleben eignungs-diagnostischer Situationen. *Zeitschrift für Arbeits- und Organisationspsychologie, 34,* 184-191.

Schuler, H. (1993). Social validity of selection situations: A concept and some empirical results. In H. Schuler, J.L. Farr and M. Smith (Eds.), *Personnel selection and assessment: Individual and organizational perspectives* (pp. 11-26). Hillsdale: Lawrence Erlbaum.

Schuler, H. (1996). *Psychologische Personalauswahl.* Göttingen: Verlag für Angewandte Psychologie.

Schuler, H. (1998). Noten und Studien- und Berufserfolg. In D.H. Rost (Hrsg.), *Handwörterbuch Pädagogische Psychologie* (S. 370-374). Weinheim: Psychologie Verlags Union.

Schuler, H. & Berger, W. (1979). Physische Attraktivität als Determinante von Beurteilung und Einstellungsempfehlung. *Psychologie und Praxis, 23,* 59-70.

Schuler, H., Frier, D. & Kauffmann, M. (1993). *Personalauswahl im europäischen Vergleich.* Göttingen: Hogrefe/Verlag für Angewandte Psychologie.

Schuler, H. & Marcus, B. (in Vorb.). Biographische Verfahren der Personalauswahl und Interview [Arbeitstitel]. In H. Schuler (Hrsg.), *Lehrbuch der Personalpsychologie.* Göttingen: Hogrefe.

Schuler, H. & Stehle, W. (1983). Neuere Entwicklungen des Assessment-Center-Ansatzes - beurteilt unter dem Aspekt der sozialen Validität. *Psychologie und Praxis. Zeitschrift für Arbeits- und Organisationspsychologie, 27,* 33-44.

Schwab, D.P. (1971). Issues in response distortion studies of personality inventories: A critique and replicated study. *Personnel Psychology, 24,* 637-647.

Semmer, N. & Udris, I. (1995). Bedeutung und Wirkung von Arbeit. In H. Schuler (Hrsg.), *Organisationspsychologie* (2. Aufl., S. 133-165). Bern: Huber.

Shapiro, D.L., Trevino, L.K. & Victor, B. (1995). Correlates of employee theft: A multi-dimensional justice perspective. *The International Journal of Conflict Management, 6,* 404-414.

Sherman, S.J. & Fazio, R.H. (1983). Parallels between attitudes and traits as predictors of behavior. *Journal of Personality, 51,* 308-345.

Simon, J. & Fetchenhauer, D. (1996, September). *Experimentelle Überprüfung der General Theory of Crime nach Gottfredson ud Hirschi am Beispiel betrügerischen Verhaltens.* Poster auf dem 40. Kongreß der Deutschen Gesellschaft für Psychologie, München.

Simon, J. & Fetchenhauer, D. (undat.). *Übersetzung und Prüfung der Selbstkontolleskala von Grasmick et al. (1993).* Unveröffentlichte Daten. Köln: Universität Köln.

Sisson, E.D. (1948). Forced choice: The new army rating. *Personnel Psychology, 1,* 365-381.

Six, B. & Eckes, T. (1996). Metaanalyen in der Einstellungs-Verhaltens-Forschung. *Zeitschrift für Sozialpsychologie, 27,* 7-17.

Slora, K.B. (1991). An empirical approach to determining employee deviance base rates. In J.W. Jones (Ed.), *Preemployment honesty testing: Current research and future directions* (pp. 21-38). Westport: Quorum Books.

Smither, J.W., Reilly, R.R., Millsap, R.E., Pearlman, K. & Stoffey, R.W. (1993). Applicant reactions to selection procedures. *Personnel Psychology, 46,* 49-76.

Sorenson, A.M. & Brownfield, D. (1995). Adolescent drug use and a general theory of crime: An analysis of a theoretical integration. *Canadian Journal of Criminology, 37,* 19-37.

Spector, P.E. (1975). Relationships of organizational frustration with reported behavioral reactions of employees. *Journal of Applied Psychology, 60,* 635-637.

Spector, P.E. (1978). Organizational frustration: A model and review of the literature. *Personnel Psychology, 31,* 815-829.

Spector, P.E. (1997). The role of frustration in antisocial behavior at work. In R.A. Giacalone and J. Greenberg (Eds.), *Antisocial behavior in organizations* (pp. 1-17). Thousand Oaks: Sage.

Spector, P.E., Dwyer, D.J. & Jex, S.M. (1988). The relationship of job stressors to affective, health, and performance outcomes: A comparison of multiple data sources. *Journal of Applied Psychology, 73,* 11-19.

Spector, P.E. & Jex, S.M. (1991). Relations of job characteristics from multiple data sources with employee affect, absence, turnover intentions and health. *Journal of Applied Psychology, 76,* 46-53.

Spector, P.E. & O'Connell, B.J. (1994). The contribution of individual dispositions to the subsequent perceptions of job stressors and job strains. *Journal of Occupational and Organizational Psychology, 67,* 1-11.

Spreen, O. (1963). *MMPI Saarbrücken - Handbuch zur deutschen Ausgabe des Minnesota Multiphasic Personality Inventory.* Bern: Huber.

Stanford, M.S. & Barratt, E.S. (1992). Impulsivity and the multi-impulsive personality disorder. *Personality and Individual Differences, 7,* 831-834.

Statistisches Bundesamt (Hrsg.) (1997). *Datenreport 1997.* Bonn: Bundeszentrale für politische Bildung.

Stehle, W. (1986). Personalauswahl mittels biographischer Fragebogen. In H. Schuler und W. Stehle (Hrsg.), *Biographische Fragebogen als Methode der Personalauswahl* (S. 17-57). Stuttgart: Verlag für Angewandte Psychologie.

Stein, J.A., Smith, G.M., Guy, S.M. & Bentler, P.M. (1993). Consequences of adolescent drug use on young adult job behavior and job satisfaction. *Journal of Applied Psychology, 78,* 463-474.

Steiner, D.D. & Gilliland, S.W. (1996). Fairness reactions to personnel selection techniques in France and the United States. *Journal of Applied Psychology, 81,* 134-141.

Steiner, J.F. (1990). Honesty testing. *Business Forum, 15,* 31.

Stephan, G. (1991). Fehlzeiten: Eine theoretische und empirische Untersuchung mit Individualdaten. *Mitteilungen aus der Arbeitsmarkt- und Berufsforschung, 24,* 583-594.

Stokes, G.S. (1994). Introduction and history. In G.S. Stokes, M.D. Mumford and W.A. Owens (Eds.), *Biodata Handbook: Theory, research, and use of biographical information in selection and performance prediction* (pp. xv-xix). Palo Alto: Consulting Psychologists Press.

Storms, P.L. & Spector, P.E. (1987). Relationships of organizational frustration with reported behavioral reactions: The moderating effect of locus of control. *Journal of Occupational Psychology, 60,* 227-234.

Strand, G.C. & Garr, M.S. (1994). Driving under the influence. In T. Hirschi and M.R. Gottfredson (Eds.), *The generality of deviance* (pp. 131-147). New Brunswick: Transaction Publishers.

Streufert, S., Pogash, R.M., Roache, J., Gingrich, D., Landis, R., Severs, W., Lonardi, L. & Kantner, A. (1992). Effects of alcohol intoxication on risk taking, strategy, and error rate in visuomotor performance. *Journal of Applied Psychology, 77,* 515-524.

Stroebe, W., Eagly, A.H. & Ajzen, I. (1996). Individuelle Unterschiede im Verhalten: Das sozialpsychologische Forschungsprogramm. In K. Pawlik (Hrsg.), *Grundlagen und Methoden der Differentiellen Psychologie. Enzyklopädie der Psychologie* (C/VIII/1, S.242-267). Göttingen: Hogrefe.

Stroebe, W., Hewstone M. & Stephenson, G.M. (Hrsg.). *Sozialpsychologie* (3. überarb. Aufl.). Berlin: Springer.

Sutherland, E.H. (1947). *Principles of criminology* (4th Ed.). Chicago: Lippincott.

Taylor, H.C. & Russel, J.F. (1939). The relationship of validity coefficients to the practical effectiveness of tests in selection: Discussion and tables. *Journal of Applied Psychology, 23,* 565-578.

Terris, W. (1985). Attitudinal correlates of employee integrity. *Journal of Police and Criminal Psychology, 1,* 60-68.

Terris, W. & Jones, J.W. (1982). Psychological factors related to theft in the convenience store industry. *Psychological Reports, 51,* 1219-1238.

Tett, R.P., Jackson, D.N. & Rothstein, M. (1991). Personality measures as predictors of job performance: A meta-analytic review. *Personnel Psychology, 44,* 703-742.

Tett, R.P., Jackson, D.N., Rothstein, D.B. & Reddon, J.R. (1994). Meta-analysis of personality-job performance relations: A reply to Ones, Mount, Barrick, and Hunter (1994). *Personnel Psychology, 47,* 157-172.

Tharenou, P. (1993). A test of reciprocal causality for absenteeism. *Journal of Organizational Behavior, 14,* 269-290.

Thibaut, J. & Walker, L. (1975). *Procedural justice: A psychological analysis.* Hillsdale: Erlbaum.

Tittle, C.R. (1991). A general theory of crime [book review]. *American Journal of Sociology, 96,* 1609-1611.

Tittle, C.R. & Ward, D.A. (1993). The interaction of age with the correlates and causes of crime. *Journal of Quantitative Criminology, 9,* 3-53.

Tokar, D.M., Fischer, A.R. & Subich, L.M. (1998). Personality and vocational behavior: A selective review of the literature, 1993-1997. *Journal of Vocational Behavior, 53,* 115-153.

Traub, S.H. (1996). Battling employee crime: A review of corporate strategies and programs. *Crime and Delinquency, 42,* 244-256.

Tremblay, R.E., Masse, B., Perron, D., Leblanc, M., Schwartzman, A.E. & Ledingham, J.E. (1992). Early disruptive behavior, poor school achievement, delinquent behavior, and delinquent personality: Longitudinal analyses. *Journal of Consulting and Clinical Psychology, 60,* 64-72.

Trevino, L.K. (1986). Ethical decision making in organizations: A person-situation interactionist model. *Academy of Management Review, 11,* 601-617.

Trevino, L.K. & Youngblood, S.A. (1990). Bad apples in bad barrels: A causal analysis of ethical decision-making behavior. *Journal of Applied Psychology, 75,* 378-385.

Trilsbach, W. (1989). Artikelschutz mit Kundenservice kombinieren - Reduzierung von Inventurdifferenzen ohne zusätzlichen Arbeitsaufwand im Handel. *Dynamik im Handel, o.Jg. (1),* 24-31.

Tucker, J. (1989). Employee theft as social control. *Deviant Behavior, 10,* 319-334.

Turrisi, R., Jaccard, J. & McDonnell, D. (1997). An examination of the relationships between personality, attitudes, and cognitions relevant to alcohol-impaired driving tendencies. *Journal of Applied Social Psychology, 27,* 1367-1394.

Twain, D.C. (1957). Factor analysis of a particular aspect of behavioral control: Impulsivity. *Journal of Clinical Psychology, 13,* 133-136.

Uihlein, C. (1994). Drugs and alcohol. In T. Hirschi and M.R. Gottfredson (Eds.), *The generality of deviance* (pp. 149-157). New Brunswick: Transaction Publishers.

Ullman, J.B. & Newcomb, M.D. (1998). Eager, reluctant, and nonresponders to a mailed longitudinal survey: Attitudinal and substance use characteristics differentiate responses. *Journal of Applied Social Psychology, 28,* 357-375.

Ulich, E. (1994). *Arbeitspsychologie* (3. Überarb. Aufl.). Stuttgart: Schäffer-Poeschel.

U.S. Congress, Office of Technology Assessment (1990). *The use of integrity tests for pre-employment screening* (OTA-SET-442). Washington: U.S. Government Printing Office.

Van Heck, G.L. (1989). Situation concepts: Definitions and classifications. In P.J. Hettema (Ed.), *Personality and environment. Assessment of human adaptation* (pp. 53-69 and 241-259). Chichester: Wiley.

Van Heck, G.L., Perugini, M., Caprara, G.V. & Fröger, J. (1994). The big five as tendencies in situations. *Personality and Individual Differences, 16,* 715-731.

Vazsonyi, A.T. (1995). *Etiological risk factors in juvenile delinquency: A comparison of Swiss and American adolescents.* Unpublished doctoral dissertation. Tucson: University of Arizona.

Viswesvaran, C. (1993). *Modeling job performance: Is there a general factor?* Unpublished manuscript [dissertation summary]. Iowa City: University of Iowa.

Vogel, J. (1995). Working conditions, health and work absenteeism: Recent Swedish experience. In D. Jaufmann, E. Mezger und M. Pfaff (Hrsg.), *Verfällt die Arbeitsmoral?: Zur Entwicklung von Arbeitseinstellungen, Belastungen und Fehlzeiten* (S. 145-165). Frankfurt/M.: Campus.

Waldo, G.P. & Dinitz, S. (1967). Personality attributes of the criminal: An analysis of research studies, 1950-1965. *Journal of Research in Crime and Delinquency, 4,* 185-202.

Walter, H. (1993). *Mobbing - Kleinkrieg am Arbeitsplatz.* Frankfurt/M.: Campus.

Wanek, J.E. (1991). *Testing the fakability of the Personnel Reaction Blank relative to the fakability of an overt integrity test.* Unpublished master's thesis. University of Minnesota.

Wanek, J.E. (1995). *The construct of integrity: Item level factor analysis of the dimensions underlying honesty testing and big-five measures of personality.* Unpublished doctoral dissertation. University of Minnesota.

Wanek, J.E. (1997). Review of Miner, J.B., and Capps, M.H.: How honesty testing works [book review]. *Personnel Psychology, 50,* 772-775.

Warshaw, P.R. & Davis, F.O. (1985). Disentangling behavioral intention and behavioral expectation. *Journal of Experimental Social Psychology, 21,* 213-228.

Watson, D. & Clark, L.A. (1984). Negative affectivity: The disposition to experience aversive emotional states. *Psychological Bulletin, 96,* 465-490.

Wehner, E.G. & Durchholz, E. (1980). *Persönlichkeits- und Einstellungstests.* Stuttgart: Kohlhammer.

Weinert, A.B. (1998). *Organisationspsychologie* (4. überarb. Aufl.). Weinheim: Psychologie Verlags Union.

Weinert, A.B. & Hogan, R.B. (Hrsg.) (in Vorb.). *Revidierter Deutscher HPI.* Hamburg: Universität der Bundeswehr.

Weinert, A.B., Streufert, S.C. & Hall, W.B. (Hrsg.) (1982). *Deutscher CPI (California Psychological Inventory)*. Bern: Huber.

Weitz, J. (1952). A neglected concept in the study of job satisfaction. *Personnel Psychology, 5*, 201-205.

Werner, S.H., Jones, J.W. & Steffy, B.D. (1989). The relationship between intelligence, honesty, and theft admissions. *Educational and Psychological Measurement, 49*, 921-927.

Werner, S.H., Joy, D.S. & Jones, J.W. (1991). Improving corporate profitability with preemployment integrity tests. In J.W. Jones (Ed.), *Preemployment honesty testing: Current research and future directions* (pp. 53-61). Westport: Quorum Books.

Wernimont, P. & Campbell, J.P. (1968). Signs, samples, and criteria. *Journal of Applied Psychology, 52*, 372-376.

West, S.G. & Finch, J.F. (1997). Personality measurement: Reliability and validity issues. In R. Hogan, J.A. Johnson and S.R. Briggs (Eds.), *Handbook of personality psychology* (pp. 143-164). San Diego: Academic Press.

Whitney, D.J., Diaz, J., Mineghino, M.A.E. & Powers, K. (1999). Perceptions of overt and personality-based integrity tests. *International Journal of Selection and Assessment, 7*, 35-45.

Wicker, A.W. (1969). Attitudes versus actions: The relationship of verbal and overt behavioral responses in attitude objects. *Journal of Social Issues, 25*, 41-78.

Wiggins, J.S. (1980). Circumplex models of interpersonal behavior. In L. Wheeler (Ed.), *Review of personality and social psychology* (Vol. 1, pp. 265-293). Beverly Hills: Sage.

Wiggins, J.S. (Ed.) (1996). *The five-factor model of personality: Theoretical perspectives*. New York: Guilford Press.

Wiggins, J.S. (1997). In defense of traits. In R. Hogan, J.A. Johnson and S.R. Briggs (Eds.), *Handbook of personality psychology* (pp. 97-115). San Diego: Academic Press.

Wiggins, J.S. & Pincus, A.L. (1989). Conceptions of personality disorders and dimensions of personality. *Psychological Assessment: A Journal of Consulting and Clinical Psychology, 1*, 305-316.

Wiggins, J.S. & Pincus, A.L. (1992). Personality: Structure and assessment. *Annual Review of Psychology, 43*, 473-504.

Wills, T.A., DuHamel, K. & Vaccaro, D. (1995). Activity and mood temperament as predictors of adolescent substance use: Test of a self-regulation mediational model. *Journal of Personality and Social Psychology, 68*, 901-916.

Wills, T.A., Windle, M. & Cleary, S.D. (1998). Temperament and novelty seeking in adolescent substance use: Convergence of dimensions of temperament with constructs from Cloninger's theory. *Journal of Personality and Social Psychology, 74*, 387-406.

Wilson, G.D. (1981). Personality and social behavior. In H.J. Eysenck (Ed.), *A model for personality* (pp. 210-245). Berlin: Springer.

Wilson, J.Q. & Herrnstein, R.J. (1985). *Crime and human nature*. New York: Simon & Schuster.

Wimbush, J.C. & Dalton, D.R. (1997). Base rate for employee theft: Convergence of multiple methods. *Journal of Applied Psychology, 82*, 756-763.

Wonderlic, Inc. (1996). *Wonderlic Personal Test (WPT - German Version, Form A and B)*. Libertyville: Wonderlic Personnel Test, Inc..

Wood, P.B., Cochran, J.K., Pfefferbaum, B. & Arneklev, B.J. (1995). Sensation-seeking and delinquent substance use: An extension of learning theory. *Journal of Drug Issues, 25*, 173-193.

Wood, P.B., Pfefferbaum, B. & Arneklev, B.J. (1993). Risk-taking and self-control: Social psychological correlates of delinquency. *Journal of Crime and Justice, 16,* 111-130.

Woolley, R.M. & Hakstian, A.R. (1992). An examination of the construct validity of personality-based and overt measures of integrity. *Educational and Psychological Measurement, 52,* 475-489.

Woolley, R.M. & Hakstian, A.R. (1993). A comparative study of integrity tests: The criterion-related validity of personality-based and overt measures of integrity. *International Journal of Selection and Assessment, 1,* 27-40.

Yammamiro, F.J. & Markham, S.E. (1992). On the application of within and between analysis: Are affect and absence really group-based phenomena? *Journal of Applied Psychology, 77,* 168-176.

Zager, M.A. (1993). *Explicating and testing a general theory of crime.* Unpublished doctoral dissertation. Tucson: University of Arizona.

Zajonc, R.B. (1968). Attitudinal effects of mere exposure. *Journal of Personality and Social Psychology, 9 (2, pt.2),* 1-27.

Zey-Ferrell, M. & Ferrell, O.C. (1982). Role-set configuration and opportunity as predictors of unethical behavior in organizations. *Human Relations, 35,* 587-604.

Zey-Ferrell, M., Weaver, K.M. & Ferrell, O.C. (1979). Predicting unethical behavior among marketing practitioners. *Human Relations, 32,* 557-569.

Zuckerman, M. (1994). *Behavioral expressions and biosocial bases of sensation seeking.* Cambridge: University Press.

Zuckerman, M., Kuhlman, D.M., Joireman, J., Teta, P. & Kraft, M. (1993). A comparison of three structural models for personality: The big three, the big five and the alternative five. *Journal of Personality and Social Psychology, 65,* 757-768.

Zumkley, H. (1994). The stability of aggressive behavior: A meta-analysis. *The German Journal of Psychology, 18,* 273-281.

Zumkley, H. (1996). Aggression und Aggressivität. In M. Amelang (Hrsg.), *Temperaments- und Persönlichkeitsunterschiede. Enzyklopädie der Psychologie* (C/VIII/3, S. 337-375). Göttingen: Hogrefe.

zur Mühlen, R.H.H. v. (1985). Ausgewählte Probleme der Betriebskriminalität. *Betriebswirtschaftliche Forschung und Praxis, 37,* 43-54.

Zybon, A. (1985). Beitrag in „Meinungsspiegel". *Betriebswirtschaftliche Forschung und Praxis, 37,* 55-70.

Innovatives Management

Christopher Rauen

Coaching

Innovative Konzepte im Vergleich
(Psychologie und innovatives Management)
1999, 231 Seiten, geb., DM 69,– / sFr. 60,–
öS 504,– • ISBN 3-8017-1233-8

Das Buch beschreibt alle wesentlichen Aspekte und Formen des Coaching und berücksichtigt dabei auch die Unterschiede zu verwandten Konzepten, wie Supervision, Psychotherapie oder Mentoring. Es wird ein bewertender Vergleich von zehn unterschiedlichen Coaching-Ansätzen präsentiert sowie die Qualifikationsanforderungen an einen Coach und ein modellhafter Ablauf eines Coaching-Prozesses beschrieben. Das Buch bietet zahlreiche konkrete Hinweise und Anregungen zur praktischen und erfolgreichen Umsetzung von Coaching-Maßnahmen.

Joachim Freimuth (Hrsg.)

Die Angst der Manager

(Psychologie und innovatives Management)
1999, 311 Seiten, geb., DM 79,– / sFr. 69,–
öS 577,– • ISBN 3-8017-0886-1

Von Managern wird erwartet, daß sie keine Angst vor Neuerungen und Veränderungen zeigen. Sie haben gelernt, rhetorisch selbstbewußt aufzutreten, und erwecken den Eindruck, alle Probleme »im Griff« zu haben. Tatsächlich ist es jedoch für viele Manager höchst problematisch, aus der Spirale von Veränderungsdruck und Angst herauszukommen. Das Buch analysiert differenziert angsterzeugende Situations- und Rahmenbedingungen in Organisationen und gibt Hinweise, wie man persönlich und in Organisationen mit Angst im Management umgehen sollte.

Annette Kluge

Erfahrungsmanagement in lernenden Organisationen

(Psychologie und innovatives Management)
1999, XII/265 Seiten, geb., DM 79,– / sFr. 69,–
öS 577,– • ISBN 3-8017-1174-9

Lean-Production und zunehmende Qualitätsanforderungen erfordern immer häufiger Entscheidungen, die ein heuristisches Vorgehen voraussetzen. Das Buch beschäftigt sich mit der Frage, wie sich Prozesse organisieren und Interventionen gestalten lassen, damit ein Unternehmen aus seiner Erfahrung lernt. An Unternehmensbeispielen werden Prozesse des Wissenserwerbs und der Wissensdiffusion, Besonderheiten von Transfersituationen und Möglichkeiten der kontinuierlichen Reflexion der eigenen Weiterentwicklung erläutert.

Siegfried Greif / Hans-Jürgen Kurtz (Hrsg.)

Handbuch Selbstorganisiertes Lernen

(Psychologie und innovatives Management)
2., unveränd. Auflage 1998, 392 Seiten, geb.,
DM 88,– / sFr. 77,– / öS 642,– • ISBN 3-8017-0837-3

Wie können sich Menschen verändern, um erfolgreich selbstorganisiert zu arbeiten? Erforderlich sind neue Methoden und Techniken des selbstorganisierten Lernens, die die Selbständigkeit des Lernenden fördern. Dieses Handbuch bietet eine Zusammenstellung der Grundlagen zum selbstorganisierten Lernen, Besonderheiten, Probleme, konkrete Techniken und Werkzeuge sowie Anwendungsbeispiele. Das Buch richtet sich an Manager, Personalentwickler, Psychologen und alle, die an neuen Konzepten in der Aus- und Weiterbildung interessiert sind.

Verlag für Angewandte Psychologie

Rohnsweg 25, 37085 Göttingen • Tel. 0551/49609-0 • http://www.hogrefe.de